帝國落日

John Toland

大日本帝國的衰亡（1936-1945）

終戰八十週年紀念版

上

THE RISING SUN

The Decline and Fall of the Japanese Empire, 1936-1945

約翰・托蘭 著 —— 吳潤璿 譯

目次

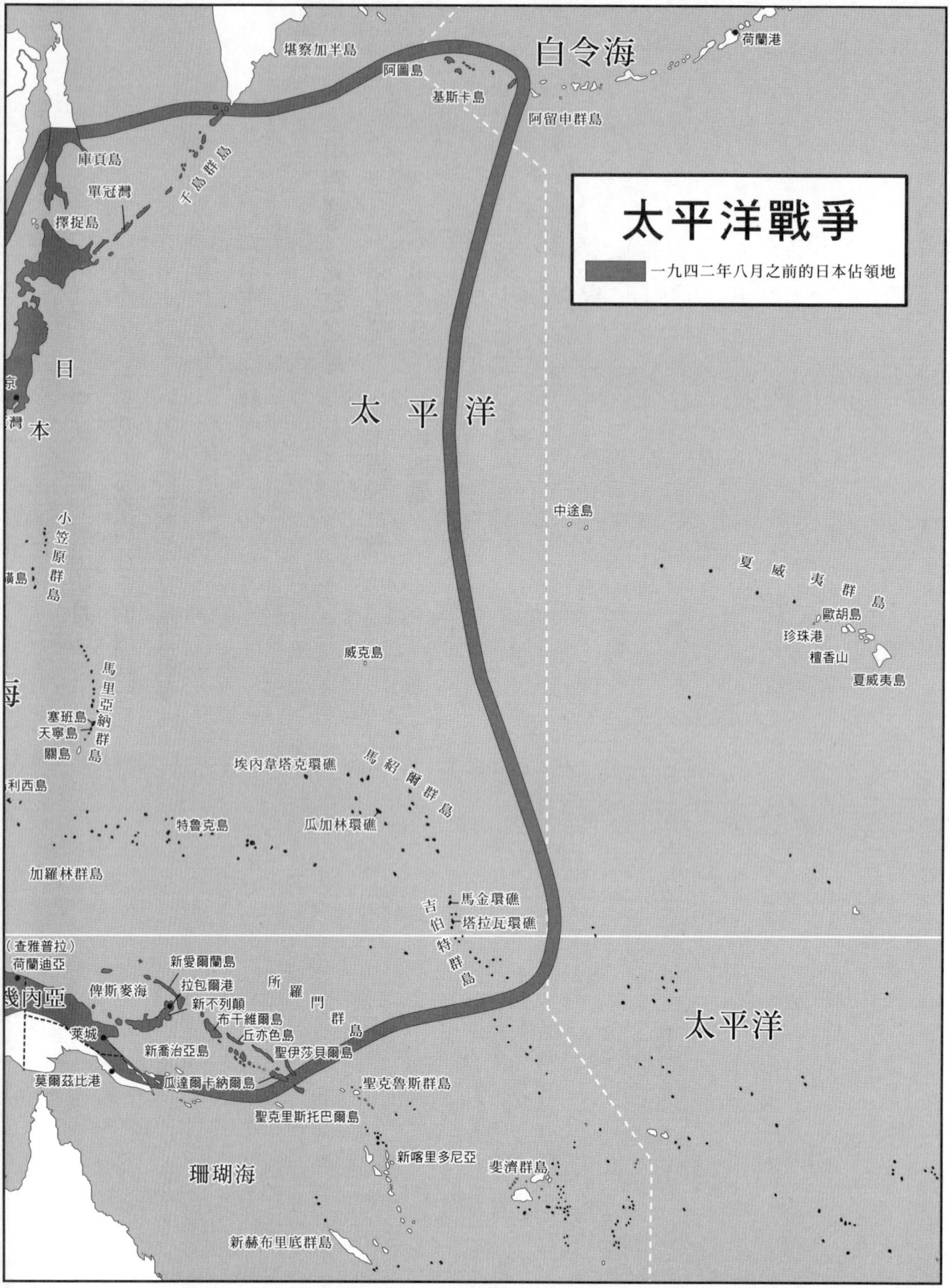

太平洋戰爭
一九四二年八月之前的日本佔領地
白令海
荷蘭港
堪察加半島
阿圖島
基斯卡島
阿留申群島
庫頁島
單冠灣
擇捉島
千島群島
日本
京
灣
太平洋
中途島
夏威夷群島
歐胡島
珍珠港
檀香山
夏威夷島
小笠原群島
磺島
威克島
馬里亞納群島
塞班島
天寧島
關島
海
埃內韋塔克環礁
馬紹爾群島
利西島
特魯克島
瓜加林環礁
加羅林群島
吉伯特群島
馬金環礁
塔拉瓦環礁
(查雅普拉)
荷蘭迪亞
新愛爾蘭島
拉包爾港
俾斯麥海
幾內亞
新不列顛
所羅門群島
布干維爾島
萊城
丘亦色島
新喬治亞島
聖伊莎貝爾島
莫爾茲比港
瓜達爾卡納爾島
聖克魯斯群島
聖克里斯托巴爾島
新喀里多尼亞
斐濟群島
珊瑚海
新赫布里底群島
太平洋

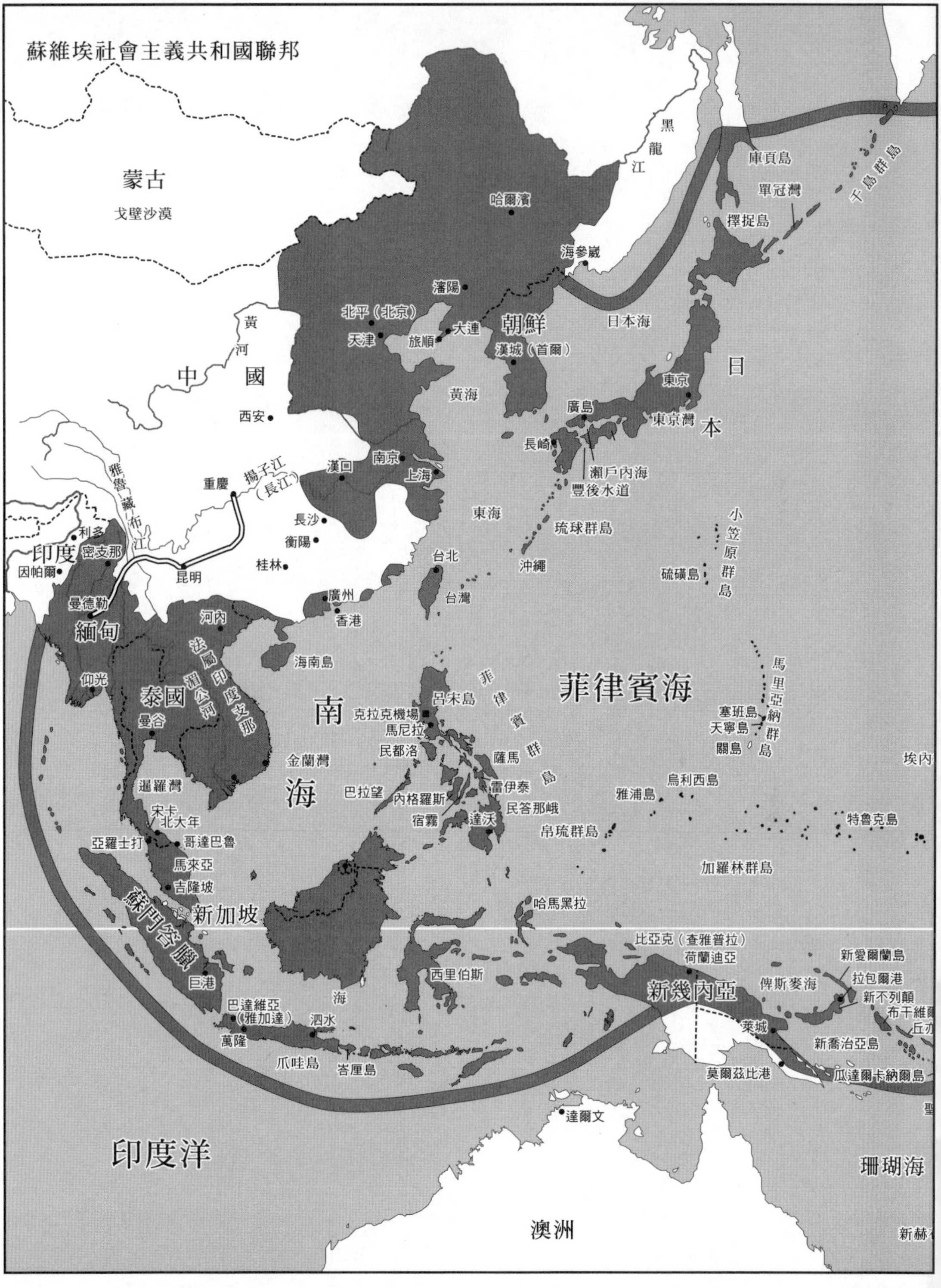
蘇維埃社會主義共和國聯邦
蒙古
戈壁沙漠
黑龍江
庫頁島
千島群島
單冠灣
擇捉島
哈爾濱
海參崴
瀋陽
北平（北京）
天津
旅順
大連
朝鮮
漢城（首爾）
日本海
黃河
中國
黃海
日本
東京
東京灣
廣島
長崎
瀨戶內海
豐後水道
西安
雅魯藏布江
揚子江（長江）
重慶
漢口
南京
上海
東海
琉球群島
小笠原群島
硫磺島
沖繩
利多
印度
密支那
因帕爾
昆明
長沙
衡陽
桂林
台北
台灣
廣州
香港
曼德勒
緬甸
河內
法屬印度支那
湄公河
海南島
仰光
泰國
曼谷
南海
菲律賓群島
菲律賓海
克拉克機場
呂宋島
馬尼拉
民都洛
馬里亞納群島
塞班島
天寧島
關島
金蘭灣
暹羅灣
巴拉望
內格羅斯
宿霧
薩馬
雷伊泰
民答那峨
達沃
雅浦島
烏利西島
帛琉群島
特魯克島
加羅林群島
埃內
宋卡
北大年
亞羅士打
哥達巴魯
馬來亞
吉隆坡
蘇門答臘
新加坡
哈馬黑拉
比亞克（查雅普拉）
荷蘭迪亞
新幾內亞
俾斯麥海
新愛爾蘭島
拉包爾港
新不列顛
布干維爾
西里伯斯
巨港
巴達維亞（雅加達）
泗水
萬隆
爪哇島
峇厘島
萊城
莫爾茲比港
新喬治亞島
瓜達爾卡納爾島
達爾文
印度洋
珊瑚海
澳洲
新赫

前言

第二次世界大戰後，大多數的西方人認為東條英機和其他日本領導人——實際上是為數眾多的日本人——與希特勒和其納粹黨徒是一丘之貉，不論他們受到何種懲罰與厄運，都是罪有應得。事過二十五年（一九七〇年），日本已經從精神上和經濟上近乎全面毀壞的境地恢復過來，重新受到世界各國的敬重。但是，問題依然存在：怎麼能讚揚和尊重一個戰時行為如同野蠻人一樣的民族呢？

本書的目的主要是從日本人的角度試圖回答這個問題，進而解答這場改變了亞洲面貌的戰爭的其他問題。為何一個領土大小與加州相若的國家要對珍珠港發動自殺式的攻擊，從而使自己與一個國力十倍於己的敵國決一死戰？兩國之間的戰爭是否如今人所認為的那樣是無法避免和非打不可的？獲得這場戰爭的勝利是否從此使美國永遠涉入亞洲事務？

若非發生這兩件事——日本人對不久前的歷史的態度發生了根本變化，並出現了新的重要文獻——我本來是不想寫這本書的，即使有我的日籍妻子及其家人的協助。除了從日本外務省與日本防衛廳戰史室取得大量素材外，最近又發現了一些曾被隱匿或散佚多年的珍貴資料，例如御前會議和大本營政府聯絡會議的記錄，過去被認定已遭焚毀的「近衛文麿日記」，以及一九四〇年至一九四四年二月二十一日擔任陸軍參謀總長的杉山元帥所寫長達千頁的「筆記」。

更重要的是，日本一些前文武官員——包括天皇的首席顧問木戶幸一侯爵、天皇幼弟三笠宮崇仁親王殿下、珍珠港、中途島戰役的實際指揮官草鹿龍之介將軍以及東條的心腹大將佐藤賢了將軍等等，都願意暢所欲言又詳細地談論他們不幸的過往。幾年前，我為寫《問心無愧》（*But Not in Shame*）一書蒐集素材時，只要談到某些敏感話題，他們就面有難色。現在，這種心情已完全消逝了。此外，他們也深信，戰後西方人在有了種種亞洲經驗後，應該更能理解日本過去在滿洲與中國所鑄成的大錯。那些曾經參戰的人，從將軍到士兵，也更願意談論他們的錯誤，說出過去說不出口的話：怯懦、謀害、殺人成性、投降和混水摸魚。

為了準確起見，他們以及每一個與作者交談過、其經歷被寫入本書的人，都閱讀了有關他們自己的段落，往往還增添了說明問題和當事人的回憶。例如有關例次御前會議和聯繫會議的大量辯論部分，是根據杉山元的「筆記」、最近蒐集到的官方檔案、私人日記，以及作者同出席御前會議的木戶侯爵、鈴木貞一將軍、星野直樹和賀屋興宣等人的談話記錄寫成的。木戶侯爵在天皇每次參加會議後馬上就能取得一份關於會議的報告。

我認為，美國在第二次世界大戰中所犯的最大錯誤是，未能認知到自己同時在進行兩種不同的戰爭：其一是在歐洲，與另一個西方民族及其納粹主義交戰；其二是在亞洲，既要與一個求強圖存的侵略民族作戰，又要在意識形態上與整個亞洲展開鬥爭。億萬東方人把日本的戰爭當成是自己的戰爭，是一場種族和膚色的對抗，他們還把日本的勝利當作是自己從西方統治下解放出來的勝利。

「每個國家，包含美國在內，對現在構成遠東問題的種種禍患，都負有責任。」遠東問題權威泰勒・丹尼特（Tyler Dennett）早在一九二二年就寫道：「我們所有的人都應該永遠拋棄自以為公正和受害的無辜者的偽裝，以懺悔的心情面對現實。」

如果當時我們這麼做了，一九四一年與日本的談判就非常可能以和平而非以戰爭收場，同時美國也不會多年來被迫在亞洲成為道德警察。而道德警察並非是個讓人開心的角色，尤其是當它自身的道德性正被質疑的時候。

本書就是按照事情的原本面貌如實描寫那些被捲入人類史上最大規模戰爭的人——他們見識不明、自視甚高、有失體面、心灰意冷、充滿矛盾和悖論。

我已竭盡全力讓事實本身說話，如果有什麼結論的話，那就是：歷史不會提供簡單的教訓，只有人類本性的不斷重現，而非歷史在重演。事實上，我們通常從當下得知更多的過去，而非反過來從歷史中了解更多現在。戰後由於我們自身在亞洲所採取的暴行，讓美國人看清了上一代日本人當時的戰爭行動，這無疑是一個值得借鑒的例證。

第一部
戰爭的根源

PART ONE
THE ROOTS OF WAR

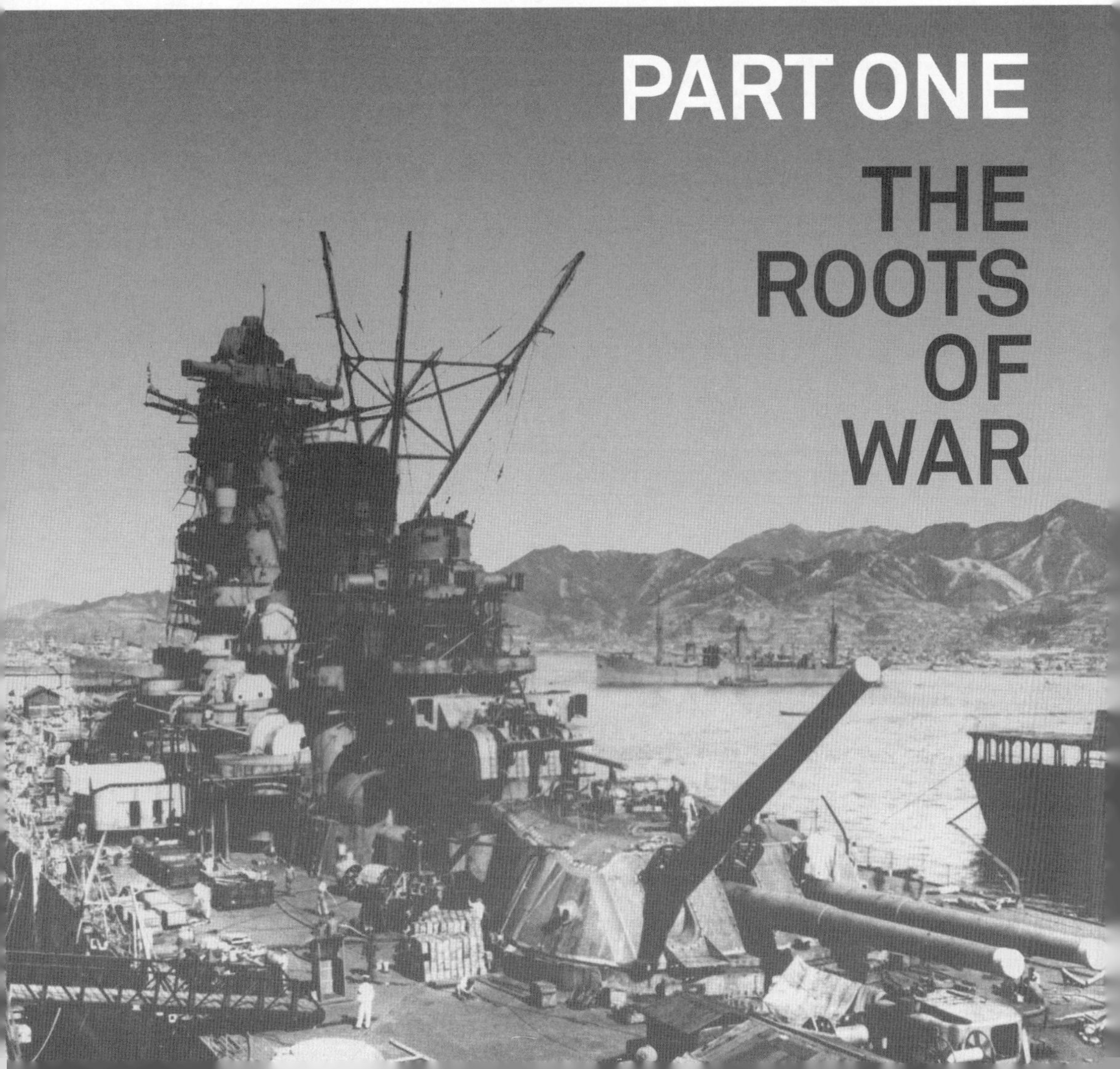

第一章
下克上

一

一九三六年二月二十五日午後，東京上空烏雲密布，似有不祥的預兆。此時大雪蓋覆了整個城市，還要下大雪的樣子。前三個晚上已下了厚達一英尺的雪，這打破了五十四年來的紀錄，也造成交通大亂，因此必須將部分戲院改為旅社，以供應那些無法及時回家的觀眾住宿。

縱使東京披覆著白雪，看起來既有西方色彩，也有東方色彩。此時日本已經把封建制度遠遠甩在後頭，成為亞洲最進步和最西化的國家。在距離皇居的傳統瓦式屋頂僅幾百碼的地方，坐落著一棟現代風格、四層樓高的水泥建築物，這就是處理宮中事務以及天皇辦公的宮內省。在環繞皇居的古石牆和護城河之外，同樣是東西方風格混搭的還有帝國劇院和第一大廈等一長排新式建築物，彷彿是將芝加哥的天際線搬到東方；而就在幾個街口之外，就是狹窄的鵝卵石街道，成排的藝妓館、壽司鋪與和服店比鄰而居，以及各式看起來搖搖欲墜的小店，都掛著隨風飄動的門簾和各式顏色的燈籠，即使是在這樣的陰天，也透露出歡樂的氣息。

緊挨著皇居的小丘上，是尚未竣工的國會大廈，建材主要採用自沖繩的石塊，有著類似埃及樣式的外觀。這棟居高臨下的大廈後方聚集了政府高層們的寬敞官舍，最大的是首相官邸，由兩座建築物組成，公務部分採用美國建築師法蘭克．洛伊．萊特（Frank Lloyd Wright）早期風格的樣式，起居部分則是日本傳統樣式，如紙般的薄牆、榻榻米地板，還有滑門。

在平和的外表下，東京底層民眾正在騷動翻騰著，並迅速而劇烈地走到了大雪覆蓋的街頭。皇城的其中一端是第一師的軍營。陸軍部的某少校從一名年輕軍官那裡獲知，某群激進分子正在謀劃刺殺數名天皇顧問，在他密報這起軍事暴動的訊息之後，當局已經對此動亂有所準備，不但監視嫌疑者，也調派緊急隨扈給要員。此外，還用鋼筋和鐵條來加固首相官邸的門窗，並將警報系統直接聯結至警視廳。不過，「憲兵隊」[1]和警方都覺得他們可以輕鬆應付此局勢。畢竟，這樣的一小撮叛亂分子能造成什麼樣的危害？又能激起多大的反應？此時，他們卻懷疑這即將發生叛亂的情報的准確性。而眼見這一天就要結束了。

在負責皇居守衛的精銳部隊中，想要造反的人情緒十分高漲，但他們卻對此感到自傲，這確實很怪異。他們輕蔑的態度完全外露、毫不遮掩，因此已經下令在數日內將他們調往滿洲[2]。他們公開表示對當局的蔑視，甚至有某部隊以機動演習為理由，跑到帝都警視廳前撒尿。在這群不服管束的官兵中，約有一千四百人正在謀劃叛亂，準備在翌日破曉前，同時對六個在東京的目標進行襲擊：包括警視廳和數個政府首長的官舍。

在為襲擊進行複雜的準備工作的同時，尋歡作樂者在黑幕低垂的巷弄裡漫步尋找目標。「銀座」，這個東京的第五大道百老匯，早已人潮洶湧。對於日本青年來說，這兒早就是外部世界的浪漫象徵，由霓虹燈、精品店、咖啡館、美國與歐洲電影、西式舞廳及餐館群聚而成的仙境。幾個街區之外不遠處就是「赤坂」，不論男女都還身著和服，舊式日本也在此期待著一個歡樂的夜晚。塗抹誇張粉妝、身著華服的藝妓坐在黃包車上，穿梭於柳樹蜿蜒成行的巷弄，看起來有如遠古遺風再現。這裡的燈光較為昏暗，警察提著舊式紅燈籠，散發著柔和的光芒與思古的氣味，猶如一幅栩栩如生的迷人木刻畫。

——

這些叛亂分子並非受個人野心所驅策。在他們行動之前，已經有六批像他們一樣的人了——不過全都失敗——他們準備再幹一回，試圖透過暴力和暗殺解決日本社會的不公。日本的傳統給予這些罪行合法的藉口，日本人還為此賦予一個專有名詞——「下克上」。此詞最早是在十五世紀時開始使用，當時各社會階層都蔓延著叛亂，地方士豪拒絕臣服於將軍[3]，而將軍也不聽命於天皇。

第一次世界大戰結束後，歐洲的君主專制制度崩毀，民主主義、社會主義和共產主義浪潮隨之而來，這對當時的日本青年產生了巨大衝擊，他們大聲疾呼要求變革。政黨也應運而生，從一九二四年開始實施成年男性普選法。不過，所有的一切都來得過於迅速。過多的日本人將政治視為遊戲或是謀得暴利的泉源——一系列醜聞也隨之曝光，諸如松島紅燈區醜聞、鐵道醜聞、朝鮮醜聞等。貪汙與賄賂的起訴案件，在國會殿堂內引發了激烈的爭論。

人口爆炸伴隨著日本的西化而來，也加入到這場混局中。北海道、本州、九州與四國，這四個加起來幾乎和美國加州一樣大小的日本主要島嶼，已經擠進了八千萬人。日本國內經濟無法支撐每年幾乎是百萬人口的增長；農產品價格暴跌後，農民幾乎處在飢餓邊緣，開始組織日本史上的第一次抗議活動；數十萬城市工人被迫失業。左翼政黨和工會也應運掀起了一波波浪潮。

不過，這些運動卻遭受民族主義者組織的抵制，其中最著名的領導者是北一輝，他既是民族主義者，也是激進的革命分子，試圖將社會主義和帝國主義結合在一起。不但激進分子們激賞他的宣傳著作《日本改造法案大綱》(*A General Outline of Measures for the Reconstruction of Japan*)，連崇拜天皇者也是如此。他的言論吸引了所有渴望變革的人。他寫道：「日本正在追隨西方國家的毀滅性案例，在皇權的庇蔭下，那些金融、政治和軍事方面的掌權者皆在致力於維護他們自身的利益……」

「沒有我們的領導和保護，印度和中國的七億弟兄們是無法取得獨立的。」

「東方和西方的歷史，不過就是封建國家歷經一段時代的內戰取得統一的紀錄。在經歷這個時代的國際性戰爭後，才能達到國際間唯一可能的和平，而且必定是封建式和平。這種和平將透過一個強大到能夠統治世界各國的國家之興起而實現。」

他呼籲大家「去除國家和天皇之間的障礙」——他所指的就是國會和內閣。投票權應該限制到只賦予一家之長，個人財富累積不得高過一百萬日圓，這約莫是當時的五十萬美金。重大工業應該收歸國營，建立獨裁制度，限制女性只能從事家藝活動，以「陶冶培育昔日的花道和茶道等日本藝術」。

當時數百萬受影響的理想派青年，早就厭惡政府和企業的貪腐以及家庭的經濟貧困，因此被此種言論迷惑，也就不足為奇了。他們將與所有的邪惡勢力和共產主義搏鬥，將東方世界從西方宰制下解放出來，並使日本成為這個世界的領導國家。

在西方，這樣的青年可以透過加入工會或成為政治煽動者而找到行動出口。但在日本，許多年輕人，特別是小地主或商人家庭出身的年輕人，認為最好的方式就是成為陸軍或海軍軍官。一旦入伍，他們就會更深刻了解到他們屬下的貧困狀況，當士兵們收到家書時，都會啜泣掉淚——因為他們離家從軍，全家都處於飢餓邊緣。青年軍官將此怪罪於他們的上級、政客和宮內廳官員。他們會加入一些秘密組織，例如主張採取直接行動和暗殺的「天劍黨」，還有主張領土擴張和進行內部改革的「櫻花會」。

一九二八年，這種情況已到了白熱化的階段，但靠兩名在軍方體制內活動的人，才把醞釀已久的計畫付諸施行。其中一名是石原莞爾中校，另一名則是板垣征四郎上校。前者非常聰明、主意多、浮誇、善於心計；後者沉著冷靜、敏於思考、擅長組織。這兩人組成一個完美的團隊。只要是石原想做的事，板垣就能完成。兩人都隸屬於關東軍的參謀部，這支部隊被派遣到比美國加州、奧勒岡州和華盛頓州加起來還大的荒野土地——滿洲，以保護日本的利益。

這兩名軍官認為，滿洲就是解決日本境內貧困的唯一辦法。可以把這一大片荒原轉變為文明且繁盛的地區，以和緩國內的失業，還能為已經人口過剩的日本提供出路。日本超過三分之二的農場佔地不到二又四分之一英畝。滿洲除了成為日本的原料供應保證地以維持工業化國家所迫需之外，也是所有成品的市場。石原和板垣認為，要實現這一切，就必須等到日本完全控制滿洲，然而當時的滿洲屬於中國的軍閥張作霖大帥，但他只是鬆散地統治這片區域。當然，日本在滿洲也擁有在鐵路沿線駐軍，以及從事礦業開採、農業與商業行為的權利。

幾百年以來，為了中國北方這一大片土地，爭鬥從沒停歇過，中國人佔領了滿洲和朝鮮半島，俄羅斯取得了濱海邊疆區（Maritime Province），也就是從白令海峽（Bering Strait）延伸到海參崴（Vladivostok）這一長段的西伯利亞濱海區域。幾個世紀以來，日本閉關鎖國，直到一八五三年以前，都沒參與過爭奪這片土地。那一年，美國海軍准將馬修・培理（Matthew Perry）率領艦隊駛入江戶灣（Edo Bay），在火砲威脅下，這個中世紀的國家開始面對現代化生活。日本人很能接受這樣的狀況。他們勤奮地抄襲當時最先進的生產技術，甚至增加了自己的創新作法——例如，紡織廠女工穿上輪式溜冰鞋以便快速處理更多紗錠。他們建立起強大的海陸軍，並開始模仿歐洲國家的武力外交競技，派遣遠征軍。幾十年之內，日本就控制了大部分的朝鮮半島，並於一八九四年為了這個國家與中國開戰。日本輕鬆戰勝，獲得了台灣、滿洲南部及擁有重要海港旅順與大連的遼東半島。

俄羅斯、德國和法國驚覺有個國家闖入，要來分食「中國」這塊大餅，三國便聯合起來，迫使日本放棄這個它因戰勝而取得的半島。後來，蘇聯佔領了遼東半島，但不到十年就丟了。一九〇四年，被深深刺傷了民族自豪的日本，對沙皇發動了反擊。日本以壓倒性的優勢屢戰屢勝，擊敗了這個擁有全球土地面積達六分之一的帝國，震驚了全世界。於是日本再度取得旅順和大連。

日本同時也奪取了蘇聯在南滿建造的所有鐵路。日本原本是可以攫取整個滿洲的，但因為它想被其他歐洲國家認可自己也是帝國主義群體中受到尊重的一員，因此就此止步。接著，日本投入十億美金到這個盜匪肆虐、人煙稀少之地，在鐵路沿線地區建立起法律和秩序，使得好幾百萬日本人、中國人和朝鮮商人與移民者，如潮水般湧入這片大地。

正是移民與商人的大量湧入，激發了石原和板垣企圖使滿洲擺脫中國軍閥的控制。石原夢想將滿洲設為一個自治國，一個各民族——日本人、中國人、滿洲人、朝鮮人與白俄羅斯人——共居的庇護所。真正的民主主義和最終的社會主義都會在此實現，並作為對抗蘇俄的緩衝區。[4]

所有這一切都要經過關東軍和東京方面的同意，方能實現。但天皇和陸軍部都拒絕批准這個似乎是偽裝的侵略計畫。然而石原、板垣及其他追隨者並沒有因此受阻，決定按照自己的計畫行事——來次「下克上」。第一步就是除掉年事已高的中國軍閥張作霖。一九二八年六月四日，一名關東軍參謀軍官指揮工兵團炸毀了張作霖的專用列車，最後張重傷而亡。此後，石原和板垣無視東京方面的多次警告，繼續操控關東軍，簡直視之為自己的私人部隊。一九三一年夏天，他們準備使出最後一招，秘密集結軍隊用武力從中國手中奪取滿洲。外相聽聞此消息後，連忙說服陸相從東京派遣一名軍官前往滿洲掌控關東軍。被選派的人是一名少將，於九月十八日傍晚抵達瀋陽。此時，距離中國第七旅的兵營不過幾英里遠的南滿鐵道上，已經埋好了一大包炸藥。爆炸將成為派兵佔領瀋陽以「維護秩序」的藉口。

板垣輕而易舉就將少將的注意力轉到一家日本旅社「菊文」去和藝妓們過夜。當晚十點左右，爆炸聲響起，但對於鐵道的破壞相當輕微，甚至在幾分鐘後一列南下列車還能安全通過。一名日本領事想要與中國方面斡旋此事，但一名關東軍少校抽出軍刀，威脅要一刀劈死他。十點半時，日本軍隊向中國兵營開火，其他分遣部隊則擁向瀋陽各處城牆。在菊文旅社內，酩酊爛醉的少將根本就沒聽到槍響。即使聽到了，也不會有所作為。他一開始就獲悉陰謀——他是認同的。

翌日，瀋陽已落入日本人之手，不僅全世界，就連東京方面也感到非常震驚。在內閣的要求下，參謀本部下令關東軍限制其敵對行為擴大。但這群個人主義分子根本不理此道軍令，繼續向滿洲其他地區挺進。這是一次大規模的「下克上」。

在東京，「櫻花會」的成員早就秘謀進行一場政變，以支援滿洲的叛變行動。他們的首要目的是在國內實施激進改革。這些改革，加上滿洲的征服，將形成一個嶄新的日本。參與此陰謀（「錦旗革命事件」）的有約一百二十名軍官及其轄下部隊，再加上煽動分子北一輝的追隨者。叛亂分子密謀首先暗殺政府與宮內要員，然後群聚於皇居前集體切腹，以向天皇請罪。

不過，因為參與者派系眾多，加上意見紛歧，有些人因內訌或金錢因素而舉報。一九三一年十月十七日，政變策劃者都遭到逮捕。叛變首謀被判處二十天禁閉，助手則是十天。其餘同夥只是稍受責難而已。還是老套作法：對任何已經採取或僅是策劃採取暴行者，如果是為了國家榮耀，就應該被特赦。

該晚，陸相致電關東軍，毫無力度地責備道：

一、爾後關東軍不得再進行任何獨立於皇軍之外的行動，包括奪佔滿蒙的新計畫。

二、大局正按陸軍部的意圖發展，因此貴軍可全然放心。

似乎還嫌不夠，陸軍部次官又加了一段安撫軍心的話：

為解決現有困境，我們一直以來都是團結一致，竭盡心力……請相信我們的熱忱，謹慎行事……避免宣布關東軍獨立的魯莽行動，並靜候時局有利我方之時。

對此，關東軍的指揮官並不領情，反而氣憤地否認關東軍有謀求獨立之舉。他們只承認「曾試圖進行過度和專橫的行動」，但宣稱這一切都是「為了國家」。

流產的「錦旗革命事件」還是達到了其中一項目的：在後來幾年之中，確保了在滿洲冒進的成功。此事件也讓許多日本人深信，政界和財界確實腐敗，所以理應支持軍方領導的改革。與此同時，卻也產生了一個苦果，那就是改革運動中兩翼開始分裂。由新聞記者組成的綽號為「統制派」的一翼認為，單是奪下滿洲是不夠的，因為要防備蘇聯方面的可能攻擊，就必須先拿下中國本土。北一輝的信徒屬於另一翼——被稱為「皇道派」[5]——則認為這種新擴張極為愚蠢，因為工業化的滿洲已足以成為一個對抗共產主義的堅硬堡壘。

較為年輕且富於理想的軍官們屬於後一派，但資歷較深的校級軍官和陸軍部的要員們，則傾向支持「統制派」。那些更為激進的民族主義分子則主張立刻採取暗殺行動。例如，「血盟團」[6]的每一名成員都宣誓，在一九三二年二月十一日前後，至少要殺掉一名「貪腐」的政界或財界要員，以慶祝傳說中的天照皇大神的直系第五代後裔神武天皇登基二千五百九十二週年。大藏大臣井上準之助也被列在暗殺名單上。他的個性率直，經常反對一直增加撥款給陸軍。被指派暗殺井上的刺客在人跡罕至的海灘上進行射擊練習，他比原定計畫提前了四天就在人行道上對井上開了三槍。不到一個月，在類似狀況下又發生了第二起謀殺：當三井集團總裁團琢磨男爵步出車門時，一名年輕的刺客拿槍頂了他的背一下，便扣了扳機。

對於這些人的審判，再度帶給日本群眾聳動的新聞和街坊的宣傳素材。在日本史上，暗殺者甚至比受害者更受人同情。一個人會被暗殺，不就說明他本身缺乏德行嗎？為了崇高的目的而犯案的刺客不正是為了保護平民以對抗暴虐嗎?即使罪證確鑿,兩名刺客卻未被判處死刑,而是以無期徒刑定讞。顯而易見,幾年之後他們就會被假釋出獄了。

五月十五日,星期日,團琢磨死後僅兩個月,兩輛計程車在東京靖國神社的側門前停了下來。這個神道教廟宇是專為紀念所有為日本而戰並因此捐軀的將士。九名海陸軍軍官下了車,向日照皇大神鞠躬行禮。接著,他們向一名和尚買了平安符,再次坐上了車,直奔首相官邸。他們衝過警官的攔阻闖入官邸,衝進首相犬養毅的臥室。這名個頭矮小、留個山羊鬍的七十五歲老人,鎮靜地將這些自認是刺客的軍官領至一間和室。他們有禮貌地脫了鞋坐了下來。就在此時,一個在走廊間迷路的同夥手上握著匕首衝了進來,大喝道:「少說廢話!開槍!」語畢,每個人都朝著這個曾經反對征服滿洲、也始終拒絕承認「滿洲國」魁儡政府的矮小老人開槍。這群刺客接著搭上計程車,前去襲擊警視廳。因為是星期日,除了幾名值班警官外,並沒有其他足以狙殺的對象。在投降之前,他們還朝日本銀行扔了一枚手榴彈。其他同夥則在街道上散發傳單,還扔了幾枚炸彈震碎了幾扇窗戶。

這次政變──被稱為「五一五事件」──失敗了,但對凶手的審判卻掀起更大的騷亂。總共進行了三次審判,一場審訊一般平民,另外兩場則分別針對陸軍和海軍軍官。一如往常,大多數的民眾對凶手表示同情,而當其中一名被告宣稱他和同夥只不過是為喚醒祖國而敲響警鐘時,群眾竟全體鼓掌。人們早就對「貪腐」一辭耳熟能詳,對個頭矮小且英勇的犬養毅並不表多少同情。他的死,只是對政客的一種警告而已。

同情凶手的人非常多,以至於判案的官員收到潮水般湧入的請願書,超過十一萬封以血簽名或整篇以血書寫的請願書祈求寬恕他們。新瀉縣還有九名青年要求替這些受審軍官服刑,為了表達他們的真心誠意，還隨函附上九顆泡在酒精罐裡的小指頭。

刺殺犬養毅的凶手之一表示遺憾，但他也說首相「必須在國家改革的祭壇上犧牲生命」。另一名凶手則宣稱，「對我來說，生死已無關緊要。我要對那些為我的死表示哀悼的人說，不要為我流淚，要在改革的祭壇上奉獻你們自己。」

審判的結果完全可以預料：沒有人被判死刑，而被判刑的四十人大多數在幾年後就獲釋了。在民眾心目中，他們是烈士，是鬥士，還有誰會為了終結此嚴峻的經濟大蕭條而採取如此激烈的舉措？[7]還有誰會領導農民和工人擺脫貧困？又有誰敢公開襲擊貪腐成性的政客、內庭官員和財界大亨？正因為有這麼多群眾私下抱持這種想法，軍國主義者和右派分子的勢力才得以持續發展。

這些抱持理想主義的年輕軍官被周遭的貪腐現象惹火了，三年來一直在等待時機。因為尊崇天皇，才促使他們沒有支持共產主義革命。但其中一人受到「上天啟示」，毅然獨立行動。即使對於一個還未跨出封建主義的國家來說，這項行動也顯得相當血腥和離奇。一九三五年八月的一個清晨，相澤三郎中校在明治神宮求神問卜後，走進一間座落在皇居外的兩層古老木造樓房的後門——陸軍參謀本部。當他們的偶像真琦三郎將軍被解除教育總監[8]職務時，他就像當時眾多的理想主義派激進年輕軍官一樣，感到憤慨萬分。

相澤未經通報，就跨入真琦三郎最明顯的仇敵軍需局局長永田鐵山將軍的辦公室。不久之前，相澤才在伊勢神宮對天照皇大神禱告：「我感到一股想刺殺永田的衝動。如果我該這麼做，請神明助我完成。如果不該如此，請讓我失敗。」當相澤拔出軍刀時，永田正坐在辦公桌前，甚至都沒有抬頭看他一眼。相澤一刀刺了下去，沒有擊中。第二刀也只是讓永田受了輕傷而已。永田踉蹌地奪門而逃，但相澤從背後一刀刺穿了他，將他釘在門板上片刻。相澤對著永田的脖子砍了兩刀，然後走進了一個朋友的辦公室，說他已經執行了上天的審判。他準備去買頂帽子，因為在慌亂行刺中他弄丟了帽子。當一名憲兵逮捕他時，他還認為自己被簡短訊問後，就能回到工作崗位。不過，他發現自己成為一場轟動審判中的主角。這次審判撼動了陸軍的基石，同時還成為了那些想在一夕之間完成國家改革的所有青年超級愛國者的召集點。

在審判過程中，五位法官謹慎處理相澤案件，同時也允許他利用證人攻訐政治家及如三井與三菱等大財閥的貪腐。對於謀殺罪名，相澤供認不諱，但他宣稱他只是盡了身為天皇麾下一名光榮軍人的責任。他以散文般的誇張語調宣稱其改革：「國家正處於悲慘的狀態下：農民窮困潦倒，官員貪腐受賄，外交軟弱無力，海軍裁軍協定已然侵犯了最高統帥權[9]。我終於認知到，那些御前的資深政治人物、有權勢的財閥和官僚，為了自身私利，正試圖逐步腐蝕政府和軍隊。」這些景況激發了他犯案——執行「下克上」行動。

相澤的辯護律師警告：「如果庭上無法理解相澤中校的指導精神，那麼，還會有第二個、甚至第三個相澤出現。」

二

這個預言是一九三六年二月二十五日在大雪覆蓋的東京做出的，而這正是現代日本史上最心雄志盛的政變領導人準備發動襲擊的時刻。翌日清晨，他們將主要目標鎖定為首相岡田啟介。岡田是名海軍退役上將。二月二十五日晚間，他正在官邸舉行晚宴，慶祝執政的民政黨在五天前的眾議院大選中獲勝。對他而言，從政並非出於意願，而是受到力邀而為。去年秋天，因為一起牽連大藏省官員的醜聞，迫使前任首相齋藤實子爵下台後，天皇便命他籌組新內閣。

正當岡田的貴賓們為了勝選舉杯時——這個結果被解讀為岡田政策的徹底勝利和對法西斯主義和軍國主義的一次重擊——他的私願卻是想辭職。他對政治鬥爭感到厭煩，儘管這次大選獲勝，但在他看來，軍國主義和沙文主義卻還是和以前一樣強大。

另外兩個被列在暗殺名單之上的人，此時正在離首相官邸不遠的美國大使館，出席美國駐日大使約瑟夫．格魯（Joseph Grew）為招待前首相——此時才剛剛被任命為宮內大臣——而舉行的三十六人晚宴。出席者中還有另一名退役海軍上將、天皇的侍從武官長鈴木貫太郎。

格魯身材高大，看起來溫文儒雅，眉毛濃黑，蓄鬍，頭髮灰白。他和其曾祖父都出生在波士頓後灣區，和富蘭克林．羅斯福在格魯頓學校（Groton）與哈佛大學都是同學。雖然出身貴族，但具有民主的天性。早年出使歐洲時，就已享有盛名。他特別適合出使東京，因為對日本知之甚詳。他不只喜歡日本，還喜歡包含日本的一切事物。他的夫人曾在日本住過，能說日語，是培理准將的後裔。

當晚，格魯盡其所能地招待他的貴賓：專門放映一場由珍奈特．麥克唐納（Jeanette MacDonald）和奈爾森．艾迪（Nelson Eddy）主演的電影《俏皮的瑪莉愛塔》（*Naughty Marietta*）。他之所以挑選此片，是因為「該片充滿維克多．賀伯特可愛的舊式配樂、美麗的場景、清秀浪漫的故事，全無粗俗之處……」晚宴之後，格魯陪同齋藤前首相步入客廳，坐在舒服的扶手椅上。他知道老首相不曾看過有聲電影，如果他不想看則可以在此休息一下。但齋藤子爵卻十分著迷於電影，不想休息。雖然齋藤習慣在晚宴十點時便告辭離開，但這晚他不僅在電影上半場休息時吃了點心，還一直待到看完電影。這部浪漫的電影應該也感動了其他賓客，因為燈光亮起時，所有日本女賓客的眼睛「都明顯是紅的」。

當齋藤夫婦起身告辭時，已經是深夜十一點半了。格魯夫婦一路送他們到大門口，對齋藤的盡興感到頗為欣慰。當齋藤的座車發動時，天空中的雪花正緩緩落下。

——

二月二十六日清晨四點，香田清真上尉和其他叛亂領導人把部下們喚醒。部下們對此陰謀一無所知。他們還以為只是又一場夜間演習罷了。只有少數幾個人被告知當晚將有殺人行動。

栗原中尉對一兵倉友說：「我要你和我一起赴死。」倉友十分訝異，但卻立刻回答：「遵命，長官。我願意赴死。」他事後回憶說：「長官的命令必須絕對服從，不得違抗。直到那時，我才意識到要發生大事了。」

天上持續降下大片雪花，這使好幾名起事軍官想起了「忠臣藏」事件。十七世紀時，有個地方豪族受到幕府將軍儀典長吉良的羞辱而自殺。被辱豪族的手下武士大石，誓言要為主人報仇雪恨。因此在爾後的七年中，他遵循武士的犧牲傳統，把自己裝成醉鬼，暗中卻在密謀報仇。在一個大雪紛飛的清晨，四十七個浪人——就是失去主人後四處流散的武士；或許可以和美國的流浪牛仔相比擬——突襲了離皇居不遠處的吉良府第。他們刺死了儀典長，把首級砍下，並把它帶到擺放主人骨灰的神社中。接著，以真正的武士道精神，四十七名武士切腹自殺。這是個真實故事，呈現出武士道的理想，同時也是日本電影和歌舞伎戲劇最喜愛的主題。

行動小組分往不同目的地：香田本人率領的小組將佔領陸軍大臣官邸，並脅迫高階將領支持他們；另一組則將佔據警視廳；其他四組則分別暗殺首相、大藏大臣、宮內大臣和侍從武官長。刺殺宮內大臣的殺手完成任務後，再去教育總監位於郊區的寓所，將其狙殺。其他兩組人馬也全速趕往市郊，分別除掉前宮內大臣、天皇顧問牧野伸顯伯爵和天皇最親密的顧問、舉國敬崇的政治家（最後的元老）西園寺公望公爵[10]。

栗原中尉和一名憲兵軍官直奔首相官邸的大門。一名值班的警衛在門內詢問他們有何公務，憲兵只說：「快開門。」警衛並沒有想到會有問題，因為他們之中有一名是同僚，另一人是陸軍軍官。當警衛走近大門時，栗原中尉一手抓住他，用另一隻手握著手槍戳頂著他，喝令道：「開門！」

栗原和其他軍官率先闖入，屬下士兵隨後跟入，將警衛室內熟睡中的警衛解除了武裝。栗原推開眾人，進入了漆黑的官邸。他打開大廳內的電燈，確認方位之後，立刻熄燈。瞬間，走廊上響起震耳欲聾的槍聲。這是外面的叛兵正等待著的訊號，他們以重機槍掃射。大廳內的吊燈全被打碎，墜落在地。

就在早上五點之前，首相的年輕秘書迫水久常被住所外隱約的騷動聲吵醒，他的居所位於首相官邸後門的對面。他想，他們終於來了！他早就預期會有人對他的上司發動襲擊。他跳下了床。他和首相關係相當密切，因為他的妻子正是岡田的女兒，而他的姑姑正是岡田的夫人。

迫水輕輕開啟窗戶，在狂捲的雪花中看到守衛室後門的警察慌張無措。他立刻撥了通電話到警視廳。

電話裡答道：「我們剛剛聽到首相官邸的警鈴聲，一排人馬已經上路了。增援部隊也剛剛出發。」

迫水感到安心了，回到樓上。這時，他聽到街上傳來馬靴的響聲，便探頭望去，期待來人是增援部隊或是專門保護首相的陸軍部隊。但是，在一聲槍響之後，他看到一名警察應聲倒下。而在一群刺刀閃閃發亮的部隊到來之前，其餘警察慌忙撤離。一陣槍響——聽起來像是來福槍和機槍聲——這名秘書終於明白，正是陸軍部隊在攻擊首相官邸。他匆忙穿上衣服，前去救援首相。當他衝上街時，他聽到官邸的日式建築內槍聲響起。大門口的軍士揮動著來福槍衝了過來，逼使迫水回到自宅，並穿著濕答答的軍靴跟了進去。迫水無計可施，只能來回踱步。陸軍部隊和警方增援部隊究竟發生了什麼事？原來，警方的增援部隊已經趕到，但卻被驅退，而部隊本身就是叛軍的一分子。

迫水再度打電話到警視廳。電話那頭的一個聲音卻回答：「我們是起義部隊。」大約五百名叛軍正在佔領警視廳。迫水掛上電話後，撥電話給附近的麴町憲兵分隊。憲兵隊怯弱地答道：「局勢已經失控了。我們能有什麼辦法？」

離首相官邸幾條街遠，迫水的堂弟指揮著一百七十名士兵，衝入陸相川島義之的官舍。香田就在其中。他把川島吆喝出來，向他宣讀了一連串的要求：進行政治和社會改革；逮捕「統制派」領袖；在關鍵職務上安插「皇道派」軍官（叛亂者反對向中國擴張）；指派荒木上將[11]為關東軍司令「以壓制赤俄」。香田還堅持下達戒嚴令，還有陸相必須立即前往皇居，向天皇傳達叛軍的要求。

在他們爭辯的同時，安藤輝三上尉帶領一百五十名士兵衝進了侍從武官長鈴木貫太郎的官舍。鈴木幾個小時之前，還和齋藤一起觀看《俏皮的瑪莉愛塔》。一名女僕喚醒了這位年邁的海軍上將。他匆忙跑到儲藏室去取軍刀，但卻遍尋不著。他聽見迴廊傳來了腳步聲，便踏入隔壁的房間——死在壁櫥中是件丟臉的事。瞬間，二十多把刺刀把他團團圍住。一名士兵走上前來，有禮貌地問道：「您是鈴木閣下嗎？」

鈴木說他就是，並舉手要大家安靜。「你們這麼做一定有你們的道理，告訴我原因為何。」不過沒人回答，鈴木又問了一次。他們依舊靜默不語。當他問第三次時，一名拿著手槍的人（在鈴木看來，他只是個士官）不耐煩地說：「沒時間了，我們要開槍了。」

鈴木猜想他們只是聽命行事而已，也不知道原因為何。他肅穆地說：「那麼，也只能這樣了。開槍吧。」他挺起胸膛，有如面對行刑隊一般。在他身後，掛著他雙親的畫像。三支手槍同時擊發，一槍擦身而過，一槍打進下腹，第三發子彈穿過了心臟。當他倒下時，仍清醒著，他們又對著他的頭部和肩膀開了槍。

有人喊了幾聲：「再補一槍！」鈴木感到有把槍頂住了他的咽喉，接著聽見妻子喊道：「別再開槍了！」此時，安藤上尉走了進來。拿槍頂著鈴木咽喉的人問：「要一槍斃命嗎？」

兩年前，安藤上尉曾帶著改革計畫找過鈴木。雖然海軍上將直率地回絕了他的提議，但在安藤心中依然是很欽佩他的。此時他說，一槍斃命「太殘忍了」，於是命令手下對鈴木敬禮。大家都跪在海軍上將身旁，舉手致敬。

安藤上尉對著部屬下令：「起立！出發！」然後轉身向鈴木夫人問道：「您是夫人嗎？」她點了點頭。「我聽說過您。對此，我真的感到極度遺憾。」他表示自己對上將個人全無惡感。「可是，我們對於日本應該進行改革的觀點和上將閣下是不同的。所以，我們不得不如此。」

上尉帶著一絲愧疚感離開了，同時也認定鈴木已在垂死邊緣（一名女僕聽到他說要自盡）。但是，鈴木卻奇蹟般地存活下來，而且在日本帝國最後的時光中，扮演重要的角色。

一

一名中尉率領部下前往大藏大臣高橋是清的深宅大院。他們破門而入到了第二道門，一組士兵挾持了六名警衛與僕役，其餘士兵則在屋內把每間房門一一踢開，尋找他們的目標。

高橋大臣此時正獨自在寬闊的和室內。他成就非凡，從腳伕出身，改信基督教，後來還當上日本央行總裁與貴族院議員。因為他曾大幅削減上一年的軍事預算，所以少壯派軍官對他懷恨在心。

中尉終於找到了他的房間。他握著手槍衝了進去，一腳踢開高橋的被褥，喊道：「天誅！」高橋無懼地看了他一眼，罵了聲：「白癡！」中尉遲疑片刻後，將槍內的全部子彈射向這位老人。另一名叛亂軍官大吼一聲跳上前來，猛力掄起軍刀砍去，力道足以穿透高橋身上的夾層大衣，將其右臂砍斷。接著，他又一刀穿透高橋腹部，又從左右兩邊狠狠地戳了幾刀。

高橋夫人從隔壁的西式臥房衝了過來，一眼見到肚破腸流的先生，放聲痛哭。當中尉用肩膀推開一群聚在走廊上嚇壞了的僕從時，他還說：「抱歉，打擾到你們了！」

一

快五點時，警鈴聲驚醒了岡田首相。幾秒鐘後，他的妹夫松尾傳藏（一名退休上校）帶著兩名警官推門進來。

「終於來了！」岡田說，接著又宿命般地表示，這是誰也沒有辦法的事。

六十一歲的松尾大喊：「現在不是說這種話的時候！」松尾精力旺盛、固執己見，根本不顧姐夫岡田的意願，堅持要當他的非正式、不領薪的總管。他硬是拖著身穿薄睡衣的岡田，穿過走廊向一個秘密出口而去。不過，他們聽到砸門破窗的聲音。一名警察把岡田和松尾推進一間主要是當儲藏室的浴室內，然後把門關上。沒多久，他們就聽到走廊傳來叫聲、幾聲槍響、打鬥聲。之後，又是一片寧靜。

脾氣暴躁的松尾說：「待在這。」語畢立刻走了出去。岡田首相也想跟出去，但黑暗中他撞上了櫃子，摔碎了幾瓶「清酒」，他嚇得全身僵直。再度安靜無聲。岡田又一次起身，但這次卻踩到清酒瓶而跌倒，發出聲響。

一名警察輕聲地從走廊對他說：「現在還不能出來！」岡田趕緊回到浴室。他聽到有人大喊一聲「院子內有人！」他從窗戶向外望去，看到妹夫緊靠屋牆站著，有好幾名士兵從室內緊盯著他。

指揮官大喊：「向他開槍！」但手下的士兵卻猶豫了。「你們這些傢伙馬上就要被派到滿洲了！如果現在連一、兩個人都不敢殺，到滿洲之後怎麼辦？」

士兵們不情願地把槍伸出窗戶朝院內射擊。

松尾高喊：「天皇萬歲！」血流如注地倒在台階上。他像是參加校閱一般挺起胸膛，但卻覺得十分痛苦，無法控制地呻吟起來。

一兵倉友跟著栗原中尉推開了一排因受到驚嚇而杵在那的士兵。他們告訴栗原那就是岡田首相。

中尉遲疑了一下，然後轉向倉友並下令：「一槍斃命！」

倉友並不願意。他只有一支手槍。栗原不耐煩地喊道：「就用它！」

倉友違背了意願，朝松尾開了一槍，擊中胸膛；又開了一槍，打中鼻樑。上校向前倒下，鮮血染紅了一大片雪地。

栗原曾在首相的臥室中拿了張岡田的照片。他跪在屍體旁邊，拿著照片和松尾的臉進行核對。他毫不遲疑地說：「是岡田！」軍士們高喊「萬歲！」將遺體抬進首相臥房，置於一張薄薄的床墊上。

為了一探究竟，岡田躡手躡腳地從浴室來到了走廊，見到一名已經失去意識的警察躺在那裡，左臂已經被砍斷。幾碼之外，另一名警察被刺死在椅子上。岡田向他低頭致哀，接著走進自己的臥室。看見床墊上松尾的屍體，不禁老淚縱橫，一頭撲在松尾的屍體上。良久，他站起身，穿上和服。當他正要綁上外衣的繫帶時，突然聽到腳步聲，便走出臥室來到走廊。

一名士兵大喊：「什麼人？」岡田連忙倉皇躲進一個黑暗角落。

士兵對他的袍澤說：「剛剛好像看到了怪東西。是個老頭，但像鬼魂一樣馬上就消失了。」

似乎無處不是死屍，但岡田卻奇蹟般地逃過一劫。當時，他認為自己會被殺死。這時他才開始想以後怎麼辦。叛軍佔領皇居了嗎？那些「重臣」[12]都被謀害了嗎？他覺得自己有活下去的責任，一旦將叛亂鎮壓下去，他就要整肅軍紀。但是叛軍在屋內四處橫竄，何處才是藏身之所？當他在走廊遇到兩名女僕時，他想到了辦法。兩名女僕連忙將他帶進自己的房間，把他推進大型壁櫥，再蓋上一大堆髒衣服。

此時，另外被派往郊區執行任務的兩組人馬已經抵達目的地。高橋太郎少尉和手下三十名士兵闖入真崎的繼任人、教育總監渡邊錠太郎的郊區住所。渡邊夫人和一名女傭試圖擋住高橋，但他輕易地把她們推開，衝進臥室。渡邊正和他的小女兒躺在床上。高橋朝渡邊開了一槍，然後抽出軍刀向他頭上砍去。

另一組人馬則在一處山區休閒勝地，四處搜捕牧野伸顯伯爵。牧野宮內大臣的職位繼任者是齋藤，迄今仍是天皇的股肱大臣。因為遍尋不著，叛軍便放火燒旅社，想逼他出來。此時，這名老人的二十歲孫女和子，已經領著他從旅館的後門逃走了。他們奮力爬上陡峭的山坡，但叛軍緊追在後，朝他們開槍射擊。和子不顧子彈飛竄，毅然站在祖父身前，張開和服的雙袖來保護牧野。或許是被她的英勇行為所感動，一名叛軍大喊：「得手了！」便說服同夥離開。

被派去暗殺西園寺公爵的第三組人始終未離開東京。帶頭的軍官在最後一刻拒絕採取行動。他不忍對僅存的元老痛下殺手。

老邁的公爵在其位於興津的宅邸，剛從一場噩夢中驚醒——夢見自己正被一堆斷頭屍和血淋淋的屍身團團圍住。當地警方收到首都發生叛亂的訊息後，立刻派出警力，將他護送到附近一所別墅。後來，他們收到一封電報說，有一輛載滿身穿卡其服年輕人的大車，正朝興津而去。公爵像木乃伊一樣被裹了起來，四處轉移地點以迷惑刺客——後來證實，這些年輕人只是專利藥品的推銷員。

在陸相官邸，香田上尉發現陸軍上層的態度持續搖擺不定。將領們既不願參加起義，又不敢得罪叛軍。只有才華洋溢、性情急躁的職業軍官片倉衷少校是少數顯得有決斷力的人之一。叛亂分子使他相當氣憤。他反對的不是叛軍的目的，而是反對混亂和目無上級。他認為，只有實行嚴厲的軍紀和絕對忠於天皇，軍隊才能存在下去。

在陸相川島的官邸庭院裡，片倉抨擊一群叛軍濫用皇軍的權力。他大吼表示只有天皇才有權力調動軍隊，並要求見陸相川島。

他對一群圍著他的叛軍說：「我們所考慮的不外乎是昭和維新[13]，對於改革，我的看法和你們是相同的。但我們都必須遵從天皇和服從統帥，不得將軍隊作為私用。」

一名叛軍指揮官從樓內走出，說道：「我們不允許你去見陸相。」

「是陸相親口告訴你的嗎？」

「不，是香田上尉的命令。陸相很快就入宮覲見。請稍待片刻。局勢很快就會明朗。」

片倉認為叛軍正以暴力脅迫陸相協助他們建立軍政府。他朝大門走去，真琦將軍雙腿岔開惡狠狠地站在那裡，就如同守護佛寺的金剛一樣。片倉有股衝上前去捅他一刀的衝動——真崎一定在幕後操控這一切，或許他還想當上首相呢！然而，片倉壓制了自己的情緒，他首先得掌握更多資訊。就在這時，次官從大樓中走了出來。片倉向他行禮，要求簡短交談幾句。正當其他人把他推開時，陸相本人走了出來，邊走邊繫上他的配刀。

片倉少校感覺某樣東西砸中了他的頭，他聞到了一股怪味。他立刻用左手摀著腦袋，大叫一聲：「你們不能開槍！」一名臉色蒼白的上尉（叛軍另一名指揮官磯部淺一）手提軍刀向他走來。

片倉大叫：「有話好說！把軍刀插回去。」磯部將刀入鞘，但又改變主意再度拔了出來。

片倉繼續說道：「你應該是香田上尉吧，除非你有天皇的御令，否則你無權調動軍隊。」之後，他隱約聽到有人——或許是真崎——在說：「我們不該這樣流血犧牲。」

他搖搖晃晃、無法站立。幾名軍官將他扶上陸相的坐車。當車駛過大門時，他依稀看見幾名憲兵。他喊道：「讓憲兵也上車。」他們的確讓憲兵上車了。有人建議把他送往陸軍醫院或是陸軍軍醫學校，他掙扎著說：「不……送我到城裡的私人醫院。」他不想在病床上被暗殺掉。

三

《基督科學箴言報》（*The Christian Science Monitor*）駐遠東首席特派員是威廉・亨利・錢柏林（William Henry Chamberlin），首先從日本新聞通訊社聽聞叛亂的消息。在市區，他聽到不少相互矛盾的謠言。外務省並沒有被叛軍佔領，依然對外開放，但卻沒有人向這些外國特派員發布有關消息。東京市中心的主要十字路口，都有部隊站崗。錢柏林不知道他們是屬於哪一邊的。現在政府還在運作嗎？

整個城市的公司行號職員對此毫不知情。他們覺得那天並沒有什麼不同，直到警方要他們搭乘的巴士繞開皇居和政府大樓時，才感到事態有些不對勁。此時，暴力行動已經結束。叛軍佔領了東京市中心約一平方英里的範圍——國會大廈和首相官邸的整個區域——並利用山王飯店作為臨時指揮所。

他們付費徵用了參議員俱樂部餐廳內的餐桌布，製成旗幟和橫幅，用黑色墨水寫著：「尊王—義軍」，高懸在首相官邸外。

憲兵司令嚴佐祿朗將軍得知叛變的消息後，顧不得因中風而半身癱瘓的病體，連忙下床趕往叛軍控制區域。衛兵將他攔下。他感到受辱而流淚，並問道：「這還是皇軍嗎？」

叛軍正在對所有的報社和通訊社發送他們的「宣言」。警方幾乎將所有的宣言複本都沒收了，但特派員錢柏林還是設法弄到了一份。對大多數的西方人來說，這份宣言似乎是進一步證明了東方人的令人難解。但對於研究日本史的錢柏林而言，此宣言的意涵則讓他深感恐懼。

神國日本之國體體現在天皇萬世一系的統帥，其目的是使國家秉賦之美傳遍八荒六合，使日照之民能盡情安樂生活……

然而近年來，以蓄積私人財富為其首務者眾，全然不顧日本眾生福祉和繁榮，是此已然重損天皇尊嚴。日本國民生活困頓，國家內憂外患，日益激化。

元老、重臣、軍閥、財閥、官僚與政黨皆為戕害國體之元凶。

吾等之責任在於清君側，粉碎重臣集團。此為吾等身為天皇陛下臣民之責任。

祈眾神庇佑吾等義舉，拯救祖先故土。

美國大使館就在叛軍控制區域附近，格魯大使第一時間就向國務院發出電報，報告叛亂消息：

今晨，軍隊佔領部分政府部門與部分市區。據悉數名顯要已遭暗殺。目前難以證實任何訊息。新聞特派員不被允許向國外發送電報或通電話。傳送此電報的主要目的是測試密電是否依然可行。解碼室請在收到此電後即刻回覆。

德國使館也在叛軍的砲火射程內。《法蘭克福日報》（*Frankfurter Zeitung*）的非正式特派員，也是德國使館武官的秘書，正在撰寫初步報導——會發給德國外交部一份，而紅軍第四局，也就是情報局，也會收到一份複本。此人正是理查・佐爾格（Richard Sorge），生於蘇聯，長在德國；父親是德國人，母親是蘇聯人。佐爾格浮誇賣弄，頗富機智。他設法獲取德國大使歐伊根・奧特將軍（Eugen Ott）的全權信任（大使不明智地向佐爾格透露了最具敏感性的資料，而佐爾格又洩漏給莫斯科）。兩人之間的關係已經上升到親密私交的程度。對於女色，佐爾格來者不拒。當他寫情書給住在蘇聯的老婆時，正與小妾駢居於東京，甚至就在東京，他也同時有好幾名情婦。佐爾格也嗜酒如命，喝到爛醉如泥的戲碼時常上演，因此常常嚇壞他的同胞。他曾是波希米亞式的共產黨員，其堂祖父是馬克思（Karl Marx）和恩格斯（Friedrich Engels）的好友。為了掩護他作為紅軍遠東間諜網首腦的身分，他還加入了納粹黨。幾乎耗時兩年，他才在日本建立起一個間諜網，而這回叛亂是他首次面臨的真正考驗。

他之後寫道，這次政變「具有典型的日本風格，因此需要研究，特別是其動機。對政變進行深層的探究，調查政變所揭露出的社會緊張和內部危機；對於了解日本內部架構的人而言，這比研究僅僅是記錄日方軍力的紀錄或秘密文件，更具價值」。佐爾格將這份報告發送至莫斯科後，立即命令他的情報人員盡量搜集這次政變的所有細節。接著，他勸誘德國大使和海陸軍武官各自獨立調查，並和他分享調查結果。

——

陸相在皇宮內向天皇奏報剛剛發生的叛亂。通常，如果天皇有表示意見的話，遣詞用字都模稜兩可、語意不清。但這一天天皇十分憂傷，所以直接回說：「不論此事件的癥結點為何，這次叛變是讓人感到極為遺憾的。依朕研判，此次行動有損吾國之國體。」之後，天皇對侍從武官長表示，他認為陸軍將會「用絲巾套住自己的脖子」——也就是說，只會輕微地訓誡叛軍。

天皇所扮演的角色，對外國人來說，雖然不至於完全無法理解，但也難以體會。其權力和責任，和世上任何其他國家的君王有所不同。他的皇祖明治天皇是個具有堅強意志和信念的人，以「富國強兵」和「文明開化」等口號，帶領這個國家從半封建社會步入現代社會。在其治下，國家福祉優先於個人利益。明治天皇的繼位人大正天皇卻生性古怪。有回他在國會發表演說時，將講稿捲成一個望遠鏡。其荒誕易怒的脾氣愈來愈不可遏抑，以至於在一九二一年他指定了自己的繼位人為攝政。五年之後在聖誕節當天，大正天皇駕崩，由其二十五歲的兒子繼位為帝。

從孩提時期起，裕仁天皇就接受了扮演此種角色所需要的訓練，而帝師主要是由西園寺公爵擔任。公爵本人深受法國大革命和英國自由主義的影響，這位最後的元老屢屢諄諄教誨著年輕的裕仁，日本需要的是一位慈父般的君王，而非專制君主。因此，他應該為國家要務扛起所有的責任，但不能隨意發號施令，而且必須客觀與無私。

理論上，天皇擁有無上權力，所有的國務決策都需經過他的批准。但是，依據傳統，只要內閣和軍方領袖已然同意某項政策，他就無法行使否決權。他還應該超越政治、黨派紛爭，因為他代表整個國家。

雖然有這些限制，但全日本唯有他能夠提出警告或批准同意，而自己又不會牽連其中，所以他還是擁有巨大的影響力。更重要的是，每個日本人都誓死效忠於他。這種道德力量非常強大，所以輕易不能動用，而且只能含糊其詞。由於天皇總是會面無表情地說出一些難以理解的話，所以那些稟奏的臣工必須臆測其意。

如果天皇像他的皇祖一樣積極作為，那他或許能鞏固他的皇權，因為依據明治憲法，天皇是國家軍隊的統帥。但裕仁雖然勤奮好學，他卻寧可當名科學家而非君主。他最開心的日子是星期一和星期六，因為能夠躲進他的小實驗室研究海洋生物。他從來都沒想過要當專制君王。當他還是皇太子時，曾經遊歷歐洲，有了喝威士忌的嗜好，喜歡西方音樂和高爾夫球，並對英國的君主立憲制始終表示尊崇。涉及他個人的原則問題時，他也能抗拒傳統和宮內的壓力。在永子皇后接連生了四名皇女之後，他拒絕為了子嗣而納妾——幾年之後，永子就連續生了兩名皇子。

他沒有天皇的作派，經常穿著破舊寬鬆的長褲，歪斜著領帶，在皇宮內無精打采地閒晃；戴著有如船舷窗戶玻璃般厚度的眼鏡，若有所思地張望；偶而還可以看到，他的外套鈕扣是扣歪的。他以「買不起」為由，拒絕添購新衣。他十分儉樸，甚至壓制添購所需書本的念頭，每支鉛筆都須用到無法再用時才換。他不浮華奢靡，自然又質樸，外表和行為都像是個鄉下的村長。然而，這個矮小圓肩的人卻具有某些偉人的特質：純粹、不驕矜，無私也無野心。他嚮往的是如何為國民帶來最好的生活。

他的子民將他視為神明。孩童們甚至受到警告，假如直視天皇的臉龐，他們的眼睛就會瞎掉。如果有某個演說家提到「天皇」一詞，全體聽眾就會端正坐姿。如果有外國記者貿然問起天皇的私生活，人們就會冷冷地告訴他，不能對神明提出這樣的問題。

但是在日本，「神」的概念和西方的上帝不同。對於日本人而言，天皇就是神，就像他們的父母和師長都是小神一般。對天皇的尊崇不僅僅是敬畏，同時也是愛戴與盡義務。不論臣民的地位如何低下，每個臣民都覺得和天皇家族有親屬關係，認為天皇有如全體國民的父親。明治天皇臨終之際，日本舉國上下都為他祈禱，盼他早日康復，更有許多民眾日夜守候在皇居前的廣場上。當他駕崩時，全國有如一個家庭般那般同感悲慟。因為日本確曾是一個大家族，經過無數交戰，演化至今成為一個現代化的宗族。

每個孩童都要接受「皇道」教育：日本道德教育的基石，是建立在對天皇和雙親盡義務之上的。一個人不敬畏天皇，就沒有祖國；沒有父母，也就沒有家庭。幾個世紀以來，天皇都是仁慈的，從來沒有試圖行使其絕對威權。就像雙親疼愛和教導小孩一般，他用愛心來呵護和導引他的子民。在三百四十六年天皇的統治期間內，日本境內沒有處決過任何一個人。

由於當時天皇這種模糊的地位，從中衍生出陸軍和海軍參謀長專斷的權力。實際上，他們兩人只對自己負責。天皇僅僅向軍方挑戰過一次，那是在一九二八年，當他獲悉石原、板垣集團謀殺了年邁的張作霖大帥之後。他勃然大怒，竟忘了所受過的嚴厲教導，痛加斥責首相。受西園寺公爵的影響，天皇對軍方持不信任態度，而公爵對此事件也十分憤怒——但他發洩的對象卻是天皇本人。他以帝師的口吻而非臣下的態度，指控裕仁的行徑有如暴君。這位老人家的訓斥深深震撼了天皇。因此除了三次例外事件，天皇都再也沒有忘卻這最後一位元老對他的主要教誨：「為君統而不治。」[14]

四

岡田的秘書迫水久常得到叛軍的允許後回到首相官邸，他發現岳父安全地藏在壁櫥之內。他小聲說：「我等一下再回來，振作起來。」之後，他返回自宅籌劃救援行動。快到十點時，宮內省的一名官員打來電話，極其有禮地對痛失首相表示哀悼。對方說：「天皇希望派名弔唁專使向首相家人致哀，是到首相府還是私宅？」

迫水擔心電話被竊聽，連忙掛掉電話，心想必須親自向天皇面奏實情，他換上禮服，在內層穿了件防彈背心。他執了把傘，穿過大街走到首相官邸。經過一陣爭論後，他取得叛軍的許可穿越警戒防線。他搭上一輛計程車，來到皇居平川門，踏著厚雪，走向宮內省的鋼筋水泥大樓。

宮內大臣湯淺倉平正要表示哀慟之意，迫水打斷他的話，告訴他岡田首相仍然活著。湯淺著實嚇了一跳，連手裡的東西也掉到地上。他說，他必須馬上向天皇報告這個喜訊，他一路快跑到天皇所在的廂廳，幾分鐘內又跑了回來，並鄭重地告訴迫水：「當我向天皇陛下報告首相還健在的消息後，陛下極為欣慰，並表示『好極了』，還要我盡快妥善安置首相。」

迫水建議向第一師師長求援，讓他派遣部隊來營救岡田。湯淺不同意，因為師長必須有上級的批准，這樣風險太大了。「而且，你永遠都不知道他們到底屬於哪一方。」

湯淺的意見合情合理，迫水決定從較能自主行動的軍隊那尋求協助。他走進一間坐滿高階將領的房間。他們都愁容滿面，好像馬上就要被訓斥一番。許多將領對岡田的死表示遺憾，但有少數幾個人卻直率地說，既然首相忽略陸軍的建議，這樣的事件就難以避免了。

眾人傳閱叛軍的宣言，並激烈地爭論著，但似乎沒人能夠擔起責任。陸相川島顯得茫然不知所措，顯然也不能指望。迫水氣餒地望了望屋內的人，他們都是軍方高層，但都只是一群首鼠兩端、不可信賴的投機分子。他無法在這群人中找到一個足以信賴，並能說出這秘密的對象。所以，他從人群中擠了出來，步入另一間屋子，內閣正在那裡開會，他發現情況也是一片混亂。大臣們顯得憂心忡忡、咬牙切齒，卻又束手無策，直到資深內務大臣後藤文夫到會。他們紛紛向迫水追問首相的情況：他是怎麼死的？屍首在哪？是誰殺了他？當迫水閃爍其詞時，他看到一名可信賴的人——海軍大臣。海相是岡田的老友，又是同輩的海軍上將。為了防備偷聽，迫水字字斟酌地對海相說：「大臣閣下，我們想去領回一位資深海軍袍澤的遺體，不知閣下是否能夠派遣一支海軍陸戰隊護送我們？」

海軍大臣未能聽出弦外之意，回道：「辦不到。如果海軍和陸軍發生了衝突，要怎麼收拾？」

迫水壓低了聲音說：「我準備向您報告一項重大訊息。不過如果您無法接受我的建議，那麼請您就當我沒提過。」他告訴一臉茫然的海軍大臣說，岡田首相還活著，須由海軍進行援救。

「我什麼也沒聽見。」處境兩難的海軍上將說，語畢就轉身離開了。

看樣子，再也沒有人可以救援了。迫水開始天馬行空地亂想一些計畫。他甚至想模仿法國總統萊昂·甘必大（Léon Gambetta）在普法戰爭期間搭著巨型氣球從巴黎逃亡的方法，但他又想到，東京只有廣告用的氣球。那麼，能否把岡田和松尾的屍體一同裝在棺木中，送出官邸呢？不行，那樣做需要一口大型棺木，勢必啟人疑竇。時間已過正午，必須分秒必爭。絕望的他慌亂地在幾個屋內來回踱步，苦無對策。

——

到了下午，叛軍所控制的一平方英里區域以外的街道上，氣氛似乎恢復如常。男孩們踩著自行車載著雜貨，穿梭於雪地街頭。靠近事發區域邊緣的商家小販，穿著圍裙從店內走了出來，正在向守衛路障的年輕士兵打探情況。不過似乎誰也摸不清楚。

陸軍高層的態度依舊搖擺。雖然他們都相當厭惡叛軍的煽動性行為，但許多人原則上卻同意他們的目的，因此無法做出任何定論。他們甚至對是否要向香田和其同夥發出呼籲，都無法達成協議。最後，只能做出一份含糊其詞的呼籲，冠上「訓誡」之名，甚至不敢用「叛亂分子」一詞稱呼他們。

一、天皇已獲悉舉事之目的。
二、承認汝等之行動動機為真心尋求展現國體。
三、目前呈現國體之狀態，吾等難以贊同。
四、各軍事參議官一致同意盡力達成上述目標。
五、一切均依天皇聖意裁奪。

這份呼籲於午後三點發布，同時還公布了一份可笑的緊急防衛命令，將東京中心區劃歸第一師管轄，而其實該師早已叛變。這只是權宜之計，因為命令叛軍衛護自己佔領的區域，他們就會以為自己還是忠於政府的部隊。

不論是那份安撫性的「訓誡」還是這道緊急命令，都未能達到預期效果。反而使香田那一夥人深信，有一大部分陸軍高階將領與他們是同一陣營。香田對呼籲和緊急命令的答覆是：「如果同意我們最初提出的要求，我們就會服從命令。否則，我們不會撤離已經佔領的區域。」

當晚，從甲府和佐倉開來的援軍抵達東京，在叛軍設置的路障對面駐防。從美國大使館的屋頂上，可以看到叛軍懸掛在首相官邸和山王飯店上的旗幟隨風飄揚。大使夫人十分緊張，堅持要在另一間房就寢，儘管格魯大使向她保證，叛軍在萬不得已時才會找美國政府的麻煩。

在離使館幾條街區遠的地方，一輛汽車開到憲兵司令部，三名軍人跨出車門，他們是香田上尉和另外兩名叛軍首腦。當他們步入大門和陸軍部繼續談判時，兩名哨兵整齊劃一地舉槍敬禮。

一名士官探出窗外罵道：「混蛋！怎麼向叛軍敬禮！他們不是皇軍！」

三人聽了真崎和荒木將軍講了半個小時，勸誡他們終止叛亂行動。但是，勸誡的話語反而讓他們更為堅定。

後藤內相令人不解地消失了六小時後，終於抵達宮內省，並任命自己為「臨時代理內閣總理大臣」。幾分鐘後，川島陸相要求實施戒嚴。後藤和其他文官閣員擔憂此舉或許可能會發展成軍事獨裁，並提出反對理由說，這只是陸軍叛亂，無涉公眾事務，應該由陸軍內部自行處理。

川島反駁表示，必定有外部的煽動者，因此，有必要採取非常手段以確保國家安全。儘管反駁相當牽強，卻影響了那些無法做出決定的閣員。在一場深夜舉行的御前會議上一致同意立刻宣布戒嚴。

就在此時，一名憲兵中士得知了岡田的下落：他的一名部下獲准進入首相官邸，準備送出傷亡的警官。他無意間打開壁櫥，看到岡田像尊佛像一樣端坐在裡面。他們馬上將這驚人消息呈報給現場指揮官，但指揮官決定不向上級遞報此訊息——如果這是個誤傳的訊息，他就會遭到譏笑；而如果真有其事，某些贊同叛亂的憲兵就會向叛軍舉發此事，並殺了首相。但對於小坂惠介中士而言，不報告就是失職。當天深夜，他和另外兩名志願者偷偷越過叛軍防線，在二月二十七日黎明前潛入首相官邸。小坂直接走進女僕的房間，打開壁櫥，向首相保證，他很快就會被營救出去。然後，他們又穿過大街，向與迫水比鄰而居、同為首相秘書的福田耕尋求協助。

秘書和中士一邊啜飲著紅茶，一邊謹慎地彼此試探，最後小坂透露了岡田首相還活著的消息。這時，福田才承認自己和迫水都知道這件事，也計劃讓岡田混入那批前來首相官邸弔唁的人群中偷偷逃離。

半個小時之後，機智的中士和另外兩名士兵從臥房取出一套西裝給岡田穿上，並設法弄了輛停在院內的汽車。時間恰到好處，正好趕上兩輛黑色轎車開了過來，走下十二名弔唁者，依序步入官邸。福田將他們引進臥房，小坂的一名部下早就候在屋內，不讓他們走近遺體，以免被看出那並非首相的屍身。

在弔喪者燒香祭奠的同時，福田和小坂把帶著口罩半遮著臉、縮著身軀的岡田首相帶到人群後方。有一隊叛軍站在門口，小坂威嚴地喊道：「緊急病患！他不能看到屍體。」

叛軍讓到一邊，這三人來到庭院內。但院內竟然沒有車，叛軍指揮官出於好奇，正打算過來探查情況。突然，小坂弄來的汽車開了過來。福田連忙打開車門，把筋疲力竭的岡田首相推進這輛一九三五年製造的福特汽車內，自己也爬進車內。小坂心跳加速，目送汽車緩緩駛離大門，消失在視線之外。他神情恍惚地呆站在原地，淚流滿面。

——

岡田就這樣逃離險境了。但還有一個問題是，如何在有人戳破騙局前把松尾的屍體運走？這是屬於迫水的任務，但他覺得，在岡田首相抵達安全處所之前，他最好是以不變應萬變。迫水獨自一人時時守在屍體旁。終於，電話響起，他的妻子告訴他，她的父親已安全抵達一座寺廟。此時，迫水可以行動了。他先打電話到宮內省，告知岡田已經脫險，然後打電話到岡田私宅，要他們訂好一口棺材，盡快送到首相官邸。電話裡答說，現成的棺木與首相身分不相稱，訂做要花好幾個小時。

這樣的延宕讓迫水非常焦急：他很可能會因事發被打死。他愈來愈害怕，想起在父親喪禮那天，小男生們必須經歷一場恐懼的試煉。一名男孩會先把某些物品放到墳中，第二個人必須把它取出，第三人則必須把稻梗黏到墳上……持續這樣做，直到不再害怕為止。男孩們相信，如果他們的睪丸萎縮起來，那麼恐懼感就會來襲。所以當他們走到墳地時，就會拉長睪丸。此刻，迫水十分肯定他幾乎摸不到自己的睪丸，他設法把它拉了出來，然後驚訝地發現恐懼感消失了。這就是古代人的智慧。

天黑時，棺木終於送到。迫水將抬棺者打發走，用毯子把松尾的屍體完整包裹並放進棺內。當送葬隊伍緩緩離開官邸時，叛軍指揮官舉手向棺木行禮，並說了幾句致哀的客套話。靈車靜靜駛離大門，平安抵達了首相私宅。在那裡，已經聚集了一群來幫忙的人。岡田的遺照用黑紗圍繞著和墓碑一起安置在棺木上。

迫水嚴令不得啟棺，然後動身前往宮內省，內閣閣員已再次群集於此。迫水這時才告訴閣員們岡田首相依然在世。閣員們聽到這消息，震驚不已，待恢復神智之後，所有的人都建議首相盡速覲見天皇陛下。讓迫水訝異的是，代理首相後藤卻反對這個提議，並表示岡田必須為這場叛亂負責，並立即辭職。後藤拒絕聽取任何意見——顯而易見，他自己想當首相。迫水只能打電話向有權勢者求援。但他一個人也找不到。大家一致認為，如果叛軍獲知岡田進宮覲見，他們或許會向皇居開砲。如此一來，那就「太駭人聽聞了」。迫水無可奈何，只好打電話給福田，要他別把岡田送進皇宮，他自己則回到岡田私宅，檢視喪禮事宜是否照常進行而沒被發現破綻——否則叛軍就會進行搜捕。

松尾夫人靜默地端坐在棺木旁。幾個小時過去，她都沒有打探自己丈夫的下落。迫水萬分憐憫，覺得再也不能隱瞞真相。他將岡田首相的至親召集起來，包括自己四名兒女中的三個以及松尾四個孩子中的三個。迫水壓抑著傷痛，將松尾上校如何犧牲性命以拯救首相脫險的過程告訴了他們。

松尾夫人謙和地說：「夫君能夠如此捐軀，未亡人也感到欣慰。」她本人就是武士的女兒。

五

此時，這場叛變被稱為「二二六事件」。雖然軍方高層對此事件的態度也開始變得強硬，但正是天皇本人才使他們有所行動。天皇惱火於軍方拖延不處理的態度，自張作霖元帥被刺以來，他首次不顧傳統，極為清楚地向軍方表示：「如果陸軍不能鎮壓叛亂，朕將親自勸阻他們。」

這樣就迫使陸軍在二月二十八日清晨五點零六分發出詔令。這份以天皇名義發出的詔令，命令叛軍「迅速撤離」所佔陣地，各自返回原部隊。將疏散危險區域內的民眾。如果叛軍在翌日上午八點前尚未撤離，將對他們開火。

這道詔令將叛軍分為兩派：一派要服從天皇，另一派則堅持認為這並非天皇本人的旨意，而是天皇受到「統制派」壓迫的結果。

這一天，迫水又遭逢更多令他失望的事。代理首相後藤依舊反對岡田面見天皇，無論如何，警方也拒絕護衛首相進宮——據稱是以「任務過於艱鉅」為由。迫水擔心岡田切腹，於是不理會後藤和警方，自行把首相帶到了宮內省。

快到傍晚七點時，岡田被護送到天皇的廂房。在走廊上，宮內省的官員驚恐地看著表情堅毅的岡田，像是看到了鬼魂般。有幾個人拔腿就跑，其餘則嚇得低頭彎腰。

首相見到天皇後，立刻謙遜地為此次叛變請罪，認為是自身之過，並提出辭職。天皇回答：「只要你還建在一天，就繼續履行你的職務。」天皇還表示，他非常滿意。岡田因惶恐而無語，不禁老淚縱橫，最後終於說出：「今後臣將兢兢業業。」這回天皇一言未發。

當晚，岡田就下榻在宮內省，迫水則回到首相私宅，那裡依然擠滿了弔喪者。一群憤怒的海軍將領圍住了他。其中一人吼道：「身為一名武士，你怎敢獻城投降？就算首相身亡了，你也應留下來保護他的屍首，並誓死保衛官邸。你怎麼能如此怠忽職守，跑到宮內省去搞些誰也不知道的勾當？」

他們不滿意迫水安排的喪葬事宜，並表示要在次日將遺體運往海軍軍官俱樂部，舉行合乎身分的喪禮。迫水請求他們稍具耐性，但一名將領立刻回擊說：「你的岳父是名傑出武人。你的婚事還是我安排的。因為你是他的半子，我想你應該是個可靠的男子漢。但是，這件事證明你不過是個軟弱卑劣的傢伙，連喪禮都無法安排得當。岡田若有靈應，一定會為把女兒許配給像你這樣的傢伙而痛哭。你的父親也會為此哭泣。振作起來啊！」

——

儘管天皇已經頒布詔令，但叛軍幾乎都拒絕撤離。從外圍城市調入東京的軍隊愈來越多，同時，聯合艦隊也駛進了東京灣，海軍陸戰隊也在海軍部和其他海軍官署周圍設防。少壯派軍官期望立刻行動，為三名被陸軍謀害或重傷的耆宿——齋藤、鈴木和岡田上將——報仇雪恨。一名年輕的軍官已將其艦上的主砲瞄準國會大廈，出於一時「衝動」，幾乎想把大廈轟掉，但他克制了自己的情緒。

二月二十九日（該年是閏年）清晨六點，陸軍宣布：「對於在帝都麴町區域內造成紛亂的叛軍，陸軍將斷然加以鎮壓。」這是首次使用「叛軍」一詞。當天烏雲密布，可能馬上就會有場大雪。除了軍士仍在活動之外，東京有如一座死城。學校關閉，電車與火車停駛。電話和電報也都斷了通訊。東京已與外界隔離。當陸軍集結部隊準備攻擊時，市內的平民交通也中斷了。不過，即使坦克都已經就攻擊位置，仍有部分坦克發出轟隆巨響開到叛軍的路障旁，兩側還掛著標語，號召叛軍「謹從詔令」，即刻撤離。滿掛炸彈的轟炸機在上空盤旋，撒下給士兵的傳單，題為〈告下士官兵〉。

一、速回原部隊，為時未晚。

二、抗拒者視同叛匪，格殺勿論。

三、汝等雙親兄弟皆因汝等成為國賊而哭泣。

航空大樓上方升起了一顆廣告氣球，下面掛著一幅大字標語：「詔令已頒，勿抗軍旗。」各戰略要地都立起了擴音喇叭，「日本放送協會」（NHK）著名的播音員和田信賢以哽咽的語調，對叛軍士兵們播送了一份呼籲書：「你們真心誠意地服從你們的長官，信任他們的命令是正義的。但是，天皇現在命令你們回歸原部隊。如果持續抵抗，你們將因違反詔令而成為國賊。你們曾深信自己在做對的事。現在，你們既然知錯了，就不該繼續違背天皇，成為國賊，遺臭萬年。現在回頭，為時不晚。你們過去的罪行會被寬宥。你們的父兄們，還有全國人民都真誠祈盼你們回頭。立刻離開當前陣地，返回原部隊。」

叛軍士兵們開始狐疑地面面相覷，但每個人都在等待他人先行動。上午十點左右，叛軍開始瓦解。三十名士官和士兵帶著來福槍與機槍步出了陣地。中午時分，除了幾個佔據首相官邸和山王飯店的分隊外，幾乎所有的士兵都回到了原屬部隊。下午兩點，懸掛在首相官邸上的旗幟被卸了下來。又過了一小時，陸軍總部透過廣播宣布，未發一槍一砲，叛軍已經投降。

雖然叛軍的領導群還在陸軍部和山王飯店內，但皇軍並沒有採取行動逮捕他們，目的是要給這些殘餘叛軍一個展現武士道精神的機會。荒木將軍敬佩他們的精神也贊同他們的動機，但既然他們對天皇做出這種無恥又不考慮後果的行為，於是要求他們切腹。這群年輕軍官曾考慮集體自殺，但最終決定接受軍事審判。因為在法庭上他們可以和相澤一樣，警醒國民注意貪腐現象正折磨著日本。

然而，一名軍官仍拒絕投降。野中四郎上尉獨自離去，並寫下一份最後聲明。他表示，自己所屬的師三十多年從未參戰過，而其他部隊卻在光榮流血犧牲，對此他深感遺憾。他寫道：「近年來，國內賣國賊的罪惡竟然要用我們在滿洲和上海的袍澤的鮮血來償還。假使我今後都一無所成地在帝都內苟活，何以告慰這些英靈呢？是我瘋了？還是我傻了？我的眼前只有一條出路。」他在聲明上簽了字後，便踏上了一條不歸路：切腹自盡。

——

當天下午四點三十五分，疲憊的迫水集合了岡田私宅內的弔喪者，宣讀一份事先備好的聲明，詳細說明松尾遇害和岡田脫險的過程。聆聽者驚喜交集，一時靜默無聲，最後終於有人大喊：「萬歲！」其他人跟著喊了起來。消息立刻在鄰居間傳開了。

「二二六事件」就此落幕了。這是一次令人難以置信的血腥暴力事件，但只造成七名死者，叛軍和平地投降了。在這次事件中，婦女們展現出絕佳勇氣，將領們卻搖擺不定。對於大多數的西方人而言，這次叛亂不過是極端民族主義分子製造的又一場大屠殺，而鮮少人能了解其重要性。不過，蘇聯人卻能有所了解，這都得歸功理查・佐爾格。他正確地臆測到這一事件將導致日本在中國的擴張。[15]

雖然事件結束了，但是，這就像是在蓄水池投下一顆石頭一樣，其盪起的漣漪卻已波及到太平洋彼岸。

第二章 進軍盧溝橋

一

對於五百萬東京人來說，這次叛變就如同一九二三年的東京大地震一樣，難以真的讓人鬆一口氣。在叛亂過程中，他們鮮少贊同這些年輕的叛亂分子。他們首次幾乎是一致地譴責叛軍，同時也抨擊陸軍內部出現目無法紀的傾向。

發生「五一五事件」時，人民深信軍國主義者和民族主義者透過直接採取武力行動，能粉碎貪腐政黨，並導正社會歪風。但是，腐敗與社會不公卻依然存在，現在，經過四天失序的動亂後，群眾已對武力失去了信任，只想回復秩序——幾乎是不惜任何代價。

雖然歌舞伎劇場在上演頌揚復仇、暴力和不惜流血自我犧牲的《忠臣藏》時仍是滿場觀眾，但支持陸軍「統制派」的人數卻持續增加，認為他們是亂局的解藥。「統制派」這個名稱正符合眼下所需——紀律，儘管其真正的主張卻是統制中國。文職領袖同樣希望恢復法律與秩序，他們也開始進行粉碎

「皇道派」的行動。而這就等同於敞開大門，使自身力量逐漸被軍方削弱。

當外相廣田弘毅籌組新內閣時，從表面上看，文人們似乎是贏得了新的權力。格魯大使告訴國務院說，廣田將「約束陸軍對中國和滿洲的危險傾向」，並在日記中寫道，他對首相人選感到高興。「因為我相信廣田是一位堅強且穩健的人物。雖然在某種程度上他不得不和陸軍合作，但我認為他將極其明智地處理外交事務……」

因為廣田選用公開親美的外交官吉田茂當外相，前途似乎一片光明。不過，由於陸軍的激烈抗議，他只好作罷。這不過是一系列妥協行動的開端。在新首相接受陸軍提出的關於將來任何陸相人選都需經過陸軍「三長官」同意的要求時，妥協行動達到高潮。這種作法看似無害，實質上卻又走到了老路，意味著國家的各項政策都要聽憑陸軍同意。如果軍方不贊成某任內閣，陸相可以辭職，而「三長官」只要拒絕同意其他任何人出任新陸相，這樣就可倒閣，直到某任內閣符合他們的喜好，陸軍才會選派陸相人選。這也意味著，文官自動放棄了對國政的最後控制權。

雖然陸軍領袖們逐漸取得政治控制權，但他們的首要目標卻不在此。他們首先要盡全力防止爆發另一次「二二六事件」。他們瞭解到，不論紀律如何嚴厲，都無法控制住那些理想派的、熱衷於掃除赤貧和貪腐的年輕軍官。解決方式在於剷除不滿的根源，而唯一的方式就是修正那些叛軍所認定的自由經濟之惡。就在那時，移居滿洲者要求將迅速為滿洲帶來物質進步的計畫經濟，套用到日本國內。但是，有誰能夠執行這樣全面的經濟改革呢？資本家忙著捍衛自身的利益，而他們的僕人——那些政客——不僅不適合擔當此任，而且公眾也喪失了對他們的信任。鑒於陸軍公開深入政界必然使自身腐敗，那麼只剩一條路可走：「推動改革」，但又不過度涉入。

為了防止群眾的反對，陸軍領袖們把荒木、真崎和十來名同情「皇道派」的將領安置到閒散的職位，並把許多年輕軍官調到無關緊要的崗位上任職。[1]

在叛亂期間宣布的戒嚴令月復一月地持續實施，媒體受到嚴格管控，反對派也沉默了。叛亂分子受到迅速且秘密的審判。十三名軍官和四名文官，包括北一輝在內，都被判處死刑。七月十二日，他們被矇住雙眼綁在行刑柱上，前額還畫著靶心。曾經輔助暗殺渡邊上將的高橋少尉高唱了一首歌曲後說：「真的，真的，我希望特權階級能反省自己的行為，並謹慎行事。」另一名年輕軍官怒吼道：「日本國民，切不可信任皇軍！」另一個人大叫道：「國民信賴陸軍！別讓蘇聯人擊敗我們！」在開槍行刑前，幾乎所有的受刑者都三呼天皇萬歲。

「皇道派」軍官雖然遭到清算，東京還是有一小群極具影響力的團體，致力於實現他們的主要原則——終結擴張。他們的領袖就是策劃奪取滿洲的石原莞爾。此時他供職於參謀本部，也膽寒於自己的行為所造成的後果。他曾經夢想著建立一個由五種民族組成的民主滿洲，人人和諧共處，並成為對抗俄國入侵的堡壘。不過，這種理想主義的目標卻被陸軍高層轉變為一種決心，將滿洲作為佔取中國華北的基地。

在處決叛亂分子後不久，石原旋即秘密地在東京寶亭飯店與其他十一名陸軍省和參謀本部的重要軍官會面。這些人對於向中國擴張也同表憂心，於是聚在一起商討對策。

石原首先提出一個問題：當前最危險的宿敵是俄國，為何要冒著風險和中國開戰？他接著表示，對重工業薄弱的日本而言，同時對兩國開戰簡直就是自殺。國家反而應該集中所有的力量，擴大生產力，直到國力能與蘇聯匹敵。為了在重工業層面能夠自給自足，日本應該避免與蘇聯和中國發生衝突，並實施一系列五年計畫，開發滿洲資源，到一九五二年日本工業發展到最高峰時，才能對俄國發動戰爭並且獲勝。只有如此方能拯救日本，而不是採取「統制派」所主張的向中國甚至是東南亞擴張的政策。那樣勢必會導致和英美開戰。果真如此，唯一坐收漁翁之利者就會是真正的敵人——俄國。石原補充說，日本最大的危險不在東京，因為東京的高層還是能曉之以理和察納箴言的，最大的危險是在滿洲。

在滿洲，關東軍中一些有影響力的激進派，已在組織對華北進行未經批準的突襲行動。其核心成員是土肥原賢二少將。他和石原有許多相似之處，同樣聰明浮誇又富於心計。西方新聞媒體早已為他冠上「滿洲的勞倫斯」（Lawrence of Manchuria）[2]的稱號。一年前，他曾獨自前往華北，誘騙北部五個省分的軍閥和官員脫離中國，並在日本皇軍的保護下建立自治政府。岡田首相獲知此事後，曾傳話制止魯莽行事的土肥原。但土肥原——和石原過去一樣——不理會東京，繼續策畫陰謀，並成功地建立了某種形式的自治政府[3]。投機的日本商人在「追隨太陽旗」的口號下，洪水般湧進了華北。這激怒了中國商人，並在全中國激起了反日情緒。土肥原宣稱，他建立魁儡政府，只不過是作為滿洲和中國之間的緩衝區。不過，幾個星期之後，他又以保護日本商人阻絕匪盜為由，調派了五千名日軍進駐華北。

石原直指這次派兵是大規模襲擊中國的前兆，而土肥原所謂的緩衝區則是「一朵毒花」，應在導致與蔣介石的國民黨軍隊全面開戰前，將其剷除。俄國和中共也正在為此目標而謀畫，等日中雙方在你爭我奪筋疲力竭之後，他們就可介入並建立一個「紅色中國」。

石原最後推論說，阻止土肥原的最好辦法就是回到他們的辦公室，建議他們的長官，把日軍調離中國華北的紛爭地點。紛爭地點其中之一就是北京西南方約十五英里的「盧溝橋」。

——

自一九〇〇年一支由歐美日等國組成的國際遠征軍鎮壓了血腥排外的「庚子拳亂」後，日本部隊就一直駐紮在北京地區。次年，遭痛懲的中國簽署了所謂的《辛丑合約》，允許某些列強佔領北京近郊的戰略要點，「以維持首都與海上之間的交通順暢」。

義和團遭擊垮後，中國更成了西方帝國主義的掠奪對象。隨著資源不斷被剝奪，終於激起中國人民群起反抗。很久以前，拿破崙曾經發出警告，中國是一個沉睡中的巨人：「讓他睡吧！一旦他醒來，他將撼動世界。」

一九一一年，在真正的民族主義者孫逸仙博士的進攻下，頹敗的滿清帝國終於崩潰瓦解，最終喚醒了這個沉睡中的巨人。不過，這個稚嫩的共和國卻立刻被貪婪、掠奪成性的地方軍閥團團困住。雖然孫博士的國民黨持續獲得舉國上下的支持，但中國仍是四分五裂。經過十多年令人沮喪的流血衝突後，孫博士最終向一個樂於幫忙的國家——蘇聯——尋求協助。因此，共產黨人迅速群聚在廣東，他們對一切事項，從宣傳到軍事戰術都提供建議。國民黨軍隊背後的謀畫者自稱加倫（Galen），事實上卻是名蘇聯將軍，名為布呂歇爾（Bluecher）。首席顧問是位經歷豐富的人物，曾在芝加哥一所商學院任教，他是克里姆林宮頂尖政治煽動家米哈伊爾・鮑羅廷（Michael Borodin）。在他們的協助下，民國的力量逐漸增強，其軍隊在一名年輕幹練的將軍蔣介石指揮下擊潰了軍閥，並進行北伐，拿下了南京和上海。不過，勝利卻帶來了更大的問題，即國民黨內共產黨的勢力日益擴大。一九二七年，蔣已是孫的繼承人，他推論認為，如果繼續依賴蘇聯的協助終會導致中國赤化，故宣布共產黨為非法團體[4]。從那天起到日本「二二六事件」為止，一場三重性的戰爭就一直在折磨著中國。星期一，國民黨和軍閥混戰；星期二，兩者聯合起來對抗逐漸強大的共產黨軍隊；到了星期三，軍閥和共產黨又聯手對付蔣介石。

這種持續不斷的動盪以及國際共黨運動的無情衝擊，使得日本軍方領袖們極為憂心。在北方，他們受到史達林從海參崴派出的轟炸機之威脅，這距離東京還不到七百英里。而在西方，他們又得面臨一名堅毅的農民毛澤東率領下日益壯大的中國共產黨軍隊[5]。

對軍國主義者而言，除了鞏固身處雙重威脅的滿洲作為對抗共產主義的防波堤外，別無他法。「統制派」的人物甚至主張，光佔領滿洲不足以應付變局，還應奪取華北。整片華北地區都處於無政府狀態，因此日本那些數量可觀的利益需要捍衛。關於無政府狀態的說法，多少是可以解釋得通的。據「英國皇家國際事務研究所」的調查報告，當地匪盜橫行，但共產黨儼然成為「一股有組織有效率的政治力量，在這大片土地上實施絕對的行政權利」。調查還指出，中國共產黨與蘇聯是同盟。「如果中國的共產主義採取蘇共的模式，那麼就要認真看待中共和蘇共攜手的可能性。」

由於世上大多數的人都恐懼活在共產主義下，無怪「統制派」將共產主義在中國的擴散視為日本的主要危機。中國共產黨人和美國或歐洲的共產黨人有所不同，他們不僅是黨員，還是國民政府的實際對手，擁有自己的法律與行動範圍。中國許多區域都已建立蘇維埃，連上海也成了宣傳共產主義的源頭。

此時毛澤東宣稱，只有他的紅軍部隊在對抗日軍，而蔣不過是在「剿共」。他告訴西方記者：「在此，我以中國蘇維埃政府的名義嚴正宣布，如果蔣介石的軍隊或任何其他軍隊停止對紅軍作戰，那麼，中國蘇維埃政府將立即下令紅軍停止對他們的軍事行動……如果蔣介石真心想抗日，那麼，很明顯，在抗日的戰場上，中國蘇維埃政府將會伸出友誼之手。」

這個建立統一戰線的訓令來自莫斯科，並未能打動蔣，但其一位最重要的部隊指揮官張學良並非如此堅定不移。因此，毛決定對張進行說服工作。人稱張學良為「少帥」，因為他的父親是大帥張作霖，後者被暗殺導致日本佔據滿洲。雖然國民黨命令少帥所指揮的東北軍在華北剿匪，但他對蔣的路線卻有所保留。張認為，他的對手也是愛國者，或許雙方應該團結起來，一致抗日。

一九三六年秋，毛派出他手下最擅長談判的周恩來，同少帥就停火事宜談判。周溫文儒雅、輕聲細語，有如女子般柔弱，但就是同一個他，在一九二七年的上海卻指導了對共產黨同門的血腥屠殺[6]。一如所有優秀的外交官，他與生具有無比的耐心。他的同窗老友韓表示：「不管我多麼憤怒，他總是微笑著，又回到我們原先所爭執的點上。只不過換了一種方式，而其差別會讓你感到，他好像在陳述一個新觀點。」

周恩來和張學良在西安的天主教教堂碰面。周承認蔣介石是抗日合乎邏輯的領袖，並承諾紅軍將領願意接受他的領導。作為交換，張學良必須向他保證，紅軍與國民黨軍隊享有同等待遇。此外，允諾將會釋放那些被國民政府囚禁的共產黨員，並在擊敗日本後，共產黨可以合法活動。

他們簽署了一份文件，列出上述條件，然後相互握手，結束了這場談判。周說：「少帥，現在一切問題都解決了。從此刻起，我聽從您的指揮了。」

張冷冷地回答，他們兩人都得等一等，並聽從蔣介石的命令。

周說：「如果您還懷疑我黨參加抗日統一戰線的決心，我會欣然同意與閣下一起留在西安，當作人質。」

張說，這倒不必，他自己也和許多人一樣，決心抗日——畢竟他和日本人還有私怨要了結。話雖如此，他是個軍人，首先必須說服他的上級蔣委員長接受他們剛簽定的停火協議。

在蔣張會面之前，蔣的另一名指揮官、前土匪頭子楊虎城將軍說服了少帥，只有挾持蔣委員長，蔣才會和共軍合作。那時，蔣已經啟程前往西安，帶著少帥受到左翼分子影響的證據來和他當面對質，並警告他：「除非採取及時措施，否則局勢將會導致叛亂。」

雖然張學良同意挾持蔣介石，但蔣到了西安後卻軟化了他的決心：他一直搖擺不定，直到十二月十二日清晨，楊虎城決定自行動手。楊逮捕了蔣介石，並控制了該區內所有效忠蔣的部隊。蔣在逃跑時跌了一跤，摔成重傷。不過，當蔣與張、楊兩人相見時，卻顯得相當沉著。蔣說：「為你自身和國家計，你唯一能做的就是幡然悔悟，送我回南京。你千萬不能掉入共產黨的圈套，現在悔悟還不算晚。」

膽怯的張學良花了兩天時間才恢復神智，並向他的上級呈報了擬定的八點協議，其內容大致接近他和周恩來之間的協定。張保證，只要蔣委員長簽署這協定，就會立刻護送他回國都南京。

蔣說：「只要我還是受俘狀態，就無可商議。」他挑釁地問是否有人敢一槍斃了他，說完就去讀《聖經》了。

張學良苦惱地向紅軍求助。周恩來抵達後，稱讚了張的勇氣，但責備他魯莽的挾持行動，然後便一起去見囚犯。蔣、周兩人十分熟稔。在黃埔軍校時，周曾在蔣的手下任職。當時，在蔣的批准下，周在黃埔軍校建立了軍中政戰制度。那時周所挑選出來的政戰官，大多都是共產黨人，等到蔣認識到這點時，已為時太晚。

蔣介石曾出價八萬美元懸賞周恩來的腦袋。此時，當蔣見到周，便面色蒼白、神情恐懼，這是可以理解的。但周恩來卻滿臉和氣。他起誓：如果蔣與共產黨聯手合作，共產黨絕不會利用局勢坐大。共產黨所要求的只是結束內戰，聯合抗日。

一開始，蔣介石還抱持敵意，後來漸漸聽出興趣來，但依舊拒絕表態。按共產黨的說法，周恩來在一週之內就說服了蔣，按照周所提出的條件領導抗戰。不論如何，在聖誕節當天，蔣搭了專機飛回南京。出人意外的是，少帥與蔣同行，一回到南京，兩人便上演了一場典型的東方式挽回顏面的大戲。就像中國京劇裡制式化的雙簧一般，先是張謙卑地承認自己當時「乖戾無禮」，行為放肆，實乃違法。「羞愧無狀，故親送委員長返京，以接受應得之懲處。只要有利於國家，我絕不逃避，萬死不辭。」接著蔣介石說：「鑒於吾德不足，對部屬管教不嚴，才導致此番空前叛逆之舉。」張受審被判十年監禁，但不到二十四小時內就獲得特赦。

與此同時，儘管西安方面有種種說法，但蔣介石公開宣布他之獲釋「並未接受任何條件」。毫無疑問，這種說法是要用來安撫那些比蔣更激進反對與共黨協商的南京人士，因此在幾週之內，他就開始與毛討價還價了。談判進行得十分順利，一九三七年初，中共中央委員會致電國民黨，說他們願意放棄武裝顛覆國民政府的政策，並將紅軍交給蔣全權指揮。國民黨非正式地接受了這些條款，如同身處鮑羅廷的蜜月時期那樣，國共兩黨再度聯合起來。

這首次為中國帶來十多年中表面上的平靜。周恩來在一次記者訪談中表示：「和平已經實現。我們之間不再開戰了。我們有機會參與抗日的實際準備工作。至於民主，這個目標正要開始實現……必須把抗日準備工作和民主視為人力車的兩個車輪。也就是說，首先要考慮抗日的準備工作，然後才是民主運動——後者可以推動前者。」

幾個月後，一九三七年七月五日，國共兩黨簽署正式協定，雙方著手準備將日本人趕出北京和華北其他區域。

二

在日本，軍方對政府的影響力逐漸增加已成了棘手問題。以恢復法律和秩序為名，廣田首相現在顯然是對將領們卑躬屈膝，這引起國會中的自由派議員對將領們的抨擊。一名激動的議員指著陸相說，他該去切腹。這話贏得一片喝彩和掌聲，以致陸相憤而辭職。當然，隨著他的辭職，廣田內閣也在一九三七年二月倒台。

西園寺公爵毫不猶疑地向天皇指名推薦另一位將軍宇垣一成來接替廣田。這個人選幾乎激怒了陸軍所有的人，因為宇垣溫和穩健，曾經裁減過四個師的兵力。因此，「三長官」表示，他們無法找出能在宇垣內閣擔當陸相的人選。宇垣不得不向天皇奏陳他無法組閣，並在給報界的聲明中宣洩自己的憤怒：「我所看到的是，在陸軍中把持要津之人只有少數組成一個集團（即『統制派』），正把他們自身的觀點強加給當局，宣傳他們的行動似乎代表著陸軍的普遍意志。陸軍是屬於天皇的。這幾日他們的作為是否代表天皇陸軍的普遍意志，是不明確的。由陸軍『三長官』來挑選陸相，過於制式化，也缺乏誠意……我認為日本正處於法西斯主義和議會政治的十字路口。陸軍已成了一個政治性組織，對於目前這種狀況，我該承擔部分責任。由於目前事態如此，我對天皇陛下感到抱歉。此外，對於我一直熱愛的陸軍走到今天這種境地，我深感萬分遺憾……」

結果，一位同情「統制派」的將軍——林銑十郎——被選為首相，但遭到國會的激烈反對，使其政府僅維持了四個月，被譏為「吃飽就跑內閣」（eat-and-run cabinet）。繼任首相是文官近衛文麿公爵，他是曾經統治日本好幾個世紀的藤原家族的後代，也是西園寺公爵的門生，但他長期以來不顧這位最後元老的要求，拒絕從政。在「二二六事件」後的艱難時日中，年邁的公爵認定，只有近衛才能領導新政府，並向天皇正式舉薦。近衛推辭說，他寧可繼續擔任貴族院議長，何況他身體狀況也不佳。這使得西園寺「極為難堪」。

不過，考量到當前危機的嚴重性，近衛還是聽從了勸告，接受了迄今都保留給老人的職務。近衛四十六歲，由他來領導國家受到群眾的歡迎。因為國民對這些政客鮮少有信任感，也恐懼軍方繼續統治。對於軍方而言，因為他沒有政治欲望，所以大多數的人還算信賴他。財閥想靠他帶來穩定，知識分子則希望他抑制法西斯主義。他的年輕、俊秀以及不願擔當首相，則給予一般民眾相當深刻的印象。凡是對政治沒有野心的人，都一定是真誠的人。

近衛於六月就任首相時承諾：「我們必須謹守在憲政制度內的發展、改革和進步，但是這個國家正呼籲全民一起革新。作為既非社會主義也非法西斯主義的政府，必須傾聽這種呼籲。偉大的（明治）維新已經既光榮又成功地把我們向前推進到如此之遠。此刻，年輕人應一肩擔起責任，繼續將國家推向一個新的時代。」

不過，這個新時代來得比近衛預期的還要快，但根本不是他所設想的新時代。七月七日夜晚，在一座名為「盧溝橋」的古老石橋上，開創了這個新時代。那天，在這個歷史性地標附近，有一連日本軍隊駐紮，在離中國駐軍大約一英里處進行夜間演習。正當結束演習的軍號吹響時，從中國防線方面射出了槍彈。日軍開槍回擊，幾分鐘內就結束了這場衝突。日軍的人員損失是一名人員失蹤。連長向營長報告此事件，營長則透過電話向北京附近的日軍團部呈報。日軍接著派出第二個連到盧溝橋附近與中國協商停火，有一名參謀軍官隨行。正當雙方都同意這是一場不幸的誤會時，中國又朝日軍的兩個連進行射擊。

第一次開火或許是意外，第二次的槍砲齊射就相當可疑，尤其是該區內的中日軍隊關係相當良好。這一良好關係，是透過當時冀察綏靖公署主任宋哲元將軍和日本「華北駐屯軍」（North China Garrison）參謀長橋本群將軍之間的友誼建立維繫的。問題是，第二次射擊如果不是中國軍隊開的槍，那麼是誰開的槍？是想把這場意外擴大，再以武力入侵中國的土肥原那一夥人嗎？還是共產黨希望蔣介石和日本人全面開戰，好讓局勢有利於赤化中國？[7]

不論是誰開了第二槍，日軍進行了回擊。直到次日清晨，談判人員才達成雙方和平撤退的協議。然而，當日軍正撤退時，又有人對他們開火射擊。當然，他們立刻還擊，戰爭再起。

顯然，當時的情勢是很清楚的，即有第三方人馬試圖將衝突繼續下去。但雙方都指控對方破壞停火協議，談判破局。消息傳到東京時，陸軍參謀本部長（參謀總長）發了一封例行性電報，命令就地和平解決爭端。當晚，陸軍省、海軍省和外務省的代表一致同意採取「不擴張」和「就地解決」的政策，並得到近衛首相和內閣的批准。不過，在陸軍參謀本部的一場特定會議上，擴張主義者主張增派部隊到中國，教訓蔣介石。否則，蔣可能利用此事件作為奪回滿洲的藉口，並危及日本控制下的朝鮮，最終使日本受制於蘇共和中共。他們答應採取短期結束的軍事行動，迅速與蔣達成協議，再將所有的日軍撤回華北，將華北純粹視為用來對抗蘇聯的緩衝區。

最堅決反對者是此時已升任作戰部長的石原莞爾將軍。他力爭了數個小時，但最後也只好承認，軍紀渙散的中國華北軍隊勢必會屠殺該區域內的日本商人和僑民。這將激起日本群眾公憤，並導致他最為害怕與憎惡的事發生——永無止境的報復戰。

這就是為什麼這位曾說出「只要我活著，就別想有一兵一卒進入中國」這番豪語的人，同意向中國派遣援軍的原因。援軍從關東軍抽調兩個旅團、朝鮮抽調一個師團、本土抽調三個師團組成。不久前還承諾維護國際道義的近衛公爵在七月十一日同意了出兵。不過，據他的私人秘書牛場友彥說，「鑒於陸相保證這次軍隊調動只是為了制止局部戰鬥」，他也別無辦法。

在盧溝橋，經過了幾個小時的爭論，談判人員協議了又一次停火。但是，正當雙方撤退時，突然傳來一陣機槍般的射擊聲（之後證實為鞭炮聲），於是戰鬥再起。這一回，兩名彼此交好的將軍宋哲元和橋本群親自與會，當天簽署了明確的區域協議。其中，宋對整起事件表示歉意，並保證會懲處肇事軍官，嚴格控管部隊中的共黨分子，以及撤出盧溝橋區域的部隊。橋本代表其病危的司令官同意不再向華北地區增兵。

蔣介石不理會這項停火協議，命令宋哲元在出事區域集結更多兵力。不過，宋信守承諾，開始撤軍。看起來，危機似乎解除了。但不幸的是，由於當時通訊聯絡極差，東京方面並不知道問題正在獲得解決，而於七月十七日，悍然要求中國停止派軍進入華北，並承認土原肥協助成立的傀儡政府。這讓蔣憤怒萬分，他在南京發出挑戰性的宣言：「吾人如再失去寸土，如再喪失主權，吾等將對中華民族犯下不可饒恕之罪……中國主權不容侵犯，即使不惜一戰，戰事一起，誓不回首。」

日本駐南京武官喜多誠一將軍對他的老友、畢業於日本陸軍士官學校的中國軍政部長何應欽將軍表示，如果中國軍隊不立刻撤離華北，「局勢或許就會失控」。何並不反對與日方進行某種程度上的合作，但他說：「若爆發戰爭，中日兩國都將戰敗，只有蘇聯和中共能從中謀利。你現在不信的話，十年後再看。」他要求喜多將此警告傳遞給日本政府，並明確保證中國人將會「戰到最後一兵一卒」。

對於大量中國軍隊開赴華北的誇大報導，日本民眾十分關心，蔣的宣言也讓他們相當憤慨。《日日新聞》發表社論表示，中國的回應讓日本除「破釜沈舟」外，別無選擇。

只是到了這時，橋本的被延誤許久的報告才抵達東京。報告，盧溝橋區域一切平靜，無須向華北增派援軍。因此調兵令被取消了，這讓陸軍指揮部內的擴張派分子也都鬆了一口氣，感到危機已經化解。他們假定蔣介石會同意宋哲元所簽署的條款，和平又回到了中國。

宋哲元依舊克盡職守，移除北京街道上的工事，放寬戒嚴令。從南方開來的載客火車終於可以進入這座古都。但蔣介石依舊對和解之事不發一語，雙方談判人員所擔憂的事終於發生：將近三個星期以來，中日雙方軍隊都處於一觸即發的狀態，七月二十五日晚上，在離北京城南方約五十英里的廊坊車站，雙方終於正式開火了。一個小時之內，小遭遇戰已發展為大範圍衝突。大量日本援軍被派至廊坊，黎明時分，日軍派出十七架飛機轟炸中國兵營。幾個小時後，日軍佔領了廊坊。

宋與橋本之間的友誼，此時已於事無補。橋本的司令官已經過世，新任司令官香月清中將已經履任。他是名標準的軍人，自認被派來中國乃是為了「懲戒粗暴的中國人」。他致電東京，他會盡全力和平解決此事，要求批准在必要時能「使用武力」保護日本人的生命財產。陸軍領袖們同意了他的請求，並向上海和青島各增了一個師的軍力。

由於軍方保證「在三個月內解決」中國問題，近衛首相只得勉強同意，以免內閣垮台。第二天，即七月二十七日，他在國會宣布，政府必須在東亞建立「新秩序」。對於愛國的日本人而言，這樣做是合宜且公正的。必須保護日本人的生命財產，也應該壓制共產主義，現在該是表示堅定而非懦弱的時刻。沒人意識到這形同對中國全面宣戰。軍方領袖們深信，在秋天之前，就能迫使蔣介石步上談判桌。[8]

盧溝橋事變和當年的滿洲事變全然不同。一九三一年時，關東軍刻意在瀋陽挑動事件；但在一九三七年，華北駐屯軍在盧溝橋既沒有尋釁生事，也未組織對抗。一九三一年，陸軍參謀本部批准佔領滿洲；而一九三七年，他們都竭盡所能阻止在華北的行動。一九三一年，若槻禮次郎首相因未能執行令「統制派」滿意的外交解決方案，導致其政府下台；一九三七年，內閣卻並沒有因此更迭。

香月中將握有東京的批准後，他發布公告稱，他將「對傷害大日本帝國威信的中國軍隊進行懲罰性討伐」。七月二十八日清晨，用飛機空投了這份宣告。轟炸機炸射了三個城市，地面部隊砲轟了其他地方，並攻擊北京地區除北京城外其他區域的中國軍隊。

事實上，日本已經採取「破釜沈舟」的行動了。中國衝突已經從外交解決演變為撈不到任何可靠戰略利益的軍事行動。因此，日本朝著與美國開戰的方向邁出了巨大的第一步。

杉山陸相曾經預言：「三個月內打敗中國人，他們就會求和。」隨著日軍攻下一個又一個城市，愛國狂潮橫掃了整個日本。但是，整個西方世界幾乎都在譴責日本的侵略，連德國也是如此（因為德國擔憂自身在中國的利益）。中國向「國際聯盟」（League of Nations）提出抗議，當世界各國都在等待國聯的報告時，從世界另一個地區傳來了勇敢的抨擊。一九三七年十月五日，美國總統富蘭克林．羅斯福在芝加哥發表了強而有力的演說，譴責所有的侵略者，並將日本人與納粹和法西斯分子相提並論。[9]他說：「當一種傳染病開始散布時，為了保護社群的健康，大家同意並參與將病人加以隔離。」他解釋，戰爭不論宣戰與否，都是傳染病。「我們正在採取能夠將捲入戰爭的風險降到最低的措施，但是，在一個信賴和安全感已經破壞殆盡且的失序世界中，我們無法獲取完全的保障。」羅斯福演說的意涵是明確無誤的，因為在國聯譴責日本之後的第二天，雖然美國並非國聯的會員國，但它隨即表示同意。

三

在國內，羅斯福的舉措受到普遍讚許，但國務卿科戴爾．赫爾（Cordell Hull）卻對這種「隔離」的說法並不滿意。他認為這樣會「使我們在建立和加強國際合作的輿論的常規性教育宣傳延後至少半年」。約瑟夫．格魯大使也認為這是一個可悲的錯誤。美國在中國的利益並不值得讓它去冒和日本開戰的風險，而且對一個尊崇武力至上的國家投下「道德上的晴天霹靂」也是枉然。這只會使兩國關係惡化，並破壞格魯大使一直以來所建立的善意。

當大使獲知使館人員也同感震驚和不滿時，兩天後，他警告他們不得在館外發表意見。當晚，他在日記中寫道：

就在今天，我感到我苦心建立的城堡，在我耳邊轟然倒塌。我們所有的人都在大廳內晃蕩，失落憂鬱，毫無笑容。下午，愛莉絲．艾爾西與我一起去看電影《怒海餘生》（*Captains Courageous*）……然後，我就鑽進小說《飄》（*Gone with the Wind*）中了——而這個書名正是我此刻的感受。

當然，日本人的反應相當迅速且激烈。一名以言詞鋒利和反應機智而受到歡迎的外交官松岡洋右反駁說：「過去有哪個國家在其擴張年代中，能夠不惹惱鄰國的呢？問問美國印地安人和墨西哥人吧，當年的美國是何等令人憤怒。」日本的擴張一如美國，就像小孩會長大一樣自然。「只有一件事能阻止小孩的長大——死亡。」他宣稱日本正在為兩項目標在奮鬥：阻止亞洲像非洲一樣落入白人之手；將中國從共產主義中解救出來。在日本的眼中，看到的不是珍品寶藏，只有建立在犧牲之上的再犧牲。沒有人能比日本更清楚了解到這點。但是，日本的生命賴此而活，而它的鄰國亦然。今日日本所面對的最大問題是……它是否能背負這個十字架？」[10]

幾個星期之後的十一月十六日，新外相廣田弘毅正式指控美國在發起反日陣線。他告訴格魯大使，對日本進行經濟杯葛並不會阻止在中國的戰爭，反而只會鼓舞中國人延長敵視日本的時日。廣田說，直到現在，日本都覺得美國是唯一公正的國家，會幫助實現和平，一如西奧多．羅斯福總統在日俄戰爭中的所做所為。

三天後，日本攻下蘇州，打通了前往南京和上海之路。十二月十二日，在南京淪陷前夕，當日本海軍航空兵炸沉停泊在長江上、懸掛著清晰可見的美國國旗的砲艇「帕納伊號」（Panay）時，這幾乎是撕破了日本和美英之間的關係。在此之前一週，橋本欽五郎上校（「櫻花會」創始人）所指揮的砲兵團砲擊了英國砲艇「瓢蟲號」（Ladybird）並俘獲該艇。

這些事件重新燃起羅斯福總統進行「隔離」侵略者的希望。他召見英國駐華盛頓大使羅納德·林賽爵士（Ronald Lindsay），建議兩國聯合對日本進行海上封鎖，切斷日本的原料來源。

林賽表示，這樣的封鎖會導致戰爭。他在發給倫敦的電報中寫道，他「感到驚愕後所提出的評論並未留給總統深刻的印象」。隔天，十二月十七日，羅斯福總統向國會概述了他的「隔離」計畫。「海軍事故調查委員會」（Court of Inquiry）從上海發出一份報告，更加堅定了總統的決心。報告表示，對「帕納伊號」的攻擊行動既肆無忌憚又殘忍。更重要的是，海軍情報部門攔截並解碼了一份發給日本聯合艦隊的秘電，指出這次攻擊是由日本航空母艦「加賀號」上的一名軍官事先謀畫的。

在東京，近衛政府和英美兩國一樣，對於「帕納伊號」和「瓢蟲號」事件感到氣憤不已。廣田外相發出照會給格魯大使，以表示遺憾，並對沉沒的「帕納伊號」提出完全賠償。廣田謙卑地道歉說：「我的處境十分艱難。情勢出乎意料。」日本海軍司令部也解除了「加賀號」艦長的職務，為炸沉的「帕納伊號」負責，表示海軍不贊成此轟炸行為。海軍部次官山本五十六上將說：「我們這麼做是為了建議陸軍仿效我們，解除橋本的職務。」山本曾在美國待過相當長的時間，深知美國的潛力，所以他一點都不想與美國艦隊開戰。

在十二月二十五日聖誕節當天，華盛頓正式接受了日方的道歉（格魯經觀察認為，日方的道歉在聖誕節前夕抵達真是「精妙的」安排），事件就此結束。[11] 儘管日本陸軍拒絕依循山本的建議解除橋本的職務，但英國還是寬容地接受了日本就攻擊「瓢蟲號」做出的道歉。陸軍甚至沒有責備橋本，繼續讓他指揮部隊攻向南京。

至十二月間日軍進入南京時，一切抵抗都已經停止了。在離開日本前，日軍指揮官松井石根將軍曾經宣告：「本人此次赴往前線，並非與敵人作戰，而是抱持前去安撫兄弟的心情去的。」入南京城後，他下令日軍「發揚日本的榮耀和光輝，並加深中國人民的信賴」，並「盡可能地保護和施惠於中國軍民」。

然而，日軍進城後，反而是殺人放火、姦淫擄掠。據一名目擊者所說，日軍追殺男女老少就如同「追捕兔子一樣，只要是還會動的，他們就開槍射殺」。即使是和日本友好的德國人也在一篇官方報告中，譴責日本軍隊是「獸性機器」。

直到松井上將得意洋洋地進城後，他才得知「軍紀和道德的敗潰」。他下令嚴格遵守之前下達的軍令，「確保不會再次犯下任何有損名譽的行為」。他宣布：「現在太陽旗在南京上空飄揚，皇道在長江南岸閃耀光輝。復興的曙光即將到來。此刻，我衷心期盼四億中國人民重新考慮。」然而，在松井回到上海一週後，又聽到消息說「不法行為仍有發生」。他在給南京指揮官的信中寫道：「必須嚴懲任何違反軍令的不法者。」

不過，日軍的殘虐暴行又持續了一個月。戰火焚毀了三分之一的城市；超過兩萬名中國役齡青年被迫步行到城外，被刺刀或機槍加以屠殺。許多婦女和少女被姦淫、屠戮和肢解。無數年長的平民被搶奪和殘殺。一個月後，至少有二十萬甚至多達三十萬平民慘遭屠殺。

為什麼要對一個被日本視為自己文化來源的國家（就如同他們的羅馬和希臘）施以如此野蠻的行

為呢？任何一國軍隊在國外失去控制，並犯下在國內絕不敢犯的殘忍虐行，這是可以理解的。但這也無法解釋這次暴行的規模和嚴重程度。這些暴行可能是某些更激進的軍官所教唆犯下的，這些軍官認為應該給中國人一個教訓。

在日本國內，近衛首相對於南京暴行所知的部分比德國人還少。但他知道，儘管征服了大片土地，日本並非勝利在即，而是愈來愈深陷泥淖。近衛是個獨特的人——出身貴族，卻有顆社會主義者的內心。外表看起來就算不是很柔弱，也很溫和、靦腆和無力。對於那些熟識他的人來說，他極具品味，興趣廣泛，對事客觀；對於不同政治信仰的人，他也能以同理心來傾聽。事實上，由於他所展現的同理心態度，致使每個人都以為公爵與他們意見一致。因為他想了解一個問題的所有面向，所以總是耗時許久才能做出決定。不過，一旦做出決定，幾乎再也沒有辦法使他改變。他的私人秘書牛場友彥回憶道：「他完全不可動搖。」近衛崇敬的對象屈指可數，其中之一就是貝爾福勳爵（Arthur James Balfour）。一般認為貝爾福勳爵並不適宜擔任首相的職務，但他就任首相後，決策果斷，極具效率。毫無疑問，近衛希望成為日本的貝爾福。

近衛公爵是近衛篤麿公爵的長子，也是近衛家族兩百五十年來第一個嫡長子繼承人。他的曾祖父為此還寫下無數首詩來表達喜悅之情。他出生後八天，親生母親就死於產褥熱。一直到他青春期時，都還以為他父親的續絃（近衛文麿的阿姨）是其生母。他後來說：「在我知道她不是我的生母後，開始感到人生不過就是謊言的編織物而已。」

他年輕時就得了肺結核。在那兩年時光，他除了盯著天花板和胡思亂想外，什麼事也不能做。從那時起，他就對弱勢者特別同情。他厭惡金錢、富豪和政客，為此還寫了許多激進的文章。在他長大之後，他還抱持著某些社會主義的信念，就在此時，他也反對特權階級。他給外人一種民主的印象，對所有的人都以禮相待。他有一次對牛場說：「即使是乞丐也是賓客。」但在他內心最深處卻還是貴族的思想，牛場最近回憶說：「他的貴族心態，遠遠超過你能想像的境界。」

所有關於他的事似乎都彼此矛盾，但又都相當合理。他與美國人相處時會感到不自在，卻把長子文隆送到美國羅倫斯威爾中學（Lawrenceville School）和普林斯頓大學讀書。他喜歡穿日本和服，而且十分挑剔講究，但穿起西裝時也感到相當自在。他和夫人是自由戀愛而結婚的，但對他的一名藝妓情婦卻用情極深。他一生中，曾經兩次違反傳統家規：第一次，他廢除了讓第二、第三和第四個「妻子」在主屋內同住的規矩（「只有一名情婦是可以被原諒的，難道你不同意嗎」）；第二次，不再寫家族日誌（「如果事實對我不利，我又怎麼能寫得下去呢」）。

在他的五名子女中，他只有一次真正怒罵過其中一人，就是寫一封措辭嚴厲的信件給在普林斯頓讀書的文隆，責備他飲酒作樂與荒廢學業。文隆回信說，他只不過是跟著美國人的生活方式，而這件事也就到此為止。

近衛十三歲那年，父親過世了。父親對近衛過分保護，以致近衛小時候腰上總是綁了根繩子，擔心他跌倒。近衛非常喜歡自己的孩子，包括情婦生的么女。他會與孩子們一起吃飯，一起唱歌，一起玩耍取樂。他更像是一位美國父親，而非一位日本父親。

近衛公爵屬於典雅社會的產物，一隻腳還停滯在過去，另一隻腳已經踏入未來。除非敏銳觀察，否則難以輕易察覺出此人的魅力和文雅。他深深感到對國家的義務，但其深厚的犬儒態度又使他難以相信任何人，包括他自己在內。他似乎令人難以捉摸，甚至他的家人也難看到他表像後的人性一面。

牛場應該是最親近他的人了，但他除了看到近衛是一名溺愛孩子的父親、寵愛妻妾的丈夫，一名愛好文藝、善體人意的僱主外，還是一個古怪冷峻的人。他自我節制，優雅洗練，以致「有時難以了解他到底要怎麼做」。

有回牛場問他，他敬佩哪一個日本史上的人物？他回答：「沒有。」牛場又問：「連乃木上將和東鄉上將[12]（日俄戰爭中的英雄）也不佩服嗎？」「當然不！」

他和天皇非常親近，而且對天皇抱持著溫厚的個人情感。當天皇在場時，其他人都正襟端坐，近衛卻疏懶地坐著。此舉並非對天皇不敬，而是因為覺得自己和裕仁非常熟稔。當他對進宮覲見的人說「那麼，請代我向天皇問候」時，他並不是在尋開心，而是很自然地覺得如此。他總覺得自己也出身於一樣高貴的家族。

——

隨著時光推移，解決中國問題的希望愈來愈渺茫。近衛公爵只好竭力尋求另一條出路——和平談判。他期望英國人能出面調停，但陸軍卻說服他請德國人斡旋，因為德國同交戰雙方都十分友好。希特勒曾向蔣介石提供武器與軍事顧問，日本則在一年前也和德國簽訂了《反共協定》（Anti-Cominter Pact）。日本提出的條件是合情合理的，以致當十分親華的德國駐華大使陶德曼（Oskar Trautmann）向蔣介石轉交這些條件時，蔣介石似乎有意接受。

但是毀滅日本安定的兩個因素——「下克上」和機會主義——又再度現身。首先，在中國戰場又傳出另一次大捷，杉山陸相因此提高了談判籌碼。接著，華北駐屯軍指揮官意外地違抗近衛和參謀本部的特別命令，在北京建立了傀儡政權。雖然參謀本部在石原的強力要求下仍主張與蔣介石談判，但陶德曼的努力已經無效了。在中國大使於華盛頓和羅斯福總統會談後，中國堅持表示日本的條件過於籠統。日本人則認為中國有意迴避，一向缺少談判彈性的日本人也失去了耐心。近衛推論蔣介石並非真心想談判，決定採取捷徑，和那些「與日本抱持同樣理想的」中國人打交道。一九三八年一月十六日，他宣布「帝國政府將停止和國民政府交涉，而將期待中國新政權的建立與成長，以尋求合作。」

這份宣言遭到知識分子和自由派國會議員的強力責難。石原也警告近衛說，這項政策將無可避免地帶來無窮禍患。這些抨擊逼使首相重新檢視其立場。他開始了解到，他的倉促聲明或許已經讓日本採取了僵硬又孤注一擲的政策——全面戰爭——而這是他最不想看到的結果。左右為難、自我懷疑，以至於他考慮自己是否該辭職。但宮內官員卻勸他繼續留任，否則中國人會就此認定，他是因無法解決中國問題而辭職，這將比以往更難達成他們所企求的解決方案。

到了最後，近衛才終於明白，陸軍對於中國問題也沒有既定政策，只是隨著形勢而起伏。但是，他無法獲取有關最高統帥情勢的可靠資訊，只能滿懷挫敗，眼看著中國的情勢日益惡化。

陸軍以國防為藉口提議制定一項國家動員法，其目的在於奪取國會對戰爭措施的僅存權力，並將國民生計全面導向高效率的戰時經濟體制。陸軍發言人具說服力、也不會太過分地表示：日本是個人口眾多的小國，相當缺乏天然資源，周圍又受敵人——蘇聯、中國、美國和英國——所包圍，唯一的解決方案就是國力總動員。一九三八年三月，國會通過了該項法案——這就形同國會自我投票通過了對陸軍的投降主義。英國駐東京大使羅伯特・克雷格爵士（Robert Craigie）評論道：「被日本陸軍剝奪的自由，已經永遠失去了。」

此外，「國體」和「皇道」這兩個辭彙再次被借用，好讓日本人民在精神上為征戰東亞做好準備。極具諷刺的是，「皇道」正是不久之前被摧毀的派系。「皇道」的原始意涵已被扭曲為，透過日本控制東亞以建立世界秩序與和平。

不論是「國體」還是「皇道」，兩者皆強調天皇對於其子民的父子關係和天皇的神性。這兩個口號正在喚起數百萬人民對聖戰的激情，要將亞洲從殖民主義和共產主義中解放出來。

第三章 「那麼，這將是背水一戰」

一

日軍持續在戰場上獲勝，奪取了漢口和廣東，逼使蔣介石把政府遷往內陸的重慶。不過，他們只征服了中國領土，並未征服人民。到一九三九年初，離最終勝利還遙不可及。他們已經損失了數萬名將士，耗費了數百萬日元，並激起了西方國家特別是美國的憤怒。

從培里准將攜帶著米勒德．菲爾莫爾總統（Millard Fillmore）的信件，率領艦隊進入東京灣，要求長期閉關的日本對世界開放門戶那時起，日美之間的關係就一直不穩定。美國當時有三個動機：貿易、向「黃種」異教徒宣揚福音、輸出一七七六年《獨立宣言》理念。日本人當時勉強而憤恨地屈從了。但在之後歲月裡，隨著美國官員與民眾在教育、科學、醫療和生產方面為日本提供實質的協助，使日本得以從封建時期轉型到現代社會，兩國關係有了改善。十九世紀末，美國一腳邁進了太平洋，取得了夏威夷、關島、威克島和菲律賓，使日本感到不安。但是，一九〇〇年的庚子拳亂事件又讓兩國再度攜手合作。

這種友好的關係在四年後的日俄戰爭中強化了。美國一面倒地同情弱勢一方。紐約的《商業日報》(*Journal of Commerce*)宣稱日本是「商業利益的捍衛者」;漫畫家把日本軍人描繪為英雄人物——高貴的日本武士對抗「俄羅斯熊」。關於俄國反猶的報導讓庫恩羅布公司(Kuhn, Loeb & Co.)總裁雅各布・希夫(Jacob Schiff)感到憂傷,因此認為日本人的努力「不僅是為了自己的事業,也是為了整個文明世界的事業」。他言出必行,將公司的資源投入到日本戰事中。雖然日本戰果輝煌,但卻無法終結戰爭,只好向西奧多・羅斯福總統尋求協助。一九〇五年在新罕布夏州(New Hampshire)簽訂的《樸資茅斯條約》(Treaty of Portsmouth)中,羅斯福總統幫日本盡其可能獲取了最有利條款。這種友善舉動卻終結了兩國之間的關係,成了歷史反常的轉折之一。其原因是日本人並未意識到自己的國家已因戰爭瀕臨破產,反而因條約未列明賠款而憤慨不已。全國爆發了反美暴動,東京不得不實施戒嚴。然而,對於羅斯福將日本從困境甚至是災禍中解救出來一事,日本政府卻隻字未提。

局勢在隔年更加惡化,但這回得歸咎美國人。在美國,特別是在西岸地區興起了一種非理性恐懼,認為重新崛起的亞洲將在日本帶領下吞噬西方文明。《舊金山紀事報》(*San Francisco Chronicle*)甚至斷言:「究竟是由優秀的白種人,還是低等的東方人來主宰世界,這是個迫切的世界性議題。」舊金山教育局在懼怕「黃禍」[1]的歇斯底里中下令所有的「二世」孩童[2]都必須到唐人街的一所學校上課。

日本政府對此反應激烈,認為「這是一種汙名化的歧視行為,是令人難以忽視的惡劣行徑」。甚至已經有人談到開戰,因此羅斯福總統秘密提醒菲律賓駐軍指揮官要提防日本的攻擊。

危機總算過去了,但憤怒依舊存在。雖然兩國在第一次世界大戰時同屬協約國,但對立敵意達到了頂峰。伍德羅．威爾遜總統（Woodrow Wilson）已經在呼籲「全世界都該維護領土完整和政治獨立」，征服者應歸還中國所喪失的土地與權利。這種理想主義立場對日本過去幾十年苦心建立的帝國是種直接威脅；對於日本軍方領袖而言，與美國為爭奪西太平洋和亞洲的支配權而開戰，已是無可避免。一九二四年，美國國會通過禁止日本人移入美國的「排外法案」（Exclusion Act），使日本軍方領袖贏得了更廣泛的支持。對於驕傲、敏感的日本人來說，美國的舉措形同蓄意挑戰，連那些親美者也開始感到不安。一位知名日本學者寫道：「突然之間，日本人感到好像被至交毫無緣由地賞了一巴掌。年復一年過去，既沒有修正也沒有廢止該法案，這只會強化日本的受辱感。這種情緒勢必會以某種形式，在私下和公開的交往中顯現出來。」

日本佔領滿洲、入侵華北後，隨著美國抨擊日本侵略的言詞愈來愈激烈，兩國之間的鴻溝加深了。道義上的譴責只會強化日本人報復的決心。為何在美洲是「門羅主義」（Monroe Doctrine），而在亞洲卻是「門戶開放」（Open Door）？日本人佔領盜匪猖獗的滿洲無異於美國武裝干預加勒比海。[3] 此外，像美國這樣幅員遼闊的國家，怎麼能夠理解從一次世界大戰以來一直在困擾日本的問題？為什麼英國和荷蘭可以理直氣壯地佔領印度、香港、新加坡和荷屬東印度群島，日本仿效前例就是犯罪？藉著欺瞞、烈酒和屠殺奪取印地安人土地的美國人，為什麼對日本在中國的同樣作法如此憤慨？[4]

超級愛國者在謀劃刺殺親西方的領袖，還要炸毀英美大使館。舉行了大規模群眾聚會，譴責英美兩國援助中國，並呼籲接受希特勒提出的與德、義兩國簽署《三國公約》的建議。西方人被拒於某些旅館之外，被公開羞辱，甚至在警察面前遭到毆打。

所有這些因情緒騷動而產生的排外行為，由於東西方在道德、宗教，甚至思維模式上的明顯差異而惡化了。西方的邏輯是精準的，透過規律、定義和證據導出邏輯性的結論。天生就是辯證論者的日本人則認為，任何存在都是一種矛盾。在日常生活中，他們本能地奉行這種矛盾對立面的概念和調合對立面的方法。對與錯，神與人，精神與物質——所有這些對立面都能和諧地合二為一。這就是為何一個事物能夠善惡並存的原因。

與西方人非黑即白的思想方法不同，日本人的界線較為模糊。結果，在國際關係中，日本人講究的是「政策」而非「原則」。對於西方人來說，這是相當沒有道德的。西方邏輯比較像是個手提箱，明確而有限度。東方邏輯卻像日本人隨身攜帶的「風呂敷」[5]，依據環境和條件可大可小。不需要時，還可以疊起來收到口袋。

對西方人來說，日本人是難以理解的矛盾：有禮又野蠻，誠實又奸詐，勇敢又怯懦，勤奮又懶惰——一切同時具存。就日本人看來，這再正常不過了，兩者自然結為一體。他們也無法理解為何西方人無法體會。對日本人來說，一個沒有矛盾的人不配受到尊重，他不過是個頭腦簡單的人。一個人如果有著愈多的矛盾，他就愈顯得深奧。一個人自我掙扎得愈劇烈，他的存在就更顯得豐富。

這種哲學主要來自佛教。佛教教義認為，萬物都存在於一種無空間、無時間與無差異的深淵中。[6]因為萬物皆無實體或單一性，所以萬物皆空，亦無差異。而「我」也並非實體，而是浮在「因果法輪」轉動時出現的虛幻現象中，是瞬間即逝的幻象。既然沒有造物者，沒有天父或命運之神，那麼就無人能知萬物的變化，也無人能為變化負責。

日本人對滿洲和華北採取軍事冒進的理由中，「因果之輪」起了相當大的作用。軍方或政界領袖未能約束那群策動侵略的年輕軍官，固然源自懦弱、或是某些情況下的自私自利或僅是優柔寡斷，但更多是因為被「因果之輪」的觀念裹脅而隨波逐流。他們順服而靜默地躺在「盲目改變」的路上，遵循佛教信仰中那永恆且絕無目的的「因果之輪」。某些教派認定人死後皆可成佛，有些教派則認為一切空無，只有否定自我方能得到救贖，人不過是「無之大海」中的一個泡沫，無生死、無始終、無邊際。佛本身也不過是一根指著月亮的手指。

所有這一切都可以用「莎喲娜拉」這個字表達。「莎喲」就是「這樣」，「娜拉」則是「就」。合之則為「就這樣吧」。日本人對每件事在任何時刻都說「莎喲娜拉」，因為他們覺得每個時刻都是一場夢。人生就是「莎喲娜拉」。帝國或興或衰，星辰來來去去，偉大的英雄哲人終歸塵土，但「變化」卻永遠不變，包括「變化」本身。

這種對於死亡的堅強認知，不僅帶給日本人泰然面對災厄的力量，還能深刻理解到每個時刻都可能是其最後的時刻。這並非悲觀主義，而是一種沉靜的自覺，不因外物而沮喪、挫敗或得意洋洋，而是接受無法躲避的事實。鯉魚是最受尊敬的魚種。它會勇敢地逆流而上，躍過最陡峭的瀑布，但是，一旦被抓補放在砧板上時，卻又安靜且安詳地接受該來的一切。就這樣吧，「莎喲娜拉」。

美國消息靈通人士不甚了解或根本不了解「因果之輪」或那些決心殉國的年輕叛亂分子發揮的力量，而是錯誤地認為，日本佔領滿洲和突襲中國是軍方領袖策畫的陰謀，像希特勒一樣為了私欲而征服世界。

在日本人的內在世界中，形而上的直覺和動物性本能的衝動是同時並存的。如此，既獸性化了哲學，也哲學化了獸性。叛軍所犯下的血腥行徑或暗殺，是受理想主義所激發。而飄洋過海到中國的士兵，本是為東方人拯救東方，卻在南京屠殺了數以萬計的東方人。

在日本人的先驗和經驗——菊與刀——思維中，是不存在緩衝地帶的。他們有信仰，但沒有西方人概念中的上帝，也就是沒有獨一無二的「神」。他們真誠，卻沒有罪孽的觀念。他們有同情心，卻少有人性。他們有氏族，卻沒有社會。他們的嚴格家庭系統帶來了安全，卻奪走了個體性。簡言之，他們經常受不同力量驅使，是經常同時朝對立面推進的偉大且精力充沛的民族。

在東西方之間，還有不勝枚舉但無傷大局的細微差異。如果一名西方人問道：「這條路不是通往東京的，是嗎？」日本人會回答「是」，卻意味著「你所說的是對的，這並『不』是前往東京的路」。當日本人同意西方人的意見時，有時只是為了表示禮貌或是避免尷尬；或者寧可給錯誤的答案，而不願承認無知。這樣也就造成誤解了。

對大多數的西方人來說，日本人是完全不可思議的。他們使用工具的方式是錯的：他們蹲著打鐵；他們使用鋸子或刨刀時，是拉而不是推；他們從屋頂開始蓋房子；他們開鎖時朝左轉，方向是錯的。所有的事情日本人都反著做。話倒著說，書反著讀，字倒著寫。他們坐在地上，而不是椅子上；生吃活跳跳的魚蝦。他們會在告訴你他個人最悲慘的境遇後，然後放聲大笑；穿著華美的衣服跌入泥坑，爬起來時還露齒而笑；話不明說，而是說反話；迂迴拐彎地討論問題；在家中以極其誇張的禮節款待你，但在火車上卻又粗魯地把你推開；殺人後還躬身向僕人道歉說：對不起，把屋子弄亂了。

在西化和現代化的裝飾下，日本人依舊是東方人。而從封建主義跳入帝國主義來得如此出人意外，以至於這些日本領袖們，僅僅對西方的方法感興趣而非西方的價值，來不及也無意發展自由主義和人道主義。這才是西方人所無法理解的部分。

二

蘇聯和日本持續彼此敵視，不過這並非出自於文化上的誤解，而是為了爭奪領土。一九三八年夏天，兩國軍隊為了滿洲和蘇聯邊境上的一座荒丘而交戰。紅軍陸空兩軍狠狠修理了日本人，因此兩週之內，日本人就同意停戰。約十個月後，在滿洲和外蒙古邊界相對靠近北京的諾門罕（Nomonhan）附近，又發生了一場衝突。幾個星期之內，這場衝突就演變成全面戰爭，出現了歷史上首次大規模的坦克戰。日方傷亡約五萬餘人，俄方再度擊潰日軍。這次尷尬的戰爭預演，不只引起日本在軍事武器和戰術上的革命，也促使日本進一步與德國和義大利結盟，因為它感到蘇聯、英國、中國和美國隨時可能會聯合起來對抗日本。[7]

在結束這場邊境戰爭前，史達林和其死敵希特勒在一九三九年八月二十三日簽署了一項協定，從而把日中雙方都弄得一團亂。在一月接替近衛公爵成為首相的平沼騏一郎，為了《三國公約》能達成而舉行了七十多次內閣會議，但都未有結果。他被史達林此舉弄得相當狼狽，因而宣布：「因近來歐洲局勢複雜難解，內閣在此提出總辭。」

希特勒和史達林兩人都向全世界大力宣揚他們所簽訂的歷史性條約——除了瓜分東歐的秘密協定外。九天之後的九月一日，一百五十萬德軍入侵波蘭，就此開啟了第二次世界大戰。被夾在兩股巨大軍力間的波蘭雖然在幾週之內就被裂解，但西線仍無戰事，以致某些新聞記者諷刺地稱這場衝突為「假戰」（Phony War）。

在華戰爭被拖進了一九四〇年，日本陸軍參謀本部秘密決定，除非在該年內取得全面勝利，否則就逐步撤軍，只在華北駐屯軍隊防堵共產主義。然而，六個星期後，希特勒於五月十日在西線戰場發動了閃電戰，再度改變了日本的方針。四天後的黃昏，荷蘭指揮官投降了。翌日早上七點半，一通來自巴黎的電話吵醒了英國新首相溫斯頓．邱吉爾（Winston Churchill）。法國總理保羅．雷諾（Paul Reynaud）大喊道：「我們戰敗了！我們被打垮了！」兩週後，比利時國王利奧波德三世（Leopord III）不理會政府的勸告，宣布投降，同時拒絕流亡英國。他說：「我決定留下，盟軍在戰事上已經失敗了。」不到一個月，法國投降，英國似乎也朝不保夕。

日本軍方領袖陶醉於希特勒的勝利之不費吹灰之力，從而改變了他們關於對華戰事的心態，並正式提出了一個口號：「勿縱良機」。隨著法國敗北，英國也在為存亡而戰，襲擊東南亞奪取石油和其他必要資源的良機已經到來。六月二十二日，陸軍參謀本部和陸軍省舉行了聯合會議。會議上，那些曾建議從中國撤軍的人，此時卻勸進襲擊新加坡。保守派摧毀了這項計畫，但心存僥倖的幽靈和機會主義的病毒卻一天天擴散開來。幾個月前還能甘受在華戰事挫敗的日本人，眼看希特勒在歐洲突如其來的好運，不禁垂涎欲滴，一心想搶奪東南亞的資源。

七月底，近衛公爵被說服再度從政，第二次組閣。兩個正在竄起的人物擔任了關鍵職位：其中一人是外交官松岡洋右，由他擔任外相。他能言善道、精明幹練又狂想不實；另一人則是軍人東條英機中將，由他出任陸相。東條工作勤奮、剛愎自負也戮力從公，因而贏得「剃刀」的暱稱。他天性單純，不像近衛那樣複雜。他因十分出色地完成了許多艱難任務，包括在關東軍內擔任憲兵指揮官，而在陸軍中享有極高聲望。他清廉自持，並要求部屬遵守絕對紀律，任用下屬只依據其能力和經歷。在「二二六事件」中，東條與其他搖擺不定的將軍們不同，他迅速宣布滿洲處於緊急狀態，從而粉碎了任何同情性叛亂。對於奉公守法的他而言，「下克上」是「絕對不可寬恕」也無法容忍的。這讓他贏得了軍方保守派和畏懼再度發生流血叛亂的文官的敬重。毫無疑問，這就是近衛選中他的主要原因。

松岡外相曾任南滿鐵路的會長，與東條在關東軍期間也是緊密的工作夥伴，但他和東條相比，幾乎是南轅北轍。他雖然也意志堅定，但更為浮誇，好冒險，憑直覺行事。東條算是惜字如金，但松岡卻口若懸河，還被取了「五萬字先生」和「說話機器」的外號。他心平氣和地否認自己過於健談。「囉嗦意味著出爾反爾。我從來不這樣。所以，我一點也不囉嗦。」英國大使克雷格評論道：「我從來沒看過一個人說話如此之多，但卻沒有幾句真話的人。」他認為松岡固執、堅決且頭腦敏銳。

松岡長得又矮又黑。在國聯大會為滿洲議題爭論不休時，他突然闊步跨出大廳，他那砲彈一般的髮型、八字鬍、玳瑁框眼鏡和其戲劇般的舉動，吸引了全世界的目光。他十三歲時被帶上船，船長叔叔把他丟在美國海岸上，要他自謀生路。奧勒岡州波特蘭的一個美國家庭收養了他，在接下來幾年，他勤奮用功，曾在法律事務所打過雜，甚至為了賺取學費當替補牧師。奧勒岡大學畢業後，他在美國工作了三年，然後回到日本，因其精明幹練與精力充沛而成名。

近衛公爵幾乎會傾聽所有人的意見，而松岡則幾乎誰的意見也不聽。他只忙著闡釋不斷躍進他那靈活腦袋裡的各種主意。他故弄玄虛的言論迷惑了許多人，有些人竟認為他精神不正常。但他在外務省的屬下，例如齋藤良衛博士和加瀨俊一則認為，這不過是他自相矛盾的個性使然。他是個腦力運動員，經常說些違背與其信念相背的話，並提出他反對的意見，以在大家的默認下達成己意。他視野寬闊，但鮮少解釋他所想像的事，即使解釋，也不過是些彼此矛盾的問答。無怪大家都被他弄得糊里糊塗。當松岡機智地操弄危險的外交遊戲時，即使是那些視他為日本最聰明的人，也感到十分焦慮。他一再向外務省的同僚保證，他是親美的，不信任德國，但他卻去諂媚希特勒。他反對軍國主義的興起，但卻主張戰爭。

在家中，他也這樣玩弄似是而非的遊戲。他會對著七名子女大聲斥罵，又讓他們騎在自己的背上玩。他是家中的獨裁者，又對孩子極其呵護。當松岡發脾氣時，他的「書生」（秘書兼私僕）荻原極甚至會嚇得不敢直視他。有一天，松岡洗完澡，從房內喊了一聲：「喂！」荻原朝屋內看了一眼，只見松岡不耐煩地用手指著腰部。荻原連忙為他拿一條腰帶，不料卻激怒了松岡。松岡一言不發，以至於荻原問了女僕才知道，這姿勢表示主人要的是纏腰布。在他「閉門謝客」的日子裡，有時訪客會堅持見面，這時荻原只能進去通報松岡。此時松岡就會吼道：「人不在家怎麼能會客！」由於荻原長期處於緊張的狀態，於是辭去了這一令他厭惡的職務。但幾年後，荻原寫信請松岡幫他在南滿鐵路謀個工作，松岡果然也幫了他的忙。在暴怒、自大、焦躁的外表下，他是一位全然不同的人。但很少有人能夠看出這點。

為了應付日本「史無前例的嚴峻考驗」，甫成立四天的內閣一致通過了一項新國策。此國策的基本目標是實現世界和平，為此日本必須聯合滿洲國和中國，以建立——當然是在日本的領導之下——「大東亞新秩序」。必須實行全國總動員，全體國民都應獻身於國家；必須實施計畫經濟，改革國會，圓滿解決中國事件。

此外，還要與德國和義大利簽署《三國公約》，並與蘇聯簽訂互不侵犯條約。雖然美國對日本的實施戰略物資禁運，但只要美國同意日本的「正當要求」，日本也應試圖與之和解。此外，趁著歐戰之機，日本還應進軍印度支那或更遠的地方，必要時用武力建立帝國。

這是日本軍方領袖們所想出的政策，但他們說服了近衛首相和內閣中的文官，使他們相信，如果日本想在這混亂的現代世界中生存，這是最後一線希望。這就意味著，「勿縱良機」這一口號已經成了國策，把中國事件升級為戰爭，從而把日本進一步推向侵略之路。文職權勢優於軍方，這是美國民主制度的基石，但在日本卻反其道而行。明治憲法將決策權授予內閣和最高統帥部，但是對政治和外交事務少有理解的軍方領袖卻幾乎總是凌駕在內閣文官之上。只要他們一辭職，政府就垮台。實際上，他們的影響超越了辭職這個威脅。軍事壟斷已經成為了傳統，鮮少被人質疑。因此，統治日本的政策都來自於那些滿腦子狹隘軍國思想的海陸軍將領，本意雖良善，卻無益治國。

那些制定「勿縱良機」政策的軍國主義分子，並不想預見發生戰爭的可能性。隨著法國戰敗、英國在為生存而戰，在他們看來，印度支那上的橡膠、錫礦、鎢礦、煤礦和稻米，簡直就是「扔在街上，只等人去撿拾的寶藏」。兩個月內，日本就迫使無能的法國維琪（Vichy）政府在河內簽署協定，允許日本在印度支那北部建立空軍基地，並利用該區域作為攻擊中國的跳板。

松岡和最高統帥部內較為深思熟慮的人都預見到，日本正走上和盎格魯—薩克遜人發生衝突的道路，因而爭辯抗議。陸軍參謀本部長閑院宮親王，甚至含淚辭職。

對於日本此舉，美國的反應極為強烈；這意味著美國對中國輸送物資的滇緬公路受到潛在威脅。不過，邱吉爾首相對日本在越南駐軍卻表示樂觀，還建議從新加坡撤出兩旅印度兵。但外相安東尼·艾登（Anthony Eden）反對。他在一份給首相的備忘錄中寫道：「關於日本對馬來亞的威脅目前並不嚴峻的想法，我很難同意。過去幾天的種種跡象都顯示，德國人和日本人已經達成某種協議，因此，為新加坡的陸上防衛早做準備是相當明智的。」

艾登的推測是對的。日德義三國歷經漫長討論的《三國公約》即將達成，儘管海軍擔憂這公約會在某種情況下要求日本自動參戰，因而反對。然而，松岡以極具說服力且冗長的說法抗辯海軍的觀點。他宣稱，這公約「將會使美國在實施對抗日本的計畫時更加謹慎」，並將預防兩國之間開戰。再者，如果德國真的和美國開戰，日本也沒有義務自動地援助德國。

由於無法抵擋松岡的言論攻擊——附帶一提，當時支持此聯盟的聲浪甚囂塵上——反對者都被說服了。近衛違心地同意了，因為他很清楚地了解到，如果他反對陸軍，他將再度被迫辭職。他對女婿說：「我的想法是，騎上陸軍這匹馬，脫離戰爭。」天皇和海軍一樣都反對這個公約，在他蓋上玉璽前，他告誡近衛，他恐懼這公約最終會導致日本和英美兩國開戰。他又不祥地補上一句預言：「因此，今後，你必須與朕同甘共苦。」一九四〇年九月二十七日，《三國公約》在柏林簽署了。[8] 對英美兩國而言，這是進一步證明日本與納粹德國和法西斯義大利是一丘之貉，證明這三個「盜匪」國家已聯合軍力征服世界。美國立刻進行報復，宣佈將各種廢五金都列入七月間就宣布的戰略物資和航空燃料的禁運貨單。

不僅是盎格魯—薩克遜人對此公約感到驚愕，蘇聯《真理報》（*Pravda*）也稱其「使戰爭更形惡化和擴大了戰爭的範圍」。德國外交部長里賓特洛甫（Joachim von Ribbentrop）向其俄羅斯同行莫洛托夫（Vyacheslav Molotov）保證，這個公約只是直接針對美國戰爭販子。「當然，條約沒有任何針對美國的侵略目標，其唯一目的就是要那些竭力要求美國參戰的人認知到一些基本概念，明確對他們表態，如果他們加入目前的戰鬥，就是自動與三強權為敵。」他提出，為什麼蘇聯不加入此公約呢？他寫了一封長信給史達林，說明理由：

世界四強——蘇聯、義大利、日本和德國——的歷史責任是制定一項長期的政策，透過劃定其全球利益的界限，以將其人民未來的發展帶向正確的道路⋯⋯

松岡對於他所策動的世界和平計畫相當有自信。他對那些認為他親美而感到困惑的好友說，這是避免和美國開戰的最佳辦法。他告訴他的長子說：「如果你立場站穩，並開始反擊，美國就會了解到，他是在和一個男子漢談判，然後你們兩人就能像男人一樣對話。」他認為自己，也只有自己，真正了解美國。他曾經這樣說過：「只有我所認知的美國和美國人才真正存在，沒有其他的美國，也沒有其他的美國人。」

他還對齋藤博士說：「我承認，人們會把這一切稱為欺騙。」但是，他和希特勒同盟「是為了壓制陸軍的侵略政策⋯⋯避免讓美國的戰爭販子加入歐戰。如此一來，我們便能和美國握手言好。當全球資本主義國家組成大結合以對抗共產主義時，就能維持太平洋地區的和平」。

他說，《三國公約》也是解決中國事件的一種方法，「中國事件的解決仰賴共存共榮，而非依靠外力之協助來威脅中國。要達成此目標，我們應該依靠第三國的斡旋。我認為美國是最適合的國家。不過，問題在於日本（不如說是陸軍）要做出怎樣的讓步？日本應該同意從中國撤軍。」

善於拐彎抹角的松岡總結道，若要實現他的目標，就得支持里賓特洛甫的計畫，將德義日三國與他們的共同敵國俄羅斯聯合起來，組成四國大聯盟，他並要求允許他到歐洲去親自實現這一計畫。經過長時間的辯論後，軍方高層同意他去歐洲，但拒絕他順道帶給希特勒一份禮物——日本攻擊新加坡的承諾。

一九四一年三月十二日，東京車站擠滿了為松岡送行的人潮。當發車的鈴聲響起後，他匆忙走到杉山上將前面，再度用新加坡問題糾纏他，問杉山何時要拿下這座城市？

這真是個煩人的傢伙！將軍心裡暗想，並生硬地答道：「我現在不能告訴你。」

他確實令人討厭這點已經變得很明顯。在他穿越西伯利亞的漫長旅途中，他私下對一名陸軍（被調派跟隨松岡，確保松岡不會對攻擊新加坡一事做出輕率承諾）永井八津次上校說：「永井先生，你想辦法在邊境尋釁生事一下，我正設法完成一份日蘇中立公約。」

在柏林，他先會見了希特勒。在討論過程中一如往常都是松岡在主控。事實上，希特勒很少開口，即使表示意見，通常也都是在抱怨英國，喊道：「必須擊敗它！」

里賓特洛甫、希特勒及帝國其他高官們都竭盡所能讓松岡相信，佔領新加坡對日本有利。里賓特洛甫斷言，佔領新加坡「或許最有可能讓美國置身戰事之外」，因為屆時羅斯福便不能冒險派出艦隊到日本水域。同時，希特勒也向他保證，如果日本「確實」參戰，德國「就會協助日本」，「即使撇開德國軍隊遠遠優於美國軍隊這一事實，美國也根本不是德國的對手。」

不過，每當提起新加坡問題時，松岡總是閃躲。例如，當赫爾曼・戈林（Hermann Göring）接受了一幅富士山的畫後，開玩笑地說「如果日本拿下新加坡」，他就會親自造訪富士山。松岡轉向緊張不安的永井，點點頭說：「那你得問問他。」

對於和史達林簽訂條約一事，松岡一點都不死心。但他十分驚訝的是，曾向松岡提出建立四國大聯盟公約的里賓特洛甫對他說：「你怎麼能在這個時候簽訂這個條約呢？請記住，蘇聯從來不會白給東西的。」永井認為這是一個警告。但就算駐德大使大島浩將軍秘密告訴松岡，德國和蘇聯極有可能不久就會開戰，還是未能澆熄松岡對此事的熱度。

四月六號，日本代表團一行離開了柏林。抵達蘇聯邊界時，他們獲知德國已入侵南斯拉夫。永井和其他顧問都感到心煩意亂——緊緊一天前，蘇聯和南斯拉夫才簽署一份中立條約——但松岡卻仍頗為雀躍。他告訴私人秘書加瀨俊一說：「與史達林的協定已在我的口袋中！」

松岡是對的。在抵達莫斯科一週後，他在克里姆林宮簽署了一份中立條約。在盛大的慶祝會上，可以明顯感到史達林對於世局轉折的愉快態度，以致他親自端菜給日本客人，擁抱和親吻他們，像隻正在表演的熊般，手舞足蹈。此條約是他在外交上的勝利一擊，對他能夠不理會德國就要進攻蘇聯的謠言，這是個有力證據。畢竟，如果希特勒有入侵俄國的計畫，他怎麼會和日本人簽訂這樣一個協議呢？他在敬酒時還喊道：「天皇陛下萬歲！」他堅稱，就算意識形態有所不同，誰都不該違背外交誓言。

松岡回敬史達林，並說了幾句任何其他外交官都不會說的話，「條約已經簽訂了。我不會說謊。」他脫口而出：「如果我說謊了，我的腦袋就是你的了。如果你說謊，那我肯定會來取你的首級。」

史達林冷酷地反駁道：「對我的國家而言，我的頭很重要。你的頭也是如此。讓我們彼此好好地把腦袋扛在肩膀上吧！」場面顯得相當尷尬。松岡試圖講些輕鬆話，說永井和他的海軍同僚「總是在討論如何趕走你們身上的惡魔！」不料這番話反而使場面更尷尬了。

史達林正色回說，日本雖然強盛，但蘇聯也已非一九〇四年的沙俄。片刻之後，史達林又恢復了他的詼諧幽默，並說：「你是亞洲人，我也是。」

「我們都是亞洲人。讓我們為亞洲人乾杯吧！」

數不清的觥籌交錯，使得東行列車不得不延後一小時發車。在月台上，日本人又驚訝地看見史達林和莫洛托夫歪歪倒倒地從側門走來告別。史達林吻了永井並大聲說道：「英國人現在之所以陷入困境，是因為他們看輕軍人。」紅光滿面的史達林摟住了矮小的松岡，熱情地吻了他幾下。他說：「現在有了日蘇中立條約，在歐洲已經沒什麼好害怕的了！」

松岡應該留心高乃怡（Pierre Corneille）作品中的角色曾經說過一句話：「我擁抱我的對手，但只是為了悶死他。」，但他沒有，反而興高采烈地喊道：「這個世上沒有什麼可害怕的了！」然後就像一位征服者般登上了火車。〔此時，史達林已經在擁抱另一名大使——希特勒的全權公使舒倫堡伯爵（Count Friedrich Werner von der Schulenburg）——並對他說：「我們必須繼續當朋友，為此你要竭盡全力。」〕當火車載著松岡穿越西伯利亞時，松岡告訴加瀨，他在離開莫斯科前，曾和他的老友美國大使勞倫斯・斯坦哈特（Laurence Steinhardt）毫無拘束地談過。他們都同意設法恢復兩國間的友好關係。他說：「舞台已經準備妥當了，接下來，我們該去華盛頓了。」

三

此時在世界另一端，松岡的駐華盛頓大使，即退役海軍上將野村吉三郎，正在努力和赫爾國務卿修補日美之間的分歧。他個性溫和，只剩一隻眼睛。兩名精力旺盛的天主教神父促成他們的會談。他們是瑪利諾會的總會長詹姆士・沃爾什（James Walsh）主教和其助手詹姆士・德勞特（James Drought）神父。約在半年前，他們帶著庫恩羅布公司的路易斯・史特勞斯（Lewis Strauss）的一封介紹信前往東京，拜訪了日本中央金庫理事井川忠雄。他們說服他相信，日美兩國抱持善意的人，能夠協助實現和平解決，並拿出一本呼籲日本實行「遠東門羅主義」的備忘錄給井川看；此外，他們還表明了反共的立場，認為「共產主義並不是一種政府型態，而是一種侵蝕社會的疾病，並且還會傳染」。井川對這份備忘錄印象極深，認為理性的日本人都會同意其中的條款。在井川以大藏省官員身分駐美多年期間，他結識了眾多紐約的銀行界人士，還認識了他的美籍妻子。由於德勞特神父提到，其行動是經過美國政府「最高人員」的批准，井川由此認定羅斯福總統支持這個提案。他熱誠地將他們介紹給近衛首相和松岡。首相建議井川先去試探陸軍省內極具影響力的岩畔豪雄上校的口風。岩畔是個將理想主義和陰謀詭計融為一身的獨特人物，也正是能把這兩名神父的計畫付諸行動的人物。他深信，和美國友好就能拯救日本，而玩弄權謀正是他生活的面相之一。在其嘻皮笑臉的背後，卻是陸軍中最為機敏的頭腦之一。他是間諜和情報專家，著名的中野間諜學校（Nakano School）就是他一手建立。該校灌輸情報人員和岩畔一樣的想法，即把亞洲國家自由合併起來的理想主義觀點，並將這些訓練有素的幹員大量派往亞洲各地。他曾經想出破壞中國經濟的方法，也就是將價值十五億日圓的偽鈔流入中國。日俄戰爭時，因為猶太人的庫恩羅布公司曾經資助過日本，所以他以此為由，認為一個真正的日本人不會否認這筆人情債，而成功說服關東軍的將領們，讓大約五千名逃離希特勒殺害而四處流浪的猶太人避難滿洲。

岩畔上校安排這兩名美國人和軍務局長武藤章將軍會面。武藤也對這份提案印象深刻，並表示同意。元旦前後，兩名神父返回了美國，接著又聯合了另一名聲譽卓越的天主教徒、郵政部長法蘭克・沃克（Frank Walker）。沃克著手安排他們與羅斯福總統的會面。總統會見了沃爾什主教，並讀完了熱情洋溢的長篇備忘錄，還把它傳給赫爾，上面批示：「……你意如何？富．德．羅」。

赫爾在意見書裡答覆：「一般說來，我很懷疑這份計畫在此時是否可行。對我而言，日本政府和人民不太可能或絕無可能在目前階段真心接受這樣的協議。」這份意見書，主要是由他的遠東事務資深顧問、以同情中國敵視日本著稱的史坦利．霍恩貝克（Stanley Hornbeck）博士起草的。[10]

羅斯福總統卻對這個想法頗感興趣，因此他要求郵政部長法蘭克．沃克將工作交給助手，以便全力協助沃爾什主教。主教以「總統專員」身分被授權在紐約市柏克郡飯店十八樓設立一個秘密總部，代號是「無名氏」（John Doe）。

一月下旬，沃爾什主教發了一份電報給井川：「與總統會面後，進展有望，靜候事態發展。」井川拿不定主意，不知是否該前往華盛頓，協助這兩名神父和即將起程赴美的野村大使，以找出共存的方法。野村生性直來直往、誠實正直且心地善良，也有許多美國朋友，包括羅斯福總統在內。但不幸的是，他沒有外交經驗，而且也缺乏外交才能。

井川到岩畔上校那去請教。上校鼓勵他去美國，並設法幫他弄來了一本商業護照以及兩名願意對和平做出貢獻的工業家所資助的旅費。井川將以同美國商人進行談判為由協助野村。當行程消息走漏後，松岡（正要前往歐洲）指控陸軍「一手包攬對美談判」還有「聚斂金錢」。陸相東條英機對於此安排毫無所悉，便把岩畔叫到辦公室。岩畔逞其三寸不爛之舌，讓東條完全相信了他，並明確告知外務省，陸軍對於井川的任務一無所知。

這是一招險棋，但岩畔覺得，為了和美國維持友好關係，冒險是值得的，而玩弄危險遊戲本就是他的嗜好。他認為，他自己在此事中的角色到此就可以結束，不過，這卻僅僅是開端，因為岩畔對於時局的掌握，讓東條印象極為深刻，故派他前往美國協助野村。

為了給新指派的任務做好準備，岩畔分別諮詢了主戰派與主和派的意見。某晚，在銀座舉行的宴會上，「血盟團」團長井上日召鼓動他成為間諜：「既然英美要封鎖我們，我們就得和他們開戰。所以你在美國的任務就是找出開戰的時機點。」但是，力勸岩畔安排任何一種體面解決方案的人，遠比那些炫耀武力的人來得多。

岩畔帶著陰謀詭計的氣味於三月三十日抵達紐約。他發現，美國對於戰爭與和平議題上的分歧極大。干預分子認為，他們國家的未來和最終安全取決於幫助民主國家打敗侵略國，因而不久前才力促國會通過《租借法案》（Lend-Lease Act），讓美國能向軸心國的敵人提供「除了開戰以外」的無限制援助。美國將變成「民主國家的兵工廠」。支持此措施和支持戰爭本身的有「不列顛擁護團」（Bundles for Britain）以及那些親友在歐洲遭到希特勒和墨索里尼迫害的少數族裔。而他們的對手反戰派，包括了下列奇怪的同床異夢者：查爾斯．林白（Charles Lindberge）的「美國第一主義者」（America Firsters）、參議員柏拉（Borah）與德裔美人同盟（German-American Bund）、美共的「美國和平動員」（American Peace Mobilization）和各勞工政黨，還有歷來主張孤立主義的中西部人士，雖然他們同情英國或中國，但卻不願加入這場戰爭。

岩畔一到機場，就立刻被帶往聖帕特里克大教堂，去和沃爾什主教與德勞特神父會商。他說：「由於簽訂了《三國公約》，日本絕不能做出違背公約的事。第十三個弟子猶大出賣了耶穌，每個基督徒都鄙視他。對我們日本也是一樣。所以，如果你們堅持我方退出公約，那麼繼續談下去就是無望的。」神父們表示他們了解這點。然後岩畔前往華盛頓。他下榻在華德曼公園飯店，赫爾不久前也在那租了一間套房。第二天早上，他向野村大使報到，發現野村相當和善，也急於想利用兩名神父和井川打開的這條非官方管道。然而，館內大多數的職業外交官，對此方法都抱持敵意，而且公開鄙視井川。對他們來說，新來的岩畔甚至是個謎。岩畔似乎「坦白得可愛」，但他們覺得，他來美國是要幫陸軍遮掩侵略的意圖，因此對他十分提防。

四月二日，德勞特神父著手協助這兩名日本非官方外交人員起草「日美諒解協定草案」。三天內完成了草案。協定內容廣泛，語調和緩，問題範圍從《三國公約》到西太平洋的經濟活動都有所涉及，其中最重要的部分就是關於中國，日本允諾，如果蔣介石承認滿洲國以及蔣介石政府和中華民國前行政院長汪精衛[11]領導下的南京政府合併，那麼日本就承諾撤軍並放棄對中國的領土要求。

德勞特拿了一份複本給郵政部長華克。華克看完後說，這草案「是日本『意識形態』和政策方面的革命，也是證明美國政治家才幹全面成功的證據」，並將它交給羅斯福，同時建議在「日本領袖們被暗殺之前」立刻簽署。在日本大使館內，野村、若杉要公使、海陸軍武官以及條約局的一名官員在對文字做部分修改後，一致同意此協定。

在美國國務院，遠東事務專家們詳細檢閱了這份「諒解草案」。他們推論說「大部分的條款都是狂熱的日本帝國主義者所希望的」。赫爾也同意這點，但又覺得，「儘管某些條款可能遭到反對，但有幾條是可以被接受的，還有一些經過修改後也可以同意」。四月十四日，井川告訴野村，他已經安排了當晚與赫爾在華德曼公園飯店內秘晤。野村要從後方一條走廊到赫爾的套房，八點整敲門。野村果然去了，但他擔心這可能是個玩笑。讓他訝異的是，開門的果真是赫爾。赫爾面帶愁容，若有所思，除非他被激怒——野村之後就會了解到——否則說話一般是溫和緩慢的。赫爾來自田納西州，這個山地之州很愛記仇，而赫爾本人也是一個不會輕易改變仇恨的人。

野村隱晦表示，他完全知道這個「諒解草案」，雖然還未將它傳回東京，但他認定他的政府對此「應該會表示贊同」。赫爾對草案中的某些條款提出反對意見，但他說，一旦解決這些問題，野村就能將修訂過的文件轉呈東京，以確定帝國政府是否會將它作為「談判基礎」。沒有外交經驗的野村據此推論，美國政府會接受這份修訂的「諒解草案」。

然而，這名海軍上將卻是大錯特錯。赫爾無意間誤導了野村，因為他「並未」將這些建議視為談判的可靠基礎。或許誤解來自於野村英語不佳，也可能是因為野村過於迫切想要解決問題，從而影響了他對赫爾的模糊措詞的解讀。儘管如此，這主要還是赫爾的過失。赫爾應該知道，他在某種程度上鼓勵了野村，而實際上他並沒有這種意圖。赫爾犯了一個戰術性錯誤。

兩天後，兩名外交家又在赫爾的套房內會晤。赫爾以緩慢委婉的方式說：「我方政府所關心的首要問題是，日本政府應該事先明確保證，它有意願、也能夠執行一個……與和解問題有關的計畫；放棄目前用武力進行軍事征服的政策……並採取我方政府宣稱和執行的體現國與國之間一切關係應以適切託付為基礎的原則。」他遞給野村一張紙，上面開列了四項原則：

一、尊重所有國家的領土與主權的完整。
二、支持不干涉其他國家內政的原則。
三、支持包括商業機會在內的平等原則。
四、不變更太平洋地區的現狀，除非用和平方式改變此現狀。

此時，野村想知道他早先的樂觀是否有充足理由，於是問赫爾對於「草約中所涵蓋的提議是否完全同意」。赫爾回覆說，有些提議可以馬上同意，有些則必須變更或刪除。他接著說：「……但是，如果（貴國）政府真心誠意要改變政策路線，對於所有重要的疑惑與橫陳眼前的問題，我看不出有充分理由找不到令彼此滿意的解決方案。」這番話讓野村感到放心，即使赫爾指出，他們的談話「絕不意味著已達到可談判的階段，純粹只是為之後的談判而做的初步和非正式的探詢」。

野村把赫爾的建議和反對意見轉告了兩名非正式外交官，他個人大多數的意見也寫進了這份修改後的「諒解草案」中。文件加密後發回東京，還附上野村的意見，強烈建議做出有利的回應。他補充道，赫爾「整體上不反對」這份「諒解草案」（這點，赫爾說過很多），並願意以此作為談判基礎（赫爾無意於此）。

這次輪到野村犯了外交錯誤——和赫爾的錯誤一樣嚴重。他沒有把國務卿的四點基礎原則轉達給東京。當然，如果轉報了，近衛首相對於草案的熱度將會有所冷卻。結果是，事態的發展讓近衛大受鼓舞，他召開了軍政領袖的緊急聯席會議。所有的人——包括軍方——都感到興奮，同意立刻在原則上接受美國的提案——因為他們認為那就是「諒解草案」的內容了。[12]

松岡的副手持反對意見。他們應該再等幾天，等外相從莫斯科回來後再說。近衛並不想和煩人的松岡發生衝突，就默許同意了。四月二十一日，他獲知松岡終於抵達離日俄戰爭主戰場不遠的大連，便用電話通知他立刻返國，考慮這份華盛頓方面提出的重要提議。松岡以為，這是他在莫斯科和美國大使勞倫斯·斯坦哈特會談的結果，得意洋洋地對其秘書表示，不久他就要去美國實現他的世界和平計畫了。

第二天下午，松岡的班機降落在立川空軍基地，他一步出飛機，就感受到接機群眾的歡呼聲所帶來的溫暖。儘管近衛首相患有嚴重的痔瘡，不得不坐在充飽氣的橡皮圈上，但還是到基地接機。近衛邀請松岡一同前往首相官邸，其他內閣同僚都在那裡等候，他會在路上和松岡簡述和美國談判的情形。但松岡說，他想在皇居護城河外的廣場稍事停留，向天皇致敬。近衛認為，深深鞠躬時被新聞記者拍下照片，乃是裝腔作勢。然而，當松岡在行禮時，他又不能只是站在一旁，否則會被人指責為對天皇不敬。

由於松岡堅持要去，而近衛又因自尊心太強不願一起同往，於是他們只好分坐兩台車離開了機場。[13]在前往皇居途中，松岡從外務次官那得知，和平解決方案不是他起草的，而是兩名外行外交官所為。松岡感到受了屈辱，因此那天晚上他故意很晚才去首相官邸，參與討論「諒解草案」的會議。他不僅閃躲近衛，甚至迴避不談會議的主題，而是不停地談論希特勒和史達林，好像這兩人都是他的摯友。起初他還氣呼呼的，但是當他吹噓自己如何告訴斯坦哈特，說羅斯福是個「徹底的賭徒」，以及美國以提供援助的方式不讓中國事件和戰爭落幕時，他開始興致勃發，無所不說。「我告訴斯坦哈特說，愛好和平的美國總統應該立刻與同樣愛好和平的日本合作，羅斯福能夠誘使蔣介石與我們和談。」他還說，里賓特洛甫曾經告訴他，德國之所以和俄羅斯簽署條約僅僅是因為「無法避免的客觀情勢」，而且一旦開戰，德國可能在三或四個月內擊敗史達林。

但是，這次會議的主題終究無法逃避。最後，當「諒解草案」被提出時，松岡大聲喊道：「不管你們海陸軍怎麼說，我都無法同意這個草案。首先，我們和德國與義大利簽訂的條約該怎麼辦？在上次戰爭中，美國藉由石井—藍辛協定利用了日本，戰事結束後，美國又撕毀了協定。這是他們的老伎倆了。」[14]他突然宣布，他累了，需要「休息一個月」思考問題，說完就回家去了。

松岡的傲慢態度無法使大家感到安心，會議持續到深夜，東條和武藤將軍都建議不要再拖延，立刻批准草案。隔天，近衛召見了外相。松岡此時已經平靜下來，但他所能說的只是：「我希望你能給我時間忘記歐洲之行，然後我才能考慮目前這個草案。」

一週過去了，松岡依舊毫無動靜。陸軍和海軍開始施壓，要求解除松岡的職務。究竟是因為沒有讓他參與就逕行開啟談判而激怒了他，使他要蓄意破壞談判呢，還是因為他行事謹慎，擔憂一群外行人謀求和平的行動反而導致災難？這就難以斷定了。

松岡自己的說法是，「諒解草案」只是陸軍的陰謀，岩畔上校也只是在操弄他而已。所以，當陸軍和海軍正在發怒，而華盛頓的談判人員也不知道哪裡出錯時，他按兵不動。對此最難以忍受的，是脾氣焦躁的岩畔。四月二十九日天皇誕辰那天，他終於耐不住性子，建議和松岡通電話。這是相當輕率的舉動，但輕率本來就是岩畔的信念，他的同僚也被說服，決定由他和井川從郵政部長華克在紐約市的秘密總部打電話。到了晚上，他們到了柏克郡飯店的一八一二室，以波特酒為天皇舉杯。上校的酒量不好，喝了兩杯後就感覺頭重腳輕。八點時（日本時間是隔天上午十點），他打了通電話到松岡在千駄谷的宅邸。

「恭喜你的歐洲之行，」岩畔先說：「我前幾天送給你的魚，你覺得如何？請盡快下鍋煮了，否則就變味了。野村和其他的人都在等你盡快回應呢。」

松岡敷衍答道：「我知道，我知道。告訴他別那麼積極。」

對於松岡如此無禮的回答，岩畔真想給他一巴掌。「請設法打聽一下其他人的看法吧。如果你把魚放在那時間太長，肯定會變味的。請多多費心。否則，人們可是會要你為一切負責的。」

松岡生硬地答道：「我知道。」岩畔掛斷了電話，嘟囔了幾句聽不清楚的話，突然昏了過去，把井川嚇壞了。

次日，兩人雙雙拜訪美國前總統赫伯特・胡佛（Herbert Hoover）。胡佛熱情地接待他們，但表示既然目前不是共和黨執政，在談判這事上，他幫不了多少忙。胡佛說：「如果發生戰爭，文明將會倒退五百年。」他接著憂慮地說：「入夏之前一定要完成談判，否則就會失敗。」

在東京，松岡仍在延誤對赫爾的答覆。他將「諒解草案」一事通知了希特勒，並在等待希特勒的意見。[15] 松岡不斷與那些急於行動的人說，在批准「諒解草案」之前，應該先要求美國簽署中立條約，而這個條約即使是日本與英國開戰，也應該有效。野村被命令就簽訂這樣一個條約一事去試探赫爾，毫無疑問，赫爾斷然拒絕。這使松岡大怒。五月八日，他拜謁天皇說，如果美國加入歐戰，日本就應該支援軸心國，並進攻新加坡。他預測在華盛頓的會談將一無所成。如果草案竟然能達成，那也就意味著要犧牲德國和義大利的利益，以安撫美國。「如果發生這種情況，我恐怕不能在內閣留任了。」

近衛聽到了這些話後——天皇親自告訴他的，並表示他本人「感到震驚和極度關切」——他秘密會見了陸相東條上將和海相及川古志郎上將，他們一致同意迫使難纏的外相採取行動。他們草擬了一份接受「諒解草案」主要條件的回覆，並指示松岡立即發出，不得延誤。

五月十二日，野村將這份文件帶到赫爾的套房。赫爾讀後，大失所望，表示它「對協定並沒有提供什麼基礎，除非我們願意犧牲某些最基本的原則，但我們不會這麼做」。儘管如此，這總算是一份正式提案，因此他決定，「以日本提案為基礎，設法說服日本在這裡做些修改，在那裡刪去部分，再在其他地方補充些東西，直到我們達成一致，雙方就都能懷著善意來簽定條約了」。

這個問題本來已經因語言困難、各不相讓、態度僵硬和混亂而令人困擾，而在美國攔截到日本的密電後，就變得更為嚴重了。本來被認定是無法破譯的外交電報，如今卻被美國專家所破解。在一個叫「魔術作戰」（Operation MAGIC）的代號掩護下，美國攔截並破譯了日本政府發送給其駐外外交官的電報。因此，赫爾通常在開會前就已經知道野村的想法。[16]不過，許多破譯的電報被認定是不值得引起赫爾關注──這是由一位海軍軍官主觀規定的──此外，翻譯電報的人因為不熟悉日本外交中制式化又晦澀的語言，赫爾有時也會被誤導。

此外，這名曾是田納西州的法官，對於日本人臉上永遠掛著「冰冷的」微笑，感到極其厭煩。他總是嘲諷或取笑日本人的鞠躬與講話時的「嘶嘶聲」[17]。因此，赫爾的首席顧問霍恩貝克博士能夠輕易說服他：日本人是不值得信賴的，與日本人達成的任何妥協，都會是背叛美國的民主原則。

霍恩貝克和他的長官一樣，都是道德感強烈的人。他少年時期在中國長大，天生就對日本人沒有好感。他純粹從道德觀點去看待日本的擴張。霍恩貝克在國務院的同事莫法特（Jay Pierrepont Moffat）形容，霍恩貝克將日本看成是「一個在旋轉的太陽，周圍有德國和義大利等衛星」。自一九三八年秋天起，他就倡議對日本進行經濟戰，並主張「制定外交上的『戰時計畫』」。他天性敏感又固執，認為日本是被自大的軍國主義者所統治的「掠奪性」強權，由於全世界的怯懦，鼓舞了這些軍國主義者四處侵略。他一直認為，唯有透過一系列的報復手段，才能遏止他們；如有必要，還可採取經濟制裁。即使會引發戰爭，都得將此計畫付諸實行；屈服於軍國主義者的要求，最終也同樣會引發戰爭。就和許多知識分子一樣──他也是外交圈中最精明的人之一──他堅持己見[18]，也專斷獨行，可以輕易就推翻下屬更為客觀的意見，例如國務院首席日本專家、謙遜的包蘭亭（Joseph Ballantine）的看法。

在那些難熬的日子裡，赫爾和野村經常在華德曼公園飯店會面，致力消除歧見，但進展有限。部分障礙來自東京，因為松岡不論私下或公開都在發表挑撥性的言論。五月十四日，他告訴格魯大使，希特勒不向美國宣戰一舉展現了他的「耐心和慷慨」，而美國攻擊德國潛艇，無疑會導致日美開戰。他表示美國應該做出「有男子氣概、高尚與正當的事，公開向德國宣戰，而不是在中立的外衣下進行戰爭行為。」雖然格魯非常同情日本，但也無法忍受這樣的羞辱，故逐條駁斥了松岡。松岡知道自己說得太過頭了，在會後寫了致歉信給格魯：

……坦白說，我想知道的是，為什麼一當我提到美國的態度和行動時，您總是顯得如此困惑不安。在閣下離開後，我突然明白了，原來我誤用了一個字……當然，我的意思不是要說「不高尚」。不！我當時要說的是「不慎重」。

我之所以寫了上述這段話，目的在於消除誤會。如果有造成任何誤會，我深感抱歉。

三天後，松岡又寫信給格魯。在那冗長、不連貫、註明是「私函」的信中，他說自己知道如何做才是名「正確的」外長，但他經常忘記自己是外長。此外，他痛恨許多外交官口中的所謂正確態度，那「幾乎使得我們一事無成」。然後他又承認，他是從千年、兩千年、甚至三千年的時間來思考問題的，如果這聽起來讓人覺得他是神經病，他也沒有辦法，因為他天生就是如此。

的確有不少人認為他確實如此。在不久前的一次聯繫會議上，海相及川就說過「外相瘋了嗎？是吧」。而羅斯福在讀完「魔術」所破解的、松岡發給野村的指示電報後，也認為這些指示「是出自極為心煩意亂、無法安靜地進行邏輯思考的人」。

不過，近衛公爵相信，松岡挑撥性的、煽動性的、有時飄忽不定的言論，都是為了嚇唬對手而故意講的，或許這就是為何他總是對美國語多帶刺的原因。但是，如果這是出於策略，而他本人真心企望和平的話，那麼，這樣做卻是以災難告終。因為他的羞辱言行和延宕回覆，導致在華盛頓的會談幾乎陷入僵局。松岡明白，但仍持續羞辱和延宕，期待收到希特勒的意見。他故意破壞會談的原因，或許是其極端利己的信念：松岡認定自己，只有自己，才真正了解美國，才能解決爭端。

當野村和岩畔在進行和平談判時，松岡依舊表現得相當好戰。赫爾很清楚，這是想把他引入歧途。六月二十一日，赫爾國務卿終於回覆了日本的提議：日本應該放棄《三國公約》，還回絕了日本人擬在中國華北部分地區留駐軍隊協助中國人反共的計畫。

近衛和其內閣都深感震驚。這甚至連「諒解草案」都不如。美國人「原來」是要接受提案的，為何現在做了改變呢？近衛對此感到不解，他仍不知道，赫爾從來就沒把「諒解草案」視為談判的基礎。使松岡更為憤怒的是，赫爾在回覆的同時，另有一份口頭聲明，他表示近來某些日本官員——顯然是指松岡——發表的公開言論，似乎是談判過程中難以克服的障礙。外相認為這是對他個人的汙辱，並將它作為終止華盛頓的談判的理由。

第二天，六月二十二日星期日，希特勒入侵蘇聯，遮蔽了這種擔憂和混亂。雖然大島大使在和希特勒與里賓特洛甫會談後，十六天前就電告東京說，德俄之戰已經迫在眉睫，但日本人還是感到很驚訝。

這對史達林來說也是個重擊。儘管在過去兩個月內，德軍侵犯蘇聯領空已達一百八十次之多（甚至達到四百英里縱深）。華盛頓和倫敦都對這即將發動的攻擊提出正式警告，但並未受到蘇聯的重視。史達林在東京的諜報人理查·佐爾格也提出過警告。佐爾格在一九三九年春天也曾正確預測德國將在九月一日入侵波蘭。此時，他不僅將里賓特洛甫通知駐東京大使歐伊根·奧特將軍的電報——國防軍（Wehrmacht）在六月下半旬就會攻入蘇聯——拍成照片，把複本傳回莫斯科，還在開戰前夕的六月十四日發回電報稱：「六月二十二日開戰。」在開戰前幾個小時內，德國空軍就炸毀了六十六座蘇聯機場和一千兩百架飛機；地面部隊長驅直入，繳獲了近兩千門大砲、三千輛坦克和兩千輛卡車的彈藥。[19]

週日下午將近四點時，德軍進攻的消息傳到了東京。幾分鐘後，松岡就打電話給宮內大臣木戶幸一侯爵，請求覲見天皇。五十二歲的木戶是個矮小精幹的人，蓄著整齊的鬍子，和近衛一樣也是西園寺公爵的門徒。最後元老（一年前以九十一歲高齡過世）的自由主義政治哲學和邏輯推理，特別是一再告誡日本的政策必須與英美合作為基礎的論點，都深印在木戶的腦海中。因此，木戶曾積極反對奪取滿洲、進軍中國和簽訂《三國公約》。他的祖父木戶孝允是明治維新四名最著名的領導人之一，但這個年輕人卻是因自身的努力和才幹而得以高升。[20] 身為宮內大臣，木戶成了天皇在所有事務上的親信顧問（「我之於天皇，就如同哈利·霍普金斯（Harry Hopkins）之於羅斯福總統」），裕仁也逐漸變得依賴其建議。近衛和木戶大概是日本最有影響力的文官，雖然兩人是密友，但不論是在外表上還是個性上，都全然相反。木戶為人直爽，判斷果決，是個務實派。他是個相當幹練的行政長官，自己生活上的一切細節也都有條不紊地按計畫實行。他很喜歡打高爾夫球，就像是校正過的節拍器一樣精準，以致他的球友都稱他為「木戶時鐘」。

在安排了松岡於五點半覲見天皇後，木戶報告天皇，外相的觀點或許和近衛不同。木戶說：「謹請陛下詢問外相，他是否已經和首相商議過此問題，並告訴外相，這個問題極為重要。因此，他應該和首相緊密會商，並告訴首相，天皇基本上是同意首相的觀點的。請原諒我冒昧向陛下提出這一意見。」

在一個小時內，松岡面見了天皇，顯然他還沒有和近衛談過。他堅信德國將迅速擊潰蘇聯，並建議立刻進攻西伯利亞，推遲南進。天皇感到驚訝，因為這個政策意味著要朝兩個方向擴張，因此要求松岡和近衛商議，說完就示意松岡，覲見就此結束。[21]

松岡確實見了近衛，但對近衛的意見卻充耳不聞，繼續在私下或聯繫會議上呼籲攻擊蘇聯。聯繫會議通常是在首相官邸舉行，是內閣「四巨頭」——首相、外相、陸相和海相——以及陸軍和海軍的參謀長和副參謀長的私下會晤。其他閣員和專家偶而與會，提供意見或諮詢。在這個中等大小的會議室內，首相會坐在中央的扶手椅上，被其他人環繞。三名秘書——內閣官房長官與海陸軍的軍務局局長——則坐在入口處。

聯繫會議非常活絡。沒有人主持會議，也沒有嚴謹的規矩，爭吵則是司空見慣。聯繫會議制度始於一九三七年底，目的是協調政府和軍方的行動。會議曾中斷過一段時間，一九四〇年底局勢危急後又恢復。

松岡覲見天皇三天後，他遭到了軍方的直接反對。軍方不急於同時和美蘇兩國開戰。海相及川說，同時和兩國作戰過於困難。「為了避免這種局勢，就不能要求我們既進攻蘇聯，同時又南進。海軍目前還不想激怒蘇聯。」

松岡說：「在德國蕩平蘇聯後，除非我們有所貢獻，否則不能坐享其成。」接著，他說出一些和外長身分不符的話。「我們若不是流血，就是開展外交。流血會比較好。」第二天，他持續強調他的論點。他問道，是南方重要，還是北方重要？

陸軍參謀本部長杉山答道，同等重要。「我們正在觀察局勢如何發展。」但他並沒有透露出他的想法，如果莫斯科在八月底前陷落，陸軍就將攻擊西伯利亞的想法。

精明而暴躁的陸軍副參謀長塚田攻說：「一切都依局勢而定，我們無法同時雙向攻擊。」聯繫會議結束後，佐藤賢了上校繼續和東條爭論。東條認為松岡提出了幾項不錯的觀點。佐藤說：「在北方，我們什麼也撈不到。而在南方，我們至少還有石油和其他資源。」佐籐和石原將軍、岩畔上校一樣精明，也一樣衝動。他常充當陸軍政策的發言人。他曾在國會對一名總是打斷他發言的議員大喊「閉嘴！」而惡名昭彰，全國皆知。

東條擔憂佐藤瘋狂的舉措，不得不聽取這位「閉嘴」上校的意見。佐藤的邏輯使他設想：「如果我們向蘇聯人宣戰，美國會支持蘇聯人而向我們宣戰嗎？」

「這不是不可能的。美國和蘇聯的制度不同，但在戰爭中，卻很難說。」

次日，東條根本不支持松岡，但這位外相全然無懼。他爭辯說，大島大使的報告顯示，蘇聯的戰事不久就會結束，而在年底之前，英國就會投降。「如果在德國擊敗蘇聯『之後』，我們才開始討論蘇聯問題，在外交上我們將一無所獲。假使我們立刻攻擊蘇聯，美國就不會參戰。」他表示，他有信心能以外交手腕拖延美國三個月到半年。「如果我們只是按最高統帥部的建議坐等時局轉變，我們就會被英國、美國和俄羅斯團團包圍。我們必須立刻北攻，然後南進。」他幾乎像是受到強迫似地不斷講下去，直到他看到自己的話語毫無作用為止。末了，他又想強行討論這個議題，說：「我希望就攻擊蘇聯問題做出決定。」

代表整個軍方的杉山說：「不行！」

——

松岡最強有力的盟友在柏林，但希特勒本人尚未果斷地要求日本進攻蘇聯。三天後，在一封里賓特洛甫發給駐東京大使的電報中，希特勒提出了正式要求。六月三十日上午，奧特將軍將這份請求傳遞給松岡。在當天下午的聯繫會議上，松岡用這份請求作為自己的主要論點，宣稱德國現在正式要求日本參戰。他狂熱地呼籲進攻蘇聯，以致一名與會者把他的呼籲比作「噴火」。他誇口說：「本人的預言總是會應驗。現在，我預測，如果戰爭在南方開始，美英兩國就會參戰！」他建議延後向南推進，而且其說法極具說服力，以致及川轉身問杉山：「那麼，延後半年如何？」

看來，松岡憑其三寸不爛之舌，已經突然扭轉了局勢。一名海軍人士欠身與陸軍副參謀長塚田耳語道，或許他們應該考慮延遲的問題，但塚田不為所動。塚田只說了一點激昂的內心想法，就把杉山和及川拉回原來的立場。此時，幾乎一直沉默不語的近衛公爵說，他同意最高統帥部的看法，再也沒有什麼可以討論的了。冗長的爭論就此結束，決定向南推進。

最後一步是取得天皇的正式批准。這決定將會在皇居內舉行的儀式——即御前會議——上自動提出。在這種會議上，天皇歷來只會靜坐在那裡，聽取大家對討論中的政策之解釋。之後，他會蓋上玉璽表示批准。御前會議的成員就是那些參加聯繫會議的人員，再加上一、兩名專家，還有樞密院議長，他以代表天皇的文職身分出席，在天皇不便啟口時，代表他提問。

批准南進計畫的御前會議於七月二日召開。與會者端坐在鋪著錦緞的兩條長桌兩側，當天皇步入會議廳時，他們都立正站好。天皇的皮膚和他三名兄弟一樣，如瓷器般光滑且膚色獨特。他雖然身著戎裝，但卻不顯威武。他步上朝南的御座坐下，前有一金色屏風，座位方向是依據宮庭禮儀而定。天皇似乎超然於塵世俗務之外。

下面與會者和天皇保持直角的角度坐著。他們雙手置於膝上，木然地相互凝視。接著，儀式開始。只有樞密院議長原嘉道事先聽過他們說的話。近衛公爵首先起立，向天皇鞠躬，並宣讀一份名為《基本國策綱要》的文件。這就是南進計畫。第一步將佔領法屬印度支那。透過對維琪政府施予外交壓力，很有希望能夠兵不血刃就將其拿下。但如果勸說無效，就得運用武力，甚至不惜冒著與英美開戰的風險。

杉山鞠躬，表示他同意南進。「然而，如果德蘇戰事發展對帝國有利，我想我們也應該動武來解決這個問題，以確保帝國北方邊界的安全。」

海軍參謀長永野修身上將也認為，縱使有風險，南進還是必要的。他發言結束後，樞密院議長開始提問。有些問題在這樣一個正式會議提出，使與會者感到比原先所預期的還要難堪。他想知道的是，運用外交方式奪取印度支那的現實可能性如何？

松岡答道：「外交措施勢必不會成功。」他依然反對南進，必須力排眾議。原嘉道個子矮小，外表和善，但在一個個板著臉孔的海陸軍將領面前，卻毫無懼色。他強調說，軍事行動是「一件嚴肅的事」。一方面試圖簽訂日法條約，一方面又向印度支那派軍，難道這符合皇道外交嗎？「我認為直接單方面採取武力行動，從而背上侵略者的汙名，對日本來說是不明智的。」

松岡向他保證：「我一定會做到讓日本在世人眼中，不會和背叛行為有所牽涉。」

原嘉道依然半信半疑。為何不北進？他提出這個問題，並開始使用松岡自己的一些論點。希特勒攻擊俄羅斯帶來了千載難逢的機會。「蘇聯向全世界散播共產主義，我們遲早得和它開戰……民眾確實想和它一戰。」這樣一來，原先應該只是場形式會議，卻反而變成一場爭論。「我希望避免和美國開戰。如果我們攻擊蘇聯，我不認為美國會進行報復。」反之，原嘉道擔心，進軍印度支那會導致和盎格魯—薩克遜人一戰。

松岡用了前一天用過的詞，表示同意說：「是有這種可能。」

杉山私忖，原嘉道的問題「像刀鋒一樣尖銳」，但只簡單點出，佔領印度支那對「擊潰英美的陰謀是必要之舉。而且，隨著德國的軍事形勢的大好，我不認為日本進軍印度支那會刺激美國人開戰」。不過，他卻警告，不要貿然將蘇聯排除在外。他們應該再等個「五、六十天」，好確信德國能夠戰勝。他的結論一出，討論便宣告結束。松岡想要繼續爭論的一切希望均告破滅。會上進行了表決，全體一致通過近衛的政策文件。日本即將南進。

在整個會議過程中，天皇始終一言不發地坐著，毫無表情。按傳統習慣，他的出席只是讓決策合法化和具有約束力。這份文件會被送到內閣官房室，然後用正式公文謄寫一份，並由近衛首相和陸海軍參謀長三人簽署後，呈報天皇，最後送至宮內省，蓋上玉璽。如此這就成為了國策，朝全面戰爭的方向又邁進一步。

四

現在是該處理赫爾的反提案的時候了。可預料地，松岡對於赫爾那不具名批評日本官員公開發表煽動性言論的口頭聲明，依然盛怒未消。對松岡而言，這種看似無害的非難是一種個人汙辱，也是對日本無可原諒的冒犯。所以，在七月十二日舉行的聯繫會議上，他以近乎偏執的憤怒口氣說：「過去十天，我一直在思考這個問題。我相信，美國把日本看成是保護國或附屬國！只要我還是外相，我就不能接受。其他什麼我都可以考慮，但是我拒絕那份口頭聲明。那是美國恃強凌弱的典型表現。這份聲明將日本視為弱國和附屬國。有些日本人反對我，有些人甚至說首相也反對我。」他愈說愈急促，對個人私敵和赫爾發洩諸多不滿。「無怪美國認為日本已經窮途末路，所以才發來這樣的聲明。我現在就建議立即拒絕這個聲明，並停止和美國談判。」他稱羅斯福是「真正的煽動者」，並指控他試圖把美國帶入戰爭。至於他本人，從青年時期起就抱持著能與美國維持和平的希望。他不理性地總結道：「我認為已經沒指望了，但還是讓我們試到最後一刻。」

最後，他說了一些討好軍方的話。東條重申，就算看似沒有希望，還是要繼續和美國談判。「難道我們無法藉由《三國公約》讓美國無法正式參戰嗎？當然，那份口頭聲明對我國『國體』是種侮辱，因而就如外相所建議的，我們必須加以拒絕。但是，如果我們誠心地告訴美國人，我們日本人所認定的是對的，這能否打動他們呢？」

及川海相也同意和美國人達成某種協定。根據一些報告，美國還沒有能力在太平洋上挑起戰爭。「既然我方也不想進行太平洋戰爭，難道已經沒有談判的空間了嗎？」

松岡諷刺地反駁說：「空間？只有我們告訴他們，我們不會在南邊使用武力，他們或許才會聽得下去。不然，他們還能接受什麼？」松岡根本不想妥協。「因為他們認定我們會輕易就範，所以才會發來這樣一個聲明。」

近衛公爵顯然看出，松岡把這件事當成了個人問題，因此有必要繞過他。但外相的影響力仍然很大，所以近衛只能暗中與其他主要閣員商議，然後起草了對赫爾語氣和緩的回覆。草稿交給了松岡，但他花了好幾天才看完——他宣稱自己病了——就是看了以後，他仍設法拖延。首先，必須拒絕口頭聲明，接著，應該再等幾天才發出這份回覆。

近衛首相同意拒絕聲明，但堅持將拒絕的聲明和回覆同時發給赫爾，以節省時間。近衛對松岡的副手齋藤發出指示，齋藤承諾奉命行事。但是，他違抗了命令——又一次「下克上」——而且沒有和任何人商量，擅自只把其中一份發到華盛頓：拒絕口頭聲明的聲明。他如松岡所期望的那般，將電報延後了幾天。因此，赫爾首先看到的版本是日本發給德國的欄截電報。

奉公守法的東條無法忍受這種行徑。他告訴近衛，立刻將松岡解職。但公爵卻不想和松岡公開撕破臉，因為松岡和希特勒、史達林會面後，他在群眾眼中是一位英雄。近衛決定找個藉口將他開除：他要求全體內閣總辭，然後籌組新內閣，起用別人當外相。七月十六日六點三十分，他召開了內閣緊急會議。當近衛提出總辭建議時，沒有人反對。松岡當時臥病在家。

如此，這位日本外交史上最能言善辯的人物其暴風雨般的外長生涯宣告結束。這是松岡一位忠誠的部下為了松岡而違反命令所造成的，但松岡本人卻一無所知。

第二天，天皇要求近衛籌組新內閣，而近衛在二十四小時內就完成組閣。因為只有少數人事更迭，所以得以迅速完成。松岡的職位被一名和美國關係良好的海軍上將豐田貞次郎取代。豐田上任後首先處理的事是電告日本駐維琪大使，不論維琪政府決定為何，日本軍隊將在六月二十四日進軍印度支那。期限前一天，維琪政府同意日軍和平進入印度支那南部。駐維琪大使得意洋洋地發了一份電報給東京：

法國人即刻接受日本要求的原因是，他們看出我方的決心是如此堅定，我方的意志是何等敏捷。簡言之，他們除了讓步之外，別無他法。

赫爾讀了這份「魔術」破譯後的電報後十分憤怒——或許是應該憤怒——好像印度支那是被日本用武力奪取一般。儘管海軍戰爭計畫處近來才警告，新的禁運「或許會導致日本提前進攻馬來亞與荷屬東印度群島，同時也可能提前使美國捲入太平洋戰爭」，但赫爾還是竭力要求羅斯福，對日本採取新的禁運措施，以示報復。

這一次羅斯福聽從了那些長期以來敦促他對入侵者採取武力行動的人士（如伊克斯（Harold Ickes））[22]的意見。[23]七月二十六日晚上，他下令凍結日本在美國所有的資產。接著，英國和荷蘭也比照辦理。因此，日本與美國的貿易全部停止。美國原本是日本原油的主要來源，這樣一來，日本便陷入難以支撐的局面。《紐約時報》認為，此舉是「除了開戰以外的最嚴厲重擊」。對於日本領袖們認來說，其嚴重性還遠不止於此。日本透過與維琪政府的談判，而取得在印度支那上的基地，當時美國雖不同意其建立基地，但還是給予外交承認。國際法當時對日本人是有利的。凍結日本資產是完成

ABCD四國（美國、英國、中國和荷蘭）包圍帝國的最後一個步驟，這不但否定了日本是亞洲的當然領袖地位，也讓日本本身的生存受到挑戰。

日本最高統帥部的挫折感、近乎歇斯底里的憤怒是可以預期的，但是，並沒有出現混亂。五天後，謹慎又通情達理的海軍參謀長永野還沒有從這場本來可以預見的事件中恢復過來。他在面見天皇時首先表示，他想避免戰爭，要做到這點，只要取消《三國公約》就能達成，海軍一直以來都認為《三國公約》是與美國維繫和平的絆腳石。然後，他提出警告，日本的石油儲備只夠支撐兩年，一旦開戰，就只夠用十八個月。「在這種情勢下，我們最好是主動出擊。我們定能獲勝。」

這真是一場奇異的表演。永野在一段話中，談到了和平，為海軍免除了任何外交災禍的責任，預警了石油荒，建議決死進攻，又預言能夠勝利。

天皇直接了當地提出了一個問題：「你們能夠取得偉大勝利嗎？能取得像對馬海戰那樣的勝利嗎？」

「抱歉，不可能。」

對此，天皇嚴厲地說：「那麼，這將是背水一戰。」

第二部
戰雲低垂

PART TWO
THE LOWERING CLOUDSR

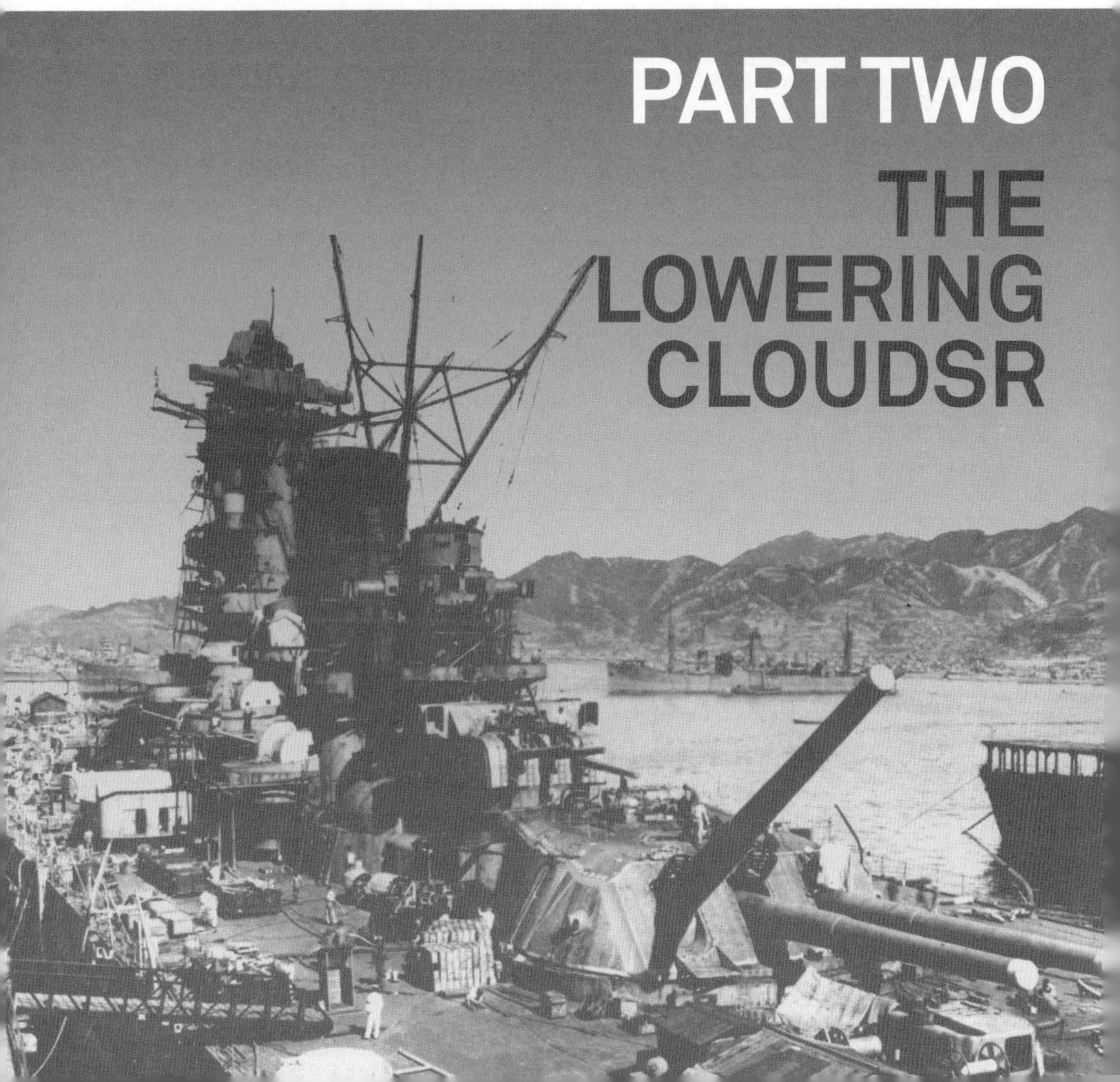

第四章「回到白紙之上」

一

近衛這幾年面對著巨大難題，但其行事作為卻讓那些同情他的人也感到困惑。為何一個自由主義者會允許陸軍得勢？為何他對外相言聽計從，還讓他危及在華盛頓的談判？克雷格大使對於近衛的政治家風範有著深刻印象，「正因為如此，他經常因為近衛明顯缺乏堅定感和面對危機時無法用個人的權威地位約束極端主義分子，而感到憤慨。」[1]

內閣企劃院總裁鈴木貞一中將是陸軍中的有識之士，他則認為近衛在重大關頭搖擺不定並非是因為軟弱，而是陷於理性疑惑，過於客觀，使他幾乎無法當機立斷並採取行動。

不過，有一點是克雷格和鈴木兩人都同意的——近衛是另一個哈姆雷特（Hamlet）。就如同哈姆雷特，近衛要到最後關頭才採取堅決行動——他將私下會見羅斯福總統，一勞永逸地解決中國問題。[2]八月四日，他召見海相及川和陸相東條，並把自己的決定告訴他們。「如果羅斯福總統依然不講道理，我當然會對中止談判做好萬全準備，立即返國。」日美雙方都應做出讓步，但他認為，如果能以「寬闊的胸懷」進行高層會談，那麼協議還是可以達成的。他保證他不會「急於成事，而且不卑不亢」。

東條和及川都拒絕在未與同僚商量前就做出承諾。幾個小時內，及川回報說，海軍「完全同意，並預祝會談成功」。但東條卻發現陸軍內部意見分歧。他在寫給首相的信中表示，人們擔心會談會削弱日本以《三國公約》為基礎的政策，並在國內引起反彈。但只要近衛承諾，如果羅斯福總統拒絕理解日本的立場，他將領導日本對抗美國，陸軍就不反對會談。在信末，他悲觀地推論道：「會談八成會失敗」。

近衛本人卻毫不猶疑。他和他的密友「同盟通信社」（Domei News Agency）編輯局長松本重治午餐時，將擬與羅斯福會面一事告訴了松本。八月六日上午，公爵向天皇奏明了他的意圖。「你最好立刻會見羅斯福」，天皇一邊回答，一邊想起了永野上將提到的石油儲備日漸縮減的情況。隔天上午，近衛便發了一封電報給赫爾國務卿，建議和羅斯福在檀香山會面，以討論調整日美之間分歧的措施。

但是，赫爾對近衛的提議半信半疑，認為這是希特勒在慕尼黑對錢柏林使用過的「摸心術」。陸軍部長史汀生同意這一看法，並在日記中寫道：「向總統發出的邀請函，不過是一塊阻止我們採取明確行動的遮掩布。」兩天後，國務卿會見想得到明確答覆的野村大使。赫爾連指責帶訓誨，堅決聲稱，現在情勢已經很清楚，在日本贊成和平的人「已經失控」。日本媒體「不斷被唆使去談論美國包圍日本的論調」。他接著說，就在當天他還告訴記者「這世上沒有一個守法與愛好和平的國家會被別人包圍，除非自己包圍自己」。沮喪的野村最後問道，這是否就是對召開高峰會的回覆。赫爾重申剛才說過的話，最後說：「至於日本是否能找出制定相應政策的方法，然後逐步制定令人滿意的計畫，這留待日本政府去決定。」

既然日本軍方領袖們原本就認為，他們同意會談已經是一種屈服，而華盛頓卻又冷漠以待，這就加深了軍方的懷疑。美國人果真是真心想要和平，還是在耍手段爭取時間？每天都要消耗一萬兩千噸石油，而又無替代品。用不了多久，部隊就會與困在沙灘上的鯨魚一樣，動彈不得。

—

羅斯福當時不在華盛頓，無法討論局勢。「奧古斯塔號」（Augusta）巡洋艦正載著他前往紐芬蘭（Newfoundland）阿根西亞灣（Argentia Bay），去和邱吉爾會面。八月十日星期日，總統在英國「威爾斯親王號」（Prince of Wales）主力艦上的主砲陰影下參加禮拜。禮拜的日課內容是選自《約書亞記》中的話，選得極為貼切：「你一生的日子必沒有一人能在你面前立得住；我怎樣與摩西同在，也必照樣與你同在；我決不離開你，也不離棄你。」

做完禮拜後，羅斯福坐在輪椅上，在邱吉爾的陪同下參觀了這艘戰艦。副國務卿森納．威爾斯（Sumner Welles）正在閱讀準備從華盛頓和倫敦發出，由邱吉爾草擬的兩則電報。內文警告日本如持續侵略南太平洋，就將採取嚴厲的反制措施。

當威爾斯離開「威爾斯親王號」時，邱吉爾表示，他並不認為「還有多少希望，除非美國發表一份它要阻止日本進一步向南擴張的明確聲明；如果日本繼續向南侵略，要避免英日兩國之間開戰，看來是希望渺茫了」。

第二天，羅斯福和邱吉爾在「奧古斯塔號」上會談。羅斯福「強烈地」認為「應盡一切努力避免和日本開戰」。問題是應該採取什麼路線——硬的、中間的，還是軟的？邱吉爾說該採取強硬路線，因為東京的提議不過是「日本想要拿走目前所需的一切，而在將來也不會有任何回報的狡猾說詞」。

羅斯福建議讓他就這些「無法接受的條件」進行談判。只要能爭取三十天左右的時間，英國在新加坡地區穩定情勢。這一個月的時間是極其珍貴的。他說：「把這事交給我吧，我想我能像哄孩子似地哄他們三個月。」

邱吉爾滿心以為，他已經說服了羅斯福採取「強硬」路線，於是給外相安東尼·艾登發了一封電報：

總統將在一週內結束巡迴返回。他將在遞交給日本大使的照會末尾加上下面這段從我草稿中摘取的話：「日本在南太平洋上的任何進一步侵犯，都會造成讓美國政府被迫採取反制措施的局勢，即使這些反制措施會導致美日之間的戰爭。」他還會再加上大意是如此的話：既然蘇聯是友好的國家，很明顯美國政府對在西北太平洋的任何類似衝突將同樣關切。

或許邱吉爾是對的，但總統一回到家，赫爾就勸說羅斯福重新考慮，並採取一條較溫和的路線。赫爾本人相信除了武力以外，沒有任何事情能夠阻擋日本人。（他不久前還在電話中對威爾斯說：「我就是不想讓我方輕信他們所說的任何話，但為了達到我們拖延他們採取進一步行動的目的，我會裝成相信的樣子，裝到不能再更像為止。）雖然八月十七日是星期日，羅斯福仍召見了野村大使。總統與致高昂地說，如果日本停止擴張行動，並決定「著手太平洋地區的和平計畫」，美國就會「準備重啟在七月份中斷的非正式預備性會談，並將盡一切努力來選擇能交換意見的時間與地點」。他有興趣進行秘密會談，甚至建議「約在十月中旬」在阿拉斯加州的朱諾（Juneau）會晤。

野村即刻發電報給東京：「勿失良機，盡速回覆。」

——

隔天（八月十八日）下午，日本外相豐田貞次郎召見了格魯大使。根據格魯的說法，這名海軍上將是個通情達理的人。豐田表示他是以海軍軍官，而非外交官的身分坦誠地會談。日本進入印度支那的目的是要解決中國事件，而不是出於德國的壓力。隨後而來的凍結日本資產已在日美兩國之間的「長期和平關係史上留下一個汙點」。如果談判破裂，後世史家將難以理解。兩國領導人進行會面就是解決方案，使問題能「在平等的基礎上，並在平靜與友善的氛圍中」得到解決。

國務院並沒有知會格魯這個擬議中的近衛—羅斯福會晤，所以他認為這是個新奇的想法。雙方領導人都是出身名門世家的謙沖君子，可使問題得到體面的解決。況且，他也將參與此次會晤，而這將是他事業的頂峰時刻。

由於外務省內熱氣逼人，上將吩咐送上冷飲和冰涼毛巾，並建議兩人脫掉西裝外套。當兩人都在用毛巾擦臉時，格魯說：「上將，你過去經常站在軍艦的艦橋上，也經歷過持續數天的風暴。但是自從你接任外務省以來，你一直都在忍受這漫長、持續不斷的風暴。你和我都應盡力平息這些怒濤駭浪。」

會談持續了一個半小時。格魯大使一回到使館便立刻拍給赫爾一封特急電報：

……本大使格魯以所轄權力籲請……為避免美日之間顯然逐漸會發生一場無益的戰爭的可能性，對於日本的提議，不能不加慎重考慮就置之不理。這提議不僅在日本歷史上史無前例，也因為日本天皇和最高當局已經批准這項提議，而表明日方不妥協的態度尚未完全成形。近衛公爵和羅斯福總統會晤所伴隨的益處是無法估量的。本大使冒昧揣測，現在良機就在眼前，正如羅斯福總統和邱吉爾首相在海上會面那樣，最高政治家的風範能夠克服表面看來難以攀越且會危害太平洋今後和平的障礙。

幾週之前，曾為「諒解草案」辛勤奔波的岩畔上校和井川兩人了解到，他們獨自進行的外交活動已然失敗。他們在七月三十一日離開了華盛頓，兩週後回到日本。東京各界人士的好戰氣氛讓岩畔感到訝異。人們對英美的恨意持續上揚，並普遍認為ABCD（美英中荷）的包圍網正在扼殺日本。在美國，雖然人們反對軸心國，但佔上風的還是和平的氣氛。各反戰團體群聚在白宮周圍，而那些孤立主義分子則四處宣揚反對羅斯福援助中國和英國。延長現役軍人服役年限的法案，僅以一票之差獲得通過。在軍營裡，俄亥俄州的州名被賦予隱晦的意涵——十月時到山的那一邊。[3]

岩畔對軍方、政界和企業界的高層人士進行了幾十場演說，力主持續進行談判。美國的潛力遠遠大於日本，如果發生衝突，終將以災禍告終。但參謀們卻對南進極感興趣。在海軍總部，一名軍官說：「日本已被美英中荷四國包圍。我們不能坐失良機。如今，唯一的出路是——開戰！」岩畔還記得幾個月前，海軍還幾乎一致主張和平解決美國問題，此刻他傷心地得出結論：「木已成舟。」

然而，他拒絕就此放棄。他持續在各部會間進行勸說。但他的言論宛如「在米糠中打釘」，毫無效用。八月末，他參加了一次聯繫會議。在會中，他針對美日的戰爭潛力提出了一個警示性的對比。他指出，鋼鐵的比例是二十比一；石油超過一百比一；煤是十比一；飛機是五比一；船艦為二比一；勞動力達五比一。總比例是十比一。實力如此懸殊，就算有「大和魂」，日本也不可能獲勝。聽眾曾一度為之所動。東條甚至令岩畔將其所言寫成一份書面報告。

翌日，岩畔來到海相的辦公室討論這份書面報告，但東條只簡短通知他，他已被調往駐柬埔寨的部隊。「你無須再遞交那份我昨天要你寫的報告。」

當岩畔登上火車開始他南下赴任的首段行程時，他對朋友說：「你們這麼多人來為我送行，但是，當我回到東京時——如果我還活著的話——恐怕只能獨自站在東京車站的廢墟上了。」

岩畔那傳教士般的熱誠或許是他被放逐的原因，但他不是抱持這種觀點的唯一一人，這種觀點引發了戲劇性的政策反轉。經過漫長的爭論後，軍方領袖們最終同意，即使要做出重大讓步，也要避免和美國開戰。岩畔出發那天——八月二十八日——發出了兩封給富蘭克林．羅斯福的信函。其一是近衛寫給羅斯福的，再度要求與他會面。另一封是正式文件，提議一旦解決中國問題或東亞已建立「公正的和平」後，從印度支那撤回所有的日軍。日本還進一步保證不對鄰國進軍，而且只要俄國「信守日蘇中立條約」「不威脅日本或滿洲國」，日本就不對蘇聯採取軍事行動。更重要的是，日本同意赫爾的四項基本原則——此時，這些原則已經以美國官方公文形式送達日本。

……關於美國政府所詳細提出的，並在非正式會談中被設定為構成太平洋地區的計畫的原則和指令，日本政府願意聲明，這些原則能以最友善的方式實際運用，將是真正和平的首要條件，不僅應該運用於太平洋地區，而且也應運用於全世界……

這個提議否定了數月以來所鼓吹的政策——還承諾會做出更多讓步，雖然是有限度的讓步。羅斯福對此的初步反應是樂觀的，他計劃與近衛進行三天左右的會談。但是，霍恩貝克博士並不相信這是真心誠意的提議。毫不奇怪，當赫爾從「魔術」破譯的電報中獲悉日本在東南亞進行軍事集結時，他也對日本人心存懷疑。同樣不足為奇的是，還想「領略與近衛會晤的滋味」的羅斯福被輕易說服，同意「在未取得令人滿意的協定」前，不舉行會晤。換言之，美國人本來就不相信日方當初的提議，除非他們事前確定他們的條件能大致上被滿足，否則不會進行協商。

在東京，格魯大使和館內職員極為願意按照日方提議的票面價值而接受下來。他們相信，近衛會同意「除被允許在中國華北和內蒙暫時保留部分日軍以作為保留顏面的權宜之計外，日本最終將從印度支那和中國全境撤軍」。因此，格魯請求儘早批准近衛—羅斯福會談。幾個月來，他一直警告華盛頓「日軍有能力進行襲擊行動」，而傳統上日本「民族絕望的心理狀態會發展成為孤注一擲的決心」。

九月三日上午十一點在皇居旁的宮內省召開的聯繫會議上，就籠罩著這種絕望心理。[4] 因為直到那時，羅斯福都還沒有正式回覆，與會成員都惴惴不安。提出這樣一個妥協的提議，是否是一個錯誤？美國是不是在玩弄拖延時間的把戲？

海軍參謀長永野說：「隨著一天天過去，我們愈來愈脆弱，最後將無法支撐。雖然我覺得，我們肯定有機會在現時打一場勝仗，但恐怕隨著時間過去，機會也將煙消雲散。」無法「將死敵方的主帥」——工業潛力，那麼初戰的決定性勝利是絕對必要的。「如此，我們唯一的出路就是拚命向前。」

這番話讓陸軍感到不知所措。參謀長杉山將軍提出了一個新建議——最後限期。他說：「我們必須在十月十日前達成外交目的。否則，我們就必須衝出去。事態已經不允許我們繼續拖拖拉拉了。」

這是個危險的建議，它有可能導致戰爭。但是，極力主張和平的近衛公爵和外相豐田都沒有提出反對。或許他們私下認為，在為期五週的寬限期內，談判有可能順利達成，爭論點在於措詞遣字。七個小時後，所有的人一致同意制定了下列政策：「為保衛和維護帝國的生存，以十月上旬為初步期限，在此之前，完成戰爭準備。如有必要，屆時就決心和美國、英國與荷蘭開戰。」與此同時，他們也真誠地進行談判，以達到最低限度的目標。如果在十月十日前仍未能達成，那麼便只有戰爭一途了。

作戰計畫已經草擬完畢。海軍和陸軍將同時攻擊珍珠港、香港、馬來亞與菲律賓。[5] 關於攻擊珍珠港一事，陸軍參謀本部在幾天前才略有所聞。陸軍省內也有少數幾人知道此事，但奇怪的是，東條並不在其中。

幾個小時之後，羅斯福對日本提出的妥協方案的回覆抵達了東京。這份回覆把原先想在上奏給天皇之前，讓內閣會重新考慮之前倉促決定的最後限期的渺茫機會化為烏有。回覆分成兩部分：第一部分婉拒了近衛再度邀請羅斯福與他會晤的要求，提出先就「重要的根本議題」達成協議再行會面。第二部分是口頭聲明，同樣模糊不清，但更讓人失望。那是許多外交官都樂於運用的一種巧妙回覆：既婉轉拒絕承諾任何重要事務，又迴避主題。覆電說，「滿意」日本願意遵守赫爾的四項原則，但又似乎提出疑問：「你們是真的這麼想嗎？」而對日本提議從印度支那撤軍一事，隻字不提。

由於這個回覆看似蓄意斷然回絕（實則不然），而且還貶低陸軍以痛苦的代價（確實如此）做出的讓步，內閣便在沒有爭論的情況下批准了最後限期的政策。九月五日，近衛進宮面聖，請求召開御前會議以將此定為正式政策。進宮前，他先步入了木戶內大臣的辦公室。

木戶侯爵驚呼著：「你怎麼能突然把這個提案呈給天皇！」對木戶而言，這是徹底的戰爭準備。「天皇陛下甚至連考慮的時間都沒有。」近衛的辯解是薄弱無力的。

木戶問道：「你不能把這弄得含糊一點嗎？把最後期限定在十月中旬實在是太危險了。」

近衛很不自在地推託。「你一定得想想辦法！」木戶態度堅決。近衛支支吾吾地說，這是聯繫會議上做的決定，他又能怎麼辦？

四點半時，內侍通報說，天皇準備會見首相。天皇審閱了這份提案後說：「朕注意到你先談到戰爭，然後才是外交。在明天的御前會議上，我必須徵求參謀長們的意見。」

近衛尷尬地答道：「各條內容的順序並不一定是按重要性排列。」他建議立刻召見陸軍參謀本部長和海軍軍令部長，以更詳盡闡述最高統帥部的立場。六點時，他和杉山與永野兩名上將一同回到皇居。

天皇詢問南方的戰爭能否按計畫獲勝，他們詳細呈報了馬來亞和菲律賓的作戰計畫。不過，這些計畫細節並不能消除天皇的疑慮。他問：「作戰是否有可能不按照計畫發展？你們說五個月，難道不存在五個月還無法獲勝的可能性嗎？」

杉山奏道：「海陸軍已經多次研究所有的問題，因此，臣下認為吾等能按計畫作戰。」

「你認為登陸作戰是輕而易舉的嗎？」

「臣下認為這並不容易，但陸軍和海軍都一直持續不斷進行訓練，臣下有信心能夠順利完成。」

「在九州舉行的登陸演習中，為數不少的船艦遭到『擊沉』。如果真的發生這種情況，你們有何打算？」

杉山倉皇失措地答：「那次是因為在擊落敵機前就出動運輸船隊的緣故。臣下不認為會再發生類似情況。」

天皇繼續追問：「你確定作戰能夠按計畫進行？當你還是陸相時，你曾說會迅速擊敗蔣介石，但你始終無法完成這點。」

杉山委屈地說：「中國內地幅員過於遼闊。」

天皇激動了起來，質問道：「我知道，但南洋地區更寬廣。你怎能說五個月就結束戰爭呢？」

杉山試圖回答。他說，日本的國力日漸衰退，趁帝國還能迅速恢復國力時，有必要加強國力。

這根本就不算是回答，於是天皇便打斷了他的話：「我們能絕對取勝嗎？」

「不能說『絕對』，但或許能取勝，臣下不敢說我方絕對取勝。如果出現全國性危機，一年半載的和平對日本也無所助益。臣下相信吾等應謀求的和平應該長達二十年或五十年。」

天皇以不自然的語調高喊道：「啊，原來如此！朕明白了！」

杉山看出天皇仍是憂慮不安，所以接著說：「我們一點也不想開戰。吾等認為，應該盡力設法談判，只有被逼到走投無路時，吾等才會開戰。」

永野立刻為他的同僚解危。「臣下認為，這就如同一名在等待手術的重傷病患。」必須迅速做出手術方案。不動手術就意味著讓病患逐漸衰亡。手術雖然是個極端措施，但是可以挽救病患的性命。當機立斷是最重要的。「最高統帥部希望談判順利，不過，如果和談失敗，手術就勢在必行。」然後，他匆匆補上一句，當然，外交是「最重要的」。

「朕是否可以認定，最高統帥部現在是將外交視為優先手段？」兩名參謀長皆異口同聲地說，正是。天皇這才感到安心。

次日上午九點四十分——那天是九月六日——在御前會議即將召開前，天皇召見了木戶。天皇問，日本能戰勝美國嗎？在華盛頓的談判如今狀況如何？

木戶建議天皇先保持沉默，讓樞密院議長原嘉道去提問題，他已指示原該提出哪些問題。不過討論一結束，天皇就應打破慣例。他應該停止「君臨」，也就是實行臨時統治：「指示兩參謀長與政府合作，促使談判成功。」唯有透過打破傳統的方式，才能反轉那災難性的最後限期政策。

當與會者先後進入會議室時，近衛把以資源專家身分與會的鈴木貞一將軍拉到一旁，讓他看了最新政策的內容。鈴木才看了一眼，就認定不該將它上奏給天皇。近衛同意他的看法，但最高統帥部，尤其是東條，堅持加速通過，如果延遲二十四小時召開御前會議，內閣恐怕得總辭。「是否參戰，這之後再做決定。這份文件不過是決定在談判的同時，做好戰爭準備。因此，我還是得呈報上去。」

十點整，這場關鍵性會議就此開始。近衛致開場白：「請允許我主持會議，會議就此開始。」接著，他重新檢視了緊張的國際情勢。與會者個個雙手平放在膝上，正襟危坐，聽海軍參謀長永野說，應竭力進行談判。但是，如果日本連最低限度的要求都不能得到滿足，那麼儘管美國處於「難以擊敗的地位，更擁有強大的工業實力和豐富的資源」，問題也只能透過「侵略性的軍事作戰」來解決了。

陸軍參謀本部長杉山表示贊同永野的意見，希望談判能夠成功。鈴木將軍談了國內資源令人擔憂的情勢。即使施行嚴格的戰時管制，液態儲油也會在十個月內耗盡。「如果在華盛頓的談判能夠成功，那很好。如不成功，又要久候，這就會是場災難。」面前有三種選擇：立刻備戰；持續談判；坐以待斃。「第三種選擇是想都不該想的。因此，我們必須在前兩者中擇一。」

務實的原起身說，使用傳統外交模式的時機已過，並讚揚近衛會見羅斯福以取得某種協議的決心。他舉起新政策草案。「這份草案似乎意味著，戰爭優先，外交其次。但能否將其解讀為，我們將盡力開展外交，只有在沒有其他辦法時才進行戰爭？」

及川海相說：「原議長的解讀與我擬定草案時的意圖完全相符。」

不過，軍方解釋愈多，原就愈感困惑。「這份草案給我的印象依然是我方將轉向戰爭，而非外交。你們真的有在強調外交的重要性嗎？我倒想知道政府和最高統帥部的看法。」

在一片令人難堪的靜默中，天皇目不轉睛地看著與會者，然後做了一件前所未有的舉動。他以高音調問道：「你們為什麼不回答？」

自「二二六事件」以來，他都沒有放棄他所扮演的消極天皇的角色。聽到天皇的聲音，與會者都感到非常驚訝。過了許久，終於有一名閣員站起身。那是及川海相，他說：「我們將開始備戰。但是，我們當然也要盡力進行談判。」

又是一片沉靜。其他與會者都在等待兩名參謀長中的一位起身發言。但是，永野和杉山兩人都呆坐在位子上一動也不動。

天皇開口說：「非常遺憾，最高統帥部竟無話可說。」他從口袋中拿出一張紙，開始朗誦他的皇祖明治天皇所寫的兩句詩：

四海之內皆兄弟，

為何風雨亂人間。

天皇的斥責使與會者如坐針氈。又是一片死寂，直到天皇再度開口說話。「朕立下規矩，要時常朗讀這首詩，好提醒朕記住明治天皇對和平的熱愛。你們對此有何看法？」

永野最終不得不站起身，並低著頭謙恭地說：「臣謹代表最高統帥部，對於無法回覆陛下的詢問，深感歉意。但是……」他張皇失措地致歉。「臣下所想和原議長所想的全然相同。對於這點，臣下在草案中提到兩次。既然原議長表示了解臣下的意圖，因此臣下方才覺得無須一再強調此觀點。」

杉山站起身說：「臣下也是如此，方才正要起身回答原議長的問題，但及川海相已經替臣下回答了。」這番話免掉了兩名參謀長的責任。「然而，聽到陛下直接對吾等之沉默感到遺憾，臣下誠惶誠恐。請允許臣下領會陛下的意思，是要吾等盡力透過外交手段達成我方之目標。臣下也猜想，陛下懷疑最高統帥部首先是考慮戰爭，而不是外交。」他向天皇保證說，事實並非如此。

二

在談判的同時立刻準備作戰的決定，另有更深的意義。事實上它意味著，除非在十月十日前順利完成談判，否則敵對行動就將開始。決議雖已做出，並蓋上玉璽，但天皇的不悅即使是在軍中也留下一絲疑惑。天皇強調的是外交，近衛也了解這是給他一個達成和平的最後機會。問題並非出自東條集團，而是民間大眾。受到控制的媒體已經導引群眾，讓他們相信盎格魯—薩克遜人一心要把日本降為三等民族。因此，出現了許多義憤填膺的集會，呼籲採取行動。由於局勢極為不祥，連格魯大使也開始隨身帶著手槍，雖然他覺得這很愚蠢，猶如置身在「狂野的西部」。

狀況也確實相當危險：兩個秘密組織在獲知擬定中的近衛—羅斯福會晤的訊息後，正在籌劃暗殺近衛首相。其中一個組織決定在東京採取黑幫手段，攻擊首相。另一個組織，則想仿效炸死張作霖的方法。後者是由一位名為辻正信的中尉所設計，而他在當時是那群最激進的年輕軍官們的偶像。辻正信身為一名極端沙文主義分子，他決心阻撓這場注定會以屈辱性和平收尾的高峰會議。

辻挑選了一名曾兩度入獄的犯人充作殺手。第一次入獄，他確實犯下罪刑——遞交給天皇一份右翼請願書，要求救濟失業者。第二次入獄時，他卻沒有犯案——準備對藏相的宅邸丟擲炸彈。最活躍的民族主義社團的領導人兒玉譽士夫和辻志同道合，他同意了這個計畫。近衛前去進行會晤，必須到橫須賀海軍基地搭船，而既然東京到橫須賀之間的路況不好，他必然會搭火車前往。當火車通過東京外圍的六鄉橋時，兒玉就會啟動炸藥。

御前會議結束的幾小時後，近衛在美容院找到他的情婦，並用急切的語調告訴她立刻整裝，他會派車來接她。幾分鐘後，她乘車來到伊藤文吉伯爵的府邸。伊藤文吉是明治維新四名偉人之一伊藤博文親王之子。伯爵家中沒有任何僕從。

另外兩輛轎車也抵達了。一輛坐著近衛和他的私人秘書牛場友彥；另一輛轎車摘掉了使館的牌子，坐著格魯大使和使館參贊尤金．杜曼（Eugene Dooman）。之前，這兩名外交官誰也沒被邀請參加過這樣的會面。依照慣例，除了國務活動場合外，首相和外國使團是不會有任何社交接觸的。

近衛將他的情婦介紹為「屋主的女兒」。晚宴全由她來服侍，如此，他們就可以毫無拘束地交談。透過牛場和杜曼的翻譯，近衛和格魯「極為坦白地」交談了三個小時。近衛向格魯保證說，東條和及川將軍都企望和平解決問題。

格魯問：「那麼赫爾的四個原則呢？」

近衛說，這條原則大致上來說都能夠接受。「然而，在我實際運用這些原則時，還會引起各種問題。為了解決這些問題，我必須會見（總統）。」對於日美「關係之間令人遺憾的狀態」，他承認他應該負責——他也為中國事件和《三國公約》負起責任——因此，他決心不計個人代價，要解決兩國之間的歧異。

他和羅斯福面對面的會晤，無疑能達成協議，但是，只有盡速進行會晤才能達此目的。用常規的外交管道得花上一年時間。近衛當然不能洩露，至十月十日期限前，他只有不到五週的時間。近衛說：「從現在起一年後，我不確定還能夠做些什麼來解決我們之間的歧異。但我現在則可以做到。我保證，如果我能見到他（羅斯福），肯定能達成某些協議。我會提出一份他不能拒絕的提案。」說完這段詭密的話之後，他轉向杜曼。杜曼生於大阪，雙親都是傳教士，他幾乎在日本生活了二十三年。近衛對他說：「日本現在的情況你很清楚。我要跟你說幾句話，但請不要翻譯給格魯大使。你應該知道，如此一來你才能以你自己的信念，使他相信我的誠意。你也了解，我們不能讓天皇也捲進這場紛爭中。不過，一旦我和總統達成了協議，我會立刻將此奏陳天皇陛下。天皇將立刻下令，讓陸軍停止敵對行動。」

這是一個大膽的計畫，是在日本史上從未有過的事。雖然杜曼很想把這件事告訴格魯，但他答應一定會保守秘密。

近衛重申東條和杉山兩名將軍已經同意他對美國提出的建議。東條甚至同意讓一名將軍全權陪同出席高峰會。「我和總統會談時，海陸軍將各有兩名將領站在我的身後。」不可否認，軍方有一小群人反對談判，但由於得到海陸兩軍參謀長的全力支持，近衛對於壓制反對派充滿了信心。他可能會遭到暗殺。但如果和平能夠實現，死也是值得的。「我不大在乎我個人的生死。」

格魯為近衛那顯而易見的願遵守赫爾四項原則的真誠所感動，便表示，他回到使館後，會立刻發送那封他外交生涯中「最重要的」電報。[6]

—

不錯，東條將軍確實同意這次高峰會，但並沒有全力支持。於是近衛便請求天皇的妻舅東久邇宮，對陸軍部施加影響。次日清晨，東久邇宮召見東條說：「我聽說天皇非常關注在華盛頓的會談，並對近衛—羅斯福會晤寄予高度期望。」身為陸相，東條應該尊重聖意，對此次會談以及日美關係問題應採取更積極的態度。

東條嚴厲地說：「對於未能向陛下做充分解釋，臣下深感遺憾。日後，臣下自當注意，凡陸軍陳奏之事，務使天皇充分理解。天皇對日美談判及近衛—羅斯福會晤之聖意，臣下十分清楚。」他承諾以陸相身分盡全力實現會晤，雖然他個人認為，成功的機率不會高於三成。「儘管如此，只要還有一絲成功希望，臣下認為仍要進行談判。」他變得更為激動，發誓說，如果外交結果對日本未來不利，他必將「進諫天皇陛下」，若天皇拒絕傾聽，他將被迫辭職。「此為臣下唯一能表明對天皇忠誠之舉。」

東久邇宮讓東條暢所欲言，未加打斷。末了，他若有所思地說：「我過去在法國時，貝當（Philippe Pétain）和克里蒙梭（Georges Clemenceau）告訴我，『德國是美國在歐洲的眼中釘。在（第一次）大戰期間，美國把它給拔掉了。在下一次戰爭中，美國將拔掉另一顆眼中釘日本。美國知道日本拙於外交，所以將採取行動一點一點傷害你，直到你開戰為止。一旦你無法控制脾氣而開戰，那麼你們勢必會被擊敗，因為美國國力強大。所以，你必須承受一切，而不是被玩弄於鼓掌之間。』現在的局勢正如貝當與克里蒙梭所預言的那樣。此刻，我們必須不屈不撓，不能和美國開戰。你是近衛內閣閣員之一。在軍隊中，你必須服從命令。現在天皇和首相都希望能實現談判，你身為陸相，理應執行他們的政策路線，不然你就得辭職。」

——

赫爾對日本提出從印度支那撤軍和遵守四項原則的建議，反應冷淡；接著在第二天，日本又提出兩項方案。在這種情況下，美國人應該能清楚認識到日本方面的絕望。在遞交給格魯的提案中，日本承諾不對日本南面任何地區採取軍事行動，一旦恢復和平，就從中國撤軍。作為交換條件，美國將撤回凍結法案，並暫緩其在遠東和西南太平洋地區的軍事措施。

前者是官方提案，第二個卻不是。在沒有通知東京的情況下，野村私自遞交給赫爾一份冗長聲明。這份聲明是幾個月前，岩畔上校在美國時草擬的。這位海軍上將顯然認為舊方案能夠迎合赫爾，但結果反而使赫爾感到困惑。手中擁有兩份觀點全然不同的提議，赫爾自然會對日本持何種立場產生疑問。

大約用了一週時間才釐清這場混亂，並對正式提案做出答覆。赫爾告訴野村，他的提案「把原先擬定的諒解草案精神和範圍縮小了」，並把印滿五、六張紙的反對意見交給了野村。

拖延和明顯不願及早達成協議使東京的軍方相信，赫爾是為了爭取時間而在耍弄日本。他們在公開和私下場合抨擊近衛。他們在言辭上大肆批評近衛，其頂峰是在九月十八日對近衛的人身攻擊。當時他正離開距東京中心約四十五分鐘車程、位於荻窪的幽靜郊區別墅（荻外莊），四名身藏匕首和軍刀的男子，跳上了座車兩旁的踏腳板。但由於車門已緊緊上鎖，他們還來不及砸破玻璃動手行刺就被便衣制伏了。

近衛對不斷迫近的期限的關注，高過於暴力事件——他只剩不足三週的時間達成和平協議，而羅斯福依然拒絕為會晤訂下日期。格魯完全不知道有最後期限一事。在暗殺未遂事件發生後四天，格魯被召到外相辦公室，此時，他也察覺到事情的嚴重性。豐田說，赫爾認為日本最新的提議窄化了談判的範圍，對於這點他無法理解——相反的，它擴大了談判範圍。豐田願意進一步退讓，並闡述了日本準備向中國提出的和平條款：合併蔣介石政府和汪精衛政府；不割地；不賠款；經濟合作；除在某些特定地區保留部隊以協助中國對抗赤色分子外，撤退全數日軍。

格魯於是將此新建議急報赫爾，鑒於此關鍵局勢，他憑藉自己和羅斯福有著長期私誼（在《哈佛大學校報》（*Harvard Crimson*）共事過〕，決定直接寫信給總統，並提出個人的呼籲：

久未修書打擾您了。由於攜帶外交郵袋的船舶稀少，信件時常遲到。鑑於美日關係變化如此之快，當我的意見到達您的手中時，已經太遲而無所助益了。但在給國務卿的電報中，我曾經而且依然試圖將逐日變化的情景做出精準描繪。我希望您能經常看到。

從我的電報中，您知道我與近衛公爵維持緊密的聯繫。面對國內極端分子和親軸心國分子們的反對，近衛正勇敢地致力於改善美日關係。對於我們之間的關係會發展到如此地步，他擔負了沉重責任。無疑，他已看到大禍臨頭的凶兆，並了解日本從《三國公約》中是看不到希望的，如果要避免災禍，日本必須改變其政策方向。不論他目前努力的動機為何，我相信，他是認真的，並將為了與我方達成合理的諒解，準備盡最大努力，同時又不致在日本引起公開的叛亂。儘管所有的證據都顯示日本過去未能實踐承諾的惡名，但和過往幾年的情況相比，我相信目前的政府有更大的可能履行現在足以承擔的任何承諾。我認為，這是個難得的機會。我還認為，除了近衛公爵外，沒有任何政治家能成功控制軍方的極端主義分子，並執行一項受到那些對國際事務和經濟法則一無所知的人們厭惡和反對的政策。現在，除了達成協議外，替代方案就是已經大幅增加可能性的戰爭——而這「有如下地獄般容易」（*Facilis descensus Averno est*）——而我方將無疑能贏取最終勝利。我懷疑將貧困的日本降至三等國家的地位是否符合我方利益。因此，本人誠摯地企盼，我們能達成協議，甚至我們不必深究（至少是在某種程度上）目前的政府是否守信用及是否有能力完全執行條款……

這封信和先前的建議一樣，幾乎沒有什麼效果（事實上，這封信在五週後才得到平淡的回應）。在九月二十五日召開的聯繫會議上，最高統帥部要求將十月十五日定為不可改變的最後期限。會議結束後，感到非常絕望的近衛拒絕在最高統帥部內用午餐。相反地，他堅持邀請閣員到他的官舍。在那裡，他向東條施壓。十月十五日這個期限，是最高統帥部的要求還是請求？

東條回答：「這絕對是個既定的意見，但不是要求。」這不過是開始執行九月六日御前會議的決議。「而現在已經不能輕易變更這個決議。」

面對這樣的決心，近衛感到相當無助。他告訴木戶，既然陸軍堅持這個期限，他所能做的就是辭職。木戶斥罵近衛，不要像個小孩一樣。據牛場說，近衛和木戶彼此毫無拘束。在宮內大臣面前，近衛常拋棄一切掩飾，顯露出自己個性中罕見的一面。現在，既然近衛要對九月六日的決議負責，那麼，「放手就此離開，這是不負責任的」。木戶提醒近衛要「慎重」。

近衛沒有回應。原本就已經很沮喪了，再加上痔瘡再度發作，情緒因而更壞了。他告訴牛場，他需要心平氣和地思考這些事。因此，他在九月二十七日離開了東京，來到附近的鎌倉海濱休養中心。

三

在九千英里之外的國務院內，人們認為日本首相是個侵略者。赫爾不會忘記：在中國遭到蹂躪以及締結《三國公約》時，擔任首相的就是近衛。雖然近衛表示支持四項原則，但他真的這麼想嗎？基於這些理由，在初步完成細節規劃前，他和羅斯福的會晤都只能是以失敗告終。

赫爾的諸多憂慮也快澆熄羅斯福當初對會晤的熱烈企盼。九月二十八日，羅斯福從海德公園向國務卿發出了一份備忘錄：

我完全同意你用鉛筆所寫的照會——詳述日方最初要求會晤時較為開放的態度，指出他們現在更狹窄的立場。誠摯地詢問他們能否回到當初的態度，重新討論原則協議，並再度強調我對會晤的企盼。

然而，在東京，格魯大使還未放棄希望。他十分確信，華盛頓那些人對近衛面對的問題缺乏洞察力。第二天，他再次傳送了一份報告給赫爾。它既是一份警告，也是一份呼籲：

本大使（格魯）過去曾多次聲明，日本始終在溫和政策與極端政策之間搖擺。在現有的條件下，沒有任何日本領袖或領袖團體，能夠反轉日本的擴張計畫，而又能存活下來。只有通過無法克服的障礙，才能阻止日本長期進駐中國和向南推進……

本大使強調，了解日本心理狀態的重要性，這種心理，與西方任何國家的心理都不同。日本人對任何特定環境的反應是無法捉摸的，也無法用任何西方標準來預測日本的行動。

如果美國期待日本政府會在目前的初步會談中，做出原則上與具體細節上足以讓美國政府滿意的承諾，幾乎可以肯定，這樣的會談只能無限期地拖延下去，這樣將使近衛內閣與企盼能和美國友好的支持者得出以下結論：達成協議是無望的，美國政府只是為了爭取時間而在戲耍日本……這將造成近衛政府名譽掃地，使反美情緒急遽爆發。這就可能會導致肆無忌憚的行動。

最後，他還提出：除非美國對近衛及其支持者改造日本的努力，給予「相當大的信任」，否則，這將使「避免太平洋終將一戰的希望」就此終結。

翌日，格魯在日記中寫道，他已「盡力為我們的政府對日本局勢做出精準描繪」。當他收到霍恩貝克發來之前格魯本人所提出要堅決對付日本的建議時，感到心煩意亂。

我真不明白史坦利．霍恩貝克寄給我這些摘要的用意何在，除非他相信或為了讓其他人注意到他的信念，也就是認為我所倡議的是所謂的「綏靖」，而非先前建議的強硬政策。首先，「綏靖」一詞已經和慕尼黑與保護傘連繫起來，變成一個不幸、被誤用和誤解的詞。現在我所倡議的並不是綏靖，而是「建設性的妥協」。「建設性」這個字眼很關鍵，它意味著建構，如果要建構一座永久性的建物，沒有任何一個人會傻到把它蓋在不穩固的地基上……最終結果會是什麼，我不知道；誰也不知道；但失敗主義並不在我的哲學信仰中。

在某種程度上來說，霍恩貝克對格魯的看法是對的。或許，他「過去」太相信日本人了。他既不是特別理智，也不特別感性。但他有三項長才：一位極度同情日本又感性的太太；一位在日本出生，同時非常了解日本優缺點的顧問（杜曼）；他個人高度的榮譽感和責任心。此外，其精明的同行，英國克雷格大使，也和他抱持相同的看法與信念。次日清晨四點二十分，克雷格發了一封電報給英國外相安東尼．艾登：

我不懷疑那種認為日本的動機或許是各種各樣的觀點，但是，這難道就構成我方不鼓勵日方沿著目前政府已經步上的新道路走下去的理由嗎？就算日本的政策完全是出於下列考慮，也就是變更手段在目前可以實現相同的野心（這是我完全不同意的觀點），一旦德國戰敗，戰後日本也有機會實現擴張的目標。同時還因為，日本保持中立有助於擊敗德國，我大膽提出，對我們的地平線（此份電報經過加密，提供給作者的版本中有某些字眼是未經解碼的。「地平線」一詞或許意味著「方面」）的事後分析或許會因為戰爭範圍的限度而極其正常地受到限制……

自從松岡離職後，政局發生了根本變化。現在日本正準備穩步脫離軸心國家。

此刻最重要的問題是美日政府間正在進行的討論。其主要難題是，日本想要加速解決，卻無法承受風險，就一般原則達成協議；而美國似乎在爭取時間，要求在簽署任何改善關係的步驟的協約前，就能得到極為精準的定義……如果繼續堅持，就是企圖破壞自我到任以來所出現的公正解決遠東問題的最佳時機。

美國盟友與我都認為，近衛公爵「電話」（可能是「最」）誠心企望避免他現在看到的《三國公約》與軸心國的連結（他自然得承擔自己的那份責任）正快速帶給日本的危險……假使會談流產或過分延宕，儘管有天皇強力的支持，我懷疑他和他的政府是否「英國領事館」（或許是「能夠」）存活下去。

他承認，任何協議都可能使蔣介石懷疑或是喪氣，而美國在遠東的利益和英國並非完全一致。

……「或者修復好」（可能是「無論如何」）必須面對風險，我的美國盟友和我都堅信在權衡之下，如果坐失良機，那將是「難以辨認的」（可能是「不可原諒的」）愚行。戒慎是必須的，但過度的犬儒主義只會使事情停滯不前……

直到十月二日，赫爾終於就日本人期待已久的問題給予部分明確回覆。他表示「歡迎」高峰會，並對近衛接受四項原則感到「滿意」，但提案本身卻是無法接受的，特別是關於中國的部分——日軍應該全數撤出，不得延宕。因此，不得不將會談延後到「在重要觀點取得一致意見」時才舉行。

赫爾趕緊向野村保證：「我方毫無意願拖延。」對於一個如此正直的人而言，這樣的欺瞞必定使他感到相當反感。赫爾當然沒有忘記陸軍參謀長喬治．馬歇爾（George Marshall）將軍、海軍參謀長哈洛德．史塔克（Harold Stark），曾一再要求有更多時間以增援太平洋地區。諷刺的是，這反而迫使日本加速做出戰爭決定，因而給了他們更少的時間。十月五日十一點，陸軍各局處長們在東條辦公室開會，並做出決議：「不可能透過外交談判來解決問題。因此，必須訴請天皇召開御前會議，決定開戰。」

近衛休假歸來，更加灰心沮喪。他的同事也同樣失去信心，只有木戶尚未放棄和平的希望。他告訴近衛：「從國內外局勢來衡量，難以預測日美之間開戰的結果。因此，我們必須重新檢討時局。政府應該解釋清楚：第一要務是順利解決中國事件，而不是立刻決定與美國宣戰。應該直接告訴國民，今後十到十五年是『臥薪嘗膽』的歲月。」[7]

這種解決方案雖並不令人滿意，但相當實際，因此近衛決定付諸實行。十月十二日上午，他把陸相、海相與外相，以及內閣企劃院總裁鈴木將軍召到他的別墅荻外莊。那是個放晴的週日，也是他的五十歲生日。

近衛的寓所是一棟座落在郊區邊緣寬闊空地上的日式建築，舒適而不豪奢。會議即將開始前，內閣官房長官富田健治帶來了一張海軍事務局長岡敬純上將寫給近衛的簽條，寫著：「海軍不願中斷日美談判，希望盡可能避免戰爭。但我們無法找到在會議上公開表達此意見的方法。」

不知怎地，東條知道字條的內容，在他抵達荻外莊後，就下定決心和及川海相攤牌。海軍「推卸責任」是懦夫的行為。當大家就座開會時，火冒三丈的東條對及川非常不客氣。他衝動地脫口而出：「根本沒有必要繼續在華盛頓的會談。」他的立場極其強硬，迫使海軍去做了岡在字條上寫明無法做的事：坦白直說。及川說：「我們正處於十字路口——戰或和，如果要繼續外交作為，我們就得放棄備戰，全心全意進行談判——談判了幾個月，然後又突然改變我們的方針，是不行的……海軍願意全然由首相作主……」

近衛說，不論決定為何，都得立刻做出。「兩種辦法都有風險。問題是何者風險較高？如果我們立刻在此做出決定，那麼我贊成談判。」

東條轉向豐田上將，並以相當譏諷的口吻問道：「外相先生，閣下對談判有信心嗎？從閣下之前所說的話來判斷，我認為你無法說服參謀本部。我很願意聽聽看閣下是否有任何信心。」

近衛替外相回答：「權衡兩者，我們選擇談判。」

東條刻薄地回道：「那不過是你自己的主觀意見而已。你無法說服參謀本部。」及川表示同意首相，這更惹惱了東條。他要求近衛不要倉促決定，說：「我想聽聽外相的意見。」

豐田說：「這得視條件而定了。目前最棘手的問題是派駐在中國的部隊。如果陸軍對美國毫不讓步，那就沒有必要繼續會談。但如果陸軍能夠做出些許妥協，談判倒不是不可能的。」

東條大喊：「在中國駐軍對陸軍是死生之大事！在那方面無法妥協！」他繼續說，日本已原則上同意從中國全面撤軍，這件事本身就是一個巨大讓步。目前美國顯然要日本「立刻全面地」從中國撤軍。這是辦不到。有一百萬的日本人還困在中國戰場上。在中國恢復秩序之前，日本不能完全撤軍。中國內地是共產黨與盜匪的溫床，只有在某些特定區域駐守日軍，才能確保法律和秩序以及中國經濟的順利成長。在完成戰爭目標之前就撤軍，這是「與陸軍的尊嚴不相稱的」，而整個參謀本部「以及海外部隊」都同意他的看法。

近衛說：「你不認為現在是忘記光榮，摘取成果的時機嗎？為何不能在形式上與美國妥協？那也就是，原則上同意全面撤軍，暗中與中國協議，在某些不穩定地區維持部分駐軍？」

東條答道，這是不可想像的。如果他們做出保證，那就得謹慎地實踐；一旦他們屈服於美國的要求，中國人就會露出輕蔑態度。他們最為恐懼的就是被中國人鄙視；全面撤軍將會導致顏面盡失以及共產主義的興起。這就像是銀行發生擠兌一般，朝鮮和華北都可能會喪失。

東條以一敵四，但他仍堅持己見：「陸軍無意改變那天（九月六日）御前會議上做出的決定。在最高統帥部所規定的最後期限前，如果談判有成功的希望，那就該繼續會談。海相剛才說，是戰是和，全由首相決定。這點我完全不同意。應該是由政府與最高統帥部共同決定戰爭與否。在現階段，我認為沒有辦法透過外交手段解決問題。」

近衛反駁說：「我沒有信心能夠戰勝。除了透過外交談判外，我認為沒有其他辦法能夠克服目前的困境。至於戰爭，我將留給相信能夠獲勝的人。」他轉身對著東條說：「如果你堅持戰爭，我對此事無法負責。」

東條怒喊道：「如果外交失敗就開戰，這不是已經決定了嗎？你當時不也在場？我不明白為何你不能對開戰承擔責任。」

近衛說：「那次決定僅是個『內參』。」那意味著「僅止於內部之間」——也就是說，那是個秘密決定，如果天皇同意，就能重新考慮。東條則從字面上將其解讀為「非官方性質」——這是對天皇的羞辱。他非常激動，以致近衛只好進一步解釋。「既然我對談判比較有信心，我為何要負責？這就是我的意思。唯有當繼續談判毫無前景時，我們才會考慮將開戰的決定作為最後的決定。然而，現在還有成功的機會。」

「假使我們真的放棄準備作戰」，鈴木邊說邊想著再次發生「二二六事件」，「我們要如何控制陸軍？」

東條說：「如果只是那種情況，控制陸軍並不困難。」

爭論持續了整個下午，最後以妥協告終：談判延至十月十五日。如果最高統帥部同意，還可再延長。但在中國駐軍和對抗共產主義一事上，則毫無退讓的餘地。

不論妥協與否，此次會議確實產生了一個良好的效果。東條當時曾頑固抗辯，但在回到東京途中，他開始了解到，九月六日的決定過於急促，因為海軍似乎缺乏信心。在這樣的情況下進行戰爭，可能犯下大錯。回到陸軍省後，他把現在已經是軍務課長的佐藤賢了召來，並告訴他海軍的態度似乎仍是搖擺不定。

佐藤上校說：「陸相，我願意為你與海相和兩位參謀長安排一場會面。何不在『待合』（有藝妓陪侍的餐館）那喝著清酒私下會晤呢？你可以問：『海軍對於這次戰爭有無信心？進行這樣的戰爭，主角要由海軍擔綱。如果你們海軍真的沒有信心，這場仗就不該打。這樣一來，我保證絕不會說，是因為海軍缺乏信心而打不成戰。相反，我會負起全責並說：『是我這個陸相不要開戰的。』」

東條的臉紅了起來，氣急敗壞地說：「你想告訴我，像海相和兩位參謀長那樣得承擔重任的人，會在『待合』說出在御前會議上都不願說出口的話？」他拒絕參與那樣的可恥的行徑。

因為荻外莊會談並沒有什麼結論，有關內閣危機和可能宣戰的謠言一時興起。近衛對妥協感到後悔。在中國問題上，如果不進一步做出讓步，是不可能與美國人達成協議的。在期限將至前，他還能做些什麼呢？他感到茫然。接著，他決定和東條非正式地談一談。他在十月十四日上午，打了通電話給陸相，約好在十點開始的內閣會議前先見個面。

近衛說：「除了你對中國駐軍的立場外，其他我都同意。」並建議「形式上」立刻從中國撤軍。東條氣到毛髮倒豎。近衛已經開始食言了。「如果我們讓步，美國將會採取高壓的態度，而且會持續這麼做。你的解決方案根本不算是解決方案，戰爭在幾年內必將捲土重來。首相先生，我尊敬你，但你的觀點太過悲觀。你很清楚我方的弱點……美國也有它的弱點。」

「那不過是一種看法。」近衛提醒他說，一九〇四年二月四日，明治天皇召見伊藤公爵並詢問他，日本能否擊敗俄羅斯。伊藤回答，他們能在朝鮮邊境上抵擋敵軍一年，同時請求美國出面調停。明治天皇聽完並感到放心後，才批准向俄羅斯宣戰。但在目前的狀況下，可是沒有能進行調停的第三方。因此，必須謹慎行事，特別是美國在物質方面擁有巨大優勢時，更該如此。

東條聽到「謹慎」兩字時，挺直了身體說：「有些時候，我們也要有勇氣去做點非凡的事——像是從清水寺的清水舞台上閉著眼往下跳。」8

近衛說，作為個人是能夠這麼做。「而身居要津者則不該有此想法。」

東條輕蔑地看著近衛說：「所有這一切都只是因為我們之間的個性不同，不是嗎？」他私忖，這個男人太軟弱，在此關鍵時局，實在不宜擔任首相。近衛甚至連信守承諾都做不到。

當東條走進內閣會議室時，他決定否認自己的承諾並採取強硬立場，如此方能迫使近衛辭職。會議開始時，他故意裝出激動的樣子，一邊輕彈著一張紙，一邊說：「陸軍將繼續備戰。我不認為這必然會干擾談判，但我不願考慮再拖延一天！」他轉身對著外相豐田問道，他是否認為與美國的會談能取得成功。

豐田重申：「爭議的焦點是撤軍。美國並不滿意日本的答覆。如果要就此議題再次做出答覆，我們必須採取明確的態度……美國人愈來愈懷疑我們的態度，除非我們拿出事實，不然無法讓他們滿意。美國無法理解日本一面備戰一面進行和談的作法。」

東條像是情緒失控般地大喊：「關於撤軍，我絕不退讓。」——或許，此時的他已經失控了。「這意味著日本被美國給打敗了——這是日本帝國史上的汙點！外交的方法，並非總是讓步；有時是施壓。如果我方退讓，就會失去滿洲和朝鮮。」他舊調重彈，但這次是帶著熱情說的，打動了在場與會者。接著，他把怒火都轉向海軍，特別針對及川，因為他沒有坦白而公開地表示能否擊敗美國。近衛與其內閣靜默地坐著，被東條「炸彈般的言論」嚇得目瞪口呆。

東條這次的爆發，收到了預期的成效。會議後幾個小時，充當近衛中間人的鈴木將軍來到東條的辦公室說：既然陸相公開表示了如此強烈的意見，那麼他無法再擔任首相。

東條拒絕收回意見，還說近衛只有願意合作才能留任。但陸軍其他將領對於近衛辭職的想法都感到驚慌。武藤將軍在鈴木面前承認說，雖然首相是個懦夫，但只有他能維繫國家的團結。武藤在室內來回踱步並半開玩笑地說：「如果他辭職，日本就無法開戰。在滿洲實施一次大規模演習，讓部隊消消氣如何？」

當天下午稍晚時，武藤拜訪了內閣官房長官富田健治，他說：「似乎是因為海軍無法下定決心或其他因素，首相因此也無法下定決心。如果海軍確實不想開戰，那麼，陸軍就得重新做出通盤考量。但海軍只是說『全權交由首相決定』，這麼說不足以控制陸軍的核心團體。只要海軍公開表示『我們不想開戰』，那麼也就成了。你是否能夠安排一下，讓海軍按這樣的說法做出表示。」

但海軍仍然拒絕發出正式聲明。軍務局長岡敬純告訴富田說：「海軍最多只能要求首相按照自己的判斷去處理這個議題。」

那天，鈴木、富田、岡和武藤整日穿梭於各辦公室之間。在此關鍵時期，因為電話可能被竊聽，利用中間人來斡旋是相當普遍的事。此外，有些意見難以當面開口，透過中間人說話就好辦了。如果事情進展不順，還可以諉過給中間人。

當晚，鈴木回到了陸軍省。他責怪海軍的搖擺不定，並問東條誰應擔任下屆首相。東條答說：「我想，除了東久邇宮之外，別無人選。連近衛都解決不了這個問題，只能請皇族的成員出任了。」如果決定和平，那麼天皇的妻舅正是既能將其落實，又不致引起陸軍內部叛變的少數人選之一。他能夠召見兩軍參謀長，告訴他們，他已決定反對參戰。天皇無法這麼做——因為這違反了習慣和憲法。但皇室的親王就能如此，軍方必須服從他的意願。如此一來，就能夠既達成和平，又不會招致國內的混亂。在鈴木離開前，東條說自己不好再與近衛碰面，否則他可能會失控發火。

鈴木直接趕往近衛在郊區的別墅，並告訴他東久邇宮是陸軍選定的首相人選。近衛同意了。「東久邇宮是極好的人，我很了解他，他是反對戰爭的。明天覲見天皇時，我會向天皇稟報這事。」

隔天是十月十五日，即和平談判的最後期限，這天鈴木比以往還忙碌。早上，他告訴木戶侯爵關於推薦東久邇宮擔任首相一事，但宮內大臣卻完全沒有反應。親王是相當有「天分」的，但是缺乏政治經驗和歷練。更重要的是，一旦戰爭爆發，不該讓皇室成員承擔責任。

中午，近衛告訴鈴木，他已向天皇奏陳首相人選一事。天皇和木戶看法不同，認為東久邇宮是個合適的人選。近衛要鈴木去探詢親王本人的反應。

鈴木告訴東久邇宮，「我們陸軍中並不都是主戰的。我也相信你能控制住局面。」他還說，東條本人覺得，只有東久邇宮能直接面見天皇，並摸清天皇的真正想法。屆時不論決定為何——戰爭或和平，他都能控制陸軍。

親王說：「這是件嚴肅的事，我需要一些時間仔細考量。在做出決定前，我想和陸相、海相談談。」

當晚，近衛打了通電話給木戶，想徵詢他的意見。他是否應該非正式地和東久邇宮談談？木戶說為時尚早。「但是，只要政府能夠承擔責任，我不反對。」儘管木戶冷淡地表示贊同，近衛還是秘密地去見了東久邇宮，並告訴他，除非陸軍從中國全面撤軍，否則，談判不會成功，只有親王領導的新內閣才能解決這個問題，並能團結陸海兩軍。

親王說：「這樣太突然了，要當即決定太困難了。我反對皇族成員擔任首相。不妨由你籌組新內閣，但若仍然無法和陸軍達成協議，屆時再由我出任首相，雖死不辭。」他更熱衷於讓近衛當首相，並建議近衛在新內閣中，選取一個比東條更熱衷於和平的人選擔任陸相。他承諾運用自己的影響力，以實現計畫。近衛原先想勸說親王，離開時，卻決心繼續擔任首相。

近衛主要的對手東條也下了決心。他急於採取行動，最後期限已到，但卻毫無動作。雖然他也被眾多疑惑搞得精神不寧，但還是下定決心在天皇面前提出這個問題。隔天下午，他找了能安排覲見天皇的宮內大臣木戶，並提出：「依據九月六日決議行動的時間點已經到了。」

木戶說，那個決議做得太突然了，缺乏深思熟慮。「必須重新考慮。」

木戶這麼回答是有道理的，但東條卻只回說：「是的，我知道。」就一語帶過，並決定採取一個新步驟。「由皇室成員重組內閣，你覺得如何？」

木戶回說，讓東久邇宮出任是不成的。「皇室成員只能在和平時期參政。」

這樣的回覆也有道理，但卻不是東條想要的答覆。他停了一下，想進行回辯，但又想不出任何話語，只好重提九月六日的決議。他固執地說，必須執行這個決議。

「如果我們執行了，日本會變成什麼樣子？」

「你認為呢？」

木戶說：「我認為，日本將會成為一個三等，或者是四等的國家。」

這次談話讓東條感到氣餒，但木戶卻滿懷希望。木戶察覺了東條的疑惑，並確信只要能勸說近衛在尋求和平時「再盡力一些」，東條這人是能夠應付的。湊巧有通電話找他。近衛在電話中突然說：「我要辭職。」

木戶一直恐懼的事，就這麼突如其來。現在他所面對的任務又被時局弄得更形艱困了。新內閣將是日本最危急的內閣，而且得由他自己挑起選人的重任。自西園寺公爵在一九四〇年過世以來，他身為宮內大臣就擔起最後元老的主要責任。因為一來職缺必須有人遞補，二來他是個從不推諉責任，也不愛出風頭的人。他這種低調的個性，使別人無法和他爭奪這個位子。

新內閣將會把國家不是帶往戰爭，就是和平，而他的責任正是要實現和平。能幫助決定人選的人就是引起重組內閣的近衛。黃昏前，近衛公爵來訪。因為幾週以來的焦慮，讓他面容憔悴。

木戶說：「應該取消九月六日的決議，那是一個毒瘤。應該在熟悉時局的人領導下重新考慮。」新首相不能是局外人，而應該是曾參與過去幾個月的討論且具有崇高地位的人。這樣，就只有兩個人選了——及川上將和東條。既然目前的危機是東條一手造成的，而及川又曾對戰爭的結果表示懷疑，或許人選就是及川。不過，實際主宰陸軍的年輕軍官，或許不會接受及川；他們可能會抗拒，甚至叛變。

在國際場合，溫和而又有學者風範的及川當然會給人較好的印象。木戶告訴近衛：「但是，如果我們指名他當首相，陸軍就不會選出陸相人選。」因此，東條就是唯一的人選。如果決定要和平，東條能夠掌控陸軍中的激進分子。他是個有骨氣的人，又沒有政治野心。他直率，不耍陰謀，自從被任命為陸相以來，他都按照天皇的旨意行事。

近衛立即表示贊同，而這就說明了他的個性。他這麼做，或許是因為他對東條厭惡的厭惡心理所造成的反作用。他們之間已經達到無法再會面的程度，但近衛卻列舉他贊成的理由（或許是自圓其說？）：他不但能駕馭陸軍，近來態度也顯得「相當謙卑」，還似乎甘心和美國人重啟談判。「東條那天告訴我，既然海軍的態度並不明確，我們必須全面研究問題，並重新考量全局。所以，我不認為他會一當上首相就推動戰爭。如果聽取天皇的勸告，他將會更為謹慎。」

木戶告訴近衛，天皇肯定會要求東條重新考慮那個決議。這是個只有實用主義分子才想得出的陰謀：選擇一個內閣，主要因素是他能控制時局，然後再藉由天皇異乎尋常的行動迫使內閣考慮和平。

在離開皇居時，近衛還全神貫注在這個計畫。但當他與女婿同車回家時，他開始對東條產生懷疑，並做了在日本幾乎沒人敢做的事——出言責備天皇該為目前的危機負責。天皇最近才說出「陸軍的人多麼愚蠢」！如果他真這麼認為，為何他不坦率堅定地表達他的意見？在正常情況下，天皇保持靜默是相當合宜的，但在戰爭與和平處於危急關頭時，他就應該毫不遲疑地指明道路才是。

近衛和天皇是日本兩位最受尊崇的榜樣，但也是可能導致全國性災難的人。兩人都無私心，也沒個人野心，將人民的福祉置於一切事務之上。兩人都顯示出可以跳脫自我而果敢行事的能力，但他們如此展示的次數實在少之又少。這是裕仁和近衛的悲劇——也是日本的悲劇。那天——十月十六日——日本最重要的英文報紙《日本時報》發表了不久前東京廣播電台播放的一首愛國歌曲。歌詞是：

警報，警報，空襲，空襲！
空襲何所懼？
準備做得好，
臨防不可摧，
堅定來護國。

敵機似蚊蟲。
我們將勝出，我們必勝利。
空襲何所懼？
我們永無敵。
敵機來無回。

次日清晨，當尤金・杜曼還在著裝時，電話鈴響起。是近衛的秘書牛場打來的，問是否能夠立刻過來。杜曼正在吃早餐時，牛場到了，顯得「緊張而激動」。牛場說，他為了協助近衛安排新首相而徹夜未眠。他帶來近衛給格魯大使的信，信中對於辭職一事表示「遺憾和失望」。在聽完近衛完整解釋為何挑選東條繼任首相的原因後，牛場草擬了這封信。只有東條才能取消戰爭的決定──「若是讓海軍去取消，那將會是過於挑釁。」

……然而，我很確定即將繼任的內閣，會盡全力持續我們一直進行至今的會談，並成功達成結論。因此，不論是對內閣更迭還是新內閣的外表或對它的印象，我衷心地企盼您和您的政府都不會感到失望或氣餒。我向您保證，對於在我任內欲竭力完成卻未竟之崇高使命，我將盡力協助新內閣來完成……

下午一點過後不久，重臣們──七位前首相──在皇居西廳開會，協助挑選新首相。木戶也在場，他決心推薦東條；由於近衛即將卸任，因此並未出席。

有人建議選一個有皇族血統的親王。木戶反對。如果爆發戰爭，「皇室可能面臨人民責難的風暴」。他建議東條，因為他「完全熟知時局的發展」，同時能夠「實現陸海軍之間真正的合作」。東條還了解必須重新審議九月六日的決定。

一位海軍將領，即岡田上將——就是那位奇蹟般躲過「二二六事件」暗殺的岡田首相——不同意像東條那樣的人出任首相。東條所代表的陸軍高層，難道不曾表明是頑固與不妥協的嗎？「容我引用宮內大臣說過的話：『陸軍過去慣於朝我們背後開槍，我希望他們不要開始使用大砲就好。』」

宮內大臣也表示同意，這的確是件讓人擔憂的事；但除了東條外，還有誰有這樣的地位、資望和力量去控制年輕軍官和右翼分子呢？海軍有這樣的人選嗎？

岡田說：「我認為，在此時海軍絕不能介入。」他推薦了自己一位自由派的朋友宇垣將軍，因為他早在二〇年代就贊成裁減軍隊。

一直到三點半，大家都還在反對東條出任。然後，以樞密院議長身分出席的原嘉道表示，如果東條能遵守天皇的旨意——也就是重新考慮九月六日決議，就讓他出任。廣田弘毅——在「二二六事件」後，屈服於陸軍壓力的文人首相——問道，東條是否仍能保有陸相的職務。

木戶回答：「是的。」

「如果是那樣，那就可以了。」如此，東條就能控制陸軍中的激進派。

其他重臣一一表示同意，但原嘉道的評論倒是足以表達大家的想法：「宮內大臣提出的人選並不令人滿意，但既然這是唯一的選擇。我們除了讓他試試看外，也別無他法了。」

木戶終於遂其所願。

——

東條正在打包物品準備離開。他擔心因為自己在近衛倒閣過程中的角色，而遭到天皇斥責，擔心不知會被調往何處。大約三點半，侍衛長打電話要他立刻進宮面見。東條急急忙忙將一些能夠支持他立場的文件塞進公事包。

他原以為進宮會遭受斥罵，但不知為何，天皇的一番話卻讓他受寵若驚。天皇說：「我們命令你組閣。要恪遵憲法。我們認為，國家正面臨極為嚴重的局勢。要牢記，陸軍和海軍在此時更應緊密合作。我們稍後還將召見海相，告訴他同樣的話。」

東條要求給他時間考慮，然後步入候見室。幾分鐘後，海相及川在聽完天皇訓示要和陸軍「緊密合作」後，也走了進來。木戶走向他們說：「我想，天皇已經跟你們談過陸海軍合作一事。」木戶向他們闡述了天皇無法明說只能暗示的話，「關於『國體』的決策，天皇希望你們對國內外情況做全面研究，而不用顧及九月六日的決議。我將這項天皇的旨意傳達給你們。」

在日本史上，這是毫無前例可循的。從沒有任何天皇曾撤銷御前會議的決議。東條受命得「回到白紙之上」，也就是說，要盡棄前嫌重新和美國談判。

東條並不完全理解到底發生了什麼事。他設法告訴木戶，他接受天皇賜給他的任務。在奉祀為日本奮戰而捐軀者的神位的靖國神社，他低頭祈禱。在這次大規模的祭儀中，約有近千名捐軀戰士英靈入祀。東條了解到，他正面臨全新的生活。從此之後，他必須以一個文官而非軍人的方式思考問題。這是個迥然不同的轉變，迫使他去檢視眼下的問題：他必須立即完全依照功績和經驗來組閣，而此內閣要包含日本生活的各個層面。他的內閣不應該是個軍事內閣，而是一個全國性內閣。最重要的是，他應該謹慎遵循天皇的旨意。他發誓依據新格言來過生活：「以吾皇為吾行動之借鏡」。他會採行每一個天皇的決定。如果天皇的鏡子是清明的，他將勇往直前；假使鏡子有些許陰影，他就會三思而行。還有什麼更好的標準呢？天皇生而公正，不屬於任何階級，他只反映人民的利益。

東條回到陸軍省時，發現部內的氣氛已在沸騰。兩名激動的將領在大廳把他攔下，紛紛向他提出他們的內閣名單。東條轉身離開，嘴裡嘟囔著說，陸軍「干涉太多」。他走進辦公室後，要召見一位從滿洲時期和他就很親密的文官同僚星野直樹。找來找去，最後終於在歌舞伎座找到了他。當星野抵達陸軍部時，東條正坐在成堆文件環繞的地板上。東條說：「我要請你當我的內閣官房長官。」

他們開始一起挑選新內閣成員。東條說：「不要從陸軍中挑人選。」但卻建議陸軍偏愛的石黑秀彥來出任文部大臣。星野認為，這會造成麻煩，遭受反對；何不保留現任大臣，何況他還是名教授？東條邊說：「好主意。」邊將石黑的名字從名單中劃掉。「你認為誰當藏相比較好？青木還是賀屋？」

星野說：「他們兩人都是有風骨、有經驗的人。」但既然前者還在南京，而後者就在東京，東條就在賀屋興宣的名字上做了個記號。「東鄉當外相，你認為如何？」

星野說，他很了解東鄉，當初向俄羅斯購買中東鐵路時，他們曾一起共事過。「他堅忍不拔。我認為他是個好人選。」東條又畫上一個記號。

於是，星野開始打電話給這些中選者，要他們盡快做出決定。有七人當下就接受，而有四人，包括東鄉和賀屋，仍有疑惑，堅持要先與東條談過後再做決定。賀屋立刻趕了過來，並說：「對於美日開戰有許多謠言，我聽說陸軍是倡議開戰的。你是主戰，還是主和？」

「如果有可能，我打算和平解決。我一點都不想開戰。」

賀屋反駁，並用滿洲和中國事件提醒東條說：「你說你不想開戰，那很好。但最高統帥部是獨立的。」

東條說：「我不允許陸軍違反內閣的意願發動戰爭。」

東條的真誠感動了賀屋，但在接受出任前，他決定打電話給近衛，儘管時近深夜。公爵勸他接受，並要他為和平而努力。

東鄉茂德在賀屋到後不久也來了。東鄉出身武士家族，但和那位著名的海軍上將並非親族。他體格魁偉，是個深思熟慮的人，說話時刻意使用讓東京人聽不順耳的九州口音。格魯認為此人冷漠又「超級沉默寡言」。他是一名經歷豐富的職業外交官，了解歐洲事務，還因為娶了一名德國女子而震驚整個家族。然而，他和大多數的外交官不同，說話直言不諱，以至於有些人覺得粗魯。他要求保證能讓他以誠信進行談判。為何近衛和美國的談判會失敗呢？

東條很坦白。近衛之所以被免職，是因為陸軍堅持在中國駐軍。關於中國駐軍和其他問題，陸軍將必須同意「做出真正的讓步」，如此方能使問題「在合理基礎上」得到解決。東條補充說，他並不反對重新審議任何問題，但堅持要東鄉立即回覆是否接任，以便在清晨將閣員名單呈給天皇。

東鄉接受了。

隔天，五十七歲的東條晉升至能與新職位相稱的陸軍上將。內閣宣誓就職後，他搭上火車前往在所有神社中最神聖的伊勢神宮，並依照慣例向天照大神朝拜。

對於選擇東條擔任首相一事，受到人們公開而熱情的歡迎。《讀賣新聞》宣稱，這個選擇將激勵日本「趁勢而起並讓反軸心國的諸強權大為震撼」。少數如東久邇宮這樣的人士，卻私下表示感到擔憂。親王疑惑的是，既然東條「一心求戰」，木戶為什麼會推薦他？而天皇又怎麼會接受他呢？

美國輿論也存在分歧。《紐約時報》駐東京特派員奧圖・托里舒斯（Otto Tolischus）在和使館參贊杜曼討論後，寫道：「現在就假定新政府必將被那些曾發表好戰言論而促使近衛下台的極端分子所控制，還為時過早。東條本人就是防止這種情況的保證……在某些方面，這一更替甚至會促進談判……美國現在知道，它正在與陸軍直接打交道。」

但是，在談判中意見最具份量的人——赫爾，卻認為新首相的特色是「一名典型的日本軍官，思想狹隘、過於拘謹、直率、不易變通」且「相當愚蠢」。他想從近衛那得到的好處不多，而從東條那裡將只會得到「更少」。

第五章
致命的通知

一

雖然俄羅斯人還不知道七月二日御前會議的結果，但一名充當俄國特務的尾崎秀實正好聽聞了一則傳聞，說日本決定南進，而非攻擊西伯利亞。為了證實這一傳聞，尾崎的上級理查·佐爾格把他派到了滿洲。他在那裡發現，原先那道關東軍讓三千名鐵道工人協助攻擊紅軍的密令，已讓人無法理解地銷聲匿跡。十月四日，佐爾格將此訊息連同最新的外交進展一起電告莫斯科：

根據從日本各官方管道所取得的訊息，如果在本月十五或十六日，仍未接到美國就日本要求談判一事做出的令人滿意的答覆，日本政府將總辭或進行大幅改組……在本月或下個月就會和美國開戰。日本當局的唯一希望是格魯大使能最後提出某種能開啟會談的提議。關於蘇聯，日本最高層人士一致同意，如果德國戰勝，日本將能在遠東地區獲利。因此，日本無須和蘇聯開戰。他們覺得，如果德國無法摧毀蘇維埃政府，並迫使其撤離莫斯科，日本應該等到明年春天。無論如何，美國問題和南進問題都遠比北方問題重要。

這份極其精準的情報，對紅軍將其駐防滿洲大部分的軍隊調往西線一事發揮了影響力，但這也是佐爾格發出的最後一份情報。一週後，他的情報網中的一名成員——三十八歲正患著肺疾的藝術家宮城與德——被捕。他之被捕純屬偶然：「特工」（思想警察）在一場反共運動中逮捕了一名女子，而她供出他們在美國時就已認識，都加入了共產黨。宮城之所以加入共產黨，是因為厭恨美國推行「旨在反對亞洲人種的非人道歧視」。他掌握了日本在滿洲的儲油狀況以及其他高度機密的資料，但他整天都閉口不說話。在午餐休息時間，宮城以日本人少有的自殺方式，突然從三樓窗口往下跳。一名警探本能地跟著跳下去。兩人都卡在樹上，宮城摔斷了一條腿。之後，他便全盤招出佐爾格的情報網。

結果，三天後尾崎被逮捕。他和宮城兩人原本預定當晚要和佐爾格會面。當他們未能現身時，佐爾格懷疑他們已經被捕了。他憂鬱地一杯杯乾著清酒，更加確定他在日本的任務已然告終。不久前，他曾給莫斯科擬了份報告，要求派往俄羅斯或德國開展「新的活動」。

的確，佐爾格目前還是安全的。有人提醒內務大臣此事，一旦把事態宣揚出去，必然會暴露尾崎是近衛的「密友」（其實兩人關係並不緊密；尾崎僅僅是因為透過他同學牛場的介紹，而參加了公爵著名的政策研討會「朝食會」，因此認識近衛）。從而導致政府垮台。但既然近衛已經辭職，就無須再做此考量。於是下令逮捕佐爾格。

次日黎明前——東條就在這天正式就任首相——佐爾格還睡在床上就被逮捕了，他穿著睡衣和拖鞋，被帶到鳥居坂警局。奧特大使向外相提出了抗議，並要求會見佐爾格。兩人見面時，佐爾格似乎有點尷尬。他們閒聊了幾句瑣事，接著奧特問佐爾格是否有什麼心事？稍停片刻，他說：「大使先生，我們要永別了。請代我向尊夫人和孩子們問好。」

奧特最終醒悟到，他的朋友背叛了他。他們相對無言。在佐爾格被帶走後，驚魂未定的奧特便對負責的官員說：「為了我們兩國的邦誼，請詳加調查此案，查個水落石出。」

在十月二十三日的聯繫會議上，海軍參謀長永野陰鬱地說：「我們原定要在十月做出決定，但是，現在還是這個狀況。」海軍每小時要消耗四百噸石油。「局勢是很緊急。不論是哪條路，我們必須立刻做出決定。」

陸軍表示同意。杉山說：「已經晚了一個月，不能再浪費四、五天去研究了。我們要迅速做出決定。」

東條首相的回答就像是出自近衛之口一樣：「我能了解為何最高統帥部如此急迫催促，但政府還是希望能夠小心與負責地研究這個問題。因為海相、藏相和外相都才剛上任，不論我們是要接受九月六日的決議，還是從另一個觀點看待此問題，都應該下定決心。最高統帥部是否反對？」

杉山和永野都異口同聲表示，不反對。

東條以權威的方式面對了第一次正式考驗。木戶的直覺是對的，東條證明了他能夠應付忿忿不平的軍方。

接下來十天的聯繫會議，全都是在討論華盛頓談判和開戰後成功機率的問題。與會者都同意維持《三國公約》的立場，實踐近衛對赫爾四項原則所做的承諾。唯一的歧異點就落在中國撤軍問題上。曾對近衛採取堅不退讓態度的東條這時建議，「作為一個外交姿態」，他們應該提出在二十五年內從中國全數撤軍。現在倒是杉山在堅持東條之前的立場。他一再堅決反對做出任何讓步。外相東鄉說：「最好立刻撤軍。」又說「所有一切都會好轉」，如果能幾乎原封不動地接受美國的提議。首相覺得，外相的強力支援超過了他的原先預期。

這些建議分歧極大——事實上，有幾個人還認為東條已經瘋了——於是，有人建議休會到隔天。東鄉表示贊同，因為他希望有個能「釐清心緒」的機會。

東條卻堅持繼續開會。時間每分每秒過去，即使通宵達旦開會，他們也必須做出決定。東條督促大家考慮三條路徑：首先，即使是要承受巨大艱困，或是用木戶的話就是「臥薪嘗膽」，也要避免戰爭；再者，立刻決定開戰；最後，是繼續談判的同時，做好開戰的準備。他還補充說，他個人是希望透過外交談判帶來和平。

東條態度的轉變讓杉山和塚田感到迷惑和沮喪。他們在離開這場冗長的會議後，覺得東條比較像個文官，而不是將軍。東條回到辦公室，和其心腹幕僚，此時已升任少將的佐藤賢了討論這三項選擇。佐藤說，立刻宣戰是瘋狂的舉措。木戶的「臥薪嘗膽」方案，既不能解決中國問題，也不能解決日美之間的基本歧見。儘管如此，要是海軍正式承認缺乏信心，就必須選擇這個途徑。「如果獲勝真的還有一絲前景，我當然支持開戰。但如果勝利無望，開戰就是荒謬的事了。」

佐藤無需再說，東條就同意了。東條要佐藤私下說服杉山參謀長，不要在明天早上的關鍵性聯繫會議上堅持立即開戰。但杉山卻語帶諷刺地回覆：「告訴『陸相』，唯一可能的答覆就是戰爭。」

會議設定在九點開始，但東條要杉山提早去見他。東條希望他親自出面與杉山交鋒能帶來妥協。

七點三十分，杉山和他那位直言不諱的副手塚田抵達了首相官邸。

東條開口說：「陛下強烈反對放棄外交活動和在南面開戰。」他質疑杉山的觀點是否能改變天皇的心意。「如果你有信心，請你自己進宮覲見。我不反對。」

杉山回答，參謀本部認為和美國談判已步入死胡同，只要美國仍冥頑不靈，那麼就既沒機會也無必要繼續談判下去，唯一的解決方案是——戰爭！然後，他嚴厲斥責東條，身為一名軍人，卻站在文官那邊。東條沒有作答；他首先是首相，其次才是陸相。

這場聯繫會議——從一九三七年迄今的第六十六次會議——於十一月一日在皇居內的御前會議室舉行，會場氣氛令人憂慮。在此決定國家命運的關頭，首相再度和擁有多數票的陸軍意見相左。東條說，他想對這三項方案進行討論。大家對第一個「臥薪嘗膽」的選項有何意見？

支持東條的文官之一藏相賀屋在回應時提出了兩個問題：「萬一像現在這樣下去，不開戰，而美國艦隊在三年後攻擊我們，怎麼辦？那時，海軍是否有獲勝的希望？」

永野上將答道：「誰知道呢？」

賀屋追問：「那麼，美國艦隊是否『將會』來攻擊我們呢？」

永野說：「我想機率是一半一半。」

賀屋堅持問，如果艦隊來襲，海軍能否取勝？

永野仍拒絕承擔責任。「我們要不就現在避戰，三年後再開戰；要不就立刻開戰，再做繼續打三年的計畫。」他還說，日本還是趁現在掌握優勢時開戰會更好。

賀屋提醒他說，永野本人也承認，如果戰爭持續三年，就沒把握能否取勝。「而且，我堅信美國攻擊我方的機率極低。所以，我認為，目前開戰實非上策。」

另一名文官，即外相東鄉支持他的論述。

永野說：「請記住一句老生常談『別指望還沒發生的事』，未來還是個問號，什麼事都可能會發生。」三年內美國在東南亞的勢力將會更強大。

賀屋刺激他說：「好吧，那我們何時參戰，又何時獲勝？」

永野加重語氣答道：「立刻，開戰良機日後將不再來！」

杉山說，應該在十二月初開戰，不過仍然要繼續和美國談判，以便給日本帶來軍事上的優勢。對賀屋而言，這些論點極為荒謬。「我們正處在我國兩千六百年歷史的轉捩點。我國的命運此刻正懸而未決，而要我們依靠外交詭計，這是可恥的！」

東鄉強硬說道：「我們不能這麼做！」

海軍參謀長根本不理會他的怒氣，他說：「我代表海軍發言，你能夠繼續談判到十一月二十日（東京時間）。」

陸軍可不願等這麼久——他們的最後期限是十一月十三日。

東鄉憤慨地說：「除非有成功的機會，否則我無法以外相的身分談判。我就是無法接受那些會阻隔成功希望的期限或條件。顯而易見，你們都應該放棄開戰的念頭。」

東條首相仍保持沉靜，不時表態贊同東鄉和賀屋，不時又支持軍方。陸軍逐漸把攻擊火力集中在東鄉身上，甚至連休息時間都不放過他。他們對東鄉說：「如果外相反對戰爭，我們只能把他換掉。」在會議桌上用過午餐後，東鄉繼續斥責陸軍說：「十一月十三日這期限太粗暴了，海軍的期限是十一月二十日啊！」

塚田說：「最晚只能到十一月十三日！」再延宕下去，就會在作戰部隊內造成混亂。

一名海軍上將反對這樣死板的看法。海相嶋田繁太郎不解為何談判不能持續到十一月二十九日。

塚田將軍大喊：「請諸君安靜！你的建議是違反議事規則的。」他轉向東鄉問：「你希望哪天是最後期限？」

會議頓時失控了，東條宣布休會。在二十分鐘的休息時間中，陸軍商議並決定談判「應該」繼續，如有必要，可以延到十一月三十日。

重新開會後，東條首相試圖取得陸軍的進一步退讓，他說：「可以把最後期限延到十二月一日嗎？」從心理層面，這會給予外交官們更多時間。「你們不能讓談判多進行一天嗎？」

塚田說：「絕對不行，我們絕不同意超過十一月三十日。」

島田上將問：「塚田先生，是直到十一月三十日的何時為止？午夜嗎？」事實上，這就將最後期限定在東條所期望的時間點上──十二月一日。

塚田讓步說：「好吧，就到午夜為止。」

最後期限初步訂定後，說服美國人達成協議的重擔就落在外相東鄉的肩上。他說他已草擬了兩份要送交美方的提案。「提案壹」：措辭比前一提議婉轉些，內稱：陸軍同意在一九六六年前從中國全面撤軍，包括原本留下防衛共產主義的部隊。「提案貳」：為赫爾國務卿拒絕「提案壹」的備案。這是一份用來作為最後一步棋的「暫定協議」（modus vivendi），目地是要和緩赫爾對日本南進印度支那的疑慮，並向他保證，日本將放棄武力征服東南亞的計畫。

在「提案貳」中，日本承諾不再進行南侵行動，一旦中國恢復和平，或在太平洋地區確立普遍和平，所有的日軍部隊都將從印度支那撤出。與此同時，日本會立刻將駐印度支那南部的軍隊移防到北半部，而美方則以售給日本一百萬噸航空汽油作為回饋。

杉山表示，「提案貳」是不能接受的，他說：「在法屬印度支那的部隊就能控制中國，也能讓我們從南方取得一半的原物料來源。此外，這加強了我們對美國的戰略地位，以及解決中國事件的地位。和美國達成協議並不意味著他們會提供原物料給我們。陸軍反對『提案貳』。」面對如此頑固的反對，迫使東鄉不得不攤牌說，在這麼短的談判時間內，要華盛頓接受「提案壹」，他認為希望不大。拯救和平的唯一希望就是把談判議題限縮在南進問題上。「如果你們要我去做無法做到的事，那就是在難為我了。」

少數幾人——包括星野官房長官和賀屋藏相——覺得東鄉是對的，但陸軍卻堅決不改變。塚田一邊喊，一邊重複杉山的論點：「絕對不能從印度支那南部撤軍！而且，撤軍也會將我們從南方來的所有的原物料補給線置於美國人的控制之下，他們隨時都能把補給線切斷。」這不過是將危機再延後六個月，而屆時——因氣候關係——日本靠武力取勝的機會就會消失。「因此，『提案貳』是行不通的。只能提出『提案壹』。」

在之後幾個小時內，陸軍不僅拒絕同意從印度支那撤軍的建議，更堅持要求赫爾，解除對日本資產的凍結，停止破壞和平解決中國事件。[1]這個提議是十分荒謬的，東鄉不認為他能在這樣的條件下談判。他絕望地大喊道：「我們無法繼續進行外交——但我們也不該開戰！」

塚田也回吼道：「那就是為何我們要按照『提案壹』去做的原因！」

永野說：「是的，我們應該按『提案壹』去和他們談判。」雖然面對陸海軍的一致反對，東鄉依然拒絕在印度支那問題上退讓。沒有彈藥，他怎麼能去談判呢？會議上吵得不可開交，一位秘書——武藤將軍——提議休會十分鐘，隨即協助東條將其他三名陸軍將領帶到候見室進行勸說。武藤問道：「如果因為陸軍抗拒外相的提案而使談判破裂，陸軍擔得起責任嗎？」東條提醒他們，天皇已經下旨要「回到白紙之上」，而他們應該服從天皇的旨意。杉山最後勉強同意了，但只有在『提案壹』失敗的情況下。他還是感到擔憂，要如何才能讓陸軍中的激進分子，在獲知日本做出了這樣羞辱性的讓步後，不致發生叛變。

東條說：「這事我能處理。」辯論不能永無止境地持續下去，此時已過了午夜。其餘的人都在御花園中，從滿室煙味和激烈爭論中離開，好讓腦袋清醒。永野上將拍著東鄉的肩膀問：「外相不能擔起重任，透過外交手腕解決所有的問題嗎？就海軍而言，你可以按自己的想法行事。」

東鄉嚇了一跳，幾分鐘前，這個人還是個政敵。在如此意外的支持鼓舞下，東鄉帶著無比的決心回到會議室。然而，一旦重啟爭論，永野又在那鼓吹開戰。原來這是海軍私下主和公開主戰的把戲——為了保留面子和分到一份軍費。永野說：「當然，我們可能會輸，但如果我們不打，就得向美國人低頭。如果我們打了，那還有贏的機會。不打，不就和被打敗一樣結局嗎？」

永野的話激怒了塚田。他認為這些話既謹慎又模糊不清。永野看似主戰，那為何他不像杉山一樣放膽說出來呢？塚田急忙說：「我們大家都懷疑沒有辦法達成和平。但沒人願意說『別擔心，即使戰爭是條漫漫長路，我也將擔起所有的責任。』然而，我們卻不能維持現狀，因此只有一個結論：必須開戰。我塚田相信，戰爭無法避免。就是此時了。如果現在不開戰，明年或後年也得開戰。眾神之土的日本精神將照耀我們的事業。」日本向南進軍或許有助於德國與義大利擊敗俄羅斯，並迫使中國投降。佔領東南亞將會對美國的資源形成重擊。「我們將建起一座銅牆鐵壁，在牆內，我們會將亞洲的敵人一一擊潰，同時，也能擊潰美國和英國！」

塚田對戰爭急迫的呼籲被不可能出面制止的對象給制止——他的上司。杉山「極為勉強地」同意了東鄉關於從印度支那撤軍的提案。除了那些曾經聽過杉山私下表示會讓步的陸軍袍澤外，這突然的轉變對於所有的人來說簡直就是電擊一般震撼。這是個相當大的妥協，大到每個人都清楚這可能會在陸軍各級中引起巨大憤怒。

陸軍希望文官以終止對立作為回饋，並要求立刻通過關於最後期限的提議。但藏相賀屋拒絕倉促做出決定。他說：「對於牽涉日本命運的問題，我無法同意如此迅速就做出決定。」他提議再延遲一天「睡一晚好好想想」。於是，精疲力竭的與會者於凌晨兩點步入了花園。

當賀屋穿越寂靜的城市回家時，獨自在盤算著。如果他堅持反戰，這會迫使東條解散整個內閣，而新內閣必然會向軍國主義分子屈服嗎？另一方面，在華盛頓的談判，還是有可能會成功。因此，同意這個方案不是比較明智的嗎？此外，戰爭一旦爆發，還有誰更有能力擔任藏相以阻止通貨膨脹嗎？他的結論是合乎邏輯的，但與美國開戰依然是無法想像的事，所以，他還無法下決心打電話給東條，表示贊同。

東鄉在獨自返家的路上，也不斷在盤算這件事。在爭取「提案貳」上，他已經勝出，但並不肯定這是否足以讓美方滿意。如果他辭職，或許會使陸軍做出更大讓步？睡了幾小時後，他去拜訪了他的老友廣田弘毅，徵詢他的意見。這名前首相認為，他應該繼續留任，並「為談判成功努力」。新任外相很可能支持主戰派。這些話是很有道理的。

東鄉下一站是拜訪東條。首相前天的態度是如此明於事理，這鼓舞了東鄉來找首相，請求他去「說服有關人士做出更大讓步」，如果赫爾對「提案壹」或「提案貳」其中之一的反應是良好的話。

東條果然沒有讓他失望。如果美國人也做出部分讓步，東條非常願意做出進一步妥協，並會馬上告訴其他閣僚。「我正在祈求神明，能讓我們與美國達成協議。」他認為，「提案貳」是有一半的機率會被接受的。現在只剩賀屋還在反對。東條整個上午都在透過電話向藏相施壓，迫使他做出決定。由於東條持續不斷的施壓削弱了他的意志，而他又無法忽略自己論述的邏輯性，於是賀屋驅車前往首相官邸。下午兩點左右，他通知東條將軍，他是在極不情願下才勉強同意多數人的意見。

大家的意見終於達成一致。現在輪到外相東鄉去執行那幾乎是渺茫無望的任務，得在最後期限前謀取和平。他認為，在華盛頓取得成功的唯一機會，就是派人去協助曾犯下數次外交大錯的野村大使。數月前，野村本人曾提出，要求幹練的來栖三郎前來協助。來栖極有才幹，就是他代表日本簽署了《三國公約》，而且他和美國也有密切聯繫。他的妻子艾莉絲．潔依（Alice Jay）是出生於紐約市華盛頓廣場的美國人，雙親都是英國人。

來栖有點猶豫，但最後還是接受了任務。眼下的難題是如何盡快又極其保密地讓他抵達華盛頓。如果那些好戰的參謀軍官或極端民族主義者得知他的任務之旅，他很可能遭到暗殺。四十八小時內，一架泛美航空「飛剪號」（Clipper）的班機預計從香港起飛，但光是安排來栖搭上海軍飛機前往香港就得花上幾天時間。格魯大使解決了這個難題。他打了通電話給華盛頓遠東事務局（Far Eastern Affairs

Division）局長馬克斯威爾．漢米爾頓（Maxwell Hamilton），說服泛美航空將此航班延後兩天起飛。

十一月四日下午，來栖向東條辭行。東條說：「美國人民是反戰的，美國的橡膠和錫的來源正在縮減。」並表示，他認為來栖的成功機會只有百分之三十。在兩天內，他的懷疑程度又增加了百分之二十，「請盡力設法達成協議」。

那天深夜，來栖躡手躡腳地走進寢室，坐在妻子床邊。她問：「你要去哪？」他告訴她：「可能是美國。」她拿了條毯子給他蓋上，並端上一杯咖啡。既然他「非常可能」遭到暗殺，她建議從東京前往橫須賀途中，由他們二十二歲在陸軍擔任航空工程師的兒子陪同。這樣，記者會認為，來栖只是為兒子出差送行。來栖同意了，離別時，他對妻子說：「我或許永遠不會回來了。」

隔天早上十點三十分，十三個人莊嚴地步入御前會議專用的會議室。當第十四人也就是天皇出現時，按照慣例進行了開會儀式。當東條講話時，會議室內瀰漫著一片焦慮感。東條解釋，必須重新考慮九月六日的決議。「因此，我們得出的結論是，我們必須做好戰爭的準備，軍事行動的時間初步定在十二月一日（這比實際日期十一月三十日子夜好聽），與此同時，我們會盡可能透過外交方式解決問題。」

外相東鄉在評論外交前景時表示：「外交操作的空間有限」，而成功的機會是「令人深感遺憾的渺茫」。

鈴木將軍重申了日本資源的危急情況。「簡而言之，我們仍在與中國交戰的同時，還將和英國、美國與荷蘭進行一場長期且艱辛的戰爭。」然而，在最初幾個月內取勝的機會還是光明的，因此他認為，戰爭就是解決問題的答案。這總比「坐等敵人向我們施壓」要來得好。

既然日本的命運為何，全靠戰爭初期能否取得決定性勝利，所以永野上將要求大家對戰爭計畫要保密。杉山則建議大家考慮選擇好時機的重要性。他說：「就作戰而言，如果延後開戰的時間點，那麼隨著時間的推移，日美之間的軍備對比將會逐漸對我方不利。」他對戰爭初期取勝這點是全然有信心的。「儘管如此，我們仍必須面對這可能是一場長期戰爭的事實」。即使如此，他認為日本能「建立自己堅不可摧的戰略區」，並擊敗敵手。

儘管這些言談勇氣十足，絕望的氣氛仍飄懸在會議室內。杉山本人還呼籲要「加強」外交。東條在回應樞密院議長原對談判所提的問題時說，美國在回覆時用的是「華麗的辭藻」。「美國在任何一點上都沒有讓步；只對日本提出強硬要求。」他表示，最關鍵的爭論點是中國駐軍問題。當他提起這場令人挫敗的戰爭時，他變得激動起來。「我們派出了百萬將士，付出的代價是，死傷人數超過十萬，家庭痛失親人，歷時四年的艱苦，還耗費了數百億日圓。」如果將軍隊撤出，中國將趁勢反抗日本。「中國還將試圖接管滿洲、朝鮮和台灣。」

原詢問美國對「提案壹」和「提案貳」會有何反應。東鄉答道，「『提案壹』不會帶來迅速的成效，「恐怕連『提案貳』都無法解決問題」。談判只剩下兩週時間。「因此，我認為成功的機率很小。身為外相，我將盡力而為，但是，我得很遺憾地說，談判成功的希望渺茫……大概只有百分之十的機會。」

東條說：「百分之四十！」經過一晚，他的樂觀度又增加了百分之十。

原害怕戰爭已不可避免，並警告這次戰爭中的種族意涵。美國、英國和德國人都是白種人。「所以我害怕，如果日本攻擊美國，美國可能會和德國談妥條件，使日本陷於孤立。由於對黃種人的仇恨，很可能會把對德國的仇恨移轉到日本，結果或許會讓英德之戰轉向對抗我們。我們必須正視這種可能性。」

東條也敲了一下警鐘——指出和美國這樣的敵手長期作戰的危險性。「當我想到美國在西南太平洋逐步增加的軍力，想到懸而未決的中國事件和其他種種問題時，我就覺得困境永無止境。我們都可以在國內高談『臥薪嘗膽』，但人民能夠忍受多久呢？」他的回答隱含肯定的答覆：儘管幾分鐘前，他還對和平表示樂觀，他也同意開戰。「如果我們就這樣坐等事態發展，我怕用不了兩、三年，日本就會成為一個三等國家。」既然英國和美國會威脅到日本的生存，他們確實有理由開戰。「還有，如果我們公正地治理佔領區，人們對我們的敵意或許會軟化。美國最初一定是憤恨難平，但之後就會理解（我們發動戰爭的理由）。總之，我會謹慎行事，避免釀成一場種族之戰。你們還有什麼話說？如果沒有，我就按照提案的原樣通過。」沒有人發言。這次會議和上次會議，天皇一直靜默不語。

二

格魯了解日本領袖們有多麼沮喪和這樣的沮喪可能導致的結果。在具有歷史意義的十一月五日的御前會議前幾天，他曾在日記上寫道：「明顯的，日本正在制定一項作戰計畫，如果和平計畫失敗的話，便會加以施行。如果訴諸於前者，很可能採取劇烈且危險的手段。」在此心境下，他發給赫爾一封不祥的電報，再度建議要以和平為尚：

……如果這些努力都失敗，本大使（格魯）預料日本將轉回到先前的立場，甚至是更早之前的立場。這將會導致本大使所描述為毫無保留、孤注一擲的嘗試，實際上是冒著全民族切腹自殺的風險，使日本不受國外禁運影響，而不願屈服於外國壓力。理解日本民族特性和日常心理狀態的觀察家們明白，這樣的突發事件無疑不僅可能發生，而且是很可能發生的……

這不是倡議姑息，也不是和原則上的妥協。

……本大使的目的僅在於，使美國不要因誤解日本對美國發動自殺性攻擊的能力，從而捲入對日戰爭。民族理智決定了不該採取這種行動，但我不能依據美國理智的邏輯來度量日本的理智……日本的行動，可能使美日之間的武裝衝突成為無法避免，還會伴隨劇烈且危險的突發意外。

他祈求華盛頓能理解這點。一名日本朋友曾經告訴他：「你們盎格魯－薩克遜人的麻煩，就是你們把日本當作成人，並按成人對待。但日本人實際上還是個孩童，應該像對孩童那樣對待。」不過，格魯的訊息一如往常般被國務院所忽略。史坦利．霍恩貝克認為大使是個值得尊敬的舊式人物，但容易受騙。他受到杜曼的影響過深，而杜曼在東方生活的時間過長，以至無法客觀對待日本人。格魯對日本的同情心使他每封從東京發出的電報都帶有親日色彩。

「魔術」截收的電報使霍恩貝克相信日本的確在玩兩面手法。你怎麼能相信一個一面與你和談，一面準備戰爭的國家？此外，他也確信日本不過是在虛張聲勢，並不敢真的和美國開戰。因此他建議赫爾忽略格魯的最新警告。

諷刺的是，正是兩名軍事將領——馬歇爾將軍和史塔克將軍——聯合籲請羅斯福不要採取任何加速危機的行動。畢竟，擊敗德國才是主要的戰略目標。他們告訴總統：「即使擊敗了日本，而未能擊敗德國，還是無法決定勝負。」並警告總統說，與日本交戰會削弱盟軍對抗「最危險的敵人」——德國——的戰力。他們要求，在強化新加坡和菲律賓軍力前的三到四個月內，不要對日本發出最後通牒。

羅斯福開始著手找尋一種如他告訴史汀生那樣的「能給予我們更多時間」的方式，但就在他找尋這種方式時，他卻收到了危機已無法避免的情資。這情資是從外相東鄉發給野村大使的一封電報中截獲的，而在這封長電報中除了「提案壹」和「提案貳」外，還有秘密指示。這封電報被破譯後，立刻被送交給赫爾。指示的頭一句話就讓人產生日本人已經放棄談判的印象：

好吧，日美國關係已到了邊緣，而我國人民對調整這些關係的可能性正在失去信心。

這種悲觀語調在原件中是沒有的，東鄉寫的是：

正日以繼夜地竭盡心力，以調整處於破裂邊緣的日美關係。

第二段譯文更容易讓人誤解：[2]

帝國內外情況如此緊張，不可能再耽擱下去。但為了表達對維持日本帝國和美利堅合眾國之間和平關係的誠意，我方經過慎重考慮，決定再次冒險繼續談判，但是，這是我方最後所做的努力……

原文的語調是負責任的：

國內外局勢極度吃緊，我方經不起任何延宕。由於要和美國維繫和平的關係，經過慎重考慮，帝國政府繼續和美國談判。目前的談判是我方最後所做的努力……

譯文然後才表示，除非這些提議能夠成功，否則兩國間的關係將破裂。

……事實上，我們是以我國的命運做孤注一擲的賭博。

東鄉的實際措詞是：

……而此為帝國安全之所依。

赫爾讀到的是：

……此次，我們正向他們表明我們友誼的限度：這是我們正在進行的最後一次談判。我希望我們能按此和平地與美國解決所有的問題，

而東鄉是這樣寫的：

為了和平解決問題，現在我方本著完全友好的精神，做出最大的讓步。我們真誠希望，在步入談判的最後階段之際，美國能重新考慮此問題，並以適當的態度處理此危機，以維護日美之間的關係。

赫爾讀到的部分	東鄉所寫的部分
此提議為修正後的最後通牒	此提議是提出我方實際所能做出的最後讓步
（註）：如果美國當局問起有關「中國駐軍」的「適當期限」問題，可含糊地回答，期限為二十五年。	（註）：萬一美國問起必須持續多長時間，可大致回答，目標約莫是二十五年。
……鑒於美國如此反對我方在未明確區域駐軍這一事實，我方的目的是移轉佔領區域並調換官員，以消除他們的懷疑……	鑒於美國強力反對無限期駐軍，建議透過明確訂定駐軍區域和時限，消除他們的懷疑……
……迄今為止，我們都含糊其辭地進行答覆。我要你盡可能以不明確且奉承的言語婉轉告訴他們，大意是，無限期佔領並不意味著永久佔領……	……此刻，命令你遵守「必要期限」這一抽象用詞，而盡力讓美國認為駐軍既非永久也非有任何明確期限的。
（四）作為原則問題，我方急於避免將這點寫進日美雙方達成協議的正式提案（草稿）內……	關於（赫爾的）四項原則，要盡全力避免將這些條款包含在日美正式協議內……

赫爾拿到東鄉關於「提案壹」的特別指示的譯文也同樣不精準。見上頁表格的節錄。在赫爾看來，單是最後一例，就足以讓他認定日本有欺騙的意圖，這更強化了他原來的懷疑。事實上，最後一例是個巨大錯誤。譯者將「四項原則」的「四」，列為第四點；是接著（一）「不歧視與貿易」（二）「三國公約的詮釋和運用」（三）「撤軍」之後的第四點。由於譯者將此這段譯文作為這份電文主要的部分之一，並將「關於」四項原則改為「（四）」，還武斷插入「急於」兩字，從而讓赫爾誤信，日本人正試圖避免對正式協議中的「任何」一點建議做出承諾。

十一月七日晚，野村帶著「提案壹」來到赫爾的房間。赫爾快速地看了一遍；他早就知道其內容——或者他自認知道——並確信其中毫無實質讓步之處。他這種態度是顯而易見的，因此野村便要求約定時間和羅斯福總統會面。每一天都極為珍貴，這位上將心急如焚。日本的參謀長們又老在催促，逼著野村要盡速做出決定。而赫爾卻因為美國的參謀長們還需要時間做準備，而遲遲不做決定。不幸的是，雙方這種各懷鬼胎的行徑導致了談判的惡化。

三天後，野村終於會見了總統，並向總統指出日方所做出的「相當大的讓步」，並重申需要盡速回覆。羅斯福在回答時，必定也想到馬歇爾和史塔克兩人籲請給予更多時間的話，於是說「各國都必須設想百年之後，尤其是在當前世界所處的年代更是如此」。談判僅僅談了六個月。需要有耐心，他要的不是一份臨時協議。野村在給東鄉的電報中稱，對於「提案壹」美國「並非完全不接受」。這位一廂情願的海軍上將，看來是準備要抓住任何一絲希望。

沃爾什主教也抱持同樣想法。十一月十五日，在他剛從另一趟遠東之行歸來後，便遞交給赫爾一份長備忘錄。在備忘錄中，他再次試圖要讓日本與美國重歸於好。霍恩貝克邊讀邊加上許多諷刺性、同時也顯示其個人強烈偏見的註解給赫爾看。

主教在備忘錄中解釋，任何天皇所批准的政策都被所有的日本人視為最後的決定，是「無法變更的國策」。霍恩貝克以鉛筆寫上：「如果天皇批准的國策是『無法變更』的話，那麼和軸心國家的同盟也是『無法變更』的。」赫爾在這份請求諒解兩國之間差異的長備忘錄中，寫下了「天真」兩字為評語。

沃爾什評論說：「值得回憶的是，滿洲事件粗魯地制止了中國人原本願意和日本人切實合作的行動，並讓中國人急遽轉到另一方向。」霍恩貝克反對此觀點，並用鉛筆加註：「依他所言，好像是『中國人』發動了『滿洲事件』。」當沃爾什寫道：「今日，在遠東任何地區都不存在真正的和平。」霍恩貝克加註說：「誰應對此『事實』負責呢？——日本人（和德國人）。」

就在那天，來栖三郎特使經過舟車勞頓的旅途後，抵達了華盛頓。兩天後，野村大使把他帶到赫爾的辦公室。赫爾看著這個身材矮小、帶著眼鏡、鬍子修整得宜，曾經代表日本簽訂《三國公約》的男人，一眼就足以使國務卿得出此人不足信賴的結論。他在回憶錄中寫道：「不論是他的外表，還是態度，都無法贏得他人的信任或尊敬。我一開始就覺得，他是個虛假的人……在我眼中他唯一的可取之處是，他的英語講得好極了，因為他娶了個美籍秘書為妻。」

赫爾相信來栖參與了日本政府的詭計，並可能企圖「以會談來哄騙我方，直到日本做好攻擊的準備為止」。他陪同這兩名日本人走了幾百碼路，來到白宮。羅斯福裝出和藹可親的樣子說：「布萊恩說過，朋友之間是存在商量空間的。」[3]

來栖回答，必須找到一種避免戰爭的方法。太平洋「像是個一觸即發的炸藥桶」。羅斯福表示同意應達成廣泛的諒解。

對於《三國公約》，來栖說他不明白「一直以來都力倡遵守國際承諾的美國，竟要求日本違背公約」。日本領袖早已向美國保證，此公約並不會自動導致戰爭，開戰是需要獨立做出決定的事。況且，日美之間的諒解「將自然而然使三國公約『相形失色』，因此，美國對公約運用這一問題的擔憂也會隨之消去。」這是朝著實質上廢除該公約的目標邁出的第一步。但是，赫爾並不相信來栖的話，認為那不過是「企圖以華而不實的話語試圖為此公約辯解」而已。

羅斯福依舊表現友善態度，並重申「兩國利益並無差異，因此，沒有必要造成嚴重分歧」。他甚至提出由他自己出面做中日的「中間人」。

三

就在同一天，東條首相在國會發表演說，並同時進行全國廣播。他主要演說華盛頓談判問題，指出成功與否，取決於三件事：美國不該介入日本解決中國事件；美國必須「避免對帝國實行直接武力威脅」且應取消經濟封鎖；應盡力「避免將歐戰延伸」至東亞。

平常，再優異的演說也未必能得到很大的反響，但這次演說卻得到如雷掌聲。在外交人員包廂中，一名美國使館的海軍武官傾身和同伴耳語。一名《朝日新聞》的記者注意到這事，寫道：

……四名美國使館人員，突然聚到一塊交頭接耳地在談論著，接著，所有的人都猛烈搖頭，但誰也不知道這到底是什麼意思。所有旁聽席上的來賓都聚精會神地注視著他們。

這名海軍武官當時的耳語是：「嗯，至少他還沒有宣戰。」

隨著日子一天天過去，華盛頓對於「提案壹」依舊沒有明確答覆，日本領袖們的期望也漸漸變小。美方在重大議題上的態度似乎愈來愈僵硬。只剩下最後一步棋了。因此，東鄉發電報給野村要他提出「提案貳」。十一月二十日，野村向赫爾宣讀了「提案貳」。赫爾卻將它視為最後通牒，並在回憶錄中，將這些條件描述成「其本質荒謬至極，以至於沒有一名美國官員認為能接受」。但他隱藏了情緒，「避免讓日本人找到退出談判的藉口」，並表示會對提案給予「和善的研讀」。

他的反應是令人遺憾的，也毫無必要。「提案貳」中的五項條件，只有一項——停止援助中國——是不合理的。因為這段文字最讓他惱怒，便將此視為提案中最重要的一點。他一怒之下說：「在美國人民心中，希特勒和日本人是一夥的，目標在於讓希特勒控制半個世界，而日本則佔領另一半。」他又說，《三國公約》強化了大眾的這一信念，然後，他開始猛烈攻擊此公約。

野村感到無助，只好求助來栖。一星期前，赫爾還曾經承認公約不是主要問題。然而，在過去幾天中，他卻三次宣稱，只要日本確實遵守《三國公約》，他就不會嚴肅看待和平解決一事。為何再度將此公約抬到如此高的地位？彷彿日美關係自松岡上任以來就不曾發生變化似的。[4]

對於「提案貳」，赫爾的部屬也做出了同樣令人難以理解的反應。最同情日本的包蘭亭深憂，接受「提案貳」就意味著「美國贊同日本的侵略，同意日本在將來進行無限制的征服……背叛了中國，以及對美國國家安全最嚴重的威脅」。

如此討論侵略並沒有什麼意義。「提案貳」不但以足夠篇幅談及東南亞和西南太平洋，同時還提出在中國實現和平。要進一步發動侵略，日本就勢必得打破「提案貳」的承諾。如果美方當時要日本明確承諾停止軍事擴張，美國人很可能會得到這個保證。

「提案貳」本身實際上並非問題所在，而是在國務院拒絕以字面意義接受此提案。被日本陸軍認為是經過尖銳爭論後才勉強接受的重大讓步——從印度支那南部撤退到北部——卻遭到包蘭亭的蔑視。既然從印度支那南部撤退到北部的部隊，「在一、兩天內」就能輕而易舉回到南部，日本提出的提議也就「毫無意義」了。

另一方面，羅斯福對「提案貳」印象深刻，提出了自己的「暫定協議」。他把協議內容用鉛筆寫好後，交給了赫爾。

六個月

1. 美國準備恢復經濟關係——現在會賣出一些石油和稻米——之後會更多。
2. 日本不再向印度支那和滿洲邊境或者南方任何地區派兵——（荷屬地、英屬地或暹羅）
3. 即使美國加入歐戰，日本亦同意不訴諸《三國公約》。
4. 美國出面讓日本與中國進行會談，但美國並不參與其中。

之後才討論太平洋協定。

這份「暫定協議」更進一步證實羅斯福和赫爾不同，他是個「現實政治」（Realpolitik）的實踐者，首次真正和緩了美國的僵硬態度，帶來了和平解決的首個實質希望。雖然這份協議傷害了赫爾咬文嚼字的天性，但他還是忠於職守，將它落實為外交形式。雖然他個人對來栖有所保留，也懷疑他在東京的上級，但還是願意進行談判。

在與赫爾的會談中，來㮪發現，赫爾依舊極為看重《三國公約》。隔天，來㮪帶著一封草函來到國務院，信中宣稱，日本雖然簽署了《三國公約》，但對該公約中任何第三方所發起的侵略行為，日本並無義務合作或協同進行。

……我方政府絕不會按任何外國強權的指示將日本人民投入戰爭：只有在最終無可避免地需要在不公義前為衛護日本的安全和國民生計時，日本政府才會接受戰爭。

本人希望，上述聲明將有助於閣下將您不斷提及之公眾疑惑完全消除。本人擬說明，當貴我雙方達成完全諒解時，閣下可完全隨意將本信函公開。

不論是間接否認《三國公約》還是提議公布此信函，都無法消除赫爾的疑慮。一天後，「魔術」又截收到東京發給野村的電報，要求延展談判最後期限到十一月二十九日（華盛頓時間）。這就「證實」了赫爾的疑慮。

……最後期限絕對不能變更，此回確實如此。之後，事情便會自動發生。

當晚——十一月二十二日，星期六——來栖和野村拜會了赫爾，敦促他盡速對「提案貳」做出回覆。他們都彬彬有禮地微笑著。赫爾從「魔術」那獲知了「日本的惡毒計畫」，還要他和樂友善地回答，實在是「彆扭」。「他們坐在那裡，愜意地欠著身，野村有時咯咯笑著，來栖有時露齒微笑。但他們的心裡一定反覆在想著，如果我們不對日本的要求說『好』，幾天之內他們的政府就會發動新的侵略行為，遲早必然給美國帶來戰爭與數以萬計的傷亡。」

赫爾說：「很遺憾，日本竟無法為和平做幾件事，以協助度過此時局。」

野村也同感不安。他一再重申迅速做出回覆的必要性，並要求逐條回覆。

赫爾不耐煩地答道：「你們沒有理由對我方提出任何要求。對於你們依舊要求我方草率回覆你們的要求，儘管我已竭盡努力，但還是感到相當失望。」赫爾雖然不明白為何東京方面無法再多等個幾天，卻也保證會盡速做出回覆。這最快也會是星期一，因為他必須和數個在遠東有利益關係的友好政府會商。赫爾心中的答案，就是他按羅斯福那份倉促寫成的「暫定協議」所弄出的草案。

十一月二十四日，星期一，赫爾邀請英國、中國、澳洲和荷蘭等國代表至他的辦公室，並將羅斯福的最新草案複本交給大家傳閱。中國大使胡適博士感到相當困惑。為何允許日本在印度支那保留五千名駐軍？赫爾回答，這是馬歇爾將軍的意見，就算是兩萬五千人也構不成威脅。他解釋：「我方政府不承認日本在印度支那有駐一兵一卒的權力，我們力圖達成此暫時性協議，主要是因為我國陸海軍的首長們經常向我強調，對他們而言，時間才是最重要的一切，他們必須全面準備以有效應付日方可能的突襲攻擊。」

荷蘭公使亞歷山大．魯登博士直接宣布，他的國家將會支持這份「暫定協議」，其餘三人則必須等待國內指示。赫爾感到厭煩不耐地說：「比起美國，你們的政府在防衛區域都有更為直接的利害關係。但你們的政府卻將精神貫注在其他事務，對於目前討論中的議題毫無所悉。對於缺乏興趣和合作意向，以及如此意想不到的事態發展，我確實感到失望。」

隔天，胡適帶著歉意地遞交了一份外交部長的照會給赫爾，其中說明蔣介石對於那份「暫定協議」有著「強烈反應」，並認為美國「有意以中國為代價來姑息日本」。

赫爾大怒並表示美國當然可以中止這份「暫定協議」，然而一旦如此，「萬一日本對南方採取軍事行動，可別指責美國未能派遣艦隊進入印度支那鄰近區域和日本領海。」

雖然胡適離開時天已經黑了，但赫爾仍召集了幕僚，進一步商議。儘管這份「暫定協議」被日本人接受的機會渺茫，但赫爾本人還是強烈主張送交日方。即使沒有其他結果，他至少也能說明，「將來可以看到，我們已竭盡所能在避免戰爭，而日方的拒絕將更充分暴露他們早已預謀要征服東方的計畫。」

當夜稍晚邱吉爾給羅斯福發了一封電報：

……當然，這件事應由您來處理。我方當然不會想要再有一場戰爭。我方只擔心一點。蔣介石方面該如何處理？我們擔心的是中國。如果他們倒了，我們的共同危險也將大幅增加……

顯然蔣介石已經向倫敦方面訴苦。而倫敦方面如此微妙的拒絕，也耗盡了赫爾最後的耐心，「魔術」曾向他保證，「提案貳」是日方最後的方案，談判肯定在本月底結束。東條為了和平準備真誠地再做讓步這點，他並不知道。就算知道，他也不會相信。自從仲夏以來，他一直「十分確信日本人決心以武力持續進行擴張」。

這也就是為何蔣介石的拒絕，邱吉爾並不真心贊同，再加上他自己的疑惑與幾個月來談判的疲憊不堪，都使他決心將「暫定協議」束之高閣的原因。他決定改向日本提出「一份在和平、互利、進步的基礎上實行合作的計畫」。於是，他的助手們就著手將此新建議擬草擬成方案。[5]

史汀生在日記中描述了那天中午在白宮舉行的所謂「戰時內閣」會議的情形：

……（羅斯福）提出我們可能會在下週一（十二月一日）遭到攻擊一事，因為日本人不宣而戰這一招早已惡名昭彰。問題是……我們該有何對策。問題在於我們應該如何操弄他們首先開火，而又不會對我方造成過多危險。這是個困難的議題。赫爾提出了解決問題時應考慮的前提——海洋的自由以及日本正在和希特勒結盟，正要實行侵略世界的政策。其他人則提出，日本可能採取的任何南進征伐行動，都將會對我國在菲律賓的利益形成包圍，切斷我們從馬來亞補給橡膠的重要供應鏈。我向總統指出，在今年夏天時，他就已經朝著最後通牒踏出第一步。那時，他通知日本，如果他們跨過泰國的邊界，那就是侵犯我國安全。因此，總統只需（向日本）指出，採取任何類似的遠征行動都是違反我方之前所發出的警告。[6]

次日，十一月二十六日，當羅斯福剛要開始吃早餐時，財政部長小亨利．摩根索（Henry Morgenthau, Jr.）來到白宮。總統還來不及咬下煙燻鯡魚時，電話又響起。赫爾來電，轉達中國方面對「暫定協議」

的抗議。羅斯福說：「我會來安撫他們的。」說完就回去吃早餐。這時燻魚也已經涼掉了，他把早餐推到一旁。摩根索在筆記本上草草記下：「我想，在總統吃完早餐前，他都不應該會見我或任何其他人。」

此時，赫爾已經和史汀生通上電話，告訴史汀生他已經「幾乎要下定決心……不會把那個提議（暫定協議）……交給日本人，把整個事情一腳踢開——只告訴他們羅斯福什麼建議也沒提」。

這促使史汀生趕緊打電話給羅斯福，確認總統是否有收到前晚他送交有關日本從上海派出新遠征軍前往印度支那的報告。羅斯福的反應非常激烈。史汀生因此在日記上評述道：「相當火爆——可以說，火氣爆上了天」——總統回說，沒有，他沒看到。這「改變了整個局勢，因為那是日本人不守信用的證據。一方面為了全面停戰——（從中國）全面撤軍——而進行談判，另一面又對印度支那派出遠征軍。」

不久後，赫爾本人到了。他建議，因為中國方面反對此「暫定協議」，不如就將它擱置一旁，另向日本提議一個新的、「全面性和平協議的基礎提案」。

羅斯福對於日本派兵的訊息仍感氣憤，並同意了赫爾的提議。當日下午，來栖和野村被召到國務院。五點，赫爾交給他們兩人兩份文件。「希望在此最後時刻，些許常識能流入東京的尚武的心靈。」來栖和野村滿心期待地開始閱讀第一份報告，那是份「口頭聲明」。提出美國「最誠摯地」期盼為太平洋的和平做出努力，但「提案貳」被認定為「不可能在法律、秩序和公正下，為太平洋地區確保和平的終極目標做出貢獻……」赫爾提出了一個新的解決方案以取代「提案貳」。新的解決方案體現在第二個文件中。文件上標有「絕對機密、暫時性與無承諾性」。來栖閱讀了上面的十項條款後，嚇得目瞪口呆。文件斷然要求日本「從中國和印度支那撤出所有的陸、海、空與警察部隊」；在中國除了蔣介石政府外，不得支持任何其他政府和政權；以及，在實際上，廢除《三國公約》。

這比六月二十一日美國所做的提議要嚴苛得多，而且是赫爾在未和馬歇爾與史塔克兩名上將商量下草擬的。這兩名將軍，剛好也在草擬另一份備忘錄，請求羅斯福總統給予更多時間以強化菲律賓的防務。雖然來栖已經給予了書面保證，認定《三國公約》意義不大，並提出了一項新的提議，呼籲「在大英帝國、中國、日本、尼德蘭、蘇聯、泰國以及美國之間，簽署一份互不侵犯的多邊公約」，但赫爾在他的提議中，又再次提起了《三國公約》。來栖知道，這將使已經夠複雜的局勢變得更複雜，並造成更長的延宕。當野村坐定時，震驚到說不出話來。來栖詢問，這是否就算是美方對「提案貳」的回覆。

赫爾說，是的。他還指出日本在接受此方案後能得到的經濟利益：解凍日本資產；達成以互惠為基礎的最惠國待遇的貿易協定；穩定日圓對美元之間匯率；降低貿易障礙，以及給予相當大的經濟讓步。

來栖預期到，東京方面會將此視為汙辱、賄賂，於是他開始提出反駁意見。他說，他看不出他的政府怎麼有可能同意立即無條件從中國與印度支那全面撤軍，如果美國期望日本「向蔣介石脫帽致敬，並向他道歉」，那就不可能達成協議。他要求在將此提案送回東京前，他們能再非正式地做一番詳盡討論。

赫爾說：「我方所能做的，只能如此。」「公眾情緒高漲，如果他讓石油自由流入日本，那麼他「或許會被私刑處死」。

來栖以尖酸幽默的口吻說，有時候「信念堅定的政治家」是無法獲得大眾的同情的。唯有孤獨的智者具有遠見，而有時他們又會成為烈士。不過人生苦短，也只能盡其在我。他又沮喪地表示赫爾的照會只不過意味著事件的結束，並詢問赫爾是否對「暫定協議」不感興趣。

來栖唐突地說，我們察覺赫爾對於這個用字已經相當感冒。

來栖問，是否是因為其他強權不同意？

這幾乎是問出了真相，讓人不悅。赫爾說：「在探詢各國意見上，我已盡了最大努力。」

四

赫爾的回覆在十一月二十七日上午首度傳到東京。它是透過駐華盛頓武官發給最高統帥部的電報轉達的。電報內容一開始就表示，美國已經以書面形式回覆了「提案貳」，但「談判毫無希望」。參謀們群集在電報室內，焦急地等待電文的其餘部分，包含赫爾提案的要點。

電報被立即送至皇居，聯繫會議也正在那召開。電報送達時，剛好會議休會，大家在進午餐。東條大聲地朗讀了電報。在有人說出「這就是最後通牒」前，一片啞然靜默。連對成功還抱有些許希望的東條也沒能預料到會是這樣的結果。東條「受不了」絕望，結結巴巴地說了幾句沒人能聽懂的話，赫爾的照會讓他「如鯁在喉」。他看見數名陸軍人士在一旁顯得很開心，「好像在說：『不是早就跟你說過了？』」此時，他的心情更加痛苦了。

對於嶋田上將來說，這是個「讓人昏眩的重擊」。赫爾的答覆是「不讓步的、不妥協的」，而且對於日本做出重大讓步這個事實也不領情。

在尋求和平的人士如賀屋看來，這些要求也是相當荒謬的。赫爾顯然知道日本必須拒絕這些條件。他拒絕了即刻的和解，反而似乎想要那無窮盡的討論。這只是在拖延時間而已。美國已經決心要開戰——對日本發動攻擊！日本已主動提出立刻從印度支那南部撤軍，這看來還不夠；赫爾要求所有的部隊立即從印度支那和中國撤出。這是不可能的！

最使會議室中所有的人惱火的是，赫爾竟明確要求從中國「全數」撤軍。滿洲是以巨大的代價才奪到的，喪失滿洲就意味著經濟災難。你們富有的美國人怎麼會有權做出這種要求？有哪一個有尊嚴的國家會接受這種要求呢？

赫爾的提案是失去耐心和憤怒的結果，但最激怒日本人的那段話卻也被他們悲劇性地誤解了。對於赫爾而言，「中國」一詞並不包含滿洲，他也無意要求日本人從該地撤出。早在四月，他就已經向野村保證，在達成基本協議前，無須討論承認滿洲國的問題，所以他認為，這個問題已經處理過了。然而，對於日方來說，赫爾的照會必須按字面意義解讀。畢竟，自從「諒解草案」提出以來，美國人在諸多問題上已經強化了他們的立場。

在這點上，如果美國的答覆是清楚的，至少，日本的反應該也就不至於那麼忿忿不滿。雖然排除滿洲也不會使日本人完全接受赫爾的照會，但或許能使東鄉說服軍國主義分子，應該繼續談判，並可能迫使他們將最後期限延後到十一月三十日。[7]

如此一來，兩個同樣恐懼由共產黨宰治亞洲的大國，就這麼走上導致衝突的路途。這該怪誰呢——美國還是日本？透過奪取滿洲、入侵中國，以及對中國人民犯下暴行和南向進軍，日本對走上與美國開戰之路，幾乎應該負全責。但是，這條入侵的道路，卻是一次世界大戰後，西方國家致力消滅成為經濟敵手的日本的必然結果，是經濟大蕭條、人口膨脹和為了能繼續維持一流強權而向外尋找新資源與市場的必然結果。此外，還有天皇獨特又不明確的地位，「下克上」的爆炸性作用，以及對俄羅斯和毛澤東的共產主義威脅的極端恐懼心理。

美國人也同樣患有偏執恐懼症，但他們針對的是「黃禍」。但是，奇怪的是，他們並不擔憂日本成為軍事上的仇敵，反而對日本人的愚蠢故事加以取笑為樂。根據一則在華盛頓流傳的故事，英國人為日本人建造的戰船頭重腳輕，以至於一開砲就會翻船。日本空軍也普遍遭到奚落，日本的飛行員都是帶眼鏡的笨蛋。日本是被嘲笑而非被畏懼的對手。或許是這種優越感的影響，部分美國領袖，包括羅斯福在內，無意識地逼得日本人走投無路。

一個資源豐富、幅員廣闊且無須擔心被攻擊的國家，怎麼會理解一個弱小、人口稠密、幾乎毫無天然資源且持續處於惡鄰蘇聯攻擊危險之下的島國的處境呢？況且，美國本身在排除日本移民所造成的仇恨氛圍和不信任感，以及實際上炫耀種族和膚色偏見，也合理地說明了激怒驕傲的日本人的原因，也都得對此承擔責任。美國也應該理解與承認，採取四項原則這樣的道德立場的偽善性質。[8] 其同盟國英國，在印度和緬甸，當然都沒有遵守這樣的原則，美國自己在中美洲也未遵守這些原則，在那裡，「砲艦外交」（Gunboat diplomacy）仍在支撐著「門羅主義」。這種自以為是的方式十分自私，頭上喊道的是道義，腳下踩著的是私利。

最後，美國因為讓一個對其基本利益並不重要的議題——中國的福祉——最終成為外交政策的基石，而犯下外交大錯。那年夏天之前，美國在遠東只有兩個有限度的目標：在日本和希特勒之間進行破壞以及挫敗日本的南進。美國原本可以輕易達成這兩個目標，但卻在《三國公約》這個問題上找麻煩，還堅持解放中國。為了達成後一項不可能達成的目的，美國外交官們迫使一場連美國國內軍國主義分子都希望避免的戰爭提早到來——矛盾的是，美國並無意願參戰。美國無法盡全力對抗日本以解救中國，而美國也不曾如此打算。其主要敵人是希特勒，但它並沒有坦白將這點告訴蔣介石，反而在蔣介石的催促下，推行一項導向遠東戰局的政策——實質上是拋棄了中國。更重要的是，由於把日本和德國相提並論，美國的外交官們策動自己的國家去進行兩種全然不同的戰爭。一個是在歐洲對抗法西斯主義，另一個是在遠東，對抗那份連結所有的亞洲人從白種人奴役桎梏下獲得自由的渴望。

雙方都沒有英雄或反派人物。視野遠大的羅斯福具有人道情懷，儘管他有著不少缺點。愛好和平的天皇受人敬重。兩者都受到限制——一個是被偉大的民主國家的笨重機制所束縛，另一個則是受到訓練、風俗習慣和統治上的限制。由於陷入中世紀制度的泥沼，日本軍國主義分子的行為主要是出自於獻身為國的觀念。[9]他們追求的是國家強盛，而非個人利益。東條本人生活相當樸素。近衛公爵的軟弱主要是來自日本首相的脆弱地位所致，但到其第二任內閣尾聲時，他就已經將猶疑不決的天性轉變為決心和勇氣，並一直持續到最終下台。松岡也並非反派人物，儘管他虛華不實和作風乖張，當這位極具才幹的他外交官把《三國公約》強行加在日本身上時，還認為自己是在為和平努力。他破壞華盛頓的談判並非出於惡意，而是由於其自負。

史汀生和赫爾也不是反派。雖然赫爾採取了零和的態度，因此犯下了一個外交官所能犯的最大錯誤——把對手逼到角落，毫無機會挽回顏面，使他們除了宣戰外，別無出路。

時代才是反派。要不是一次世界大戰後，歐洲社會和經濟的動盪以及兩大革命性意識形態——共產主義和法西斯主義的興起，日本和美國也不會走到戰爭邊緣。這兩股勢不可擋的力量有時相切，有時相交，最終帶來十一月二十六日的悲劇。單是為了中國，美國肯定不會冒險參戰。是由於恐懼日本和希特勒、墨索里尼合作征服世界，才驅使美國冒一切風險。最終的悲劇是，日本因為恐懼盎格魯－薩克遜國家將其孤立才與希特勒勾結，而這不過是名義上的婚姻而已。

因為誤解、語言上的難題、翻譯錯誤，以及日本方面的機會主義、「下克上」、非理性、驕傲與恐懼；美國方面的民族偏見、不信任、對東方的無知、僵硬的態度、自以為正義、榮耀、國家的驕傲和恐懼，這一切使一場原本無須開打的戰爭眼看就要爆發了。

或許，這些基本上就能回達韓德爾[10]的問題：「為何國家之間要如此憤怒相互動手？」不管如何，美國犯了一次重大錯誤，使它將在未來數十年付出巨大代價。如果赫爾對「提案貳」所做的妥協性答覆有發送出去，據還在世的內閣閣員的看法，日本就算不與美國達成某種協議，最少也會再耗費幾個星期進行爭辯。這段時間距離將迫使他們因氣候因素把最後期限延到一九四二年春天。到那時，很明顯的，莫斯科將站穩腳跟，日方也會急於做出幾乎無條件的讓步，以避免和一個面臨戰敗的同盟國一起去進行一場絕望的戰爭。即使那時沒能達成協議，美國也會爭取到寶貴的時間，派出更多轟炸機和增援部隊，以強化菲律賓的防務，也就不會發生珍珠港災難。那些導致十二月七日災難的一系列難以置信的機運與巧合，也就不太可能會再重複發生。

第六章
Z作戰

一

一九三九年夏初，當日本陸軍力促要與德國和義大利緊密合作時，海相米內光政和其次官反對簽訂任何公約。陸軍相信，希特勒一旦征服歐洲，便能夠協助日本解決中國問題。但米內上將和次官則認為，英德之戰會是場長期戰役。美國最終將會捲入，德國將以輸家收場。如果日本和希特勒有所訂約，那麼，日本勢必將單獨和美國作戰。

海軍次官比他的上級更為坦率直言。他公開預測，如果與美國開戰，日本最終將戰敗。他只有五英呎三吋高（和傳奇性的東鄉海軍上將一樣高），但其寬闊的肩膀和水桶般大的胸部讓人印象深刻。他就是山本五十六上將，其名五十六是因為當校長的父親在他出生那年正好五十六歲，而因此得名。他加入海軍的目的，是「因此可以回訪培理准將」。他曾長住美國——在哈佛大學求學，後在華盛頓擔任武官——所以他經常提醒日本注意美國的工業產能。因為常常鼓吹這種想法，米內擔憂山本遭極端民族主義分子暗殺，遂於一九三九年八月派他上船出任聯合艦隊的指揮官。

在三〇年代，日本海軍將領的基本戰略計畫原本是讓其敵人美國從珍珠港出海後發動首波攻擊：當美國艦隊在推進時，日本會派出潛艦進行騷擾，而日本艦隊僅在領海內守株待兔。當兩軍在日本領海內遭遇時，美國艦隊戰力早已受損，日本就能在硫磺島（Iwo Jima）或塞班島（Saipan）以西海面某處以大型海面戰鬥將其殲滅。（編按：即「九段決戰」）

不過，山本一就任艦隊司令，就將理論性戰線拓展到馬紹爾群島（Marshall Islands）。在第一次世界大戰後，馬紹爾群島與加羅林群島（Carolines）一起成了日本的托管地，也是日本在太平洋最東端的屬地。一九四〇年，在一次春季艦隊演習中，山本與參謀長福留繁少將在旗艦「長門」號的甲板上，目睹了航空母艦上的艦載機展現出卓越的表現。他轉身對參謀長說：「空軍訓練的結果相當成功，我想攻擊夏威夷現在是有可能的了。」突然的猛烈重擊，就能把珍珠港內的美國艦隊打成殘廢。在美國重建其艦隊前，日本早已經奪取東南亞及其所有的資源。[1]

偷襲的概念主要是以山本心中的英雄東鄉上將的戰術為基礎。一九〇四年，東鄉不宣而戰，趁俄羅斯太平洋第二分遣艦隊司令史塔克將軍（Oskar Stark）參加宴會時，以魚雷艇襲擊了旅順軍港內的船艦。此後，俄羅斯便一蹶不振——俄國損失了兩艘主力艦和許多巡洋艦——隔年，在「對馬海峽海戰」（Battle of Tsushima）一役中，俄國艦隊近乎全軍覆沒。在此戰役中，年輕的山本少尉失去了左手兩根手指。

（藉由突襲而達成決定性勝利的觀念深深影響著日本人。他們最喜愛的文學格式是「俳句」，一種只有短短十七個字的詩體，融合了感官意象和直覺召喚，並依據固定格式呈現日本佛教所追尋的「頓悟」。同樣，在柔道、相撲和劍道中都要歷經冗長的賽事，然後靠突然一擊決定勝負。）

不是只有山本一人認真考慮要對珍珠港進行空襲。在東京海軍參謀本部的航空作戰參謀三代一此時也正在說服他的長官，要擊敗像美國這樣的強敵，就得採取強迫他們進行決戰的方式。為此目的，可以運用擁有六至八具引擎的轟炸機，對珍珠港內的美國艦隊進行輪番轟炸。美國人如果不是逃回本土，就是會依照日本人的設想，來到馬紹爾群島附近作戰。

雖然三代的長官並沒有認真考慮這個想法，但海軍總部對這議題的討論可能被竊聽了。一九四一年一月二十七日，秘魯駐日本公使里卡多・里維拉・史萊柏博士（Ricardo Rivera Schreiber）告訴他的朋友，美國大使館一等秘書愛德華・克羅克（Edward Crocker）說，他聽到謠傳，日本意圖全力「對珍珠港進行一次大規模突擊」。克羅克將此消息報告了格魯大使，格魯又將此情報電傳回華盛頓。這份情報被送至海軍情報局。該情報局在報告中說，「根據日本現行的海陸軍布署情況來看，日軍對珍珠港採取行動似乎並非迫在眉睫，在可預見的未來，也無此計畫。」

就在此時，山本已經開始著手規劃。二月一日，他給第十一艦隊參謀長大西瀧治郎少將寫了一封私信，扼要闡明其計畫，並要求大西秘密地研究一下落實計畫的可能性。大西找了他的朋友兼下屬源田實中校。源田是海軍中最有前途的軍官之一，其影響力遠遠超過他的軍階——在中國，他那傑出的大規模長程戰機戰術，使他聲名大噪。現在，大西要求他研究一下山本的計畫。十天後，他呈報了結論：攻擊珍珠港是困難且危險的，但存在著「相當大的成功機會」。[2]大西在加上自己的推論後，便將此報告轉遞給山本。

此時，山本將軍正和自己的作戰參謀黑島龜人討論偷襲問題。黑島精明古怪，有時會穿著和服在旗艦上若有所思地閒晃，身後留下一長條菸灰。其勤務兵稱他為「煙霧參謀」。黑島把自己關在船艙內好幾天，當他最後從大蒜、焚香和香菸的煙霧中出來時，他拿出了一份名為「黑島作戰」的詳細計畫。[3]

偷襲成功取決於兩個不穩定假設：一是在襲擊時，太平洋艦隊（美國艦隊自二月一日起被改稱此名）會停泊在珍珠港內，二是一支大型航空母艦艦隊能橫渡半個太平洋而不被偵測到。只有賭徒才會這樣冒險行事，而山本就是個賭徒。他是一名橋牌、撲克牌以及圍棋的高手。有一回美國人問他，怎麼這麼快就能學好打橋牌。他答說：「五千個漢字我都能記住了，還怕記不住五十二張牌！」他經常告訴他最信賴的渡邊安次中校，賭博——一半靠運氣，一半靠計算——在他思考問題時有著重要作用。至於攻擊夏威夷，雖然很危險，但機會千載難逢，不能不做。他宿命論般地說：「如果我們失敗了，我就會放棄這場戰爭。」

在寫給大西的信發出兩天後，他向海軍情報局的小川貫璽上校描述了計畫概要，要求他盡可能蒐集有關夏威夷的情報。雖然小川已經在夏威夷派了一小組情報人員——一個膽小又缺錢花的德國人奧托·庫恩（Otto Kühn）、一個和尚和兩個「二世」（日本血統的美國人）——但是他們所提供的都是些無關緊要的情報。為執行這項任務，他決定派出專門被挑選出來執行這種任務的海軍情報專家，吉川猛夫。二十九歲的吉川是情報處第五科（美國科）的少尉，身材瘦長，外貌俊秀，看起來比實際年齡年輕。

吉川曾在江田島的海軍兵學校求學。他是游泳冠軍（畢業前每個畢業生都必須從著名的宮島神社出發，在冰冷又滿是水母攻擊的海水中游十海哩到江田島），劍道得到第四名。他是一名獨特的學生，當他的同學在埋首書堆準備考試時，他卻在研究禪宗，修心養性。即使如此，他還是能如期畢業。之後，他在一艘巡洋艦上擔任密碼官，後來又進入魚雷、火砲和航空學校。然而因為酗酒而引起胃病，只得暫時除役。復職後，他在海軍情報局任預備軍官。一開始他在英國科，後來調到美國科。在這裡，他在堆積如山的資料中篩選情報，熟悉了船艦的調動情況，記下了各式各樣的海軍裝備。

一九四〇年春天，他的課長竹內上校徵詢他是否願意到夏威夷當特工。如果願意，他將不會接受間諜訓練，甚至連本手冊都不會給，事實上只能獨立作業。吉川接受了任務，成為平民，化名森村正。為了在領事館任職做好準備，他留起頭髮，並開始在日本大學研讀國際法和英文。他通過了外交官考試，然後他一半的時間在外務省研究美國的政治和經濟，一半的時間在第五科工作。

當山本上將要求再派情報人員前往夏威夷時，已經是一九四一年的春天。這時，吉川已經一切就緒。三月二十日，他在橫濱登上了「新田丸」郵輪。一週後，他抵達了檀香山，激起他想與美國海軍一較高下的想法。喜多長雄總領事熱烈歡迎他的到職，晚上就帶他去能俯瞰珍珠港且由日本人經營的春潮樓餐廳。老闆娘藤原波子和吉川一樣都是愛媛縣人。她告訴吉川，她手下有五名都是在日本訓練出來的藝妓。這次的任務將不會讓他感到無聊。

吉川的月薪是一百五十美元，外加半年六百美元的特支費。他以他自己的方式開始進行活動。首先他將所有的大島都巡視一番，然後開車繞了歐胡島（Oahu）兩次，之後又像所有的觀光客一樣穿上鮮豔的夏威夷衫，在一名美麗藝妓的陪同下，搭上飛機俯瞰歐胡島。在他兩次觀察所有的島嶼之後，他確定除了珍珠港外，其他地方都沒有駐泊海軍艦艇，便決定專注心力在歐胡島上。他每週兩回開六小時的車繞島一圈，而且每天都去觀察珍珠港區域。他通常只從山頂俯瞰觀察，但有幾次他卻闖過了港口大門。有一次，他帶著餐盒混入一群工人中進入港區，整天閒逛都沒有被盤問。他拍了一下大型油槽，以測量裡面的儲油狀況，發現裝滿油的油槽容易漏油，從圍牆外就能輕易偵測出這樣的情況。又有一回，他說服軍官俱樂部的女主人，在某次大型宴會上雇佣他在廚房幫忙，不過，他只學到了美國人如何洗碗而已。

那裡日本人雖為數眾多，但都毫無用處。吉川在和領事館的人喝酒時，會探詢他們的口風，但幾乎所有的人都自認是忠誠的美國人。對於吉川來說，一面崇敬佛寺、神社和對皇軍慷慨解囊捐款，一面又要當美國人，這毫無意義。一名日本老人答應如果發生戰爭，他會放火燒了甘蔗園，還肆無忌憚地談論他所看過的槍砲。但當他描述鑽石角（Diamond Head）上的一尊砲「和神廟內的鐘一樣粗大」時，吉川就對這老人的話打了折扣。

和美國海軍大兵聊天一樣沒什麼收穫。他們聊了很多，但有用的一點也沒有。他的情報反而都是透過簡單又平常的方式得到的。他和春潮樓的藝妓們同坐在一張榻榻米上——有時是和虹子，有時和鞠千代——望著山腳下綿延的港口，並給港內的船艦繪製成地圖。在他定期的旅行中，他通常會帶上一名藝妓或一名領事館內的女僕——因為獨行會被警衛攔下盤問。

有一次他搭計程車到離珍珠港不遠的陸軍航空兵（Army Air Corps）轟炸機基地希卡姆機場（Hickam Field），在大門口他告訴衛哨他是來會見一名美國軍官，衛兵便揮手讓他進去。當計程車緩慢在基地內兜圈子時，他默記下飛機和機棚的數目，以及兩條主要跑道的長度。他也觀看了惠勒機場（Wheeler Field）的飛行表演——這是個位於歐胡島中央的戰鬥機基地。他和其他觀眾一起坐在草皮上，看著「戰鷹式」戰鬥機的飛行員表演特技，有幾架俯衝飛過了一個敞頂的停機棚。他沒有做筆記，但記下了飛機和飛行員、停機棚、軍營和士兵的數目。他從來不拍照，全都依賴他「相機般的雙眼」。

他每週一次向喜多總領事匯報，然後喜多會派他的司機將加密過的訊息送到檀香山的馬凱電報局。一個月內，吉川就發現自己被一輛裝有天線的聯邦調查局的黑色汽車「尾隨」。喜多警告他要多加小心，但吉川卻依然故我。不久，他們兩人就到了幾乎天天都要吵架的程度。

二

到了四月，珍珠港計畫有了個新代號：「Z作戰」（Operation Z）。這是為了紀念東鄉上將在對馬海峽發出的著名的Z字旗[4]：「帝國興亡在此一戰，各位應更進一步奮力」。此時，這項計畫將交付給其執行者——第一航空艦隊。

四月十日，海軍少將草鹿龍之介被任命為第一航空艦隊的參謀長。他精壯結實、體力充沛，一副忠厚老實的面孔。他的父親是名企業主管，但草鹿的志向卻是航向大海。一九一三年從海軍兵學校畢業後，他把大半時間都花在研究海軍航空上，有一次曾以觀察員的身分搭乘「齊柏林伯爵號」（Graf Zeppelin）航母橫渡大平洋。他曾指揮過兩艘航空母艦，「鳳翔號」和「赤城號」。在來東京前，則在帛琉指揮第二十四航空中隊。

在海軍參謀本部報到後，這名四十八歲的將軍被帶到海軍作戰局長福留繁海軍少將的辦公室。福留曾是他昔日官校的同班同學。福留遞給他一捆用鋼筆書寫的文件，並對著這名袍澤說：「看一下這個。」草鹿瞄了幾頁後，就知道這是大西的手筆。他說：「這應該是個作戰計畫，但這無法用在實戰中。」

「這不過是個提案而已，還沒做出什麼決定。假使開戰了，我們需要你交出一份切實可行的計畫。要訂得確實可行。」

草鹿搭上南下開往廣島的火車，在旗艦「赤城號」上向他的上司南雲忠一中將做了匯報。南雲個頭矮小纖細。他是個魚雷專家，但對於航空卻不在行，他告訴草鹿，他將負責「Z作戰」。草鹿也不是飛行員，認為自己是名「航空經紀人」，細節部分要由熟悉飛行的人制定。因此他召集了資深參謀大石保中校和航空參謀源田實中校。對於珍珠港，源田實當然瞭若指掌，但當草鹿告訴兩人擬定一份完整可行的計畫時，他卻把這事藏在心裡。

隨著草鹿愈研究此計畫，他就愈加懷疑其可行性：風險實在太高！如果才開戰就被擊敗，這場戰爭將全盤皆輸。隨著「Z作戰」計畫的推展，草鹿的擔憂也隨之加深。他在六月底拜訪了大西少將，據理指出此計畫的缺失。最後，大西也承認這是一場豪賭。

草鹿建議兩人同去見山本。

大西說：「這場爭辯是由你而起，該由你去告訴他。」

草鹿回到了「赤城號」。得到長官的允許後，他搭上工作艇到聯合艦隊旗艦「長門號」去見山本。他說，這個計畫過於冒險，並把他總結的論點都說了出來。

山本心平氣和地聽完了草鹿的批評。「因為我打撲克牌和麻將，所以你說它過於冒險，但實際上卻不然。」就此結束了會晤，但並沒有結束草鹿的焦慮。他喪氣地朝舷門走去時，肩膀上被拍了一下。原來是山本。山本對草鹿說：「我了解你反對的理由，但攻擊珍珠港是我身為指揮官所做的決定。因此，如果你能停止爭辯，並從此盡力貫徹我的決定，我會非常感激。如果將來有其他人反對你，我會是你的後盾。」

大西制訂總計畫，源田研究空襲戰術——自從在一九四〇年看過一部美國新聞之後，他就一直在考慮用航空母艦集中進行打擊——草鹿自己則致力於他認為最重要的問題：如何將特遣艦隊開到空襲珍珠港的作戰範圍內，而又不被發現。這看起來像是不可能的任務。日本船艦行速比美國人快，但這是以犧牲裝甲和巡航範圍所換取的。在特遣艦隊中，除了「翔鶴號」和「瑞鶴號」兩艘新型航艦外，都沒有足夠油料能航行到珍珠港。在航行中該如何加油？

還有突襲的要素需考量。哪條航線才能保證突襲成功？他把航海專家雀部利三郎少校參謀叫了進來，並命他研究過去十年來橫越太平洋船隻的國籍和種類。雀部的報告指出，在十一月和十二月間，因為風浪過大，沒有船隻會在北緯四十度以北航行。在讀雀部的報告時，草鹿首先想到的是，在十二世紀時，源義經用奇襲攻下了被敵軍認為是堅不可摧的城堡。源義經是從一個他人意想不到的角落發動襲擊，並攻進城堡的。[5] 草鹿也能從北邊對珍珠港發動奇襲。美國艦隊通常在夏威夷西南海面上演練，因為假定日本會從馬紹爾群島的基地發動攻擊。從北方奇襲有一個缺點——而且是相當大的缺點——使草鹿感到猶豫：如何在波濤洶湧的海面上進行加油。但草鹿立刻打消了這個想法。加強紀律和訓練就可以克服這個問題。

現在就必須立刻確定前往出擊地的航線。從夏威夷取得的資訊中，草鹿得悉，美國的海軍水上飛機一般在珍珠港外五百英里的海域上空巡邏，而其他的「卡特琳娜水上飛機」（PBY）則在阿留申群島（Aleutians）的荷蘭港（Dutch Harbor）以南五百英里的海域上空巡邏。因此，他得出結論，要使特遣艦隊不被發現，就得朝正東航行，穿越被忽略的水域，抵達離珍珠港約八百海哩的海面。在這裡，於發動攻擊前一天，船艦會進行最後一次加油，傍晚則朝南航向目標。天一亮，飛機就起飛。

通常，戰機的訓練和作戰是由各航空母艦上的艦長或中隊長負責，但這回攻擊卻須由單一飛行指揮官來協調行動。被選中的人是「赤城號」的飛行中隊長淵田美津雄中校。此人的領導能力優於他的飛行技巧。淵田現年三十九歲，曾經歷過中國戰爭，擁有三千小時的飛行記錄。然而，並非所有的艦長都願意讓淵田來指揮他們的戰機，這時草鹿只好親自出面，讓大家聽從調度。

依據源田的方案，首要目標是主力戰艦列，即停泊在珍珠港中間福特島（Ford）旁的兩排主力艦。首先，由魚雷機俯衝攻擊外側軍艦，內側的軍艦則由高空（水平）轟炸機與俯衝轟炸機進行空襲。

草鹿認為，若是沒有精準的瞄準器——日本人知道美國有諾頓（Norden）瞄準器，但卻無法竊取到圖紙——第二波攻擊是不可能成功的。還需要有能夠穿透主力艦厚重甲板而不會提早引爆的炸彈。第一個難題的解決辦法是可以用從德國那抄襲而來的九七型（Type 97）瞄準器，靠著勤練修正其不穩定性。至於第二個難題，源田、淵田和工程師最終找到了一個簡單的解決方案：將主力艦的穿甲彈改裝為炸彈，強化彈殼，使其不會在撞擊後就立刻爆炸。

在歐戰爆發前，日本陸軍參謀本部從未謀略過一場大戰。之前，他們的作戰都侷限在亞洲大陸，不過，一旦英國成為交戰國，他們就開始準備對英國，有可能也對美國，採取作戰行動。他們派出了一名極為幹練的軍官井本熊男少校去東南亞，調查該地區的戰略可行性。他取道香港到達河內、西貢和新加坡。回國後，這位少校草擬了進攻香港和新加坡兩地的侵略計畫。

隔年，有些軍官更深入到南方其他地區，刺探入侵爪哇（Java）、蘇門答臘（Sumatra）和菲律賓的可能性。但推演出的計畫都相當模糊，甚至也未建立起實質的情報網絡。少數的日本民族主義分子和退役軍官志願為日本服務，還有一些當地人也有所協助。許多菲律賓人對在本世紀初埃米利奧．阿奎納多（Emilio Aguinaldo）曾經英勇試圖推翻美國人統治而未果一事，仍保有痛苦的記憶。而在英國與荷蘭屬地，絕大多數的民眾更支持推翻白人統治。

一九四〇年十二月——大概與山本認真考慮攻擊珍珠港的同時——駐中國的三個師受命進行熱帶作戰的訓練。一個特殊的單位，即「台灣軍研究部」（Formasan Army Research Department）被建立起來，其任務是要在六個月內收集有關在東南亞進行熱帶作戰的資料。這個研究部門規模很小，由林義秀上校指揮，但真正的推動者卻是頗受爭議的辻政信中校。辻政信這個人行徑古怪。有一回出於道德義憤，他放火燒掉了有許多同僚正在裡面尋歡作樂的藝妓館。他圓臉、禿頭，擁有一雙小而不斷眨動的眼眸，看上去就像名典型的參謀軍官，但他那鮮明的特立獨行精神卻激起了年輕軍官們巨大的奉獻精神。他們將他視為日本的「戰神」，東方的希望。然而，他的某些上級對其評價卻有所保留。陸軍中最受尊崇的人物之一今村均上將看出了他的天份——也看出了他是個狂人。他的許多袍澤，例如今井武夫上校，認為他是個聰明又帶著偏狹思路的古怪理想主義分子。和傳奇人物石原莞爾一樣，他也認為，只有他自己才是對的。事實上，辻就是石原的信徒。他也決心要將滿洲變為五個民族和樂相處的佛家極樂世界，不過，他想得更遠一些。他夢想將整個亞洲變為一個兄弟之邦，一個亞洲人的亞洲。

兒玉譽志夫（就是那位按辻的計畫用炸藥刺殺近衛公爵的人）和他首次相遇時是在南京軍團的司令部內。他帶來一封石原要給辻的信件。今井上校對他說：「啊！那個瘋子住在馬廄後面的一間小髒屋內。」兒玉問辻為何要一個人獨居在這樣骯髒的地方。

辻憎惡地回答道：「司令部的軍官都爛透了。他們只是為了勳章在做事，每晚不是吃喝，就是和藝妓尋歡作樂。自中國事件以來，整個軍方都變爛了。他們都恨我，因為我知道這一切，並把它們都講了出來。」其實，他所做的事遠多於他說過的話。他曾將一名參謀軍官以「貪腐」為由交給憲兵隊法辦，之後，該名軍官便自殺了。

一九四一年元旦，這個有趣的人物來到台灣——傳說是因為東條總是反對石原，而將辻政信流放到那裡——投入看似無用的計畫。他不但不覺得難過，反而全心投入這項他個人的任務：馬來亞之戰。在兩個月時間內，他透過各種管道得知，新加坡這個島嶼，和馬來亞半島尾端只靠一條一千一百碼長的道路聯結，如果從海上進攻，它是個難以攻破的堡壘，但若是從背後發動攻擊，它就毫無招架之力。

辻有一位助手，名叫朝枝繁春的上尉，也是個古怪的人。他二十九歲，身高六英呎，身手敏捷且身體結實。他曾立志當一名工程師，但由於家境窮困，就因軍校免費而進了陸軍士官學校。畢業後，他在中國因為作戰時不顧一切，而被辻給發掘。兩人一見如故，因為兩人都燃燒著理想主義和冒險精神。當朝枝被調到陸軍省部去坐辦公桌時，他感到極為無趣，因此不僅放棄了陸軍，也拋妻棄子。他換上平民裝扮，換了個新名字，寫了封信給老婆和雙親，告訴他們，他「要到瀨戶內海自殺」，然後就離開了東京，到印尼去參加反抗荷蘭殖民的戰爭。

在南去路上，他尋求辻的協助。雖然辻答應為他的行蹤保守秘密，但不到幾個小時，心懷不滿的朝枝就已經在被押送回東京的路上。他原以為會受到軍事審判，但陸軍並不想讓大眾知道這個醜聞，僅僅勒令他退伍。或許是因為他在中國的英雄行徑使他免受嚴懲。無論如何，他再度離鄉背井，來到台灣，要找當初背叛他的人算帳。但辻的人格力量卻反而使朝枝志願去當密探。他的任務是要去收集緬甸、馬來亞和泰國的情資。朝枝以極為狂熱的態度，日以繼夜地研究這些國家的地理和語言。

大約和吉川在夏威夷開始活動的同時，朝枝變裝為農業工程師前往泰國。他用賄賂的方式，拍攝了關鍵地區的照片。他也曾和數百名當地人交談，包括一些高層人士。這些都促使他相信，泰國是攻佔緬甸的最佳跳板，而且可以兵不血刃地佔領泰國。

英國雖然嚴守緬甸邊境，但在數個月後，他卻穿越了邊境，並收集到辻所需要的材料。回到台灣後，他已掌握了地形和氣候的特性，這些特性改變了傳統的熱帶作戰理論。

六月間，在日軍掌控的海南島上，在辻和林的監督下，秘密操演開始了，目的在於檢驗以最近取得的資訊為基礎的新理論。過去認為，在熱帶那讓人窒息的高溫中，如果將人和馬一起擠在運輸艦內，那就等同於自殺。辻深信，那不過是個訓練和軍紀的問題。他將數千名裝備齊全的士兵關進悶熱的船艙，三人分配到一張榻榻米（六英尺長三英尺寬的席墊）。在華氏一百二十度（譯註：攝氏約四十八點八度）的高溫下，只讓士兵喝少量的水。這些脆弱的士兵，在（模擬的）最壞情況下，帶著馬匹與裝備，成功地在寬闊的海灘上登陸。最後一次模擬是在實戰條件下，讓一個步兵營、一個砲兵連和一連工兵，進行登陸演練。

現在所需要的只是有關於入侵登陸海灘的地形和潮汐的精確資料。為取得這些情報，辻派出他的單人情報網，讓無孔不入的朝枝進入了馬來亞。

雖然海軍一直以會導致與美國開戰為理由，反對南進，但南雲上將還是在六月中旬提出正式提案，不論是否要採用武力，都要推進到印度支那南部。後來證明，無須以武力對付維琪政府，但這一行動卻導致美國凍結了日本在美資產，並使日本和西方國家開戰勢在必行。陸軍參謀本部長杉山起初並不同意立刻著手準備奪取東南亞，但在八月二十三日，他也屈服於壓力之下。

對「Z作戰」計畫，在海軍高階將領中，也曾遭遇類似阻力，為首的是作戰課長富岡定俊上校。當年夏末，他和山本的「煙霧參謀」黑島上校就此計畫的風險，進行了一場爭辯。富岡指控說，南進戰役缺乏調配物資，對「Z作戰」卻投入過多，而這又可能將是一場空。萬一攻擊的機群發現珍珠港內空無一船，那該怎麼辦？他說到熱血沸騰，黑島也一樣激動。兩人的歧異點，幾乎就要讓他們以拳頭相向，但在離開時又言歸於好。經過這次爭論，黑島也開始對自己的論點產生懷疑。

山本卻堅信不疑，來自東京的反對意見讓他更為堅定不移。有天他還對棋友渡邊說：「我到時只好辭職。」渡邊笑了笑。不過，山本並不是隨口說說。上將已經決心以辭職要脅作為其最後手段。

對珍珠港進行空襲的飛行訓練，在日本四大島中最南方的九州島上加速進行。九州以活火山、好戰精神與情色行業聞名。除了和計畫有關的人員之外，包括航母艦長在內，誰也不知道目標地是何處。佐伯空軍基地的戰機飛行員只知道他們正在為大規模空襲做準備，而這會動用到四艘航空母艦的所有的戰機。轟炸機則聚集在南方一百五十英里的富高空軍基地。在這裡，飛行員專注在夜間攻擊和投彈精準度的訓練上，作為標靶的竹筏在海面拖曳出層層浪花。

其他飛行員則在鹿兒島海灣附近訓練。他們將擔負高空和魚雷轟炸機的雙重任務。飛行員對於魚雷轟炸訓練感到更為開心，因為每個飛行員都得到指示，能夠盡情飛行——低空飛掠平民的頭頂和在建築物間做出危險動作。每架飛機都有三名組員：飛行員、觀察員（兼投彈手）與雷達員（兼機砲手）。他們會飛過位於鹿兒島市後方一座約五千英尺高的山，然後俯衝貼著山形屋百貨公司和火車站飛行，閃躲電話竿和煙囪，在飛抵碼頭前的瞬間，將高度降到二十五英尺。此時，觀察員會拉起套環，以準備對三百碼外的防波提（主力艦列）投射魚雷。然後，飛機向右急轉，以避免撞上海灣中一個小島上的活火山（櫻島山），之後，再繼續貼近水面飛行，嚇壞了那些剛好在附近的漁民。對他們來說這不但很有趣，而且也合法。但是，鹿兒島的居民卻抱怨連連。海軍難道控制不了這些年輕小伙子？為了在藝妓面前露一手，他們幾乎將平野飯店的屋頂掀了！

源田之所以選擇鹿兒島——英雄西鄉隆盛[6]的家鄉——魚雷機在這會碰上將來在攻擊珍珠港時會面臨到大多數的問題。他們必須飛過許多煙囪和建築物，就像在鹿兒島時一樣，然後要突然降低高度和減速以能在極低的高度對主力艦列投射魚雷。源田之所以堅持進行這樣有如自殺的低空飛行訓練，是因為珍珠港水淺，如果在尋常高度下投射魚雷，魚雷就會直接潛進水底。就是在二十五英尺的高度投射，還是無法解決這個問題。他要求橫須賀海軍基地的專家，要他們研製淺水魚雷。

在東北方幾百海哩遠曲折、景色壯闊的四國島海岸附近，一支海軍特遣部隊也在針對「Z作戰」計畫的另一方面進行訓練。這種訓練之神秘，使當地居民大惑不解。每天早晨，十幾名精神抖擻的年輕少尉，會駕著漁船航進三機灣，後面還拖著長約八十英尺雪茄形狀的物件，用帆布蓋著。傍晚，這些漁船連同帆布蓋著的東西，陸續返航。這些少尉就群聚在岩見屋客棧吃晚餐。

用帆布覆蓋的東西原來是兩艘小型潛水艇。駕駛員讓小型潛水艇偷偷通過三機灣口，模擬以魚雷攻擊美國船艦。不過，就算是教官，也不知道這是用來對付珍珠港的。

九月二日，艦隊所有的指揮官和主要的參謀官，以及聯合艦隊、海軍參謀本部與海軍省的重要人員（共約四十人），都聚集在東京目黑的海軍戰爭學院中，進行最後一次沙盤推演。在場的幾名陸軍觀察員都首次聽聞這個行動。會議中有兩個問題要解決：一是要制訂出成功攻擊珍珠港的最後詳盡方案；二是從海軍的角度出發，針對佔領馬來亞、緬甸、荷屬東印度群島、菲律賓、所羅門群島（Solomons）和最終還包括夏威夷在內的太平洋中部各島嶼，制訂出詳細的時間表。

在會上，從海軍參謀本部和海軍省挑出了裁判，其餘的人分成三組。山本本人領導N隊（日本隊），第二艦隊指揮官近藤信竹中將率領E隊（英國隊），第三艦隊指揮官高橋伊望中將帶領A隊（美國隊）。九月五日——天皇吟誦其祖父明治天皇的詩句的前一天——戰爭遊戲開始了。在巨型的沙盤上，山本的特遣艦隊向夏威夷出發了，但在航空母艦群抵達攻擊點前，高橋的從珍珠港起飛的「美國」偵察機就發現了山本。偷襲失敗，山本的機群中有三分之一被擊落，兩艘航空母艦被擊沉。儘管遭受到這些「戰損」，為了不使山本將辭職要脅轉為現實，同時也因希特勒攻擊俄羅斯更加確保了日本在滿洲的地位，山本的計畫仍沒有被放棄。

海軍參謀人員在一週內便完成了一份計畫草案，將十一月十六日設為X日（日軍的軍事攻擊開始日）。一名軍官將約莫一百份厚達四十頁油墨印刷的計畫，交給「長門號」上的一名文書二等兵野田光春，令他把這些文件送到停泊在吳港的旗艦上。每份複本都用黑色馬尼拉文件夾包著，野田好奇之下看了一頁。計畫一開頭就印著：「日本就要對美國、大不列顛（和荷蘭）宣戰」。野田被迷住了。他把攻擊珍珠港的詳細計畫，包含圖表和密語都仔細讀了一遍。

野田和一名助手將這些計畫包裹成四份，在東京車站登上了火車。當晚，他們就睡在開往吳港的三等臥舖上，將這四捆文件當做枕頭和腳墊。

按照研究計畫，需要動用航空母艦只有四艘，這遭到聯合艦隊和特遣艦隊的每一名參謀的反對。至少需要六艘航空母艦。草鹿不僅正式提出要再添加兩艘航空母艦，還親自飛往東京為自己的信念奮鬥。在和海軍參謀本部經過一整天的爭論失敗後，他並沒有和任何人商議，直接拍了一封電報給山本，抱怨缺乏聯合艦隊的奧援。

草鹿的努力失敗了。尤其痛苦的是，他的任務是要決定留下哪兩艘航空母艦。他挑了兩艘較小型的航空母艦——「飛龍號」和「蒼龍號」。這兩艘船艦的指揮官是他的老友山口多聞少將。此人脾氣極差，但極有勇氣。草鹿命令源田親自將這個不受歡迎的訊息送過去，但看到源田滿臉不情願，草鹿便把山口叫到「赤城號」。

暴躁易怒的山口畢業自普林斯頓大學。他似乎接受了這個決定，並靠著清酒尋求慰藉。在喝了五、六杯後，他怒氣衝衝地撞進南雲將軍的辦公室。草鹿想阻止已來不及。在日本海軍這樣的高層級中，如此行徑並不罕見。為了安撫他，南雲說，雖然「飛龍號」和「蒼龍號」必須留下，但艦上訓練有素的官兵組員仍可調到「翔鶴號」和「瑞鶴號」上去。雖然如此，山口還是無法參戰，他大喊：「我堅持要帶上『飛龍號』和『蒼龍號』。」壯碩的山口，突然從背後衝向南雲，並勒住這名矮小將軍的脖子。

草鹿出現在門口。他拉住山口的手臂說：「這是在幹什麼？」

南雲滿臉漲紅，但仍相當沉穩地說：「我的柔道技巧也很好，這樣的醉漢我還能應付。別擔心。」他掙扎著要脫身，山口卻勒得更緊。南雲的臉愈來愈漲紅。最後，草鹿也勒住了山口的脖子，才把南雲從山口手中拉開，並將他推到隔壁房間。「你在這想幹麼就幹麼。」

山口的怒氣漸消。在他圓圓的臉上露出了天真笑容，開始在房內來回走著，還哼唱著一首流行歌曲《東京音頭》。

扭打並沒有帶來什麼影響。幾天後，山本親自打了通電話到東京，將這兩艘航空母艦也編了進去。

幾週後，草鹿把所有的航空母艦艦長與主要的飛行隊長召到「赤城號」。他告訴他們關於珍珠港的計畫，並命令將目標由移動改為固定。在富高空軍基地，有塊直徑達十五英尺的大石頭被漆成白色，以替代拖曳的木筏目標。在鹿兒島灣的海灘上，指揮十架高空轟炸機的阿部平次郎上尉用石灰畫了一艘主力艦的輪廓，並命令他的組員要把啞彈投在這上面。只有他知道，這是「加利福尼亞號」主力艦的輪廓。

因為數週來的刻苦訓練，轟炸結果相當驚人，命中率高達八成。但達成這樣的成績也有其代價，因為飛機不停歇的轟隆聲，讓當地的母雞都不會下蛋了。

三

九月二十四日晚，馬凱電報局發給檀香山的喜多總領事一封密碼電報。電報是川上校發送的，命今日後關於珍珠港的情報要鎖定在以下五個區域：

地區壹：福特島和兵工廠之間的水域。地區貳：福特島以南和以西的連接水域。地區叁：東灣。地區肆：中灣。地區伍：西灣和航道。

喜多將這電訊交給了吉川。他在上述各地區轉了幾次，四天後，他回傳了一份軍艦駐泊清單的電報。包含了一艘主力艦、重巡洋艦和輕巡洋艦、驅逐艦和潛水艇——沒有航空母艦。

在墨西哥城，另一名海軍密探和智恆藏中校也在進行活動，不過，他的偽裝身分已瀕於暴露。和智已經以海軍副武官的身分在那待了一年。他是日本海外最大的間諜網L的首領，而其主要任務是截收美國在大西洋的艦隊電訊。不久他便破解了美國的簡單的密碼，將美國戰艦只在大西洋調動的精準情報回傳至東京。

他的副業是透過一名墨西哥將軍收購水銀——他已經收集了約兩千瓶九十磅裝的水銀。因為水銀是禁運物資，他不得不將這些瓶裝水銀秘密裝進大圓桶，上半部裝滿廢銅。九月下旬，在有次裝運一艘日本貨船時，有個圓桶調掉在地上，摔破了水銀瓶子，水銀流了出來。和智事先偷運了一大捆都是千元的美鈔，就是為了應付這樣的緊急狀況，否則，他的間諜生涯就得從此終止。他的聯絡人是一名有影響力的銀行家，他答應壓下這件事，並提供和智一份需要買通的官員名單——在墨西哥總統的名字下，就寫上了十萬美元。

和智慷慨地付了這些款項，因為在當時，眼見就有一項重要情報即將到手。在他的支付名單上，一名被革職的美國陸軍少校，代價是每月兩千美元。這名心生不滿的少校代碼是「薩頓」（Sutton），曾經提供和智所有航經巴拿馬運河的海軍船艦的詳細報告。憑其自身截收的情報判斷，和智知道這些情報是精確的。戰爭一旦爆發，和智準備將「薩頓」派往華盛頓，一方面是「薩頓」在那有許多高層的朋友，另一方面是他能夠進出陸海軍軍官俱樂部。

—

十月二十二日——即天皇命令東條組閣後五天——辻中校親自去執行一次間諜任務。朝枝上尉曾給他一份關於馬來亞海灘和潮汐的情資，但他卻想親眼瞧一瞧。他說服了偵察機中隊長池田上尉帶他到半島上空偵測。黎明時，兩人駕著無武裝也無塗裝、燃油足以飛行五小時的雙引擎飛機，從入侵部隊的新總部所在地西貢起飛。辻穿上了航空部隊的制服，以防被迫降落在英國屬地。

他們飛過了暹羅灣。兩小時後，馬來亞的東部海岸線，清晰地在他們眼前展開。左方是英屬馬來亞最北部的城市鎮哥達巴魯（Kota Bharu），右邊是泰國的兩個沿線城市北大年（Pattani）和新歌拉（Singora，今稱宋卡）。他們直接飛越新歌拉和其極小的迷你機場。在主要道路兩旁都是橡膠園。辻估計，一個營的兵力就可拿下這個機場，並用來作為作戰基地。他興奮地拍了一張照片。

接著，他們朝著馬來亞的西海岸線飛去。由於下雨，降低了能見度，辻便告訴池田下降到六千五百英尺的高度。突然間，穿過薄霧，他們看到一座大型機場。辻喊道，那就是亞羅士打（Alor Star）英國空軍基地！池田連忙拉高機頭，朝南飛去。在飛過兩個規模類似的大型英國機場後，他們回轉向北飛去。又發現兩個一樣大小的機場。辻感到很驚訝，面對來自如此現代化設施的空中打擊力量，一個小小的新歌拉日本機場是毫無招架之力的。在首批部隊登陸後的數個小時內，必須「不惜代價」拿下亞羅士打和哥達巴魯。

在西貢著陸後，燃料只剩下十分鐘航程。辻告訴飛行員說：「想看的都看到了，現在，我相信我們會打勝。」

辻還穿著空軍制服，就向陸軍指揮官和參謀匯報其發現。據此，他們擬訂了新的作戰計畫，決定出動第五師（攻擊新歌拉和北大年）和第十八師（進攻哥達巴魯）同時進行登陸作戰。第五師將奪取霹靂河（Perek River）上的戰略性橋梁和亞羅士打空軍基地；第十八師則在攻下哥達巴魯及其機場後，沿東海岸南下。

辻很清楚，要陸軍參謀本部不失顏面地接受這樣徹底不同的計畫，幾乎是不可能的事，所以他飛到東京親自面呈此計畫。要不是靠著他的老友，剛晉升為參謀本部作戰課長的老友服部卓四郎上校從旁幫忙，儘管辻的表現再怎麼優秀，他本來是不會成功的。服部不僅被辻大膽的飛行偵測所激勵，也深信只有他的方案才能夠成功。面對強大的反對，服部說服了陸軍參謀本部長杉山批准了辻的提案。

——

在夏威夷，例行性外交郵件剛剛抵達，內含一大包的百元美鈔和一項指示，要將這筆錢送給奥托．庫恩這名德國人。他與希姆萊[7]相識，但希姆萊並不欣賞他。奥托．庫恩離開納粹黨後來到了夏威夷。在一次家具買賣中他賠光了資本，現在則以當間諜為業，以及靠著妻子開美容沙龍的獲利為生。他除了對日本人吹噓自己的人際網絡外，很少有什麼實質作用。

喜多總領事在一張紙上寫上「卡拉馬」，從字的中間把紙撕成兩半，並將其中一半寄給庫恩。之後他把吉川找來，交給他外一半，然後要他送給「一個美籍德國人。在我們離開後，他會繼續從事間諜活動」。

吉川並不情願——他不認識任何德國人，而且也不想當這個信差——但喜多很堅持要他去。喜多走到保險箱前，拿出了那個用報紙包著的包裹，裡面有著一萬四千美元和一封信。「把你那半張紙給他看，如果他有另外一半，就把錢給他。」吉川還得帶回庫恩對那封信的回覆。

十月二十八日黃昏前不久，穿著綠色褲子和夏威夷衫的吉川跨出領事館前門，並登上一台計程車。當車爬上鑽石角後，又沿著東海岸開了幾分鐘。在離庫恩家約一英里處，吉川下車並沿著路漫步走到了正確地址，那是間有著寬闊庭院的房舍。吉川敲了敲廚房門，但無人應門。他走了進去喊道：「哈囉……哈囉？」等了十分鐘，然後突然有個人不知從哪跑了出來。此人年齡約四十出頭。

「奧托．庫恩？」

那人點了點頭，吉川擔心他是聯邦調查局的幹員，暗暗地將他那半張紙放在桌角。那人臉色立刻轉為蒼白並開始顫抖，但也抽出了一張紙。吉川依舊不發一語，比對著這兩張紙——「卡拉馬」。他跟著同樣沉默不語的庫恩走出後門，來到一個無頂的夏威夷風格眺望臺。在這他交給庫恩那一捆東西，並告訴他裡面還有封信。庫恩摸索著包裹，最後他發現了那封沒有簽名的指示信函，要求他測試短波發送器。在一一九八〇頻率上使用EXEX呼叫代號，於十一月三日太平洋標準時間一點整和十一月五日五點三十分與JTP電台取得聯繫。

吉川要求得到回音，庫恩才首度開口說話。他音頻很高且聲音帶著顫抖，又以幾乎聽不到的聲音說：「兩、三天內我會給總領事一個回覆。」然後在一張紙上寫著他無法做這樣的測試。他用信封把紙條封好，並交給了吉川。

吉川回到大馬路時，天已經黑了，相當擔心聯邦調查局幹員會跳出來逮捕他。他攔到一台計程車，朝著領事館開回去時，他這才放心。

還有兩名密探正搭著「大洋丸」郵輪，在前往歐胡島的途中。其中一人是潛艦專家前島壽英中校，偽裝成船醫。另一人是助理事務長鈴木孝順。只有船長和事務長知道他本名是鈴木英，海軍中最年輕的少校，也是名航空專家。他父親是一名將軍，而伯父就是著名的海軍將領鈴木貫太郎，也就是在「二二六事件」中千鈞一發之際躲過暗殺的侍從武官長。鈴木主要的任務是確定目標的精確位置，該使用何種炸彈，可能的緊急登陸點——最為重要的——茂宜島（Maui）上的拉海納港（Lahaina）是否仍是美國的海軍基地。如果是，那就得從攻擊珍珠港的機隊中抽調出大量飛機。在前往檀香山途中，他還被交代要研究行程中海洋和天氣的情況。「大洋丸」的航線偏離原本的航道，完全按照南雲的特遣艦隊所排定的路線航行。

雖然海浪很大，船上的美國乘客還是感到相當舒適，但大多數的人和卡爾・賽普（Carl Sipple）夫婦一樣，都感到有些不安。因為持續增長的國際緊張情勢，賽普夫婦帶著兩名稚兒，一家人離開了日本。隨著日子一天天過去，輪船卻沒有報告方位，他們的焦慮也隨之增加。考量到風力和氣溫的變化以及太陽與水平面的相對高度，他們猜想到他們的航線比尋常航線更為偏北，同時也看不到其他船隻的蹤影。是不是會被載到其他港口呢？賽普夫婦試著發了封電報給在檀香山的朋友，但無法發送出去。「大洋丸」得維持無線電靜默。

十一月一日黎明，郵輪終於在歐胡島靠岸。賽普站在甲板上想看一眼鑽石角，但首先映入眼簾的是船後尾隨著一艘小型白色工作艇。戰機在上方盤繞，然後俯衝低飛，低飛到連乘客都能和飛行員互相揮手致意的程度。

鈴木站在帆罩上，用雙筒望遠鏡掃視珍珠港的出入口。它的寬度剛好足夠一艘大型船艦通過。六點剛過，滿滿一工作艇的海軍陸戰隊員登上了這艘船，並如磐石般地守衛著艦橋與引擎室。鈴木猜想他們是要防止有人把船弄沉，把珍珠港的出入口堵死。他走向數名登船來引水進入檀香山的港務局官員與美國海軍軍官，與他們攀談，立刻問起水深多少及布雷情形。這些問題他都一一得到回答。在船上的酒吧喝酒時，他也獲知橫跨入口處設有能夠自動開關的鐵網，附近一艘英國軍艦的桅杆上還有個不斷在旋轉、被稱為雷達的新機器。

其餘的任務就都無法執行了。喜多派出一名職員帶來警告，要兩名情報人員待在船上才是明智之舉。鈴木努力擬好一份包含九十七個問題的清單。職員告訴他，在開船前就能得到回覆。

此份問卷被交給了吉川。「一週中哪一天港內停泊了最多船艦？」這答案很簡單——星期日。「是否有大型的巡邏水上飛機？」這也很容易就能回答——卡特琳娜水上飛機每天早晚都會出發。「離港的船艦去哪？為何？」他不知道，但從船艦離港的速度和時點來推測，應該是在五百海哩內進行操演。「珍珠港入口處是否有反潛網？若有，請描述。」他只聽說過有，但決定自己去探詢。穿上尋常穿的綠褲子運動服裝和夏威夷衫，還帶著竹製釣竿，沿著公路走下去穿過了希卡姆機場，然後又越過一片荒廢的區域朝著珍珠港入口走去。他想著，如果被逮到，就偽稱自己是菲律賓人。他走進緊鄰著幾棟海軍建築物的小樹林中，差點撞上一名在曬衣服的水兵。他躲在樹叢中，一直到日落才敢出來。他短暫想過，如果被逮到就自殺，但還是決定只說：「我投降！」這一切讓它去死吧！

天黑後，他慢慢爬到海港的出入口。他聽到人聲就一動也不動，直到一切都靜下來為止。然後他輕輕下了水，靜靜地滑動雙腿游了五十碼進入航道。他用腳探索，但什麼東西也沒有。他潛下去探尋，但因為過於激動，所以憋住的氣只能讓他下潛幾碼而已。他又試了下潛五次，還是沒看到任何東西。他最後游上岸。這是他的密探生涯中最為焦慮的時刻，而最終他還是無法報告出什麼確實的訊息。

在「大洋丸」上，鈴木花了好幾個小時在觀察和拍攝珍珠港的出入口以及鄰近的希卡姆機場。在接下來幾天，不同的領事館雇員帶著報紙穿過海軍陸戰隊守衛的「大洋丸」。鈴木所要的資訊就夾在這些報紙內。

到了十一月五日開船那天，他已經知道希卡姆機場停機坪鋼筋水泥屋頂的厚度以及主力艦甲板的厚度，還有從珍珠港周圍山丘上所俯拍的照片和近期的航空照片。他將所有的情資彙整摘要在一張紙上，並把它藏好。下午三點，他完成了他的任務。就在開船前不久，最後一趟信差登上了船，帶來一份上了鎖的外交郵包，內有吉川的最新情資與最精準的地圖。

四

在九州的外海上，有個大木箱被帶上南雲的旗艦「赤城號」，然後被抬進了草鹿的辦公室。木箱內有個七英尺平方大小的歐胡島模型。在接下來幾天，規劃人源田實和領導人淵田美津雄熟記下了這片地形的每一個特徵。

聯合艦隊從它設在櫻島外的基地出發進入豐予海峽。櫻島是座美麗的小島，從廣島向南航行兩個小時就可抵達。艦隊停泊在那假扮為美國太平洋艦隊。南雲的航空母艦群移到離「美國人」兩百英里遠處，派出了俯衝轟炸機和戰鬥機進行護航，後方還跟隨著高空轟炸機和魚雷機。機群不靠通訊設備集結飛行，而是透過掛在駕駛艙內的黑板上所寫好的信號溝通。

最終的技術性問題——適合的魚雷——終於被橫須賀的魚雷專家愛甲文雄上校解決了。他用飛行平衡器做成木製的水平舵，並把它裝在魚雷上。歷經鹿兒島的大量測試，八成魚雷能夠在水淺的珍珠港內運作。現在的問題是要在攻擊前臨時趕製出這些木製水平舵。

到了十一月三日，海軍內部反對「Z作戰」的聲音都消除了。那天，山本和他的核心幕僚一同飛往東京去見永野。討論結束後，參謀長嘆了口氣說：「至於攻擊珍珠港一事，我無法保證我的判斷永遠是對的，因為我已經老了。所以我必須相信你們的決斷。」

兩天後，山本發出「聯合艦隊絕密第一號作戰命令」，這是份厚達一百五十一頁的文件。它勾勒出戰爭第一階段的海軍戰略，不僅涵蓋了珍珠港，還有對馬來亞、菲律賓、關島、威克島、香港和南海差不多同時進行的襲擊。

接著，山本把所有的中隊長都召集到他的旗艦上，並告訴他們攻擊珍珠港的計畫。[8] 他說：「你們不能小覷敵人。美國不是一個平庸的對手，而且永遠都不會是。」

十一月六日，伯爵寺內壽一上將就任由四個軍組成的南方軍總司令。他的任務是盡速奪取美國、荷蘭和英國在「南方區域」所有的屬地。在同時攻擊馬來亞和菲律賓後，山下奉文中將會率領第二十五軍佔領馬來亞和新加坡。本間雅晴中將是一名業餘劇作家，也是陸軍中少見的親英美派，他將帶領第十四軍攻佔菲律賓。曾經多次代表陸軍參加爭論激烈的聯繫會議的塚田將軍，將出任寺內南方軍的參謀長。塚田離開東京出征時，陸軍參謀本部中許多軍官都有著不祥預感。現在，有誰能控制得了那些脾氣火爆的少壯派軍官呢？

在二十四小時內，山本發布了第二號命令，把敵對行動初步定在十二月八日。選擇這個日期的因素有二：當晚月圓，便於飛機從航空母艦上起飛；那天在夏威夷是星期日（十二月七日）。從及川的報告中得悉，太平洋艦隊通常於星期五回到珍珠港，星期一離港。

十一月十日，南雲將軍發布了實施山本計畫的第一號作戰命令。因為有著這樣一個但書：如果和美國人的外交談判即使是在最後一刻順利達成，對珍珠港的攻擊也要取消，特遣艦隊將回到北緯四十二度東經一百七十度的集結點待命。

六艘航空母艦上所有的私人物品與非必要裝備都被移除，然後裝上一桶桶汽油。所有的船隻都進行燈火管制。通常日本艦隊離港時，船上都是裝著熱帶衣物和適應南方氣候的特殊食物。此回水手們將會需要禦寒衣物、防凍油、特製防水砲衣和其他防寒裝備。草鹿希望，所有這些補給都能在不引起懷疑的情況下，收集完備。

十一月十六日，珍珠港航空母艦特遣艦隊（木戶部隊）在瀨戶內海出口集結。這是一支強大的艦隊：六艘航空母艦、兩艘配有十四吋主砲的主力艦「比叡號」和「霧島號」、兩艘重巡洋艦「利根號」與「筑摩號」、一艘輕巡洋艦、八艘驅逐艦，還有三艘油輪和一艘補給艦。其中兩艘航空母艦「赤城號」和「加賀號」，分別是從一艘戰鬥巡洋艦和主力艦改裝而成，排水量超過三萬噸。「飛龍號」和「蒼龍號」只有一萬八千噸的排水量，但是設計較為新穎。「翔鶴號」和「瑞鶴號」是最新型也是最大的航空母艦，長八百二十六英呎，幾乎和美國最強大的航空母艦「勇往號」（Enterprise）一樣大小。六艘航空母艦上載有三百六十架飛機：八十一架戰鬥機、一百三十五架俯衝轟炸機、一百零四架高空（水平）轟炸機以及四十架魚雷機，只帶了三十枚裝有新式水平舵的魚雷。另外還有一百枚魚雷，則需要一週以上的時間才能準備就緒，而「木戶部隊」出發時只好不帶上這些魚雷。

第二天傍晚，山本來到「赤城號」，向南雲和主要人員送上祝福。當山本警告他們要留神這個他們艦隊史上最強大的敵人時，淵田感覺上將的臉色陰鬱，但在軍官室舉行的送別晚宴上，山本的信心卻極具感染力。他說：「我認為這次作戰，將會取得成功。」語畢，大家熱烈為天皇舉杯致意。

天黑後，「赤城號」在左右兩艘驅逐艦護衛下緩緩地駛出佐泊灣。艦上燈火全部熄滅，通訊設備上的晶體暫時被拿下來，以確保無線電靜默。但留在瀨戶內海的船艦，正準備發射大量無線電通訊以誤導敵軍的監聽站。

山本在「長門號」的後甲板上，雙手放在身後來來回回走著，時不時就停下來注視遠離中的航空母艦的黯淡船身。他對「Z作戰」深具信心，但還是害怕與美國開戰。在他最近寫給軍校同窗的一封信中，山本寫道：「我現在的立場是如此古怪！必須做出違反我個人觀點的決定，毫無選擇，只能全力去實踐這個決定。此亦命乎？這是何等的壞兆頭……」

特遣艦隊中的其他船艦，一艘艘以不規律的間隔起錨開航，並分別朝向不同航道，前往東京以北大約一千海哩遠的集結點。如果所有的船艦同時直接朝向歐胡島航行，那就會太過明顯。「木戶部隊」選擇集結在千島群島（Kuriles）中的擇捉島（Eterofu），那裡港灣水深，夏季海浪洶湧，但冬季卻出奇平靜。該島是個理想的會合點。島上只有一個由三棟房舍組成的小村、一個小型水泥碼頭、一個郵局和一個無線電站。為了安全起見，「國後號」砲艇已經扣押所有的外送郵件和電報，巡邏艇則在單冠灣（Hitokappu）內圍捕漁民。

「加賀號」是留在瀨戶內海中的最後一艘航空母艦，裝載了最後一批改良型魚雷。船艦一啟航，艦長就把所有的組員召集到甲板上，宣布向單冠灣出發，然後才前往珍珠港。在珍珠港，吉川正在注視著一艘大型主力艦和八艘驅逐艦駛進港內。那裡已經停泊了五艘重巡洋艦和一艘勇往級航空母艦。

——

「大洋丸」在橫濱靠岸了，鈴木英所需要的極重要資訊還鎖在外交郵袋中。他現在得把它交給外務省的代表。他兩手空空地搭火車回到東京，而永野上將命令他立刻帶著從夏威夷取得的最新情報前往單冠灣。但是，外交郵袋卻在運送途中遺失了。外務省的官員對此毫無所悉，也找不到它的下落，鈴木只好被迫搭「比叡號」主力艦北上，僅僅帶著上面記錄著遺失的情資中他自己所寫的摘要部分和憑著記憶所畫的珍珠港草圖。

雖然這項任務十分緊急，他還是用了四天才追上「木戶部隊」。他獲知原先遺失的外交郵袋最後在東京尋獲，只是再度消失。載著外交郵袋的飛機在兩天前就已出發，但還未抵達，鈴木只好按自己的筆記摘要，向源田、草鹿和其他參謀簡報。他詳盡地描述了希卡姆機場和惠勒機場，並說在歐胡島上有三百五十架陸軍的飛機。[9]日本領事館的官員誰也沒在拉海納港見過任何船艦，在他回國途中，和幾個「二世」在一起喝酒時確認了這點。

在「赤城號」上，各艦艦長和大副都被告知了航線。一名艦長想知道如果遇上了來自海參崴的蘇聯商船該如何處置。「擊沉」就是答案。「不論掛著哪國國旗，看見什麼就擊沉什麼。」

十一月二十五日傍晚，五百名駕駛航空母艦飛機的飛行員，擠進「赤城號」飛行員室。室內的睡舖和桌子都已經拆除。南雲略述了此次攻擊。其中很多人還是首次聽到珍珠港這個地名。當他演講時，激動情緒往上揚升，在他以「好好打，並祝好運！」作結時，響起震耳欲聾的歡呼聲。

歡呼聲過後，源田和淵田對著珍珠港模型，詳細解說這次攻擊行動。每個飛行員都得到一份美國戰船的照片，還有鄰近歐胡島可以用來迫降島嶼的照片；潛艇會在標示地點接應他們。

夜色極黑，加上風浪洶湧，以至於許多飛行員無法回到原來的航空母艦上。該晚就是出發前夕，在「赤城號」上有個盛大的清酒會。但總指揮官卻無心與會慶祝。南雲是個勇敢的人，卻像是強迫性自尋煩惱的人，過去一週以來，他一再告訴其參謀長：「我懷疑這是否可行。」而草鹿每次都回答：「別擔心！」

但是，南雲總是無法感到安心。深夜以後，他翻身下床要他的副官去叫醒鈴木英少校。他穿著日式睡袍，為了叫醒鈴木而向他致歉，但總有些事在困擾著他。「你是不是絕對肯定，沒人在拉海納港看到過太平洋艦隊？」

「是的，將軍。」

「太平洋艦隊是否有可能在拉海納港那集結？」

「不可能。」

南雲似乎感到放心了。他點頭稱謝。鈴木退出後，對能為他的指揮官驅除恐懼而感到欣慰。

十一月二十六日早晨，天空晴朗微亮。在這個季節，有如此高的氣壓是不尋常的。海面平靜，這似乎是個吉兆。但是，正當艦隊起錨時，「赤城號」的一片巨大螺旋槳被鐵線纏住，還有一名水兵掉進了單冠灣的冰冷海水中。

艦隊在延誤半小時後，終於出發上路，但仍沒能找到那名落水的水兵。每一艘船艦上都充斥著興奮和果決的情緒，當艦隊依次航經一如往昔被薄霧籠罩著的擇捉島時，重巡洋艦和主力艦對著小島上的山坡進行主砲實彈齊射。主砲的轟鳴聲和炸開的散灑在山丘上的巨大白色雪片，使將士們大受鼓舞。

在華盛頓，赫爾那份毫無妥協的照會，正被打印成正式文件，準備交給來栖和野村大使。

第七章 「這場戰爭，會比任何人想像的都來得更快」

一

在赫爾送出照會後的當天上午，陸軍部長亨利·史汀生打電話給他，詢問是否已經將「暫定協議」發送給日方。國務卿答道：「這事我不管了，現在交到你和諾克斯的手上——陸軍和海軍。」

史汀生打電話給羅斯福，對於日本從上海向南方派出大量遠征軍的報告表示擔憂。是否應該向駐菲律賓的美國遠東軍指揮官道格拉斯·麥克阿瑟中將發送最終警告，建議他「對任何攻擊提高警覺」？總統認為這是個好主意。九點三十分，史汀生召集了倫納德·杰羅准將（Leonard Gerow）、海軍部長法蘭克·諾克斯和海軍作戰部長哈洛德·史塔克（Harold Stark，綽號「貝蒂」）到他的辦公室。

軍方再度主張要盡可能延後危機的到來。史汀生說，他也會對「爭取到時間感到高興」，並認為史塔克在危機真的來臨時「和平常一樣，有點謹慎怯弱」，但他「並不願意以美國受到一丁點羞辱或重啟談判以示我方軟弱，來爭取時間」。

他們最後發給麥克阿瑟的戰爭警報電文如下：

和日方的談判似乎已經終止，日本政府會回頭並提出繼續談判的可能性極為微弱。日本未來的行動無法預測，但敵對行動隨時可能發生。如果無法避免戰爭，美國希望日本先主動採取行動。此政策不該被理解為，限制你去採取可能會危及你們防禦措施的行動方針……

類似的電報也發給了夏威夷防區陸軍指揮官沃爾特．肖特（Walter Short），但電報命令他完全不可「驚擾民眾或暴露意圖」。[1] 肖特將軍將整份警告理解為他應該留心破壞活動。他將這樣的解讀回報給華盛頓，但顯然沒有人仔細地閱讀他的回訊。他從來沒有被告知，他已經誤解指示的要意部分。

史塔克將軍向所有太平洋地區艦隊的指揮官——菲律賓的湯瑪士．哈特（Thomas Hart）和夏威夷的哈斯本．金默（Husband Kimmel）——發送了自己起草的電報。其內容明確扼要：

本電報應被視為戰爭警告。為了太平洋地區局勢的穩定而與日本的談判已然終止，預期日方在數日內會採取侵略行動。日軍數量、裝備以及海軍作戰部隊的組成表明，不是對菲律賓、泰國或克拉半島，就是有可能對婆羅洲（Borneo）採取兩棲作戰。務請做好防衛部署，執行WPL第四十六號（作戰計畫）所指派的任務……

儘管發出了這些警告，談判名義上還是持續在進行。來栖和野村也在同日拜會了總統。羅斯福說，他還沒放棄和平解決的希望。但日本近來佔領印度支那、部隊向南調動，還有敵意性的談話，所有這些都「給美國政府和人民潑了一盆冷水」。

午夜之前，來栖與東京打電話。他所用的暗語拙劣到連外行人都騙不了。例如，把談判稱作「求婚」；羅斯福是「君子小姐」；局勢的關鍵轉變則是「生了個小孩」。來栖和外務省美國局局長山本熊一談了七分鐘，美國情報部門一字不漏地記錄了下來。[2] 他問到日本情況如何：「是否看起來小孩就要出生了？」

山本明確答道：「是的，小孩看來就要出生了。」

來栖說：「……朝哪個方面？」又遲疑一下，意識到應使用暗語。「是男孩還是女孩呢？」

山本笑了，然後接著說：「呃，那是個健壯的小夥子……關於婚姻問題，也就是關於求婚——可別鬧翻了。」

被弄得糊裡糊塗的來栖問道：「什麼不要打壞了？你是說會談？」他無可奈何地說：「啊！天啊！」接著順從地笑著說：「好吧，我會盡量想辦法的。」他停頓了一下又說：「請仔細閱讀今天的電報中我們所提到的關於君子小姐所說的部分……他們想要持續提出求婚的請求。他們確實如此。我們同時還正面對著孩子即將臨盆的興奮感。那個德川（日本陸軍）已經迫不及待，不是嗎？德川啊，不是嗎？」他焦急地笑了出來。「那就是我懷疑還能夠完成什麼事情的原因啊！」

山本表示，他不認為事情已經糟到如此程度。「嗯，我們可不能把山賣掉（我們可不能屈服）。」

「呃，那當然。我知道。那事甚至毫無爭辯的空間了。」

「嗯，那麼就這樣子吧，雖然我們不能屈服，但對那電報，我們還是會給你一個答覆的。」

來栖繼續說：「無論如何，君子小姐明天就要出城去了，會在鄉下待到週三才回來。」

「你還是會繼續盡全力去做吧？」

「啊，是的，我將全力以赴。野村先生也正在盡其最大的努力。」山本問，那天與君子小姐的談話有無任何有趣的內容？「沒有，完全沒有特別之處，除了現在顯而易見的是南向——啊……」來栖又開始說漏了嘴，「南方——那個南方問題有了相當大的效果。」

「我了解了。嗯，那麼再會吧。」

來栖如釋重負地說：「再見。」

第二天，「魔術」就破譯了九天前攔截到的東京拍給喜多總領事的內容更為重要的電報：

……假使發生緊急狀況（斷絕外交關係的危險）和國際通訊管道被切斷，會在每天的日語短波新聞發送中加入下列警告：

（一）如日美關係處於危急：東風，有雨。

（二）日蘇關係：北風，多雲。

（三）日英關係：西風，晴天。

此暗號將在天氣預報的中間和結尾傳送，每句話都會重複兩次。接受到此暗號後，請立刻銷毀所有的密碼文件。到目前為止，此完全屬於秘密安排。

這封「風向」電訊在華盛頓造成了一場騷動。受到驚嚇的情報部門官員，立刻安排對日語新聞進行全天候監聽，以找尋關鍵的句子。但他們卻未察覺，在那成堆未翻譯的電報中，是能立刻發現到要攻擊珍珠港的訊息。吉川的間諜報告被忙碌的翻譯員堆壓在「待處理」的公文框內——因為重要性太低，以至於連被隨手翻閱的機會都沒有。

同一天——十一月二十八日——早晨，史汀生闖進羅斯福的臥室，看到他還躺在床上，正在和他人進行討論。史汀生告訴總統，日本又向南增兵。史汀生想要用駐防菲律賓的B-17「空中堡壘」進行攻擊，但羅斯福總統卻鎮靜自若，並在幾個小時後召開的軍事會議（War Council）中，一致決議不應採取急躁的反制措施。只需警告日本，一旦日軍抵達某個地點，「我們必將奮戰」。會中也決定由總統發送私函給天皇，表達對和平的期望，並提出警告，假使日本堅持侵略行動，戰爭勢在必行。

這本是個好方法，而天皇本來是可能接受的。他剛召集重臣，要他們重新審視整個時局，並將結果向他回報。前首相們——近衛是第八個——由於沒有介入之前的決定，會有比較客觀的觀點。宮內大臣木戶侯爵想要天皇御臨召開此會議，但東條首相以重臣們缺乏合法職位為由加以拒絕。最後達成妥協：會後各重臣將和天皇共進午餐，並表述各自的意見。

次日，十一月二十九日上午九點三十分，重臣們和東條以及四名閣員，加上樞密院議長原嘉道一起聚在皇居會議室內。這比較像是非正式性會談，而不是個會議，既沒有主席，也不會做出任何決定。長期以來就反對軍國主義的若槻禮次郎男爵要求更多地了解談判期限問題。「這是否意味著再也沒有談判的空間了？」

東鄉外相表示，「再談下去也不會有進展」，而東條認為「外交處置已經無望」。從此之後，外交只能用於「讓作戰更為有利」。

若槻堅持問道：「是否放棄談判後就要投入戰爭？」

東條說：「直到今天，我們都還盡力要達到外交解決。我們是極其謹慎的，但我們現在不必為動員軍隊而感到羞恥，這是個有尊嚴又正義的行動。」

這個回答並沒有讓男爵滿意。若槻和木戶一樣，都認為對日本而言，「臥薪嘗膽」比戰爭來得更好。

鈴木將軍問道：「如果我們已經施行『臥薪嘗膽』方案，結果還是以戰爭收場，那該如何？那時我們連一絲獲勝的機會也沒有了。」

這樣一來，若槻提出了更多問題，以至於東條不耐煩地打斷他的話，「請相信我們所說的。我們能夠佔領這塊範圍（東南亞），並獲取足夠原油。三年中，我們能逐步擴大佔領地。至於航空用油，我們還能設法解決；關於鋼和鐵，去年的產量是四百七十六萬噸，三年後我們可以提高這個產量。」

「我到現在還對於我所聽到的一些說法不甚明瞭，」岡田啟介海軍上將插話問道，比方說，歐戰的情形如何？

東條答道：「我們將和義大利與德國一同攜手合作，和他們簽訂過條約。」這是戰略性需求，能使日本向西推進，和希特勒的部隊會師。「我們必須擊敗英國。」印度是途中的一個目標。「然後，我們將配合德蘇戰爭，在近東地區聯合作戰。」

岡田不認為這項誇大的計畫能夠行得通，向東南亞擴張也不一定能帶來產能的增加。「運送原物料回到祖國將會非常困難。三年之後，我甚至連生產力一事想都不敢想。你到時怎麼處理這些原物料？」

這些恐懼都是很現實的，但東條的回答卻很乾脆，「資源問題是危險的，但我們能夠解決。所有其他的問題都差不多，我想我們能夠找到辦法。請相信我們。」

岡田說：「這太讓人起疑了，你能夠持續建造軍需廠，但你要怎麼弄到原物料？這可不是輕鬆的任務。我們很快就會耗盡天然資源的。」

「我們將執行輕重緩急的原則。」

岡田將攻擊矛頭轉往新的方向，並詢問海軍是否有實力擊敗美國。

關於這點，東條還在等待海軍給予明確回覆。東條表示，日本將逐一攻下戰略要點，準備長期作戰，並終將勝出。

岡田挖苦地說：「目前為止還可以，但還有許多未知數。依據美國目前的造艦計畫，你不認為多少有點危險嗎？」

怒火中燒的東條失去理智地說：「一切都考慮進去了。假使我們不開戰，結果又會如何？我們就是不能向英國和美國卑躬屈膝。在中國事件中，到目前為止我們已經喪失十六萬名將士。現在還有兩百萬人在受苦。不能再受苦了！如果再這樣連續幾年下去，連開戰的機會都沒有了。我們已經喪失了許多寶貴的作戰時機。」

但這並沒有嚇退岡田。他公開地諷刺道：「我們想方設法要與美國達成友好解決，以能補償之前時刻所流過的鮮血。以此為目標，我們正在建立『大東亞共榮圈』（Greater East Asia Co-prosperity Sphere）。從這些國家，我們進口大量稻米，但他們卻仍飢寒交迫！我們想要照料這些人民。勞動力和運輸能力都短缺，為了使他們幸福，我們必須做出犧牲。用陸軍軍票在那購買原物料，那是不公義的。」

東條對這番嘲諷置之不理，並說：「那就要看我們怎麼去喚起人民的情感了。我們必須善用當地的組織。一開始老百姓會覺得生活困苦，但很快他們就會習慣的。」

已經過了中午，大家休會去和天皇共進午餐。之後，大家（包括天皇和木戶）走進會議室。天皇說：「我們正要歷經極為艱困的時刻，是吧？」天皇是在禮貌地請大家發言。

若槻男爵說：「對於我國人民的精神力量，我們不需太過擔心，但我們必須仔細研究，我們是否有足夠資源進行長期戰爭。上午，我聽了政府的解釋，但我還是感到擔憂。」

東條提醒天皇，政府的解釋是內閣和最高統帥部的一致觀點。

岡田說：「我也聽取了政府的解釋，但我還不相信這樣的說法。」

近衛也不認同，並說：「縱使談判破裂了，我仍然懷疑立刻訴諸戰爭是否必要。我認為我們或許可以找到解決方案，同時還能保持現狀。也就是說，維持『臥薪嘗膽』的狀態。」

米內光政海軍上將也不相信，他說：「既然我沒有背景材料，所以無法表達具體意見。但是，請原諒我粗俗的言語。為了避免慢性貧困，恐怕結果會是快速貧困。」

只有兩名「重臣」將軍，即阿部信行和林銑十郎完全信賴東條政府。看來會議就要結束，但若槻卻想提出另一個問題。東條試著阻止他，但男爵根本不理，並說：「如果我們的生存已處於危急存亡之時，即使是可能戰敗和國家成為焦土，我們也應開戰。但為了某種理想——例如建立『大東亞共榮圈』或東亞安定——而推動某種國家政策同時耗用全國力量，確實相當危險。因此，我請各位三思。」

東條頑固重申：整個問題已在聯繫會議上經過幾個小時的討論。他們已詳細探討了日本能否取得長期作戰的必要物資，何時開戰，一旦開戰要如何結束等問題。第一個問題取決於初期戰果；第二個問題則能透過蘇聯或梵諦岡的調停得到解決。

面對幾乎一面倒的反對，東條並沒有動搖。一直一言未發埋頭做著大量記錄的木戶了解到，局勢已「無法控制」。天皇的影響力已經失效。戰爭勢不可免，而日本的興衰全由眾神決定了。

已經下午四點，但東條的日程卻還沒結束。他立刻召開第七十四次聯繫會議，會中大家同意對希特勒和墨索里尼提出日美談判確定破局的警告。戰爭危險已迫在眉睫。

東鄉外相詢問海軍參謀長永野，開戰時間是何時。藏相也想知道，因為一旦開戰，股市勢必大跌。只有事先知道確切時間，他才能避免崩潰。

永野不情願地說：「嗯，好吧，我告訴你們。開戰時刻是……」——他壓低聲音——「……十二月八日。」這對東條來說也是新聞。[3]「還有時間，所以你最好還是採取有助於我們贏得戰爭的外交手段。」

東鄉說：「我了解。但我們能不能告訴我方代表（來栖和野村），我們已經下定決心？已經通知（駐華盛頓）武官們了嗎？」

永野回說：「我們還沒通知海軍武官。」

東鄉不解永野的行徑為何如此詭秘，他說：「不能總讓我們的外交官什麼都不知道吧？」

永野最後不得不回答：「我們準備進行突襲。」他的副手伊藤整一中將在旁解釋，海軍希望談判拖延至戰爭開始，以確保首次的攻擊是徹底的突襲行動。

東鄉壓制了自己的情緒，並十分沉著地說，除非日本對於此意圖做出適切通知，否則將會失去國際公信。但是，他再也控制不住自己，開始結結巴巴地說，海軍的計畫是「全然不能被允許的，因為與既有的程序相衝突」。「無法想像」日本「會採取不負責任且有損國家榮譽和尊嚴的行動」。

有人說：「這是要全體日本國民都去當大石內藏助[4]。」大石就是四十七名浪人中那位假裝醉鬼的領袖。

東鄉說，他先前已經約好了個會談，建議暫時休會，接著把座椅往後一推。他正起身時，伊藤替海軍緩頰表示，如果要事前通知，能否通知格魯大使而不是通知赫爾國務卿？

東鄉直接了當地說：「不行！」然後擠開眾人走出會議室。他直接回到辦公室，草擬了要發給駐柏林和羅馬使節的電報，並在當天深夜發送出去。在發給大島浩大使的電報中透露了談判決裂的訊息。

……在此局勢下，帝國面臨嚴重形勢，必須堅決採取行動。因此，閣下請立刻會見希特勒總理和外交部長里賓特洛甫，並秘密地將情況發展通知他們。告訴他們，近來英美兩國都採取挑撥態度，並正在謀劃調動軍隊至東亞各地，因此我方不得不調動部隊與之對抗。極其秘密地告訴他們，日本與盎格魯—薩克遜民族之間有透過武裝衝突而突然爆發戰爭的極大危險，並告知他們戰爭的爆發時間會比任何人所想像的還來得更快。

令人好奇的是，東鄉並沒有命令大島要求德國在日美開戰後也對美國宣戰。但他確實會晤了奧特大使。如果事態發展到最壞程度，德國是否會協助日本？奧特毫不猶豫地回答：「我方將盡一切可能協助貴國。」

「魔術」截獲發給大島的電報，並呈送給羅斯福。十一月三十日，星期日早晨，《紐約時報》上刊出的一則「合眾通訊社」（United Press）從東京發出的電訊，也同樣令人吃驚：東條首相剛發表一篇挑釁性的演說，宣稱蔣介石「正跟著美英共產主義跳著同樣舞步，因為美英兩國都想混水摸魚」，企圖挑撥亞洲人相互對抗。「這是英美兩國的慣用伎倆，為此，我們必須以報復手段肅清這樣的行動。」日本決心與亞洲各國協力，「使正義的陣營能盡早取得勝利」，誰也無法「干預此共榮圈，因為此共榮圈是天命所定」。

事實上，東條根本沒有做發表過這篇演說，甚至連這篇講稿也沒讀過，更別說批准了。這是由其他人所寫，並在某個紀念簽訂《中日基本關係條約》[5]一週年的會議上宣讀過。其好戰語調更因拙劣的翻譯而被加以誇大。例如，「我們必須以報復手段肅清這樣的行動」這一句，其原文為「必須制止這種作法」。

《紐約時報》還有一則訊息暗示，總統可能縮短他在喬治亞沃姆斯普林斯的感恩節假期。當天深夜，來栖再次打電話給人在東京的山本熊一，他說：「總統明天回來！他急著趕回家！」[6]

「這有什麼特別意義嗎？」

「報紙對首相的演說大做文章，在這裡引起激烈反應。」

「是嗎？」山本不知來栖所指為何。

來栖心煩意亂，溢於言表：「是的，他發表了一篇措辭激烈的聲明。報紙用斗大的標題做了報導，而總統似乎就是為了這個新聞回來的。當然還有其他原因，但報紙上只說了這個原因。除非首相和其他人的言論更加謹慎，否則，我們的處境將很困難……」

「我們『現在是』很謹慎的。」

「在這裡，我們只能盡全力去做，但記者已經抓住了這些報導，又把最糟糕的部分加油添醋。請提醒首相、外相和其他人。也請告訴外相，我們原本期盼聽到一些不同的聲音，一些善意的言論，不料卻聽到這個（『東條演說』）。」來栖停頓了一下，然後又問：「日美談判是否還要繼續？」

「是的。」

來栖憤怒地說：「你們之前不是催得很緊嗎？但現在卻想拖延。」他並不知道眼下的談判只是襲擊珍珠港的障眼法。但是，他還是有所懷疑。不久前，他曾若有所思地對「同盟通信社」記者加藤萬壽男說過：「我們會不會是被當成煙霧彈？」他開始責備山本。「首相和外相兩人都必須改變說話的口氣！你懂嗎？請你們大家再更為謹慎。」

——

天皇的正式批准是開戰前最後一道正式程序。十二月一日星期一下午兩點零五分，御前會議在皇居東廳一如往常隆重舉行。東條首相神情肅穆，言語簡潔。他宣布，日本不能屈服於美國提出的退出中國和廢除《三國公約》的要求，否則將危害到日本的生存。「為了保存帝國，事態已經發展到日本必須和美國、英國與荷蘭開戰的程度。」

在東條詳盡地闡述了日美談判的冗長的歷史後，永野上將起立，精神抖擻地宣稱海陸軍全體將士「熱烈期望一死報效天皇和國家」。接著，就紛紛論述了諸如公眾士氣、緊急預防措施、食物供給以及國家經濟和財政等問題。

天皇坐在御座上，面無表情，一語不發。他偶而點一下頭，似乎情緒常好。杉山「誠惶誠恐，為天皇陛下的高雅深深感動」，但賀屋藏相卻認為，天皇顯然不想開戰。

樞密院議長原開始提問，而最後一個問題讓人感到非常不安。「如果發生空襲該怎麼辦？……如果東京發生大火，我們該怎麼辦？你們對此可有計畫？」

鈴木貞一將軍說，將有一些簡易的防空洞供留在市區的人們躲避。這答案無法令人滿意，但是，就連原也認為這不該是再對美國做出讓步的理由。他說：「美國現在的態度是自傲、頑固又無禮的。如果我們讓步，那就是把我們在日清戰爭、日俄戰爭以及滿洲事件中贏得的一切一次就放棄。這點我們辦不到。」

東條本人總結了大家的看法。日本帝國正站在光榮或毀敗的門檻上。「天皇陛下的親臨讓臣下們惶恐敬畏……如果陛下決心開戰，政府和軍方將比以往都更為緊密結合，舉國一體，確信必勝，盡全力實現國家目標，以慰藉聖慮。」

與會者除了向天皇鞠躬致意外，再無其他言語，天皇面無表情、靜默不語地離開會議室。留下的人簽署了開戰文件，呈送天皇。天皇把這個問題反覆考量了一段時間，直到他確信，開戰的決定並不是被少數軍方主戰派人士強迫通過的。他告訴木戶，赫爾的要求太羞辱人。他已經抗拒了傳統和所受訓練，堅持回到「白紙」之上，而他再也不能這麼做了。他在這具有歷史意義的文件上蓋了玉璽，正式批准了開戰的決定。[7]

一週內，將同時對不同目標發動攻擊，其成功與否將完全取決於奇襲的效果。當天深夜，從中國傳來的電報中，指出有洩密的危險。這是由駐紮在廣東、準備奪取香港的第二十三軍酒井隆特將軍所傳來的電報。一架飛往廣州的運輸機，墜落在中國人所掌控的領土上，而其中一名乘客就是攜帶偷襲密令的信使杉坂共之少校。

陸軍參謀本部一片驚恐，海軍立刻召集緊急會議。在墜機前，杉坂少校有時間銷毀秘密文件嗎？墜機時，文件會不會被燒毀？或者是已經被火速送至蔣介石那裡？如果是這樣，蔣毫無疑問地會將這份文件交給羅斯福。是否該取消「Z作戰」？

次日清晨，這些疑慮似乎都被證實：一架偵察機飛往廣州東北方約五十英里國民黨的佔領區，目睹了陸軍大型運輸機的殘骸。根據飛行員的說法，「現場已被中國人像螞蟻般給團團圍住」。

永野和杉山張皇失措，但還是驅車前往皇居向天皇報告確切攻擊日期。他們報告，十二月八日是夏威夷的十二月七日，這天是休息日，而大多數的戰艦都會在港內下錨。當天月色也有利於發起攻擊，因為「從午夜起到日初時」都會有月光照射。永野畢恭畢敬地請求天皇批准將十二月八日定為「X日」，天皇毫不猶豫地就同意了。[8]

下午兩點，衫山傳給南方軍指揮官寺內將軍一封只有四個字的電報：HINODE YAMAGATA（日出山形）。這個密碼意指「開戰日（日出）將是十二月八日（山形）」。

三個半小時後，山本用新密碼發給攻擊珍珠港的部隊一封稍長一點的電報：NITAKA-YAMA NOBORE（攀登新高山[9]）一二〇八。這意味著：「按照計畫在十二月八日發動攻擊。」

「木戶部隊」為了節省燃料，而以十四節的速度以圓形編隊方式向東航去，先導船艦為三艘潛艦，任務為偵蒐中立國的商船，一旦發現即行登船，並加以俘獲。不過，要是遇上了美國太平洋艦隊，事情就不是這麼簡單了。他們曾一再討論這個棘手問題。有一次，情緒一向不受控制的山口半開玩笑地建議說：「放幾聲禮砲，大喊『莎喲娜拉！』然後轉頭回家。」這番話帶來哄堂大笑，但草鹿卻想，還能怎麼辦呢？我們畢竟尚未正式開戰。

「攀登新高山」的電報讓草鹿有了一種愉快的責任感。他頓時覺得如釋重負。他們將發動一場勢不可擋的攻擊，然後消失無蹤。就像劍道中的「小精靈」戰術一樣：突然一刺，然後像一陣風般撤退。當他們靠近珍珠港時，美國巡邏機還有可能在「木戶部隊」發動攻擊前，就偵測到他們。假使如此，草鹿也已做好改變戰術的準備——雖然奇襲效果已然喪失，也要全力發動攻擊。

天氣就像過去十年那樣風平浪靜，加油補給也毫無問題。南雲下令所有的艦長進行燈火管制——並向所有的組員宣達「Z作戰」計畫。那晚，激昂又壓抑的興奮之情席捲了所有的船艦。[10]

在日本國內，《日本時報》（*The Japan Times*）當晚的標題是：

〈日本將重新努力求得美國的諒解〉

二

「木戶部隊」離開冰冷的單冠灣後幾個小時，負責測定日本艦隊位置的威爾弗雷德·霍姆斯少校

（Wilfred Holmes）向位於珍珠港的海軍通訊情報小組報告，六艘航空母艦都還在「國內水域」。之後，霍姆斯承認他找不到它們的蹤跡。日復一日，對於這些航空母艦的行蹤仍是「毫無訊息」。

十二月二日，金默上將的艦隊情報官愛德華．萊頓少校（Edward Layton）將此情資轉達給他的上級。如果說這消息會讓金默感到不安的話，他也沒有顯露出來；事實上，他還開玩笑地詢問：「你是不是說，它們此刻正在鑽石角一帶，而你卻不知情？」

「長官，我希望我現在能找到它們。」

在幾英里外的檀香山，日本總領事喜多剛剛收到東京發來的電訊：

鑒於目前局勢，港內的軍艦、航空母艦和巡洋艦的進出情況是最為重要的事。此後，務必盡全力每日向我報告。逐項電告在珍珠港上方是否有阻塞氣球防護網，是否有跡象顯示會升起氣球。還應電告戰艦是否安裝魚雷防護網。

任何讀到這份電報的人，都會知道這意味著要攻擊珍珠港。電報在夏威夷被截獲並被送到華盛頓的解碼部門進行破譯。但是，這封電報只關係到夏威夷，而與外交事務無涉，因此其優先順序過低而被壓在某人的公文框的框底。九月間，也有一封類似電報遭到同樣的命運——那封將珍珠港切分成五個區域的電報——最後終於被譯出。但陸軍情報局長謝爾曼．邁爾斯准將（Sherman Miles）認為這是海軍的電報，與陸軍無關，而海軍情報翻譯科科長艾爾文．克雷莫少校（Alvin Kramer）只在電報上打了一顆表示「值得關注」的星號，而非表示「急件」的兩顆星號。就克雷莫而言，這份電報不過是「日本外交單位試圖簡化通訊聯絡的辦法」。

——

羅斯福的私人顧問與邱吉爾的至交伯納德・巴魯克（Bernard Baruch），當時正在華盛頓一家飯店和三井財閥的代表拉烏爾・迪斯維爾納因（Raoul Desvernine）律師進行談話。這名律師說，來栖三郎特使希望不透過赫爾，而是直接呈遞信件給總統。他問巴魯克是否願意幫忙？巴魯克將這份請求轉給羅斯福的秘書之一艾德溫・華生少將（Edwin Watson）。華生回電表示，總統拒絕在赫爾不在場的情況下與來栖會面，但不反對巴魯克探詢這份封信的內容。

隔天，即十二月三日，巴魯克在五月花飯店會見了迪斯維爾納因和來栖。這名日本使者發誓，他本人、日本國民以及天皇都希望和平，但軍方領袖們「兩手都握著上了膛的槍伺機……決心開槍射擊」。如果他能夠不透過「敵視多疑」的赫爾，直接和總統對談，其實戰爭是可以避免的；他還要告訴總統，他能夠直接向天皇籲請，讓軍方受挫，屆時天皇將請求羅斯福出面協調日中兩國的問題。來栖說，重要的是，要讓會談繼續下去；而做到這點的最好辦法是，羅斯福能夠派出如哈利・霍普金斯這樣的私人代表到日本去進行會談。

雖然巴魯克認為，這些提議「並不是什麼了不起的想法」，但他還是承諾將這項建議轉告白宮。

另一名和平使者——著名的衛理公會傳教士史坦利・瓊斯博士（Stanley Jones）——也在嘗試向總統提出類似建議。他打了電話給總統的秘書馬文・麥金泰爾（Marvin McIntyre），請求會見總統報告一件無法以書面呈報的事情：一份（日本使館官員寺崎英成所啟發的靈感）由羅斯福總統親自致函天皇以避免戰爭的計畫。麥金泰爾要他二十分鐘後在白宮東門等候，有人會導引他經由一秘密入口進入總統辦公室，以便使他「躲開記者的團團包圍」。

羅斯福告訴瓊斯，他一直在考慮致函天皇，「但是，我游移不決，因為我並不想因為繞過在華盛頓的日本特使們寫信給天皇，而傷害到他們。」

瓊斯說：「這就是我來此的目地。」這個想法是來栖和野村他們自己構想出來的。「他們要我請求您發送此電報。但他們也說不會留下記錄，因為如果讓人知道他們越過日本政府層級而直接找上天皇，他們自己的腦袋也會不保。」

總統說：「好，那就抹去記錄。我能辦到。」

瓊斯提醒他，不要透過外務省傳送此電報，而是直接傳給天皇，否則它永遠也不會到達天皇手中。「我並不懂這些機制，但他們就是這樣對我說的。」

羅斯福若有所思地說：「我會想想辦法。我不能到電報局，說美國總統要發送一封電報給日本天皇。但我可以發送給格魯大使。」他能夠直接呈給天皇。「如果在二十四小時內沒有收到回音──我已經學會如何處理事情──我就會交給新聞界，迫使他做出回覆。」

當瓊斯要告辭時，他要求總統不要提到這是寺崎先生的主意。

羅斯福承諾說：「一定會替他保密。」

如果不是因為赫爾，這份電報很可能當天就傳送出去。赫爾依舊抱持懷疑態度，他認為向天皇發出呼籲應該是最後一步棋；此外，天皇只不過是任由東條內閣操縱、有名無實的首腦，一封繞過內閣成員的電報不僅會造成厭惡，還會被認為是軟弱的訊號。

一封從東京發出被截獲的電報證實了赫爾的疑惑。電報命令位於麻州大道的日本使館，除了保留三本密碼外，燒毀所有的文件，同時毀壞兩台B密碼機的其中一台。一名被派去偵查使館的陸軍情報官員，發現館員在後院燒毀文件。陸軍情報局長謝爾曼·邁爾斯和遠東科科長魯福斯·布拉頓上校（Rufus Bratton）一致認定，「至少是斷交，甚至可能是戰爭」就迫在眼前。

—

在世界的另一邊，山下奉文中將正在向各師和分遣隊的指揮官與參謀們宣讀進攻的命令。他們聚精會神地聽著，也知道日本的命運已經到了緊要關頭。幾乎每個人都淚流滿面。

十二月八日拂曉，將在馬來亞半島靠近邊境的三個地方同時登陸。有兩個登陸點在泰國境內的北大年和新歌拉，另一個登陸點是馬來亞的哥達巴魯。辻政信中校想到一個計謀，他打算以現代版的「特洛伊木馬」佔領中立的泰國。一千名身著泰國軍服的日本軍人，會在新歌拉附近登陸，並圍捕咖啡館和舞廳舞女作為掩護。然後強行徵用二、三十輛巴士，帶上這些女子快樂地往南開到馬來亞邊境，並一手拿著泰國國旗，一手拿著英國國旗（Union Jack），用英語大喊：「日本兵可怕！」以及「英國萬歲！」辻相信，在一片混亂中，邊境衛兵會讓這些士兵越境進入馬來亞。

次日十二月四日拂曉，一支由二十六艘運輸船組成的船隊從中國最南端的島嶼海南島出發，朝南向馬來亞半島前進。辻中校站在陸軍「龍城丸」運輸艦的艦橋上，仰望天際，只見一輪紅日冉冉從東方升起，明潔如磐的月亮在西方天際消失。辻腦中浮現了他的母親、妻兒的臉龐。除了轟隆隆的引擎聲外，船上一片肅靜。全然的平靜。

——

當天剛過中午，東京召開了聯繫會議，討論向赫爾遞交最後照會的日期。伊藤整一海軍中將不反對在華盛頓時間十二月七日下午十二點三十分遞交。但東條和東鄉兩人都擔心照會在攻擊「前」就遞交。關於這點，伊藤做出了保證，因而同意就是這個時間點。

東鄉希望不要簡單地就向對方宣戰，只是通知對方結束談判。他提出的草稿反應出他們在收到赫爾的照會後，普遍的痛苦和憤慨，宣稱日本一直以來都很有耐心要和解。「反之，美國政府一直緊抓不顧現實的理論，堅持不切實際的原則，造成談判不適當地延宕。」照會最後表示，日本很遺憾被迫宣布「鑒於美國政府的態度必須做出結論，繼續談判以達成協議是不可能的。」

有人不切實際地表示還有進一步談判的空間。但其他人都了解到，事實上那就是份宣戰聲明，而且也沒有時間談判了。

——

為慎重起見，日本艦隊當天就更換了密碼。這就讓美國海軍情報單位無從再判斷這六艘航空母艦的方位，而且需要一段時間才能破解密碼。「木戶部隊」已經行駛了前往夏威夷的三分之一航程，也沒留下任何洩漏行蹤的痕跡。所有的垃圾都被儲存起來，空油桶則被壓扁並堆在甲板上。中午前，已抵達最後一個主要補給點——北緯四十二度與東經一百七十度——所有的船艦都在此加油。在此之前，加油作業最快只能以九節航速進行，但現在所有的人都已熟練，而能以十二節的航速進行加油作業。在特遣艦隊全數加足油料後，除三艘補給艦在四十八小時後最後一次加油補給外，其餘全部返航。

當天下午，響起了第一次警報，山本用新密碼傳送了一封電報：截獲一封很可能在它們附近的敵軍潛水艇所發出的無線電電報。草鹿詢問了所有的艦長，都說沒有截獲任何明碼電報。特遣艦隊並沒有因此停滯，航向轉為東南，不顧濃霧，繼續維持原速前進。對於甲板下方的飛行員來說，這似乎是個無窮盡的等待。他們只好繪畫、速描和練習劍道，而且至少有一人開始寫書了。戰鬥機飛行員志賀淑雄就畫了八張水彩畫，還邀請「加賀號」上的軍官欣賞他的私人畫展。對於「在如此嚴肅的時刻卻展示這樣不正經的作品」，他感到相當羞愧，但他確信自己之後不會再活著展示這些畫作了。離上回最後一次演練，已經有好幾個星期，許多飛行員恐懼他們會失去手感。飛行員們坐進駕駛艙，以保持操控飛行的感覺；投彈手聚精會神地操作瞄準器。只有機砲手能夠實際演練，他們對風箏進行射擊。

第二天（十二月五日），伊藤中將到外務省拜會東鄉，並說會在華盛頓時間下午一點將通知交給赫爾，比原訂時間晚了半小時。東鄉問，為何要延遲？回答是：我算錯時間。東鄉問，那麼通知和攻擊之間會相差多久？伊藤以「作戰機密」為由拒絕說出確切時間點，但他向外相保證有足夠的時間。臨走時，伊藤再度警告，切勿過早發送那份照會。

歐胡島正下著雨。一架小型單翼飛機在珍珠港上方盤繞，載著吉川進行最後一次「觀光」飛行。那天上午，他已經收到一封來自東京的急電，要求他「對美國艦隊進行全面性的報告」。著陸後，他在珍珠港市最後轉了一圈，確認他剛才在空中所觀察到的情況，然後他給東京發了封電報：

……十二月五日下午港內有下列船艦：八艘主力艦、三艘輕型巡洋艦、十六艘驅逐艦。

「魔術」攔截到這封電報，但山本依舊擁有好運。電報再一次被放在「保留」的文件框中。

三

東京各報，例如《朝日新聞》，持續指控西方國家準備開戰。十二月六日東京各報的標題如下：

〈美國徒勞拖延談判，無意與日本和解〉

〈美領導人商討對日政策，但並無改變固執態度之跡象〉

〈泰國為實現中立而痛苦掙扎，惡意中傷，包圍日本〉

〈踐踏日本之和平意圖，四國同時開始軍事準備〉

奧圖·托里舒斯感覺危機愈來愈近，於是寫了篇報導回傳至《紐約時報》。他寫道，大多數的日本人都拒絕相信他們即將和四國同時開戰。

……但是，他們本能的期望，卻是和他們每天所感知到的事實相矛盾。他們聽到的是政府最高級官員發表的聳動言論。這些官員說，日本正面臨它兩千六百年歷史中最大的危機。他們被召去參加群眾大會，聆聽對敵人的譴責，並持續在報上讀到對戰爭的叫囂宣傳。為了防備空襲，他們看到的是四處都在建造防空洞和蓄水池。他們進行空襲演練，特別是演練如何對付日本城市中最為可怕的事──滅火。還有，物價和稅率都在上漲。他們知道，所有這一切都不是為了好玩，而是為了戰爭，一場真正的戰爭。不久之前還似乎是頗為遙遠的戰爭，目前卻正向日本──眾神之土──伸開熾熱的雙臂。

人們並不希望戰爭，但他們也不想放棄之前戰勝所帶來的成果，因為他們在那些戰爭中耗去了不少血汗與財富。他們聽人說，這是一場自衛之戰，是為擠在幾個自然資源貧乏小島上的日本人民獲取地盤的戰爭，是為把數十億東方人從白種人剝削下解放出來的戰爭……

如果認為一旦戰爭真的來到日本，日本人會厭戰而不願戰鬥，或認為他們進行戰爭的潛力不夠，如同外表那樣困窘，那將是極大錯誤。作為愛國主義和宗教信仰合二為一的神權家族國家的成員，他們不僅說：「不論對錯，這是我的國家！」，他們還將以宗教信仰般的熱誠堅信，不論個別政治人物犯下什麼策略錯誤，他們的國家永遠是正確的。

在馬尼拉，亞洲艦隊指揮官湯瑪士·哈特上將預言戰爭隨時可能發生。他的艦隊並不完備──一艘重巡洋艦、一艘輕巡洋艦、十三艘第一次世界大戰時期四根煙囪的驅逐艦，以及二十九艘潛水艇——但已盡力做好戰爭準備，彈藥架已經安裝好了彈藥，魚雷管也都裝上了魚雷。

連續三天晚上，在主要的轟炸機基地克拉克機場（Clark Field）附近，都發現有不明國籍的飛機，但麥克阿瑟將軍卻並未驚慌失措。那天下午，他和哈特與一名來自新加坡的客人，英國遠東艦隊指揮官海軍中將湯姆．菲利浦斯爵士（Tom Phillips）一同開會。在暹羅灣附近發現一支日本艦隊，之後消失在霧中。這支艦隊是要朝馬來亞和新加坡進行直接攻擊，還是只在泰國登陸？

麥克阿瑟極有把握地說，到四月份他就會擁有一批訓練有素的二十萬人部隊和一支擁有兩百五十六架轟炸機與一百九十五架戰鬥機的空中軍力。

哈特插話說：「道格，那實在是棒透了。但我們現在的防衛狀況如何？」答案顯然是讓人痛心。麥克阿瑟號稱擁有十三萬人部隊，但其中幾乎有十萬人是裝備簡陋的菲律賓陸軍師，只受過幾個月的正規訓練。他們唯一做得不錯的大概就是敬禮。他的空中力量也是不足，只有三十五架B-17「空中保壘」式轟炸機和一百零七架P-40「戰鷹式」戰鬥機。

會議結束後，菲利浦斯——綽號「姆指湯姆」（Tom Thumb），因為他的身材比拿破崙還矮一英吋——向哈特提出一項特定要求。他要求哈特派出四艘驅逐艦到他的艦隊——包括戰鬥巡洋艦「反擊號」（Repulse）和主力艦「威爾斯親王號」（Prince of Wales），一同從新加坡出發，沿馬來亞東海岸北上，對日本艦隊進行反制行動。哈特剛同意派出自己的四艘老舊驅逐艦，一名信差菲利浦斯送來一封電報：新加坡基地的飛機再度於泰國沿海發現日本艦隊。

哈特對菲利浦斯說：「將軍，你打算何時飛回新加坡？」

「明天早上。」

「如果你想在戰爭開始時就在新加坡的話，我建議你立刻動身。」

——

那天下午，外務省電報課長龜山一二收到了發給赫爾的通知的最後定稿，以及給日本駐華盛頓使館的全面性指示。他奉命在華盛頓時間十二月六日上午八點，將這些指示發送到日本使館。在發送這些指示的一個小時後，就將發送這份通知的前面十三個部分的英文稿——為了避免翻譯錯誤。為了保密，通知的最後一個部分，即宣布終止外交談判的第十四部分，要到十二月七日上午四點或五點時才送達。

一般說來，與華盛頓之間的通訊狀況若是良好的，電報從未超過一個小時。考量到可能還要更正電文或碰到無法預期的故障，龜山在上午八點三十分將這些指示和前面十三部分送到中央電報局。四十分鐘後，指示發到了華盛頓，又過了一個小時，前十三部分也陸續發出。

龜山滿意地回到家中，這些訊息肯定會比最後期限還要早得多就送達。第二天下午，他將傳送關鍵的第十四部分，並在此一個半小時後，把給野村和來栖的最後指示也發出去，命令他們在華盛頓時間的十二月七日下午一點將十四份通知都遞交給赫爾。

「木戶部隊」實行全面燈火管制，並以二十節的航速頂著風浪向東南前進。好幾名筋疲力竭的哨兵被風浪掃入海中，而濃霧又讓人常常無法看清前方的船隻。儘管風大霧濃且不斷變化航道，各艦依然能保持良好隊形。

在此之前，日本軍隊習慣使用東京時間而不是當地時間，這也沒構成太多問題，因為不管艦隊是向南或向北行駛，基本上都是在同一個時區內。現在發現日夜顛倒過來，讓他們感到相當不習慣。他們不得不放棄使用時鐘，而是依據太陽的時間供餐。

那天，一連串警報使得南雲相當焦慮不安。先是東京傳來消息，在這個區域內有一艘俄國船隻。「加賀號」上六架戰鬥機立刻在飛行甲板上暖機，並命令飛行員在旁待命，但什麼都沒發現，軍機始終沒有起飛。天黑後，有人看到天空中有道光，旗艦上響起全面警報。士兵們都跑到各自的戰鬥位置，好幾艘軍艦的高射砲都鎖定這道神秘的光。原來這是「加賀號」為了判定風向而升起的發光氣球。就寢之前，草鹿又對南雲說了一聲「大丈夫」（編註：日文的「沒問題」），試著讓他的長官放心。

南雲嘆了口氣說：「我真羨慕你的樂觀。」

四

在華盛頓，此時還是十二月六日星期六，官員們看了英國海軍部的一份報告後，感到擔憂不安。報告，一支由三十五艘運輸艦、八艘輕巡洋艦和二十艘驅逐艦組成的艦隊正朝馬來亞半島而去。[11] 在海軍高階將領的每日例常會議上，海軍部長法蘭克・諾克斯問道：「各位，他們是要來攻擊我們嗎？」

被視為史塔克上將發言人的海軍少將里奇蒙・凱力・特納（Richmond Kelly Turner）說：「部長先生，

不會的。他們是去攻擊英國。他們還沒準備好要攻擊我們。」

會議上並無不同意見。

海軍密碼局正準備週末要好好放鬆一下。大多數的官員在中午時就離開辦公室。一名譯員桃樂絲・艾杰爾斯夫人（Dorothy Edgers）還有點空暇時間，開始篩選「魔術」所截獲低度優先順序且未翻譯過的電報——也就是那些有關於夏威夷卻又一直被壓在下面的電報。她做這份工作只有幾個星期，著迷於周遭所有一切事物。有一封十二月二日從東京發給駐檀香山的喜多總領事的電報，其中詢問關於珍珠港內的船艦移動、防魚雷網和阻塞氣球。她好奇地拿起另一封十二月三日喜多發給東京的電報，在這封很長的電報中，當她讀到吉川詳盡描述奧托・庫恩如何透過把燈掛在窗戶上、燃燒垃圾作為煙霧信號或在廣播中購買招聘廣告等方式，將珍珠港內的艦隊資訊傳送給停泊在歐胡島外的日本船隻時，立刻緊張了起來。

這些電報讓她起了疑心，她將這些訊息交給艦艇文書長布萊恩（H. L. Bryant），但他卻說她在中午以前無法翻譯完這封長電報，可以留到星期一再處理。但艾杰爾斯夫人仍拒絕延後並加班趕工，在下午三點時完成譯文。

就在此時，翻譯科科長艾爾文・克雷莫少校來查核值班情況，但他並沒有像艾杰爾斯夫人那樣激動，反而批評她還在工作，並自己開始編輯這份電報。最終，他把它擱在一旁，要她下班，並說他們下週就可以把這份長電報編譯完畢。當艾杰爾斯夫人提出抗議時，克雷莫說：「我們星期一再來處理這份電報。」就這樣，「Z作戰」幾乎差點再次被發現。[12]

在麻州大道的日本大使館內，（日文的）電報指示和要給赫爾的（英文的）前面十三部分的長電報都已傳到。傍晚時，密碼員下班後去參加一名使館人員即將調派至南美的惜別宴會。他們只完成大約前八個部分。

對於那些過於機密而不宜由館內打字員處理的解碼部分，一等秘書奧村勝藏親自動手用打字機打出來。他在打完之後，走到地下室的娛樂廳去放鬆一下。有兩名特派員正在打桌球，其中一人是加藤萬壽男，他走過來向奧村打探關於「龍田丸」郵輪的訊息，這艘船五天前從橫濱啟航，預計在十四日抵達洛杉磯。

奧村神秘地說：「我用一美元跟你打賭，那艘郵輪永遠到不了這裡。」

——

羅斯福總統——或許受到瓊斯博士或巴魯克的影響，也許兩人都影響了他——終於下定決心要以個人名義致函天皇。這封信由白宮起草，羅斯福提醒天皇說，幾乎就在一個世紀之前，美國另一名總統米勒德．菲爾莫爾[13]也曾致函給當時的日本天皇，提出友善的建議。經過多年的和平相處，由於日本佔領印度支那南部，有發生戰爭之虞，菲律賓、泰國和荷屬東印度的人民也恐懼會被日本佔領。

我上述提及的各國人民，沒有一個願意無限期或永遠地坐在火藥桶上。

如果日本從印度支那撤出全部海陸軍，美國方面絕對無意入侵該區域。

我認為，我們也能從東印度群島、馬來亞和泰國政府取得相同保證。我本人甚至願意承擔責任要求中國政府也做出相同保證。因此，日本從印度支那撤軍將保證整個南太平洋地區的和平。

我之所以在此時刻親自致函陛下，是因為熱切企盼陛下能和我一樣，在此危急時刻，考慮驅散烏雲的方法。我有信心，我們雙方不僅是為了兩個偉大國家的人民，而且也為鄰近地區的人民，都具有神聖義務去恢復傳統的友誼和避免世界上再發生死亡與破壞。

在信的末尾，他簽上自己的名字縮寫，並親筆批示給赫爾：

親愛的科戴爾：速將此函傳給格魯——我認為可用明碼——以節省時間——我不在乎被截收到。

F.D.R.

下午七點四十分，國務院向媒體宣布總統正以私人名義致函日本天皇，而且電函已送出。

陸軍部長亨利．史汀生還在他位於石溪谷（Rock Creek Valley）上伍德利（Woodley）的私人宅邸。他已經決定不去長島度週末，因為，據他的日記記載，「氣氛顯示出，就快要出事了」。

美國海軍的破解密碼員比日本使館內的密碼人員還要更為辛勤努力，到了下午八點三十分，東鄉電報的前面十三部分都已經打字，並準備發送。克雷莫少校了解這份電報的重要性，開始打電話給那些有資格看到複本的人。他對海軍部長諾克斯說：「我有份重要文件，我相信你應該立刻看看。」他也打電話給海軍情報局長、陸軍戰爭計畫處處長和白宮。名單上其中一人他聯絡不上——海軍上將「貝蒂」．史塔克並不在住處。

九點出頭，克雷莫離開辦公室，由妻子開車前往白宮。在接近白宮辦公大樓的收發室內，他將一個內裝此電報複本的上鎖郵包，交給值勤的羅伯特・萊斯特・舒爾茲中尉（Robert Lester Schulz）。舒爾茲將郵包送到總統書房，羅斯福總統當時正坐在辦公桌後和哈利・霍普金斯談話。當羅斯福讀完前十三部份後，他默默地將它交給顧問。在霍普金斯讀完後，羅斯福說：「這意味著開戰。」他們談論著危機，而舒爾茲就在旁邊等待。「戰爭毫無疑問得依日本人決定的時間開戰，可惜我們無法先下手。」

羅斯福提高音量說：「不行，我們不能那麼做。我們是民主國家，是愛好和平的民族。但我們有良善的記錄。」他拿起電話要找史塔克，對方回覆說史塔克正在國家劇院看戲。羅斯福放下電話說：「我晚點再打電話給貝蒂，我不想把他從劇院中叫出來，而驚動大眾。」

史塔克難得放假一晚。他當時正在觀看《學生王子》（*Student Prince*），但並沒有給他留下什麼印象，之後甚至想不起來十二月六日當晚他到底去了哪裡。戰爭迫在眼前，但令人困擾的是日本人要攻擊何處？運兵船開進暹羅灣一事表示，日本艦隊可能攻擊新加坡，但也可能是菲律賓或巴拿馬運河（Panama Canal）。不管如何，他都不用擔心會是夏威夷。保護珍珠港防範空襲的「夏威夷海陸軍聯合防衛計畫」相當完善，他甚至還將這份計畫當作範例傳送給所有地區的指揮官。

陸軍情報局長謝爾曼・邁爾斯准將剛好出席海軍情報局局長西奧多・威爾金森（Theodore Wilkinson）上校所舉辦的晚宴，他也看過電報的前十三部分。但邁爾斯認為，這「不太有軍事重要性」，因此並不特別擔憂。他打電話給他的遠東問題專家布拉頓上校，並告訴他「沒有理由發布警告或設置夜班」。此夜，馬歇爾將軍和夫人正在邁爾斯堡的家中安靜地度週末。邁爾斯毫不擔憂地上床就寢，甚至沒打算隔天早上進辦公室。

午夜已過，十二月七日的子夜剛過幾分鐘。數名高級官員都還沒入睡，心中想著日本人何時會進攻——以及何處。沒有人——不論是羅斯福、赫爾、諾克斯、馬歇爾或史塔克——會預料到是珍珠港。

—

在歐胡島，那時還是星期六傍晚。和馬歇爾和史塔克一樣，夏威夷的陸海軍指揮官根本就不擔心珍珠港會遭受空襲。沃爾特．肖特將軍還在沙福特堡（Fort Shafter）的家中「陽台」上和情報與反情報官員開緊急會議。他們在討論聯邦調查局所監聽到的電話記錄稿，而這是一個當地的日本牙醫打給東京一家報紙的內容。這家報紙編輯對於夏威夷有著強烈好奇心：飛機、探照燈、天氣，甚至是花種。牙醫對記者說，木槿和聖誕紅都還在盛開，這有任何意涵嗎？會不會是什麼密碼？

將軍夫人在外面的車中不耐煩地等了幾乎一個小時，而最後肖特告訴與會者，就算到明天早上也討論不出個什麼名堂來，然後就去找他的夫人。週六夜晚，在斯柯菲爾德軍官俱樂部有場特別的慈善義演，還有整整十五英里遠的路程，他們得開快一點。

金默將軍正在檀香山參加一場私人晚宴，想要好好放鬆一下。他是個精力充沛、全心投入工作的人，只有在工作時才會感到滿足。和往常一樣，他只喝了一杯雞尾酒，九點半就告辭離開。他想早點上床就寢，明天早上還要與肖特將軍一起打高爾夫球，好消除人們所傳他們互不說話的流言蜚語。這將是這名海軍上將難得不在辦公桌前度過的週日。

金默和肖特都認為持續性的警戒是沒有必要的。華盛頓的警告並沒有特別暗示珍珠港會遭受任何空襲，甚至連微乎其微的可能性也沒有暗示。金默對於潛水艇的攻擊是有所預防的；而肖特則是提防有人進行陰謀破壞。近來有報告日本駐檀香山領事館這兩天在焚燒文件。對此，兩人誰也沒注意，而「夏威夷海陸軍聯合防衛計畫」——被「貝蒂」．史塔克大加盛讚的計畫——在十二月六日晚間並沒有執行。事實上，官兵們當晚仍享有和平時期的自由活動權利。

他們只計劃在明天上午派出數目有限的巡邏機進行例行巡邏；珍珠港區內的高射砲台也只派少數人駐守。除了值班人員外，港內九十四艘船艦上大多數的人員都準備就寢。這不過是另一個慵懶的熱帶夜晚而已。

那些辛勤監視無辜牙醫的聯邦調查局幹員，卻未懷疑日本領事館內的一名下級官員森村正，但實際上他是日本帝國海軍的情報人員吉川猛夫。那晚，他正在領事館內熬夜忙著他最後一份報告。幾個小時之前，他已向東京發送電報表示，他不相信主力艦會有魚雷防護網，在珍珠港附近也沒有阻塞氣球。

……此外，很難想像他們確有這些設備。然而，就算他們真的有所準備，由於他們必須掌控珍珠港附近海面的上空以及希卡姆、福特和埃瓦附近機場的跑道上空，珍珠港的氣球防衛也會限制己方飛機的起降。我設想，對這些地方進行突襲是有很好機會的。

此刻，他正伏案趕著寫下他剛剛所觀察到的港內的船隻：九艘主力艦、三艘輕巡洋艦、三艘潛水艇補給船與十七艘驅逐艦，還有四艘輕巡洋艦和兩艘驅逐艦停在船塢中。他接著寫道，重巡洋艦和航空母艦已經離港，好像「艦隊沒有派出空中偵察機」。

吉川匆忙去找電報室的密碼員，將訊息交給他發送，然後到領事館寬敞的庭院中散步。他遠遠還能看到珍珠港上空飄著一層明亮薄霧，而且沒有聽到巡邏機的聲音。接著，他進屋就寢。

開往洛杉磯的「龍田丸」郵輪此時應該已經接近夏威夷，但讓乘客感到困惑和擔憂的是，它於早上卻掉頭朝回國方向而去。一等秘書奧村將贏得與加藤記者之間的賭注。

十二月七日傍晚時分的馬尼拉，天氣晴朗而炎熱。這裡要遠比華盛頓或夏威夷更顯得緊張，因為菲律賓隨時都可能成為戰線。在克拉克機場上空再度發現國籍不明的飛機。

該晚，美國第二十七轟炸機大隊在馬尼拉飯店舉行盛大宴會，為麥克阿瑟新近任命的遠東空軍指揮官路易斯．布里爾頓少將（Lewis Brereton）接風洗塵。宴會規模極大，許久之後人們還記得這是「一場最棒的歡樂盛會」。但在宴會上，這位貴賓心中所想的卻是戰爭和他殘弱不足的空中軍力。哈特上將的參謀長告訴他：「槍砲大作不過就是幾天之內的事，也許是幾個小時之內。」過了一會兒，麥克阿瑟的參謀長則說，陸軍部相信戰爭隨時都會爆發。

為了謹慎起見，布里爾頓打電話給自己的參謀長，並且告訴他要將所有的機場掛上戰鬥警報。幸好重轟炸機增援部隊已經出發。一隻載有五十二架府衛轟炸機和兩團砲兵以及彈藥的運輸船隊預計在一月四日抵達。此外，三十架「空中堡壘」在幾天之內也會抵達，這會讓他微弱的軍力能夠倍增。有十二架已經從加州的基地起飛，並將在凌晨後降落在珍珠港旁的希卡姆機場。

在馬尼拉西北五十英里外的克拉克機場，十六架「空中堡壘」已經排列就緒準備起飛。這個寬闊的機場周遭只有少數的樹林和與腰齊高的茼剛草，如蜂巢般滿布沙包護牆、散兵坑和長條壕溝。在東北面，那座以諾亞方舟最後棲息處命名的阿拉亞特山（Mount Arayat），在朦朧的月光中從一片平原中拔地而起。

在鄰近的軍營中，參謀軍士法蘭克・川邁爾（Frank Trammell）試著透過業餘無線電，要和在加州聖貝納迪諾的太太諾瑪（Norma）聯絡。詭異的是，毫無訊號。唯一能通話的地方，也是他不被允許通話的地方，就是新加坡。

——

新加坡是個只有兩百二十平方英里的島嶼，離馬尼拉西南方大約一千六百英里，這大概和紐約到紐奧爾良是一樣的距離和方位。這是盟軍在亞洲防衛系統上的基石，一旦陷落，不僅是馬尼拉，就連蘊藏豐富石油、錫礦和橡膠所有的荷屬東印度群島也會一併喪失。

那天晚上，探照燈的探尋燈光照亮了新加坡的夜空。大型十五英吋岸防巨砲守護著海岸線。在這展延開來的海軍基地——用了二十年時光和耗費六千萬英鎊——停泊著兩艘樞密院議長原嘉道十分畏懼的強力戰艦——「反擊號」和「威爾斯親王號」。

祕密代碼為「雅賊」的警告已經傳送至整個馬來亞地區，而英國、澳洲和印度軍隊都已整裝待命，充滿信心地嚴陣以待。新加坡是座堅不可摧的堡壘。

在東北方大約一千六百五十英里處是英國在東南亞的另一個堡壘香港。從中國大陸南方搭渡船到香港只需幾分鐘。島上一萬一千三百一十九名守軍也在警戒著。

午夜時，空曠的港口——除了像尋常一樣星羅棋布的雙桅縱帆船、三角帆船、平底帆船和舢舨外——幾乎空盪盪的。前一晚，已有差役到各處酒吧和旅館的舞廳，要所有的軍官和商船的海員回到船上報到。關於暹羅灣內日本運兵船的消息，對香港而言只意味著一件事：戰鬥已經開始。就和新加坡一樣，香港已經做好準備且充滿信心。

從華盛頓到香港，所有的人都預期日本或許會在幾個小時內就發動攻擊。但許多地方所謂的「準備就緒」都只是空談而已。只有少數幾個地方對殘酷的戰爭現實才有所準備。沒有人察覺到，日本即將從珍珠港到新加坡全面發動縝密而巧妙的攻擊計畫。

在東京，明亮溫暖，是個讓人愉快的星期日，但對於奧圖・托里舒斯來說，這是「預示不祥的寧靜」，每個日本人「似乎都在期待著要發生什麼事」。他這一天大部分的時間都坐在打字機前，忙著為《紐約時報雜誌》撰寫一篇關於格魯大使的文章。他寫道，日本人已經從西方學會所有關於戰事的一切技能，昔日高喊要「攘夷」的口號又復活了。

……因此，許久以前就曾預言，一般說來是白種人和黃種人之間的戰爭，具體說來是日本和美國之間的戰爭，已是迫在眼前。不論這是否終將成為一個殘忍事實，現在都已經是由東京和華盛頓正要做出決定的重大議題。

托里舒斯把寫好的文章讀了一遍。覺得口氣有點過於強烈，但他決定不做修改，並要信差把稿件送給格魯，尋求認可。

那個星期日，日本的領袖們所擔憂的並不是戰爭迫在眼前，而是秘密攻擊可能會被發現。就在中午之前，有封電報說，穿過暹羅灣開往馬來亞半島的運兵船隊，已被一架英國水上飛機發現。幾分鐘後，又獲知陸軍戰鬥機飛行員已經擊落該架英國飛機。但水上飛機在被擊落前是否已將訊息發送回去？[14]

羅斯福親自謀求和平的努力——給天皇的信函——在中午時抵達了東京；不過，近來發布的指令規定，自動把電報延後十個小時。前一天，陸軍參謀本部戶村盛雄中校打電話給他的朋友、郵電省的檢查官白尾干城，指示他把所有的外國電報推遲發送，交叉地一天延後十小時、另一天延後五小時。十二月七日星期日，那天剛好是排定延後十小時。

格魯大使首先從舊金山的新聞廣播中聽到有關這封信的訊息。儘管電報上印有「特急件」郵戳，他還是到晚上十點才收到。他為此相當惱怒。當格魯親自拿著解密過的電報抵達東鄉官邸時，已是子夜十五分。他告訴外相，他帶來一封羅斯福致天皇的私函，並朗讀了這封信。

東鄉承諾會「研究這份文件」並「向天皇呈報」。格魯一離開，東鄉就打電話給宮內大臣松平恒雄，詢問在這麼晚的時候是否還能打擾天皇。松平要他問木戶，因為羅斯福總統的來信攸關政治，而非禮節。東鄉打電話到赤坂的木戶宅邸。木戶說，在這樣的情況下，即使是「三更半夜」也能叫醒天皇，並答應他立刻前往皇居。

東鄉驅車到首相官邸。東條首先問，這封信函有做出任何讓步嗎？答案是：沒有。東條說：「好吧，那麼我們也無能無力了，是吧？」但他不反對東鄉將信函呈交給天皇。兩人一起想好了等於是婉拒的答覆。然後，東鄉起身離開，並開玩笑地說：「三更半夜跑來擾人清夢，實在是很不好意思。」

東條說：「電報遲來，倒是件好事。」他這可能是在開玩笑。「如果電報早到一、兩天，我們可就有很多事要忙了。」

東鄉到達皇居時，發現木戶已經在等著他。木戶聽聞信函的內容後問道：「沒有什麼用處，是嗎？東條的意見如何？」

「跟您的一致。」

五

差不多就在格魯收到羅斯福電報的同時，克雷莫少校正在海軍部的辦公室內讀著日本發給赫爾宣布要斷交的通知第十四部分。此時是華盛頓時間十二月七日上午八點。

克雷莫把全部十四份文件裝在一起，放到文件夾中，然後開始遞送出去。十點二十分，他回到自己的辦公室內。桌上擺著另一份重要訊息。這是東鄉傳給野村的電報，上面還標著「急件——非常重要」，命令野村要在下午一點時將十四部分電報交給赫爾。

當克雷莫把電報放進文件夾內時，匆忙看了一下時差表，發現下午一點正是夏威夷的早上七點半。他曾在珍珠港服役兩年，知道這時正是船艦組員週日吃早餐的時間——確實是個安靜的時刻。他擔憂地連忙走過海軍大樓的走廊，直奔史塔克上將的辦公室。

在麻州大道上，日本大使館已處於混亂的狀態。密碼員在參加完惜別晚宴和喝了無數杯清酒後已經回來辦公，要在午夜前完成前面十三部分。接著，他們就一小時又一小時焦急地等待最後一個部分。黎明時分，除了一名值班官員外，其餘全都回家睡覺。大概過了一個小時，一束電報傳進來了。其中之一就是第十四部分，是東京同時經由麥凱和美國無線電公司（RCA）發來的。電報上明白用英文寫著「要件」。

值班官員連忙打電話把同事們找來，但密碼組員到齊時已快上午十點。他們還在抱怨睡眠不足。在此同時，一等秘書奧村正在費力地打字，試圖打出一份清晰的文件。但他不擅長打字，雖然已吃力地打了兩個小時，離完成整份文件還早得很。

野村到十點三十分才讀到這份命令他下午一點將整份文件交給赫爾的電報。第十四部分在三個半小時前就已抵達，但仍需經過解密，所以野村尚未過目。他急忙打電話到赫爾的辦公室要求安排會面。但對方答說，抱歉，赫爾國務卿已經約好了午宴。海軍上將急忙說：「這是極為重要的事，如果無法見到赫爾本人，那副國務卿呢？」過了一會兒，對方告訴他，赫爾本人可以和他會面。

幾分鐘後，奧村終於完成前面十三部份的打字稿，但長達十一頁的電文稿件上到處是塗改的痕跡，他覺得不宜把它當作日本的官方文件，因此決定重打整份文件。這次，他得到一名年輕翻譯的協助，但這名翻譯也不擅長打字。儘管一切都不順，但奧村還是確信他能夠在約好的下午一點會面前打完整份文件。

正當野村打電話給赫爾的同時，年輕的克雷莫正走入史塔克的辦公室。上將剛從住家的花園和溫室散步回來，全神貫注在這第十四份電報上。克雷莫在辦公室外等著，還向他的袍澤指出，下午一點這個時間可能與夏威夷有關。

史塔克終於讀完整份長電報，接著讀「一點鐘」那份電報。有位情報官員建義：「為何你不打個電話給金默上將呢？」史塔克拿起電話，但又認定他在十一月二十七日的「戰爭警告」已足以使每個人都保持警覺。此外，珍珠港遭受空襲似乎可能性也極低。他說，他還是該打通電話給總統，於是撥了白宮的電話。總統的電話忙線中。

就算是第十四份電報也沒使布拉頓上校有所警覺，但「一點鐘」那份電報卻讓他「瘋狂地」開始行動。他相信，「日本人即將攻擊美國某個設施」，於是他衝進了長官的辦公室內。邁爾斯卻在家中，馬歇爾也是。布拉頓不經層層通報，直接打電話到波托馬克河對岸馬歇爾的住所。勤務兵阿奎爾中士（Aquirre）回答，參謀長剛外出騎馬了。

那一天，馬歇爾和平常一樣在六點三十分起床。和夫人共進早餐時，他們聊了不少，這是他們一星期以來第一次一起吃早餐。馬歇爾因身體不好，累垮過兩次，所以他們生活過得很平靜，有如修道院士般。他最近才對夫人說：「我不讓自己生氣，那是很要命的——太耗神了。我的頭腦必須保持清醒。」

由於他並不知道那封前一晚發到總統手上意味著「戰爭」的電報，他還是騎著馬，以輕快步伐向政府的實驗性農場而去——這塊未來五角大廈的用地。他通常大概騎個一個小時，但這回他騎得比較久，阿奎爾到處都沒能找到他。當馬歇爾回家聽到中士告訴他的訊息時，已經是十點二十五分。他打電話給布拉頓，但布拉頓在解釋這份「最重要的電報」時過於謹慎小心，以至於參謀長無法了解其緊要性。接著馬歇爾洗了澡，派人把停在河對岸軍需大樓的轎車開來。直到十一點多，他才坐在辦公桌前處理公事。他從容地讀完整份電報，但就與布拉頓的反應一樣，沒有什麼引起他的注意。但是，他也和布拉頓一樣，對「一點鐘」那份電文的涵義感到震驚。他隨即拿起一張黃紙，匆忙寫下要發給所有太平洋指揮官的電報。內容如下：

日本人將於今日東部標準時間下午一點遞交一份等同是最後通牒的照會。他們也被授命立刻摧毀密碼機。所定時刻的重要性為何，我們尚不清楚，但務必充分戒備。

他打了通電話給史塔克。「把遞交照會的時間一事通知太平洋諸位指揮官，你認為如何？」

「我們已經通知他們太多東西了，不想再送任何通知了。再發通知只會造成混亂。」

馬歇爾掛上電話。過了一會兒，電話又響了。

史塔克以不安的語調說：「喬治，日本大使要在下午一點會見赫爾，可能有特殊意涵。我同意你的意見，發送通知到太平洋地區吧。」他提出用海軍的發報設備，因為在緊急情況時，這個系統非常迅速。

「不用了，謝謝。我想我很快就能發送下去。」

「喬治，你是否會指示你的手下也通知海軍袍澤一聲？」

馬歇爾說他會這麼做，並在那張黃紙上加了一句話。他在紙上標明「最優先件——密件」，並命令速送往電報中心，依照優先順序傳送到巴拿馬運河、菲律賓、夏威夷和舊金山。他還擔心時間問題，數度派軍官去詢問電訊需要多久才能到。通訊處處長愛德華．法蘭奇上校（Edward French）令人欣慰地答說：「正在傳送，大概需要三、四十分鐘。」馬歇爾並沒有考慮用保密電話，因為很容易被竊聽，而且日本人可能會因此推論出他們「無法破解的」密碼已經遭到破譯。

電報經過加密發送，於華盛頓時間正午十二點零幾分，舊金山、巴拿馬運河和菲律賓的指揮官都收到了警訊。但夏威夷方面卻因為天候狀況而無法取得聯繫。當然，還可使用海軍的無線電直接和夏威夷聯絡，但法蘭奇上校卻為了某種原因而避用對立軍種的「快捷」設施，而採用和檀香山沒有直接聯繫的西聯公司的設施。電報甚至沒有標明「急件」。

——

停泊在美麗的小島柱島外海上的聯合艦隊已進入警戒狀態，準備在必要時從瀨戶內海出航策應「木戶部隊」。山本已經下達最後一道命令，與東鄉上將在對馬海峽之戰所發出的命令相同。

在旗艦「長門號」上，全體官兵沉著且警戒地等候著。之前擔憂開往馬來亞的船團被發現一事顯然是毫無根據的。山本一如往常和渡邊安治中校下棋。他全神貫注在棋盤上，五盤贏了三盤。之後，兩人都洗了澡並回到參謀室。山本後來回到自己的船艙，寫了一首三十一音節的「和歌」：

我唯一所願
就是為天皇效力
成為他的屏藩
我不會虛擲我的榮耀
或生命

當時，事實上，有兩支日本部隊向珍珠港進逼。第二支是潛艇隊。其中十一艘潛艇圍成一個大圓圈合圍歐胡島——四艘從東北方航向該島，七艘則從歐胡島和莫洛凱島（Molokai）之間的航道駛近。還有九艘是從馬紹爾群島過來的，其中七艘潛藏在歐胡島南方，另外兩艘則靠近茂宜島，偵察美國艦隊赤否可能在拉海納港。

特別進攻部隊的另外五艘潛水艇，趁著夜色的掩護浮出水面，並靜悄悄地從西南方駛近珍珠港。每艘潛水艇艦脊上都載著一艘只有七十九英尺長、只需兩人操作的袖珍潛水艇，它能夠在水下以二十節速度潛航。袖珍潛水艇準備偷偷潛入航道，在兩列主力艦旁沉底後靜靜等候空襲開始，然後浮出水面，將兩枚魚雷射向某一艘主力艦。起初，山本取消了這樣的突襲，因為這是一種自殺式攻擊。他在得到保證說會採取一切措施去救回組員後，他還是同意了。

十二月六日當地時間下午十一點，各母艦在離珍珠港八海哩的地方停了下來，開始狡詐地放出袖珍潛水艇。站在潛水艇甲板上的人能看見岸邊的燈火，甚至辨識出威基基海灘（Waikiki Beach）上的霓虹燈。海面上傳來隱約的爵士樂聲。幾分鐘後，四艘袖珍潛水艇相繼下水，第五艘的迴轉儀羅盤無法運作且無法修復，但這艘潛艇的兩名組員卻堅持要執行任務。他們爬進他們的小艇內。於是母艦潛航，鬆脫了安全夾鉗，袖珍潛水艇開始緩慢航向珍珠港。

—

「木戶部隊」以二十四節的速度全速航向位於珍珠港北方兩百海哩的出擊點。所有的人員都已就位；砲手準備好對任何目標開火射擊。飛行員和工作組員在夏威夷時間十二月七日早上三點三十分就被叫醒。他們早就寫好遺囑，連同指甲屑和剪下的頭髮一起放在置物櫃裡給家人。他們圍上了乾淨的腰布，繫上「千針帶」[15]。早餐加菜，有紅豆飯和鯛魚，都是節慶時吃的東西。

船艦上搖晃得很厲害，有些浪甚至拍打到航空母艦的甲板上。因此，魚雷機飛行員得到命令不得加入第一波攻擊，必須等到天完全亮後的第二波攻擊才出動。這些飛行員抱怨，他們歷經了艱辛的訓練，不論海浪有多劇烈，他們都能夠起飛。但這些抗議無濟於事。

儘管某艘在拉海納港定位的潛水艇再度確認，聯合艦隊也傳來電報表示，太平洋艦隊除了航空母艦外，所有的船艦都在珍珠港內，但南雲還是很擔心拉海納港。他下令偵察機進行最後一次偵查。在第一道曙光亮起的一個小時前，「筑磨號」和「利根號」——領航整個艦隊的兩艘重型巡洋艦，當時離珍珠港只有一百五十海哩——各自在微風中投射了兩架水上飛機。其中兩架飛向拉海納港，另外兩架則飛向珍珠港。他們收到的指示是，在攻擊前半個小時飛抵目的地，將雲層狀況、風速和風向，以及最為重要的太平洋艦隊的精確位置，以無線電回報。

在約六千六百海哩遠的西方海面上，一支分成三股的大型艦隊正朝馬來亞半島航行而去。由十四艘船艦構成的主力部隊朝著新歌拉。在其左側，有三艘船艦正向北大年挺進。再更左方，有三艘運兵船則向哥達巴魯開去；按計畫，這三艘運輸艦應首批抵達目的地，並於東京時間午夜在城外不遠的海面下錨停泊。當晚有月光，但運氣站在入侵者這方，烏雲遮住了月光。風浪不大，海面並不顛簸。所有的一切都預兆著可以順利登陸。然後，在凌晨一點十五分，運輸艦的護航船開始砲擊沿岸，發出登陸信號。

太平洋戰爭是在時間計算錯誤的狀況下開始的。當時夏威夷時間還是清晨五點四十五分。原本，源田與海軍參謀本部的三代中校商定，在黎明前襲擊珍珠港。但為數眾多的飛行員擔心，在一片漆黑下起飛太危險，因此在最後一刻，源田將首波攻擊延後兩個小時。三代直到「木戶部隊」離開單冠灣後好幾天才獲知此訊息，但他卻決定保持沉默，因為在現階段臨時更動計畫不一定能傳達到所有的部隊。他為自己的決定承擔所有的責任，甚至沒有告知伊藤中將，攻擊馬來亞半島的時間可能比預計的時間還要早。「我聽天由命。」

於是，比預計投下第一批炸彈到珍珠港的時間提早了兩個小時又十五分，進攻哥達巴魯的部隊啟動了東西方之間、白種人和黃種人之間的戰爭。問題是：英國人會不會及時將日軍發動攻擊的消息通知珍珠港？

在戰爭的第一槍打響時，「木戶部隊」的航空母艦剛通過出擊點，在珍珠港北方兩百海哩的海面上。此時，東方已經閃著些許日光。飛行員和機組人員已進入機艙；引擎聲轟隆隆地響起。天空中雲層朵朵。洶湧的巨浪使艦身傾斜度達到十二到十五度。在平常演練中，當傾斜度超過五度時，演練就會取消。但在今天，延期是不可能的。

草鹿少將下令在「赤城號」上懸掛Z字旗。這面旗和東鄉在對馬海峽戰役中所用的旗幟一模一樣，但是，這些年來它已變成一般的戰術信號。草鹿確信「特遣艦隊」所有的官兵都能了解這面旗幟的象徵意義。然而，當升起這面旗幟時，包括源田在內的好幾名參謀官都表示反對。這會造成混亂。草鹿心不情願地收回命令，下令升起另一面大致上和東鄉的信號大致相似的旗幟。

「加賀號」上的水兵看見升起Z字旗後，也激動地升起自己的Z字旗。又一次對馬海峽之戰！接著，「赤城號」又令人無法理解地降下了Z字旗，也隨之降低了他們的澎拜激情。

在六艘航空母艦的甲板上，首波攻擊的戰機已經排列就位。為首的是四十三架戰鬥機，接著是四十九架高空轟炸機與五十一架俯衝轟炸機，殿後的是四十架魚雷機——直到最後一刻，還是決定讓這些魚雷機冒險在黎明前的黑暗中起飛。

率領「加賀號」戰鬥機群的是志賀淑雄上尉——也就是那名業餘畫家。他叫嚷著希望能夠第一個起飛。他向一名地勤人員做出手勢，示意他拿走木製輪檔——而不是像往常一樣等待旗手的信號。

在艦橋上，航空指揮官佐多直廣向航母艦長報告：「戰機已就位。」於是艦長命令將「加賀號」

轉向逆風。在旗鑑「赤城號」上，一面紅底白色圈的三角旗幟升到半桅。在這個位置上，旗語表示「準備起飛」。然後，旗幟升到桅頂。「加賀號」上的佐多中校一直注視著這面旗幟；如果降下旗幟，他也會立刻打手勢，跟著降下「加賀號」的旗幟。

志賀上尉並沒有注意到自己航空母艦上的旗幟。他眼盯著「赤城號」的旗幟。它降下來了。他喊道：「拿走輪檔！」然後飛出跑道。「加賀號」艦長探身出窗外，像平常一樣，等飛行員向他敬禮致意，但志賀急著要第一個起飛升空。他的「零式」戰機[16]飛離甲板，急遽落到離海面十五英尺的高度。他將機頭轉左，開始爬升，發現「赤城號」上的首名戰鬥機飛行員板古茂少校已比他早幾秒凌空。原來板古也沒有等待旗手的信號就起飛了。志賀在轉彎時放慢速度，好讓他的中隊能夠跟上他，然後追上板古少校。他們以鬆散的編隊，像一群燕子般朝南飛去。

在他們之後起飛的是中型高空轟炸機。乘著三菱製轟炸機首先飛離「倉龍號」的是中隊長阿部平次郎。和美國的作法不同，他並不是飛行員，而是導航投彈員。航空母艦的顛簸搖晃讓他感到不安，焦慮地往回看著其他人能否跟上來。當他看到麾下所有的飛機很快地以V字型編隊在戰鬥機後方向前飛行時，他感到安心了。接著起飛的是「愛知九九式」俯衝轟炸機。

「中島九七式」魚雷機的起飛可說是最危險的。在天還未亮的情況下，就讓它們加入首波攻擊，這實在是場賭博。首先駕機駛離「蒼龍號」的是中隊長松村平太。當他飛離甲板時，就像是被吸進漆黑的坑洞中。他奮力爬升到五百英尺，立刻被濃厚的雲層吞噬。他衝出雲層，然後向左飛去。在完成組員集合後，他遇上從「蒼龍號」起飛的魚雷機群。之後，他們一起在一萬三千英尺高度緊跟在「赤城號」和「加賀號」的機群後方飛行。全部飛機起飛用了不到十五分鐘——這創了記錄——只有一架零式戰鬥機墜入海中。

志賀飛在最前面。他回頭一看，只見後方跟著一個隊形四散的飛行編隊。他從來也沒見過這麼多飛機。機群起飛後半小時，巨大而閃耀的太陽從左方升起。這是農家出身、年輕的魚雷機飛行員森拾三生平首次在空中看到日出。滿天霞光相映下，前方的飛機像刻在紅光板上的黑影。這如此浪漫又極不相稱的景色，讓他無法相信自己就要投入到日本最重要的戰役。在松村上尉看來，日出是個神聖的景緻：它標示著新世紀的曙光。

——

珍珠港早上六點三十分。港口的反魚雷網已經拉開，好讓靶艦「安塔列斯號」（Antares）能夠駛入。在港外，驅逐艦「瓦德號」（Ward）的年輕艦長威廉・奧特布里奇上尉（William Outerbridge）剛剛從床舖上被叫醒，戴上眼鏡並穿上一件日本和服，從左舷盯著「安塔列斯號」在晨曦中拖著一隻竹筏進入珍珠港。奧特布里奇看到還有其他東西跟在後面，看起來像是潛水艇的潛望鏡。他喊道：「全員就位。」緊接著「安塔列斯號」打來信號證實：「右舷一千五百碼外有艘小型潛艇。」

「瓦德號」連忙接近離目標一百碼處，一號砲台直接瞄準發射，但沒有命中。三號砲台開火射擊，擊中潛望鏡，微型潛艇開始下沉。當組員還在歡欣鼓舞時，艦長喊道：「丟深水炸彈！」驅著逐艦鳴笛四次，四枚深水炸彈從船舷滾入海中。

六點五十一分，奧特布里奇向海軍第十四區發送電報：「我們已向在防區內活動的潛水艇投放深水炸彈。」之後，他認定這份電報不會受到重視，兩分鐘後又再傳了一份：「我們已向在防區水域內活動的潛水艇進行砲擊和投放深水炸彈。」

因為譯電的延誤，金默的參謀長約翰・厄爾上校（John Earle）直到早上七點十二分才看到第二封電訊。幾分鐘後，克勞德・布洛克上將（Claude Bloch）讀了這份電報並問道：「你看這是怎麼回事？」

厄爾有點遲疑，「我們搞錯的事情很多，不能草率行動。」

布洛克了解他的意思。過去幾個月內，已經有十幾起這樣的潛水艇警告——但全是誤報。

「讓他們確認。」

幾乎就在同時，陸軍也收到外一份從歐胡島北端卡胡庫岬（Kahuku Point）歐帕納前哨站發出的警報——也同樣被忽視。一等兵小喬治・艾略特（George Elliott, Jr.）剛從陸軍航空兵調到第五一五航空信號警戒隊。早上七點六分，他在雷達螢光幕上看到巨大光點。他叫來經驗老道的一等兵約瑟夫・洛卡德（Joseph Lockard）。這是洛卡德在示波器上所看過的最大光點，看起來就像兩條大動脈。他認為是機器出了問題，但在檢查後，他和艾略特一致認為，這確實是一大群飛機在飛行的訊號。

此時，艾略特已經確認螢幕上光點的座標是北方一百三十七英里，東三度。他很激動，因而建議打電話到沙福特堡的情報中心。洛卡德起初還不太願意，但最後還是讓他的助理打了這通電話。情報中心的總機只找到一名值班飛行員克米特・泰勒（Kermit Tyler），找不到任何其他人。當被告知光點愈來愈大，而且機群離歐胡島只有九十英里遠時，泰勒還說：「不用擔心。」然後就掛上電話——他認為光點必定是從美國本土飛來的「空中堡壘」機隊或是從航空母艦起飛的機群。

華盛頓中午十二點三十分。野村急得就像熱鍋上的螞蟻。再過三十分鐘他就要會見赫爾，通知的第十四部分剛翻譯出交由奧村打字。苦惱的奧村及其笨拙的助手還在滴滴答答打著前面十三部分。這本來就已經夠亂了，不料又收到兩條「更正」的電報：一條電報是改一個字，另一條說漏了一句話。第一條電報意味著要重打一頁，第二條則意味著要重打兩頁。

隨著時間一分一秒地過去，野村一再走到門口要求奧村和他的助手動作快一點。壓力反而造成更多錯誤。兩名使節明顯地至少會遲到一個小時。

一架從「利根號」起飛的水上飛機飛到拉海納港上空，而從「筑摩號」起飛的另一架幾乎就在珍珠港上空。地面人員誰也沒有注意到這兩架飛機。早上七點三十五分，在拉海納港上空的飛機以明碼回電給「木戶部隊」時，也沒有任何通訊人員在監聽。電報表示：

敵軍艦隊不在拉海納港零三零五。

之後又發了一封電報：

敵軍艦隊在珍珠港。

這是草鹿生平所收過「最讓他開心的訊息」。第三份電報緊接傳來：歐胡島上空有些雲層，但珍珠港上方「極為晴朗」。

——

東鄉剛剛抵達皇居。星星在天空上閃耀著，看來天氣會很好。外相立刻被引進面見天皇。這幾乎也正是野村和來栖原定會見赫爾的時刻。東鄉朗讀了羅斯福總統的電報以及擬定天皇要回覆的草稿。天皇批准了回覆。東鄉認為，天皇的表情反映著「一種和全體人民有如手足的高貴情感」。

皇居坂下門外的寬闊廣場上仍空無一人，當東鄉開車離去時，城中唯一的聲音是輪胎輾過碎石的嘎吱聲響。此時，他的心思早已懸在遠方：幾分鐘後，世界歷史上最重大的時刻就要到來。

第三部
萬歲！

PART THREE
BANZAI!

第八章　「永不回頭」

一

七點四十八分，第一批「零式」戰鬥機飛抵歐胡島北端的卡胡庫岬。「加賀號」航艦戰鬥機群領航機長志賀淑雄上尉透過下面的雲層，只能看到突出的一塊陸地和一圈圈白浪。轉眼間，他看到了淵田的高空轟炸領航機，於是等待著藍色信號彈——因為戰鬥機上沒有裝置無線電設備，而那是指示戰鬥機進行攻擊的信號。轟炸機上的人員都將頻道調到檀香山當地的電台頻率。他們聽到了縈繞心頭的日本歌曲。

珍珠港東西兩側的山頂上環繞著積雲，但坐落在兩山之間的寬闊海軍基地上空，則散布著稀鬆的雲層。日光耀眼，斜照的光線將甘蔗田照得一片墨綠。珍珠港水域——原先名稱是「威默米」（Wai Momi），「珍珠之水」的意思——閃爍著藍色亮光。好幾架民用飛機在上空懶散地盤旋著，但以歐胡島為基地的所有的陸軍飛機沒有任何一架在空中。為了防範陰謀破壞，希卡姆、貝洛斯（Bellows）和惠勒等機場的飛機，都機翼靠著機翼緊緊地串在一起。海軍陸戰隊在艾瓦機場（Ewa）的飛機也是如此停泊。在空中，美國軍方飛機只有七架海軍的卡特琳娜水上飛機，正在西南方幾英里外的地方執行巡邏任務。

防空系統也是處於無人戒備狀態。珍珠港內船艦上四分之三的七八〇防空砲無人看守，只有陸軍的四門三一防空砲在陣地內——但它們的砲彈在演習後已經送回彈藥庫，因為「容易鬆脫和生鏽」。

當淵田的飛機飛抵卡胡庫岬上空時，負責觀測的他開始繞著歐胡島的西海岸飛向珍珠港。在七點四十九分整，淵田用無線電以摩斯密碼「TO……TO……TO……」回傳至「木戶部隊」。這是日文「突擊！」的第一個音節，意思是：「開始第一波攻擊。」當淵田接近目標時，他面臨著一項戰術上的抉擇。他判斷如果美國人對奇襲全無準備，那麼魚雷機應該直接攻擊主力艦鑑列；否則，戰鬥機必須殲滅攔截機。前方是一片祥和的晴空，在下方的珍珠港——傳奇的鯊魚之神（Kaahupahau）的居所——像是不久之前他看到的巨型立體模型地圖般攤開著。整個情況就與他當初所想像的一樣，到現在為止還沒看到任何一架戰機升空迎敵，也沒看到任何防空砲火的蕈狀煙朵。這真是太不可思議了。

七點五十三分，他向南雲發送了「TORA! TORA! TORA!」這三個字都是指「虎」，代表著「我們奇襲行動成功」。他發出一枚藍色信號彈，表示完成奇襲。離淵田最近的戰鬥機中隊長並沒有擺動機翼，示意已經獲知訊息，因此他再發射了一枚信號彈。在後方有點距離的志賀，卻認為這是雙信號彈，表示「沒有」達成偷襲效果，所以朝希卡姆機場飛去，要殲滅起飛應戰的敵機。他飛越科拉科拉隘口（Kola Kola Pass），用右手做訊號，示意其他僚機組成攻擊飛行編隊。五十一架俯衝轟炸機的隊長高橋赫一少校也誤解了第二枚信號彈。他右轉回頭去攻擊防護珍珠港的防空砲陣地。

但是魚雷機群還是直朝目標而去。村田重治少校並沒有被第二枚信號彈搞混，已用無線電通知麾下的四十架魚雷轟炸機依照計畫行動。等到他發現混亂時，許多魚雷機已組成攻擊隊形，所以他決定繼續攻擊主力艦艦列。

「蒼龍號」上的魚雷機跟在志賀的戰鬥機群後方，飛越科拉科拉隘口，直接穿越歐胡島上空。森上尉甚至能看到山坡上的一條條戰壕。他不禁一驚，原來他們對我們有防備啊！當他飛出隘口時，降速到一百三十節，飛越惠勒機場的軍營和停機棚。飛過跑道，他看見機場上整齊排列著兩百架戰鬥機。他很驚訝，匆忙估算，歐胡島上至少有五個機場，那麼敵方就有一千架戰鬥機。[1]他的機砲手開始朝地面上的飛機掃射——這或許是當天早上的第一陣槍聲——然後，森上尉朝珍珠港飛去。

檀香山的律師洛伊爾．維托塞克（Royal Vitousek）和他的十七歲兒子馬丁，正駕著私人「埃隆卡式」（Aeronca）單翼小飛機在該島上空飛行，他們看到兩架日本戰鬥機——無疑是志賀的機群——朝他們飛來。維托塞克立刻俯衝躲到日機下方，朝民用機場飛去，準備回報這裡的情況。他祈禱著日軍會忽略他這台小飛機。志賀持續以之字型向珍珠港飛去。一看見珍珠港，他不禁想起日式盆栽。美國船艦看起來有點藍白色，和日本戰艦陰沉的灰色不一樣。他想著，這景緻多美啊，與和平本身一樣的美！幾秒後，他就飛越了珍珠港，到了攻擊目標希卡姆機場的上空。空中全無任何敵機，也沒看到戰機正要起飛。這是「名符其實」的突襲！他環顧四周。魚雷機跑到哪去了？現在就是攻擊的時刻了。

就在這時，一架俯衝轟炸機飛向福特島，投下一枚炸彈後又急速拉起機頭。一個停機棚頂冒起一團煙霧。志賀生氣地想著，等到魚雷機飛到主力艦艦列時，就會被煙霧遮得看不清楚，這些瘋狂的地獄俯衝轟炸機到底是在幹什麼？[2]在西方，他看到一群魚雷機緩慢飛來。它們怎麼飛得這麼慢？像小孩上學似的。它們朝停泊在福特島東南岸邊的主力艦飛去。這就是主力艦艦列，七艘主力艦排成兩排——五艘在內，兩艘在外。成排的魚雷機群像是「蜻蜓下蛋般」拋下魚雷，然後拉起機頭以弧形角度飛離。幾秒鐘的寧靜。接著是震耳欲聾的爆炸聲響。「奧克拉荷馬號」主力艦左右搖晃。幾秒鐘後，又有兩枚魚雷擊中船身，軍艦立刻傾斜了約三十度。

第二波魚雷機群是松村上尉率領的從「蒼龍號」起飛的飛機。他第一眼所看到的珍珠港是耀眼旭日下如樹林般的船桅。他們成功了！他透過話筒對他的觀察員喊道：「找航空母艦！」他下降到一百五十英尺，下方是一片隨風擺盪的甘蔗田。這時，地獄俯衝轟炸機正穿過煙霧對福特島進行攻擊。他罵了一聲：「混帳！」他們怎麼會犯下這種錯，遮住了主要目標！在福特島西北方，有六架飛機集中攻擊一艘看起來像是航空母艦的大型船艦。他又罵道：「笨蛋！他們是誰啊？」起飛前，他已經告誡他的部屬，不要理會這艘船，因為它不過是有三十三年艦齡的靶艦「猶他號」，甲板甚至還是木板。

他盤旋到海上，然後回到希卡姆機場上空五百英尺處，準備襲擊艦列。飛行路上，他遇到一群從「蒼龍號」和「赤城號」起飛的魚雷機——其中有幾架已經被敵軍擊中起火，但仍繼續朝目標衝去。當他穿過巨大如塔的水柱時，他想自己應該也會與他們一樣。他下降到不足一百英尺高度，然後對艦列外圍的一艘主力艦發動攻擊——那是「西維吉尼亞號」。通常是由飛行員獨自投射魚雷，但今天為了加倍確認，大多數導航投彈員也會按下投射紐。他透過話筒喊道：「準備！」接著喊：「發射！」投放後，他將飛行桿猛力往後拉，並問導航員：「魚雷是直接朝著目標嗎？」他害怕魚雷鑽到泥巴裡。

松村加大了節流閥，但沒有像標準動作那樣左轉，而是右轉爬升。他不斷回頭盯著那枚魚雷。他看到許多美國水手在飄滿浮油的海面上，像是全身被膠水黏住一樣爬著。他將機身再傾斜一些，看到

「西維吉尼亞號」船舷旁激起一股大水柱。

此刻真值得這幾個月來的辛勞訓練。他對領航員喊道：「拍張照！」但領航員聽成了「開火！」便命令機砲手進行射擊。松村問：「你拍到照片了嗎？」領航員才不作聲地拍了一張其他人擊中目標而炸起的水柱。

直接穿過歐胡島的森上尉還在找尋目標。他低空飛越福特島，但只在另一側看到一艘巡洋艦，於是轉了一百八十度在浪頭上低飛，直朝主力艦艦列南端的「加利福尼亞號」衝去。在最後一刻，他看到自己和目標之間橫隔著一道防波堤。他拉起機頭，在看起來已經被撕裂為兩半的「猶他號」上空盤旋，之後又下降到十五英尺高，準備再從另一個角度攻擊「加利福尼亞號」。當森準備左轉飛回集合點時，他的無線電機砲手拍到了魚雷爆炸的照片。但福特島盡頭的一股濃厚煙柱擋住了他的去路，因此被迫右轉直朝「赤城號」和「加賀號」魚雷機飛來的方向飛去，差點撞上迎面而來的飛機，更因飛機捲起的亂流造成機身劇烈搖晃。機身上的彈孔多到「像蜂巢」一樣。領航員的坐墊中彈起火，機砲手的一隻手也受到擦傷，但油箱安然無事。

高空轟炸機鎖定的目標是內排的主力艦和其他任何引人的目標物。一開始，因為煙霧而無法看清楚主力艦的位置，但是當它們第二圈飛來時，「蒼龍號」上第一批的五架飛機已經朝著劇烈傾斜的「奧克拉荷馬號」投擲了一千七百六十磅的炸彈。中隊長阿部平次郎拍下他投射炸彈擊中兩尊砲塔之間並穿透彈藥庫引起爆炸的照片。艦身炸出了五、六個大洞，冒出了巨大火舌。阿部的淚水像是洪水潰堤。他準備一死報國。

在和兩架「零式」戰機相遇後十五分鐘，維托塞克駕著「埃隆卡式」飛機著陸了。他急忙打電話給陸軍和航空兵的值班軍官，告訴他們他在歐胡島上空看到日軍。但沒人相信他的話，更別說是發出警告訊號了。

二

幾分鐘前，也就是上午七點五十分，第一波炸彈已經襲擊了惠勒機場。正在單身軍官宿舍內睡覺的第六九六航空兵機砲連羅伯特・歐威爾斯特利少尉（Robert Overstreet），被低沉的隆隆聲響吵醒。在他聽到有人大喊「好像是日本飛機！」之前，他還認為那是地震，接著另一人插嘴說：「見鬼了！那是海軍演習！」

接著歐威爾斯特利的房門開了，一個朋友探頭進來，臉色蒼白嘴唇顫抖地說：「我想這是日本發動的攻擊！」歐威爾斯特利探身向窗外望去，看到淡綠褐色的飛機從頭頂飛過。有一架飛得很近，他甚至可以看見飛行員和機尾的機砲手。機身和機翼上都漆著火紅的太陽。他邊跑邊穿上衣服，跑出營房時遇見了一群戰鬥機飛行員。

哈里・布朗（Harry Brown）上尉吼道：「我們得快點起飛去收拾這些混帳東西。」但停在地上緊靠在一起的飛機都已經著火了。他說：「我們到哈雷瓦！」哈雷瓦是北海岸的一個草地輔助機場，那裡還有幾架「鷹式」和「戰鷹式」戰鬥機。布朗和其他幾名戰鬥機飛行員，一起跳進一輛他新買的福特敞篷車疾駛而去。喬治・威爾許上尉（George Welch）和肯尼斯・泰勒上尉（Kenneth Taylor）則開著另外一輛車在後面緊跟著。

炸彈不斷落下，人群亂成一團。歐威爾斯特利擠過人群走向軍官辦公室。戰鬥機指揮官霍華德．戴維森准將（Howard Davidson）和基地指揮官威廉．佛洛德上校（William Flood）穿著睡衣站在前門，一臉驚嚇地盯著天空看。

佛洛德喃喃自語地說：「海軍到哪去了？我們的戰鬥機呢？」

歐威爾斯特利大喊：「將軍，我們最好趕緊離開這裡！這些飛機機尾有砲手。」這時戴維森才驚恐地看到，他兩個十歲的雙胞胎女兒還在草地上撿拾日軍的彈殼，就像是在尋找復活節的雞蛋似的。戴維森和他的妻子連忙把孩子趕回家中，然後去停機棚調派飛機迎敵。但那些從火焰中搶救出來的戰機卻沒有彈藥。儲有百萬發機槍彈藥的火藥庫已是烈焰衝天。突然間，巨型的停機棚被成串的爆炸炸得四分五裂。那聲音聽起來就像無止境連續的大型煙火的響聲。

在南方十五英里外的希卡姆機場，兩名航空機械人員正朝停機棚而去。杰西．蓋恩斯（Jesse Gaines）和泰德．康威（Ted Conway）今天起得早，因為要去看看預計會從美國本土飛抵的「空中堡壘」。他們還從未見識過這款轟炸機。七點五十五分，西面天空出現了V字機群。當它們開始脫離飛行編隊時，康威還說：「我們有飛行表演可看了。」這時，蓋恩斯注意到為首的飛機上垂下了什麼東西，他猜測是個機輪。康威大喊道：「輪胎！天啊！——是日本鬼子！」

「你瘋了嗎？」蓋恩斯的語音未落，一枚炸彈就在密集的機群中炸開來。這兩人開始奔向三層樓的軍營（被稱為「希卡姆旅館」）。蓋恩斯看見一些汽油桶，並躲在它們後面。他感到有人在踢他的屁股。一名灰白頭髮的士官大吼：「你沒有其他更好的辦法了嗎？這些桶子可是他媽的裝滿油啊！」蓋恩斯向斜坡跑去。他抬頭一看，只見一枚炸彈正搖晃著往下墜落，似乎直朝著他而來。他倉皇地東逃西竄。

當夏威夷航空兵參謀長詹姆士・莫里森上校（James Mollison）聽到第一批炸彈爆炸時，他正在刮鬍子。他連忙衝進辦公室打電話給肖特將軍的參謀長沃爾特・菲利浦斯上校（Walter Phillips），告訴他日本人來襲了。

菲利浦斯說：「吉米，你瘋了嗎？還是喝醉了？快醒醒！」莫里森舉起聽筒，好讓菲利浦斯能夠聽到爆炸聲。菲利浦斯這回相信了，其實是嚇呆了。他大吼道：「我告訴你，我會馬上派個聯絡官到你那。」接著，天花板就坍落在莫里森四周了。

在北方兩英里外珍珠港的中心，第一顆炸彈落在福特島上的海軍航空站。坐在一架卡特琳娜水上飛機內的三等軍械兵唐納德・布里格斯（Donald Briggs），還以為是「勇往號」航空母艦上的飛機在著陸。正這麼想時，十幾枚炸彈迅速接連爆炸，他的周圍地面都被炸翻。

在短短幾分鐘內，在卡內奧赫（Kaneohe）和福特島上的海軍基地與在惠勒、貝洛斯和希卡姆的陸軍基地，以及海軍陸戰隊唯一的基地埃瓦全都癱瘓了。所有的海軍戰鬥機都無法起飛，陸軍航空兵僅約三十架戰鬥機試圖起飛迎敵。

在第一顆炸彈爆炸後，珍珠港信號塔打電話到金默將軍的總部報警。三分鐘後，帕特里克・貝林杰海軍少將（Patrick Bellinger）從福特島廣播：

空襲，珍珠港——這不是演習！

上午八點整，金默向華盛頓、哈特上將和所有的海上部隊發出無線電報：「珍珠港遭到空襲。這不是演習。」當這些電報還未發送出去時，珍珠港已經冒起了一股股火焰和黑煙。

離主力艦艦列不遠，「蘭馬波號」油輪的水手長馬特·格拉夫（Matt Graff）急忙爬下階梯到船員艙，並大喊：「日本鬼子在炸珍珠港。」他的船員看著他，以為他和平常一樣又在開玩笑。他連忙說：「沒在騙你們。」有人還對他發出噓聲。「別扯了，滾上來到甲板看看！」文書軍士藍恩斯（C. O. Lines）剛爬上扇狀尾的頂端，就聽到沉悶的爆炸聲，只見一架飛機朝著七艘主力艦艦列的第一艘「加利福尼亞號」俯衝而去。

在「加利福尼亞號」北方，一前一後分別是「馬里蘭號」和「奧克拉荷馬號」。因為「馬里蘭號」緊靠著福特島停在內側，魚雷無法擊中。但停在外側的「奧克拉荷馬號」，在一分鐘內就被四枚魚雷擊中。當它向左舷傾斜時，艦上的高級軍官杰西·肯沃錫中校（Jesse Kenworthy）下令所有的人員從右舷離艦。該船最後無情地下沉，右舷的螺旋槳也浮出了水面。還有四百多名官兵被困在快速進水的船艙內。隔壁的主力艦艦列還有「田納西號」和「西維吉尼亞號」。「田納西號」就和「馬里蘭號」一樣停在裡面，沒有遭到魚雷襲擊。在「西維吉尼亞號」的戰鬥指揮塔內的艦長莫文·本尼恩上校（Mervyn Bennion）彎下了腰，大概是剛剛擊中「田納西號」的穿甲彈的碎片飛來穿進他的胃。航海官貝帝少校（T. T. Beatie）立刻鬆開艦長的衣領，並派人把醫官叫來。本尼恩知道自己性命垂危，但他關切的是他的軍艦遭受襲擊的原因。大火正朝艦橋延燒過來。

緊靠「田納西號」的是「亞利桑那號」和修理艦「威士泰爾號」。魚雷機群並沒有命中「亞利桑那號」，但幾分鐘後，高空轟炸機對它投了五枚炸彈。其中一枚穿透了前甲板鑽進了儲油艙，引起了大火。約有一千六百磅最危險的黑色炸藥，違反規定儲存在這裡。瞬間，炸藥爆炸了，並觸發了前艙內數百噸的無煙火藥。

「亞利桑那號」像是火山爆發一樣炸了開來。附近船艦上的人目睹它被炸離了水面，裂成兩半。在九分鐘內，這艘三萬兩千六百噸巨艦的兩截艦身就都沉入海底，而其殘骸上還燃燒著熊熊火焰和黑煙。看來艦上一千五百多名官兵無一能倖免於難。再往前就是主力艦艦列中的最後一艘「內華達號」。它左舷被一枚魚雷擊中，後甲板則被一枚炸彈擊中，船首下沉了幾英尺。

主力艦艦列上的所有人員紛紛跳入海中，試著游往不遠的福特島。但水面已經覆蓋著一層油汙，有些地方甚至厚達六英吋。這些油漬最終燒了起來，落水者中大多數人葬身火海。

在福特島另一邊，魚雷轟炸機還在攻擊港中最無用的船艦──那艘老舊的靶船「猶他號」。八點十二分，「猶他號」整個被炸翻，只有龍骨露出水面。福特島上的人們還能聽到船艙內隱約有敲打聲。

整個港內只有一艘船艦在行駛，就是驅逐艦「赫姆號」。它正以二十七節的速度穿越入海口，朝相對安全的寬闊水域而去。幾個小時前為「康多爾號」開啟的防魚雷網，不知為何依然敞開著。那艘迴轉儀羅盤出現故障的日本袖珍潛水艇正試著找開口進來追擊一艘主力艦。艦長酒卷河男少尉把潛水艇浮出水面以偵測方位。在他眼前，是一股股黑煙。他對助手喊道：「空襲！太棒了！看看那些煙。敵艦起火了。我們必須盡全力執行任務，必能達成目標。」

八點十五分，他看到「赫姆號」破浪而來，但他並沒有發射魚雷。他那兩枚魚雷要鎖定更大的目標。他把潛水艇沉入水中，並再度盲目地朝入港處前進。潛水艇撞上了一個礁石，退開再試一次。這次觸礁更厲害了，以至於指揮塔都浮出了水面。爆炸讓小艇劇烈地震盪起來。他的頭似乎撞到了什麼東西，然後就昏了過去。當他恢復知覺時，狹窄的船艙內已經布滿刺鼻的白煙。他感到噁心昏眩，反轉了引擎，小艇一動也不動。他在狹窄的前通道爬著，開始奮力地將十一磅重的壓艙物挪到船尾去。他終於感覺潛水艇能夠動了。

當這艘袖珍潛水艇脫離礁石，並消失在水面下時，「赫姆號」持續對著它開火射擊，並發送無線電警報：「一艘袖珍日本潛水艇試圖穿越水道。」

在港內，另一艘袖珍潛水艇正緩慢浮出福特島西方的水面。它在八點三十分時被發現，好幾艘船艦對它開火射擊。它將兩枚魚雷發射出去，一枚擊中碼頭爆炸，另一枚則是觸岸爆炸。驅逐艦「莫納罕號」向它衝去，在袖珍潛水艇消失下潛的地方丟了幾枚深水炸彈。

戰鬥機駕駛員志賀駕著他的「零式」戰鬥機中隊，在希卡姆機場八千英尺上空盤旋，等待敵機升空，但唯一看到的美機就只是機場東邊不遠的海上飛行的一架黃色小型飛機。志賀置之不理。過了一會兒，他看到六架四引擎的大型飛機朝希卡姆機場飛來，準備著陸。

它們就是從加州起飛的十二架「空中堡壘」的頭一批六架。看到在高空飛行的「零式」戰鬥機，中隊長杜魯門．蘭登少校（Truman Landon）認為是美國航空兵派機來迎接他們。這時，遠方的機槍火光閃爍，耳機裡也傳來聲音喊道：「該死，那是日本鬼子！」蘭登的機群立刻散開，其中一架往北飛向貝洛斯，其餘五架則急忙朝希卡姆機場飛去。其中四架安全降落，但一架被地面部隊擊中，碎成兩半。

志賀和他的部下排成一列，對著希卡姆機場內一長排的飛機進行掃射，然後，為了躲避防空砲火，又以超低空飛行往海上飛去。他們到那之後再回頭進行掃射。讓志賀意外的是，剛剛掃射的飛機竟沒有一架起火燃燒。如果那是日本飛機的話，早就起火燃燒。在對希卡姆機場進行三次掃射後，志賀決定攻擊福特島，但那裡煙霧瀰漫，他便領著其他戰機向西南方襲擊巴伯斯岬（Barbers Point）附近的海軍陸戰隊機場。

那時，魚雷轟炸機已經飛離了珍珠港。森上尉在擊中「加利福尼亞號」後，被防空砲火逼著飛離航向，飛到了檀香山上空。他調頭轉離這個禁止攻擊的平民區域，向集合點飛去。就在飛離珍珠港入口處時，他的領航員對他說：「森君，某架奇怪的飛機跟在我們機尾。」他轉頭一看，一架黃色雙翼飛機就跟在後面。他告訴機砲手：「嚇跑它。」接著就開了一陣空槍，已示警告。

松村上尉在攻擊「西維吉尼亞號」後也朝南飛去，剛好看到「赫姆號」在攻擊酒卷的袖珍潛水艇。他朝著驅逐艦飛去，但馬上就想起他已經沒有魚雷了。他看到一架客機（那是一架「空中堡壘」），就追過去想要機砲手將它擊落，但因為那架飛機速度過快，松村只好放棄追擊。他告訴電報員兼機砲手將攻擊情況發報回去，但機砲手卻怯弱地回答：「沒辦法，我的天線被打斷了。」

只有一架飛機還盤旋在珍珠港上方，那是淵田在評估戰果。主力艦艦列已破壞無遺，而還浮在海面上的主力艦也都已起火燃燒。

此時，東邊飛來了第二波攻擊機向歐胡島逼近——八十架俯衝轟炸機、五十四架高空轟炸機和三十六架戰鬥機。八點五十五分，島崎重和少校發出攻擊信號，一百七十架戰機掠過檀香山東面的山嶺，撲向主力艦艦列和停泊著第八艘主力艦「賓夕法尼亞號」的一號乾船塢。

日軍的主要目標「內華達號」，正緩慢地從還冒著火舌的「亞利桑那號」邊上駛過。該艦上的砲手們正用自己的身體遮掩彈藥，以免過熱爆炸。雖然「內華達號」已經被一枚魚雷擊中，但最終還是駛近了「奧克拉荷馬號」，那艘搖搖欲墜的艦上有好幾名水兵站在船舷，歡呼目送「內華達號」駛向外海。但是，攻擊方校正了距離，不到幾分鐘，就有六枚炸彈擊中「內華達號」。這艘主力艦的艦橋和艦首爆炸起火，而被迫掉頭駛回港內，在兩艘駁船的協助下被拖到「賓夕法尼亞號」的乾船塢旁。

在東南方，第二批六架「空中堡壘」朝著威基基海灘飛過來，中隊長理查·卡麥克上尉（Richard Carmichael）讓副駕駛看著眼前的景況。在他看到希卡姆機場的火焰和煙霧前，還以為面前的這些飛機是在參加海軍演習。他急忙向塔台呼叫，請求降落。

戈登·布萊克（Gordon Blake）少校說：「請由西向東降落，請小心。機場正遭受攻擊。」

卡麥克正放下機輪，下方的防空砲火便向他猛烈攻擊。他只好放棄降落，並轉向北飛到惠勒機場。但這個機場也遭到猛烈攻擊，他只能轉往哈雷瓦。這個機場的跑道只有一千兩百英尺長，當這架巨大的「空中堡壘」停穩時，已經到了跑道盡頭。所有的飛機都安全降落：兩架在哈雷瓦，一架在卡胡庫彎跑道，三架在希卡姆機場。第一架「空中堡壘」落地在希卡姆機場後，兩名衣著整潔的上尉剛步下飛機，就聽到有人大喊：「把彈藥裝上，準備起飛！」這兩名上尉結巴地說，他們的飛機尚未處於戰鬥狀態。所有的機砲都包在防鏽油中，得花好幾個小時才能清理乾淨。

在惠勒機場，兵士們還沒從第一波攻擊中清醒過來，第二波攻擊又開始了。歐威爾斯特利為了步槍和手槍的事，和基地軍械局的一名士官吵了起來。

「沒有簽收條，我無權發給你任何武器。」士官在爆炸的喧囂聲中喊道。

歐威爾斯特利也大吼道：「天啊！老兄，這可是戰爭啊！」他終於拿到了槍支。

福特島上的海軍戰機不是被摧毀就是受損。六名飛行員別無他法，只能躲在椰子樹後用手槍射擊敵機。這些陸軍戰鬥機飛行員取得了一些戰果：他們擊落了十一架日本戰機。惠勒基地的兩名上尉——喬治．威爾許和肯尼斯．泰勒——擊落其中的七架。

——

比起軍人，檀香山的平民更不願意相信戰爭已經打到夏威夷。他們不在意那些響聲，認為這不是演習，就是靠近威基基海灘的德魯西堡（Fort DeRussy）的巨大海岸防衛砲台在進行試射。「泰山」題材的小說作者埃德加．萊斯．巴勒斯（Edgar Rice Burroughs）和兒子在紐馬魯飯店照樣吃著早餐，飯後還和兩名海軍軍官夫人打網球，不知道戰爭已在幾英里外開打了。

檀香山《廣告報》市政版編輯羅伯特．川布爾（Robert Trumbull）在威基基海灘的公寓內被電話吵醒。他的太太珍拿起電話走了過來，半信半疑。是一個朋友打過來，說他在山上住宅看到珍珠港似乎「真的」遭到攻擊，身在新聞圈的川布爾或許會知道究竟是怎麼回事。

川布爾回答：「這不過是個演習。」電話剛掛掉，鈴聲又響起。他的主編雷．柯爾（Ray Coll）打電話來告訴他，珍珠港說已遭到空襲，要他立刻趕往辦公室。川布爾還是不相信，立刻打給市內另一個消息最為靈通的同業。對方說：「你老闆是喝什麼酒了嗎？」

直到川布爾聽到KGBM電台韋伯利．愛德華茲（Webley Edwards）廣播說：「本島正遭受空襲！再重複一次，本島正遭受空襲！這是千真萬確的。」他才相信確實是空襲。在辦公室內，關於當地日本人進行陰謀破壞的訊息如潮水般湧進，川布爾核對後發現都是以訛傳訛：甘蔗田裡被切割出一個指向珍珠港的箭頭；在某個日本人經營的武術館內發現一部高功率的無線電發報器。

川布爾打電話到夏威夷州長的宅邸。讓他驚訝的是，接電話的竟是七十二歲的年邁州長約瑟夫・波因德克斯特（Joseph Poindexter）本人。州長對攻擊毫無所知，並用懷疑但有禮的口氣詢問細節。

九點四十五分，煙霧繚繞的珍珠港上空突然變得一片空曠。到處是燃油的惡臭。「亞利桑那號」、「奧克拉荷馬號」和「加利福尼亞號」已經沉沒。「西維吉尼亞」拖著火焰正在往下沉。「內華達號」擱淺了。其餘三艘主力艦——「馬里蘭號」、「田納西號」和「賓夕法尼亞號」——都已受創。

在檀香山的情報員吉川猛夫正在吃早餐，猛然間窗戶開始咯咯作響，幾幅畫震落到地板上。他跑到後院往天空看，只見一架日本標誌的飛機。他告訴自己，他們辦到了！有這麼多戰艦在港內，實在太完美了！

他邊跑邊鼓掌，衝進喜多總領事官邸的後門。他喊道：「喜多先生！他們辦到了！」喜多走出來說：「我剛剛在短波上聽到『東風，有雨』。絕對不會有錯。」[3]當然，這句話意味著日美關係已瀕臨破裂。

兩人翹首凝視珍珠港上空的濃煙，眼中含淚水鼓掌相慶。喜多最後說道：「他們終於幹了。森村，幹得好！」

吉川和一名書記在密碼室內，開始在洗臉盆內焚燒密碼本。不到十分鐘，傳來一陣敲門聲。有人喊：「開門！」是聯邦調查局的人看到煙霧，趕了過來。

房門被撞開了，六名武裝人員衝了進來，開始撲滅燃燒著的密碼本。吉川喃喃自語道：「別了，我的青春——永別了。」他走到院子去看珍珠港上方的飛機。領事館的其他人員已被集中起來關在辦公室內，但誰也沒注意到這名情報員。他走回辦公室，發現門已經鎖上，就向一名聯邦調查局幹員要求把他也監禁起來。

「你是誰？」

「森村，館員。」

聯邦調查局幹員說：「進去。」

在檀香山，戰爭到來已無可懷疑。轟炸造成六十八個平民死亡。只有一顆日本炸彈投進市區，還有另外四十九起是防空砲流彈引起的爆炸。但市區並無驚慌失措的情景，在攻擊的高峰時候，圍著草裙的女孩依照常來到汎美航空碼頭，手腕上套著花串向「飛剪號」的乘客送別。她們將被告知，這種傳統儀式將會停止一段很長的時間。

三

從凌晨兩點起，也就是離預計攻擊的時間還有一小時的時候，山本和他的參謀在停泊在柱島外的旗艦「長門號」上就已經醒來。他們圍繞桌子無聲地靜坐著，時不時起身檢視一張大圖表。侍從長近江送來了茶水和蛋糕，以和緩一下緊張氣氛。突然，從傳聲筒中傳來一個興奮的聲音：「奇襲成功了！」這是密碼官從電訊室內喊的，通過因為氣候因素造成的「越距」訊號，他聽到了淵田發出「虎！虎！虎！」的訊號。

參謀們彼此握手相慶。經過漫長的焦慮後，他們如釋重負。山本強作鎮定，但渡邊也看出他十分激動。為了慶祝，近江端上清酒和魷魚乾。他們不斷舉杯慶賀。每隔幾分鐘，傳聲筒內就會重複前方飛機傳來的捷報和美國人驚慌失措的電報：「所有的船艦速離珍珠港」、「這不是演習」，「這是千真萬確的」。

山本令聯合艦隊在黎明後開往夏威夷，以便在美國進行反擊時支援「木戶部隊」。

在東京，海軍參謀本部電報室收到了轉發而來的淵田的第一個信號，即下令攻擊的信號。密碼官打電話向作戰室報告：「『赤城號』隊長重複發送 TO 的訊號。」密碼本上並沒有這個字，他也不懂這代表什麼意思。三代中校表示，那是他之前還在「加賀號」擔任中隊長時所想出的代號。他說：「他們表現得不錯，這個字表示『突擊』」。自從他獲知攻擊馬來亞的時間已經提前的消息以來，這是三代中校第一次感到高興的時刻。幾分鐘後，傳來了第二則訊息——這次是密碼本上有的：「虎，虎，虎」。

上午十點，戰機開始飛返航空母艦。由於天氣轉壞，因此有不少架飛機墜毀在甲板上。當松村的機尾鉤鉤上「蒼龍號」的攔截繩時，心中一陣狂喜。他從未指望生還，而現在他卻活著回來了！

淵田大概在一小時後返航，原田歡快地迎接他；接著淵田走向艦橋並向南雲和草鹿報告，他們至少擊沉兩艘主力艦並重創四艘。他要求兩位將軍立刻再度發動攻擊，此次全力攻擊儲油庫。美國空中軍力已被擊毀，淵田向他們保證，第二次攻擊時只需對付防空砲就行了。

草鹿考慮了淵田的建議。他那脾氣急躁的朋友山口將軍已經發信號表示，「蒼龍號」和「飛龍號」已經做好再度發動攻擊的準備，「加賀號」艦長在佐多中校的鼓動下，也建議對基地設施和儲油槽進行攻擊。儲油槽的確是令人垂涎的目標，但草鹿認為身為一個指揮官不能隨心所欲。第二輪攻擊要再偷襲已不可能，而且不論淵田怎麼認定，防空砲還是很有可能會擊落大量飛機。更重要的是，特遣艦隊本身也會陷入危境。「木戶部隊」是日本海軍的心臟，不應拿來當作賭注。從一開始，他就想要給予極其迅速的一擊，然後像陣風一樣收兵。

草鹿向南雲建議：「我們應該按原計畫返航。」南雲也點頭表示同意。

一名參謀建議，應該試著找到美國的航空母艦並加以擊沉。艦橋上的人意見分歧。草鹿說：「不要再發動任何形式的攻擊。我們要撤兵。」[4]

——

海軍部長法蘭克．諾克斯人在憲法大道上的海軍部辦公室內。已經過了正午，他感到有點餓，正要叫人送午餐時，史塔克上將衝了進來，手上拿著金默那份「這不是演習」的電報。

諾克斯驚呼：「天啊，這不會是真的吧！這必定是指菲律賓。」

史塔克陰鬱地與他確認，這電報指的是珍珠港，諾克斯拿起電話筒直接打到白宮。那時已是下午一點四十七分。羅斯福總統在橢圓形辦公室內和約翰．霍普金斯一起在辦公桌上吃著午餐。諾克斯朗讀了這份電報。

霍普金斯說：「一定有什麼地方搞錯了。」他十分確信「日本不會攻擊檀香山」，但羅斯福認為報告很可能是正確的，並說：「這種讓人意外的舉動，正是日本人會做的事。」他談起他曾如何盡力避免戰爭，以期安然結束任期。最後，他嚴肅地說：「如果報告屬實，整個事件就完全不是我們能掌控的了。」

下午兩點零五分，羅斯福打電話給赫爾，以沉著且簡潔的語調告訴他這個消息。赫爾告訴總統，野村和來栖剛剛才到，正在外交官接待室內。羅斯福建議他還是要會見他們，但不要提起已經知道珍珠港一事。他應該正式、冷靜和「客氣地把他們送走」。然後，總統打電話給還在家中吃飯的陸軍部長亨利・史汀生，並激動地問他是否聽說出事了。

史汀生回答：「嗯，我聽電報上說，日本已經前進到暹羅灣了。」

羅斯福說：「啊，不，我不是說這個。他們攻擊了夏威夷！他們現在正在轟炸夏威夷！」

史汀生放下電話筒。他告訴自己，嗯，這還真是個讓人激動的事。他立刻感到「鬆了一口氣，不需再猶豫不決了。危機已經是以能夠團結所有國民的方式到來了」。

在國務院內，赫爾掛完電話後轉身對包蘭亭說：「總統接獲未經證實的報告，日本人已經攻擊珍珠港。兩名日本使節正等著見我。我知道他們想幹什麼，他們想要拒絕我方十一月二十六日的照會。或許他們想告訴我們，他們已經宣戰了。我比較傾向不會見他們。」最後，他還是接納了羅斯福的意見，接見了日本使節。因為那份報告還存有「百分之一的機會」是錯誤的。

在會客室內，焦躁的野村從大使館一路趕來，此時還氣喘吁吁。他已經遲到了一個小時，也知道這第包括十四部分的電報有幾個打錯的字。奧村本想重打整份文件，但野村急忙從他那把文件給抓走。他甚至沒有時間再仔細看一遍。

兩點二十分，野村和來栖終於被引進赫爾的辦公室。國務卿冷淡地接待他們，拒絕和他們握手，也沒請他們就座。

這名日本將軍一面用抱歉的口氣說：「我奉命要在下午一點時將這份答覆遞交給您。」一面把照會遞了過去。

赫爾一臉嚴肅地說：「為什麼要在下午一點交給我呢？」

野村誠實地回答道：「我並不清楚原因。」對於他這位朋友只因為自己和來栖遲到，就感到如此不高興，他還感到相當困惑。

赫爾抓過照會，並假裝快速地看了一遍。他平常講話是客氣而緩和的，但現在卻怒氣傾盆般地嚴厲指責他們：「我必須說，在過去九個月來的對談中，我從來沒有說過任何一句不確實的話。這完全有記錄可以佐證。在我五十年的公職生涯中，從來沒見過一份文件比這份更充滿著無恥的謊言和歪曲的事實——在今天之前我從未想像過，在這個星球上會有任何一國政府能夠這般地撒謊和歪曲事實。」

野村想開口說些什麼，但赫爾舉起手並向門口簡慢地點了一下，示意他們離開。野村還是感到相當困惑，他走到赫爾面前向他道別，並伸出手。這次國務卿握了握手，但是當這兩個日本人低著頭轉身離開時，赫爾就回復到他那田納西的語調，輕聲地說：「流氓和窩囊廢！」

回到大使館時，奧村告訴他們：「我們的戰機轟炸了珍珠港！」眼中含淚的磯田武官走向野村，憂愁地對他說，儘管海軍上將已經盡了心力，但事態「還是到了這樣的地步」，實在是讓人遺憾。「但是，唉，這就是命運！」野村的情緒激動，言語難以安撫，特別是來自一名陸軍軍官的安慰。

在海軍部內，史塔克上將已向太平洋地區和巴拿馬所有的指揮官發送電報：「開始對日本進行無限制的空中與潛水艇作戰。」在隔壁幾間屋內，諾克斯正和珍珠港通電話，他聽著海軍第十四區指揮官克勞德・布洛克上將描述他透過窗戶所看到的受損狀況。「『奧克拉荷馬號』嚴重受創。『亞利桑那號』也是。但『賓夕法尼亞號』和『田納西號』只有輕微受損，我們能夠不太費事地就修復『加利福尼亞號』。幸運的是，海軍造船廠和儲油槽都沒有損傷。」

最先聽到這項攻擊訊息的美國大眾，是正在收聽「巨人對道奇」美式足球賽的球迷。在兩點二十六分，WOR電台中斷了球賽播報，插播了一則新聞快訊。但正在「馬球球場」進行比賽的現場並沒有播報此消息，當時布魯克林隊（道奇隊）剛進了一球，首開紀錄。但是，當華盛頓透過廣播呼叫威廉・多諾萬上校（William Donovan）時，激起了觀眾的好奇與騷動。多諾萬是情報組織「美國情報協調局」（Office of the Coordinator of Information）的主管。

第二次廣播是在下午三點即將廣播紐約愛樂交響樂團的音樂會時。在華盛頓，航空局局長切斯特・尼米茲少將（Chester Nimitz）剛坐下來等著欣賞哥倫比亞廣播公司轉播的阿圖爾・羅金斯基（Artur Rodzinski）的音樂會。轉播一被中斷，他立刻從椅子上躍起來並趕往海軍部。

「同盟通信社」記者加藤萬壽男，在離海軍部大樓幾條街之遠的計程車上聽到這個訊息。司機罵著：「該死的日本，我們現在得好好教訓一下這些雜種。」紐約的WQXR廣播電台，急忙將吉伯特和蘇利文所寫的輕歌劇《日本天皇》改成《女皇陛下園兜號》，「以表示崇敬皇家海軍」。多年前日本捐贈並栽種在波多馬克河畔的櫻花樹，也被人砍倒了一株。大批住在曼哈頓地區的「二世」也感到憤怒。紐約「東西方俱樂部」立刻拍了封電報給羅斯福：

我們住在紐約市和鄰近地區的日裔美國公民和所有的美國人一樣，譴責日本對我國的侵略，支持保衛國家所採取的一切措施。

麻州大道上的日本使館前聚集了一群喧鬧的群眾。有人打電話要找來栖，那是不久前還是美國外交官的費迪南德．邁耶（Ferdinand Mayer），兩人之前在柏林結識後成為好友。邁耶說他很樂於見見來栖——但沒有提到是多諾萬上校要他打來的。多諾萬的情報組織不久後即改為美國第一個真正的間諜機構——「戰略情報局」（Office of Strategic Services）。

來栖結結巴巴地感謝「費迪南德」能夠打電話給他，但表示「極度不願意麻煩他」，因為使館外還圍著不友善的群眾。邁耶從來栖的語調判斷，他已經「相當氣餒且極度絕望」。

來栖雖然意志消沉，但對於毫不遮掩鄙視他的赫爾卻無怨懟，他認為那名老人只是在盡全力維護和平。問題是日美雙方都像孩童一樣幼稚，在外交上雙方都不成熟。現在，兩個小孩玩起了愚蠢的戰爭遊戲。

到了傍晚，助理國務卿小阿道夫．伯利（Adolf Berle, Jr.）將兩名特使軟禁在一家豪華的旅館內。野村大使要求給他一把武士刀，但被伯利拒絕了；野村自殺可能會危及格魯大使。

當晚八點三十分，內閣在白宮二樓的紅廳開會。羅斯福坐在書桌後方，閣員面對羅斯福成半圓形而坐。總統莊嚴地宣布，這是自當年爆發內戰（即「南北戰爭」）以來最為嚴肅的一場內閣會議。他列舉了珍珠港的戰損，然後，緩慢地宣讀他預計於次日中午要在國會發表的文告。

史汀生認為文告強而有力，但沒有揭露日本「過去的非法行徑，而且也完全沒有提及德國」。赫爾也認為應提及德國，但羅斯福表示這份文告「短一些更有力道……確保人人都看」。即使赫爾堅持說，國會和全國民眾都會聽取總統所說的「任何事」，羅斯福還是不為所動。

史汀生的主張比赫爾更進一步。在會議結束後，他走到羅斯福身旁，敦促總統要在全國人民的憤怒消退前就向德國宣戰。總統拒絕了這項提議，但承諾會在兩天內把整個問題都呈現在全國人民眼前。

九點三十分前不久，國會的領袖們——副總統亨利・華萊士（Henry Wallace）以及包括阿爾本・巴克利（Alben Barkerly）在內的六名參議員、眾議院議長山姆・雷本（Sam Rayburn）和兩名眾議員——進到了會議室。羅斯福將夏威夷發生的事坦白地告訴他們。聽者全都一絲不動地坐著，一片肅靜。羅斯福說完後，參議員湯姆・康納利（Tom Connally）疑惑艦隊為何如此「措手不及」，但其他人依然不發一語。

當晚，在上述會晤不久後，羅斯福的長子、海軍陸戰隊上尉詹姆士・羅斯福看見他父親「臉上毫無表情、非常沉著平靜地」翻閱著他鍾愛的集郵冊。羅斯福並沒有抬頭看他，只說了一句：「真糟，真的很糟。」

羅斯福夫人發現，他的先生很久以來從未像現在這麼安靜，她暗自私忖：「現在終於肯定地知道這是木已成舟的事了，」而且，「比起過去那種長期的不確定感，未來要應付的已是明顯的挑戰」。

四

日本已經發動了戰爭，但卻還沒有宣戰。在黎明前一個小時所倉促召集的內閣會議中，海相嶋田繁太郎平靜地描述珍珠港的戰果，並提醒他的閣僚要考慮到轟炸機飛行員會誇大成果。會上倉促草擬了宣戰詔書，由閣員簽署後送至樞密院。

原先反對開戰的宮內大臣木戶在太陽升起時，驅車趕到了皇居。他還因為珍珠港事件感到猶豫不安，閉著雙眼並向太陽躬身致敬，向眾神祈禱。他深深感激上天在退無可退的道路上保佑了日本。作為一個愛國的日本人，他衷心希望勝利。

在幾條街外的日本放送協會大樓內，播報員宮野守男核對了當天第一次新聞節目的播報稿。七點整，他壓住了激動情緒開始廣播：「現在為您播報緊急消息。消息如下，帝國大本營陸海軍十二月八日早上六點聯合宣布，帝國陸海軍於今日黎明前在太平洋地區和美國和英國部隊進入戰爭狀態。」這個消息透過街上數以百計的喇叭高聲放送。人們驚嚇地停下腳步。接著，喇叭大聲播放軍樂，許多人像在看球賽時那樣開始鼓掌。到處可見激昂的群眾，是有些年歲較大的市民開始走向二重橋去祈求勝利，但是帶著肅穆的心情，而非歡樂的情緒。[5] 在廣場上，腰上掛著鈴鐺的賣報童夾著「號外報紙」，東奔西跑，鈴聲之響，連皇居東廂第三接待室都可聽見。

樞密院會議正在一間寬敞的房間裡舉行。討論最久的部分卻是個無關緊要的小問題：為何在詔書中沒有包含荷蘭？對「美國」和「英國」這兩個用詞也爭執許久。某個顧問說，這樣會造成混亂，而且也不禮貌。東鄉堅持拒絕更動。世上所有的人都知道「美國」就是「美利堅合眾國」。

中午前，天皇在詔書上蓋下玉璽，正式宣戰。他還在詔書上增添了一句話，表達他對導致帝國得和英美開戰的遺憾，並把最後一句話「以在國內外將皇道的榮耀發揚光大」改為語氣和緩的「以保持帝國之榮耀」。

木戶侯爵發覺天皇神情泰然自若。接著，天皇承認對英美開戰是個令人心碎的決定，特別難以承受的是和英國皇室這樣親近的朋友成為敵人。木戶沒有作聲，他又能說什麼呢？

首相東條已經透過廣播電台向全國發表講話，話語樸實而不帶修飾詞藻。他說，西方國家試圖宰制這個世界，「為了殲滅這樣的敵人以及在東亞建立一個穩定新秩序，全國都預想到一場長期的戰爭……」日本和東亞的興廢在此一戰，帝國一億國民必須竭盡全力報國——也就是捨身報國。

電台接著播放一首軍歌《海軍進行曲》（海行かば）：

橫越大海，屍浮海面；
橫越高山，屍橫遍野。
為天皇效死，
視死如歸。

當天下午，東條首相穿著騎馬服正要離開官邸時，他的秘書西浦進上校攔下了他。「你今天怎麼能去騎馬呢？萬一受傷了怎麼辦？」東條不發一語地回到屋內。

——

日本人曾擔憂提前攻擊馬來亞或許會不利於襲擊珍珠港，這是毫無依據的。倫敦方面並未警覺是讓人訝異的。更讓人驚訝的是，一直到珍珠港被第一波炸彈攻擊的兩個半小時後，邱吉爾才知道此訊息，而且還是從廣播中聽到的。當時他正和兩名美國訪客——美國《租借法案》協調人埃夫里爾·哈里曼（Averell Harriman）和駐英大使約翰·懷南特（John Winant）——在他位於契克斯（Chequers）的鄉間別墅內共度週末。晚上九點，他們聽到英國廣播公司的廣播員不停地在播報各地戰況，但就是沒有提到遠東。最後，廣播員平鋪直敘地播報說，日軍襲擊了夏威夷。

兩名美國人一下子從椅子中挺直了腰桿。

管家索耶說：「是真的。我們剛剛在外面就聽說了。日本人已經攻擊美國人了。」

沉默片刻後，邱吉爾起身前往辦公室。懷南特當然認定他是要向日本宣戰，因為他不久前才承諾過要「立即」宣戰。懷南特說：「我的老天爺，你不能憑新聞就宣戰！」

「那我該怎麼辦？」

「我會打電話給總統，問問他到底是怎麼一回事。」

大使和總統通上話後，他說：「我的朋友想跟你說話。你聽到聲音就會知道他是誰。」

邱吉爾拿過電話筒：「總統先生，日本是怎麼一回事？」

「確實如此，他們已經攻擊我方的珍珠港。我們現在是風雨同舟。」

「這倒把事情給簡化了。願上帝與你同在。」邱吉爾無法壓抑他的得意之情，現在美國已經正式站在他這邊了。他想起三十多年前愛德華·格雷爵士（Edward Grey）告訴他，美國就像一個超級巨大的鍋爐：「你一旦在底下點起一把火，它就能產生無窮盡的能量。」

他滿懷著激動的情緒就寢，而且睡得香甜。

五

在謀劃馬來亞戰役時，規劃者推估完全順利登陸的可能性只有一半，因此他們為這些首批登陸的士兵擬定了一旦被英國艦隊隔離孤立後就地謀求生路的計畫。規劃者甚至一度認真考慮讓他們帶上糧食種子，以便長期被包圍時能夠存活，但這個計畫後來作罷，因為會打擊士氣。

對馬來亞半島的入侵發生在珍珠港事件之前。進攻時儘管浪高六英尺，但是進展順利，哥達巴魯機場在日暮時分就已陷入日軍之手。但是，北方另外兩個跨越泰國邊境的登陸地點，卻因為錯誤的執行命令而受阻。朝枝繁春少校受命率領進攻北大年一路。他親自挑選出登陸的海灘。因為他在一次秘密任務中，發現這片海灘在漲潮時露出潔白沙灘，表明沙質堅固適合登陸。在黎明前一個小時，攻擊北大年部隊登陸艇湧向岸邊。當水深齊胸時，全副武裝的士兵開始下水登陸。讓朝枝大驚失色的是，他發現自己陷在泥中；退潮時白沙並沒有延伸到海中。有些扛著機槍的士兵陷入泥沼沒頂淹死。其他人幾乎花了三個小時才奮力掙扎到三百碼外的堅實地面，一上岸就遭到泰國軍隊的掃射。

而在新歌拉，沙灘是堅固的，看來辻中校夢想要乘著巴士衝過馬來亞邊境的計畫就要實現了。辻認定有一名以職員身分在領事館內工作的少校，已說服泰國軍警不要干涉。但是，大曾根少校並沒有在沙灘那等候入侵部隊。辻進了城，靠著拍打大門才把領事館的人叫醒。肥胖的領事睡眼惺忪來開門，卻驚訝地說：「啊，原來是皇軍！」在身後的是同樣昏昏欲睡的大曾根少校。他太早就把密碼本燒毀，因而無法將最後一封內有正確登陸時間的電報解碼。

氣壞的辻中校命令領事開車載他去警察局。擔心勸說無效，他還帶了一個裝有十萬提卡[6]的大風呂敷。他們還沒到達警察局時，一顆子彈飛來，擊中一盞車大燈。辻的翻譯大喊：「別開槍！這是日本皇軍。和我們一起去打英軍吧！」對方的回答是射來一排子彈，似乎都瞄準那肥胖的領事，因為他穿著耀眼的白色西裝，成為一個明顯的標靶。日本人也開槍回擊。辻的夢想計畫就此告終。

——

位於馬來亞半島尾端的新加坡島上的居民在清晨四點炸彈落下爆炸時，才頭一回聽聞戰爭。半小時前，戰鬥機控制作戰室接獲一則報告指稱，離新加坡一百四十英里上空，發現不明國籍的飛機，作戰室一再撥電話至民間空襲總部，但都無人接聽。結果，市內的燈火成為導引入侵者的目標；事實上，在整個空襲過程中，市區燈火都一直亮著。總管開關的人帶走了鑰匙，無法找到他。

這場空襲造成六十六人死亡和一百三十三人受傷，但新加坡仍無警戒措施。大多數人都因為遠東軍指揮官——空軍元帥羅伯特．布魯克—波帕姆爵士（Robert Brooke-Popham）當天的一則通告而感到安心。通告內容如下：

我們已經做好準備。我方早有警覺，並已完成和確認準備工作無誤……我們深具信心。我們有堅強的防衛以及精良的武器……敵軍何足懼？我們看到的是，日軍連年肆無忌憚地屠戮中國而耗盡心力……為了此志業而投入的信心、決心、膽識和奉獻必將激勵部隊中的每名戰士，而市民大眾，不論是馬來人、中國人、印度人還是緬甸人，我們都期望著你們東方固有的美德——耐心、堅忍和沉著，這些美德將會持續下去以協助戰士們贏取最終和全面的勝利。

並非每個人聽到這番華麗詞彙之後都能感到放心。美聯社記者葉慈・麥克丹尼爾（Yates McDaniel）知道防衛新加坡的布魯斯特「水牛式」（Buffalo）戰鬥機既緩慢又笨重；他也知道整個馬來亞連一台坦克車都沒有；新加坡每一門固定式巨砲都是對準外海，如果從半島南下進攻，這些大砲毫無用武之地；還有，馬來亞的部隊並沒有接受叢林作戰訓練；當地人都被排除在保衛自己家園的防衛工作外，而和日本人相比，他們又更為憎惡英國人。

接近中午時，麥克丹尼爾的好友、海軍中將杰弗里・萊頓爵士（Geoffrey Layton）打電話告訴他：「我們將派出兩艘主力戰船出海，由菲利浦斯指揮。」從他的口氣中，麥克丹尼爾猜想萊頓是相當不以為然。「你要不要跟著去？」

「他們會出去多久？」麥克丹尼爾很欽佩菲利浦斯，這名矮小的將軍在艦橋上站在木箱上以觀察海面這古怪又英勇的形象讓他印象深刻。

萊頓說：「五、六天吧。」菲利浦斯決定沿馬來亞東海岸北航去攻擊正在兩處進行登陸的日本船隊。

麥克丹尼爾很心動。看起來將有一場好戲，但美聯社在新加坡只有他一個人，他必須拒絕。因為萊頓明顯反對該計畫，這讓他有點擔心。然而他還記得在「威爾斯親王號」上簽署《大西洋憲章》時，有隻黑貓坐在羅斯福腿上。這讓他覺得是一個不祥的預兆。

當天下午出航前，菲利浦斯問普爾福特空軍中將（Conway Pulford），這次出擊能夠得到哪些空軍支援。海軍出身的普爾福特急切想協同作戰，但在北馬來亞的機場據報已經被炸毀。他承諾菲利浦斯，隔天，即十二月九日，會派出偵察機，但在十二月十日恐怕就完全無法派出任何飛機了。

在菲利浦斯登上三萬五千噸的「威爾斯親王號」時，艦長貝爾（L. H. Bell）發覺到他的不安。菲利浦斯說：「我不確定，普爾福特是否了解到，我為何如此重視十日那天在新歌拉上空要有戰鬥機護航。」他說他要寫信問問普爾福特能否確定派出戰機。

代號為「Z部隊」的艦隊在日落時分緩緩駛出寬闊的新加坡港。「威爾斯親王號」領航，後面跟著「反擊號」和其他驅逐艦。艦隊通過新加坡島東端的樟宜通訊站時，菲利浦斯收到普爾福特傳來的電報：「抱歉，不可能派出戰鬥機防護。」

菲利浦斯說：「好吧，我們只能這樣子了。」這兩艘船艦抵達新加坡後已是眾所皆知，而要它們撤退是難以想像的。「Z部隊」繼續往北駛去。

——

在馬尼拉，麥克阿瑟的遠東空軍指揮官路易斯．布里爾頓少將要求用「空中堡壘」轟炸約六百英里外的台灣。這是上午七點三十分的事，即夏威夷開始遭到攻擊的五個半小時後。

麥克阿瑟的參謀長理查．薩瑟蘭少將（Richard Sutherland）回答：「我會去向將軍請示。」之後他回報說：「將軍說不行，不能首先採取公開行動。」布里爾頓想知道，轟炸珍珠港算不算是公開行動？他得到的回答是，並沒有對台灣做多少偵查動作，這樣的空襲是沒有意義的。

在台灣西部，日本第十一航空隊的海軍軍官也感到同樣失望。濃霧讓他們無法在黎明前起飛攻擊克拉克機場及其附近的戰鬥機機場。現在，他們擔心這些以克拉克機場為基地的「空中堡壘」會突然在頭頂現身，並將他們停在跑道上的戰機炸個粉碎。

此時唯一從台灣起飛的飛機卻是從陸軍機場起飛的，他們只是要轟炸離馬尼拉北方很遠的一些不重要的目標。上午九點二十五分，這些煩人的空襲報告傳到了布里爾頓位於馬尼拉郊區尼爾森機場（Nielson Field）的總部。布里爾頓再度打給薩瑟蘭，要求允許轟炸台灣。他再次遭到拒絕。四十分鐘後，麥克阿瑟終於改變主意，但時間已經過遲，布里爾頓只得匆忙重新制定計畫。

為了避免在地面被襲擊，他的轟炸機在阿拉亞特山上空漫無目的地盤旋，過了半小時才知道不過是一場虛驚，於是回到克拉克機場加油，戰鬥機在身後護航。

在尼爾森機場，呂宋島西北沿岸城鎮不斷透過電話和電報將新的警報傳到攔截機指揮部。有的說敵機有二十七架，看上去像戰鬥機，有的則說是五十四架重型轟炸機。台灣島上的濃霧已經散去，一百九十六架海軍戰機編成數個大隊，正在接近呂宋島上的目標，大多數是朝向克拉克機場。布里爾頓的航空警報官亞歷山大．坎貝爾上校（Alexander Campell）試著從這些相互衝突的報告中理出頭緒，並推論出有一大隊是朝向馬尼拉，而其他大隊則是瞄準克拉克機場。上午十一點四十五分，他向克拉克機場發電傳電報，但未能接通。用無線電呼叫，也沒人回應；顯然報務員去吃午飯了。最後，坎貝爾總算和克拉克機場通上電話，但聲音很不清楚，一名低階軍官向他保證，會立刻將此訊息報告基地指揮官或作戰室軍官。

到中午十二點十分，所有呂宋島上的戰鬥機飛行員不是已經起飛升空，就是警戒待命——只有克拉克機場的飛行員例外。那名低階軍官還沒將坎貝爾的警告傳給長官。停著「空中堡壘」的機場上空，並沒有任何戰鬥機保護。

十二點二十五分，二十七架新式三菱高空轟炸機轟隆隆地飛到離克拉克北方二十英里遠的丹轆省（Tarlac）上空。它們的目標是克拉克，在那許多地勤人員剛從餐廳走出來，滿不在乎地朝著停機線而去。軍械兵正在替這些還沒塗漆的、巨大的「空中堡壘」掛載炸彈。約瑟夫．穆爾中尉（Joseph Moore）所率領的十八架「戰鷹」式戰鬥機飛行員，正懶洋洋地靠在飛機上。這些飛機就停在機場的邊緣，旁邊堆積著成排的空汽油桶。

在第三十中隊的餐廳中，機械技師和轟炸機組員正在收聽KMZH電台唐．貝爾（Don Bell）的廣播。貝爾在廣播中說：「根據一則未經證實的消息，他們正在轟炸克拉克機場。」這句話引起哄堂大笑以及喝倒彩。確實還有人不相信珍珠港已經遭受襲擊；認為這或許是某個「急於表現者」的想法，要大家保持警覺。

二十七架三菱飛機上的日本人，已經能夠看到一大群美國轟炸機在太陽下閃閃發光了。他們的目標清楚到令人難以置信：都停在空曠的平地上，機場東方十五英里矗立著阿拉亞特山，活像個巨型交通號誌。在這些轟炸機後面，還跟著另外二十七架轟炸機，在它們的上方更有三十五架「零式」戰鬥機進行護航。此時是十二點三十五分。離珍珠港被襲擊已經十個小時了，克拉克機場上所有的飛機都還在那坐以待斃。

在機場的邊緣，第二〇〇海岸砲兵團的新墨西哥州國民兵，正圍坐在三十七毫米和三英吋的高射砲旁吃午餐。有人大喊：「海軍來了！」來自卡爾斯柏德的德韋恩．戴維斯中士（Dwaine Davis）連忙抓起用連隊基金購買的攝影機，開始拍攝。

有人問：「他們幹麼投下錫箔？」

「那不是錫箔，那是該死的日本鬼子！」接著就傳來轟隆隆的響聲，就像是急速駛過的貨運列車。在機場另一頭，第二十驅逐機中隊的機組長喊道：「我的老天爺，他們來了！」喬・穆爾（Joe Moore）中尉往他的「戰鷹式」戰鬥機跑去。他的中隊裡的六個飛行員跟在後面，他將飛機滑行到起飛位置後立刻起飛，開始以極速爬升。另外兩架飛機也起飛了，但後面的四架則被炸彈擊中。

空襲警報響起，但頭頂上大型V字形編隊的飛機，似乎嚇壞了這些地面組員——直到成串的炸彈朝他們搖搖晃晃地落下，才驚醒過來。

國民兵還是第一次用實彈進行高射砲射擊。他們在訓練時大多數是對著掃帚、木箱，不然就是木製模型機。他們所發射的砲彈在遠低於目標的地方就爆開了，但能夠真正朝著目標射擊還是讓他們感到滿意，甚至是莫名的振奮。

突然之間，天上已經沒有什麼可以射擊的了。這突如其來的寧靜讓人震驚。德伍德・布魯克斯（Durwood Brooks）班長恍恍惚惚地走向停機線。戰爭，這個想法既新又可怕。屍體和屍塊四散各處。他看到他的朋友，一個十九歲的波蘭小伙子倒在壕溝裡。很奇怪地，一顆爆炸子彈把他炸得像破裂的氣球，整個人看起來幾乎是透明的。

士兵們像是夢遊一般從壕溝裡出來時，對於傷兵的呻吟也無法聽到了。建築物在燃燒，機場那頭的油槽冒著滾滾黑煙。奇蹟的是，只有少數幾架「空中堡壘」受到損毀。

穆爾中尉和他的兩名袍澤正試著追逐敵機。讓他們驚訝的是，「零式」戰鬥機比他們的戰機飛得更快，也更為靈活，爬升速度也快得驚人。他們之前一直認定，日本根本就沒有優異的戰鬥機，雖然精明又不守成規的陳納德上校，早在一九四〇年秋天就將此型戰鬥機的準確資料，送交陸軍部。對於要如何讓比較笨重的「戰鷹」式戰鬥機去擊落那飛得更快的「零式」戰鬥機，這名飛虎隊隊長也做了詳盡解說，但這些原本可以解救那些將死的美國飛行員的資料，卻被束之高閣。陳納德做事過於特立獨行，而其長官又難以認真看待他的意見。

「零式」戰鬥機如入無人之境，開始掃射停在地上的「空中堡壘」和「戰鷹式」戰鬥機。剛剛才攻擊過鄰近戰鬥機機場的四十架「零式」戰鬥機，也加入了這波攻擊。當曳光彈擊中油箱時，巨大的「空中堡壘」一架接著一架爆炸。突襲行動再一次突然停止。黑煙瀰漫整個機場。所有的戰鬥機以及三十架中型轟炸機和觀測機都在燃燒。「空中堡壘」只剩下三架，其餘全都被毀。日本海軍的飛機一次空襲就摧毀了麥克阿瑟的遠東空軍。日本轟炸機全都安然返航，戰鬥機也只損失了七架。

這是珍珠港第二。最強而有力且能嚇阻日本在東南亞迅速取勝的三股軍力中的兩股（太平洋艦隊和麥克阿瑟的空軍部隊），僅僅在一天之內就被消滅了。第三股軍力是英國海軍上將菲利浦斯強大的「Z部隊」。依據日本最新的偵查報告，「威爾斯親王號」和「反擊號」還在新加坡港內——那裡水淺，不能使用常規的空拋魚雷，而且高射砲火網防護嚴密。

但願能把這兩艘巨艦誘到公海上。

這時，艦隊正在北朝日本艦隊而去。

在珍珠港，經查證有十八艘船艦遭到擊沉或嚴重受損；一百八十八架戰機被毀，有一百五十九架受損；美軍陣亡人數達兩千四百零三人。這是場災難，但總算逃過了更大的浩劫，因為航空母艦幸好出海去了，而敵軍轟炸時也忽略了海軍造船廠內的儲油槽和潛艇庇護所。此外，幾乎所有被擊沉或受損的船艦最終都能修復重回戰場。日本損失二十九架飛機和五艘袖珍潛水艇；四十五名飛行員及九名潛水艇人員陣亡。一人被俘，即酒捲少尉，他的潛水艇在歐胡島的另一端擱淺了。

傍晚，七零八落的艦隊還在冒煙。天空下著毛毛雨，汽油、大火和屍體的混和惡臭令人作嘔。謠言愈傳愈多：八艘日本運輸船在巴伯斯岬附近航行……滑翔機和散兵降落在卡內奧赫……還有一支傘兵正降落在福特島西南方的甘蔗田內，還有一些是在馬諾阿山谷（Manoa Valley）。

一份海軍正式報告甚至宣稱，傘兵穿著標有太陽旗幟的藍色連身工作服在北方海岸降落。四處都報告發現有第五縱隊分子、破壞分子和間諜——諸如計程車司機、服務生、花匠、雜貨店老闆等都可能是。他們用舢舨繞著歐胡島替日軍導引目標；在機場跑道上開著牛奶車，有條不紊地將美國軍機的機尾敲掉；在儲水槽下毒——換言之，他們壞事做盡。事實上，他們完全與此無關，為突襲者指引目標的罪魁禍首是吉川猛夫[7]，此時還以領事館低階館員的身分逍遙法外。

天黑後外出是不安全的。每個會移動的物體都是某個急躁步槍射手的靶子。在惠勒機場，某個人聽到一個飛行員提到毒氣瓦斯，警報器就響了起來。在希卡姆機場，有個衛兵看到一個黑影——是他的戰友剛上完公廁回來——立刻開了幾槍，逼得高射砲也任意開火齊射，造成許多傷亡。

在福特島，航空母艦「勇往號」的六架戰機起飛去搜索南雲艦群，但他們弄反了雷達報告的方向，一路往西南方向搜索了一陣後無功而返。這一回珍珠港可沒有在打瞌睡，高射砲猛烈射擊這幾架戰機。成績無懈可擊：六架戰機中有四架全毀，一架受損。

珍珠港市區進行燈火管制，但港口卻因還在燃燒的船艦而亮著。火焰還四散在那船底朝天的「奧克拉荷馬號」上。人們試著使用乙炔噴槍切開船殼，以拯救受困在內的夥伴。還有人員困在龍骨已經沉入港中的「西維吉尼亞號」內。靠著艙內殘存的空氣，大約六十名人員仍然活著。他們拍打船身求救，但沒有引起注意。

造成這場災難的原因在之後爭辯了好幾年。撇開了政治和人員因素，原因很簡單。美國軍方領袖一直以來都確信，日本人無法集合一支獨立的航空母艦特遣艦隊（甚至在事情發生後，他們仍然認為南雲是從馬紹爾群島出發的），更無法想像日本人會「蠢到」去攻擊珍珠港。並不是只有這些美軍將領抱持這些想法。日本海軍參謀本部自己也曾將「Z作戰」視為魯莽輕率的計畫。

看得更深入一些，每個美國人都有責任。第一次世界大戰後，民族主義和種族主義孕育了經濟和社會革命，由於兩個半球無法避免地出現的強權重組，世界脫離了穩定道路；對於這個事實，全美國都不願意面對，而災難便因此發生。

第九章
「橫亙於前的艱困歲月」

一

星期一上午，美國人對於史上最嚴重的軍事災難依然驚魂未定。但在街上，感覺不出驚恐和激動，過往的行人只是以不曾見過的警醒眼神相互注視。與國難相比，個人的問題就顯得微不足道了。干涉主義分子和「美國第一」分子之間的激烈爭執突然變得毫無意義。

陸軍部擔心日本航空母艦會攻擊巴拿馬運河的水閘或是加州沿岸的飛機製造工廠。許多達官顯要已經變得歇斯底里，其中一人甚至打電話到白宮說西岸已經無法守住，並要求在洛磯山建立防線。

珍珠港事件除了暫時癱瘓了美國海軍太平洋的軍力外，還有一個更為深遠的影響。公眾的信函和電報有如潮水般湧入白宮，誓言會全力協助和通力合作。美國人永遠不會忘記珍珠港事件。

星期一正午剛過，參眾兩院議員和最高法院的法官們依序走進國會大廳。羅斯福夫人坐在擠滿聽眾的旁聽席中。她「感觸很深」，想起第一次世界大戰爆發時，她曾如何為丈夫和兄長擔憂。現在，她已經有了四個屆齡服役的兒子。坐在她旁邊的是應總統邀請而來的另一位戰時總統伍德羅·威爾遜的夫人。

在一點之前，全體閣員進入大廳。眾議院議長雷本敲下小木槌請場內肅靜，然後高聲呼喊：「美利堅合眾國總統！」羅斯福在兒子詹姆士的攙扶下慢步走進會場。總統翻開一本黑皮書，開始宣讀：「昨天，一九四一年十二月七日——一個將永遠背負惡名的日子——美利堅合眾國突遭日本帝國海空軍部隊的蓄意攻擊……」

這篇演講歷時好幾分鐘，頻頻被掌聲所中斷。最終，羅斯福說：「我促請國會宣布，自一九四一年十二月七日，星期日，日本無故且卑鄙地發動攻擊開始，美國與日本帝國之間就已存在戰爭狀態。」

羅斯福闔上黑皮書，會場響起如雷的掌聲、歡呼聲和瘋狂的喊叫聲。他舉手向大家致意，扶著兒子的手臂走下講台。這是羅斯福就任總統以來首次代表美國人民發聲。各方不同政治信仰的人們融合成一個憤怒之聲。至少在這個時刻，黨派政治已被忘卻。美國已經全面宣戰。

二

十二月九日下午一點四十五分，日本「伊─五六號」（I-56）潛水艇發現「威爾斯親王號」和「反擊號」在大雨和烏雲密布的天氣中深入了暹羅灣。潛水艇內的發報員敲出電報，但由於嚴重的靜電干擾，他一試再試仍無法讓對方清楚收到訊息。在暹羅灣另一頭的西貢海軍第二十二航空大隊，指揮官松永貞市少將確信這兩艘戰艦仍在基地。從兩架偵察機剛從新加坡拍回來的照片來看，好像有一艘軍艦就是這兩艘巨艦中的一艘（其實那是一個大型浮動碼頭）。

下午三點，西貢終於聽清楚「伊—五六號」拍出的訊號：兩艘敵主力艦和四艘驅逐艦以十四節航速正朝北往普康多爾島而去。這看起來比偵察機的報告更合乎邏輯，少將因而命令飛機準備進行海上攻擊。在倉促裝配魚雷並撥下撞針時，一大群好奇的陸軍軍官跑來了。他們不知怎地已聽聞海軍追蹤到了這兩艘英國船艦。飛機一架架在熱烈的歡呼聲中起飛。

三十分鐘後，「威爾斯親王號」上的菲利浦斯上將向「反擊號」及其驅逐艦發出以下電報：

為了閃躲空中偵查，我們進行大迂迴航行，希望在明天星期三日出後不久突擊敵軍。我們或許能夠幸運地在暹羅灣讓某些日本巡洋艦或驅逐艦嚐嚐我方的砲彈。我肯定可以好好地試試我們的高角砲，但不論我們會遇上什麼樣的敵人，我都要求你們速戰速決，在日本人尚未組織強大的空中攻擊之前向東撤回。所以，擊沉一切吧！

爾後幾個小時，「Z部隊」的每一艘船艦都興奮而又靜靜地期待著。不料，到了晚上九點，艦隊宣布已被三架敵機發現，必須返回新加坡。各艦一片失望和自嘲的氣氛。

這三架迫使菲利浦斯折返的飛機其實是盟軍的飛機。但是，它們要不是沒有看到英國艦隊，就是忘記向艦隊報告。其時菲利浦斯正在讀他的參謀長從新加坡發來的電報：「據報敵軍在關丹（Kuantan）登陸」。關丹是位於馬來亞東海岸哥達巴魯到新加坡半路上的一個海岬。幾乎在子夜過後一個小時，

「Z部隊」改變航向前往關丹，但敵軍根本就沒有在那登陸。十二月十日凌晨兩點十分，日軍潛水艇「伊─五八號」（I-58）發現了英國艦隊，在跟蹤追擊後朝「反擊號」發射了六枚魚雷，但全都沒命中。這艘戰鬥巡洋艦上的人誰也不知道這番險情。

黎明剛過，菲利浦斯在關丹外海一百海哩處，遇見一艘形跡可疑的拖網船和四艘拖船。九點，「威爾斯親王號」和「反擊號」在三艘驅逐艦──「田尼多斯號」已經返航母港加油──的護航下朝著拖網船而去。

此時，西貢在黎明前派出的三大隊日機──共計九十六架高空轟炸機和魚雷機，十架偵察機──幾乎就要放棄尋找英國艦隊了。事實上，偵察機都已在返航途中。突然，一架偵察機在關丹東南方七十英里的海面上發現了這兩艘戰船和三艘驅逐艦。十五分鐘後，也就是上午十點三十分，「鹿屋航空大隊」的二十七架魚雷機的無線電聯繫終於接通。「鹿屋航空大隊」的三個中隊改變了航向，第三中隊隊長壹岐春忘記了疲憊和饑餓。他麾下的由九架戰機組成的中隊保有「海軍之冠」的美名，他急於想用行動證明他們名不虛傳。不久後，他在一萬英尺的高空上發現一架像是英國觀察機的飛機躲在一片雲後。敵軍艦隊無疑就在附近。

「元山航空大隊」也收到了同樣的訊息。第二中隊長高井員夫上尉用無線電通知了手下，然後全都往西北方向飛去，後方緊跟著第一中隊。雲層開始增厚，但高井偶而還是可以看到海面。他雙手發抖，快要憋不住尿了。他想起指揮官在起飛時對他說的話：「沉著冷靜，運用丹田之氣。」

在兩萬五千噸的「反擊號」上，哥倫比亞廣播公司特派員塞西爾．布朗（Cecil Brown），正在拍攝一組玩著撲克牌的機砲人員。當軍艦一轉彎時，他拍下前方半海哩外的「威爾斯親王號」。上午十一點零七分，他聽到擴音器播報：「敵機來襲！各就戰鬥位置！」突然之間，南方就隱約看到九架飛機。他釘在旗杆甲板上不動，驚訝地看著愈來愈大的炸彈落下。轟隆一聲，艦身隨之抖動起來。擴音器裡大聲喊道：「救生艇甲板著火！」「下層甲板著火！」

元山航空大隊中的兩個中隊朝著目標接近，高井上尉聽見指揮官發出「編成攻擊隊形」的命令，接著「俯衝下去」。高井前方的第一中隊開始逐漸俯衝。高井也跟著過去。敵軍的戰鬥機在哪？高射砲幾乎吞噬了第一中隊，但是卻沒有瞄準高井。他從望遠鏡中看到有一艘巨艦冒著一縷白煙。它看起來像極了「金剛號」主力艦，而他身上的血液開始發冷。他透過傳聲筒告訴他的觀察員，而對方用著發抖的聲音回答：「我看它也像是我們的『金剛號』」。

高井把高度降到一千五百英尺，才確認它確實不是「金剛號」。他鑽入雲層以迷惑敵人，當他再度衝出來時，離目標不到兩英里。

「反擊號」響起軍號聲。喇叭大聲地傳出命令：「準備齊射！」當高井的九架飛機衝出來時，艦上每門艦砲都開火射擊。布朗聽見有人在喃喃耳語說著：「那些黃種雜碎來了。」魚雷一枚接一枚投入海中，就像長了眼睛一樣直朝戰鬥巡洋艦而來，但「反擊號」儘管有著二十五年艦齡，卻依然能以優雅的方式躲開了魚雷。另一人又說了：「這些大膽的日本小鬼。這還真是我從沒預期過的漂亮一擊。」

在艦橋上，威廉．特南特（William Tennant）注意到「威爾斯親王號」掛起「失去控制」的信號球。他詢問旗艦到底受到怎樣的戰損，但卻得不到回音。「威爾斯親王號」已經向左舷傾斜十三度，以十五節航速不穩地搖擺航行。在第一波攻擊中就被擊毀了左舷的兩個軸，而船舵也無法運作。

特南特向菲利浦斯上將發出信號：「我們已經閃躲開了十九枚魚雷，感謝上帝。」接著又補充說，一枚炸彈所造成的損失也完全控制住了。但還是沒有回音。特南特親自向新加坡發送電報：「敵機正在轟炸中。」在十二點零四分，收到此份電訊，十一分鐘內六架笨拙的「水牛式」戰鬥機起飛前去救援。

特南特再度向菲利浦斯發出信號，還是沒有回音。他將「反擊號」的航速降至二十節並朝著旗艦方向移動，以提供協助。就在此時，水平線上又不祥地出現了另一排魚雷機身影。

那是第三波「美幌航空大隊」所派出的一支中隊，由高橋勝作上尉率領。就像高井一樣，他也認為前方的軍艦是日本軍艦——直到它們對他開火時才發現不是自己人。他朝「威爾斯親王號」的旗艦俯衝而去，但因為這艘軍艦正在轉向，他就飛往一英里遠往北航行的「反擊號」。當他率領著中隊下降到低於兩百英尺的高度時，依據「反擊號」的尾波粗估了航速。他調整了一下面前的簡易瞄準裝置，怎麼可能會擊不中這樣的龐然大物？

他的戰機離「反擊號」還有兩千五百英尺。他說：「準備。」導航投彈員抓住投彈桿。「發射！」導航員把桿子拉起。高橋飛得極低，在穿過這艘戰鬥巡洋艦時，甚至看到穿著白色水手服的水兵在他的機槍掃射下趴倒在地。高橋開始再次爬升，並問道：「投下去沒？」

「長官，沒有。」

「我要再來一次。」高橋轉向右飛去，從「反擊號」的另一邊俯衝，但這次魚雷還是未能投下。高橋固執地再繞一圈，這回他在一英里外自己拉起投射桿。當飛機飛過「反擊號」時，他和他的導航員還在使勁拉著投射桿，但依然無效。他們失望至極。然而，中隊還是至少有一枚魚雷擊中了「反擊號」，而它正向左傾斜。

壹歧上尉的九架戰機飛近了。壹歧鑽出雲層下降到一千三百英尺。高射砲砲彈在他的兩側炸開。他的直覺是想往上爬升，但他必須要更為接近才行。他飛到離海面一百二十五英尺高時，撞上「反擊號」射來的一片火網。離艦一千八百英尺時，他拉下投射桿。投下的魚雷擊中了船舷。

當他向左急轉彎時，高射砲彈像雨點一樣擊中他的機翼。和船艦平行飛行時，他能看清楚身穿雨衣的水手躺在甲板上。跟在他後面由桃井俊光二等士官長所駕駛的飛機，已經被打成一團火球。更後面的一等士官長曹田上義光的飛機爆炸了，像是旋轉火輪一樣掉到海中。「反擊號」船頭連續兩次爆炸。當壹歧爬升等待其他六架飛機時，他看到另一枚魚雷鑽進艦身。

「反擊號」瘋狂地轉向。一枚魚雷正中右舷，左舷也中兩枚。壹歧所發射的第四枚造成最為嚴重的損害；它擊中槍砲庫附近，把船舵炸壞了。這艘戰鬥巡洋艦注定毀了。特南特艦長透過揚聲器冷靜地宣布：「準備棄船！」他表揚士兵們的英勇作戰，並加上一句：「願上帝與你們同在。」船身已經傾斜到七十度。他告訴部下：「好了，各位，你們最好趕緊離開了！」但他卻還站在艦橋內不走。好幾名軍官拉著他，他奮力掙扎，但還是被帶走了。

所有的人都井然有序地排好隊要棄船。其中一名水手試著推開人向前擠，一名中尉沉靜地說著：「喂，喂，我們都是朝同一個方向的。」隨著艦身進水愈來愈多，艦首已經往上翹起，還站在上層的人已經因為搖晃而感到昏眩。有個士兵從指揮塔上縱身往下方一百七十英尺遠的水中跳入，但第二個撞上了甲板，第三個則直投煙囪而去。在船尾，一群海軍陸戰隊往海裡跳——然而都被螺旋槳捲進去了。

中午十二點三十三分，這艘戰鬥巡洋艦翻覆了，粗大的艦尾首先沉入海中，艦首筆直向上，露出船底所塗上的陰暗紅色，「像是教堂的尖塔」。壹歧從五千英尺外的高空低頭看著艦首直指著他。「反擊號」沉沒在視線之外。這不可能，戰機難以如此輕易地就擊沉一艘主力艦。他雙手高舉大喊道：「萬歲！萬歲！」轟炸機因沒人操作猛然往下掉。

機組人員也瘋狂地在叫囂，他們喝著清酒慶賀。壹歧看到海中有數百個小點。兩艘驅逐艦正在搭救生還者。壹歧從來沒想過要去掃射他們。這些英國人英勇地在作戰，有著「武士道」的傳統。他還不懂，你今天放過的敵人或許明天就會讓你喪命。

當九架高空轟炸機接近「威爾斯親王號」時，它已經被五枚魚雷命中到奄奄一息的地步。十二點四十四分，炸彈傾瀉而下。只有一顆命中，但這就擊潰了這艘三萬五千噸的主力鑑，並開始下沉。它的橫樑幾乎和水面齊平。利奇（Leach）艦長下令所有的人員棄船，然而他和菲利浦斯上將一起站在艦橋上，並揮著手向他們道別。利奇喊道：「再見了。謝謝你們。祝好運，上帝保佑你們。」一點十九分，這艘主力艦——暱稱為「皇家海軍不沉號」——像隻受了傷的河馬一樣沉重地向左舷翻覆，並在一分鐘內帶著矮小的上將和利奇艦長一同沉沒在視野之中。

六架笨拙地從新加坡起飛的「水牛式」飛抵時，發現天空全無日本戰機的身影。維格斯上尉（T.A. Vigors）驚恐地看到下面有許多群水兵在海面上掙扎。他們揮手，並伸起拇指，示意永不屈服。

那個未能投下魚雷的高橋已在返航途中。當他聽到已經摧毀「威爾斯親王號」和「反擊號」時，感到一股奇怪的同情感——英國海軍就像是老大哥一樣。他全力壓制著情緒，但淚水還是模糊了他的雙眼。壹歧上尉還在為桃井和田上感到傷心。他知道是自己的魚雷擊中「反擊號」，但在報告上最先擊中的兩枚魚雷，卻是這兩名已經犧牲的袍澤所投擲的。這是他最後僅能為他們做的事。當壹歧的中隊降落著地時，欣喜若狂的機械人員圍繞著每一架飛機。機組人員都被拖出機外，抛向天空。在他擺脫這些友善的折騰後，壹歧手下的一名飛行員對他說：「當我們要俯衝攻擊時，我當時並不想發射魚雷。那是艘多麼壯麗的軍艦，真是艘壯麗的軍艦。」

在東京的海軍參謀本部，高級軍官也難以相信主力艦在公海上竟然會被戰機擊沉。這也就意味著他們所抱持的海戰觀念已然告終。海軍航空兵是興高采烈的，過去十年來他們所鼓吹的主張已經被實戰證實了。第三股也是最後一股能夠嚇阻日本在東南亞取得勝利的軍力，只靠著四架戰機的代價就被消滅了。

隔天黎明，壹歧飛臨「威爾斯親王號」和「反擊號」葬身大海之處。當他飛掠過這兩艘船艦沉沒的地點時，抛下了花束。

三

就在「Z部隊」折返回新加坡的同時，阿道夫．希特勒終於從東線戰場回到柏林。他對兩件事感到頗為擔憂——蘇聯在莫斯科前線發動大規模的反擊以及太平洋傳來的訊息。珍珠港事件在突然之間就解除了希特勒主要對手的憂慮：俄國一直擔心日本會從俄羅斯東部發起攻擊行動；史達林現在可以將所有的亞洲軍力都用來對抗德國。幾個月以來，「元首」一直鼓舞日本和蘇聯開戰，避免和美國交戰；與此同時，東京卻一再對大島浩大使施壓要取得希特勒的書面保證，要求如果日美開戰，希特勒將會攻擊美國，然而日本卻不願做出攻擊俄羅斯的承諾。

外交部長約阿希姆·馮·里賓特洛甫告訴希特勒，大島大使要求德國立即對美宣戰，但他提醒希特勒，依據《三國公約》，只有在日本遭到直接攻擊時，德國才有義務協助日本。

希特勒說：「如果我們不站在日本這邊，公約在政治上就滅亡了。但那不是主要的理由。主要的原因是美國已經對我們的船艦開火。在這場戰爭中，他們一直都是強有力的因素，而他們透過行動，早就造成了戰爭狀態了。」

里賓特洛甫必定感到不知所措。希特勒過去堅持不惜任何代價要讓美國置身歐戰之外，而且幾個月以來，有鑒於美國海軍在大西洋上對德國U艇的挑釁行為，元首也表現出非凡的克制態度。然而，希特勒態度的反轉讓他大吃一驚。現在，希特勒突然之間似乎歡迎一刀兩斷，或許是因為對於俄羅斯的失利感到挫折，想要利用日本的勝利扳回局勢。也或許是他對羅斯福的一種神經質的憎惡佔了上風。不論原因為何，這都是個瘋狂舉動，是心理面上的重大錯誤，只是幫忙羅斯福解決了另一個國內的問題：這樣一來，總統就無須冒著國內一大部分人反對的風險對德國宣戰。在珍珠港事件中所贏取的全國性團結就會繼續完整地保持下去。

希特勒開始陷入瘋狂的一廂情願之中。像美國這樣一個——「半猶太化，半黑人化」且「建立在美元之上」——國家卻希望維持團結？此外，珍珠港事件的時機來得正是時候。俄羅斯正在反攻，而且「每個德國人都在擔心美國人遲早會參戰。」

里賓特洛甫接到駐華盛頓的代辦漢斯·湯姆森（Hans Thomsen）的一份評估報告，指出「在二十四小時內，美國就會對德國宣戰，或者至少是斷絕外交關係」，當天稍晚他就下令湯姆森將密碼本與機密文件銷毀。

里賓特洛甫知道希特勒「為了威信的緣故」，已經決定宣戰，並警告湯姆森不要和國務院有任何聯繫。「我們希望在任何情況下都避免讓那裡的政府在這一步上搶在我們前面。」

十二月十一日，希特勒召開國會。他大聲疾呼：「我們總是先發制人！我們總是先出拳！」羅斯福就和伍德羅．威爾遜一樣都是「狂人」。「他先挑起了戰爭，然後顛倒是非，之後再用基督教偽善的外衣包裹自己，然後緩慢而肯定地將人類帶往戰爭，並籲請上帝來見證他發動攻擊的正當性……」「我認為你們現在全都感到很欣慰，總算有個國家為真理和正義遭到史無前例的無恥虐待時，率先提出抗議……日本政府多年來和這個人進行談判，最後終於厭倦他的無恥嘲弄。這樣的事實讓我們全體德國人，我想還有其他世上所有高尚的人民，都感到深深滿意……」

「因此我今天已經安排好護照發給美國代辦，以及——」他的話語被喧囂的歡呼聲淹沒了。「德國政府因此與美國斷絕所有一切的外交關係，並在羅斯福總統所造成的這些情況下，德國也認為自身是和美國處於交戰狀態。」當天稍晚，德國、義大利和日本三國又簽署了另一份《三國公約》，主張「在聯合對抗美國和英國的戰爭還沒達到成功的結果前，抱持絕不會先行放下武器的決心」，並誓言在任何情況下都不會單獨媾和。

三天後，希特勒在授予大島大使十字功績勳章的儀式上還說：「你們宣戰的方式很正確。」盡可能延長談判是適切的，但「如果一方看清對手只是意圖拖延，好讓你難堪和羞辱你，而不是想達成協議，那麼這方就應該要攻擊——確實得愈嚴厲愈好——而不必浪費時間在宣戰上」。日本已經「對那個流氓羅斯福」展現出「天使般的耐心」。他還引用一句德國格言：「如果惡鄰就是想要打架，脾氣再怎麼好的人也無法和平共存。」

大島攤開地圖，向希特勒簡報了整個太平洋戰局。他說：「在拿下新加坡後，日本必須攻向印度。」並建議德國和日本同步作戰。「當日本軍隊從東方攻擊印度時，如果德軍能夠從西方威脅印度，這是最為有利的。」希特勒拒絕做出承諾，但答應會從高加索地區一路推進到伊拉克和伊朗。他想要那裡的石油。

——

在希特勒對美國宣戰那天，馬尼拉接到報告，盟軍前晚在仁牙因灣打了個大勝仗。菲律賓軍團的第二十一師擊退了日本的登陸作戰。大多數入侵船艦都被擊沉，海灘上布滿日軍屍體。

《生活》雜誌的攝影師卡爾．麥登斯（Carl Mydans）沿著整個仁牙因灣都看不到半個傷亡屍身。除了菲律賓士兵躺在武器旁邊以外，海灘上空無一物。某個美國少校笑著解釋道，阿格諾河（Agno）河口發現一條國籍不明的船隻，於是這一帶所有的槍砲，從一五五毫米的大砲到手槍都瘋狂齊發。（他們的目標是一艘日本偵察汽艇。但它完全沒被砲火擊傷，就逃回去報告，十一天後的主要登陸行動應選在仁牙因灣北部大約三十英里遠處，在那幾乎沒有任何海岸防衛。）

麥克阿瑟的首席新聞官勒格蘭德．狄勒（LeGrande Diller）少校發布了一份申明，陳述如何粉碎敵軍登陸的過程。當其他記者正向他們的報紙和雜誌傳送新聞稿時，麥登斯硬是把狄勒留下，並且說：「給我照片。我去了仁牙因灣，那裡什麼戰鬥也沒有。」

狄勒用一根手指指著申明稿說：「這份申明是這麼說的。」

「仁牙因灣戰役」的報導激起美國人的驕傲感，並帶來一份欣慰。《紐約時報》在星期日的通欄標題上寫著：「日軍在呂宋西部被殲滅，仁牙因灣失而復得驚心動魄。」「合眾通訊社」寫得更為誇大：「在仁牙因灣激戰了三天；擊沉敵艦一百五十四艘，奇蹟中的奇蹟是，無人生還上岸。」

在發表仁牙因灣公報的隔天上午，又宣布了菲律賓的第二次捷報：小柯林・凱力上尉（Colin Kelly, Jr.）「成功攻擊主力艦『榛名號』，使該艦失去作戰能力」。凱力的「空中堡壘」機組人員在呂宋島的北海岸外發現一艘大型戰艦的行蹤，投彈員梅耶・勒文下士（Meyer Levin）投下三枚六百磅的炸彈。兩枚未能擊中，但其中一枚直接命中煙囪。待濃煙消散後，該架「空中堡壘」的機組人員確認該艦已遭到致命損壞。

在飛返克拉克機場途中，凱力的飛機遭到一架「零式」戰鬥機的襲擊——駕駛員是王牌飛行員坂井三郎。該架「空中堡壘」中彈起火，凱力下令機組人員跳傘逃生。機身爆炸時，凱力還在機上，飛機殘骸墜落在阿拉亞特山山腳下的泥土路上。凱力犧牲了自己的性命，以拯救其他組員的生命，他是美國二次世界大戰開打以來的首名超級英雄。凱力因其英勇行徑在死後被追贈殊勳十字章。但是，他並沒有擊沉「榛名號」，當時它還遠在一千五百海浬外的暹羅灣內。菲律賓附近根本就沒有任何一艘主力艦。該區域內也沒有任何船艦被擊沉或受到重創。但是，隨著消息愈傳愈離奇，最廣為流傳的一個說法是凱力因為將他的飛機俯衝撞上「榛名號」的煙囪，而成為戰爭中第一名敢死隊飛行員，因此獲頒榮譽勳章（事實上也沒有授予勳章）。到現在仍有許多美國人相信這種說法。

就在同時，美國大眾也因美聯社駐馬尼拉特派員克拉克・李（Clark Lee）所傳回的電文報導而被哄騙得過度自信。他在報導中嘲笑日本軍人的作戰能力以及武器裝備。李是名能幹的新聞從業人員，但只是照搬美國軍方告訴他的話：「日本軍隊是由一群只有十五到十八歲的少年所組成，軍容渙散又訓練不良，只配有小口徑的槍砲，然後被不顧一切的決心給驅趕著向前推進或戰死。」他們的點二五口徑的步槍和機槍子彈甚至打不死人。「他們的陸戰根本不行。」他還引用一名騎兵上校的話：「有三回我們把他們打得抱頭鼠竄，直到他們派來坦克和飛機才擊敗我們。待我們的坦克和飛機加入戰鬥，我們就會把他們趕到海裡。這些查理小子——我們都叫他們查理——根本不會射擊，有人打五千發子彈才打中一人。」

麥克阿瑟本人清楚這些無稽之談。在一九〇五年，他已經研讀過包括約翰・潘興將軍（John Pershing）在內的美國軍事觀察家針對日俄戰爭所寫的無數報告，潘興將軍表示：「智慧、愛國心、簡樸，以及對合法性權威的服從與天生的尊敬，這一切都對達成勝利大有助益。另外再加上體力、對自然和體育運動的喜好、現代化的組織、武器、裝備以及精心的軍事訓練，那麼這樣一支部隊的素質之優是不言而喻的。這一切素質，都能在日本軍隊身上找到。」

一名觀察家寫道，日本傷兵「儘管身上有傷，還是能奇異地繼續作戰。有人觀察到，被子彈打穿了頭部、脖子、身軀、手臂和大腿的軍人還能走動，甚至在歡欣鼓舞的氣氛下還能跳躍，彷彿傷勢是無關緊要的。他們展現出超乎常人的生命力，和我在美西戰爭中與菲律賓暴動裡所觀察到的美軍傷兵相比，他們對被擊傷所產生的緊張感要小得多。」

日本主要計畫的第一階段就是像在地圖上乾淨俐落操演，並落實在實戰之上。馬來亞的混亂很快就結束了，山下將軍持續揮軍南下向新加坡挺進。在遙遠的北方，最後還留在中國大陸上的印度、蘇格蘭和加拿大部隊，都渡過那狹窄的海峽撤退到香港島上。殘兵敗將的到來造成香港接近恐慌的狀態，這也正突顯出英國軍隊實際上所陷入的絕境。

而在太平洋上的美國關島（Guam），經過短暫的戰鬥，造成十七名美軍和關島士兵陣亡，以及一名日軍喪生之後，陷入日本之手。但是離檀香山兩千英里遠的威克島（Wake），美軍進行慘烈的抵抗。「入侵威克島部隊」——一艘輕巡洋艦、六艘驅逐艦、兩艘運輸艦和五百六十名受過步兵訓練的海員——指揮官梶岡定道海軍少將，在十二月十一日被海軍陸戰隊詹姆士・德弗羅少校（James Devereux）所指揮的兵力薄弱的駐軍擊退。梶岡將部隊重新集結，並從正在返回日本的「木戶部隊」得到增援兵力，在十二月二十三日的清晨，以八百三十名戰士對威克島發動第二次的進攻。

在海灘上，德弗羅只有兩百五十名海軍陸戰隊隊員、一百名志願兵以及只夠打個幾輪的彈藥而已。守軍奮不顧身地戰鬥，直到彈盡援絕為止。八點三十分，德弗羅被迫帶著一根拖把，上面綁著一片白布走出砲痕累累的指揮所，並向一名日本軍官投降，這個日本軍官遞給他一根香菸，並且說他曾經參加過一九三九年在舊金山所舉行的萬國博覽會。當天下午，梶岡將軍身著掛滿勳章的純白軍服並掛著佩刀，來到岸邊正式接收這個只有二點五平方英里的珊瑚礁島。之後就改名為大宮島。

日本用歡迎儀式和詞藻華麗的賀辭，來迎接這些襲擊珍珠港的英雄凱旋歸國，但是山本發出一份警告，提醒他的部下要持慎戒驕。「前方還有更多的戰鬥在等著。」

南雲中將奉命帶著第一波和第二波攻擊的指揮官淵田美津雄和島崎重和，前往東京去面見天皇。宮內省已經交下一份天皇會提問事項的清單，草鹿把應答的對話一字一字地寫了下來，南雲到時才不至於冒出他家鄉會津的方言。在天皇開始即興提問之前，一切都進行得很順利。而他的兩名年輕的軍官困窘地冒著汗，身材矮小個性直率的南雲又轉回他家鄉的口語用字，談到美國海軍將領時就用「那傢伙」（アイツ）和「這傢伙」（こいつ）。天皇問淵田是否有擊毀什麼醫務船艦，或是民航機和訓練機。淵田慌張起來，並沒有透過宮內省的人員轉呈回覆而是直接回答天皇，表示沒有攻擊任何非戰鬥人員。對於淵田來說，這實在是很難熬的時刻——他認為甚至比進行空襲還更為嚴峻。

——

羅斯福、邱吉爾和史達林已經聯合起來對抗希特勒，但是前兩者迫切需要來自世界另一端的協助。在莫斯科十二月中旬時，外相安東尼．艾登很客氣地詢問史達林：「他是否會加入盟軍，並且對日本宣戰？」史達林解釋他已經被迫將部隊從遠東調回來抵擋希特勒，並且不認為他能夠在四個月內就找到替代的兵力。在這些軍力還沒有恢復之前，他不能對日本宣戰，或是激怒它。或許在那個時期之前，日本會攻擊俄羅斯，而這個問題也就迎刃而解。他傾向希望會是如此的局面，因為要在幾千英里遠的東方再去進行一場戰爭，這是很難得到群眾普遍性支持的。

奇怪的是，他相信要不是有德國人，日本發動如此成功的空襲是不可能的事——根據一份秘密報導，德國人貢獻了一千五百架飛機和數百名飛行員。

艾登禮貌性地回答著：「當然，日本在空中所呈現出的技巧超乎了我們的預期。」

「我們有和日本人進行空戰的經驗，而且也謹慎地在中國長時期地觀察過他們，因此我所下的結論是，這並非是真正的日本人的戰爭方式。我想某些日本飛行員是在德國接受訓練，其他的則是德國人。」

「那麼你認為那些飛機是怎麼到那裡去的？」

「大概是經過南美去的。」

艾登為未能派出十個飛行中隊到俄羅斯前線而表示歉意；必須派他們去新加坡。

史達林說：「我完全理解，並且沒有異議。」

「為此我們深深感到遺憾。」

「我完全了解這種立場，並且局勢已經變了。我們也有過自己的困苦時期。」

艾登說：「我非常欣賞你的回答，如果局勢好轉以後，我方非常樂意提供協助。」

在史達林這方面，則對於他在遠東無從幫忙而感到抱歉。「現在，我們還無能為力，但是在明年春天時，我們會準備就緒，並且可以出手協助。」

艾登再次努力想取得一個肯定的承諾，並把馬來亞局勢惡化作為題目。

史達林回答著：「如果蘇聯要對日本宣戰，我們就應該在陸上、海上和空中去發動一場真正的戰爭。這和比利時與波蘭對日本宣戰是有所不同的。因此，我們必須對所投入的軍力做好謹慎的評估。此刻，我們還未能準備就緒……我們寧可日本先攻擊我們，並且我認為日本很可能會這麼做——只是現在不會，但是之後就會。如果德國人被壓得喘不過氣，他們就會催促日本人攻擊我們，在這種情況下，日本明年年中應該就會發動攻擊了。」

這還不足以使艾登感到滿意：「恐怕日本人或許會採取各個擊破的策略，並且在解決蘇聯之前，試著先解決我們。」

「大不列顛不是對日本孤軍奮戰。還有中國、荷屬東印度和美利堅合眾國等盟國。」

艾登說：「此刻攻擊主力擺在馬來亞，盟軍在那幫不上什麼忙的。」爾後的六個月將會是最艱困的歲月。「我們已經挺過來了，還會繼續堅持下去。但是這實在是個令人難過的時局。」即使如此，不會只為了增援馬來亞的軍力，就去取消利比亞的戰役。「在我們能夠派出增援部隊之前，遠東必須堅守下去。」

「我認為這是相當全面的想法。軸心國最脆弱的環節就是義大利了，而且一旦能打破這個環節，整個軸心國將會隨之崩解。」史達林又說，如果英國能在一九三九年攻擊義大利，「那麼義大利就不會是地中海現在局勢的主導者」。

那天晚宴一直持續到凌晨方休，有好幾名軍官喝得酩酊大醉——特別是國防人民委員鐵木辛哥元帥（Semen Timoshenko）——史達林轉身，不好意思地問艾登：「你們的將軍也會喝醉嗎？」他得到一個外交官式的答覆：「他們不常有這樣的機會。」

——

當邱吉爾收到艾登傳回與史達林「在友善的口氣中道別」的電報時，他人在「約克公爵號」，離乞沙比克灣（Chesapeake Bay）只有一天航程的海面上。他要前往「阿卡迪亞」（Arcadia）赴會，這名稱是戰時英美兩國首次會議的代碼，是借用希臘一個以其田園恬靜和歡愉而廣為人知的地區。這個名字是人們心目中安樂的象徵，而會議是要商定出與軸心國家作戰最有效的方式，與地名毫不相關。

邱吉爾和他的參謀長們希望能掌控「阿卡迪亞」，在他們於十二月二十二日的傍晚抵達華盛頓時，已經擬定好一份詳盡的計畫：德國是首要的敵人，而擊敗它才是勝利的關鍵。義大利和日本接著將會迅速崩潰。「因此，依據我們深思熟慮後的看法，AB兩國（美英）戰略的主要原則，就是在對德國的作戰上，僅僅能抽調出最低限度的軍力，來保衛其他戰區的極其重大的利益。」

但是在隔天下午的首次會議中，立刻就清楚地顯示出美國人與會不只是為了洗耳恭聽和舉雙手贊成。他們清楚地表態，只有正面攻擊德國才能帶來勝利，英國的策略只不過是在邊緣慢慢啃食而已。在一個資源有限又已歷經兩年戰爭拖磨的國家以及一個幾乎擁有無窮盡的資源與人力，卻是剛赴戰場的國家之間，這完全是個可以理解的衝突。對於美國人來說，戰爭不過是場運動競賽，而且很少會去想到和平來臨後的景況。更為世故的英國人則把戰爭看得是具有彈性與政策的延續，甚至是能夠突然轉向。即使是在英國軍事將領中最好的美國朋友約翰．迪爾爵士（John Dill），私底下也認為美國人「對於戰爭是一點概念也沒有——完全沒有——而且他們的武裝部隊對戰爭之毫無準備也令人難以想像。」

四

在邱吉爾抵達華盛頓的那天，由八十五艘運輸船組成的大批入侵部隊逼近菲律賓。潛水艇「史汀格雷號」（Stingray）及時發現到這支船隊，並向麥克阿瑟發出警報，而麥克阿瑟預期日本人會在他已經部署大量砲兵的仁牙因灣南端進行登陸。日本人從「仁牙因灣戰役」的報導中獲知那些集中兵力的訊息，因此他們的第十四軍準備在幾英里遠之外的北方海岸登陸。

該軍的指揮官本間雅晴將軍是名業餘的劇作家，一直都反對走開戰之路。他曾經與英國人共事八年，包括在一九一八年隨英國遠征軍到法國參戰，因此對西方深懷敬意，也有或多或少的了解。在攻陷南京之後，他曾經公開地宣示「除非能夠立即達成和平協議，否則將會是災難降臨」，後來還向武藤將軍吐露，東條會是個很糟糕的陸相。

他手下只有很少數幾個人知道他們現在到底身處何處。五天之前，他們秘密地在台灣和澎湖上船，即使是軍官知道目的地在哪，但也只是個很模糊的指示。在十二月二十二日清晨兩點時，本間所指揮的四萬一千一百名軍士中的第一批開始登上登陸艇。大浪幾乎將第一批船打翻了，兩個步兵營和一個山地砲兵營就花了兩個半小時才登上登陸艇。四十七分鐘後，第一艘登陸艇才在阿俄鎮（Agoo）附近的海灘登陸，但是之後許多登陸艇都被惡浪打翻。日軍在海灘上並沒有遇到任何抵抗。

到了上午九點左右，第一批官兵全部登陸完畢，雖然遇到一個營的菲律賓軍兵猛烈的抵抗，他們還是站穩了灘頭堡。接近傍晚時，所有的步兵和半數的坦克都已經登岸了，並且上了鋪著柏油、依著海岸而建的三號公路朝南而去。

麥克阿瑟在首府焦急地等待著仁牙因灣的訊息。他發電報給馬歇爾，建議派出航空母艦載著航程能達到菲律賓水域的戰鬥機。他問道：「我對這個方案能有所期待嗎？」馬歇爾回覆說，依據海軍的說法，這是不可行的。而麥克阿瑟所能仰賴的是已經運送到澳洲布里斯班（Brisbane）的飛機。

拂曉，布列頓將軍僅存的四架「空中堡壘」攻擊了仁牙因灣的日本船隊。它們投下許多枚一百磅的炸彈之後，就往南飛向澳洲。本間持續向馬尼拉推進，在剛過中午時攻擊了把守主要公路的守軍。這些只受過十個星期訓練的菲律賓士兵，幾乎沒有人會操作過時的恩菲爾德式（Enfiled）步槍。他們一戰即潰，使得那些提供火力支援的砲兵毫無掩護。北呂宋所有部隊的指揮官「瘦皮猴」強納森．溫萊特少將（Jonathan Wainwright）打電話給麥克阿瑟，請求允許撤退到阿格諾河之後。

麥克阿瑟既無空軍也無海軍，只好放棄在海邊守住敵軍的夢想，被迫重回到他前任所制定的「柳橙三號作戰計畫」（WPO-3），該計畫規定如果無法壓制敵軍登陸，那麼將菲美部隊撤退到巴丹半島（Bataan Peninsula）。在那裡，馬尼拉還在作戰視線之內，守軍可以堅守六個月之久，等待海軍帶來援軍。麥克阿瑟認為這是失敗主義者的作戰計畫，長久以來都將它束之高閣。而他現在所能做的就是把參謀們叫來，告訴他們執行「柳橙三號作戰計畫」。

局勢已經變得比麥克阿瑟所擔憂的更壞了。隔天早晨，他發現他的部隊已經陷入一個巨大的鉗形包圍之內。在夜間，二十四艘日本運輸艦運載的官兵，已經在馬尼拉東南方六十英里遠的拉蒙灣登陸，日軍第十六師近乎萬名士兵的部隊兵分三路正朝馬尼拉挺進。上午十點，麥克阿瑟下令他南呂宋兩個師的部隊撤退到巴丹半島。南方的戰鬥在還沒開打之前就已然結束了。入夜時，麥克阿瑟被迫下達將總部遷往科雷希多島（Corregidor Island）的命令。

在臨近的海軍大廈內，哈特上將告訴海軍第十六區指揮官法蘭西斯．洛克威爾少將（Fracis Rockwell），他準備將總部往南遷往婆羅洲，如此才能隨同作戰艦隊。洛克威爾將指揮所有剩餘的海軍兵力。他們的談話聲被外面飛機的轟隆聲、及落在王城區（Walled City）內的炸彈爆炸聲淹沒了。他們還能看到港區內四處散布著火焰。粉碎的水泥與石塊所激起的煙塵，夾雜著滾滾煙硝吞噬了整個帕西河（Pasig River）區。

在馬拉坎南宮（Malacañang Palace）內，曼努埃爾．奎松總統（Manuel Quezon）正在勸說他的執行祕書豪爾格・瓦爾加斯（Jorge Vargas）和何塞・勞威爾（José Laurel），為了人民的利益做出空前絕後的犧牲：「你們兩人要留下來去和日本人交涉。」他和副總統塞吉歐・奧斯麥尼亞（Sergio Osmeña）將會隨麥克阿瑟一同到科雷希多島。

他們四人必須宣誓，永遠不會把此項授予瓦爾加斯和勞威爾的命令洩漏出去。勞威爾抗議說，如此一來人民會罵他是通敵者。他崩潰般地失聲大哭，並請求讓他隨奎松總統一起前往科雷希多島。當時已經患有肺結核而垂死的奎松堅持這是勞威爾的責任，說：「總是要有人在日本人面前保護人民。」

在外面，滿載著士兵和補給品的軍用卡車和低矮的巴士，把街道擠得水洩不通。每輛車都要往北行駛——目標位在海灣另一頭的巴丹。天黑後，「艾斯特班先生號」汽船載著麥克阿瑟和大多數的參謀橫渡這個小港灣，朝不及三十英里遠的科雷希多島駛去。當晚氣溫宜人，月光皎潔。在遠處，卡維特（Cavite）海軍船廠內的儲油庫還在冒著火焰。幾乎所有美國遠東航空兵總部的人員都穿著短袖的衣服。對於美國人而言，這是一個奇怪的聖誕夜。

——

在北方七百英里遠，另外一個島嶼要塞也即將陷落。只有三十二平方英里多山的香港，有三分之二已經陷入日軍之手。英國軍隊已被一切為二，而他們最後的防線也在崩解之中。彈藥所剩無幾，而且飲用水也只剩下一天左右的份量。雖然在大陸部分的抵抗是相當令人失望的，但是島上的據守是頑強的，主要是由於一千七百五十九名英雄組成的「香港義勇防衛軍」的決心所致。這個被正規部隊稱為「少爺兵」的防衛軍，是由當地的英國人、歐亞混血人、中國人和葡萄牙人所組成，他們就像任何其他部隊一樣善戰，甚至比大部分的部隊表現得更為優異。

到了聖誕節當天上午，這些守軍的抵抗幾乎到了極限，被切斷圍困在香港島南方頂端狹窄的赤柱半島上，成群放肆橫行的日本兵開始屠戮傷兵，並且強暴中國籍與英國籍的護士。防衛香港總督府維多利亞區的主力部隊，也到了被完全擊潰的邊緣。九點，日軍釋放兩名捕獲的戰俘——一名英國退伍少校和一名平民——要他們帶著一封信給殖民地軍事指揮官馬爾特比少將（C. M. Maltby）。信中表示：持續抵抗是毫無用處的，日方將會承諾停火三個小時，好讓英軍做出決定。

一直拖到下午三點十五分，馬爾特比才不甘願地下令屬下投降。這是對英國統治中國所做出的一個羞辱性的終結——縱然英軍已經投降了，日軍的暴行在聖誕節，徹夜未停。

菲律賓島上的聖誕節也是同樣的黑暗。那天早晨，麥克阿瑟在科雷希多島上的新總部裡，重新檢視當前危急的局勢，這是一個離巴丹半島南端三英里，位於馬尼拉灣口形狀如蝌蚪般的小島。掌握該島的人就能控制馬尼拉灣，因為它就像一塊卡住咽喉的骨頭卡著馬尼拉灣。他們擁有大量的海岸砲、迫擊砲和高射砲砲台，馬林塔山（Malinta Hill）內建有迷宮般的坑道系統，內有醫院、指揮總部、商店、倉庫和防空洞。

美軍車輛從四面八方朝著巴丹方向湧入。馬尼拉出城的三號公路上塞滿著卡車、牽引一五五毫米的砲架車、載著海軍砲火的卡車、巴士、汽車、二輪敞篷馬車以及牛車。只要在馬尼拉北方三十英里的卡倫皮特（Calumpit），瞄準那橫跨遼闊又無法涉渡的邦板牙河（Pampanga River）上的兩座橋梁投擲幾顆炸彈，就能把所有從南部過來的軍隊的進路切斷。

這兩座橋往北十英里就到達聖費爾南多（San Fernando），車輛隊伍從那左轉駛向巴丹半島。他們在這遇上了溫萊特主力部隊正好從北方南下的運輸車隊。結果就是極端的交通大擁塞，從聖費爾南多往巴丹的道路本來就很狹窄，因此在中午之前運輸車隊回堵到了市區。

巴丹半島本身也處於一片混亂。數以千計擔心害怕的逃難平民，搶在本間的部隊抵達之前就以徒步、乘著牛車和拼裝車的方式湧入巴丹，當美軍零星的部隊抵達時幾乎找不到路標指示，只能困惑地四處徘徊。「柳橙三號作戰計畫」中所列出的壕溝和碉堡不過都是紙上談兵。應該先疏散撤離村民，但顯然是有人忘了下達這樣的命令；村民們狐疑地望著無窮盡的卡車、汽車和砲車車隊轟隆隆地穿駛而過，揚起一層厚厚的塵土覆蓋在他們的竹屋上。

「柳橙三號作戰計畫」需要六個月的糧食補給，但那裡的存糧不足以支撐一個月。正在透過海運、鐵路和公路輸送更多的補給品，但通往巴丹的道路還能保持幾個小時的暢通無阻呢？唯一的期望就是溫萊特的部隊能抵擋住從北方南下挺進的敵軍，再多撐兩個星期。如此一來，巴丹的守軍就有時間構築防禦工事，同時南呂宋部隊也能通過馬尼拉撤退到巴丹。然而，這最多也不過是很些微的希望而已。接著一份正式的報告傳來，日軍已經穿過阿格諾河防線，這是日軍和巴丹半島之間的最後一道天然工事。看來讓那些訓練不良又疲憊不堪的守軍長時間抵抗日軍，已經是不可能的事了。但他們能夠堅持到元旦嗎？

在聖誕節當天，一架從美國本土起飛的水上飛機載著一名海軍上將來到了夏威夷。這就是切斯特·尼米茲，被挑選來接替金默統帥所有太平洋海軍的指揮官。他的頭髮已經發白，但是看起來精神奕奕，有著一雙銳利的藍色眼睛。他早就期望能當個海軍指揮官。

幾個小時之內，尼米茲發現他一直所擔憂的事——過份的悲觀主義。士氣「低到谷底」，他甚至注意到珍珠港事件的衝擊，已經讓好幾名高級軍官的頭髮發白。他召集了幾名原來的參謀班底，其中有幾個人還在服用醫師開的鎮靜劑。他說：「不會有任何調動，我完全信相信你們。我們雖然是被痛擊一回，但我對最終的結果是毫無懷疑的。」

在他的軍校畢業紀念冊上，對他的描寫是「性格開朗，對明天深具信心」，而他的沉著冷靜也確實很有感染力。但他知道重建精神戰力是需要時間的。太平洋艦隊在幾個月內是還無法做好大舉反攻的準備。

被困在沉沒的主力艦「西維吉尼亞號」內僅存的生還者，最後都躺在A-11號儲藏室的地板上死去。掛在艙壁上的月曆，從十二月七日起到二十三日每天都會標上一個╳符號。

五

溫斯頓·邱吉爾感性地說：「今天真是個怪異的聖誕夜。」他站在白宮南柱廊下，緊靠著羅斯福身旁，向聚集在南草坪前來參加傳統聖誕樹點燈儀式的三萬名群眾發表演說。「幾乎世上所有的人都陷入到這至死方休的戰鬥之中，運用著科學所能發明出的最為可怕的武器，國家間相互攻擊……各位，這場肆虐和狂嘯所有陸地與海洋的戰爭，愈來愈逼近我們的家園，在這一切紛亂之中，今晚在每一戶茅舍以及每一個豁達者的內心中，讓我們都能享有精神上的平靜……讓孩童們擁有歡樂和笑聲的一夜。讓聖誕老人的禮物使他們玩得開心。在重新面對嚴峻的任務以及橫亙於前的艱困歲月前，讓我們這些大人們也一起分享無限的歡樂。決心要以我們的犧牲和勇氣讓這些孩童不被人搶走他們的遺產，也不會被剝奪活在一個自由和安寧的世界的權利。」

他告訴他的私人醫生莫蘭勳爵（Moran），在儀式中他感到心悸，並且要量一下脈搏。他激動地有點結巴著說：「這一切都太感人了。這是一場新的戰爭，蘇聯人打了勝仗，日本人參戰，而美國人也深陷其中。」

聖誕節的上午，羅斯福帶著他的客人去教堂，他說：「讓溫斯頓和美以美教徒一起唱聖歌是件好事。」他唱了一首他之前從來沒唱過的《美哉小城小伯利恆》。做完禮拜之後，邱吉爾花了好幾個小時準備在美國國會發言的演講稿。明天早上的聽眾會帶著什麼樣的情緒呢？有些人對英國可是一點也不友善。

他說：「對於你們邀請我來美國參議院議會廳，並向國會兩院的代表們發表演說，我感到無比的榮幸。我不禁想到，如果我的父親是美國人，母親是英國人，而不是相反過來的話，我或許就會自己走到這裡。」從此刻起，聽眾們被他吸引住了。當他談到日本人時，他大聲喊道：「他們把我們當成什麼樣的人了？」這時場內爆起一陣高呼。他的聲音蓋過了喧囂，帶著感動人心又讓人印象深刻的口吻，繼續陳述那些個橫陳在前的任務。「我們並沒有窺測不可知未來之天賦，但我依舊要公開宣示我堅定不移的希望和信念，在將來的歲月中，英美兩國人民將會為了他們自身的安全和所有人的利益以莊嚴、正直、和平的方式一起肩並肩地走下去。」

場內自發響起毫無保留的掌聲。

不過美國軍事領袖們卻沒有這樣的情緒。他們剛剛才知道，他們性格容易衝動的總統，前一晚自己推著輪椅到邱吉爾的臥室，臨時進行了一場會談——並且同意，如果菲律賓的補給線被切斷，就會考慮把原先承諾給麥克阿瑟的援兵撥給英國。憤怒的參謀長們求助史汀生，而他也「氣急敗壞」，立刻打電話給霍普金斯，表示如果總統繼續做出這種行俠仗義的決定，那麼就該另覓一名陸軍部長。羅斯福急忙否認「曾經做出任何此類提議」，並發誓他從來沒考慮過挪用要給予麥克阿瑟的補給品。

當天下午，在急躁與不安的氣氛下舉行了第一次「阿卡迪亞」全體會議，羅斯福說他不滿意目前現有的資源未能充分運用。接著問參謀長們是否討論過在遠東建立一個聯合指揮部的可能性。這話是呼應馬歇爾將軍的建議，馬歇爾在前一天曾經對美英兩國的參謀長們談論過，「必須由一個人來指揮整個戰區——空中、地面和船艦。」

邱吉爾強烈地表示反對。如果戰線是像第一次世界大戰那樣連在一起，統一指揮當然是好的，但在遠東地區，某些盟軍單位彼此相隔千里之遠。他爭論道：「在那裡的局勢是，某些特殊的戰略要點必須堅守，而只有各地區的指揮官才清楚他該做些什麼事。問題的困難點在於送達該區域的資源如何運用，而這只能靠相關政府才能夠解決。」

軍需部大臣畢佛布魯克勳爵（Beaverbrook）遞了張紙條給霍普金斯：

你應該再努力一下，邱吉爾需要意見。他還沒有定見並且需要討論。

受到這張紙條的鼓舞，霍普金斯私下對邱吉爾說：「在你知道我們屬意的人選之前，你無須匆忙就拒絕總統對你提出的建議。」美國屬意的人選是阿契博爾德．魏菲爾（Archibald Wavell）。

第二天晚上，英國的參謀長們去會見邱吉爾，表示他們原則上準備接受一個聯合指揮部。他們建議選擇一個美國將領來領導這個ＡＢＤＡ（美國、英國、荷蘭和澳洲）指揮部。邱吉爾以為他的參謀長們聽到美國人會願意接受魏菲爾時，會和他自己一樣高興。但是他們卻將這解讀為羅斯福的詭計——遠東局勢搖搖欲墜，而且魏菲爾將會成為敗戰的代罪羔羊。[1]還是讓美國人去接這個位置吧。

英國參謀長的態度和邱吉爾是有所不同的。邱吉爾不相信羅斯福「試圖將災難丟到我們的肩上」，他自己也不願將新加坡的敗戰責任丟給美國人。想想澳洲人會怎麼說吧！澳洲總理約翰．柯庭（John Curtin）近來才在一篇文章中提到：「澳洲是期待著美國的，對於和聯合王國之間的傳統連結或血緣關係並不會感到內疚。」

他愈說愈憤慨。參謀長們的懷疑是對總統的一種羞辱——而總統的提議是友善和慷慨的表示——他無法忍受。辯論結束了，但他的怒意還沒結束。英國的參謀長們感到自己在後生晚輩彬彬有禮且強力的主導下，逐漸成為次要的伙伴。

很諷刺地，正是因為這樣的爭吵，才發展出此次戰爭中最重要的事項——重新確認前一次的決議，建立一個聯合的指揮體系，也就是總部設在西方民主世界的新首府華盛頓的「同盟國參謀首長聯席會議」（Combined Chiefs of Staff）。這個輝煌成就的創建者是馬歇爾，培育者是羅斯福，而因為邱吉爾的心胸開闊最終得以實現。他排除了國內參謀長們的反對和疑惑，努力強化了盎格魯—薩克遜人的團結，達成他此行所要實現的目的：確定希特勒是首要敵人，以及了解到太平洋的戰爭到目前為止是場陣地戰。

元旦上午，羅斯福將思維角度從軍事轉向全球政治。他帶著一份正與軸心集團開戰的二十六個國家的聯合宣言，坐著輪椅來到邱吉爾的房間；宣言表示「為了保衛生命、自由、獨立和宗教自由，以及在他們自己與他人的土地上維護人權和正義」，二十六國將共同作戰對抗「尋求征服全世界的野蠻和殘暴力量」。依據霍普金斯的說法，邱吉爾剛洗完澡，光溜溜地從浴室裡出來。（邱吉爾說：「我從來沒這樣子見過總統，每次都至少還圍著一條浴巾。」）羅斯福連忙道歉，好像就要先告退的樣子，但邱吉爾卻說：「大不列顛的首相在美國總統面前沒有隱瞞任何事情。」

這兩人都同意了這份日後成為聯合國起源的文件。當天稍晚兩人在總統的書房內同蘇聯大使馬克西姆．李維諾夫（Maxim Litvinov）和中國外交部長宋子文一起簽署了這份文件。

「阿卡迪亞」又持續了兩個星期，成效很大，但英國人離開美國時還是有點不太高興。莫蘭勳爵在日記中寫道：「美國人已經達到他們的目的，戰爭將由華盛頓來掌控，但是將來他們要是粗魯地擺布我們，那就太不明智了。我國人民對於這樣的決定勢必不滿，他們最多不過就是同意再試一個月看看。」

邱吉爾本人倒是滿心歡喜地返國，對於會議上所達成的最終聯合生產估量感到狂喜：一九四二年生產四萬五千輛坦克以及四萬三千架飛機；到了隔年，就是七萬五千輛坦克和十萬架飛機。莫蘭對此評論道：「他被這些數字給灌醉了。」

「阿卡迪亞」所做出的任何決策，幾乎一做出就被一名日本間諜取得情報。那位被革職的美國少校「薩頓」，從位於法羅特廣場的陸海軍俱樂部內的朋友口中套出這些資訊，然後再傳遞給人在墨西哥城的間諜首腦和智海軍中校。「薩頓」發現美國原先企圖全力對付日本的計畫已然做了大幅改變，盟軍將在盡量擋住日本推進的同時集中力量擊敗希特勒。他甚至知道了獲取到擊敗日本最終計畫的細節：利用潛水艇和巨型轟炸機聯合群起攻擊，轟炸機會從中國的基地起飛轟炸九州，而潛水艇則切斷日本本土與外聯繫所有的海上通道。

這實在是個重大的突破，幾乎和佐爾格的任何情報一樣重要。和智透過兩個管道將此訊息送回了日本：其中一個途徑是當地的一名德國間諜，他幾乎每天晚上都用密電向柏林發送報告；而另一個途徑則是以普通航空郵件寄給中立的布宜諾斯艾利斯的日本海軍武官（訊息是用花了兩千美元從另一名德國間諜那裡所購買的隱形墨水所書寫的）。

薩頓少校千辛萬苦得來的資訊從這兩個管道送達了東京，但海軍總部因為陶醉在近來接連的勝利之中，以至於只看了該報告一眼，便將之遺忘。

第十章 「渺茫的希望與注定的敗局」

一

新年是日本人最喜歡的節日，東京就像往常一樣慶祝了元旦。積債也清償了，望不到盡頭的人龍湧進了明治神宮，在午夜十二點鐘響後向奉獻箱內投擲硬幣，以及為了祈求好運去購買了紅色的「達磨翁」。戰爭並沒有抑制歡樂的氣氛，反而帶給人們一種期待的情緒。下一個大捷何時會來到？

軍務局長武藤將軍拜會了外相東鄉茂德，在喝了幾杯屠蘇（過年喝的酒）之後，武藤說：「民眾對於勝利太欣喜若狂了，這樣下去不好。」這將會是場艱難的戰爭。「因此，你的策略就是盡快結束這場戰爭，」而第一步就是把東條首相換掉。他說完之後就告辭離開，並轉而對長期以來一直都反對軍事侵略的前首相岡田上將說了一模一樣的話。

在菲律賓的日軍用兩路進逼馬尼拉的方式慶祝了元旦。本間將軍大約離首都只有十七英里遠，而前方也沒有什麼部隊能阻礙推進。南方的軍隊離馬尼拉大約還有四十英里遠，進軍緩慢是因為許多道路和鐵路橋梁都被炸藥毀壞，不過他們也沒遇上什麼抵抗。本間命令部隊停止行進以整頓軍容和行軍隊形。他知道散亂無章的部隊不可能驕傲自持，只可能姦淫擄掠。

市內的商店都是門窗緊閉。在碼頭區附近，《生活》雜誌的卡爾・麥登斯目睹搶劫者在劫掠倉庫，從電影底片到汽車無所不搶。當他回到旅館時，他的妻子謝麗（Shelley）交給他一封雜誌社傳來的電報。電報中要求他：以第一人稱寫一篇目擊見聞，但本週我們更希望的是關於美軍發動攻勢的報導。

她給他看了她寫好的回覆：深感遺憾，你的要求在此無法滿足。

馬尼拉似乎彌漫著濃煙。潘達坎（Pandacan）油田以及所有陸海軍設施都在燃燒著。在五點四十五分，安部孝一少將率領第四十八師中三個營的部隊，從北方進入了馬尼拉。愁容滿面的菲律賓人靜靜地看著他們進城。歡呼聲只來自於少數從拘留營獲釋的日本人。

從旅館的房間，麥登斯看到三個連的日本陸軍和海員，在馬路對面的高級專員法蘭西斯・薩爾（Francis Sayre）的官邸前的草坪上參差不齊地排成三行。美國國旗從旗杆上被降了下來，隨後三聲小砲響，掉落在地面，一名水兵用腳踩了踩。又在旗杆上綁好太陽旗，當升起新旗幟時，樂隊精神抖擻地演奏起日本國歌《君之代》。

皇祚連綿兮久長
萬世不變兮悠長
小石凝結成巖兮
更巖生綠苔之祥

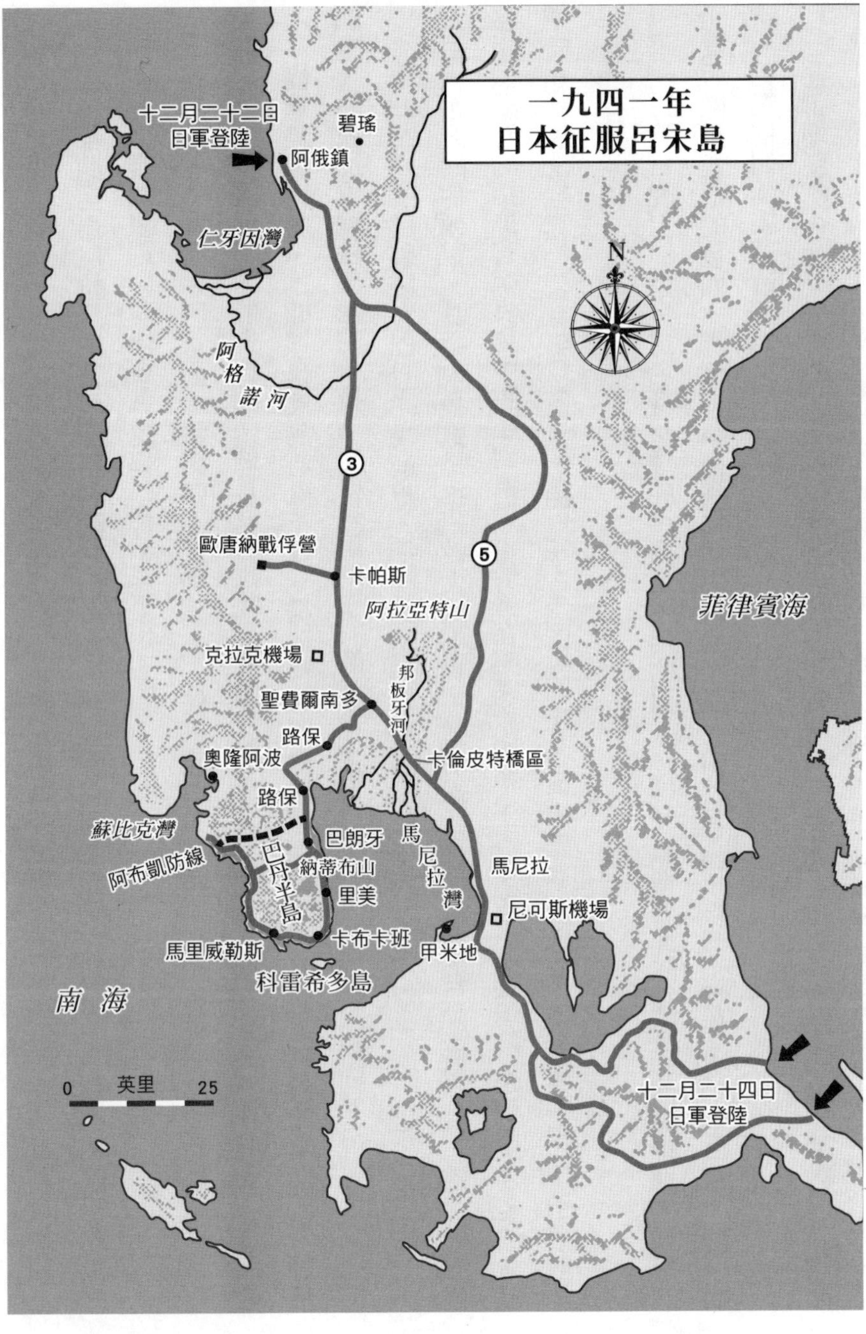
一九四一年
日本征服呂宋島
十二月二十二日
日軍登陸
碧瑤
阿俄鎮
仁牙因灣
阿格諾河
N
③
⑤
歐唐納戰俘營
卡帕斯
阿拉亞特山
菲律賓海
克拉克機場
邦板牙河
聖費爾南多
路保
卡倫皮特橋區
奧隆阿波
路保
蘇比克灣
巴朗牙
阿布凱防線
巴丹半島
納蒂布山
馬尼拉灣
馬尼拉
里美
尼可斯機場
馬里威勒斯
卡布卡班
甲米地
科雷希多島
南海
0 英里 25
十二月二十四日
日軍登陸

橫跨馬尼拉灣的對岸，麥克阿瑟將軍的部隊依然川流不息地湧入巴丹，準備進行決戰，但本間和大部分的參謀都認為，這樣大規模湧入這個半島不過是無組織的潰逃而已。他一如在西貢和東京的上級一樣，都深信馬尼拉是取得全面勝利的關鍵所在。縱使麥克阿瑟能夠在科雷希多島上和巴丹半島的頂端多守上幾個星期，菲律賓戰役也已經結束了。

在西貢，寺內壽一將軍命令將第四十八師調去入侵爪哇島。在菲律賓和馬來亞的成功是超乎所有預期之外的，因此寺內能夠提前一個月就對爪哇島發動攻擊。

儘管輕鬆獲勝，本間還是感到心亂不安。掃蕩作戰將會是艱困的，而且將最精銳的第四十八師抽調走，將會加重剩餘部隊的負擔。他要求第四十八師延後一個月再調走，但遭到拒絕。

第四十八師就駐防在巴丹半島前線。換防的是從台灣調來的第六十五「夏」旅，這是一支由七千五百人組成的佔領軍，其中大多數是年紀較大的士兵，對前線任務毫無準備且裝備不良。這意外的任務指派讓它的指揮官奈良晃中將感到錯愕。他曾在美國旅居多年，在安默斯特學院（Amherst College）就讀時和柯立芝總統（Calvin Coolidge）的兒子是同班同學，後來畢業於本寧堡步兵學校（Fort Benning Infantry School）。

一月五日晚上，奈良這名身材矮胖、邁入中年的男人，率領著他的部隊徒步向前線推進。疲憊的士兵脫隊跟在他的後面，隊伍一路拖到仁牙因灣的半路。由於麥克阿瑟的工兵炸毀了一百八十四座橋梁，更讓他們延誤多日。

熱帶地區的夜晚是美麗的，空氣中飄著赤素馨花香的異國風味。螢火蟲聚集在灌木叢內，這讓奈良想起了聖誕樹，但他身後拖著沉重步伐的士兵們實在苦不堪言，無法體會熱帶地區的美景。

他們向擠著大約一萬五千名美軍和六萬五千名菲律賓軍的巴丹前進。菲律賓軍隊中有一萬名是職業軍人，是精銳的「菲律賓師」，其餘的則是一群裝備不良，又幾乎未經訓練的烏合之眾。靠著這樣的部隊，還有幾乎只夠十萬人維持三十天的野戰口糧，麥克阿瑟得在這裡堅守六個月。他最大的資產就是地利。該半島有十五英里寬，三十英里長，兩座一北一南的死火山幾乎佔滿了整個半島。兩座火山之間是茂密的叢林。只有兩條道路，一條是半環形公路，向下往南沿著平坦多沼澤的東部海岸線延伸，繞過頂端沿著半島的另一側西海岸延伸到三分之二的距離為止。另一條則是鵝卵石道路，從巴丹半島橫切而過，穿越兩座火山之間的山谷。

麥克阿瑟意圖在離半島北部大約十英里處建立第一道防線以站穩腳跟。從馬尼灣橫跨過北部那座火山，火山口經過幾千年的風化侵蝕而成為四座山峰。最東邊也是最高的山峰是陡峭的納蒂布山（Mount Natib）。

到了一月九日上午，麥克阿瑟的部隊已經就位，雖然只發放半數的口糧，但士氣仍然高昂。他們早就厭倦撤退，想要挺身而戰。麥克阿瑟將戰線一分為二，將左半邊（西線）交給溫萊特，他的手下從仁牙因灣混亂敗退後，還無法立即投入作戰。很明顯，日軍首要攻擊右翼，並沿著東部海岸線公路南下。這個部分就交給喬治・帕克少將（George Parker），他曾從容指揮兩萬五千名官兵從呂宋南部撤退。

他的右翼也就是東海岸，地勢平坦且沼澤散布，魚塘和稻田從沿岸向內地延伸約兩英里，接著是逐漸延展約五英里的甘蔗田和竹林。在盡頭則是由峭壁、深谷和懸崖結合而成的納蒂布山，地表上沒有一支部隊能夠跨越。山上滿布濃密叢林，帕克也就只將左翼延伸到這座崎嶇不平的山峰的山麓而止。

這就是「阿布凱防線」（Abucay Line），以當地甘蔗田農夫的棕櫚樹棚屋「阿布凱」來命名。菲律賓人的部隊急著向麥克阿瑟展現他們是值得信賴的，並且要證明那場羞辱人的潰敗並非是場公平的較量。他們的美國教官們可就不那樣樂觀了。但是「阿布凱防線」有個優勢——難以退卻。不是奮戰，就是戰死。

北方幾英里之外，奈良將軍手下那群裝備不良的老兵部隊剛剛進入陣地，替換能征慣戰的第四十八師。在陸軍大學教書時，奈良告誡學生，沒有精確的地圖就絕對不能發動攻擊。但他現在手中只有一張道路圖和幾張大比例尺的地圖。他也沒有攻擊計畫；第十四軍僅僅下達簡單的命令，在兩個砲兵團以及第十六師的第九步兵團的協助下「編成縱隊沿著公路追擊敵軍」。

上級向他保證，在巴丹最多只有兩萬五千名組織鬆散的敵軍，只要一陣槍響，他們就會凌亂地撤退到半島頂端的小鎮馬里威勒斯（Mariveles）。在逃到科雷希多島之前，他們會在那裡稍做喘息。奈良依然要求給予時間進行偵查，可是得到的命令是要他立刻進攻。他倉促制定了一個計畫，那定然是個很簡單的計畫，而且只有一天的時間能夠組織部隊。他指示今井武夫上校指揮第一四一步兵團沿著海岸公路南下，而他的老友武智漸上校率領第九步兵團向納蒂布山山麓推進。他會跨越那被認定為無法攀越的山嶺，並立即攻回海岸公路，如此一來就能包圍敵軍。

當天下午，經過一小時的砲兵攻擊之後，今井開始沿著海岸公路南下，而武智則往雜亂的叢林進發。今井的部隊推進還不到一百碼，就聽到前面爆出一陣如雷的槍砲聲，那是帕克的砲兵部隊。美國人並沒有因槍砲響起而拔腿就跑。

菲律賓人也沒有逃跑。他們揮兵攻向被砲擊打散了的日軍，並在四十八小時內就將今井的部隊殲滅了三分之二。因此，奈良被迫以一支預備部隊把殘餘部隊替換下來。他的麻煩才剛開始而已。武智的部隊音訊全無，按說他應該已經跨越了納蒂布山並包抄到敵軍的後方。黑夜降臨，武智依然不見蹤跡，叢林已經吞食了他們。奈良並沒有向本間報告此狀況，在他的軍中日誌或是旅級報告中也都沒有記載；這是他對這位他在士官學校的同班同學唯一能做的事了。這也就意味著奈良大膽的計畫就此告終，他現在只能把力量用在重建防線上。他命令精疲力竭的今井部隊移動到西線，填補武智部隊所留下的空洞，並下令探測「阿布凱防線」的弱點。

就在同一天，即一月十三日，奎松透過麥克阿瑟向羅斯福發送一封無線電報，抱怨總統未能履行他會對菲律賓進行增援的諾言。奎松籲請羅斯福以美國全部的軍力直接對抗日本。在寫給麥克阿瑟的隨函中，他的憤怒之情躍然紙上：

……華盛頓方面是否就戰爭最終的結果來考量，已經認定菲律賓前線是無關緊要的，因此在目前，此處無須期待任何援助，或至少在抵抗力量消耗殆盡前無須期待救援？果真如此，希望讓我知道，因為我對我的同胞還身負責任……

當這些壯漢流血犧牲對於戰爭最終的結果或許是全然不必要時，我想要自行判斷是否為他們的犧牲找出合理的藉口。華盛頓方面似乎並沒有完全了解我方的處境，也不理解我國人民對於安全與福祉被明顯忽略而產生的情感……

根本就不用規勸麥克阿瑟。他希望這封信函能夠打動馬歇爾。然而，為了激勵巴丹半島上他自己部下的士氣，麥克阿瑟甚至說了他自己也不全然相信的話：

援軍正從美國趕來的途中。數以萬計的部隊和數百架飛機正要出發……不可能再撤退了。我們在巴丹的軍隊數比日本人用以攻擊我方的還多；我們的補給是充裕的；堅決的防衛會擊潰敵人的進攻……

我呼籲在巴丹的每一名將士各就戰鬥位置，奮力抵抗每一次的攻擊。這是自救的唯一之道。如果我們奮戰，我們將會獲勝；如果我們撤退，我們就會被摧毀。

巴丹半島上大多數美軍也不相信這些話，麥克阿瑟的話只能讓菲律賓軍隊感到歡欣鼓舞，使他們抱持著比以往更堅定的決心，證實自己在「星條旗」下戰鬥是當之無愧的。一月十六日上午，第五十一菲律賓師發動一次果斷的反攻。但是，他們太過心急，以至於其中一個團往前遠遠走在兩面側翼部隊的前頭。

這就是今井上校一直在等待的機會。菲律賓軍隊的隊形反而對自己造成更明顯的危機，而不是把危機帶給今井，於是今井立刻對東方突出的部隊加以攻擊。就在此時，失蹤的武智上校的部隊突然從叢林密布的山麓衝出，直接朝向突出部隊的另一端。菲律賓部隊遭受雙面夾擊，一蹶不振，在中午時就已經潰敗，於是在「阿布凱防線」留下了兩英里的缺口。

到了傍晚時分，滿臉倦容、飢餓不堪又衣衫襤褸的武智，才向奈良報告他為何會在納蒂布山裡迷路的原因。奈良將軍表示同情他的處境，並命令他到預備隊。武智俐落地敬了禮，也沒等待補給或休息，就讓他的部隊立刻出發——不是往北到預備隊，而是重返南邊戰場。他認為奈良將他派往預備隊是懲罰他的走失；他將要率領他的部下重新攀越納蒂布山，不然就死在山裡。

巴丹半島的另一邊，從納蒂布山到南海無路可通，因此本間一直無法發動任何像樣的攻勢。但是隔天下午，五千名日軍移轉到溫萊特陣地的正前方。這支日軍的指揮官木村直樹少將發現，美軍防線只延伸到納蒂布山西方兩英里的西蘭嘎南山（Mount Silanganan）西山麓的半山腰。他決定嘗試武智在島的另一邊未能完成的事。中西寬中校領著七百名步兵，偷偷迂迴包抄到溫萊特的右翼，然後再轉向西邊。到了一月二十一日黎明，他們抵達了南海海岸，將溫萊特的前線部隊全部切斷了聯繫。

在東面，「阿布凱防線」即將崩解。前線部隊遭受沉重打擊，援軍卻陷入濃密樹林和崎嶇山岩之間，根本無法抵達陣地。在前線，部隊已經筋疲力竭，因為白天不斷地戰鬥，而入夜後滲透者也以鞭炮和透過喇叭謾罵恐嚇防守的美軍，進行騷擾攻擊。

在迅速繞了巴丹半島一圈後，薩瑟蘭少將建議他的長官立刻撤退到另一條防線之後，也就是將半島一分為二的鵝卵石道路的後方。麥克阿瑟下令在翌日天黑後全線撤退。一月二十四日晚上七點，卡車和士兵開始從「阿布凱防線」撤退。到了午夜，通往後方的道路上已經擠滿了破舊的巴士，滿載著身穿丁尼布和頭帶椰子殼帽且面黃肌瘦的菲律賓士兵，指揮車上則是載著身穿汙穢軍服和疲憊不堪的軍官，還有徒步的士兵。沒有憲兵在指揮退回到後方的車流，而各單位也在噩夢般的混亂中四散各處。軍官們束手無策，只能要求車輛和士兵不斷往南撤退並向上帝祈禱天上不會掉下炸彈。

就在黎明前，少數斷後的部隊開始向後方快速撤退。他們看起來像是活殭屍，已經九天沒有洗臉刮鬍子，憔悴的臉上毫無表情。撤退一直持續到第二天白天將盡。由於日本軍機任意掃射和轟炸各個小徑與沿海公路，反而加快了撤退速度。但是，當那個頑強的武智上校和飢餓不堪的士兵突然不知道打哪衝出來時，原本的撤退就變成潰不成軍。武智完成了不可能的任務，攀越了納蒂布山。

—

一月二十六日，新的菲美防線布防基本完成。這條防線是在叢林中運用巧妙的通訊網絡和補給小徑加以連接而成，就位於兩座死火山，也就正好在鵝卵石道路的後方，並且從馬尼拉海一路延伸到南海。防線分為兩段，溫萊特再次指揮西半部防線，而東邊還是交給帕克。士兵們在散兵坑和壕溝中休息，感謝上帝讓他們還能從艱苦的「阿布凱防線」上倖存並且撤退回來。一名菲律賓師的亨利・李中尉（Henry Lee）在他的陣地內寫了一首詩來描述這場撤退。他寫道：

巴丹

……又守住了一天
守住的是飢餓、傷痕和炙熱
是緩慢的筋疲力竭和猙獰的撤退
是渺茫的希望與注定的敗局

和美國人一樣，日本人的情況也是難以繼續作戰下去。此處的叢林十分濃密，以至於有支千人的日本部隊偷溜過溫萊特的防線，整整三天都沒被發現到。美軍幾乎耗費三週，在歷經放手一搏的殊死近身戰後，才將他們殲滅。日軍也曾經試圖從海上包抄溫萊特，用駁船將部隊送往遠離前線後方的崎嶇西海岸進行登陸。他們計劃南進到馬里威勒斯，然後切斷來自科雷希多島方面的補給線。在之後的兩個星期內，日軍分別進行了五次登陸，美軍直到二月八日，才殲滅最後一批滲透的日軍。也就在同一天，本間在糖業中心聖費爾南多的指揮部內召開了一次重要會議。天氣悶熱，氣溫高達華氏九十五度。將軍感到備受煎熬。他在巴丹的戰役中已經損失近七千名戰士，還有一萬人受到瘧疾、腳氣病和痢疾的侵擾。他兩度要求增援，但是都遭到拒絕。

目前只有三個步兵營的兵力橫越在巴丹半島上，本間的參謀長前田正實中將對他提出警示，如果麥克阿瑟發現到這個狀況，肯定會穿越防線。高級作戰參謀中山源夫上校依然堅持要發動強力攻擊。「然而，主要的力量應該是沿著東岸，而非西岸。」

前田想要在佔領菲律賓群島其餘部分的同時，封鎖巴丹半島。「到那個時候，麥克阿瑟將軍的人馬就會餓死，而準備投降。」

前田是對的，但對於本間而言，除了速戰取勝之外，已經是別無他想了。東京絕對不會同意這樣顏面盡失的戰略。他說，必須重新發起一次更為強烈的攻勢。為了達成這個目標，他就必須忍受難以承受之事——忍氣吞聲再度要求大量增援部隊。他潸然淚下。當參謀門正要離開時，他收到一封來自東京的電報。東條非常不悅；除了菲律賓以外，各處皆傳來捷報。本間的臉上露出痛苦的表情，他重重地跌在桌上。大家把不省人事的指揮官抬往隔壁的房間。

在科雷希多島上，奎松坐在輪椅上聽著廣播，當他聽到羅斯福在廣播中宣布將會有數千架飛機飛往前線——歐洲時，他一把怒火就燃起來了。奎松指著主島上升起的濃煙說：「三十年來，我為人民工作並一直抱持希望。他們現在得為一面不能保護他們的旗幟而喪命。以神和聖徒之名！（Por Dios y todos les santos!）我無法忍受這樣口口聲聲只提到英國和歐洲。這個惡棍所承諾的飛機在哪裡？美國人怎麼能夠為了一個遠房表親的命運痛苦地在地上打滾，然而女兒卻在後面的房間內被人強姦呢！」

他召來麥克阿瑟，告訴他：「或許我在科雷希多島是毫無價值的。我不如前去馬尼拉，並且成為戰俘？」麥克阿瑟認為這樣的投降會被國外誤解。奎松反駁說：「我不在乎局外人怎麼想。」但是他同意會再考慮。

當晚，一名年輕的菲律賓少尉身上捆綁著一大袋的乒乓球當作救生圈，爬上了科雷希多島的岩岸。他從巴丹半島游過來，對於前線菲律賓人和美國人之間逐漸上升的敵對態度，向奎松提出警告。他是安東尼奧．艾奎諾（Antonio Aquino），糖業大王與菲律賓國會議長貝尼諾．艾奎諾諾（Benigno）的長子，他對奎松說：「我們只能吃鮭魚和沙丁魚。一罐要分給三十個人吃，一天才兩頓。」

奎松大怒。他召集了內閣並且表示，他會請求羅斯福總統讓他發表一份宣言，要求美國同意立刻授予菲律賓絕對的獨立。然後他會解散菲律賓的軍隊，並宣布菲律賓為中立國。如此一來，美國和日本都必須把軍隊撤出。

副總統塞吉歐．歐斯麥尼亞試圖指出這樣的行動會在華盛頓方面所造成的後果，但奎松還是怒不可遏。一陣狂咳讓他無法動彈。為了讓他平靜下來，歐斯麥尼亞勉強同意拍送這份電報給羅斯福。一如往常，這必須要經過麥克阿瑟之手。麥克阿瑟不但讓電報發送出去，而且還加上自己對局勢悲觀的評估，他懷疑華盛頓方面，特別是懷疑馬歇爾，讓他失望，並使他怨恨難消。[1] 他寫道：「無可否認，我們已經接近失敗。」奎松的計畫「或許為即將到來的災難性潰敗提供了一個最佳解決方案」。麥克阿瑟正賭上他的軍事生涯，但是他認為這值得一博。或許奎松不顧一切的建議會震醒華盛頓方面，而有所行動。

這電報讓馬歇爾感到震驚，麥克阿瑟「相當支持奎松的立場」，也同樣使他感到驚訝。羅斯福的反應是毫不含糊的，他簡潔地告訴馬歇爾和史汀生：「我們完全不能這麼做。」直到此時，參謀長才不再對羅斯福的領導能力有所懷疑。總統堅定的決斷讓他確信，他無論如何都是個「偉人」。

羅斯福洞察出，不能期望奎松和麥克阿瑟會同意他在「阿卡迪亞」會議中決定要先擊敗希特勒的政策。不論如何，他必須讓他們相信，自己正在對西南太平洋派送出一切可能調遣的軍力。到了三月中旬，已有七萬九千名士兵開赴太平洋前線，這幾乎是派往歐洲兵力的四倍之多。所有能調用的飛機也部分派往東方。[2]

必須讓奎松了解到現在有兩個前線，這是至關緊要的——幾乎有二十萬噸美國船艦在北大西洋沿岸被擊沉，而且隆美爾（Erwin Rommel）又正威脅著將英軍趕回亞力山卓（Alexandria）。羅斯福必須斟酌用字遣辭，好讓奎松知道這所有一切的事實，又不透露出威脅和譴責的意涵。

他以極其高明的手法成功化解此事：一面拒絕了奎松的建議，表明美國對此無法接受，一面又承諾不論奎松怎麼做，美國永遠都不會放棄菲律賓。

只要美國國旗還在菲律賓土地上空飄揚……我方將士必將誓死守衛。不論目前美國的駐軍遇到何種狀況，我們將會努力不懈怠，直到正在菲律賓外集結的部隊回到菲律賓，把入侵者殘餘的一兵一卒都從你們的國土上趕走。

這些話打動了奎松。他對自己和上帝發誓，只要他還活著一天，不論他的人民或是他自己會有什麼樣的結果，他都會站在美國這邊。

羅斯福給麥克阿瑟的回覆就更為直接了：

……抵抗日本入侵到最後一刻的責任和必要性，超越了我們目前在菲律賓所面對任何其他責任的重要性……我特別請求你，盡速將部隊和防衛組織起來，在環境許可下以及人力所能延續的時間內，盡可能有效地進行抵抗。

這意味著菲律賓已經是無法挽回地被一筆勾銷，意味著麥克阿瑟本人的價值也已經降低成一個抵抗者的象徵。麥克阿瑟回覆，他要先在巴丹半島，然後才是科雷希多島奮戰到全然毀滅為止，讓美國人永遠都能記得這兩個島的名字。

我一絲一毫也未想過我麾下的菲律賓部隊會屈服或是投降……部隊中也從未出現過絲毫動搖。

然而這番話是言過其實的，但比起幾週之前卻是更為確切。儘管巴丹半島上的部隊被瘧疾和痢疾困擾著，軍服也是殘破不堪，還處於半饑饉的狀態，但他們仍是鬥志旺盛、充滿信心。已經守住了日軍的進攻，此外，當時菲律賓軍人從仁牙因灣驚慌失措地逃亡，現在已經成為可靠又堅實的力量。

二

在馬來半島上，日軍無情地輾向英帝國在亞洲的基石——新加坡島。一月七日，在「阿卡迪亞」會議中被選定指揮整個亞洲的魏菲爾將軍，從位於爪哇島萬隆（Bandung）的總部飛到新加坡，進行簡短視察。前一晚，日軍十五輛坦克已經突破第十一印度師的防線，通過離新加坡島不足兩百五十英里且具有戰略價值的仕林河大橋（Slim River）。盟軍在整個馬來亞都沒有任何坦克能夠阻擋它們；英國的專家曾經斷定裝甲車輛並不適合叢林作戰。

魏菲爾駛往北方一看，發現第三軍毫無組織如一盤散沙，而第十一印度師則已完全潰散。他命令全線撤退一百五十英里到柔佛州（Johore），戈登·貝奈特少將（Gordon Bennett）和他的澳洲部隊會在那裡做最後嘗試，堵住入侵的部隊。

魏菲爾回到新加坡視察這個重大島嶼要塞的北面防務。他什麼也沒看到，甚至連抵抗陸上進攻的詳細計畫也沒有。更讓他驚訝的是，島上的大砲都是面朝海洋，而且無法轉向轟擊正在挺進的日軍。

當邱吉爾聽魏菲爾報告，指出新加坡根本不是什麼堅不可摧，反而是赤裸裸毫無防禦時，他也愣住了。他苛責自己不該相信「新加坡要塞」這回事，並且急忙給參謀長們寫了一份照會：

我必須承認魏菲爾十六日傳來的電報讓我震驚……我從來也不曾想到，新加坡堡壘的咽喉，還有那只有半英里到一英里寬壯麗的護城河，對於北面的攻擊竟完全不設防。如果不把一個島嶼建成城堡，那麼把它當成一個要塞又有何用？……每次在討論這些問題時，為何你們沒有任何人向我指出這一點？而且早該完成這項防務，因為……我曾經不斷表示，我們依賴著新加坡島上的防衛系統能夠抵抗正式的圍攻，從來不依賴克拉陸峽計畫……

不僅要用盡所有的手段維持新加坡島上的防禦，而且整個島必須奮戰到每一個單位和每一個堅實的據點都被摧毀為止。

最後，新加坡市必須轉換成為一個城堡，誓死保衛之。根本不能考慮投降一事。

從一開始日軍就讓英軍在馬來亞無從準備。英軍人數是日軍的一倍，但日軍從不停下來鞏固所佔取的陣地、重新集結或是等待補給；他們數以千計的人騎著腳踏車以及搭乘好幾百輛英軍所拋棄的汽車和卡車，沿著主要道路蜂擁南下。當他們遇到斷橋，騎腳踏車的就舉著腳踏車涉水橫渡，或是騎過由工兵扛著的浮橋。[3]

日軍持續快速的勝利是雙方都沒預想過的。一名被俘的英國工兵軍官告訴辻中校，他本來預期北馬來亞的防衛可以至少守住三個月。他說：「因為日本軍隊在中國作戰四年，都還沒能打垮軟弱的中國軍隊，因此我們不認為日軍是一個強敵。」

辻本人經常親自上前線，指揮或是鞭策部隊向前推進。一次，他在半島南下的路上遇到一個道路封鎖，他不耐煩地策劃要當場正面攻擊，便打電話到陸軍總部要求增援火砲。答覆是不行——只能從側翼進攻。這個戰術成功了，但到了半夜，辻衝進總部破口大罵，把所有的人吵醒。他吼道：「戰事還在進行，你們怎麼還在睡覺！」並衝進山下將軍的參謀長鈴木宗作中將的寢室。君子風度的鈴木與平常一樣很客氣地招呼辻，這使辻更為憤怒。「我從前線回來報告，你卻穿著睡衣，這是什麼意思？」受到這樣義正詞嚴的憤怒責問，鈴木緩慢地穿上軍服並配上軍刀，就像他面對其他將軍一樣。辻咆哮著說：「我是作戰的主要參謀官，要對全軍的作戰負責。我根據前線實際的狀況提出我的想法，你拒絕我的請求就意味著你對我不再信任！」他大吼並咒罵著，還不斷一再重複相同的指控，直到黎明為止。最後，他跨著大步離開，寫了一份辭呈，交給山下將軍。

他甚至拒絕進食，並把自己關在寢室內，一個星期後才出來。山下和鈴木對他此舉完全置之不理，於是他回到崗位上，好像什麼事情都沒發生過一樣——像以往一樣傲慢，一樣不留情面，一樣幹練。

山下是個情緒壓抑的人。父親是名單純的鄉下醫生，他並沒有把從軍當做志業。他說：「這是我父親的建議，因為我高大強壯，而我母親並不怎麼反對，因為她認為——願上蒼保佑她的在天之靈——我永遠都無法通過那競爭高度激烈的入學考試。」他身材壯碩，粗脖大頭，面無表情，外表遲鈍，內心卻有不平之火，認為自己晉升中將被耽擱了幾年，因為在一九二九年時，他支持宇垣將軍裁減數個陸軍師的計畫。他對西貢和東京兩方面長官的懷疑已經到了偏執的地步：寺內上將是故意不派出空中支援，而東條計劃一旦在攻陷新加坡之後就暗殺他。山下在他的日記中寫道：「在日本高層中，沒有任何一人值得依賴，這真是個罪過。」而「那個該死的寺內自己奢華地住在西貢，躺在舒服的床上，好吃好喝，還下著圍棋。」

一月二十三日，當寺內的參謀長從西貢到來，帶著一袋內含如何奪取新加坡島的文件時，他那被迫害的想法也達到了頂點。山下把這些建議撕個粉碎，並在日記中寫著：「如果要辦成某件事有兩種方法，南方軍一定會挑中錯的方法。」

與此同時，他的部隊有條不紊地持續突破數條英軍脆弱的防線。顯而易見的，貝奈特的澳洲軍隊也無法抵擋日軍，並且從馬來亞開始全面撤退。到了一月三十一日的午夜，幾乎所有的英國部隊都已經橫跨過那條連結馬來半島和新加坡島，只有七十英尺長的堤道。黎明時分剛過，可以聽到尖銳的風笛聲，被擊垮的阿蓋爾營（Argyll）殘餘的九十名士兵踏著《百名風笛手》的節拍，迅速踏上了橋面。走在最後面的是他們的營長——最後一個離開馬來亞的人。

數個爆破班最後在堤道上安置炸藥，八點，響起了沉悶的爆炸聲。當煙塵消散後，能夠看到海水拍打過寬闊的缺口。他們認為自己的堡壘已經安然地和日軍切斷了；但在退潮時，缺口的海水只有四英尺深而已。

新加坡島的面積約是曼哈頓島的十倍大，從東到西有二十六英里，南到北則是十四英里。新加坡市位於該島的南部，而人口大多數都聚集在市內。除了幾個散居的城鎮和部落之外，其餘地區都被橡膠園和叢林覆蓋著。新加坡的最高指揮官是帕西佛中將（A. E. Percival），他身材高瘦，有著兩顆像兔牙般的暴牙。他風采迷人，有才幹，但有些人覺得他欠缺鼓舞手下這批龍蛇雜處部隊的魄力。

防衛新加坡有兩個辦法：一是堅守海灘，一是以大批後備部隊在內陸和敵軍作戰。雖然海岸線長達七十多英里，帕西佛還是決定堅守海灘的陣地。局勢似乎對他有利。他的情報單位估計他會遭遇到約六萬名日軍，但是他擁有八萬五千名人員。當然，其中一萬五千人是非戰鬥人員，而戰鬥人員中又有許多人訓練不足且裝備不良，但是敵軍如果嘗試強行跨越柔佛海峽，將會遭受重大傷亡。

事實上，他只會和三萬名日軍作戰。日軍的情報和帕西佛的情報一樣錯得不著邊際。承擔制定入侵計畫的辻被告知，守軍人數只有三萬人。那一整晚他都在制定計畫，要讓英軍首尾無法兼顧。主攻會是朝向堤道的右側，由第五師和第十八師在夜間發動。然而，近衛師會在前一天對堤道的另一側發動佯攻，欺瞞英軍。為了確保行動機密，住在離海峽十二英里內的所有的居民都得被撤離，讓主攻的兩個師能藏匿行蹤進入陣地，並且下令禁止燃灶做飯。

隔天早晨，在一個橡膠園內，山下召集各師長和高級軍官共四十人，紅著臉激動地宣讀了進攻命令。每個人的鋼杯內都倒入了「菊正宗清酒」，用傳統的乾杯儀式：「在此捐軀死得其所；我等必勝。」

山下將總部設在「綠宮」，這是柔佛蘇丹所建，在一個能夠鳥瞰堤道的山丘上。這是棟紅磚綠瓦惹人注目的建築物，屋頂上面還有個五層樓高的瞭望塔。指揮部設在塔頂一間有著大窗戶的房屋之內，山下從窗戶望出去，新加坡整個北面的海岸一覽無遺。山下選擇這裡當作指揮部是最危險的了，不過他的理由卻是，英國人絕對不會想到他會笨到去使用這個地方。況且他很確定，轟炸這樣華麗的建築物有違英國的政策。

在之後的幾天中，火車和三千輛卡車忙著運送大砲、彈藥和補給品。數以百艘可摺疊的小船和登陸艇靠著夜色的掩護運送過來，藏在離海岸一英里遠的叢林內。

二月七日晚上，近衛師的佯攻發動了。他們大張旗鼓地用二十艘汽艇載著四百名軍人和兩挺山砲，登上海峽中能夠俯瞰實里達（Seletar）海軍基地和樟宜堡（Changi Fortress）的小島。次日天剛亮，火砲就開始轟擊樟宜堡。一如預期，英軍將增援部隊派到堤道上。入夜之後，第五師和第十八師扛著他們的折疊艇，走到一英里外的海峽岸邊。當他們接近海岸時，日軍的四百四十門火砲開始齊射轟擊。首個目標是海軍的大型儲油槽，以防止英軍將石油倒入海峽內並點火燃燒。接著，火砲對準了預計進行登陸地點的堤道下方的碉堡、壕溝和鐵絲網。

十點三十分，幾乎有四千人組成的第一波登陸部隊登上三百艘摺疊船、登陸艇和駁船。當這支小艦隊靠近新加坡的西北海岸時，砲擊的轟隆聲掩蓋了馬達聲。此處是由兩千五百名澳洲軍隊固守。透過指揮部塔上的玻璃窗戶，山下和他的參謀們很難看清戰場上的情況。看起來整個新加坡島都被大火和爆炸吞噬了。十分鐘後，島上竄升起藍色的信號彈。第五師按照計畫進行登陸。

首批入侵部隊攻上林厝港（Lim Chu Kang）路盡頭的海灘，上岸後馬上遭到澳洲第二十四師機槍營的猛烈攻擊。其他登陸船隻則在附近紅樹林沼澤地區靠岸，在那的防衛軍力單薄。寡不敵眾的澳洲軍隊還是苦戰了整晚，但是無法抵擋日軍的進攻，在天剛亮的幾個小時內，數十輛坦克就已經登陸，強大的坦克與步兵結合的攻擊隊伍向內地移動。到了黎明時，大約有一千五百名步兵和數支砲兵部隊已經在島上了。

山下從「綠宮」的塔上望下去，看到他的手下川流不息地穿越橡膠樹林向登加（Tengah）機場前進。先頭部隊已經離新加坡市區只有十英里的距離。到了日落時分，山下帶著參謀們離開了指揮塔，搭著由三艘小艇拼成的船筏越過了柔佛海峽。

在爪哇島上，魏菲爾將軍決定親自視察這個戰火紛飛的島嶼。日本人已經掌有制空權了，但在隔天，這名美英荷澳聯軍指揮官設法突破封鎖抵達了新加坡。參謀們在帕西佛的總部走廊上就可以聽到魏菲爾憤怒的斥罵聲。他責備帕西佛這麼輕易就讓日軍建立了灘頭堡，他氣急敗壞地罵著貝奈特，要這名澳洲指揮官連同他那些個「該死的澳洲佬一同滾回去」。

魏菲爾下令立刻反攻，結果是徹底的失敗，但他當天還是發布一道很可能是來自邱吉爾本人所下達的命令：

可以確信我方在新加坡的軍隊人數遠遠超過已經渡過海峽的日軍。我們定要擊敗他們。我方整個軍事聲譽處於危急關頭，大英帝國的榮譽亦然。美軍在巴丹半島上，面對著更大優勢的敵軍都能堅挺守住，而俄軍正在回擊德軍的精銳部隊；幾乎毫無現代化裝備的中國軍隊已經抵抗日本四年半之久。假使我們還把吹噓為堡壘要塞的新加坡拱手讓給人數處於劣勢的敵軍，那真是我方的恥辱。

根本不能再吝惜軍力或顧慮平民，不論對於何種形式的軟弱都不能加以寬待。指揮官和高階軍官必須身先士卒，必要時必須與士兵一同捐軀陣亡。

絕不投降，連想都不該想。每個單位必須奮戰到底，與敵軍短兵相接……我期待全體官兵能夠奮戰到底，證明我們帝國據以建立的奮戰精神依然長存，並讓我們以此來捍衛帝國。

發完此訓令之後，他就飛回爪哇島了。暗夜中，他在碼頭上跌了一跤，跌斷了背上的兩段小骨頭。他在醫院內發送了一封電報給邱吉爾：

新加坡的戰況並不樂觀……某些部隊的士氣並不高，甚至沒有一支部隊的士氣能達到我的期望……正在盡一切的努力激勵出更多的進攻精神和樂觀的展望，但是直到現在，我無法妄稱這些努力已經完全成功。我已經下達絕對命令，絕不能考慮投降，全體部隊必須持續作戰到底。

到了日出時，日軍幾乎已經佔領了半個島，包括作為戰略要地的島上最高點武吉智馬（Bukit Timah，錫山）。先頭部隊已經接近新加坡市邊緣的賽馬場。儘管如此，對於愈來愈頑強的抵抗，辻中校還是感到相當氣餒，特別是對於英軍高效率的火砲射擊尤其苦惱。英軍的砲彈似乎是取之不盡用之不竭，而日軍的彈藥已經少到危險的境地。況且，顯然是情報部門大大低估了英軍只有三萬人的戰力，但實際上至少擁有兩倍的人數。

因此山下對帕西佛發出勸降書。接近中午時，一架偵察機在新加坡的郊區拋下衣個綁著紅白絲帶的信桶。裡面有山田一次中校所擬寫、山下親簽的信函。語氣措辭頗受到過去招降四十七浪人詔書的啟發。

基於武士精神，我方有幸能夠進行勸降。基於大不列顛的傳統精神所創建的貴軍正捍衛著全然孤立無援的新加坡，並且因為竭盡辛勞與英雄氣概提升了大不列顛的威名……從此刻起，抵抗誠屬無益，徒然無由增添了百萬平民的危險，讓他們陷入刀光砲火所施加的痛楚之中。整體戰局的發展已然確立新加坡的未來命運，無益的持續抵抗，將只會對居住在城內數以千計的非戰鬥人員帶來直接損傷，讓他們更加陷入戰爭的恐懼和悲慘之地。更有甚者，我方也不認為貴方再持續抵抗能夠擴大英軍的名聲。

帕西佛並沒有回覆山下，他接到命令要「奮戰到底」。儘管遭受到砲擊和轟炸，但新加坡並未出現恐慌的局面。民眾們還在國泰大廈的電影院外排著隊，等著買票去看《費城故事》（*The Philadelphia Story*），萊佛士酒店內擠滿了參謀軍官，他們無所事事，只能喝酒和咒罵。有人還用粉筆在牆上寫著：「英國是屬於英國人的，澳洲歸給澳洲人，但是，馬來亞是哪個婊子養的想要，就給誰。」

散亂脫隊的士兵們沿著大路湧入到市內。一名情報官大衛．詹姆士（David James）攔下一隊印度兵，並問他們的指揮官為何會走錯方向。他說，一名澳洲軍官要他們「快滾，因為日本鬼子從山上下來了！」詹姆士說，你應該是要去找日本人，而不是與他們賽跑才是。「的確如此，不過你不會留在一個別人不想要你還待在那的地方吧，不是嗎？」那名指揮官這麼回答著，然後率領他的部下跑開了。甚至那些曾經在馬來亞打得很不錯的澳洲部隊，也把試圖擋住他們逃回市區的憲兵推到一旁。其中一人說：「老兄，馬來亞和新加坡去死吧。海軍讓我們失望了，空軍也讓我們失望。如果這些『土人』都不要為他們該死的國家打仗了，那幹嘛挑上我來打仗？」

帕西佛感受到全盤崩潰，在城市的前緣還布署了一條緊密的弓形防線，但是到了十三日星期五，顯然他手下所有部隊的指揮官都認定新加坡已經完蛋了。魏菲爾接到了能夠立刻投降的請求，但他在萬隆答覆的命令是，守軍要「盡可能持續對敵軍給予嚴厲打擊，如有必要，必須進行巷戰。」帕西佛回覆表示，日軍已經佔據大多數的水庫，而飲水所剩無幾。魏菲爾則回覆：

> 你們英勇的堅守是有意義的，要堅忍卓絕，盡最大限度的努力繼續抵抗。

諷刺的是，日軍各級軍官則是愈來愈擔憂新加坡的局勢。山本的參謀長宇垣纏將軍在日記中寫道：「我真不希望這裡變成另一個巴丹。」在新加坡島上的朝枝上校預言，如果英軍再挺住一個星期，「他們就會擊敗我們」。每門野戰砲最多只剩下一百發砲彈，而巨砲的砲彈更少。已經有壓力要山下取消繼續攻擊，甚至是撤回到馬來半島上。他下令要持續攻擊。

二月十五日上午，帕西佛召集了區域指揮官們來開會，告訴他們汽油、野戰砲和波福斯雙管高射砲的砲彈幾乎已經耗盡。他說，他會在下午四點要求日軍停火。在天黑之前，他得到批准去執行他原本計劃要做的事。魏菲爾告訴他，一旦他確實無能為力時，任由他投降。

……不論發生了什麼事，我對你和全體部隊這幾天以來的英勇表現表示感謝。

從武吉智馬的山頂上，山下看到英國國旗還在新加坡市內的坎寧堡（Fort Canning）上方飄揚著。光是攻下那個山丘就得花上一個星期的時間，而穿越到最後的防線還需要更多時日。這時，野戰電話響起，一名前線指揮官報告英軍正送出一面停戰旗幟。

因為摩托車撞擊受傷，脖子還上著石膏的杉田一次中校驅車前去會見英軍代表。他用日語說：「如果英軍同意投降，我方會停戰。你們想投降嗎？」

英國翻譯員，西里爾．懷爾德上尉（Cyril Wild）說：「我們願意投降。」他個子高大，有著一雙藍眼睛，父親是新堡（Newcastle）的主教。杉田告訴他，要他回去把帕西佛和他的參謀們一同帶來。四點五十分，他們見到了面，分乘兩輛汽車前往武吉智馬附近的福特汽車工廠。杉田坐在帕西佛的旁邊，他痛苦地轉頭以差勁的英語對這名將軍說：「我們已經奮戰了兩個多月。現在終於可以結束了。我讚賞你們英軍能夠如此堅守。」帕西佛很有禮貌地含糊說了幾句客套話。他瘦長的臉上已經漲紅，眼睛充滿了血絲。

投降的一行人在工廠前下了車。雖然是帕西佛本人豎起了白旗，但日本人認為他們還是很傲慢。在碩大雜亂的大樓內，他們被一群喧囂的記者、攝影師和拍攝新聞影片的人員團團圍住。五分鐘之後，在七點，山下人到場了，當超過四十多人擠進一間小屋時，就顯得更為喧鬧了。投降來得十分意外，致使山下還沒有看過那些杉田幾天之前已經用英文打好的投降條件。山下說：「日本軍方只會考慮你們投降，其他免談。」他知道英軍人數遠多於自己，而最讓他擔憂的是不能讓帕西佛發現到這件事。

帕西佛回答：「我擔心在晚上十點三十分前，不能夠提交我方最後的答覆。」他已無意再戰。不論簽署何種投降書，他只想談妥特定的細節。

但是山下認定英國人是在拖延。在敵軍了解日軍在人數上屈居弱勢之前，他必須談定投降條件。在市內進行巷戰會是災難性的。[4]他簡潔地說：「只要回答我們，是否能夠接受我方的條件。要趕緊解決這些事。否則我們準備重新開火攻擊。」透過窗戶，還能看到新加坡市內燃燒的火焰。

杉田看到了誤解正威脅著這場投降會談，他親自接替山下那名無能的翻譯。但他的英文也沒好到哪去。南轅北轍的爭論依然持續著，隨著懷爾德差勁的日文能力和帕西佛不願當場投降，會談現場趨於惡化。

山下失去了耐心。他突然說：「除非你們肯定投降，否則我方將照計畫如期進行夜間攻擊。」

被嚇到的帕西佛問道：「日軍能否留在原地不動？我們明天早上五點三十分再重啟會談。」

「什麼！」山下假裝憤怒來隱藏他的憂慮。「我要求今天晚上就停止敵對行動，我還要提醒你們，沒有什麼好爭論的了。」

這並非帕西佛所要的紳士風度的投降方式。他喃喃地說道：「我們將在晚上八點三十分停止射擊。今晚還是各自留在原處不動為佳？」

山下告訴他這是可行的。停火會在八點三十分生效，而且可以有一千名武裝人員在市內維持秩序。帕西佛的模糊態度使山下起疑，他說：「雖然你已經同意條件了，但是你還沒有明確表明是否要投降。」帕西佛說不出話來。這是英國軍事史上最慘烈的災難，也是他人生中最為痛苦的時刻。他雖然清了清喉嚨，但所能做的卻只是點頭而已。

山下發火了，告訴杉田，他要英國人給個簡單明確的答案。然而，這名翻譯又和懷爾德陷入另一場冗長的討論之中。山下坐立難安地不斷在看著手錶，而最後他對杉田搖搖手指說：「不需要再這麼談下去。這只是個簡單的問題，而我也只要個簡單的答覆。」他轉向帕西佛並叫囂著：「我方想要聽到你說『是』還是『不是』！投降或是開戰！」

帕西佛小聲地說：「是，我同意。」他停了一下，又說：「我要請求一件事。皇軍是否會保護婦孺以及英國平民？」

「我們會照料他們的。請簽署這份停戰協議。」

帕西佛在七點五十分簽了字。四十分鐘之後，一如協議所定，轟隆隆的槍砲聲突然就停止了。「獅城」新加坡，這個全球最為著名的要塞就屬於日本人了。在這七十天之中，以九千八百二十四人傷亡的代價，山下自北而南從馬來亞半島一路橫掃了六百五十英里，直到奪下新加坡為止。英軍傷亡的人數稍微略低於日軍，但是有超過十三萬名官兵的部隊投降。

這是日本史上最大的陸戰勝仗。他們再次戲劇般地向所有的亞洲弟兄證明，白種人是會被打敗的。在日本國內，政府歡欣鼓舞地宣布，要發送每家每戶兩箱啤酒、一包紅豆和三合[5]清酒。十三歲以下的孩童會有一盒裝有焦糖球、蛋糕以及各式糖果的禮盒。

《朝日新聞》對於此場戰役報導的標題如下：太平洋戰爭的大局已定。報導部長大平秀雄宣稱：「在短短三天之內就拿下新加坡這個島嶼，只有我皇軍方能達成此任務。日本是照亮世界和平的太陽。凡是沐浴在陽光下的人將會成長茁壯，而抗拒此陽光者僅有毀滅一途。英美兩國都應該仔細思量我國三千年來熾熱的歷史。我在此嚴正地宣布，隨著新加坡的陷落，戰爭的整體局勢已定。最終的勝利必屬我方。」

東條首相告訴國會，將會給予緬甸和菲律賓獨立的地位，但必須保留香港和馬來亞，作為防衛大東亞共榮圈至為關鍵的基地。他說：大東亞戰爭的目標是依據帝國的崇高理想基礎而建立的，這將使所有大東亞的人民與國家都能安居樂業，並且能以日本為核心依據正義的基礎建立起一個共存共榮的新秩序。」

三

爪哇幾乎和外界隔絕了有一個月之久。在西面，空降的傘兵以及剛從船團登陸的部隊聯手入侵了蘇門答臘。在東部，另一組入侵船團剛剛在異國風情的峇里島（Bali）外下錨。

美英荷澳指揮官阿契博爾德・魏菲爾的總部設在爪哇島中部山區的萬隆，他十分確定爪哇就是日軍下一個目標。他的判斷是對的。兩股強大的入侵部隊，在各自擁有強大的巡洋艦和驅逐艦的護航下，已經朝著這個戰略性島嶼而來。荷蘭海軍指揮官是名身材矮胖，又禿著頭的海軍少將，名為海爾佛里克（C. E. L. Helfrich），他還是認為能夠在海上擊敗日軍。美英荷澳海軍指揮官——美國海軍哈特將軍推定荷屬東印度已然無法防守，但海爾佛里克卻否定這樣的推斷。荷蘭艦隊擊沉的日本船艦噸位數要比美國從空中、海面與水下部隊擊沉的總和數還高。

事實上，美國人是受了海爾佛里克將軍的刺激，才激發他們發動從珍珠港事件之後的首度水面攻擊。一月二十四日，四艘建造於第一次世界大戰的四煙囪驅逐艦，悄悄地駛進了位於婆羅洲和西里伯斯（Celebes）之間的望加錫海峽（Makassar Strait），並擊沉了三艘運兵船。這是個大膽的突擊，幹得出色，也就強力地證明了海爾佛里克的觀點可行。因此他現在強力主張，阻擋日軍的地點就在海上，而不在爪哇島的海灘上。

美國人並不願意進行海面作戰，不但讓海爾佛里克大惑不解，連日本人也不明所以。日軍在菲律賓以南幾乎沒有遇到什麼抵抗，他們現在已經佔領整個婆羅洲和西里伯斯及其周遭海島，並在新幾內亞（New Guinea）站穩了腳跟。一旦征服了爪哇島，東南亞的寶藏——石油、錫礦和鎢礦都會在掌握之中。

魏菲爾自己身處在爪哇島，他評估日軍對該島的威脅和他在評估新加坡守軍所面臨的問題時，有著相當不同的態度。二月二十二日，他發給邱吉爾一份電報：

我擔心美英荷澳地區的防衛體系已經崩解，而爪哇島本身的防衛也難以長期堅守……現在再對爪哇島投入任何事物都對延長這場戰鬥鮮有助益：這反而是您將要選擇拯救何處何物的問題……我認為此總部幾乎沒有什麼值得存續的價值……最後是關於我本人，我會一如往常，在您認為適合派我赴任的地方，全心全意竭盡努力。忝在此處，辜負您和總統對我的信任，而當時若有更佳的人選或許就能夠完成使命……我痛恨得離開這些勇敢無懼的荷蘭人，如果您認為這還會有所助益的話，我將留在此處，盡可能地與他們並肩奮戰到底。

誠摯祝福。我也擔心您正面臨無比艱困的時刻，但是我知道您的勇氣將會閃耀穿過這些困境。

盟軍的空中防衛已經無法再提供有效的抵抗。在馬來亞慘敗之後，英國戰機已經所剩無幾；荷蘭也少到只剩下幾架的老舊飛機；美國趕運到爪哇島的一百一十一架戰機，也只殘存二十三架重轟炸機和少數幾架戰鬥機。

三天過後，魏菲爾將東印度群島的最後防衛權移交給荷蘭總督，並飛離了爪哇島。在兩股逐漸逼近的日本入侵船隊和爪哇島之間，海爾佛里克的艦隊是唯一的軍力了。他不再抱持希望能夠在海上阻擋日軍，而是決心要盡可能地在海上殺掉日軍愈多愈好。

二月二十六日黎明，由五十六艘運輸艦組成的西部進攻船團，離爪哇島的最西端只有兩百五十海哩，並由一艘航空母艦、三艘巡洋艦、兩個小型驅逐艦艦隊和四艘重巡洋艦掩護。東部進攻船團則有四十艘運輸艦，離它們的目標東爪哇也不到兩百海哩。一艘輕巡洋艦和七艘驅逐艦在進行護航。這十八艘軍艦的指揮官是高木武雄少將，此人能幹且相當謹慎。

就在中午之前，兩架盟軍飛機發現了東部船團的蹤跡。海爾佛里克已經從哈特的手中接手美英荷澳海軍指揮官的職務，他發給他的同胞卡瑞爾．杜爾蒙少將（Karel Doorman）一份電報，要他在天黑時率領十五艘船艦組成的主力部隊離港並進行攻擊。幾個小時之後，海爾佛里克獲知西方也有船團進攻。他下令一支更小的部隊——一艘輕巡洋艦「阿巴次號」（Hobart）、兩艘老舊的巡洋艦以及與巡洋艦同樣船齡的兩艘陳舊驅逐艦——盡力前去迎戰這個新威脅。

六點三十分，杜爾蒙率艦駛離泗水。船艦模糊的身影在紫色的薄霧下小心翼翼地駛進爪哇海。雖然景緻頗能激勵人心，但是這臨時拼湊的艦隊毫無共同的規則，也無同樣的戰技，四個國家的四群船艦，每個都是不同而又分離的特遣艦隊。美國重巡洋艦「休士頓號」（Houston）的一名年輕上尉想起，這有如十一名大牌明星在連一次排練都沒有的情況下，就上場演出《鐘樓怪人》。

杜爾蒙的艦隊整晚都在沿著海岸巡航，不過卻一無所獲，並在天亮時返航。就在下午兩點三十分，它們剛剛緩緩駛進泗水港時，杜爾蒙收到新的命令，要他往北約九十英里去迎戰敵軍艦隊。

因為艦隊沒有統一的戰術信號密碼，杜爾蒙的第一則命令是透過無電線傳送的，旗語和燈光訊號則用淺顯的英語傳送：跟著我，敵軍在九十英里遠。

當艦隊轉向並朝著外海航行時，大家情緒激昂。三艘驅逐艦並排在前掩護，之後跟著輕巡洋艦「德呂特號」（De Ruyter）。艦隊之後還有英國著名的重巡洋艦「艾斯特號」（Exeter），羅斯福總統四次出航所搭乘的「休士頓號」，澳洲的輕巡洋艦「伯斯號」（Perth），殿後的是荷蘭的「爪哇號」。在左方行駛的是第二縱列——兩艘荷蘭驅逐艦，後面尾隨著四艘老舊的美國驅逐艦。但這支艦隊有如盲人。杜爾蒙並沒有讓巡洋艦將搜索機彈射出去，因為它們前一晚都被留在岸上了。

不過，高木將軍卻清楚杜爾蒙艦隊的位置。三艘水上飛機已經偵測到美英荷澳的艦隊。他命令東部船團的三十八艘船艦避開轉向，而讓自己的戰船進入戰鬥位置。杜爾蒙比他還多一艘輕型巡洋艦，但高木的驅逐艦幾乎是杜爾蒙的兩倍之多，這給他佔了數量上的優勢——十八艘戰船對上十五艘。

那是個無雲晴朗的一天，日本人甚至想像著能夠聞到附近爪哇島上的花香。水兵都穿著白色的工作服，帶著鋼盔，擠到神龕前並在額頭上緊緊繫著「鉢卷」[6]。軍官們穿著筆挺白色海軍服並帶著軍帽，神色緊張地在搜尋敵蹤。自從對馬海峽一役以來，日本海軍還沒有進行過大型的海上交戰。

四點，巡洋艦「神通號」發現到東南方十七海哩外出現了敵艦的船桅。接著，兩艘大型巡洋艦「那智號」和「羽黑號」的瞭望台也看到「德呂特號」高聳的船桅。當「德呂特號」愈來愈近時，其高塔般古怪的上層結構看起來就像是某個史前怪物的驚人外型。

在「那智號」上，高木和他的參謀長長澤浩上校還無法確定是否要進入海戰程序。因為他們主要的任務是保護運輸艦，但高木還是下令接近敵艦。在兩萬八千碼的距離時，長澤請求允許開砲。高木點頭表示同意，並在四十五分時，「那智號」和「羽黑號」上的八英吋口徑的主砲轟隆開火射擊。一分鐘之後，盟軍的兩艘巡洋艦也開始發射，不過這不是場勢均力敵的對決，盟軍的十二門主砲對上高木的二十門主砲。

日軍戰艦的迎敵速度很快，所以顯然它們很快就會超「越盟」軍艦隊的前緣，也就是「T型戰術」（Cross the T）。採取此經典的運動戰法，高木能將砲口轉向側舷全都重壓在杜爾蒙的巡洋艦上，而杜爾蒙的巡洋艦只能以正面火砲加以還擊。但荷蘭將軍識破這樣的圈套，並將巡洋艦左轉二十度，避開了日艦。

此時高木也跟著轉向，於是這兩支艦隊幾乎是平行往西航行，杜爾蒙的艦隊則被夾在日本艦隊和爪哇島之間。十分鐘後，長澤通知高木，是該靠近敵艦準備攻擊的時刻。這名潛水艇專家兼海軍將領下令：「開始攻擊。」在距離一萬六千碼時，日軍驅逐艦發射魚雷。這款新設計出來的魚雷擁有驚人的三千碼射程距離，而且其氧氣推進系統不會在尾端留下泡沫痕跡。

直到發覺水柱爆衝到空中，杜爾蒙才知道有魚雷攻擊。新型魚雷因為設定錯誤，在半途就爆炸了。魚雷的突然出現造成了更多的驚恐；他們以為是潛水艇的「狼群戰術」（wolfpack）。

激起的水柱也驚醒了長澤。他認為這必定是敵軍從附近的巴韋安島（Bawean Island）所施放的水雷。他警告高木，再繼續向前衝就是自殺的行為了，於是駛到離敵艦六千碼以內的命令被取消了。

杜爾蒙得到一陣喘息的時機，可是很短暫。五點，「黑羽號」發射的砲彈打穿了「艾斯特號」上的一座防空砲台，並造成鍋爐爆炸。這艘巨大的重巡洋艦只能以半速航行，艦身傾斜著，並趕緊左轉，以免緊跟在後的「休士頓號」撞上它的艦尾。

在後方的「德呂特號」看到了這樣的混亂局面，就在它也要急著左轉時，另一群魚雷向盟軍艦隊破浪而來。五點十五分，荷蘭驅逐艦「克盾納若號」（Kortenaer）中彈爆開了，像折疊刀一樣被炸成兩半。杜爾蒙對所有的船艦發出信號：全體船艦跟著本艦，轉向東南方航行。他又損失了一艘驅逐艦「依萊克特拉號」（Electra），但中彈的「艾斯特號」在煙霧和混亂中逃脫了。

杜爾蒙現在只剩下「休士頓號」上的六門八英吋的主砲，能夠和高木的二十門主砲一較高下。靠著黑煙濃霧的遮掩，杜爾蒙重新編組一道防線，但是瞬間就有兩枚砲彈擊中了「休士頓號」。這次運氣眷顧了盟軍；兩枚砲彈都是啞彈。杜爾蒙將他的艦隊以逆時針方向繞圓圈來閃躲脫逃，但是「那智號」

和「羽黑號」逼得更近了。接著就是小型的驅逐艦隊。

杜爾蒙要求四艘美國驅逐艦施放煙霧。美軍的指揮官賓福德（T.H. Binford）受命執行，然後他自行決定在一萬碼的距離對「那智號」和「羽黑號」發射魚雷攻擊。兩艘日本巡洋艦設法甩開了魚雷，但這大膽的魚雷攻擊卻迫使高木向北撤退。他決定等到天黑再出動，那是日本人喜歡發動攻擊的時刻。

雖然艦隊嚴重受創，不過杜爾蒙完全不想撤退，他反而開始盲目地刺探日軍的運兵艦。九點，他的旗艦駛到了淺水區域，於是他轉向右，沿著爪哇島海岸成平行狀航行。其他的巡洋艦也跟隨在後，還有兩艘英國的驅逐艦「遭遇號」和「朱比特號」。二十五分鐘之後，在艦隊的隊尾響起了一聲爆炸巨響，「朱比特」被火海包裹住。它很可能是撞上了一枚荷蘭的漂浮水雷。

其他船艦不安地向黑暗中駛去。在九點五十分之前，一切都安然無事。接著一枚掛著降落傘的照明彈緩緩飄落下來，照亮了整個艦隊。高木的其中一架偵搜機一直在偷偷地跟蹤著艦隊。很快的，六枚鬼火般忽暗忽明的照明彈跨過了整個艦隊。

高木過來了，就在十一點之前，「那智號」上的瞭望員透過固定在艦橋上的特殊夜視鏡，發現了敵艦隊的蹤跡。在「德呂特號」上，也終於有人在左舷橫樑上發現這兩艘日軍巡洋艦，但在報告時卻將敵艦的航向報反了。這艘荷蘭船艦開火射擊。「柏斯號」、「休士頓號」和「爪哇號」也跟著開火攻擊。夜空被眾多的照明彈照得有如白晝般明亮。

突然間，砲擊停下來了。在一陣突如其來的漆黑中，盟軍並沒有警覺到「那智號」和「羽黑號」正靜悄悄地從後方接近。長澤一直等到距離在一萬碼之內時，他才轉身向高木說，該是發射魚雷的時機了。將軍同意了，大約在十一點二十分，「那智號」放了八枚魚雷，而「羽黑號」放了四枚。幾分鐘之後，魚雷維持著航向直直滑往盟軍艦隊。「德呂特號」接著突然響起嚇人的爆炸巨響，艦上官兵還不知道是怎麼一回事。隨著火舌在甲板上竄延開來，這艘受損的船艦還爆射出火箭。因為大火已經燒著了儲彈室。

又過了四分鐘，再次響起震耳欲聾的爆炸聲，這次是緊跟在「休士頓號」後面的「爪哇號」。火勢燃燒凶猛，被炸到艦首朝天。當船身向後傾斜沒入大海時，數百名水手像螞蟻般地掉入海中。接著「德呂特號」也消失了，只能聽到海水覆蓋艦身上的火焰時所發出的嘶嘶響聲。杜爾蒙和三百六十六名官兵也隨著它一起沉到海底。杜爾蒙最後幾道命令的其中之一就是，讓生還者「死生任由敵人決定」，接替艦隊指揮官的是「柏斯號」的艦長，他下令「休士頓號」緊跟著他，迅速朝東南方向逃逸。

——

「爪哇海海戰」（Battle of Java Sea）是自一九一六年的「日德蘭海戰」（Battle of Jutland）以來，最大型的水面艦作戰。就算是在白晝，高木也能重創盟軍艦隊，而在黑夜時，對於受過專門訓練的日軍，杜爾蒙更是毫無招架的能力。日軍幾乎毫無損傷，而杜爾蒙損失了三艘驅逐艦、兩艘輕巡洋艦和他自己的性命。

這場戰役中，盟軍只有十艘軍艦存活下來，在天剛破曉時，它們想方設法一路退回到巴達維亞〔Batavia，旋即改名為雅加達（Djakarta）〕或是泗水。四艘美國驅逐艦接獲批准它們逃往澳洲的命令，並在五點，從停泊在泗水港內「艾塞特號」的旁邊悄悄地溜出了港口。在昏暗中，它們迅速地安然通過了狹窄的峇里海峽。

就在同一晚，「柏斯號」和「休士頓號」離開了巴達維亞，企圖逃離出寬度幾乎只有十四海哩寬的巽他海峽（Sunda Strait）。在它們全速前進時，撞上了一支大型日本艦隊：四艘重巡洋艦、三艘輕巡洋艦、約莫十艘驅逐艦，還有輕型航空母艦「龍驤號」，當時這些船艦下錨停泊在爪哇島西端的萬丹灣（Bantam Bay）內，為西部攻擊船團的五十六艘運輸艦執行護航任務。

「柏斯號」全力奮戰，但在午夜前不久，一枚砲彈在右舷吃水線附近擊中了水兵的餐廳。接著一枚魚雷又在同一側鑽進了前鍋爐室。「柏斯號」很快就無法動彈，魚雷和砲彈又接連不斷打中艦身，最後終於翻覆沉沒。

現在輪到「休士頓號」了。它早已被一枚魚雷擊傷，而巡洋艦「三隈號」上的巨砲還不斷朝它射擊。在子夜十五分時，一陣火砲齊射的砲彈擊中了這艘美國巡洋艦的後引擎室，室內所有的人員當場陣亡。蒸氣從已經是千瘡百孔的甲板中竄出，而船速也減緩了下來。正當棄船號響起時，一枚五英吋的砲彈正中艦橋，艦長也被炸死了。

「休士頓號」死寂地躺在海面上，而槍砲都是以古怪的角度突出在那。它慢慢地向一邊傾斜倒下。美國星條旗還在桅杆上飄揚著——看起來像是英武不屈。十二點四十五分，該艦終於震動著下沉，從視野中消失了。

「休士頓號」上的一千名將士和「柏斯號」上六百八十名的官兵，只有不到半數的人能夠生還，而這些倖存著也大多數淹沒在漂浮著油汙的海水之中。日軍也有損傷，不過並非「休士頓號」或是「柏斯號」所擊傷。「三隈號」朝著「休士頓號」發射的魚雷中有八枚偏離目標，並直接向群聚在萬丹灣內的運兵船團而去。其中四艘還被擊沉了，包括第十六軍軍長今村均中將所搭乘的「龍城丸」在內。今村和數百名士兵一同跳進溫暖的海水中，今村和他的副官抓到了幾片木板，因為兩人都沒穿上救身衣。上岸後，副官找到坐在一堆竹子上滿臉油汙的長官，他說：「恭喜，成功登陸。」[7]

日軍在萬丹灣和北部海岸登陸，這也造成了盟軍在爪哇島上的部隊最終瓦解。在萬隆，一名英國海軍將領告訴海爾佛里克：「我接到海軍部的指示，當繼續抵抗徒勞無益時，我得將皇家海軍所有的船艦從爪哇撤離。我認為，這個時刻已經到了。」

海爾佛里克反駁他說：「你知道你目前還得聽從我的指揮嗎？」

「我當然清楚。但在此危急存亡的時候，我只能依照所看到的情況去盡一切責任。」

美國的海軍少將格拉斯福德（W. A. Glassford）同情這名袍澤，但他向海爾佛里克保證，他仍會聽從他的指揮。「你所下達的任何命令，我方都會立刻遵命執行。」

不過，不會再有什麼有意義的命令值得發布了。海爾佛里克重重地嘆了一口氣說：「你去跟你的船艦下令，開往澳洲吧。」並大力對美國人的協助表示感謝。至於那名英國將軍，海爾佛里克則任由他去對他的船艦下達任何命令。

英國最後的船艦——「艾塞特號」和兩艘驅逐護衛艦——已經朝北航行而去，希望趁著黑夜穿越巽他海峽逃離。但在上午九點五分，高木發現到它們的行蹤，靠著「龍驤號」上的俯衝轟炸機協助，將三艘船艦全部擊沉。

午夜零點剛過，最後一架美國軍機載著三十五名乘客飛離了這個垂死的爪哇島；黎明時，一架水上飛機從靠近萬隆的一個湖面緩緩地起飛了。上面載著海爾佛里克將軍，他覺得自己好像是個剛入伍的少尉一般。

幾乎是在沒有遭遇到任何抵抗的情況下，日本地面部隊就從兩面包圍巴達維亞和萬隆。四分五裂又毫無組織的盟軍部隊的荷蘭籍指揮官知道進行游擊戰是不可能的事，因為當地的土著對這些荷蘭主人有著很深的敵意。三月八日，他下令所有的人放下武器。最後一封發給外界的電報是從萬隆的商業電報局發出。他說：「我們結束了。別了，等到時局好轉後再見吧。女王萬歲！」

丟失新加坡，也丟失了爪哇。儘管遭受到劇烈的慘敗、激烈的爭吵和相互指責，美國人、英國人、荷蘭人和澳洲人已經在一場英勇但毫無希望的海上戰役中，達成暫時性的團結。在日本帝國的領土內，現在唯一僅存一小塊還在抵抗的地方就是——巴丹半島和科雷希多島。

第十一章
「對他們慈悲就是延長戰爭」

一

巴丹一片寧靜。守軍部隊派出巡邏隊，並設法強化這條橫跨半島的防線。糧食已經成為擺脫不了的難題，前線部隊每天的口糧只有平日三分之一的量。幾次試著要穿越日本海上封鎖，將補給送到巴丹半島和科雷希多島，卻都失敗了。幾乎沒有飼料再去餵養騎兵的馬與驢，溫萊特少將只能眼中含淚下令將牠們全都殺了，包括他自己的愛駒約瑟夫・康拉德（Joseph Conrad）在內。

到了二月中旬，病號的人數已經攀升到驚人的程度。巴丹半島是全世界瘧疾最猖獗的地區之一，而奎寧幾乎都用盡了。因為飢餓和痢疾，士兵們都疲弱不堪，三月的第一週，就有超過五百名士兵因瘧疾住院，而醫生們則擔心瘧疾會變成傳染病。雖然在這種情況下說著有「一英里長」滿載補給品和增援部隊的運輸船團即將到來，但不論是菲律賓部隊或美軍，都不斷傳誦著一名經常到前線的戰地記者法蘭克・休利特（Frank Hewlett）所寫的一首詩：

我們是在巴丹戰鬥的私生子：
無母無父，也沒有山姆大叔，
沒有叔伯阿姨，亦無堂表兄弟姊妹，
沒藥、沒戰機，也沒大砲，
更沒有人會他媽的在意我們。

三月十日，溫萊特被召到了科雷希多島，薩瑟蘭通知他，麥克阿瑟明天晚上會搭乘魚雷艇，前往菲律賓群島中最南的島嶼民答那峨。有架「空中堡壘」會在那載著他飛往澳洲。薩瑟蘭告訴溫萊特，他將負起指揮呂宋島上所有部隊的責任，成為新創建的呂宋部隊的指揮官。「如果你同意此任命，瓊斯將軍會再多一顆星星，並接替你指揮第一軍。」

麥克阿瑟從一間位於馬林塔坑道東端的灰色小屋走出來，並對溫萊特說：「我要你告訴你麾下所有的部隊，我是經過不斷抗議無效後被迫離開的。」麥克阿瑟曾經考慮過違背華盛頓方面的直接命令，以領導自己的部隊奮戰到底，但他的顧問說服他，在澳洲能夠為這些被圍困的部隊做出更多貢獻。

溫萊特說：「道格拉斯，當然，我一定會這麼做。」

「如果我到了澳洲，你知道我會盡快趕回來的，我也會盡我所能多帶些東西回來的。」

「你會辦到的。」

麥克阿瑟說：「並且也會回來。」他給溫萊特一盒雪茄，還有兩大瓶刮鬍膏。「再會了，強納森。」

他們握手告別。「我回來時如果你還在巴丹的話，我會升你為中將。」

隔天三月十一日，大約晚上八點，蓄著滿臉鬍子的約翰・布克力上尉（John Bulkeley）指揮著「PT-41號」魚雷艇，載著麥克阿瑟夫婦和他們四歲大的兒子亞瑟、薩瑟蘭還有幾名高階軍官，離開「岩石」（科雷希多島）。麥克阿瑟脫下那頂大家所熟悉的元帥帽，舉著它向碼頭上的一小群人揮手告別。

在之後緊張的三十五小時中，布克力架駛著「PT-41號」魚雷艇穿越敵軍掌控的水域，於三月十三日剛過黎明時，在民答那峨島北岸靠近台爾蒙（Del Monte）鳳梨工場的地方登陸。麥克阿瑟踏出小艇時，臉色發白，黑著眼圈。他告訴布克力，他要替他和他的船員申請銀星勳章（Silver Star）。「你們把我從死神的口中救了出來，我將永生難忘。」

在遍野的鳳梨田中開闢出的一條飛機跑道上，停著一架從澳洲飛來的老舊「空中堡壘」正等著麥克阿瑟。他對於只派這麼一架破爛的飛機來接他火冒三丈。他命命任何人都不准登機。直到三月十六日晚上，才來了三架嶄新的「空中堡壘」。十點過後，麥克阿瑟一行人迅速登機出發，不分軍階，每個人的行囊限重三十五英磅。[1]

隔天上午，麥克阿瑟在離達爾文港（Darwin）南方三十五英里的貝契勒機場（Batchelor）著陸。他告訴那些焦急地在跑道上等著他的人說：「好險，戰爭就是這麼一回事。不論勝敗生死，都是眨眼之間的事。」

接著，真的再次出現眨眼之間的逃脫。麥克阿瑟的飛機剛起飛時，兩架戰鬥機從藍天白雲間閃出。但麥克阿瑟的好運一直庇佑著他，讓他三個小時後在澳洲中部的愛麗斯泉（Alice Springs）平穩降落了。記者們都聚了上來，要求他發表聲明。他在一個用過的信封背面草草寫下幾行話：

美利堅共和國總統下令我穿越日軍防線，從科雷希多島前往澳洲。目的據我的了解，是要組織美國對抗日本的防衛軍事，而其首要目標是解救菲律賓。

我來了，並且我會回去的。

東條原本就對巴丹的僵持狀態感到困擾，麥克阿瑟的大膽逃脫更讓他感到不安。他不相信本間在沒有支援的情況下能夠迅速取勝了。首相不願意直接與陸軍參謀長杉山談論此事，反而派他的秘書西浦進上校來轉達他對巴丹局勢的擔憂。

西浦把這個問題拿去和作戰科課長服部卓四郎上校商量。他們兩人是多年知交，少年時還是軍校的同學。經過研究後，服部相信，巴丹防禦系統中看似最強的環節，卻是最脆弱的部分。那是美軍前線中段後方海拔一千九百二十英尺的沙馬特山（Mount Samat）。此山一旦落入日軍手裡，溫萊特的整條防線就會垮掉。首先應該對沙馬特山前方一段兩英里半的區域進行密集砲擊，然後再發動大規模步兵攻擊，打開這個缺口。

服部輕而易舉地就說服了衫山將軍批准這項計畫。他現在想著，必須巧妙地向第十四軍提起這項計畫，好讓他們認定這是他們自己想出來的主意，如此一來，他們才不會感到沒面子。他一點都不用擔心這點。本間才掃了一眼這份計畫，就確信它能解決困擾他的問題。

溫萊特在科雷希多島上重新建立總部。陸軍部已晉升他為中將，並委任他為駐菲律賓所有軍隊的指揮官。事前並沒有和麥克阿瑟諮商過，或許是因為華盛頓方面知道他絕對不會同意，因為他想在澳洲指揮這些島嶼的戰局。麥克阿瑟私下認為溫萊特沒有能力指揮所有的部隊，而且，當他獲知這名新任的指揮官電告華盛頓必須在四月十五日前把糧食運到，否則他的部隊將會「因飢餓而屈降」時，麥克阿瑟的反應甚為激烈。他發一封簡短的電報給馬歇爾：

自我離去後，縮衣節食的毅力當然可能有所鬆懈了。

在巴丹半島上的菲律賓人，依舊將麥克阿瑟視為當代最偉大的人物，他將重返菲律賓的誓言也是他能解放他們國家的保證。但巴丹半島上的美國軍人卻愈來愈多人感到，麥克阿瑟已經棄他們於不顧，所以當時軍中傳唱著一首改編自《共和國戰歌》（*The Battle Hymn of the Republic*）的諷刺歌曲：

道格道格不膽怯，
他只是謹慎，並不是害怕，
他正小心守護富蘭克林打造的金星。
四星上將和巴丹上的美食同樣罕見。
可知他的軍隊還在持續挨餓。

四月二日是耶穌受難日（Good Friday）前夕。意義更為重大的是，當天也是日本首位天皇——神武天皇的生日前夕。夜幕低垂時，五萬名日軍，包括從日本剛開撥到菲律賓的一萬五千名士兵，已經集結待命準備全面進攻。在他們身後，有一百五十門大砲、榴彈砲和迫擊砲——許多是從香港運送過來的——準備發動這場戰役以來最為猛烈的砲擊。

當晚，本間在戰鬥日記中寫道：「我方四群兵力已經佈好陣勢，在長達二十五公里的戰線上排著十面軍旗遙遙相望。彈藥充足……毫無理由這回攻擊不會成功。」他估計這回得花上一個月的時間方能取勝。

在戰線另一邊，有七萬八千名餓到無力的美軍和菲律賓部隊在那等著。但其中只有兩萬七千名能夠被列為「有戰力」的兵員，當中又有四分之三的人飽受瘧疾侵擾而疲弱不堪。才黎明時，天空就相當晴朗。十點，火砲開始齊射。菲律賓部隊從來沒經歷過如此猛烈的砲火。砲彈就像是一個接著一個在頭頂上炸開。這次火砲射擊讓一些美國老兵想起一次世界大戰時德軍最猛烈的砲擊。

第二十二航空隊的轟炸機在完全沒有干擾的情況下，以完美的飛行編隊來到戰場，並在沙馬特山前二點五英里寬的戰線上，投下數以噸計的炸彈。竹林都燒了起來。大家輕忽了這個現象，有些士兵還靠近著火的竹竿點菸。接著，灌木叢也燒了起來，高溫讓人無法忍受。美國大兵還有菲律賓部隊都從散兵坑裡跳了出來，趕緊逃到第二條防線。這裡所有的植被都被砲火燒光了，地表一片荒蕪，而守軍認為他們已經安全無事了。但是，一陣風吹過之後，火苗竄過這片空曠的區域，燒到後方蒼翠茂密的叢林。士兵們困在火網之中，有好幾百人被燒死。那些僥倖逃到後方的士兵，就像受到驚嚇的野獸，在周圍散布著恐懼。

下午三點，日本部兵和坦克在煙霧和大火的掩護下，一路幾乎沒有受到任何阻礙向南攻擊推進。在一個小時之內，他們就打開了一條三英里寬的缺口。負責防守巴丹東部防線的菲律賓第二軍軍長喬治・帕克將軍，一直到傍晚才知道這個訊息。他下令六百名後備部隊去堵住這個缺口，但為時已晚。到了隔天黃昏，奈良晃中將已經橫掃沙馬特山的西部地區，而剛從上海調來的部隊則包圍了這座崎嶇丘陵的外一側。

四月五日黎明，天氣悶熱。這天是復活節（Easter Sunday）。正當在沙馬特山戰壕內的許多美軍和菲律賓士兵在做禮拜時，砲彈開始從頭頂上呼嘯而來。一旦暫停火砲齊射，日軍就開始登山，中午剛過，太陽旗就已經插在山頂上了。一如服部所料，佔領這座山頭就能威脅到整個巴丹的防線。帕克孤注一擲地下令反攻，但是失敗了，而且到了隔天中午，其部隊的整個左方防線全然瓦解。如此一來，再也沒有任何力量能夠阻擋奈良一路橫掃到半島盡頭了。

右翼防線還在堅守著。在沙馬特山東部，脾氣急躁的克里福德・布魯梅爾准將（Clifford Bluemel，在珍珠港事件前，他手下年輕的軍官看到他就怕），試圖以第三十一師的兵力進行反攻，但左翼的崩解迫使他只能撤退。在未接獲命令的情況下，他沿著那條小小的聖維森特河（San Vincente River），建起一道新防線。他手持葛蘭特步槍（Garand Rifle）來到這些士氣喪盡的散兵游勇面前。用威脅和羞辱的方式，將他們趕到新的陣地內。

服部上校站在沙馬特山山頂，看著他在東京就已制訂好的計畫一步步取得超過其預期的成功。在西邊不遠處，他能看到奈良的部隊毫不鬆懈地湧進，將七零八落的美軍橫掃一空。在東邊，從上海調來的部隊開始攻擊布魯梅爾倉促建立的防線。到了日落時分，擋住本間徹底打垮守軍的唯一障礙就是這道防線了——它也撐不了太久了。布魯梅爾在黎明巡視時，遇到一列卡車縱隊往南退去。第一輛卡車上的一名美軍大喊道：「聖文森特防線已經瓦解了！」

這次，即使是布魯梅爾也擋不住潰逃了。看到美國士兵在戰場上一再敗逃，確實讓人膽寒。一群菲律賓士兵朝他湧了過來。布魯梅爾揮舞著來福槍，命令他們站在路邊排成隊伍行列。砲彈落在路上，然後一枚接一枚地炸開。那群士兵推開他，驚恐地四散向南逃去。盛怒不止的將軍試著要抓住他們，但一個也沒逮到。

二

溫萊特被晉升後，接替他成為呂宋部隊指揮官的小愛德華．金恩（Edward King, Jr.）是名謙謙君子，對各層級的將士都彬彬有禮，是具有教授氣質的知識分子。他出身砲兵，作戰經驗豐富，是名極具才幹的軍人，相當明理也很務實，能以沉靜不誇張的方式下達命令。四月七日，在布魯梅爾防線被突破後幾個小時，他接到科雷希多島打來的電話。溫萊特說既然西半部防線上的部隊並未受損，他們怎麼不向右推進並攻向馬尼拉灣，將本間的陣線一切為二？

防線整個左半邊的部隊確實都還守在陣地內，但金恩確信他們根本就沒有發動攻擊的實質條件。

儘管如此，他還是勉強同意試看看。剛剛才被晉升為菲律賓第一軍軍長的阿爾·瓊斯少將（Albert Jones），卻不是個能夠輕易就說得動的人。這名心直口快的將軍認為任何攻擊都是無意義的，並在和金恩一起的三方通話中坦言告訴了溫萊特。溫萊特帶著怒氣說，他會把這件事的決定權交給金恩，然後就掛上電話。金恩命令瓊斯將他的手下分成四個階段撤離，然後派出他的參謀長阿諾德·芬克准將（Arnold Funk）到科雷希多島，讓溫萊特了解隨時都有可能發生投降的事實。

面容憔悴的溫萊特知道巴丹半島上將士的目前處境，但他一直受到麥克阿瑟從澳洲傳來要他堅持下去的壓力。不久之前，麥克阿瑟還發電報給他，「在任何情況或條件下，他都極為反對讓部隊投降」，還要溫萊特在彈盡糧絕時，應該「準備對敵軍發動一次攻擊」。

溫萊特無法接受芬克那番投降的說法。他以一貫緩慢的語氣說：「將軍，你得回去告訴金恩將軍，他『不』能投降。告訴他，他得發動攻擊。這是我的命令。」

芬克眼睛閃著淚水說：「將軍，你當然知道那裡現下的局勢。你知道結局會是怎樣的景況。」

「我知道。」

——

次日下午，今井武夫上校在南方的其中一個火山口里美山（Mount Limay）的山頂上插上了一面大旗。他可以看到日軍部隊持續向巴丹半島東半部傾瀉而下。天黑後，他又回到了山頂。在巴丹半島南邊的頂端閃著許多火光，是敵軍在那銷毀裝備和彈藥。更遠處，他可以隱約看到有著蝌蚪般輪廓的科雷希多島。不斷有火舌從山間裡爆發出來，那是大砲發射砲彈，試圖阻斷東半部的道路，以制止日軍的挺進。

在日軍縱隊來到之前，棄守逃亡的美軍和菲律賓部隊從叢林中跑出來，朝著半島頂端而去。他們有人走著羊腸小徑，或是翻山越嶺，還有沿著海岸公路行進。秩序蕩然無存。恐懼就足以讓這些筋疲力竭的士兵持續前進。

在巴丹半島南端的馬里威勒斯（Mariveles）鎮上，有少數幾艘船正在撤離最後一批到科雷希多島的難民，而其他船隻都被拖到海灣中炸沉。好幾群逃到這裡的士兵，不滿地看著這些幸運的少數人離開了碼頭，去和逃避戰鬥的人一起過好日子；他們就要去加入那些躲在科雷希多島上的人的行列。那裡日子過得舒服——有著充足的飲用水、罐頭糧食和溫柔的護士；他們會安然坐在馬林塔坑道內，等著有一英里長的船隊來解救他們；他們會是英雄。而那些留在巴丹半島上自生自滅的士兵，卻讓其他人蒙羞，因為他們舉了白旗投降。

突然間，大地開始劇烈晃動。那是地震，但有些被嚇壞的人認為這是世界末日。

——

四月八日上午十一點三十分，心煩意亂的溫萊特在馬林塔坑道內的辦公室打電話給金恩，並告訴他要和瓊斯的第一軍一同向北發動攻擊。金恩將這道命令轉達給瓊斯，但瓊斯還是直接回答：「任何進攻都是荒謬的，不可能辦到。」

金恩說，忘掉攻擊這件事吧。他知道瓊斯是對的，任何戰鬥都只意味著無謂的傷亡。在子夜時，金恩召集了參謀長和作戰官開會。會中毫無爭議，局勢已全然無望。麥克阿瑟明確命令溫萊特奮戰到底，把他綁得死死的。金恩決定自己一肩擔起這個責任。他十分清楚，如果他還能回到美國的話，這就是違抗軍令，需接受軍事法庭的審判。但七萬八千名將士的性命要比他個人的榮譽更為緊要。他說：「我已經決定讓巴丹投降。我還沒跟溫萊特將軍聯繫過，因為我不想讓他承擔任何責任。」

凌晨兩點前，他的電話響起。是瓊斯將軍打來的。在兩人還沒來得及說話前，就傳來一聲震耳欲聾的巨響。金恩指揮部的屋頂被炸飛了，碎石瓦礫紛紛落下。夜空亮得不得了。接著又響起另一聲爆炸巨響。熊熊火光照亮了夜空。

瓊斯大吼道：「奈德，大聲點。你那裡發生了什麼事？」

金恩在一片嘈雜聲中還鎮定地答道：「火藥庫被炸掉了。」

「該死！連我在這裡都可以感到地面在晃動。這一定是地震。」

「我很痛苦地告訴你，霍納斯，我會在早上六點投降。」他要瓊斯整條防線都舉起白旗，並摧毀所有的火砲和機槍。

瓊斯說：「我看你也沒有其他辦法了。」

四個小時後，馬林塔坑道內的值夜軍官才向溫萊特通報金恩的投降決定。將軍大吼說：「告訴他，不能投降！」一切都太遲了。他喃喃自語說：「他們不能這樣子！他們不能這樣子！」最後他終於回過神來，發了封電報給麥克阿瑟：

今天上午六點，金恩將軍……在沒有通知我，也沒有經過我的批准下，就向日軍指揮官舉起白旗。接獲訊息的當下，我立刻否決他如此的行動，並下令不得投降。當我獲知此訊息時，進行任何改變都為時已晚，他們已經採取行動了……

九點，矮胖的金恩穿著他最後一套乾淨的軍服，帶著兩名副官艾齊里．提斯達爾（Achille Tisdell）少校和韋德．卡斯蘭（Wade Cothran）少校坐上吉普車。當日本嚮導陪著他們到位於拉毛（Lamao）的實驗農場路上，金恩突然想到，當年李將軍（Lee）正是在同一天四月九日，在阿波馬特克斯（Appomatox）向格蘭特將軍（Grant）投降[2]。他還記得李將軍在投降儀式前所說的話：「那麼，除了去見格蘭特將軍外，沒有什麼事好做了。但我寧可死個千回，也不願投降。」

中山源夫上校搭乘一輛閃亮的黑色凱迪拉克而來。透過一名翻譯，這名本間將軍麾下的高級作戰官詢問金恩是否是溫萊特將軍。

「不是，我是金恩將軍，巴丹半島上所有部隊的指揮官。」

中山感到不解，並告訴他要他把溫萊特找來，他不出現，日軍是不會接受投降的。金恩表示，他無法和溫萊特取得聯繫。「我的部隊不再是作戰單位。我不想再發生任何流血事件。」

「投降必須是無條件的。」

「我的部隊是否會受到妥善照料？」

「我們不是野蠻人。你願意無條件投降嗎？」

金恩點了點頭。他說自己的軍刀已留在馬尼拉了。他把佩槍放在桌上。

美軍和菲律賓部隊憂鬱地聚在一塊。有些人眼中充滿著羞辱的淚水，但有許多人是因為知道苦難已經結束而流淚。他們焦急地等著征服者到來。

陸航兵馬克・沃菲爾德上尉（Mark Wohlfeld）首先看到的是日本兵正拖著一門山砲。他們開懷地笑著，說話語調溫和。他鬆了一口氣，想著他們應該不是那麼壞。沃菲爾德原先是俯衝轟炸機的一員，但自一月份起就變成了一名步兵。接著而來的是日本步兵，他們滿臉猙獰，一到這裡就立刻開始搜刮戰俘的毛毯、手錶、珠寶、刮鬍刀、餐具、食物，甚至是牙刷。有一名日本兵還在沃菲爾德身上搜出大約二十發的點四五口徑的手槍子彈，然後就叫囂著開始用槍托重擊他的頭部。沃菲爾德身後有人喃喃低聲地說：「上帝保佑，別倒下去！」接著，那個士兵瞥見傑克・塞韋爾中校（Jack Sewell）手指上的金戒指，伸手就要搶走。塞韋爾抗議並把手縮回說：「這是我的結婚戒指。」那個日本兵啪一聲從步槍上卸下刺刀，朝著塞韋爾走來，沃菲爾德趕忙走到他們中間。他試著對著戒指吐了口水，好把它拔出來，但他的喉嚨太乾了，吐不出口水，中校的嘴巴也一樣很乾。沃菲爾德從自己頭上了沾些血放到中校的手指上，終於把戒指拿下來了。

正當另一個日本兵也在搶一枚戒指時，他的長官走過旁邊。這名軍官注意到他的戒指上印有聖母大學（University of Notre Dame）的校徽。他賞了這個搶劫者一巴掌，並將這枚戒指交還給擁有者。「你是哪一年畢業的？」

「一九三五年。」

這名日本軍官臉上若有所思地說：「我是三五年從南加大畢業的。」

——

羅斯福的一封電報或多或少能稍微舒緩一下溫萊特那份無法承受的重擔。電報寫著：

我深知你們是在何種巨大的困境下英勇奮戰的。你的部隊已經耗盡了體力，這顯然阻礙了進行大規模反攻的可能性，除非我們盡力全速輸送糧食給你們，方能迅速獲取成功。因為你的部隊所無法掌控的狀態，我將修改我所賦予你的命令……我的目的是讓你依據你自己最佳的判斷力，去做出任何有關巴丹駐防軍未來的決定……我認為，保證你擁有完整的行動自由，以及完全信任你在任何情況下被迫做出決定的智慧，這些都是適切且必要的。

——

在澳洲，麥克阿瑟正在讀取一份擬好給記者們的聲明稿，內容是：「巴丹部隊灰飛煙滅了，一如它原本所期望的一般，以閃爍不定和渺茫的希望奮戰到最後。從來沒有一支部隊能以如此困苦的條件做出這麼大的貢獻，也沒有任何磨難足以和它們在最後時刻所歷經的痛苦和煎熬相比。對於為喪子而哭泣的慈母們，我只能說，拿撒勒耶穌的犧牲和光環已經降臨到她們兒子的身上，而上帝將把他們都收攏到自己的懷抱中。」

三

本間估計會捕獲到兩萬五千名戰俘，他根據此估計，將後勤計畫交給運輸官河根良賢少將。河根將作業分成兩個階段，在日軍發動最後攻擊十天前就已將計畫送交本間批准。高津利光上校負責第一階段——把所有的戰俘帶到巴丹半島中部的巴朗牙（Balanga）。在半島南端馬里威勒斯所俘虜的戰俘只需走十九英里——任何日本士兵一天之內就可以輕鬆徒步走到——因此根本不需運輸工具；既然戰俘都能食用自己的口糧，也就不需在當天發放食物。河根本人會親自監督第二階段：從巴朗牙到戰俘營。最多只能調派兩百輛卡車進行此作業，而且從巴朗牙到鐵道中心聖費爾南多只有三十三英里，用這些車輛來回運送戰俘肯定足夠。貨運火車會把這些人往北載送到三十英里外，一座離克拉克機場北方不遠的小村莊卡帕斯（Capas）。從那裡，他們會徒步走八英里到達他們的新家——歐唐納戰俘營（Camp O'Donnell）。

河根向本間解釋著，戰俘會和日軍吃一樣的口糧，並且還會在巴朗牙和聖費爾南多設置野戰醫院；沿路每隔幾英里就會設有醫療單位、急救站和「休息站」。

本間批准了這個計畫。悲劇之處在於，這是個根據錯誤的數字所估計出來的計畫。溫萊特的手下早就餓得不成人形，還受到瘧疾侵擾。此外，戰俘人數是七萬六千人，並非兩萬五千人。

在馬里威勒斯，戰俘以每三百人為一組開始上路。有些並沒有衛兵跟著押送，有的是有衛兵跟隨，但最多也只有四名。在沿著通往北方的崎嶇道路兩旁的壕溝裡，布滿被拋棄的裝備：燒毀的卡車、砲架和步槍。戰俘們步履蹣跚地經過金恩將軍之前的總部，在那有一條小徑通往第二號醫院。在露天病房中都謠傳著，日軍正在釋放所有菲律賓的戰俘。外科主任到一個個病房去告訴這些受傷的菲律賓傷兵，那是胡說八道。但日本醫院顯然是急於卸下他們的責任，慫恿好幾千名傷兵加入戰俘行列。受到普遍的歇斯底里的感染，約五千名傷兵爭先恐後地走在這條塵土飛揚的小路上；截肢者使用樹枝充當拐杖，拖著鬆脫的繃帶一跛一跛地走著。走不到一英里，歇斯底里消散了，但那時沿路的溝渠都是野殍和垂死之人。

從馬里威勒斯出發的戰俘，徒步持續沿著巴丹海岸向北走著。在左方，是高聳的巴丹山，其頂峰一如往常，總是雲霧繚繞。在右方，則是馬尼拉灣藍綠相間的海水。通常這裡應該是一片蒼綠的熱帶景緻——香蕉園、搖曳長葉的棕梠樹、椰子樹輕柔地低垂著。今日已經全無這樣的美景。一片蒼翠早就被數個月來美軍頻繁的運輸所揚起的灰塵覆蓋住了，而日軍的榴彈砲、坦克車、載運軍火與補給的車輛，加上拖著奇形怪狀小船的拖車，沿途揚起了讓人窒息的煙塵，甚至難以辨認道路到底在哪。這些川流不息的車輛都是往南而行，準備進攻科雷希多島。卡車上的步兵嘲笑著這群徒步的戰俘，有些還會用長竹竿去敲他們的鋼盔和帽子。偶而，也會有日本兵制止這樣的行為，並對戰俘表示歉意。還有一回，某名日本軍官跑向一名美軍坦克車指揮官，並大力擁抱他。他們過去曾是加州大學洛杉磯分校的同學。

第一天的粗魯殘暴都還是自發性的，但之後就並非如此。辻中校在幾天前就從新加坡飛抵馬尼拉了。在他的唆使下，新加坡有五千名華人以「支持」英國殖民統治的罪名被屠殺。辻在本間不知情的情況下，已經說服好幾名參謀部的軍官，這是一場種族戰爭，所有在菲律賓捕獲的戰俘都該處決；美國人被殺，是因為他們是白種殖民主義者；而菲律賓人被殺，則是由於他們背叛了亞洲民族。

一名師部參謀打電話給攻下里美山的今井上校，並告訴他說：「殺光所有的戰俘，連那些投降的也都殺掉。」

今井問道：「我怎麼能夠服從這樣的命令？」他要求一份書面命令。今井表示，除非他收到書面命令，否則參謀告訴他，這是「來自大本營」的命令，必須服從。[3]今井表示，除非他收到書面命令，否則他恕難從命，並掛上了電話。金井認為這違反武士道的戒律，於是拒絕執行命令，同時下令他的參謀釋放所有的戰俘，還為這些戰俘指引至逃離巴丹的最佳路線。

他的參謀瞪著他看。今井吼著要他們執行軍令，而不是「像一群木頭娃娃」站在那動都不動。他們釋放了超過一千多名戰俘。今井看到這些人走入叢林時，他說服自己，認定沒有任何日本將軍會發出這樣慘無人道的命令。但如果這是真的命令，他就說這些戰俘都是自行脫逃的。

不久前才到防的駐防軍指揮官生田寅雄少將，也收到了一則類似要處決戰俘的命令，是由一名鄰近的師級參謀以口頭方式傳達的。生田與他的參謀長神保信彥中校都和今井一樣，懷疑這份命令是來自「帝國大本營」。那個參謀表示，他們自己的師已經處決戰俘，並建議生田還是比照辦理。少將以沒有書面命令為由拒絕執行。

——

就算是那些從馬里威勒斯出發的戰俘在悶熱的整晚也吃足了苦頭。他們緊緊地擠在一起，甚至難以翻身。儘管耳邊蚊子的嗡嗡聲不斷，馬克．沃菲爾德上尉還是睡著了。他身旁的一名士兵抽筋般踢了幾腳，把他吵醒，他咕嚕地說要他不要亂動。臭味愈來愈重，他好奇地睜開眼睛一看，他的臉上蓋著一些破布。他跳了起來，透過熱帶地區明亮的月光仔細瞧著那些破布。原來是他身後那個人的褲子，還滴著血和排泄物。沃菲爾德大罵道：「該死的混蛋！」他把褲子丟在那個士兵的臉上。「起來！」當那個人完全不動時，沃菲爾德拖著他到一旁狹窄的走道上。他已經死了。

突然，沃菲爾德在日本衛兵拳打腳踢下跌到地上。他每次跌回到戰俘中，他們都會咒罵他並把他推回給日本兵。沃菲爾德好不容易終於能夠站穩，並揮著雙手表示投降，並指了指那名死去的美國士兵。他做出手勢，要求允許讓他把那個已死的美國兵帶回「病號列」。但他沒有力氣抬起這具消瘦的屍體。不論是衛兵還是其他戰俘都不願幫忙。最後，他把這名已死士兵夾在腋下，把他拖了出去。

衛兵允許他到小溪中去清洗一番。他爬回自己的位置，並告訴他身旁的人確切的經過，還有他對自己竟然辱罵一名虛脫失禁而亡的美軍袍澤所感到的難堪。他不知道以後的日子要如何自處，並將對此感到終生愧疚。他警告他們安靜別動，以免其他日本憲兵再來光顧。

四

根據河根將軍的估算，戰俘們只需一天就可以走到巴朗牙，但有些戰俘在路上就走了三天。每走一英里，日本衛兵就愈感到困惑和憤怒，之後就是施以更加粗暴的行為。太陽曝曬著，在城鎮間的長途路上又沒有什麼樹蔭可以遮蔽烈日。路上的厚重灰塵緊貼著被汗濕透的身軀，刺痛著雙眼，還將濕答答的鬍子曬成骯髒的白色。巴朗牙附近的叢林自耶穌受難日那天的猛烈轟炸後，依舊在悶燒著。起伏的山丘毫無綠蔭和樹木，只剩下一片荒涼焦黑的樹根荒原。當一排排的戰俘走向城鎮外圍時，他們本能地衝向塔立賽河（Talisay River）冰涼的河水中。或許有一半的人能夠衝到河裡，其餘的人都被冷漠地驅趕回道路上。

到了四月十一日上午，巴朗牙擠滿了到處亂轉的戰俘和斥喝罵人的警衛，戰俘還不斷持續從兩個方向湧入巴朗牙，其中之一是從馬里威勒斯過來的，另外則是從西面而來的瓊斯的部隊。戰俘數已很明顯地會大幅超出當初估計的總數。有人試著發放第一餐給戰俘們，但因人數過多而無法均分。有些人有分到米飯、鹽和水；很多人則是什麼都沒有。

河根原先計劃從巴朗牙到聖費爾南多這段路，用卡車運送戰俘，但顯然超過半數以上的戰俘得繼續徒步而行；這還是史上第一回，有這麼多美國將軍徒步走向戰俘營。

瓊斯將軍帶著他的手下穿越一個已經燒毀的村莊，焦黑的廢墟還散發出讓人昏厥刺鼻的臭味。左方，是滿目瘡痍的「阿布凱防線」的戰場，而更遠處是高聳入雲的納蒂布山。過了午夜之後，瓊斯的部隊才走到巴朗牙北方八英里遠的奧拉尼（Orani）。他們被驅趕到一片四周圍有刺鐵絲網的稻田中。臭氣令人難耐，整個地區都被爬滿蛆的糞便所覆蓋。瓊斯想著，這就是另一個安德森維爾監獄[4]。

當黑夜降臨時，又是另一場夢魘。空氣悶得讓人喘不過氣來，蚊蟲成群拚命地叮咬。要上個廁所得請求一個小時，而廁所就是一個大糞坑。只要是掉下去的人，都必須得有其他人願意冒險去把他拉出來，而那些掉下去失去知覺的人就注定得淹死在排泄物中。早上，馬克．沃菲爾德就發現糞坑內漂浮著幾具屍體。他向衛兵做了手勢，表示他願意把這些屍體拉上來，有好幾名美國士兵願意幫忙。那個衛兵叫來兩名同僚，抓住了沃菲爾德，好像要將他拋進糞坑內。他們把他丟到旁邊的地上，對他一陣拳打腳踢加棍棒。沃菲爾德掙扎地爬了起來，帶著滾在身上的糞便，從糞坑踉踉蹌蹌地回到自己的位置。

在隔壁田裡，一名日本軍官大聲喊道命令，手下的士兵擊掌三下——好像在模仿黎明時公雞拍打翅膀的聲音——並朝著「太陽女神」大聲祈禱。戰俘們吃的是「粥」，大家都吃到一滴不剩。到下一站路保（Lubao）還有十六英里，但在熱帶地區的烈日當頭下，這段路程讓人感覺像是有兩倍長。待遇好壞全憑運氣，這一組衛兵會允許每隔一段時間就讓他們在樹蔭下休息片刻，並且還能喝點路邊無數自流井的井水。但下一組衛兵或許就會把平民放在路邊的水罐一腳踢開，並強迫他們在烈日下蹲著「休息」一小時。

一具具在壕溝裡的屍體被烈日高溫曬得極為腫大。烏鴉的尖嘴把這些屍首啄得皮開肉綻，在每一個裂開的傷口上都聚滿了肥碩而嗡嗡作響的綠頭蒼蠅。幾十具屍身的頭顱都被砍斷。

艾倫·史托威爾中校（Allen Stowell）一路數著屍體，在數到第二十七具屍體後，他告訴自己：「你不能再數下去！」之後眼睛直視前方邁步向前。

托尼·艾奎諾中尉——就是那名游到科雷希多島去見奎松總統的菲律賓年輕人——一路上既得不到休息，也不能喝水。自從他到巴丹以後，體重已經掉了五十磅，而且雙腿發腫。他前面的一名美國軍人搖搖晃晃地走著，然後跌倒在地。一名衛兵持續踢著他的胸膛，這名美國人痛苦地試著要爬起來，並把右手伸向那名日本兵。那個衛兵從容不迫地把刺刀的尖端頂在這名戰俘的脖子上，一刀就了結了他。他把刺刀拔了出來，又朝著那名美國人身上戳了好幾刀，而艾奎諾和其他人只能在一旁無奈地看著。

更遠處，個性好鬥的布魯梅爾將軍與路德．史帝文思准將（Luther Stevens）並排走著。一名坐在卡車上從旁經過的日本兵，凶狠地拿著竹竿朝著史帝文思的頭上打下去。布魯梅爾抓住了他這名歪歪倒倒的袍澤，兩個人一起跌到了水溝裡。一名衛兵拿著左輪手槍指著布魯梅爾，要他讓開，但布魯梅爾沒理會他的命令。他要幫助昏沉沉的史帝文思站起來，但他站不住，只好把他拖到稻田中央。另一個衛兵以為他們要逃跑，便帶著刺刀衝向他們。還好他看到史帝文思滿頭是血，便戳著布魯梅爾要他回到大路上。史帝文思趴在後面的草叢裡，動也不動地看著隊伍走遠。要不是布魯梅爾的勇氣，他可能就會死掉。不過，他喘息的時間也不長，當另一支日本軍隊經過時，發現到他，又把他抓走了。

在北方數英里外的休息點，羅伊．卡索貝里下士（Roy Castleberry）看到兩個平民在挖一個坑洞，並將一名有點精神錯亂的美國上尉往坑裡面放。上尉突然間開始拚命掙扎，要逃離他的墳墓。一個衛兵命令兩名菲律賓人用鐵鍬打美國人。他們不肯照做，直到那個日本兵舉起步槍威脅他們。他們臉上露出痛苦而扭曲的表情，才把上尉打回到洞裡去，並將其活埋。此時，卡索貝里驚恐地看到一隻手軟弱無助地在墳墓外向空中胡亂抓著。

戰俘們終於離開了巴丹，並開始向東往路保方向前進。在他們面前是一條全無綠蔭可遮陽的大路。他們飢渴難熬，於是有些人冒著生命危險溜進路旁的甘蔗園，吸取甘蔗中少許的水分解渴。那些不願冒險的，則去搶那些膽大的同夥咀嚼過後所吐掉的甘蔗渣。大部分的人都嚴重脫水，因此他們尿不出來；就算是那些尿得出來的，臉部肌肉也因痛苦而抽搐著，就像是用熱騰騰的鐵片夾住他們的陰莖一樣。即使如此，還是有無法言喻的暢快。

在有著三萬人口的路保，街道兩旁站滿流著淚的民眾。他們試著向戰俘們拋擲些水煮蛋、香蕉葉包著的炸雞或紅粗糖，但粗魯的衛兵用槍托把群眾推了回去。時不時就可以看到一名穿著長裙的老婦，會將隊伍中已經歪歪倒倒的戰俘拉過來，用自己的長裙把他遮掩起來。

在城鎮盡頭，日本人開始把最前面的戰俘趕到一間大型錫皮屋內，這裡之前是個碾米廠，而幾千人就擠在裡頭。裡面只有一個水龍頭。其餘戰俘則被分群關在廠房外。而他們也是一樣，只有一個水龍頭。在碾米廠內，粗暴行為司空見慣。戰俘們常因稍不服從就被軍刀劈砍，並且毫無理由就會被痛毆至死。

最後一段到鐵道中心聖費爾南多的路程是倒數第二短的，只有九英里，但卻是最殘酷的一段。這條路被坦克和卡車輾壞，加上被烈日熔化的柏油，對那些腳底早就磨破又得赤腳走路的戰俘而言，就像是走在燒紅的煤炭上。對已經脫水又餓到虛脫的人來說，最後一英里路簡直是無邊無際的遙遠。走到城鎮周遭時，他們得穿過兩排停好的卡車中間，像是笞刑一般，車上的日本兵揮舞著步槍的槍托，敲打著掙扎而過的美國和菲律賓軍人。在城鎮內，從呂宋島各處而來的成群民眾正在尋找他們的親人。當這些骨瘦如柴的軍隊拖著腳步走過時，人們開始嗚咽哭泣。

在這裡，河根的終於能夠落實部分計畫：戰俘們有了飯糰、飲水和醫療。他們被關進一些臨時的戰俘營——陶器工廠、「藍月」舞廳、空屋、老舊工廠、校舍和庭院，以及鄰近火車站的圓形鬥雞場。艾奎諾中尉一群人被關在一個破舊的造醋工廠內。他累癱了，倒在一張草蓆上睡著了。十四個小時後他被叫醒，然後被護送到一個日本軍營，他在那裡看到他的父親和一名日本上校。父子兩人緊緊擁抱在一起。

那名憲兵上校操著英國腔說：「艾奎諾先生是日本的好朋友。」並告訴小艾奎諾，他可以回家了。

但這名中尉不願意拋棄他的袍澤。他替全部的戰俘爭取到更多的糧食和藥品。

上校說：「你父親說對了。他說你會拒絕離開。對於一路上所遭受到的折磨，請接受我的道歉。」

等到父子兩人能獨處時，老艾奎諾透露出，是奎松總統命令勞威爾和他要佯裝與日本人合作；第一步就是要求盡早釋放所有戰俘營內的菲律賓人。

「父親，動作要快！我們正像蒼蠅一樣地死去。」

——

戰俘們被驅趕到類似第一次世界大戰時期的「法國四十型」和「法國八型」的有頂貨車中，每節小車廂內擠滿了一百多人。那些得到痢疾的病患是無法控制自己的，有些人忍不住嘔吐，也只能往同袍身上吐了。車廂內的臭味讓人難以忍受，而火車又以緩慢的速度向北駛往只有三個小時車程的卡帕斯。有些人死在擁擠的車內，但死後還被擠成直立站著。沿途停了幾次，能夠稍微短暫舒緩一下，每回都有善良的警衛會打開上鎖的車門。空氣有如仙丹妙藥。菲律賓人總是伸手遞出水瓶、番茄、香蕉、米飯、雞蛋、咖啡、甘蔗等食物。原先鄙視菲律賓人的美國人開始感激他們的勇氣和人道精神。

戰俘們在卡帕斯下了車。到歐唐納戰俘營還要走上八英里長且毫無遮蔭的泥巴路，但不管怎樣都比擠在火車廂裡要好。戰俘們終於來到了營區，那是散布在大片平原上一堆搖搖欲墜的建築物。衛兵驅趕著他們穿過兩旁架有機槍塔樓的大門，走到山丘上一棟插著日本旗幟的建築物前。他們在烈日下坐等了一個小時，才看到戰俘營的指揮官走到門口。他面對著戰俘，透過一名翻譯用凶狠的口氣宣布，美國是最主要的敵人，如果得花一百年才能鞭笞美國人，日本人還是會這麼做。

那名翻譯告訴艾德·戴斯上尉（Ed Dyss）這群人：「上尉，他說你們不是戰俘。會以對待罪犯的方式對待你們。他說，你們的行為不像是軍人，毫無軍紀可言。當他講話時，你們沒有立正站好。上尉，他說，他會給你們好看。」

——

在第一批戰俘關進歐唐納戰俘營後兩天，馬尼拉《論壇報》在週日刊登了這次行軍的照片，還有一篇經過日方授意的報導：

四月九日在巴丹前線投降的戰俘，他們一路從那走到聖費爾南多、邦板牙，從之前所遭受到的對待到永久性集中營，要寫下我所觀察到的這一路的悲慘景況是相當難以下筆的；因此，我們避免對於整個經過做過多細節描述。

因此，大眾才不會對那些謎樣的言論產生誤解。不過，我們要為皇軍說些公道話，他們的志業就是明確進行戰爭，直到最終勝利為止；而且對於這五萬名曾經的死敵，還特地以超乎最為明理的人所能預期的程度去餵飽與救助他們。

儘管日本人正給予這些戰俘人道的待遇，假使後者因為過於虛弱而走到生命的終點——因為在他們之中有許多官兵早就因缺乏糧食和疾病侵襲而脆弱不堪——我們只能責怪這是美軍最高指揮部不肯投降的過失。

本間全神貫注在對科雷希多島發動攻擊，因此過了兩個月後，他才獲知戰俘徒步走到集中營的這段路程，所造成的死亡人數超過了戰死在巴丹戰場上的人數。只有五萬四千人能夠走到歐唐納戰俘營，但有許多人中途就已逃亡，沒有人知道正確的死亡數目。在這段徒步行軍的過程中，約有七千到一萬名人員死於下列原因：瘧疾、飢餓、毒打和槍決。這其中，美軍約有兩千三百三十名。

大多數倖存者都認定這次徒步行軍是日軍最高指揮部的陰毒計謀。但這些殘暴行徑並不是有組織的。運氣好的戰俘就一路坐著卡車從巴朗牙到聖費爾南多，也沒吃到什麼苦頭，而且有些徒步的戰俘除了能夠吃飽外，也完全沒有遭到殘暴對待。但在他們身後一英里遠的袍澤，卻處於挨餓、被揍還有被謀害的慘境中。

對於日本軍人而言，殘暴是一種生活方式。他們認為上級長官的耳光和痛毆是一種正常的懲罰，他們也會反過來對屬下拳打腳踢。當戰俘不能理解他們的命令或因身體虛弱而不能跟上隊伍時，因為衝動或是對於戰俘們明顯違反命令的挫折感，都會讓他們訴諸暴力，甚至加以殺害。況且，對於日本軍人而言，完全沒有投降這回事。他們都寧願奮戰到死。如果因傷或是昏迷被捕，他們會感到那是終生的恥辱。對於他們的家人而言，他們已經死了；而他們也會被家鄉的村莊從戶口登記簿上除名。他們的士兵手冊上寫著：「謹記在心，被俘不僅有辱皇軍，而且你的雙親和家族都將永遠無法有臉見人。一定要把最後一發子彈留給自己。」

這樣的訓練和背景是造成日軍如此殘暴的主要原因，額外的屠戮則是直接來自辻中校那份口頭上未經授權的命令所造成。毫無疑問，儘管生田將軍和今井上校拒絕執行那道命令，但也有其他奉命或部分執行的軍官，因為他們從小就被教導要迅速且毫無懷疑地執行命令。一般的日本人覺得追隨他人是比領先帶頭來得更為容易，特別是在軍方，在生活的每個層面，他們完全被「服從一切」牢牢控制住——比方說，在受檢時必須將陰莖擺向左方，他們會毫不質疑地接受命令。

也不是只有辻中校一人在號召要對白種人和其他深色皮膚的通敵者進行報復。四月二十四日，《日本時報》刊登了一篇文章，公開附和辻中校對於戰俘不能心存慈悲的要求：

……他們（盟軍）為了一個他們深知是毫無希望的目標而犧牲這麼多性命，之後才投降，那些沒死的只是因為要保全自己的小命……

在所有的戰役中，他們表現出極端自私，不能以尋常的戰俘方式對待他們。他們違反了神的訓誡，而他們的戰敗就是對他們的懲罰。

對他們慈悲就是延長戰爭。他們的格言一直都是「毫無節操」。在戰場上，他們向來都是不擇手段。以牙還牙，以眼還眼。日本皇軍是這場聖戰中的鬥士。不須遲疑，務必掃除違法犯紀者。

如此的狂熱信念所釋放出的殘暴，將無可避免地成為仇恨的焦點以及對盟軍的報復。

第十二章「但無所愧」

一

日本在太平洋地區那些輝煌又意外輕鬆得來的勝利，帶給「日本最高統帥部」的卻是紛爭，而不是團結。原始的戰爭計畫是要奪取東南亞的原物料，並將所佔領的領土強化為海軍長距離作戰的基地戰略網。但陸軍卻仍認為唯一明智的方式就是強化這張網，強到足以最終能迫使美國願意達成某種程度的和平。但海軍在歷經了這些振奮人心的勝利後，也不再願意接受這種既受限又屬防禦性的角色。為何不去攻擊澳洲、夏威夷和印度？在這些地區作戰勢必得進行大規模海軍作戰，而且結果就會和「爪哇海戰」一樣，殲滅敵軍。在整個征服東南亞的過程中，海軍到目前為止只損失了不到兩萬五千噸的船艦，而被敵軍擊沉的最大一艘軍艦也只是艘驅逐艦而已。

海軍開始對陸軍施壓，提出一系列遠遠超乎當初既定目標的規劃。其中之一就是要摧毀在印度的英國艦隊，並和德國人會師。海軍甚至還提出另一個野心更大的計畫，瞄準美國——切斷美國和澳洲之間的補給線。如果美國軍艦隊膽敢衝出這條封鎖線作戰，帶來的成果就會是海軍長久以來所夢想的——太平洋地區制海權的「決定性會戰」。

海軍設想以五個陸軍師進攻澳洲本土。這項膽大的作戰計畫是由海軍參謀本部的富岡定俊上校所擬定。在一場聯合作戰會議上，富岡的陸軍對手服部卓四郎上校譏笑了這個想法。澳洲的大小是目前已經佔領中國土地的兩倍大，而要征服它，除了需要「聯合艦隊」的主要戰力外，還需要十二個步兵師。光是運輸這些陸軍部隊的船艦噸位數，就達到一百五十萬噸。富岡建議徵調那些在滿洲沿著蘇聯邊境駐防的「關東軍」。服部反對調用如此龐大的部隊進行一場基本上會是牽制性的嘗試；在對抗西方國家的作戰中，每名軍人都要發揮最大作用。服部看到富岡仍不為所動，便拿起一杯水說：「這杯內的茶水代表我方所有的戰力，」接著他把這杯茶水潑在地上，「你看，水也就只能流到這麼遠。如果你的計畫被批准了，我就辭職。」

到了三月七日的聯繫會議時，他們之間的分歧已經公開化了。田邊武盛將軍呼應了服部的說法，主張陸軍的主要目標是建立「一個能夠經得起長期作戰的政治與軍事架構」。在某些地區進行中立性的短暫突襲行動是實際的，但只能以合宜的規模發動。從現在起，應該要迫使敵軍依據日本的條件，在遠離他們自己基地的區域作戰。在珍珠港事件前，他們全都同意這個想法。為什麼要臨時改變這樣的想法呢？這只會導致大禍臨頭。

海軍堅持表示，讓敵人處於防守態勢是至為重要的——其他方式都只會導致災禍。岡敬純將軍想要「透過在澳洲和夏威夷地區積極布署軍力」，摧毀並掃除敵軍可用來進行反擊的海軍力量和一切重要基地。

這場懸而未決的爭論延燒到陸海軍軍官俱樂部，而且愈燒愈烈，有時候甚至演變成肢體衝突。在爭論兩個星期後，終於達成了一項妥協。取消入侵澳洲的計畫，但陸軍同意進行一些較不激進的攻擊計畫，例如對位於離澳洲北方四百英里遠，世界第二大島新幾內亞島東岸的莫爾茲比港（Port Moresby），發動兩棲登陸作戰。

服部和富岡進行了非正式會談，並達成了進一步的協議。後者同意放棄原先要和希特勒在印度洋上進行會師的計畫，而前者同意進攻澳洲東北海岸外的三個群島——薩摩亞群島（Samoa）、斐濟群島（Fiji）及新喀里多尼亞群島（New Caledonia）。這將能以最小代價切斷美國和澳洲之間的補給線。

三月十三日，東條與陸海軍兩名參謀長一同前往皇居，將此項新戰爭策略的聯合報告書面提交給天皇：「要在短時期內擊敗美國和英國，不僅極為艱困，而且戰爭也無法迫使對手投降。利用目前的戰爭局勢，建立一個足以支撐不斷延伸的戰爭之政治和戰略架構，而進一步延展那些得自於開戰以來所取得的輝煌勝利所帶來的政治和軍事優勢，則又是生存之所需。在國力的範圍之內，吾國必須採取所有可能的步驟迫使美國和英國依然維持守勢。爾後所有將要執行與此相關連重大且確切的措施，都會經過徹底研究，並一一呈報給陛下御批。」

眾人皆同意了這得來不易的妥協，但是唯有海軍中最有影響力的人物是例外的。山本上將賭徒般的直覺驅使他，要再度對美國領土發動大膽的攻擊行動——襲擊位於珍珠港西北方不到一千三百英里遠，由兩個小島所組成的環礁：中途島（Midway Islands）。唯有如此，才能保護日本本土免於受到太平洋艦隊的直接突襲。

山本的計畫在海軍參謀本部中並沒有什麼支持者，因此他派出常與他下棋的棋友渡邊安次中校，前往東京尋求支持。但富岡上校和航空作戰官三代一就中校對山本這個提案並不感興趣。假使真的拿下中途島，先不談補給問題，如何才能據守？況且，它的報酬效益也不高。另一方面來說，佔領了靠近澳洲的三個群島，確定能誘使美國艦隊來到這個日本能從鄰近的所羅門群島取得補給的區域內進行「決戰」。

並非依靠論理，而是藉由威脅解決了這場爭論。渡邊把山本的計畫交給了富岡和三代的長官福繁少將。三代很堅持他的論點，而渡邊則離開去打電話給山本。他帶回來山本的最後通牒：不是攻擊中途島，就是山本辭職。海軍參謀長永野裁定：「既然如此，我們或許也可以讓他嘗試一下他的計畫。」

當時是四月五日。十一天後，發出了攻襲中途島和阿留申群島的命令。富岡和三代感到「羞愧不已」，但除了結束反對外，也毫無他法。不過，儘管山本持續不斷要求，東京方面始終沒有決定確切攻擊日期。海軍參謀本部認為不用過於著急。促使他們採取行動的是一名叫做杜立德的美國人。

二

羅斯福總統在珍珠港事件不久後表示，他想盡快轟炸日本本土，對這場「偷襲」進行小型報復行動。如此長距離的攻擊只是一廂情願的想法而已。金恩上將參謀部裡的作戰參謀，想到陸軍長程轟炸機能夠從航空母艦的甲板上起飛，這樣的想法激起了金恩和陸軍航空兵的興趣。到了三月初，二十四名機組人員集合在佛羅里達州的埃格林機場（Eglin Field），學習如何將改良過的雙引擎「B-25米契爾式轟炸機」，在一條五百英尺長的跑道上起飛。這群人的指揮官身賦多項傑出技能——既是一名航空學家，也是名數次打破自己所保持的飛行速度記錄的大膽飛行員。此人就是詹姆士・杜立德中校（James Doolittle），他是首名創下在十二小時內橫貫飛越美國的人，也是第一個完成不可能的動作「外翻圈飛行」（outside loop）和矇眼著陸的飛行員。

四月一日，終於選出十六名機組人員來執行這次任務，他們在海軍的加州阿拉米達航空站（Alameda Air Station）登上航空母艦「大黃蜂號」（Hornet），其餘八名組員只能羨慕地目送他們離開。隔天用過早餐後，杜立德將所有的機組人員聚集在一個空飯廳內，並對他們說：「你們還沒被告知，或是還在猜測我們要去做什麼，聽好了，我們要去轟炸日本。」十三架飛機，每架會丟下四枚炸彈轟炸東京；而並且我們要從甲板上起飛。」完成任務後，他們並不會飛回航空母艦，而是飛越日本，然後在中國的小型機場著陸。他問是否有人想退出？沒有任何人退出。

在正午前，「黃蜂號」和十六架緊緊綁在甲板上的「B-25米契爾式轟炸機」，在重巡洋艦和輕巡洋艦各一艘、四艘驅逐艦以及一艘油輪補給艦的護送下，駛出了金門大橋。有數千名旁觀者目送這些執行祕密任務的轟炸機離去。

四月八日，記者們取名為「公牛」、但好友喊他為「比爾」的威廉・哈爾西（William Halsey）將軍，搭上航空母艦「勇往號」，在兩艘重巡洋艦、四艘驅逐艦和一艘油輪補給艦護衛下駛離珍珠港。他將與「大黃蜂號」以及其他護衛艦會合，然後一同前往轟炸機起飛點。

日本方面原先對於這兩支出擊的艦隊一無所悉，直到兩天後，聯合艦隊的無線電情報人員才截收到這兩支艦隊和珍珠港之間所傳遞的電報通訊。他們推論，假使這些美國艦隊持續向西前進，就是要轟炸東京。因為艦載機的航程受限，美軍船艦必須接近到離日本四百海哩遠的距離內飛機才能起飛。既然日本偵察網延伸到離岸七百海哩的距離，在艦載機起飛前，他們還有充足時間可以攻擊敵方。不過，除了一點以外，這項估計是十分精準的——那就是，這些都不是尋常的艦載機，而且他們預計要從離目標五百海哩遠的地方起飛。

四月十三日，兩支美國艦隊會合，組成了一支強大的船團，也就是「第十六特遣部隊」，直朝東京而去。對於任務的隱密性，機組人員原先信心滿滿，但三天後聽到東京電台的一則宣傳性廣播後，信心產生動搖：「英國『路透社』（Reuters）報導，三架美國轟炸機對東京進行轟炸。這真是一則可笑的報導。他們知道敵機要從五百英里內飛到東京，是絕對不可能的事。日本國民反而不會擔心發生這樣的蠢事，他們正享受著和煦的春光與櫻花盛開的芳香。」

到了第二天，飛行員都到飛行甲板上報到，在那舉行了一個特別儀式。艦長馬克．密茲契（Marc Mitscher）把日本過去贈與美國人的五枚獎章交給杜立德。飛行員全都要求把這些獎章掛到炸彈上還給日本人。在把這些獎章固定在一顆炸彈上後，飛行員用粉筆在上面寫下諷刺性的標語，諸如：「我不想放火燒世界，只想燒掉東京。」還有「讓你感受一下這炸彈『砰』的滋味！」

杜立德宣布他們明天就要起飛後，這些嬉笑胡鬧也隨之結束。「第十六特遣部隊」比原定計畫提早一天就抵達起飛點。這是他們最後一次進行簡報。杜立德會率先起飛，預計在傍晚時分飛抵東京。「其餘飛機會在兩、三個小時之後才起飛，便能將我轟炸的火焰當作導向目標。」

最後還有一個從來沒被提起的問題：假使迫降在日本，該做何打算？這就得由飛行員自行決定了。杜立德並不想成為戰俘，「我將會讓我的機組人員跳傘，然後把節流閥拉到底，全速朝著我覺得最有價值的目標衝下去。我已經四十六歲了，我覺得我的人生很完滿了。」

次日清晨三點，當他們距離東京還有七百海哩時，此回任務的機密性——因此也就是成功之所繫——遭到直接的威脅。航空母艦「勇往號」的雷達偵測到兩艘敵艦在左舷約十二英里處。幾分鐘後，水平線上閃起了一道燈光。「第十六特遣部隊」改變了航向，每艘船艦都響起了「就戰鬥崗位」（General Quarters）的警報。所有的人員都不安地等待了半個小時。接著響起「警報解除」（All Clear）的哨響，艦隊回到朝西的航向，就如同什麼事都沒發生過一般。

天氣很糟，船艦前後顛簸再加上左右搖晃得很厲害。在黎明前，三架偵蒐轟炸機從「勇往號」起飛，到前方兩百英里的海域上進行偵測。其中一名飛行員透過灰暗的陰雲，發現了一艘小型巡邏艇；他轉頭回到「勇往號」，將一個小袋子投放到甲板上。裡面有張潦草的手寫訊息：

敵軍水面艦——北緯三六度四分，東經一百五十三度十分，方位二七六度，距離四十二海哩。相信敵艦已經發現。

為了謹慎起見，哈爾西下令所有的船艦轉舵向左。不到一個小時，「大黃蜂號」上的瞭望台也發現一艘小型巡邏艇——那是「日東丸二十三號」，這艘巡邏小艇用明碼發出電報，在離東京七百英里遠處發現了三艘敵軍航空母艦。接著，美軍又發現到另一艘巡邏船僅僅只在六海哩之外一點的距離。哈爾西下令將這兩艘巡邏艇擊沉，並傳送電報至「大黃蜂號」：

飛機出發。祝杜立德中校和全體勇士們好運，願上帝保佑你們。

在「大黃蜂號」的艦橋上，杜立德用力握著密茲契的手，然後迅速走下樓梯並進入駕駛艙，大喊道：「可以了，伙伴們，就是現在了！出發吧！」喇叭聲響起。廣播也響著：「陸軍飛行員注意，登機！」

沒有人能像這些飛行員一樣清楚地了解到，突如其來的改變會何等嚴重危害到他們的成功機率——以及他們的生還機率。每個細節都經過精準的規劃，甚至是規劃到最後一加侖的汽油用量，而現在得多飛行一百五十英里的距離。此外，突襲的要素也消失了，而且他們還得在日間進行轟炸任務。儘管如此，他們依舊迫切地登上轟炸機，其中一名機組人員甚至拒絕另一名替補人員所出的一百五十美元，要求頂替他的職務。

當那名極具盛名的導演約翰·福特中校（John Ford）和他的工作人員一起拍攝影片時，甲板上的輔助牽引車開始拉動這些雙引擎轟炸機就起飛位置。第一架起飛的是杜立德的飛機，他只有四百六十七英尺長的跑道可用。每架轟炸機上都額外加掛了十桶五加侖的汽油，主油箱都加滿了汽油。

杜立德把引擎的節流閥全開，引擎轟隆隆地發出巨響，以至於有些飛行員擔心他會把引擎燒掉。當輪檔被移走，飛機一頭向前衝去，而左輪則一直壓在沿著飛行甲板左舷跑道上的一條白線上。當這架「米契爾式轟炸機」笨拙地擺動機身向前頂著強大逆風衝去，襟翼向下準備起飛時，它的左翼伸出了航空母艦的左舷之外。

其他飛行員都緊張地注視著，都懷疑這股強風是否能夠大到幫助杜立德及時拉起機頭升空。如果連他都無法起飛的話，其他人肯定也辦不到。杜立德的轟炸機開始加速了。對有些飛行員而言，他的加速動作看起來慢到讓人難受，但就在航空母艦船頭被巨浪抬起的瞬間，他拉高了轟炸機的機身，只剩下幾碼的甲板跑道。這時是早上七點二十分。

當杜立德的飛機轉繞過來，低空飛過「大黃蜂號」，並直朝飛往東京的方向而去時，響起一陣陣歡呼聲。剩餘的轟炸機依序開始沉重地一架架在甲板上移動著，每一架都讓旁觀者在「直冒冷汗」的情況下起飛升空。在最後一架轟炸機緩慢地朝著起飛線滑行前，一切都很順利。有個甲板組員——水兵羅伯特．華爾（Robert Wall）——突然失足跌倒，飛機前衝的汽浪將他吹得像是風滾草一樣東倒西歪，左手臂因而被左引擎的螺旋槳絞斷，但也把他打到一旁，大難不死。

飛行員聽到一陣軋軋作響，回頭瞥見華爾趴在甲板上。機身咯咯地響著，他趕緊收回襟翼控制桿，反而沒有放在空檔位置。這架轟炸機掙扎著滑出了甲板的盡頭，突然間掉到船頭之下，消失在視線之外。甲板上的組員都認定它已沉入海中，接著他們鬆了一口氣，看到它飛掠過幾波海浪，笨重地往上揚起機頭，轉向追尋其他飛機而去。這時已是上午八點二十分。

在東京的海軍總部已經警覺到即將會發生一場空襲，但依據「日東丸二十三號」所報告的位置，他們相信敵軍還需要一天才會抵達。所有能動用的飛機——九十架戰鬥機和一百一十六架轟炸機——全都警戒待命。近藤信竹中將奉命立刻從橫須賀海軍基地出發，率領六艘重巡洋艦和十艘驅逐艦去攔截美軍艦隊。

上午九點四十五分，一架巡邏機報告，有架雙引擎轟炸機正朝西方飛行，離日本本土約莫六百英里距離。但沒有人相信這個報告，美軍的航空母艦上並沒有配置雙引擎的戰機。當敵軍的航空母艦隔天上午航行到離海岸約三百海哩時，轟炸空襲最快也得到那時才有可能會到來。

很湊巧的，正當最後幾架轟炸機飛離「大黃蜂號」時，東京也開始進行防空演習。這次演習相當平淡無奇，甚至連警報聲都沒有響起，而市民也不理會空襲民防人員要求大家躲進防空避難所的命令。他們反而都在看著消防隊員在演練設備器材。到了中午，演習全部結束。大部分的阻攔汽球都已收回，還有三架戰鬥機在東京上空懶洋洋地盤旋著。這是個溫暖、讓人感到愉悅的星期六，又回到購物者和遊樂者們在街道上喧囂的景象。

幾分鐘後，杜立德飛到了日本海岸線，但是比原先預計的航線偏北了八十英里。他轉向左飛。在機尾的領航員卡爾．懷爾德納（Carl Wildner）開始搜尋戰鬥攔截機的蹤影，但他只看到了幾架在進行翻滾動作的教練機。當這架轟炸機飛掠過鄉下田野時，他還發覺到人們對他們根本不在意。當他低飛過一個軍營時，甚至低到可以看到一群軍官的軍刀在陽光下閃爍發亮。

日本軍官中最重要的人物正搭著一架飛機，準備穿過這架來襲美軍轟炸機的航線著陸。當天上午，東條首相獲知敵軍特遣部隊已經到了外海某處，但他確定搭乘飛機去視察水戶陸軍飛行學校是安全無虞的。當東條這架美製客機要接近降落的機場時，一架雙引擎飛機從右方飛來。東條的秘書西浦上校覺得這架飛機「樣子頗為古怪」。飛機飛得太近了，甚至可以看到對方飛行員的臉，然後他才想起——那是美國飛機！它一槍未開地擦身飛過。

中午十二點三十分整，杜立德飛抵目標上空。弗雷德．布里莫（Fred Breamer）開啟了造價低廉的「馬克吐溫」（Mark Twain）轟炸瞄準器——在進行低空轟炸時，「馬克吐溫」要比名過其實的「諾頓投彈瞄準器」來得更為精準——投下了第一枚炸彈。當轟炸機一架接著一架飛過市區並投下炸彈時，不論是戰鬥機還是高射砲都沒能進行有效反擊。其中一名飛行員愛德華．約克上尉（Edward York）發現到殘存的油料不足以讓他飛到中國內陸，便轉向西北飛往海參崴，雖然這意味著很可能會遭到拘留。副駕駛為了緩和緊張氣氛，於是開玩笑說：「我敢打賭我們會是第一個在星期六中午轟炸東京，然後又飛過日本領空的空中堡壘組員。」

除了那些鄰近著彈區的人們外，東京的市民都以為這場美軍空襲是這波空襲演習中最逼真的高潮。日本東京廣播電台（JOAK）沒有播報真相，但在第一波炸彈爆炸時，它的廣播也突然中斷了。學校操場上的學童和街上擁擠的人群還對著飛過頭頂的飛機揮手，誤認這圓形的紅白藍三色圖案——類似盟軍在第一次世界大戰中所用的標誌——是他們的太陽旗圖案。因此，沒有任何一架轟炸機被擊落。

轟炸機飛過了皇居，但並沒有投下炸彈。所有的機組人員曾經切過撲克牌，看誰能去攻擊天皇的住所，但杜立德已經下達明確命令，要避開轟炸皇居一帶，醫院和學校也在禁止之列。

富岡和服部兩名上校一起在陸海軍軍官俱樂部內用餐。他們正在討論他們兩人同聲反對的攻擊中途島這件事。此時，猛烈的爆炸打斷了他們的討論。富岡大喊：「太棒了！」他猜測這些戰機是來自敵軍的航空母艦。如果美國艦隊能夠再靠近日本一點，海軍就可以在自家門前的水域內進行「決戰」。

那位最迫切想要攻擊中途島的人，從來沒想過會發生這樣的可能性。山本上將反倒是因為美軍攻擊帝都感到愧疚難堪，待在自己的房間內不肯出來，把追擊美國艦隊的任務交給他的參謀長宇垣纏中將。侍從長近兵治郎從來沒看過他的臉色如此蒼白或神情如此沮喪。

宇垣中將無法尋獲敵軍艦隊的確切方位。他當晚在日記上寫道：「必須透過查核敵軍的機種和數量，改進我方未來對抗敵軍攻擊的反制措施。無論如何，今日的勝利是屬於敵人的。」他還在想著，美國人的特遣部隊是否已經返回，還是準備要對東京進行另一波攻擊行動。

既然沒有其他轟炸機要起飛，哈爾西早就轉頭返回朝珍珠港。約克上尉的轟炸機安全飛抵海參崴，而俄羅斯人也扣留了這五名機組人員。其他十五架轟炸機往南飛到中國的日軍佔領區，有三名人員在飛機迫降或跳傘時失事身亡，日軍抓獲八人，並送回東京受審。[1] 包括杜立德在內其餘所有的組員都能安全生還，各自透過不同路線前往蔣介石的防區。

因為巴丹半島的陷落使美國人的士氣低迷到了谷底，而這次空襲壯舉則大大提振了士氣。這次空襲似乎是誓言美國人就此要開始採取攻勢行動，每一個戰場上的盟軍與每一座戰俘營都感到嶄新的希望。美國境內的新聞報紙都興高采烈地以頭版標題報導此事。《洛杉磯時報》在標題上宣揚說：「杜立德真的辦到了。」羅斯福為了誇大效果，於是宣布這些轟炸機是從香格里拉起飛的，這讓大眾對於這次的空襲更增添了喜悅之情。

這次襲擊表面上並沒有造成日本驚慌失措，但在心理層面卻衝擊了這個幾個世紀以來都深信他們的本土並不會遭受攻擊，都能安然無虞的信念。日本報紙蔑視這次攻擊，將它形容為「徹底的失敗」，還把杜立德一行人描述成「狡詐地進行非人道、貪得無厭、不分青紅皂白的轟炸攻擊」的魔鬼，而殘忍地對平民和非戰鬥人員進行掃射，正足以顯示他們「惡魔般的行徑」。日本為了驗證東京空防的效率，還在靖國神社臨時祭典上，展示出「米契爾式」的一面機翼和一根起落架管子（偷偷從中國運來的）。有個降落傘還掛在一株盛開的銀杏樹上，相當引人側目。

就實際損害程度而言，這次空襲「卻是」失敗的，但既然有了這些既成事實，則迫使「最高統帥部」

要有所反應。重新指派四個戰鬥機大隊來防衛日本，對抗敵軍從未計劃過的攻擊行動。日本「中國派遣軍」奉命停止其他作戰行動，而是擊潰敵軍在浙江地區的空軍基地。

更重要的是，海軍內部終於不再有反對進攻中途島的聲音。山本走出他一天的隱居生活，並重新要求迅速執行這個入侵計畫。除非在很短的時間內拿下中途島——而它很可能是這次空襲東京的基地——否則就得從前線戰場抽調兵力，以強化國土前方的空中與海面巡邏。那些期望能透過一系列延宕以破壞此計畫的人現在也投降了，於是在四月二十日的陸海兩軍聯合會議上，海軍參謀長建議延後那個藉由佔領薩摩亞、斐濟和新喀里多尼亞等群島來切斷澳洲補給線的作戰計畫，如此一來就能盡速執行中途島入侵計畫。陸軍還是認為這樣風險過大，但永野公開支持山本的提案，陸軍也只能不情願地批准這個作戰計畫。兩個軍種之間也沒有時間去激起對立情緒。況且，不管陸軍怎麼想，海軍都會進行這次入侵計畫。

三

本間將軍的大砲開始轟擊科雷希多島，想把它炸成無人島。雖然守軍的士氣還是相當高昂，但能長期堅守這個小島的希望卻是十分渺茫。當時有首名曲是《我正等著那些永遠不會來的船》（*I'm waiting for ships that never come in*）。有部分守軍還挖苦地懷疑著，那麼多鋼盔上面用粉筆寫著代表「勝利」（Victory）的V字母，會不會是代表「受難者」（Victim）的V。

四月二十九日，日軍火砲射擊愈來愈猛烈。這天是天皇的生日。有兩個軍火庫被炸開了，堅固的岩壁被炸到崩裂開來，野火燎原毫無控制地燃燒整座小島，島上被炸得塵土飛揚，籠罩著厚厚濃煙。次日還是毫無暫息的跡象，再隔一天還是如此。日軍的砲擊對準了吉爾里（Geary）和威依（Way）砲台上的迫擊砲，大砲的射程涵蓋了從巴丹半島前往科雷希多島的必經之路。到了五月二日上午，吉爾里砲台依然毫髮無損。但好景不常，到了正午，一聲爆炸像是地震一般撼動了科雷希多島。日軍炸毀了吉爾里砲台。八座十噸重的迫擊砲砲管像是火柴棒一樣被炸到空中，其中一個砲管落在一百五十碼外滿布彈痕的高爾夫球道上。

科雷希多島現在只剩下少許海灘防衛部隊能夠阻擋日軍登陸。當巴丹半島陷落時，海岸防衛隊還有四千人，但由於密集的砲擊轟炸所造成的傷亡，大概只剩下三千多一點的兵力。而其中有一千三百人是經過良好訓練、隸屬海軍陸戰隊第四團的英勇戰士。其餘則是菲律賓的飛行員和砲兵以及從巴丹半島逃離而來的美軍雜牌部隊。

雖然在馬林塔坑道以外的地方生活相當危險，但起碼還能呼吸到新鮮的空氣和曬到陽光。生活在隧道內的一萬名官兵，雖然可以安全地躲在這雜亂曲折的地下系統中，但卻得承受神經緊張的摧殘，人們稱之為「隧道炎」（Tunnelits）。灰塵讓人感到呼吸困難，而從醫院傳出的屍臭味也彌漫在整個地道內。在敵軍砲擊時，他們必須關閉抽風機，因此裡面的空氣變得惡臭難聞，高溫悶熱也讓人無法忍受。到處都是胖大的黑色蒼蠅、蟑螂和其他昆蟲。大家的情緒都變得相當急躁：為了一點小事也會大吵起來。

五月三日，溫萊特將軍被告知淡水供應已經嚴重短缺，因此他發了封電報給麥克阿瑟：

此處之局勢正急速趨於絕望。

到了隔天，一萬六千發砲彈在島上炸開。海岸守軍嚇得各自縮在淺淺的散兵坑內，內心對那些「隧道老鼠」充滿憤恨。但那些躲在馬林塔坑道內的人也並不好過。幾乎不曾停歇的猛烈砲火聲，把許多人都逼到歇斯底里的程度。溫萊特在刷得粉白的小辦公室內，寫了一份當前局勢的評估報告給馬歇爾。

敵軍進攻的成敗，完全取決於我方海岸守軍堅定不移的程度。考慮到當前士氣，我估計我方擊退敵方攻擊的機率低於二分之一。按照你的要求，我非常坦白且誠實地向你報告我對當前時局的看法。

本間再度落在既定計畫之後。早在兩個星期前就該攻下科雷希多島，但一場瘧疾在巴丹南部的河谷地區傳染開來，最後借助從日本空運來的奎寧藥片才得到控制，攻擊行動因此延誤。

五月四日夜間，本間站在小小的拉毛港邊，焦急地望著登陸艇搭載著兩千名官兵和數輛坦克，消失在駛往科雷希多島的夜色中。雙方兵力的差距讓人膽顫心驚，日軍至少是面對著要塞島上七倍的守軍兵力。攻擊部隊要分兩撥在科雷希多島尾端的北方海灘登陸，然後朝西攻向馬林塔高地，並在那裡等候增援部隊在隔天夜間到來。但夜間潮流方向飄忽不定，把這支小型攻擊部隊推離原定航線達一海哩遠，因此當第一波船艇抵達海灘時，遭受到正為了這種緊急狀況而架設的兩門七十五毫米火砲的猛烈攻擊。船一艘艘被擊沉到海裡。密集的砲火使許多攻擊士兵太早就從小艇跳出，而被身上幾乎重達一百英磅重的裝備給拖進海中。這批攻擊部隊只有不到三分之一的兵員能夠倖免於難。指揮官佐藤源八上校率領他們向馬林塔坑道的東方出口而去。

——

午夜時，一名海軍陸戰隊傳令兵在隧道內奔跑著。帶來的消息是，六百名日軍已經登陸了！在接下來三個小時，溫萊特一直猶豫不決。之後又傳來訊息，離隧道只有一英里的一座海軍陸戰隊高射砲陣地已被佔領。過沒多久，羅斯福總統又發來一則電報。他盛讚島上的守軍是「我方戰爭目標的具體象徵以及勝利的保證」。

就在黎明前不久，五百名未經陸戰訓練的水兵——也是最後一批預備部隊——離開隧道出口，朝戰鬥方向匍匐前進。他們連同總部內的海軍陸戰隊和勤務兵連一起向日軍發動攻擊，這讓正在等候飛機和坦克支援的日軍嚇了一大跳，並迫使他們朝兩翼方向撤退。但到了十點，美國人就能夠聽到坦克車那不祥的轟隆隆聲了。

當溫萊特獲知坦克車正朝著毫無反坦克武器的部隊進攻時，他腦中馬上浮現出這樣的夢魘——一輛坦克車緩慢在隧道內前進，對著傷兵和護士進行掃射。

他對幕僚說：「我們堅守不了多久了。」十點十五分，他下令路易斯．畢比准將（Lewis Beebe）廣播一份事先準備好的投降聲明。溫萊特以憤恨的語調說：「告訴這些日本鬼子，我們會在中午停火。」

為了限縮他自己的投降範圍只包含在馬尼拉灣的四個小島內，他發電報給菲律賓南部所有部隊的指揮官威廉·夏普少將（William Sharp），將菲律賓其他部隊的指揮權轉移給他。大砲破壞了，密碼本銷毀了，無線電設備也砸毀了。溫萊特向羅斯福總統發出最後一份電報：

我以破碎的心情，哀傷但問心無愧地向閣下報告，今日我必須安排馬尼灣內這幾個要塞島嶼的投降條件……人類的耐力是有限度的，而這樣的限度早已超越多時。既然已解救無望，我認為，結束這場無謂的流血和犧牲是我對國家和我手下英勇的戰士們的責任。

總統先生，如果您同意的話，請您告訴全國人民，我的部隊和我個人已經盡到人所能做的一切，同時我們也一直堅持著美國和美國軍隊的傳統。

願上帝保佑您，祝福您，同時指引您和全國走向最後的勝利。

我將抱著深切的遺憾，但對我手下英勇的部隊仍引以為榮的情緒，會見日軍指揮官。再見了，總統先生。

所有的美軍火砲都停止射擊。溫萊特等了兩個小時後，才和五名軍官一同搭上雪佛蘭汽車向東前往丹佛丘（Denver Hill）。之後，他們徒步經過死者和傷重垂死的人身旁，在山頂和一群日本軍官會面。一名傲慢的日軍中尉說，投降必須包括菲律賓群島內所有的美軍和菲律賓部隊。已經接受金恩將軍投降的中山源夫上校走了過來。溫萊特告訴他，他會交出馬尼拉灣內的四座島嶼。中山憤怒答道，他收到本間將軍的明確指示，只有在溫萊特同意交出所有部隊的情況下，才能把他帶到巴丹半島上去舉行投降儀式。

不過，本間將軍還不知道科雷希多島想要投降。還有份報告傳來消息說，前一晚有三十一艘船隻被擊沉，但已經取消了派遣增援部隊的計畫，因為只剩下二十一艘登陸艇。他知道這次要丟臉了。一名參謀突然間衝了進來告訴他，科雷希多島上掛起了一面白旗。本間感到如釋重負，因而發電報給中山要他不用理會先前的命令，即刻把溫萊特帶到巴丹半島。

午後四點，溫萊特沉重地倚著拐杖並彎著疲弱的身軀，再度踏上巴丹半島，來到卡布卡班（Cabcaben）。來了兩輛汽車將他們載到一間漆著藍色塗料的小屋，周遭長滿茂密的紅樹林。美國人在寬敞的門廊上等著，他們還可以看到南面馬尼拉灣內的科雷希多島還有砲彈正在爆炸——就日軍而言，戰鬥顯然還沒結束。日本人給溫萊特和他的隨行人員喝了些冷水，並要他們站好以供日本記者拍照。

最後，在下午五點，一輛凱迪拉克開了過來。有著胖水桶腰的本間穿著橄欖褐色軍服，看起來精神抖擻。他下了車後，對美國人表示了歡迎之意後說：「你們一定累壞了！」

溫萊特表示了謝意，接著他們圍繞著一張長桌坐了下來。溫萊特交出一張簽了字的降書，把馬尼拉灣內的科雷希多島、休斯堡（Fort Hughes）、卓姆堡（Fort Drum）以及法蘭克堡（Fort Frank）一同交給日軍。本間是能夠講些英文的，但為了要讓他的參謀、幕僚了解這一切程序，於是要求翻譯將內容朗讀一遍。他臉上毫無表情，並說唯有菲律賓境內所有的部隊都投降，他才能接受。

溫萊特解釋：「維薩亞斯群島（Visayan）和民答那峨的部隊都不再歸我管轄。他們現在隸屬於夏普將軍，而他又聽命於麥克阿瑟的最高指揮部。」

本間漲紅了臉。難不成溫萊特把他當傻子在耍？他下令翻譯告訴溫萊特，日本已經截收到一封來自華盛頓的電報，其中確認了溫萊特是菲律賓全體駐軍的最高指揮官。

但是，溫萊特一再堅持他無權掌控夏普將軍。本間失去了耐心，用雙拳重重敲擊桌子。他轉向他的新任參謀長問：「和知，我們該怎麼辦？」和知鷹二少將認為，溫萊特肯定是在說謊。本間傲慢地說：「既然這樣，我們就無法再談下去了。讓我們繼續打下去。」本間轉身面對溫萊特，並以相當低沉的語調告訴他，他只能和平起平坐的人進行談判，也就是只能和菲律賓所有部隊的指揮官進行談判。「既然你沒有最高指揮權限，我看我也就沒有必要繼續待在這裡。」他開始起身準備離去。

溫萊特隨行的其中一人慌忙喊道：「等一下！」這群美國人迅速地商量了起來。溫萊特臉色蒼白地轉向本間，一臉窘迫地說：「鑒於在菲律賓繼續流血誠屬徒勞無益，我將承擔起我國政府在戰後對我進行嚴厲譴責的風險，擔任菲律賓群島全體美軍指揮官的職責。」

然而，本間因為過於憤怒，而不願接受這樣突如其來的大轉變。他懷疑溫萊特的誠意，並表示要這名美軍指揮官重回科雷希多島好好再做考慮。「如果你覺得投降是適當的，那麼到時就向我方在科雷希多島的團長投降。他會帶你來馬尼拉見我。這次會談就此結束。再見。」他點了點頭，並走向他的凱迪拉克轎車。

心煩意亂的溫萊特甚至已經把口中的香菸都咬碎了。他問中山：「你們現在到底要我們怎麼樣？」

「我們會把你還有你們一行人都送回科雷希多島，你們他媽的想怎樣就怎樣。」

這整場激烈的言語交鋒都是透過口譯員那些模糊不清的譯文在進行。在場的除了一名在美國猶他州長大、能完全精通雙語的新聞記者宇野磨一外，沒有人知道這之間到底發生了什麼事。宇野很同情美國人的困境，並對中山解釋，溫萊特是準備好要整個菲律賓都向日本投降。

中山的脾氣稍微緩和下來，他說他可以陪溫萊特到科雷希多島，又說：「你明天早上的第一件事，就是再帶著一份新的降書去找本間將軍，並承諾會和其他菲律賓的美軍部隊聯絡。」

溫萊特看到整個科雷希多島到處都是營火，猜想日軍的增援部隊應該已經登陸了。他被帶到馬林塔山附近，引薦給島上的日軍指揮官佐藤上校。隧道內除了醫院部分外，都已全部撤離。佐藤正準備攻擊該島中樞托普賽（Topside）。只有立即對佐藤提出無條件投降，才是溫萊特能確保部下免於被屠殺的方法。在微弱的燈光下，他在一份全盤接受本間的要求的文件上簽了字。簽完之後，他感到全身虛脫無力。

這時已是午夜。他們護送溫萊特到馬林塔坑道的西側出口，經過一群群神情肅穆的美國和菲律賓軍人。有人走過來伸手握著他的手或拍著他的肩膀。其中一人說：「將軍，這沒什麼。你已經盡全力了。」

溫萊特的眼中充滿淚水。

——

溫萊特的屈辱才正要開始。隔天早上，他召來他的作戰參謀官小杰西・特萊威克上校（Jesse Traywick, Jr.），告訴他說，日軍會用飛機送他到民答那峨，如此一來他可以親自將一封解釋目前局勢的書信交給夏普將軍。

……因此，你將依此辦理，並且「將」（重複「將」字）把你麾下在維薩亞斯群島和民答那峨上所有的部隊向相應的日本軍官提出投降。你會了解，我是在我無法控制的因素下，被迫做出這樣的決定……

如果夏普不遵從指令，他授權特萊威克可以逕行逮捕夏普。溫萊特說：「杰西，我只能靠你來執行這些命令了。」

接近傍晚時，溫萊特和他手下五名軍官被帶上一艘開往巴丹的登陸艇。他們在拉毛又多等了兩個小時，但也吃到這兩天來的第一頓飯，有米飯和多刺的魚。天黑時他們搭上汽車，開啟了一段讓人厭煩的前往馬尼拉的路途。大約在晚上十一點左右，他們一行人抵達了KZRH電台，在那裡接他們的是宣傳部隊的加納久道中尉。此人曾在紐約和紐澤西求學。他很客氣地接待了溫萊特，還提供他們一些水果。

在加納還沒把事先備妥的講稿潤飾為英文口語前，溫萊特很難理解這篇包含他寫給夏普的信、還夾雜著日本人竄改內容的講稿。就在接近午夜時，枯瘦的溫萊特看起來就像是具骷髏，坐在小竹桌前，開始透過麥克風以極度壓抑的情緒用沙啞的聲音講話。他直接對夏普講話，命令他率領全體部隊投降。「你要把完整的信件內文及特萊威克上校帶給你的其他指示，一併電告麥克阿瑟將軍。我再次強調，你不可將這些指示置之不理。未能完整而忠實地執行這些命令，只會帶來最為災難性的後果。」當他念出「除非謹慎又切實地執行這些命令，否則日軍將會繼續作戰」的警告時，他幾乎哽咽到無法說話。「如果能忠實執行這些命令，菲律賓群島的日軍總指揮官將下令所有部隊停止攻擊。」他咳了一下並稍微停頓。「將所有的情勢都加以考慮，並且——」

這次暫停得更久了。溫萊特似乎念不下去了。菲律賓的廣播員馬賽拉・維克多・楊（Marcela Victor Young）走了進來停止廣播。這時是五月八日凌晨十二點二十分。

加納把已是心力交瘁的溫萊特和他的隨行人員一同帶到他的辦公室。他倒了一瓶威士忌給他們，而其他美國人則在想辦法安撫這位傷心欲絕的指揮官。

——

整個菲律賓各島嶼上的美國人和菲律賓人都聽到了這次廣播。但那真的是溫萊特在講話嗎？如果真的是他，是不是有把槍正頂著他的頭？夏普將軍不知道該怎麼辦。那天上午，他收到一封溫萊特要移交指揮權給他的電報，而現在溫萊特又把指揮權拿回去了。他向麥克阿瑟請求指示，麥克阿瑟則將電報轉給華盛頓，聲稱他「對所謂的溫萊特廣播發言完全不採信」。麥克阿瑟在清晨四點四十五分回覆了電報：

發自溫萊特將軍的命令無效。如有可能，將你的部隊分成數個小部隊，並進行游擊戰。當然，你擁有因應緊急情勢而全權做出任何決定的權力。盡可能與我保持聯繫。你是一名有勇有謀的指揮官，而我以你的成就為榮。[2]

這封電報既不能讓夏普感到放心，也沒有澄清整個局勢，但把最後的決定權交給夏普，而夏普則決定等待溫萊特的特使來到再做決定。兩天後，特萊威克歷經了一段痛苦的行程後抵達了。夏普讀了溫萊特的信件後，也認為已別無選擇。他立即下令各島嶼上的指揮官「立即停止對日軍的一切行動」，以免繼續流血；然後他發了封電報給麥克阿瑟……這一行動是出於迫切的必要。

在華盛頓，馬歇爾將軍正讀著麥克阿瑟的電報：

剛剛接到夏普少將的訊息，在七日到八日夜間，溫萊特將軍在兩段廣播中宣布他重新掌有菲律賓所有部隊的指揮權，同時命令他們投降，甚至還交辦了投降方式的細節。我相信溫萊特已經暫時精神失常，而此情況致使他為敵人所利用。

但是，要阻止菲律賓的投降為時已晚。

——

這些菲律賓的征服者完全沒有慶祝的情緒。陸軍參謀本部對本間並不滿意，因為他耗時過久才獲取勝利。而且，本間對菲律賓平民所採取的溫和態度，也讓「南方軍」指揮官寺內壽一感到相當不悅。本間禁止燒殺擄掠，並下令部隊不得將菲律賓人視為敵人，還要尊重他們的風俗習慣、傳統以及宗教信仰。但本間的辯解之辭是，他完全遵守天皇要教化東南亞地區的聖諭。不過，最讓寺內惱火的是，本間禁止了一本描述美國人如何剝削這個群島的宣傳小冊。本間當面告訴寺內，美國人從來沒有剝削菲律賓人，說這類虛假的話是錯誤的。「他們對菲律賓的治理採取相當寬厚的方式。日本應該建立一套更為良善且更為開明的監督制度。」

本間堅持採取寬容的態度，讓寺內比以往更堅定地要從西貢總部往東京發送一份對本間極為不利的報告。這也激勵了他手底下一小撮很有影響力且深受辻中校影響的軍官，準備採取秘密報復行動。他們盜用本間的名義，下達一些違反本間開明政策的命令。

直到溫萊特投降兩天後，本間才知道這件事。維薩亞斯群島的日軍指揮官川口清健少將，衝進本間的辦公室，兩撇十英吋長的德皇式鬍鬚氣得直翹。他譴責本間不該下令處死何塞·阿巴德·桑托斯首席大法官（José Abad Santos），並要本間說說理由。在四月巴丹陷落當晚，桑托斯和他的兒子一起在內格羅斯島（Negros）被俘獲，並被解押送往川口位於宿霧（Sebu）的總部。桑托斯願意配合日本人，於是川口發了封電報到馬尼拉，建議桑托斯在勞威爾的「吉斯林」（Quisling）政府[3]內任職。答覆卻是出乎意料的：「其罪狀明確。立即處決。」

這位從馬尼拉來、名為犬塚的參謀堅持要連桑托斯的兒子一併處決，川口認為這大大違反了「武士道」精神和天皇聖諭，因此把他掏出辦公室。接著，川口寫了封信給他的老友，第十四軍軍政官林義秀少將，一再重申讓桑托斯父子活著的理由。兩週後，川口接到另一封來自馬尼拉的電報，命令他將桑托斯父子兩人一併送往民答那峨達沃（Davao）的駐防軍指揮部，立即處決。憤慨不已的川口則以撕毀電報作為回應。

但是，固執的犬塚也跟著來了，他要確定有否執行處決任務。川口把兩名囚俘召來，並告訴他們自己已經盡了全力要解救他們的生命，但現在不得不以第十四軍軍令將老桑托斯處死。川口對大法官說：「我保證會保護你的兒子，因此請勿掛懷。」

桑托斯說，他從來沒有反日的舉動。「我感謝你對我們父子倆的仁慈，並祝貴國國運昌隆。」他要兒子不要再求饒保命了，這只會讓川口將軍為難而已。「當你見到你母親時，幫我致上我的愛。我就要死了，做個有榮譽感的人，並為菲律賓效力。」桑托斯被帶到一個鄰近的椰子園內。他拒絕套上頭罩，並在胸前畫了個十字。接著，行刑隊的槍聲響起。

當本間聽到川口說桑托斯已被處決時，他也驚得說不出話來。他一直以來都很尊崇桑托斯大法官，並深知他對日本的友好。他還記得自己批准了川口最初那份請求寬大處理桑托斯的文件，同時還下令林義秀處理此事。本間感到相當慚愧，並告訴川口：「對於發生這樣的事，我感到非常遺憾。」

隔天，川口和林對質時，他大罵：「你幹了這麼『無恥』（けしからん）的事！虧我還把你當同學一樣信賴。」

雖然本間已經訓誡過他，但林還是辯駁道：「但是，帝國大本營堅持要處決桑托斯。」

「你說的『帝國大本營』是指誰？」

「是辻。」

對於那些一心要執行迂的復仇策略的參謀軍官們，本間的斥責是起不了什麼作用的。幾個星期後，當前眾議院議長曼努埃爾．羅哈斯將軍（Manuel Roxas）在民答那峨被俘獲時，馬尼拉方面傳來一則電報，命令當地指揮官生田寅雄將軍「秘密且即刻」處決羅哈斯。這是以本間的名義發出的，並有林和其他三名參謀蓋的章。

在巴丹，生田就曾拒絕在沒有書面命令的情況下處決戰俘，但即使他這回拿到了書面命令，他還是覺得自己無法下達這樣的命令，而把此任務推給他的參謀長神保信彥中校。神保戴副眼鏡禿著頭，還留有東條樣式的鬍子，是名天主教徒。當他載著羅哈斯和其他高階俘虜（一名省長）前往刑場時，也感到相當苦惱難堪。沿途經過大麻野林與椰林的一小時車程中，省長不斷求饒。他說自己只是個行政官員，並不是軍人，而且一直以來都與日本人合作，不該和羅哈斯遭到同樣的對待方式。他的聲調已經變得歇斯底里，羅哈斯拍拍他的肩膀說：「看看這些茉莉花（sampaguita）。」他指著一叢叢雅緻的白色菲律賓國花，「真美，不是嗎？」

神保展現了最高貴的武士道精神，他決定不計後果設法解救這兩人的性命。他將這兩名人犯留在一個小鎮上，並交由他人看管，然後返回達沃；他總得說服生田將軍不要執行這道處決命令。

神保的理由正合生田心意。這兩人決定利用羅哈斯協助他們恢復法律和秩序，但他們得暫時將羅哈斯藏起來。他們這樣的行為當然無法掩蓋太久。從馬尼拉來了一名軍官，因神保的「越權」行為而必須將他交付軍事審判。

神保飛到馬尼拉去和本間當面對質，但本間外出不在辦公室內，他只好去找本間的參謀長。和知將軍根本就不相信本間會發出這道命令，特別是本間對處決桑托斯一事大發雷霆之後。

神保把原始的命令文件拿給他看。雖然和知無權取消任何以本間名義發出且蓋過關防的命令，但他還是寫下了另一份暫時延緩處決羅哈斯的命令。他要神保等他去處理這件事，接著衝進林的辦公室，此時林將軍正在和四名參謀開會。神保聽到和知以憤怒的語調吼道：「是不是你們幾個下令要處決羅哈斯將軍的？」林和其他幾個人都否認了，並表示這樣做是違反本間將軍的特別指示的。和知怎麼會問這樣的問題呢？

和知喊道：「神保中校，進來！」

這幾名參謀盯著神保抽出那份處決命令——這時，他們才不得不承認他們「不加思索」就蓋上關防。場面相當尷尬。林轉身朝著神保吼道：「瞧你對我們幹的好事！」

當晚，和知來到神保在馬尼拉飯店的房間。本間很高興神保採取這樣的主動作為，同時也已下達取消處決羅哈斯的命令。此外，本間也將這整起事件的經過，包含了神保的部分，一併向天皇呈報。[4]

羅哈斯因而獲救了。但是這個插曲卻顯示本間已無法掌控部屬，這也讓他早已形同跛腳的軍旅生涯更是岌岌可危。身為戰場指揮官，本間無法達到東京方面所要求的狠勁；在承平時期，他對菲律賓人民又過於寬大。雖然寺內對他有所規勸，他依然是將菲律賓人民視為潛在的朋友而非已被征服的敵人。他不聽幕僚的建議，下令釋放了戰俘營內的所有的菲律賓籍士兵。

他被解除了職務，奉令回到日本。回到日本後，還不允許他依照歸國指揮官的慣例參見天皇，就這樣不榮譽地退伍了。[5]

第十三章
轉捩點

一

四月底，「煙霧參謀」黑島龜人上校已經把山本的基本想法轉換成複雜的作戰計畫。這項計畫需要動用近兩百艘船艦，在從阿留申群島到離日本東方兩千三百英里遠的中途島這樣長達兩千英里的戰場上，緊密協同作戰。從表面上看，計畫的目標是要奪取中途島以及阿留申群島的西半部。佔領這些島嶼後，就能形成一個北從基斯卡島（Kiska）起，穿過中途島和威克島（Wake），一路往南到離澳洲只有三百英里遠的莫爾茲比港的新外圍線，並成為主要據點。如此一來，以這三個島嶼為基地的巡邏機，就能偵測到試圖穿越帝國內部防線的特遣部隊。但對於山本而言，事實上佔領中途島是個次要目標；那不過是設計用來誘惑尼米茲在珍珠港內的殘餘艦隊的陷阱而已，這樣才能一舉將其殲滅。這也意味著，美國試圖把日本剛從東南亞征服之地驅逐出去的努力就得落空，至少會被延後。

必須參加此次戰鬥的指揮官們——包括南雲的參謀長草鹿龍之介——也被召集到這艘以古代「日本」的名稱命名、重達六萬三千噸甫竣工下水的聯合艦隊旗艦「大和號」上，由山本親自簡報。過去五個月來，南雲的「特遣艦隊」已經摧毀了珍珠港，重創達爾文港，在錫蘭（Ceylon，今斯里蘭卡）的可倫坡（Colombo）外海擊沉兩艘英國重巡洋艦以及在亭可馬里（Trincomalee）附近擊沉航空母艦「競技神號」（Hermes）和其他船艦，自身卻毫無損傷。儘管如此，草鹿還是抱持相當謹慎的態度。他說，再進行一次大規模作戰就是有勇無謀之舉。自珍珠港事件起，「木戶部隊」已經航行了五千海哩，船艦需要檢修了。人員也需要休息，筋疲力竭的狀況四處可見，有些人甚至看起來像鬼一樣蒼白。山本根本無視這些反對意見，他下令加速作業準備。

就在同時，另一項重要計畫也在實施中，那就是入侵珊瑚海（Coral Sea）莫爾茲比港的「MO作戰計畫」。若能攻陷，一舉就能輕易佔領新幾內亞其餘地方，並威脅到澳洲本土。作為開戰序曲，一支部隊被派出佔領所羅門群島的瓜達爾卡納爾島（Guadalcanal）北方二十英里遠的一個小島土拉吉（Tulagi），並在那修建一座水上飛機基地。隔天，五月四日，「莫爾茲比港入侵艦隊」離開了位於俾斯麥群島（Bismarck Archipelago）中新不列顛島（New Britain）北端頂點上的拉包爾港（Rabaul），這裡自一月份起就是南太平洋作戰的集結待命區。這支艦隊包括十四艘運輸艦，由一艘輕巡洋艦和六艘驅逐艦護航，由「祥鳳號」輕型航空母艦、四艘重巡洋艦和一艘驅逐艦掩護。

尼米茲大抵上都知道這些行動，其手下密碼分析員已經破解了日本艦隊的密碼。他也派出法蘭克．傑克．弗萊徹少將（Frank Jack Fletcher）率領「第十七特遣部隊」——由兩艘航空母艦、六艘重巡洋艦、兩艘輕巡洋艦和十一艘驅逐艦組成——去攔截日軍艦隊。

當弗萊徹獲知日軍登陸土拉吉時，他的艦隊已經抵達澳洲東北方的珊瑚海海域。他立刻下令從他的旗艦「約克鎮號」（Yorktown）航空母艦派出九十九架戰機去空襲土拉吉島。為了反制此意外威脅，「爪哇海海戰」的勝利者高木武雄少將，奉命率領兩艘重航空母艦「瑞鶴號」和「翔鶴號」、兩艘重巡洋艦和六艘驅逐艦，從布干維爾島（Bougainville）向南進發。

當這兩支敵對艦隊遭遇時，高木先發制人。五月七日上午，他的一名偵察機飛行員發現到油輪「尼奧索號」（Neosho）和一艘驅逐艦，並因過於興奮而誤報為一艘航空母艦和巡洋艦。兩撥高空轟炸機和三十六架俯衝轟炸機擊沉了驅逐艦，任由那艘油輪無助地在海上漂流。正當高木集中兵力攻擊這兩個無關緊要的目標時，從「約克鎮號」和「列星頓號」（Lexington）起飛的三十六架戰機發現了「祥鳳號」，並開始以炸彈和魚雷進行猛烈攻擊。大約在一百六十海哩外，兩艘航空母艦上的同袍則神情緊張地在收聽這場戰鬥，但因靜電干擾而難以聽清楚。突然間，傳來偵蒐轟炸機中隊長羅伯特・迪克森中校（Robert Dixon）一陣清晰有力的聲音：「幹掉一艘航空母艦！迪克森要返回母艦。幹掉一艘航空母艦！」過了五個月後，終於能夠擊沉一艘比驅逐艦噸位還要大的日本戰船。

「MO作戰計畫」的總指揮官井上成美中將在拉包爾港對運輸艦發送無線電訊號，命令它們返航，等到海面沒有美軍蹤跡後再出動。當天下午，能見度驟降，風暴也限制了空中偵察。到了深夜，這兩支敵對艦隊脫離了接觸。

當時高木在一艘重巡洋艦上，他打了信號給兩艘航空母艦的指揮官原中一少將，詢問道：「你能夠派出戰機進行夜襲嗎？」原從「瑞鶴號」上回傳，他準備派出二十七架戰機夜襲。他們在落日前起飛，但一無所獲。但在返航途中，它們遭到弗萊徹艦隊的一群戰鬥機的攻擊。日軍被擊落了九架戰機，其他的則被打散，並試著在黑夜中摸索返航。有六架終於找到一艘航空母艦，於是減速，準備和其他飛機一同降落。當第一架日本飛機放下降落鉤要掠過甲板時，機身一面被一陣機槍掃中。原來這艘航空母艦是「約克鎮號」。

經歷一場徹底的敗戰後，高木決定暫時往北撤退。幾個小時後，他又以二十六節航速朝美國航空母艦艦隊而來。五月八日拂曉，他派出了二十七架偵察機。史上首回航空母艦作戰就迫在眼前了。弗萊徹擁有雷達，但其航空母艦一起協同作戰的時間還不足兩週。高木並沒有雷達，但他那兩艘航空母艦以分遣隊一起作戰卻已有六個月。前者擁有一百二十二架戰機，而後者總數只少一架。雙方幾乎旗鼓相當，但高木因有濃霧覆罩，而擁有些微優勢。

不過，這一次是弗萊徹先下手攻擊。八點十五分，一名偵察機飛行員發現日軍的「特遣艦隊」。他在上空盤旋，估算船艦數目，然後發送無線電報：

> 兩艘航空母艦、四艘重巡洋艦、眾多驅逐艦，朝東經一百二十度方向前進、航速二十節。目前方位，東北方大約一百五十海哩。

弗萊徹下令兩艘航空母艦發動空襲。大約十一點，三十九架戰機從「約克鎮號」上起飛，攻擊由重巡洋艦和驅逐艦護航的「祥鶴號」。而「瑞鶴號」則在十海哩外，躲在濃密的暴風雨中。「祥鶴號」閃開了魚雷攻擊，但被俯衝轟炸機直接命中，引發大火。從「列星頓號」起飛的二十四架戰機也發現了這兩艘日軍航空母艦，發動了另一波攻擊。「祥鶴號」只被一枚炸彈擊中，逃脫戰場。艦上的火勢最終被控制住，於是它朝基地方向返航。

就在同時，日本人也發現了美國船艦。七十架戰機包圍著弗萊徹的兩艘航空母艦。有枚炸彈炸穿了「約克鎮號」的飛行甲板，但船艦人員很巧妙地就把大火控制住了。但「列星頓號」就沒這麼幸運了。兩枚魚雷穿進了它的左舷，主甲板前端和煙囪主體也被幾枚小炸彈命中。

在這兩波空襲中，雙方都損失慘重。到正午前，戰鬥結束了。這是海戰有史以來第一次，在雙方敵對船艦從未照會也未直接進行火砲射擊的情況下，就進行海上作戰。看來似乎是弗萊徹打贏了。他擊沉了一艘輕型航空母艦、一艘驅逐艦和三艘小型船艦，自己只損失了一艘驅逐艦和一艘油輪。不久後，兩聲爆炸巨響把受創的「列星頓號」炸得七搖八晃，引發的火勢完全無法控制。五點剛過，航空母艦群的指揮官奧布里．菲奇少將（Aubrey Fitch）從旗艦的艦橋上彎下身來，並朝下向「列星頓號」的艦長弗雷德里克．謝爾曼上校（Frederick Sherman）喊道：「泰德，算了，把人員撤離吧。」

船員們在甲板上排好了隊伍，並開始平靜地從兩側離開，看起來若無其事就如同演習一般。有群人甚至往下跑到儲藏室，用他們的鋼盔裝滿冰淇淋，一面在甲板上排隊等候，一面吃著冰淇淋。謝爾曼上校是最後一名離艦的人員，當他開始拉著救生索往下時，他告訴自己，如果我一離開船艦大火就滅了，那我豈不是蠢透了？但他還是抓著救生索往下爬，在所有的生還者都撤離後，驅逐艦「菲爾普斯號」（Phelps）發射了四枚魚雷，擊中了這艘航空母艦的右舷。艦身顫抖，煙霧像是波狀雲一般往上竄升。

一名在鄰近一艘巡洋艦上觀看這一幕的軍官說：「它沉了，但沒有翻過去，它是抬著頭沉下去的。親愛的老『列克斯』，它直到最後仍不失為一名老貴婦。」

隨著「列星頓號」沉入大海，這場戰鬥就成為高木一次戰術上的勝利，但更為重要的戰略勝利卻是屬於弗萊徹的。井上將軍被迫延緩對莫爾茲比港發動作戰。弗萊徹已經達成了他的任務，這是自珍珠港事件以來，第一次擊退日軍的進襲。

不過，高木可不願就此作罷。他正準備和美軍進行一場夜戰。但是，當他獲悉自己的驅逐艦群的燃料幾乎用罄時，他只能心不甘情不願地返回拉包爾港。此時，留在國內的山本依然決心追擊美國人。他透過拉包爾轉遞訊息，儘管油料短缺，還是命令高木發動攻擊。高木遵從命令，將艦隊調轉航向，但為時已晚。弗萊徹已經消失無蹤。

雙方都宣稱自己獲得了勝利。五月九日的《紐約時報》宣稱：

太平洋大戰，痛擊日軍，擊沉或重創達十七至二十二艘船艦：在盟軍追擊下，敵軍潰逃。

《日本時報與廣告報》宣稱，敵軍倉皇失措。這則訊息是駐布宜諾斯艾利斯特派員所發的，他寫道：「這回在珊瑚海所遭受到慘敗之效應確實無法描述。美國軍火界充滿了狂熱。」

希特勒更是欣喜若狂。「這回再度被擊敗後，美國軍艦幾乎不敢再面對日本艦隊，因為任何與日本海軍船艦交戰的美國船艦都毫無勝算。」

二

日本報紙的報導精準地反映了「帝國大本營」歡欣鼓舞的情緒——擊沉了「約克鎮號」和「列星頓號」，這是對美國太平洋軍力的重創。這次「凱旋」把那些將攻擊中途島視為過於冒險的反對聲都壓制下去。如果作戰經驗最差的「第五航空隊」都能在「珊瑚海海戰」中取勝，那麼當美國人面對「第一航空隊」與「第二航空隊」這樣的老鳥時，他們還有什麼獲勝機率可言？幾天後，「瑞鶴號」和「翔鶴號」返抵日本，才發現那些「劣等的」美軍飛行員所造成的損傷比原先所報告的嚴重許多。這兩艘航空母艦都得從入侵中途島的艦隊名單中剔除。「瑞鶴號」損失了過多的戰機和飛行員；而「翔鶴號」則需要花一個月以上的時間進行修復。

但是，什麼也打壓不了瀰漫在整個「聯合艦隊」內的無比樂觀情緒。現在，就連之前還相當悲觀的草鹿，都已確信「木戶部隊」能「把美國佬痛宰一頓」。而樂觀的結果，就是放鬆了保密措施。相比攻擊珍珠港的準備工作，現在對於那些標明是最後階段的電報也顯少被掩飾，參謀軍官也在餐館與茶樓內公開討論「中途島作戰」計畫。

五月二十五日晚上，山本邀請了包括了南雲和草鹿在內的數百名軍官，到停泊在瀨戶內海柱島旁的「大和號」參加晚宴。當山本的侍從長近江兵治郎發現廚師犯了一個大錯時，為時已晚。廚師把整尾鯛魚都煎了，不是加了鹽，反而放了「味噌醬」；在日本有個說法是，「在食物裡放味噌醬」，意味著「把事情搞得一團糟」。近江把廚師痛罵了一頓，他自己也遭到山本秘書的斥責；山本本人則完全不在意這個錯誤，反而不斷喝著清酒為天皇與勝利「乾杯」。

隔天，草鹿在聽取最後一次簡報時提出了一個問題：「如果我們遇到了美國艦隊，是先攻擊艦隊呢？還是先攻擊中途島？」讓人訝異的是，之前從來沒有人提過這個問題。宇垣纏將軍——為了這次戰鬥還特別剪了頭髮，並換上一副新假牙——轉身向南雲說，這得由你來決定了。「你人在前線，能比我們更容易評估當時情勢。」

草鹿拒絕承擔這樣的責任，因為此項作戰十分複雜，還牽涉過多單位，他認為只有「聯合艦隊」才能做出適宜的決定。此外，「赤城號」的船桅很短，也沒有配裝可以截收敵軍電報的設施，但山本的旗艦卻擁有很高的船桅以及裝配著最新設備。宇垣表示，這是無關緊要的，既然整個計畫的成敗所繫在於奇襲，那就必須一直保持無線電靜默。

「赤城號」上人人信心滿滿，許多飛行員甚至已經把個人物品帶到艦上，包括許多啤酒和清酒。但其中的一員，即阿部兵次郎上尉，就不像其他人那樣深具信心了。在最後一刻，他向源田實中校建議取消這次作戰。阿部在攻擊珍珠港時，曾投彈擊中「奧克拉荷馬號」。他剛剛才收到一封朋友從中國寄來的信件，祝福他攻擊「M」一切順利。阿部說，看樣子好像每個人都知道攻擊中途島的事，並預言他們此行將是「探囊取物」。但源田卻說，現在取消作戰為時已晚，其他單位已經出動了。

五月二十七日清晨六點，南雲的「航空母艦特遣艦隊」——一艘輕巡洋艦、十一艘驅逐艦、兩艘主力艦（包括了已經認定遭到柯林．凱力炸沉的「榛名號」）以及四艘航空母艦——緩緩駛出瀨戶內海，朝豐後水道而去。「聯合艦隊」其他船艦上的海員揮手歡送他們。隔天，計劃排定要入侵阿留申群島的部隊，也從九州北方的港口出發了；六月三日，也就是突襲中途島的前一天，許多戰機從兩艘輕型航空母艦起飛去轟炸荷蘭港，目的是把尼米茲的注意力牽引到北方去。而在南方部分，十多艘運輸艦載滿了要攻上中途島的五千名士兵，伴隨著一艘輕巡洋艦、一艘油輪和一支四艘重巡洋艦組成的掩護部隊，也從馬里亞納群島（Marianas）中的塞班島出發了。

五月二十九日清晨，「聯合艦隊」的其餘船艦也駛離了瀨戶內海——由近藤信竹中將的「中途島入侵部隊」領頭出發，然後是以山本的旗艦「大和號」為首的三十四艘船艦組成的「主力部隊」。總共是十一艘主力艦、八艘航空母艦、二十三艘巡洋艦、五十六艘驅逐艦和將近九十艘輔助船朝東行駛，前去進行一場人類所能構想的、史上最為雄心勃勃的海戰。而此次單一作戰所使用的油料比海軍平常一整年所消耗的油量還要多。

就和以前一樣，日軍的成功依賴著保密程度，但在珊瑚海，尼米茲之所以能夠知道日軍將發動大規模襲擊，完全得歸功於約瑟夫・約翰・羅奇福特中校（Joseph John Rochefort）領導下約一百二十名工作人員組成的「作戰情報處」（Combat Intelligence Unit），其中還包含了被擊沉的「加利福尼亞號」上的整個樂隊。這些情報人員二十四小時在海軍大樓內毫無窗戶的地下室工作，每個門都是鐵拱門，裝有鐵柵欄，衛兵也晝夜不停地守衛著——他們會讀取到「聯合艦隊」所發送的電報中的百分之九十。某種意義來說，關於中途島的零散訊息卻是日本海軍自己送上的禮物。早在五月一日，日本海軍就排定該定期更換主要密碼表，而在羅奇福特的工作人員將它們破譯前，美國是完全無法得知日本的海軍情報的。但因為工作倉促，所以舊的密碼表依舊有效。此外，日本海軍情報專家對他們的密碼是無法被破解這點也極有把握。

五月二十日，美軍攔截到山本所發出的一封長電報，關於入侵的零碎訊息也逐漸被拼湊出來。這份電報中有百分之十五的部分並沒有被攔截接收，但日軍這次作戰的規模是顯而易見的。唯一造成疑惑的部分是攻擊目標，因為電報中僅僅提到「ＡＦ」兩個字母。羅奇福特相當合理地推定這代碼意指中途島，但華盛頓的專家卻很肯定地認為這個代碼意指歐胡島。

尼米茲認同羅奇福特的看法，並親自飛往中途島，以決定還需要什麼額外裝備與多少兵員，才能抵抗這樣大規模的兩棲作戰攻擊。他把所有能夠騰出來的戰機全都派往中途島。尼米茲還把這小島上的駐軍增加到兩千人，建立起三個弧形的潛水艇巡邏區，同時還下令增設許多高射砲台。為了確認「ＡＦ」，尼米茲要中途島發出一封假電報，抱怨淡水工廠的損壞。日軍果然上鉤，兩天後向東京方面發送無線電報，表示「ＡＦ」缺乏淡水。

經過這樣的證實，尼米茲決定給日軍迎頭痛擊。他們將埋伏在那等著日軍，儘管尼米茲只有八艘巡洋艦、十七艘驅逐艦和兩艘航空母艦，而且他還知道得面對山本巨型艦隊的挑戰。第三艘航空母艦「約克鎮號」在珊瑚海受損後，還沒辦法返回珍珠港，而修復估計需要九十天的時間。

尼米茲把兩名指揮官弗萊徹和雷蒙德．史普魯恩斯少將（Raymond Spruance）叫了過來。史普魯恩斯在最後一刻才頂替正被皮膚病困擾的哈爾西。尼米茲命令兩人「運用強大的消耗性攻擊對敵軍做出最大限度的重創」。他們要不斷地連續發動空中攻擊，「依據精打細算的風險評量原則。關於這點，你們可以解讀為，在未能對敵軍造成更強烈的重創前，避免暴露出部隊的位置，以免被優勢敵軍部隊攻擊。」

就在南雲的四艘航空母艦駛離瀨戶內海隔天，史普魯恩斯搭上「勇往號」航空母艦駛出珍珠港。構成「第十六特遣部隊」的其餘船艦是「大黃蜂號」航空母艦、六艘巡洋艦和十一艘驅逐艦。兩天後，弗萊徹也跟著出發。他搭上了「約克鎮號」，率領兩艘巡洋艦和六艘驅逐艦。靠著一千四百名工人以超人般的努力，讓原本預估要三個月才能修復的這艘航空母艦，僅僅兩天就修好了。

——

也就在同一天，在南雲後方六百海哩遠的山本收到了三封惱人的電報。首先，他獲知無法對珍珠島進行空中偵察，因為就在以潛艇為那些從馬紹爾群島瓜加林環礁（Kwajalein Atoll）起飛的偵察機加油的地方，正好停著一艘美國水上飛機的補給船。其次，原定有七艘潛水艇要在歐胡島和中途島之間形成一個警戒線，並攔截航向「木戶部隊」的美軍航空母艦，也因為某種原因無法及時就定位。[1] 最後，也是最擾人的訊息，一艘在中途島附近水域巡邏的潛水艇報告，該島似乎正處於嚴格警戒狀態，有著密集的空中巡邏，也可以看到許多工程吊車，應該是在進行防禦工事的擴建。山本原本要把這些訊息轉給最需要知道的人——南雲，但他的作戰參謀黑島上校堅持要讓無線電保持靜默。

這支「特遣艦隊」在沒有雷達的協助下，在濃霧中前進。隔天，六月二日，天氣更糟了。南雲和草鹿站在「赤城號」的艦橋內焦急地注視周圍的重重濃霧。這濃霧雖然能使他們不被敵軍偵察到，但也為以近距離間隔航行的船艦帶來危險。草鹿依舊對那雙重戰術任務感到相當焦躁：六月四日攻擊中途島，為兩天後的登陸戰做好準備，同時還要找到並摧毀尼米茲的艦隊。要怎樣才能夠同時完成呢？第二項任務需要保密和自由移動，但如果要轟炸中途島，機動性和機密性也就隨之消失。這就像「一名獵人要同時追捕兩隻野兔」。

草鹿當著南雲的面，向參謀人員提出了這個問題。大石保上校做了最簡潔的回答：「聯合艦隊的作戰命令是把消滅敵軍部隊擺在第一順位，協同登陸作戰則是第二順位。但如果我們無法按照計畫壓制以中途島為基地的空中力量，我們在兩天後的登陸作戰就會遭到頑強抵抗，整個入侵計畫就會被打亂。」

敵軍艦隊究竟位於何處？南雲也正疑惑著。大石承認沒人知道答案。「既然他們已經警覺到我方的行動，並派艦迎擊，此時他們應該離基地不會太遠，當然也不會離我們很近。」因此攻擊中途島計畫應該如期執行。其他人都一致同意。

那天終於開始使用新版本的艦隊密碼，而珍珠港地下室的解碼人員也處於暫時毫無頭緒的狀態。但這沒有什麼差別，因為尼米茲已經知道得夠多了。隔天早上，中途島收到的第一份觀察報告表示，敵軍的入侵已經迫在眼前。傑克．里德少尉（Jack Reid）駕著卡特琳娜水上飛機在中途島外巡邏時，突然看到三十海哩外的前方有一群「後院池塘內的小船」。他問了副駕駛哈德曼（Hardeman）：「你有看到我看到的東西嗎？」哈德曼推了推眼鏡說：「你說得一點也沒錯，我看到了。」

里德急忙回電中途島基地：「發現主力！」

然而，那卻是登陸作戰的運輸船隊，他們也發現了這架卡特琳娜水上飛機，並向山本發出警訊。「赤城號」截收到了電報，但南雲並不關心。美軍還沒偵測出「特遣艦隊」的位置。但「大和號」艦橋上的那些人就不像他那樣自信滿滿了。不論是山本還是他的參謀們，都沒意料到在對中途島發動第一波空襲前，運輸船隊就已被偵查到。

傍晚時分，日軍迅速從西北方向朝中途島集結，並在拂曉時就抵達離目標只有兩百英里的戰機起飛點。弗萊徹和史普魯恩斯已經在中途島東北方三百海哩遠的地方處就位。弗萊徹是這兩支打擊艦隊的指揮官，他正確地判定里德之前所發現的只是運輸船團，但這卻意味著其他航空母艦就在後方不遠處。晚間七點五十分，他將艦隊朝西南駛去，深信隔天就會是「美國海軍史上最重要的一日」。到破曉時，他就能駛抵中途島北方。這是個極為卓絕的推斷，那時美國的航空母艦群只離「木戶部隊」大約只有一百海哩了。

史普魯恩斯透過目視訊號通知他的部屬，他們很可能會遇上優勢敵軍部隊，有著四或五艘航空母艦，而此次作戰的勝利將「對國家具有極大價值」。在美軍各軍艦上，小道消息總是不脛而走，因此，關於日軍的密碼已被破解，還設好一個陷阱等著他們的說法很快就傳開了。不論是在軍官室內還是在飯廳中，到處都洋溢著一股興奮的情緒。

三

六月四日凌晨兩點四十五分，「赤城號」上的擴音器響起了，飛行組員翻下了舖位。整艘艦上都充滿著歡欣的氣氛，好像已經打了勝仗一樣。上次率領進攻珍珠港的是淵田美津雄中校，這次攻擊中途島應該還是由他率先發動攻擊。但他現在卻躺在病房裡，因為出海的第一晚他就得了盲腸炎。而他的好友源田實，就躺在離他不遠的病床上。源田得了重感冒，雙眼布滿血絲。源田穿著睡衣，拖著腳步走到艦橋，向南雲為自己的遲到表示歉意。他向長官保證，他的身體已經好了，可以指揮並負責這次攻擊任務。上將敦厚地把手放在他的肩膀上，艦橋上所有人的雙眼都帶著鼓勵的神情看著他。在甲板下方，飛行組員吃的傳統的早餐，是日軍數十年來供應前往戰場的戰士的傳統食材——米飯、味噌湯、乾栗子和清酒。

四艘航空母艦此刻離中途島西北方兩百四十海哩遠，頂著風全速往前航行。源田下令為對小環礁發動第一波攻擊做好準備。清晨四點三十分，草鹿下達了攻擊的命令。突然間，淵田出現了。他在下面實在待不住，歪歪倒倒地從病床上爬到甲板，看著頂替他職務的「飛龍號」上的友永丈市上尉率領這波攻擊行動。航空管制軍官揮著綠色燈號，第一架「零式」戰鬥機隨即掠過燈火通明的飛行甲板，衝進一片漆黑夜空中。一陣陣自發性的歡呼聲透過海風傳遍整個飛行甲板。緊接著，八架「零式」戰鬥機相繼起飛，之後是十八架俯衝轟炸機。

在一刻鐘內，四艘航空母艦飛行甲板上所有的戰機都已起飛，空中共計一百零八架戰機，但艦上的人員只看到一長串的紅燈和藍燈一路朝著中途島方向而去。就在同時，源田下令七架偵察機飛往東方和東南方去搜索美軍航空母艦的下落。五架順利飛了出去，但重巡洋艦「利根號」上的一架偵察機卻因發射器出了問題，只得延後起飛。草鹿認為，應該派出更多偵查機，但他卻沒說出來。這場大戲是屬於源田的（南雲幾乎是毫不懷疑地就接受源田提出的任何提議。事實上，某些人把「特遣艦隊」諷稱為「源田艦隊」），而且敵軍的航空母艦完全不可能出現在此區域內。在四十八小時內，他們不可能從珍珠港到達這裡，但為了預防他們突然出現，草鹿下令「赤城號」和「加賀號」兩艘航空母艦的飛行甲板上配置好三十六架戰機，並裝上魚雷。

不但美軍艦隊的位置要比日本人所估計的還要近，就連日本自己的航空母艦也很快就被發現了。

清晨五點二十五分，霍華德・艾迪上尉（Howard Ady）駕著一架從中途島起飛的卡特琳娜水上飛機，進行搜查任務，在靠近「木戶部隊」的地方衝出了雲層。他在看到這麼一大群船隊時被嚇得目瞪口呆。這「就像是看到『世界上最壯觀的一場表演』在開演時布幕升起的那一刻」。艾迪用無線電回報：「發現敵軍航空母艦群。」他把這架笨拙的卡特琳娜水上飛機又滑進了雲層內，並在上空盤旋。他從後方飛到南雲艦隊上方，辨識出有兩艘航空母艦和好幾艘主力艦。

艾迪的報告指出，他已經發現到日軍「特遣艦隊」的行蹤，但弗萊徹將軍決定等待更為確切的資訊。他發了封電報給史普魯恩斯：

> 繼續向西南前進，並且當確切發現敵軍航空母艦的位置時，發起攻擊。一旦飛機返回時，我會盡全速跟上。

大約在五點五十分，中途島上的雷達發現正在飛往中途島的日軍飛機。空襲警報響起，戰機也匆忙起飛應戰。六架海軍「復仇者式」（Avenger）魚雷機和四架陸軍「劫掠者式」（Marauder）轟炸機也都裝上魚雷，朝北方的敵軍航空母艦飛去。二十五名海軍戰鬥機飛行員則駕著老舊的布魯斯特製「水牛式」戰鬥機和格魯曼（Grumman）製「野貓式」（Wildcat）往西北方向爬升而去。幾分鐘內，他們就遇到了那群突襲者。他們立即投入空戰，但數量上屈居弱勢，完全不是「零式」戰鬥機的對手。十五架海軍陸戰隊的戰機都被擊落，日軍戰機在完全沒有遇到還擊的情況下橫掃目標區。俯衝轟炸機筆直衝過猛烈的防空砲火網，炸毀了建築物、油槽和水上飛機的停機庫。那個曾經拍攝過杜立德等一行飛行員起飛情形的約翰・福特，此時正帶著攝影機站在一座發電廠的頂樓拍攝這一切。突然一顆炸彈爆開，砲彈碎片撕裂了他的肩膀。他爬了起來，雙眼看著鏡頭，繼續拍攝這場戰鬥。

日軍恣意狂炸了二十分鐘，當最後一架戰機轉向外海返回時，中途島似乎已變成滾著濃煙和火焰的兩個小島。但是，友永上尉在上空停留了比較久的時間，能夠看清這一切，發現未能徹底摧毀美軍戰力。敵軍的戰機（都是俯衝轟炸機）依然可以從跑道上起飛，朝著「木戶部隊」而去。上午七點整，友永用無線電回報：「有必要再次攻擊。」

這一個多小時以來，南雲的旗艦「赤城號」上一直處於驚恐不安的狀態。他們發現了艾迪的卡特琳娜水上飛機，預期到必然會有來自中途島的空襲行動。空中的濃厚雲層開始消散，「木戶部隊」完全暴露了出來。七點十分，一艘最前方的驅逐艦打出旗語信號：「發現敵機。」

從中途島起飛的四架「劫掠者」和六架「復仇者」掛載著魚雷飛來。掩護著航空母艦的「零式」戰鬥機俯衝下來，並把其中三架美軍戰機擊落海中。驅逐艦、巡洋艦和「霧島號」主力艦上的高射砲又擊落了兩架戰機。但有三架美軍戰機穿越了火網，到了足以向「赤城號」投射魚雷的距離。這艘旗艦突然轉向，從旁邊掠過波浪而去，美軍的數枚魚雷並未擊中。由於這次空襲，加上友永要求再度對中途島發動攻擊，促使南雲下令對中途島進行第二波攻擊，因為和遭遇到美國艦隊的可能性相比，中途島上的戰機對於他的航空母艦群具有更大的威脅性。

實際上這個決定是由南雲的參謀長做出的。就像偷襲珍珠港時一樣，草鹿才是實質指揮官，在採取行動前，他必然曾和南雲商議，但到目前為止，南雲每次都言聽計從。這個最新的命令意味著，「赤城號」航空母艦與其姊妹艦「加賀號」上的魚雷機必須掛上炸彈。當把這些飛機從飛行甲板上下降到艦倉機庫時，艦上作業一片混亂。就在混亂的同時，七點二十分，「利根號」的偵察機又傳來電訊，在中途島北方二百四十海哩遠的海面上有「十艘船艦，明顯為敵艦」。「赤城號」的艦橋上立刻騷動起來——也就是說，美國艦隊已在東方兩百海哩外！

這是自珍珠港事件以來，幸運之神首次沒有在戰場上站在日本人這邊。「利根號」上那架偵察機因為彈射器發生故障而延誤半個小時才起飛；若是能準時起飛，它會在魚雷機下降到船艙內裝配炸彈前就發現美國艦隊，日本戰機此時就會朝著「勇往號」、「大黃蜂號」以及「約克鎮號」等航空母艦而去。而現在，正當工作組員再度匆忙地把戰機上的炸彈卸下要換上魚雷時，關鍵性的時機點已然喪失。

早上七點四十七分，草鹿要求從「利根號」起飛的飛行員將美軍船艦級別辨識清楚，但他在收到回覆之前，在遠方就已看到了十六架美軍軍機。這些都是海軍陸戰隊的俯衝轟炸機，它們在空襲警報響了幾分鐘後起飛，並繞過了友永的機隊直朝日軍航空母艦而來。這時他們的指揮官洛夫頓・亨德森少校（Lofton Henderson）下令進行「下滑投彈」（glide bombing），因為他手下的飛行員對於俯衝轟炸的作戰經驗不足。他們朝「飛龍號」航空母艦飛去。草鹿看到這艘輕型航空母艦籠罩在一陣濃煙和炸彈爆起的水柱中間。「零式」戰鬥機奮力地擊落了半數美軍戰機，但其的戰機則是毅然決然緊追著「飛龍號」，於丟下炸彈後返回中途島。「飛龍號」毫無損傷地躲過了這波攻擊。

接著在八點九分，傳來了好消息。「利根號」的偵察機回報，敵艦是「五艘巡洋艦和五艘驅逐艦」。但是，已沒有時間慶賀，因為在頭頂兩萬英尺上空，有十五架「空中堡壘」正在投彈轟炸他們。這些轟炸機在黎明前就飛離了中途島去攻擊運輸船隊，只是他們先發現到航空母艦群。「空中堡壘」的機組人員看到炸彈落在不斷進行閃躲而改變航向的航空母艦之間，因而用無線電回報了錯誤的訊息，說有四枚炸彈擊中目標。其實他們沒有命中任何目標。

草鹿對於美軍攻擊的多樣性有著深刻印象：有魚雷機的「下滑投彈」，還有俯衝轟炸和高空轟炸。美國人就像那傳說中有著三頭六臂的惡魔「白晝大黑天」。不到十分鐘，他又得知了另一個威脅——一個更加危險的威脅。「利根號」的偵察機用無線電回報：

敵軍艦隊後方似乎跟著航空母艦。

草鹿相信這個報告，但他手下的參謀卻不相信。如果這個水域內真有一艘航空母艦，那麼為何它還沒有發動攻擊呢？此外，剛才三波從中途島發動的毫無成果的空襲不就證明敵軍是不足畏懼的。

上午八點三十分，就在友永戰機群開始從中途島返回母艦的同時，「利根號」的偵察機再度發送一份電報：兩艘敵艦，很可能是巡洋艦。顯然美國艦隊規模相當龐大，至少包含了一艘航空母艦。草鹿想要發動攻擊，但又左右為難。戰鬥機是用來護衛航空母艦特遣艦隊的，而它們正在上方盤旋準備攔截任何來犯敵機，同時它們也快要耗盡油料了。那麼友永的機群如何？如果他們不能安然降落在航空母艦上，海軍就會損失好幾十名最優秀的飛行員，這又會波及到之後的作戰行動。

他轉身面向南雲，建議他們應該延後攻擊行動，然後他又徵詢源田的意見。源田焦慮地望著友永的機群在航空母艦上方盤旋。許多戰機的油箱只剩下最後幾加侖的燃油了。那些飛行員幾乎都和他有著私交。「我相信，我方所有的飛機都應先降落重新加油。」

停在「赤城號」和「加賀號」甲板上的飛機只好再次降入機庫。這回清空跑道是為這些戰鬥機以及那些從中途島歷盡艱辛歸來的突襲者而做的。當最後一架戰機安然返回時，已經是上午九點十八分。「木戶部隊」接著把航速提升到三十節，並緊急把航向從東南方轉到北北東，大致朝著美國艦隊方向而去。

四艘航空母艦上的工作人員熱切地在為三十六架俯衝轟炸機、五十四架魚雷機和護衛他們這些船艦的戰鬥機做攻擊準備。他們多年夢寐以求的「太平洋決戰」就在眼前了。

四

弗萊徹下令「第十七特遣部隊」一旦明確發現敵軍航母方位，就發動攻擊。史普魯恩斯原先計劃讓「勇往號」和「大黃蜂號」航行到離敵軍目標只剩一百英里處時，才發動攻擊，但日軍對中途島發動空襲的報告使他的參謀長麥爾斯．布朗寧上校（Miles Browning）激發出一個想法，並催促要提早發動進攻——而當日軍戰機正在補給油料時，就能抓住這個時機點。

史普魯恩斯是個勤奮好學且腦袋靈活的指揮官，只有當他認為值得冒險時，他才會積極勇往直前。他和前任指揮官——熱情奔放又脾氣暴躁的哈爾西——剛好是個對比，而且他也不喜歡出風頭。根據安納波利斯（Annapolis）的「美國海軍學校」的畢業紀念冊上面的評語，史普魯恩斯是名「相當樸實、認真又無邪且具個性的年輕人」，而且「除非『軍務在身』，否則不會傷害任何人」。即使是在「勇往號」上，他還是個謎樣的人物，個性沉靜，喜歡獨處，時常一個人在甲板上來回不停走動以鍛鍊身體，也會一個人關在船艙內研究圖表好幾個小時。

敵軍的相對距離比原先計劃的遠了許多，也就增加了風險，他通常是不會冒這種危險；但能逮住日軍攻其不備的機會要比這風險來得更有價值，值得一試。他第一個重要的決定就是重視布朗寧的意見。而第二個，也是同要重要的決定，就是下令除了巡邏機外的所有能夠作戰的飛機，全都投入這場攻擊行動中。七點零二分，六十七架俯衝轟炸機、二十架戰鬥機還有二十九架魚雷機開始飛離這兩艘航空母艦。他們的油量勉強夠他們返航之用。但此刻不是瞻前顧後的時刻。

弗萊徹在史普魯恩斯身後大約十五海哩遠處。他在過了一個半小時後，才下令他唯一的航空母艦上的戰機起飛；當他的十七架俯衝轟炸機、六架戰鬥機和十二架魚雷機飛離「約克鎮號」時，這時已是上午九點六分。

十二分鐘後，南雲突然轉向，朝北北東方向前進。因為意識到要避開以中途島為基地的美軍軍機的再度攻擊，卻在無意間閃開了那些從航空母艦上起飛，正在搜尋他的一百五十一架美軍戰機。

在改變航線幾分鐘後，「大黃蜂號」的俯衝轟炸機和戰鬥機飛抵原定要攔截日軍航空母艦的位置。領航機斯坦霍普．林中校（Stanhope Ring）在他的右方發現雲層（而南雲就在雲層的下方），於是向西南方飛往中途島——也就遠離了「木戶部隊」。

但三隊魚雷機機群——分別從三艘不同美軍航空母艦上起飛——卻幾乎是直朝目標而去。第一機群的十五架飛機是道格拉斯公司的「蹂躪者式」（Devastator），從「大黃蜂號」上出發，並無戰鬥機進行護航。領航機是約翰．沃爾德倫中校（John Waldron），並沒有跟隨林中校所率領的俯衝轟炸機飛往中途島；他有種預感，認為日本人會轉向朝東航行。沃爾德倫長相難看，方下巴，還有點印地安人蘇族（Sioux）的血統。就在前晚，他在給妻子的那封信中還寫道：「如果我回不來了，那麼，你和女兒們就能夠知道，這個中隊是為了完成海戰中最高等的目的——『擊沉敵艦』——而戰。」他在一封寫給屬下的信最後寫道：「如果只剩下一架飛機能夠做出最後一擊，我要他衝進去，然後擊沉敵艦。」

他轉向東方，過了幾分鐘之後什麼也沒看見。接著在八海哩外，他看到了四艘航空母艦以盒狀編隊航行。大約二十五至三十架「零式」戰鬥機朝著這些「蹂躪者」式戰機俯衝而來，並開火射擊。沃爾德倫根本不理會它們。他搖擺機翼，傾斜而下，以全速朝著一艘航空母艦而去，他的部下也跟在他後面俯衝而下。有架戰機像是被獵人射中的鳥一樣翻滾墜落。

沃爾德倫聽到後方的機槍聲大作，大聲問道：「那是『零戰』嗎？」他的槍砲手兼無線電發報員霍勒斯．多布斯（Horace Dobbs）沒有聽到。那是一架「蹂躪者」式俯衝轟炸機。又一架戰機被擊落，但沃爾德倫還是拚命往下衝。當這些進攻的戰機飛近航空母艦的尾部時，它們撞上一面看似無害的黑煙霧和曳光彈的光幕。另一架「蹂躪者」又掉進海裡。沃爾德倫的左油箱中彈起火。當這架著了火的戰機飛掠海面時，「德州佬」喬治．蓋伊少尉（George“Tex”Gay）飛在這組飛行編隊的尾部，看到沃爾德倫站了起來，並試著要爬出駕駛艙。突然間，一個大浪打上了戰機的起落架。沃爾德倫和多布斯的生命在此走到了盡頭。

又一架魚雷機像風車一樣墜入海中——接著又一架——然後又一架。只剩下蓋伊的飛機和另外兩架了。接著又響起兩聲爆炸聲，最後只剩下蓋伊的戰機。他還記得沃爾德倫對最後一架戰機的指示，那就是「衝進去，然後擊沉敵艦」。

他的無線電發報員鮑伯．杭亭頓（Bob Huntington）喊道：「我中彈了。」蓋伊轉過頭去，看到杭亭頓的腦袋軟綿綿地垂著。一顆子彈射進蓋伊的右手臂，他看到航空母艦就在他的前方。航空母艦朝右舷轉向，他也跟著往右飛。他投下一枚白色彈頭的魚雷後快速翻轉機身，在離航空母艦船頭只有十英尺的距離飛掠而過。當他開始往上爬升時，他被多架「零式」戰鬥機困住。「蹂躪者」被擊中後平滑到海面上，他拉著座艙罩，但卡住了拉不開。他用力拉，完全無用。海水迅速地湧入戰機。他使勁猛力一拉，座艙罩終於打開了，他扭動身軀爬了出來。當他游出水面時，他想他聽到了一個爆炸聲——必定是他的「醃黃瓜」（pickle，一種形狀類似黃瓜的魚雷）擊中了航空母艦！不過，就像其他所有戰機投下的魚雷一樣，這枚也沒有命中，而且落在航空母艦後面很遠的地方。

但是，在幾分鐘內，從「勇往號」和「約克鎮號」上起飛的魚雷機也發現到南雲的艦隊。從「勇往號」起飛的十四架道格拉斯「蹂躪者」式戰機，在無戰鬥機的護航下發動了攻擊。其中十架被擊落，而剩下的四架戰機總算發射了魚雷。接著，「約克鎮號」上的十二架魚雷機也出現了。前來攔截的日軍戰鬥機擊落了他們的六架護航戰鬥機，但他們也發射了五枚魚雷。

有架美國軍機直朝「赤城號」飛去。當這架「蹂躪者」從頭頂上幾英尺的距離呼嘯飛過時，接著直衝大海，草鹿還突然低下身軀。當草鹿了解到美國人和他們的武士一樣堅毅果決時，極度震撼。他默默地為那個美國人祈禱。

總共發射了九枚魚雷，但沒有任何一枚擊中目標。美軍的空中攻擊接下來就只能依賴俯衝轟炸機了，然而，看來它們還沒找到日軍的影子；從「大黃蜂號」起飛的戰機已經飛往中途島了，而從「約克鎮號」上起飛的由馬克斯威爾．萊斯里少校（Maxwell Leslie）帶隊的十七架戰機，還在離目標群東南方好幾英里遠的地方。

另外三十七架俯衝轟炸機——由克拉倫斯．麥考克拉斯基少校（Clarence McClusky）率領從「勇往號」

上起飛——要比萊斯里的機群還早一個多小時就飛離航空母艦。麥考克拉斯基和前面的人一樣，都錯過了南雲的「特遣艦隊」，只能朝中途島飛去，但一無所獲，只好往北飛回來。

上午九點五十五分，他看到一艘正朝著東北方前進的日軍驅逐艦留在身後的白色浪花。他希望這艘驅逐艦是在趕著去和航空母艦會合，於是在後尾隨。他在無線電電話筒裡聽到布朗寧上校激動大喊：「攻擊！攻擊！」

麥考克拉斯基回答：「照辦。只要能讓我找到這群混蛋，我就動手。」他繼續跟在驅逐艦後方又飛了二十分鐘，但什麼也沒看到。他的油料已經消耗到危險程度了，但還是決定繼續再飛一分鐘。這時已經是上午十點二十分了。

——

所有的日軍魚雷機又都回到了甲板上，和那些重新補給油料的戰鬥護航機一起排列著。這四艘航空母艦都轉向逆風的航向，做好發動戰機的準備。在十五分鐘內，所有的戰機都能升空完畢。

就在這時，麥考克拉斯基的三十七架道格拉斯「無畏式」（Dauntless）俯衝轟炸機在西南方現身了。麥考克拉斯基除了指揮自己的中隊外，還統轄了威爾莫．厄爾．加勒赫上尉（Wilmer Earl Gallaher）和理查．貝斯特上尉（Richard Best）的兩個中隊。他看到兩艘航空母艦正在轉向朝著逆風的方向，準備發動飛機升空，於是他下令貝斯特的中隊去攻擊較小的航空母艦——「赤城號」。

他對加勒赫說：「厄爾，你跟著我往下衝。」他們把機鼻對準了「加賀號」衝了過去。

加勒赫瞄準了畫在甲板上的一幅巨大的、直徑約十五英尺寬的血紅色「太陽旗」。打從那天看見「亞利桑那號」在珍珠港內被炸個粉碎，還不斷在那悶燒著，他就黯然發誓要以敵軍航空母艦當作報復目標。在一千八百英尺上空，他投下了炸彈，然後立刻拉起機頭急遽爬升，並讓所有的「無畏」式戰機衝了下來。他目不轉睛在那盯著他的炸彈看——這是他過去不斷告誡手不不能做的事——看著那枚炸彈東搖西晃愈來愈接近目標。它擊中甲板的後半部炸了開來，他開心地想著，「亞利桑那號」，我還記得你啊！

當「加賀號」上的官兵看到「無畏」式俯衝轟炸機開始從陽光中衝出來時，無不驚恐萬分。炸彈落在了船身兩側的海水中。「加賀號」是不會被擊中的，是有神明在庇佑的。不過，四枚炸彈連續緊接著擊中飛行甲板的前中後三段。「加賀號」爆炸後燃起大火。

「加賀號」的命運讓身在旗艦上的草鹿頓時呆若木雞，甚至沒有注意到還有俯衝轟炸機正在攻擊自己的船艦。他聽到一陣令人毛骨悚然的警鳴聲，他抬起頭一看，只見三枚炸彈緊密挨著直直往下掉，看起來好像是用根繩子綁在一起的樣子，直朝著他而來。這三枚炸彈全都擊中跑道上準備要起飛的戰機，爆炸後艦身搖搖晃晃。船身像是地震般晃動著。船身中間的升降機被炸得嚴重扭曲變形，戰機則被炸翻了四處散亂著，還都燃燒著大火。機身上掛載著的炸彈和魚雷也一枚接著一枚爆炸，消防隊員疲於奔命地在滅火。火焰快速地延燒到隨意堆置在甲板上的燃料和彈藥，然後也跟著爆炸了。飛行甲板被炸得四分五裂。艦橋看起來就像是暴風雨中的樹屋一樣在晃動著。

眼見「赤城號」是無救了。此時，火焰正要吞噬艦橋上的玻璃窗。在一片喧嚣中，草鹿向南雲大喊：「我們必須撤到另一艘船上去！」南雲拒絕了。草鹿說，這艘船已經無法再航行，也無法再進行通訊連繫了。

南雲還是不斷地一而再再而三地說：「我們會沒事的。」

幾千加侖的油料在燃燒，流向了甲板下層，存放在機庫內的魚雷也一一被引爆。從艦身兩側噴發出的火焰，看起來就像是從超大型噴燈所噴射出來的。南雲依舊拒絕撤離羅盤前的崗位。航空母艦艦長青木大二郎上校大喊道，只有他一人需要對這艘船負責。「你和你的人員幫不上什麼忙，因此請移轉到另一艘船上吧！」

南雲根本不理睬他的話語。草鹿開始責罵他的長官，說他是整個「特遣艦隊」的指揮官，而不是單一船艦的艦長。南雲最後終於點頭同意，但似乎為時已晚。艦橋已幾乎被大火圍困住。草鹿對著年輕的秘書大喊：「打破玻璃窗！」窗子被打破之後，他們垂下兩根四十五英尺長的繩子，直達甲板。草鹿先把南雲推了下去，身材矮小的海軍上將敏捷地滑了下去。個頭壯碩的草鹿跟在後面，但他無法控制下滑的速度。當他跌到甲板上時，緊抓著繩子的手被磨得火辣辣的。他跌坐在甲板上，感到一陣昏眩，左腳上的鞋子也掉了。雙手磨破皮，而且雙腳腳踝也嚴重扭傷，但他卻沒感到疼痛。他在找著能夠穿過成堆火焰的通道。高溫觸發了機槍的子彈，在艦橋上四處彈射。他聽見遠處有參謀人員在催促著大家動作要快，他跛著腳走在滾燙的甲板上，穿過火焰朝著喊聲方向而去。

就在麥考克拉斯基發現「木戶部隊」之後不久，萊斯里所率領的從「約克鎮號」上起飛的十七架俯衝轟炸機也發現到它們。他注意到水平線那冒起了一點煙霧，便轉向西北方飛去。穿過雲層，他一眼撇見了「飛龍號」和「蒼龍號」。他以輕拍頭示意，接著便筆直往後者飛衝而去。

在半小時內，「蒼龍號」就被大火吞噬了。上午十點四十五分，艦長柳本柳作上校下令棄船，但他本人卻不願離艦。

幾分鐘內，五十四架戰機就致命性重創了日本三艘航空母艦。只有「飛龍號」倖免於難。勝利的最後希望就寄託在山口多聞少將——即那名普林斯頓畢業生，不久前還勒著南雲脖子不放的山口——的身上了。早上十點四十分，六架戰鬥機和十八架俯衝轟炸機飛離了「飛龍號」，去搜尋敵軍的航空母艦。只靠他們自己，是找不到敵艦蹤影的。他們的嚮導正是萊斯里的俯衝轟炸機群，在不知情的狀況下把所有的日軍戰機都引向了弗萊徹的旗艦。「約克鎮號」的戰鬥機快速衝向來襲的日軍戰機，但還是有六架日軍戰機設法閃躲，並丟下了炸彈。其中三枚正中了這艘仍帶著在「珊瑚海海戰」中留下傷痕的航空母艦。兩座鍋爐被炸毀，艦身因而起了大火，在十二點三十分時，便以動彈不得。但在一個小時內，戰損單位已經將火撲滅，這艘航空母艦又能夠繼續前進。但就在此時，從「飛龍號」上起飛的另一波攻擊戰機已只在四十英里之外。十架「中島」式魚雷機攻向「約克鎮號」，六架護航戰鬥機則去纏住那些從航空母艦上起飛的美軍攔截機，「中島」式魚雷機群穿過戰鬥機防線下方，儘管高射砲火不斷猛烈發射，他們還是對「約克鎮號」投下了兩枚魚雷。航空母艦受到重創，到了午後三點，艦身已經嚴重傾斜，艦長艾略特．巴克麥斯特上校（Elliott Buckmaster）下令棄船。

此時，美軍方面只剩下兩艘由史普魯恩斯指揮的航空母艦了。三點三十分，他下令俯衝轟炸機發動第二波攻擊。加勒赫上尉率領——麥考克拉斯基已經受傷——二十四架俯衝轟炸機，在無戰鬥機護航下，朝著「飛龍號」航空母艦而去。史普魯恩斯發電報給已轉移到巡洋艦「亞斯托力亞號」（Astoria）上的弗萊徹，詢問進一步的指示。他的答覆是「沒有」，從此時起，戰鬥就由史普魯恩斯全權掌控了。

五

上午十點三十分，在「大和號」上的山本收到「赤城號」著火的消息時，他們還在西方四百海哩遠的海面上。這消息似乎沒有讓他感到困擾。二十分鐘後，無線電室收到南雲傳來的詳細報告：

由於受到敵軍航空母艦和陸基戰機的攻擊，「加賀號」、「蒼龍號」和「赤城號」已經起火。我們計劃以「蒼龍號」對敵軍航空母艦發動攻擊。目前暫時朝北方撤退以集結軍力。

山本看起來還是很鎮定。他一副若無其事的樣子，開始和渡邊下起棋來。後來進一步的消息傳來，也只是讓他含糊地說聲：「哦，原來是這樣子。」終於，在收到第一份訊息的九十分鐘後，他才下令入侵的運輸船團向後撤退，並下令前一天佯裝攻擊荷蘭港的兩艘輕航空母艦開往中途島，去協助南雲。他自己強大的「主力部隊」仍舊全速向東航行，而原先掩護運輸船團的近藤信作中將則帶領了包括「瑞鳳號」航空母艦在內的強大艦隊，從南方向北航行。從三個方向匯集成為令人生畏的新部隊群聚到了中途島。「決戰」還沒開打呢！

對「約克鎮號」發動第二波攻擊並生還的機組人員回到「飛龍號」後，報告他們已經摧毀了兩艘航空母艦；於是山本下令發動第三次攻擊。但在第一架戰機滑行到起飛位置前，一名瞭望兵大喊：「敵軍俯衝轟炸機！」西南方出現一串戰機，從落日夕陽中攻了過來，就像是一條長蛇。這情景著實讓人害怕。當加勒赫的二十四架俯衝轟炸機飛撲而來時，航空母艦上的人員只能無助地看著它們飛過。

四枚炸彈擊中了艦橋四周。大火迅速燃燒著一架架緊挨著的戰機，最後飛行甲板都變成了火海屠場。

加勒赫對著無線電話筒喃喃自語說：「瞧瞧這個燒起來的混帳東西！」

——

南雲和草鹿登上了新的旗艦，輕巡洋艦「長良號」。所有四艘航空母艦都著火了，而且喪失了戰鬥力；但草鹿還是想發動攻擊。他腳踝受傷，無法站立，便命令一名水手背著他爬上艦橋。他力促南雲運用驅逐艦、巡洋艦和主力艦發動夜襲，攻擊美軍。

那正是南雲的拿手本事——水面作戰。他說：「現在戰鬥是屬於我的了。」這個曾經是超強戰力的「木戶部隊」的殘餘軍力，開始要偷偷追擊美軍。

史普魯恩斯猜中了日本人的意圖。雖然他性格相當謹慎，但還是被勾起應戰的慾望；接著，他想起尼米茲的「精打細算的風險評量」指示。這回所要冒的風險代價實在太高。日軍指揮官或許希望來個一翻兩瞪眼的攤牌，而其部下可是訓練有素的夜戰好手。於是史普魯恩斯轉身返回朝東航行而去。

中途島的西北方海域成了一個燃燒中的墳場。「蒼龍號」傾斜了。這艘航空母艦上的生還者站在附近的驅逐艦上痛苦地看著它，在晚上七點三十七分緩慢笨拙地沉入海中。當海水撲滅火焰時，還發出了極為嘈雜的嘶嘶聲。隨著「蒼龍號」一起沒入大海的共有七百一十八名受困或戰死的日本軍人，還有一名就是緊緊把自己綁在艦橋上的艦長柳本上校。水下傳來一聲沉悶的爆炸巨響，撼動了四周的船艦。「加賀號」在南方四十英里外，艦上也是一團大火，在兩聲爆炸後也毀壞殆盡。幾分鐘內，這艘被重創的航空母艦連同八百名船員，一同被大海吞沒了。

南雲在漆黑的海面上搜索了好幾個小時，但完全無法定位到敵軍的行蹤。顯然是不會有夜戰了。他召集了所有的參謀幕僚，並下令全軍往西北方撤退。曾經協助謀畫偷襲珍珠港作戰的大石上校，已經瀕臨歇斯底里狀態。他在軍官醫務室裡找到了草鹿，並說：「既然我們發動了這場戰爭，那麼我們對這場災難就得負起責任。我們全體都該『切腹自殺』！」他還表示，全體參謀都同意他的看法，並要求他來轉告南雲。

「混蛋！」草鹿說道：「把其他白癡全都叫到參謀室來。」他穿著醫院病患的白袍，讓人抬到了參謀室裡去面對這群參謀。「當打贏戰爭時，你們就在那歡聲鼓舞。打敗了，你們就以『切腹自殺』要脅。你們這樣的行為就像是發了瘋的女人一樣。」他們得面臨一場長期戰爭，而他禁止「這樣的胡說八道」。

草鹿要人把他抬進南雲的船艙內，並問：「你是不是也打算自殺？」接著就以他對天皇和民族的責任為由，對著這名矮小的將軍說教起來。南雲承認草鹿說的有道理，但質疑這是否適用於「艦隊的指揮官」身上。草鹿一聽南雲這麼說，就又發火了。南雲軟化了態度，並向他保證，他絕對不會草率行事，還補上一句慣用語「大丈夫」，也就是「別擔心」的意思。

——

在「大和號」上，山本的參謀人員急切地在找尋能夠好好重創敵軍的方法，以彌補損失的四艘航空母艦，但史普魯恩斯並不上鉤。因此，所有不切實際的辦法都考慮到了，例如，黑島上校建議以主力艦去轟炸中途島。

參謀長宇垣冷冷地評論這個建議是「愚行」。主力艦在還沒開到主砲能夠砲擊中途島的距離前，就會被敵軍的空襲和潛水艇擊沉。況且，在阿留申部隊加入會集前，都不應該再度發動空襲。「就算是到時還是無法發動空襲，我們也必須接受敗戰，我們還沒輸掉整場戰爭。『聯合艦隊』還有八艘航空母艦。我們心志未失。打仗就像下棋一樣，只有蠢蛋才會讓自己因陷入絕望而魯莽行事。」

山本靜靜地在一旁聽著。他說：「只有我一人才須向天皇陛下請罪。」並指示渡邊發送命令給近藤和南雲，要他們撤退。渡邊情緒激動到哽咽，坐了下來寫著這份令人難過的命令，並設法在措辭上避免使用「撤退」這兩個字。

「木戶部隊」的殘餘兵力開始返航，但「飛龍號」和「赤城號」兩艘航空母艦上的大火還在燃燒，完全無法控制。「赤城號」的艦長要求將它擊沉。這種想法對於山本手下大多數參謀人員來說是無法想像的。宇垣說他們是「老婦之見」，但黑島認為美國人會逮住「赤城號」並「拖到舊金山當成一座博物館來展示。」山本的眼中泛著淚水。多年前，他曾經是這艘航空母艦的艦長。他平靜地說：「讓驅逐艦向『赤城號』發射魚雷吧。」

講求實際的宇垣走了出去，並在日記中寫下：「情感不能和理智混為一談。」他更擔心敵軍或多或少已經提前警覺到中途島作戰的事實。或許是某艘美國潛水艇在航行途中發現了南雲，或是某艘俄羅斯船艦看到了阿留申部隊。如果都不是這些，那就是艦隊密碼已經被破譯了。

「飛龍號」航空母艦艦長加來止男上校不需發送電報向「聯合艦隊」請求允許炸沉他的船艦。曾在

「飛龍號」上指揮這兩艘輕型航空母艦的山口將軍承擔了責任，並下令「卷雲號」驅逐艦將這艘還在燃燒的「飛龍號」擊沉。六月五日半夜兩點三十分，山口把船員召到上面，告訴這八百名生還者，只有他一人需要對「飛龍號」和「蒼龍號」這兩艘航空母艦負責。他說：「我將與此艦共存亡。我命令你們全體離艦，並繼續對天皇陛下效忠。」他們全都面對著皇居的方向，山口帶領著他們向天皇高呼三次萬歲。

山口將一封遺言書交給一名高級參謀伊藤清六中校。那是寫給南雲的。他在信中呼籲要「建立起一支更強大的日本海軍——並報仇雪恨。」全體參謀人員靜默地以水代酒向山口敬了一杯。山口又交給伊藤他那頂黑色軍帽，並要求將它交給山口夫人。然後，他轉身向著要和他共命運的加來艦長，並說：「今晚月色如此美麗。我們一同望月而沉如何？」

即使是近藤的艦隊，也無法安然無事地逃脫戰場。兩艘重巡洋艦「最上號」和「三隈號」因為在暗夜中相撞，遠遠落在撤退的艦隊之後，史普魯恩斯艦隊的機群因而能夠在六月六日追上它們。「三隈號」被擊沉了，雖然「最上號」被六枚炸彈擊中，但還是緩慢費力地逃脫了。

日本人也真正扳回了一局，但為時已晚，無法影響戰局。就在同一天，「伊—一六八」（I-168）號潛水艇艦長田邊彌八少校，從艦橋上發現受到重創的「約克鎮號」。這艘潛水艇溜過驅逐艦護航的防護圈，並朝「約克鎮號」發射了兩枚魚雷，另朝驅逐艦「漢曼號」（Hammann）發射了一枚魚雷。驅逐艦在四分鐘內就沉入海中，但經歷過最初兩次重大海戰洗禮的老兵「約克鎮號」卻頑抗到底。一直到隔天黎明，才帶著所有隨風飄揚的戰旗沉入大海。

對於損失了四艘航空母艦以及海軍航空菁英的日本人來說，這只是一個細小的補償而已。有史以來最大的海戰之一到此終於結束，美國人自此掌控了太平洋。日本人的過度自信，在地下室內少數幾人破解了日軍密碼，以及像是沃爾德倫、麥考克拉斯基與加勒赫等人的堅定意志，都在在決定了這場海戰的結局。在每一場戰役中，運氣都扮演了部分角色。在這次中途島戰鬥中，好運並沒有站在日本人這邊；「利根號」上的偵察機延誤了半個小時才起飛，而這又導致了大災禍。在戰爭中，有時需要的是謹慎小心，有時卻要果敢大膽。

山本把中途島作戰想得過於魯莽草率，而他的指揮官又打得過於謹慎小心。另一方面來說，史普魯恩斯在正確時刻大膽行事——運用手頭上所有的戰機及早發動空襲；而在謹慎以對時又能小心從事——拒絕南雲想要進行一場在暗夜中的挑戰。不過，要不是一名遠在戰場千里之外的智者，史普魯恩斯就不會有這樣的戰勝機緣。早在戰鬥開始之前，切斯特．尼米茲就已經做出了正確決定。

——在一場為德國和義大利大使館館員所舉辦的晚宴上，田邊武盛中將悄悄地與東條首相耳語：「海軍犯了一個重大錯誤。」

一向守口如瓶的東條問道：「在中途島嗎？」

「是的，他們損失了四艘航空母艦。」

東條忍不住評論道，這全是因為海軍不聽陸軍的建議，執意要發動這場作戰；接著又說：「還不能把消息洩漏出去，這事要完全保密。」

翌日，東條覲見了天皇，但對於此事卻隻字不提。[2] 之後，在一場與會人員資格有所限定的「帝國大本營」會議上，首相建議公布阿留申群島作戰情況，好轉移大眾對海軍潰敗的注意力。開往中途島前去協助南雲將軍的部隊奉令轉變航向朝北航行；六月七日，兵不血刃便佔領了面積雖小卻深具戰略位置的阿圖島（Attu）和基斯卡島。

然而在美國，中途島已成為家喻戶曉的字眼，人們把這場戰役視為太平洋戰爭的轉捩點，並大肆慶祝。事後有人批評尼米茲這些經過深思熟慮的文字還言之過早——尼米茲在六月六日的公報中如此寫道：

> 珍珠港之仇已經得到部分洗刷。在還沒將日本海軍力量打到無力還手前，都不算是完整徹底的報仇。在這樣的目標引導下，我們實質上已經跨出一大步。即使是我們宣稱已經完成了這個目標的一半，應該也會被大眾原諒。

六月七日，《芝加哥論壇報》的報導幾乎危及了這場戰爭獲勝的秘密——日軍艦隊的密碼遭到破解。報導中透露出，美國海軍圈內人士在戰鬥開始前幾天，就已經掌握了日軍在中途島的戰力。當海軍在獲知「壯盛的日軍船艦單位在離開基地不久後就集結起來」時，就已經猜想「荷蘭港或中途島可能會是攻擊目標。」

這則電訊並沒有署名來源，但這是由戰地特派員史坦利．強斯頓（Stanley Johnston）從太平洋發回來的稿件。報導接著詳細描述了日軍部隊的組成狀況，指出這支「特遣艦隊」的四艘航空母艦以及支援「入侵部隊」的四艘輕巡洋艦的艦名。海軍方面擔心，發表這樣精準的資訊會讓日軍警覺到，他們的密碼已經被破譯的事實。

其實這樣的擔憂毫無緣由，日本海軍相信他們的艦隊密碼是破解不了的，而是將中途島的潰敗歸結為過度自信。草鹿認為自己該為此敗戰負責。他不應該允許源田派出這麼少的偵察機。六月九日，他穿著冬季制服裹在一條竹蓆上，要人把他放在一艘小艇上，再駛往「大和號」。他像是一捆包裹般被吊了上來，放在甲板上。他親自向山本和參謀人員匯報這場戰役，認為既然這場戰爭攸關全體國民，他要求海軍向全體國民公布所有的真相，因為海軍有時會發布假公報。

當其他人都離開只剩下草鹿和山本時，草鹿對山本說，「木戶部隊」應該對這次敗戰負起完全責任，「如果你要某人以切腹自殺表示負責的話，請讓我這麼做。」他又說，他是真心希望繼續當南雲的參謀長，率領新的航空母艦部隊報中途島敗戰之仇。「我想請您多加考慮。」

山本聲音沙啞著答道：「我明白了。」草鹿得到了原諒，而山本因為嚴重的胃痛而躺回床上休息了。主治醫師診斷是「蛔蟲」問題，但近江侍從長卻認定是因為六月四日那場大災禍事件所造成的。

在日本，東條關於要嚴密保守戰敗訊息的指示被確實執行。沉沒船艦上的生還者都被隔離開來，關於中途島的真相並未公布給大眾知道，連高級官員也不清楚。六月十日，「帝國大本營」宣布，日本終於「確保了太平洋上的主權」，以及這場戰爭「確實在一場戰役中就此成定局」。為了慶祝勝利，歡欣鼓舞的東京市民策劃了一場旗幟遊行和一場燈籠遊行。

在田納西州，那名用袖珍潛水艇攻擊珍珠港的唯一倖存者，同時還有段時間是美國唯一的日本戰俘酒卷和男少尉，卻看不到什麼值得歡慶的理由。他相信自己從美國報紙上所讀到的關於中途島的訊息。在這趟一路漫長到達田納西州的旅程中，他看到了無數工廠及無邊無際的田野，而他就此知道國土狹小的日本還沒認知到美國的全部力量。中途島一役只是終結了日本人要征服他人的開端而已。

第四部
死亡之島

PART FOUR
ISLE OF DEATH

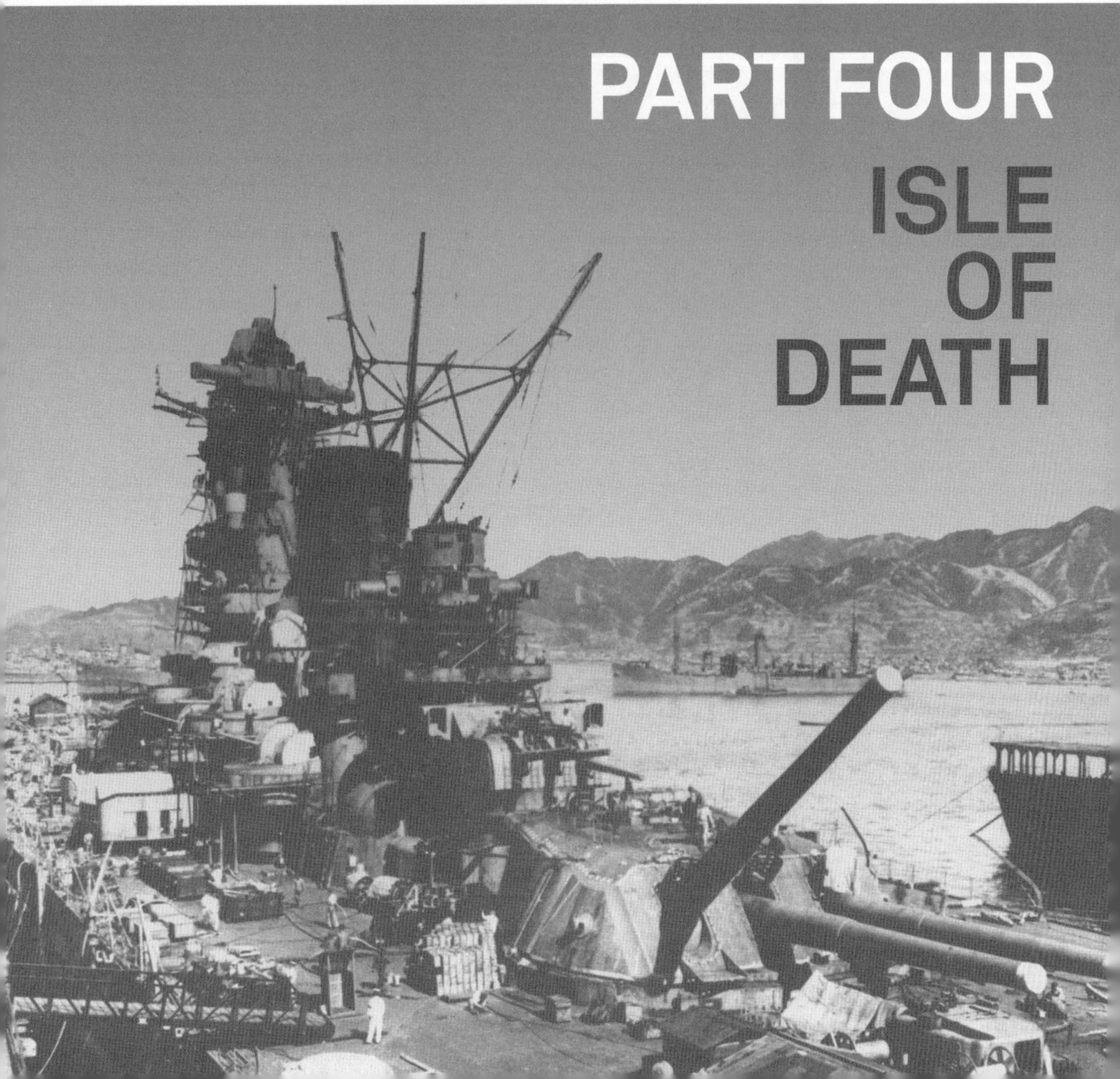

第十四章
小本經營行動

一

三十七歲的西野源，個頭瘦小只有約五英尺高，外表看來體弱多病且敏感——確實如此——但已經在中國熬過了好幾個月的艱辛時日，為他的報社《每日新聞》報導紛亂不堪的戰況。珍珠港事件後幾個月，他奉命報導南方的戰況。他最擔憂的不是自己的性命，卻是要他攜帶的價值兩萬五千日元的經費。他的市政版主編祝他一路順風，還送他一個平安符，並祝福他：「別丟了小命。」

西野帶著一個八人新聞小組，前往民答那峨南部的主要港口達沃，但直到六月七日，也就是他們一行人抵達一週後，他才獲知他的小組就要隨著第十七軍前往新喀里多尼亞群島（這是切斷澳洲對外聯繫作戰的一部分）。不過，西野一行人卻永遠都沒抵達那裡。三天後，當美方宣布中途島大捷時，他們正好趕上橫掃整個日本帝國的興奮情緒中。他們參加了軍官們在旅館餐廳內舉行的臨時慶祝會。儘管發生了一次大地震，都未能澆熄大家的熱情。一名年輕的軍官開玩笑說，震央是在舊金山，整個美國都震垮了。

在西野讀過報紙對於這場戰役的報導後，他不得不感到一股讓人憂心的疑惑，這些含糊其辭的報導著實讓人起疑。他離開了歡慶會場，走到自己的房間，在那有台短波收音機。他慢慢調整頻道，一直到他聽到史特勞斯的華爾滋舞曲，接著就聽到一個女性的聲音在宣布這是舊金山廣播電台，而且美國已贏得巨大的海戰勝利。在新聞播報員自信滿滿地列出涉及此次中途島戰役的日本各部隊番號以及說出美軍所擊沉的四艘航空母艦的名稱前，這聽起來就有如尋常的宣傳一般。

西野無法不相信這些都是實情。山本已經被擊潰了。在一片嘈雜聲中，他還可以聽到樓下傳來啤酒瓶歡樂地相互碰撞聲，他對這些年輕的軍官感到一股憐憫之情，還在那無知地歡慶這場偽造的勝利。他想要把聽到的消息告訴他們，但知道這麼做會是個大錯。他們是不會相信他所說的，而且他還會被憲兵隊逮捕。

兩個月後，當第十七軍和《每日新聞》新聞小組出發——並非前去新喀里多尼亞群島，而是所羅門群島中的某個島嶼，一個在他們的地圖上甚至還找不到的小島。島的日文發音是「瓜達魯卡納魯」（Gadarukanaru）——也就證實了西野的疑惑。

——

在英文中，這座島的名稱是瓜達爾卡納爾。起因於一場海陸軍之間誰該主導太平洋戰爭而激發的激烈辯論，使得美國人對這個遙遠小島產生了興趣。「美國參謀長聯席會議」（Joint Chiefs of Staff）成立了兩個獨立指揮部。道格拉斯．麥克阿瑟在墨爾本（Melbourne）指揮「西南太平洋地區」，範圍包含了菲律賓群島、中國南海、暹羅灣、荷屬東印度群島的大部分、澳洲和所羅門群島。「太平洋地區」——太平洋其餘地區，包含了馬紹爾群島、加羅林群島以及馬里亞納群島——都歸屬在尼米茲將軍設在珍珠港的指揮部。因為從一開始就這樣切割了指揮權，導致力量分散和衝突扞格，與東京方面的麻煩程度幾乎不分軒輊。

麥克阿瑟一再警告，日本大部分的軍力都在「他的」轄區內，除非他擁有比尼米茲還要多的兵員和軍需裝備，否則就會是場浩劫。接著發生了中途島戰役，而麥克阿瑟認為這場戰役是能快速取勝的好時機。他將一份樂觀的計畫以電報發送給華盛頓：在幾個星期內，他就能夠佔領新愛爾蘭（New Ireland）和新不列顛，並「迫使敵軍退回特魯克島（Truk）的基地」。除了麥克阿瑟自己下轄的三個步兵師外，他還需要「一個經過兩棲作戰訓練與裝備完整的師級兵員，以及包含兩艘航空母艦的特遣部隊」。

陸軍參謀長馬歇爾將軍對此計畫相當感興趣，於是寫了封信給海軍參謀長恩斯特．金恩上將（Ernest King），緊急請他支援麥克阿瑟數個海軍陸戰隊單位和兩至三艘航空母艦。但在送出信前，馬歇爾收到金恩的一封信，信中簡短地就打發掉麥克阿瑟的計畫。海軍正在考慮對同樣目標採取行動，而這些作戰「主要是海戰和兩棲作戰性質，由澳洲過來作戰的部隊支援並和跟上」。也就是說，由海軍來主攻，而麥克阿瑟從旁協助。

麥克阿瑟當然不會支持這樣的論點。因為這場攻擊是在他的轄區內進行的，應該由他來領導，而且只能由他來領導。海軍同意責成一人來負責指揮，但不是一名陸軍將領；一個不懂海戰的將軍，可能會把珍貴的航空母艦錯置在所羅門群島附近的危險海域內，導致陷入險境。

馬歇爾支持麥克阿瑟，但在金恩耗盡所有的耐心之前，雙方還是爭論不休。他警告馬歇爾，「即使無法得到西南太平洋地區陸軍部隊的支援」，他還是會發動攻擊。陸軍參謀長的第一反應也很衝動，但他把情緒藏在心裡，決定等恢復沉著冷靜後再做答覆。

麥克阿瑟就不是這樣子了。他大發雷霆，發了電報給華盛頓：

檢視整個戰局，顯然海軍盤算著要掌控太平洋戰區所有的作戰指揮權，陸軍的角色是次要的，而組成的部隊也大量交由海軍或海軍陸戰隊的軍官指揮和調度……

他抨擊所有這些，都只是「海軍要完全吸納國家防衛功能」的重大計畫的一部分，而這是他在就任陸軍參謀長時「意外」發現到的。

……用陸軍的部隊守衛海軍控制下的太平洋各島，海軍就保留隨時可動用的部隊，使他們總是有一支屬於自己的陸軍，以及由於有了這些打進攻戰的最現成的部隊，成為海軍實現各項計畫的真正基礎。

雖然馬歇爾同意麥克阿瑟的說法，但他知道最佳的解決方案就是彼此妥協。他邀請金恩前來會面，和和氣氣地把問題解決。他們面對面地坐了下來。或多或少由於金恩本身的涵養，這位粗魯而冷酷的海軍上將也同樣願意做出讓步。馬歇爾在許多方面都感到，和「對每件事都過敏」且「認為他人對於每件事都別有居心」的麥克阿瑟相比，和金恩交手比較容易些。[1]

在接下來幾天內，兩人對最終極目標——佔領新不列顛與新幾內亞地區——擬訂出了一個總體計畫，將攻擊切成三個部分。第一作戰行動由尼米茲指揮，在八月一日要對日軍在土拉吉島——位於瓜達爾卡納爾島北方二十英里的所羅門群島中一個小島——上的水上飛機基地發動攻擊。麥克阿瑟負責第二和第三作戰行動，計劃奪取所羅門群島的其餘各島、新幾內亞的西北部海岸以及新不列顛的關鍵基地拉包爾港。

隆美爾剛剛攻下托布魯克（Tobruk），這已經使華盛頓方面感到一絲大難臨頭之感。接著在七月二日——就在「美國參謀長聯席會議」批准太平洋作戰行動同一天——又傳來兩則令人震驚的消息：克里米亞半島（Crimea）上的塞瓦斯托普要塞（Sevastopol）陷落以及北非的英國第八軍已被迫撤退到亞力山卓（Alexandria）城外。如果在俄羅斯作戰的德軍突破了高加索地區（Caucasus）後和隆美爾會師，那該怎麼辦？那時，更令人感到不祥的和日軍會師將只是時間早晚的問題了。此外，盟軍商船在大西洋上喪失的總噸數又不斷在攀升。僅僅在六月，損失的噸位數就超過了六十二萬七千多噸，而這個數據還在持續上升中。

馬歇爾想著，這真是個「黑暗時刻」。

唯有太平洋戰區才能帶給盟軍樂觀的理由。他們希望完全集中於奪取日軍在五月佔領的土拉吉島的計畫上。但迄今為止，規劃者認為瓜達爾卡納爾島只是附帶性作戰，當尼米茲責成第一作戰任務的軍官羅伯特．戈姆利中將（Robert Ghormley），在七月七日於墨爾本和麥克阿瑟開會時，才首度聽聞要攻擊該島的可能性。這項訊息來自一份尼米茲傳來的電報，內容顯示日軍正在瓜達爾卡納爾島上建立一座小型機場，並建議將它和土拉吉島同時攻下。

麥克阿瑟和戈姆利兩人原則上同意此規劃，但雙方都反對立即發動第一作戰行動；只有一個兩棲作戰師且運輸船艦不足，戰機又少到危險的程度。況且，兩棲部隊的航空母艦，會在遠超過盟軍陸基戰機空中保護的航程外的瓜達爾卡納爾—土拉吉區域停留時間過長，如此就會任由日軍陸基戰機宰割了。「美國參謀長聯席會議」不理會他們兩人提出的建議，並下令要如期發動進攻；唯有這樣迅速的作戰行動，美國人才能善用中途島的勝利，在太平洋地區奪取主動權。他們給這次作戰一個象徵性的代號：「瞭望塔」（Watchtower）。

瓜達爾卡納爾是日軍最南端的前哨基地，其作用僅是作為海軍在所羅門海域採取任何行動時的基地而已。這是個寧靜的島嶼，位於南緯十度，有九十二英里長，三十三英里寬，大約是紐約長島的兩倍大。從空中鳥瞰，該島就像是擁有蔥綠的群山、茂密樹林的海岸以及多采多姿的珊瑚礁岩岸的熱帶天堂。實際上，它就是個失樂園，一個充滿著劇烈對比的研究標的——高峰、荒丘與濃密茂郁的叢林；白鳳頭鸚鵡和凶惡的白蟻；八哥鳥與瘧蚊；冷冽刺骨的傾盆大雨和難以忍受的酷熱；以及塵土瀰漫的平原。島上長滿了香蕉、酸橙和木瓜——還有鱷魚、大蜥蜴、毒真菌、毒蜘蛛、螞蝗和蠍子。美國作家傑克．倫敦（Jack London）曾經說過：「如果我是國王，我對敵人所能處以最嚴厲的懲罰就是將他們流放到所羅門群島。」

一群高達八千英尺藍綠色鋸齒狀的休眠火山，像脊椎骨一樣貫穿整座島嶼。唯一能夠進行戰鬥的地區，就是位於高低起伏的丘陵和沿著北海岸的平原之間的狹長地帶。這個區域被眾多的河流切斷，也被刀鋒般尖利的蔓生雜草阻絕。

一五六七年底，一名叫艾爾瓦爾．戴．曼達尼亞（Alvaro de Mendaña）的西班牙年輕人從秘魯（Peru）出發前去尋找所羅門王（King Solomon）的金礦。在經過十一週的航行後，他來到了這個滿是綠色的群島。他將它命名為所羅門群島，但他們在這裡沒找到黃金，而且地處偏遠，以至於接下來幾個世紀幾乎人煙罕至。

當地的原住民——頭髮鬈曲皮膚有如碳黑的美拉尼西亞人（Melanesia）——對於來者都不太在意。他們寧願關注自身間的血腥戰鬥和獵人頭，而不是去消滅這些白皮膚入侵者。他們有禮貌地傾聽傳教士的宣教。直到一八九六年，島上才發生東西方之間的重大對抗。該年，「維也納地理協會」（Geographical Society of Vienna）資助了一支名為「信天翁」（Albatross Expedition）的探險隊，登陸了瓜達爾卡納爾島，他們徒步橫越了平原和山麓丘陵，朝著一英里高的塔圖夫山（Mount Tatuve）前進。這十八名奧地利人計劃攀登此山，對於原住民提出的警告充耳不聞。原住民說，如果有人「征服」他們的這座「偉大聖靈」的高山，那麼島上的人全都會喪命。這支奧地利隊伍的領隊是傑出的地質學家海因里希．福隆．馮．諾貝克（Heinrich Fullon von Norbeeck）。他回答，他們千辛萬苦而來就是為了攀爬塔圖夫山，而且一定要這麼做。次日上午，當這些奧地利人在吃早餐時，一大堆原住民靜悄悄地包圍了他們，但對於這些將死的人又心生憐憫之情，因此等他們吃完早餐後才發動攻擊。不過，這支隊伍拚命抵抗，好不容易趕跑了這些原住民，但己方也陣亡了六人，包括他們那名勇敢的隊長。於是，就此結束了第一次瓜達爾卡納爾島戰役。

在珍珠港事件爆發時，所羅門群島只是澳洲的託管地。位於土拉吉的首府只有一家小旅館，一個無線電電報局，一條商店街和少數幾間給官員居住還算像樣的平房。鄰近的瓜達爾卡納爾島連有文明都還稱不上——全部所有的是幾個天主教教會，少數椰子園和一個邦輝公司（Burns Philp）的貿易站。北部沿海有一條小路可以穿過椰子園，但通往內陸則只有原住民的徒步小徑，鮮有白人膽敢跟隨他們的足跡。

地方官馬丁・克萊門斯（Martin Clemens）就是敢踏入這些小徑的其中一員。他在牛津大學時是個享有盛名的運動員，但致力於和這些有時會重返野蠻風俗的原住民維持和平關係。在日本人入侵後不久，他和另外四名派駐在瓜達爾卡納爾島上不同區域的人，成為了澳洲皇家海軍的海岸觀察員。他們用無線電向澳洲的海軍情報署報告日軍運兵船與戰機移動的情況。就像大多數所羅門群島和俾斯麥群島上的海岸觀察員，他們是在當地定居多年的農莊主人或是公僕，也正是這些勇敢的人向華盛頓方面報告敵軍在該島的建築工事。他們持續緊盯監視敵人：島上有兩千三百名日本人，大多數是勞工和工程師，而他們在北部沿海為海軍建造的粗糙機場幾乎就要竣工了。

——

導致中途島戰敗的日本海軍的過度自信並沒有因此而消退。海軍總部並不認為，在幾個月內，太平洋地區會遭到反攻。在東京海軍情報中心任職的伊藤春樹少校，則沒有這種錯誤的安全感。七月底，他的單位截收到盟軍在西南太平洋地區所使用的兩個新代號。由於兩個電台都是使用總部周波（四二〇五千赫頻率）和珍珠港進行直接聯繫，伊藤因此推論其中之一必定是敵軍新成立的特遣艦隊總部。八月一日，無線電測向儀探測出其中一個站台位於新喀里多尼亞群島的努美阿（Nouméa），另一個則在墨爾本附近。伊藤猜想，第一個電台是戈姆利將軍的總部，而另一個則會是英軍或澳洲部隊的基地。因此，他和下屬推出結論，盟軍即將在所羅門群島或新幾內亞發動一波攻勢。於是他們緊急向特魯克和拉包爾兩地發送電報，但這兩個基地都將此訊息置之不理。

二

雖然名義上「瞭望塔作戰」（Operation Watchtower）是由戈姆利指揮，但他卻無法從努美阿執行戰術控制，因此他將此任務交付給曾經歷珊瑚海與中途島兩次海戰的弗萊徹海軍中將。因為可調用的兵員不足，加上準備作業倉促，弗萊徹就和其他一起發動攻擊的人一樣，對這個「瞭望塔作戰」都不太積極。因此，這項任務被暱稱為「小本經營行動」（Operation Shoestring）。

七月二十六日，弗萊徹把這次「遠征軍」所屬各單位的指揮官，召集到斐濟島南方四百英里的南太平洋海面上舉行一場會議。這場會議在弗萊徹的旗艦「薩拉托加號」（Saratoga）航空母艦上召開。會議一開始時還鬧了個笑話。當某一名將軍登艦時，他意外地被垃圾滑槽倒了一身牛奶。在這場於軍官餐廳內舉行的會議上，這名雙臉紅潤且即將要率領一萬七千名海軍陸戰隊攻佔土拉吉島和瓜達爾卡納爾島的亞歷山大（阿奇）·范德格里夫特（Alexander Vandegrift）少將發現，弗萊徹對於「即將到來的作戰行動，不論是在理解上或興致上」都是欠缺積極。弗萊徹看起來「既緊張又疲憊」，還公開表示他對「瞭望塔作戰」是否能夠成功的懷疑。當他知道范德格里夫特的部隊得耗費五天時間才能登上瓜達爾卡納爾島時，就感到更加沮喪了。在旗艦上的將領中，只有弗萊徹一人曾體驗過日軍空襲的蹂躪之痛（他在珊瑚海損失了「列星頓號」，而在中途島則損失了「約克鎮號」航空母艦），又得知有三艘航空母艦得暴露在這樣的險境內（那麼在太平洋地區只剩一艘重型航空母艦），讓他的臉色發白了起來。他說：「各位，鑒於得暴露在敵軍陸基空襲的風險下，在一開始進行登陸後，我無法讓航空母艦在該區域內停留超過四十八小時。」

范德格里夫特壓下了脾氣，表示五天的空中掩護已經是薄弱到危險的程度。兩棲部隊的指揮官里奇蒙·凱力·特納少將和金恩將軍一樣言辭鋒利，脾氣也同樣粗暴，他也附議了范德格里夫特的說法。但弗萊徹只擔心一點，那就是美軍航空母艦在太平洋地區有可能就此耗竭殆盡。航空母艦會在開始登陸後三天後撤離——而這就是最終決定。

范德格里夫特在離艦時感到相當憤怒，而一場在斐濟群島笨拙的登陸演習更讓他火上加火。他灰心地認為這下可就徹底玩完了，而他只能自我安慰說，「一場糟糕的預演通常都表示實際演出將成功」。

八月六日薄暮時分，特納的「兩棲部隊」從南方逼近了所羅門群島。四艘運兵船和四艘驅逐艦開往土拉吉，另外十五艘運兵船和貨船則朝向瓜達爾卡納爾島。後者由八艘巡洋艦（其中三艘是澳洲軍艦）和數艘驅逐艦護航。在它們南方一百海哩遠則埋伏著「空中支援部隊」：三艘航空母艦、一艘主力艦、五艘重巡洋艦、十六艘驅逐艦和三艘油輪。拂曉時，航空母艦群就會發動戰鬥機和轟炸機進行攻擊。

入侵艦隊——總數多達八十二艘船艦——以十二節航速穿越一層薄霧的海面向北航行。運兵船上的工程師在檢查登陸艇的引擎，而水手長則在檢查吊柱和轆繩。空氣相當黏濕，稍微動一下就會汗流浹背。「燈火管制」命令已經下達。在船艙的寢間內，士兵們穿著軍裝或坐或靠在吊床上，有的玩牌，有的看書，或是在寫家書。飯廳內則擠滿了海軍陸戰隊員在聽著唱片點唱機大聲播放音樂歌曲或看著弟兄獨自或三五成群地在跳吉特巴舞。在「美國軍團號」（American Legion）上，負責率領第一批部隊登陸瓜達爾卡納爾島的勒魯瓦·亨特上校（Le Roy Hunt）正在演一齣獨腳戲，讓大家開心一下。他是受過勳章的第一次世界大戰老兵——受過槍傷也中過毒氣——他清了一下嗓子，唱起了《我想要一個像嫁給我老爸那樣的女孩》（*I Want a Girl Just Like the Girl That Married Dear Old Dad*）。

范德格里夫特將軍站在特納的旗艦「麥考利號」（McCawley）——這是一艘被稱為「古怪的麥克」（Wacky Mac）的運輸船——的欄杆旁，在黑暗中瞭望著遠處。儘管前景相當「黯淡」，但他的情緒還是很高昂。這次入侵作戰可能成為威靈頓公爵（Wellington）所稱的滑鐵盧戰役（Waterloo）——「一場險勝」。這他們次出征的兵員不多，而且對於敵軍的多寡強弱也不了解。他離開了欄杆，摸黑回到悶熱的小船艙內寫家書：

明天拂曉時，我們將在這場戰爭中進行首次重大反攻登陸作戰。我們已經做好計畫，而且上帝也認定我們的判斷是正確的……不論發生了什麼事，你都會知道我已經盡了全力。但願這個最大努力已經足夠了。

到了午夜，這些即將發動美軍開戰以來首次登陸戰的兵員們都已經躺在吊床上了——有些已經入睡，有些還在醞釀睡意。兩個小時後，哨兵在遠處發現一個黑色金字塔般的物體。那是薩伏島（Savo），一座位於瓜達爾卡納爾島西端外海的小火山島。薄霧已經消散，兩棲部隊的船艦還沒被發現，悄悄地滑進到這片寧靜水域。凌晨兩點四十分，旗艦收到一份距瓜達爾卡納爾島頂端的埃斯佩蘭斯角（Cape Esperance）只有十三英里遠的訊息。運兵船兵分兩路，前往土拉吉島的船艦在繞過薩伏島後持續向北航行，而其餘艦艇則向右急轉進入了薩伏島和埃斯佩蘭斯角之間的海峽。這片平靜無波的海域，讓值更的水兵感到「毛骨悚然」。對於已經在海上航行好幾個星期的人來說，從陸上吹來的微風通常都是令他們感到愉快的，但此刻卻充斥著沼澤和叢林的惡臭。

到了三點，「麥考利號」響起了起床號。范德格里夫特吃了早餐後，東方地平線外已經露出魚肚白，他回到了甲板上。完全沒有敵軍的蹤影。這是不是個陷阱？運兵船徐緩地朝著目的地航行：土拉吉島上的「藍灘」（Beach Blue）和靠近瓜達爾卡納爾島北海岸中心點的「紅灘」（Beach Red），離幾乎要竣工的日軍機場只有三英里遠。

大約在六點十五分，三艘巡洋艦和四艘驅逐艦同時開砲攻擊。特派員理查・特萊加斯基斯（Richard

Tregaskis）站在「美國軍團號」的艦橋上，看到「砲彈劃過天際，像是用紅鉛筆畫的弧線」，直朝瓜達爾卡納爾島而去。兩分鐘後，他在轟隆隆的砲聲中還能聽到更遠處傳來的砲聲。那是一艘巡洋艦和兩艘驅逐艦正對著土拉吉島砲擊。

不論是在「紅灘」還是「藍灘」上都毫無動靜，日軍顯然是被打個措手不及。半個小時內，所有的運兵船都已就位。從三艘航空母艦上起飛的俯衝轟炸機和戰鬥機都已飛臨上空，開始朝海灘掃射與對目標區域進行轟炸。它們只遭遇到零星的高射砲火還擊。

運輸艦上的海軍陸戰隊員在下船登陸點排隊站好。原先吵鬧的士兵現在也都沉默不語了。只有少數人還在開玩笑，有幾個人還說：「嗯，這就是了。」三十六英尺長的登陸艇是用人力降到海面上的。四十五英尺和五十六英尺長的運輸艇則是用吊柱降下的。身穿草綠色粗棉軍裝的海軍陸戰隊員——背上橫著步槍，屁股上掛著水壺，還有裡面裝著從防蚊帳到個人紀念品無所不包的沉重背包——沿著那每次輕浪拍擊都會重重撞上艦身的下船網梯往下爬著。

在土拉吉島，海軍陸戰隊員蜂擁登上了海岸，但沒發現任何人跡。這島嶼像是個無人島一般。八點十五分，指揮官發出信號：「成功登陸，並無抵抗。」一小時後，第一艘登陸艇靠上瓜達爾卡納爾島的「紅灘」，士兵們跳入海水溫暖的淺灘上。每個人都以為會遇上猛烈砲擊，但當他們穿越毫無屏障的空曠沙灘並衝入叢林內時，都沒有遭遇任何槍砲襲擊。

范德格里夫特在「麥考利號」上正詳細觀察著位於機場後方那座一千五百英尺高的奧斯登山（Mount Austen）。有個農莊的管理人曾說「這座山離海岸只有幾英里遠」，但它現在看起來就像胡德山（Mount Hood）[2]一樣，遠遠地座落在內陸。是不是所有的資訊都是如此不精準？阻礙他部隊推進的只有潮濕悶熱和一座熱帶雨林而已。在沒有斥候報告敵情以及兩側翼毫無掩護下，士兵們滴著汗水笨拙地向前推進。幸好沒有遇上敵人。砲擊已經把所有的日本人趕進山裡了。

——

日軍在拉包爾港的高層早在美軍開砲前就聽聞了這次入侵行動。土拉吉的無線電報員發出一則電報：「大量軍艦，數目和艦種不詳，航入海峽中。意圖為何？」顯然這是一次「連打帶跑」（hit-and-run）的突襲，但第二十五航空大隊的指揮官山田定義少將，還是派出長程偵察機前去搜索。在這些偵察機回傳報告前，土拉吉又傳來另一份電報，也是最後一份：「敵軍擁有壓倒性兵力。我們會誓死保衛陣地，祈求最終勝利。」

山田召集了手下中隊長，並告訴他們已經取消原定要攻擊新幾內亞的作戰計畫，現在則是要立刻發動所有還能夠起飛的中型轟炸機、俯衝轟炸機和戰鬥機，前去攻擊瓜達爾卡納爾島周邊區域。戰鬥機中隊長中島正表示反對。瓜達爾卡納爾島幾乎在東南方有六百英里遠，他們至少會損失半數戰鬥機。只有作戰經驗最為豐富的飛行員才有機會生還。這兩人不停激烈爭論，直到中島同意派出二十七架戰鬥機才罷休。

中島告訴他的手下飛行員，他們得進行史上最長距離的戰鬥機作戰行動。「嚴格遵從命令，而最重要的是，不要魯莽亂飛或浪費油料。」在所有二十七架雙引擎轟炸機的引擎轟隆作響地衝出跑道前，這些戰鬥機飛行員在「零式」戰機裡等候著。中島向他的部屬發出信號，並駕著自己的戰鬥機，從這條被背後拔地而起的活火山所噴出的一層灰燼覆蓋的狹長跑道衝出。過去火山猛烈噴發的岩石還會直衝入雲，威脅到機場上的戰機，但今天火山卻只噴發出濃烈的蒸氣。

在轟炸機前往瓜達爾卡納爾島途中，低空飛掠過布干維爾島。一位名叫做梅森（Mason）的農莊主人數了它們的數量，並以緊急情況下才啟用的「X」頻率電傳至澳洲：「二十七架轟炸機朝東南方飛去。」包括莫爾茲比港接收站在內，許多站台都有收到此訊息。此電訊又被轉至澳洲的湯斯維爾（Townsvile），再從那傳到位於珍珠港功率強大的跨洋無線電站。幾分鐘內，在瓜達爾卡納爾島和土拉吉島外海的美軍船艦都已進入警戒狀態。

當轟炸機飛近目標時，戰鬥機也追上它們。曾經擊落五十六架戰機——包括小柯林．凱力駕駛的「空中堡壘」——的坂井三郎，看到眼前這令他感到敬畏的景象——至少有七十艘敵艦群聚在海邊。轟炸機翻滾機身準備投彈攻擊。突然間，從高空陽光中出現了六架敵軍戰鬥機。坂井從未看過這種機型，比他所認識的美國戰機體積都要來得大：這必定就是據報布署在此區的格魯曼「野貓式」戰鬥機。這些「野貓式」戰機朝著正在對薩伏島周遭的船艦投擲炸彈的轟炸機飛衝過去。坂井失望地看著炸彈掉落在船艦四周，只激起了毫無作用的水柱。想在四英里的高空炸中正在航行中的船艦，這有多愚蠢啊？為什麼他們不配裝魚雷呢？

在「零式」戰機驅散這些格魯曼製戰機前，它們已經衝亂了轟炸機的編隊。坂井對於美軍飛行員缺乏攻擊意願感到困惑——接著，他注意到有架「野貓式」成功地和三架「零式」在進行纏鬥。他嚇呆了。每次「零式」戰鬥機鎖定「野貓式」，美國人就會急速翻轉那肥短的機身，然後飛到「零式」後面——坂井從來沒看過這種飛法。他朝著那架「野貓式」射出一排子彈，那架「野貓式」戰機翻滾了幾次，然後再急轉彎爬升朝坂井而來。坂井急忙翻滾機身，但美國人緊咬著他。坂井又進行好幾次急翻轉，才再度鎖定這架「野貓式」。他朝著「野貓式」戰機射出了五、六百發子彈。

這架敵機並沒有被打到解體，也沒起火。它為什麼還能繼續飛？美國人是打哪弄來這樣的戰機和飛行員的？他拉開駕駛艙的窗戶，盯著那名身材高大、膚色淺白的對手。坂井朝著敵手做出一個挑釁手勢，像是在說「有膽你就過來」！但這名飛行員必定是受到重傷，因為儘管佔著有利的攻擊角度，都沒有發動攻擊。坂井對這名無所懼的敵手起了一股敬意，而不願將二十毫米的機砲對準這架格魯曼戰機。最後，這架戰機爆炸了，坂井可以看到遠處下方那名飛行員掛在架落傘上緩緩地朝著陸地降下。

這些轟炸機並沒有造成任何損傷，運輸船又重回海灘繼續卸貨。不過，在一小時內，第二波轟炸機就迫使這些運輸艦再度四散開來。在這兩波攻擊中，日軍不過是把美軍的登陸作戰拖延了幾個小時。而同樣數量的炸彈其實能炸毀堆在沙灘上的大多數補給品，並危及已經上岸的士兵。

在拉包爾的第十七軍軍長百武晴吉中將，並沒有認知到此次登陸的重要性。新幾內亞仍是主要目標，他全神關注在橫越歐文斯坦利山脈（Owen Stanley Range）和奪取莫爾茲比港的計畫上。不能動用到任何一兵一卒進行對美軍的佯攻。三川軍一海軍中將並不同意他的看法。他統率著剛成立的第八艦隊，身負雙重任務——充當南向攻勢的前鋒部隊以及保護所羅門群島——抵達拉包爾港。關於美軍登陸的初期報告，已經毫無疑問地顯示出這是場重大入侵行動，但三川卻知道要和陸軍爭論這些無濟於事。如果要快速採取行動，就得由海軍自己獨力完成。他設法集結了四百一十名水兵，配備步槍和少數幾挺機槍，派他們立刻搭乘「明陽丸」運輸艦前往瓜達爾卡納爾島。接著，他向東京的海軍參謀本部發電報請示，要求允許他在第二天夜晚向美軍運輸艦發動海面攻擊。

軍令部長永野認為這樣過於大膽——三川必須突破火力遠遠佔優勢的美軍強大戰艦的包圍圈——他把這個決定權丟給了「聯合艦隊」。山本知道三川完全不是個魯莽急進的人，於是直接回覆：「祝你的艦隊成功。」

有人建議三川留在拉包爾港指揮這場戰役。但身為一名真正的武士，這名舉止優雅、說話輕和的將軍在下午登上了重巡洋艦「鳥海號」。他下令其他七艘軍艦——四艘重巡洋艦、兩艘輕巡洋艦和一艘驅逐艦——排成縱隊跟在後面，並向南航行穿越了聖喬治海峽（St. George Channel）。

此海域的海圖繪製得十分糟糕，手上僅有的幾張海圖也不甚牢靠。如果發生擱淺，那就丟臉丟大了。這名將軍和領航參謀一起研究海圖好幾個小時，最後決定在美國航空母艦艦載機航程外的布干維爾島北面，埋伏到隔日下午。然後，他將率領他的小艦隊進入並穿越所羅門群島的險惡海峽（美軍稱為「狹縫」（The Slot）），靠著運氣，或許盟軍偵察機在逐漸昏暗的夕陽下不會發現它們。這個行動相當危險，但如果不冒險一試，他就無法及時趕到瓜達爾卡納爾島。這一切全依靠意外。

然而，他卻被發現了。一艘美軍潛水艇S-38號潛伏在聖喬治海峽口，幾乎被三川的縱隊撞上。S-38號因為過於靠近艦隊，被海浪沖得搖晃不穩，而無法發射魚雷。曾經參與過那場令人感到挫敗的爪哇戰役的艦長孟森中校（H. G. Munson）發了封電報：

兩艘驅逐艦和三艘較大型艦種不明的船艦，在聖喬治角以西八海哩以高速朝一四〇航向而去。

在登陸當天的黃昏，有一萬一千名海軍陸戰隊登上了瓜達爾卡納爾島，毫無傷亡。而補給品和彈藥都堆在海灘上。隔天下午，一個營朝機場方面推進，也幾乎沒遇到抵抗。海軍陸戰隊發現一條幾乎就要竣工的三千六百英尺長的跑道，被棄之不用。整個駐防軍隊——食物還留在餐桌上——已經逃往內地，甚至不曾摧毀任何設施或補給品，也沒有炸毀跑道。他們留下許多步槍、機槍、卡車、壓路機、水泥攪拌機、彈藥、汽油和兩個雷達螢幕，以及大量的米、茶葉、啤酒和清酒。附近還有兩座大型發電機、機械修理廠、一座空氣壓縮魚雷工廠，還有製冰廠。這座製冰廠上立刻掛上了新招牌：「東條製冰廠——新管理者」。

三

黎明時分，三川的艦隊抵達了布干維爾島。這名中將派出了四架偵察機，並把艦隊四散分開以欺騙盟軍的偵察機。十點二十分，一架澳洲「哈德森式」（Hudson）轟炸機開始在他的旗艦上方盤旋。「鳥海號」立即反轉航向，佯裝是要朝拉包爾港方向航行，但當另一架「哈德森式」出現時，三川決定假裝沒這回事。艦隊調整隊形，向南朝所羅門那條狹窄水道而去。不久前，他派出的其中一架偵察機回報，在薩伏島附近看到十八艘運輸船、六艘巡洋艦、十九艘驅逐艦和一艘主力艦。敵軍似乎準備兵分兩路——主力部隊保護著瓜達爾卡納爾島的運輸船隊，其餘則是護衛土拉吉。美軍與日軍的艦數比是二十六比八，但他或許能夠在這兩股兵力合流前，先殲滅其中一路。三川最擔憂的是美軍的航空母艦。但是它在哪呢？

此時特納將軍還不知道敵軍艦隊正朝著他的兩棲部隊而來。而潛水艇回報的訊息太不明確了，而且澳洲偵察機飛行員認定這項訊息還沒有重要到值得打破無線電靜默。特納一整天都忙著在處理兩起炸彈空襲事件，而它們造成的混亂超過實際的損失：驅逐艦「賈維斯號」（Jarvis）被一枚魚雷擊中，以及運輸艦「喬治艾略特號」（George Elliott）中彈起火。

黃昏時——美國海軍陸戰隊正佔領瓜達爾卡納爾島上機場之際——三川的艦隊終於駛入所羅門群島的水道，並朝著東南方直奔瓜達爾卡納爾島。它應該會在午夜時分遭遇敵軍，作戰計畫必須簡單明瞭，因為這八艘軍艦過去從不曾以一個單位進行操演或編隊一起航行過。四點四十分，「鳥海號」用閃光警戒燈對其他船艦發出訊號：「我們將從薩伏島南方出發，對於停泊在瓜達爾卡納爾島前方的敵軍主力部隊則用魚雷攻擊，之後我方將轉向土拉吉島前沿地區，用火砲和魚雷攻擊敵軍。接著從薩伏島北方撤退。」識別信號則是飄掛艦橋兩側外的白布。

當三川接近瓜達爾卡納爾島時，被發現的危險也隨之增加了。在這狹窄的海域內可是沒有空間可以迴避轟炸機。白晝的每一分鐘似乎都永無止境。就在落日前，「鳥海號」上的觀察哨兵大喊：「右舷前方發現船桅！」艦上警報聲響，鈴聲大作，水兵們趕緊奔向各自的戰鬥位置，並將砲口轉向右舷。原來那是艘友軍船艦。水上飛機補給艦「秋津洲號」正開向突出在右方水域的大島新喬治亞（New Georgia）而去。

特納將軍並非不知道「狹縫」的重要性。任何一名水手都可以看出它是瓜達爾卡納爾島和拉包爾之間的快速通道。他下令派出一架「卡特琳娜式」水上飛機去巡邏通道的上游地區，而那正是三川從黎明起就從那開始航行的必經航道；但特納並不知道這架水上飛機並沒有起飛。當夜幕降臨籠罩兩棲部隊時，旗艦密碼室的通訊員交給他一份弗萊徹發送給位於努美阿的戈姆利的電文副本：

戰鬥機數目從九十九架減為七十八架。鑒於此區域內敵軍大量的魚雷機和轟炸機，我建議立刻將航空母艦撤離。因為油料即將耗盡，請盡速派出油輪。

特納勃然大怒。沒有航空母艦的支援，他就等同是「光著屁股」，必須在黎明前撤出；他不能在沒有艦基飛機的護航下，再度冒空襲的風險。他下令范德格里夫特將軍和巡洋艦、驅逐艦護航部隊的指揮官維克多·克拉奇利少將（Victor Crutchley），立刻到他停泊在瓜達爾卡納爾外海的旗艦「麥考利號」上報到。克拉奇利少將是名英國軍官，在「日德蘭海戰」中贏得一枚「維多利亞十字勛章」（Victoria Cross）。他體格健壯且滿臉紅鬍子。他已經將船艦分成三個保護小組，圍繞在運輸艦和貨船周圍。南方部隊——三艘巡洋艦和兩艘驅逐艦——正守著薩伏島和埃斯佩蘭斯角之間的海域。北方部隊配著相同數量的船艦，防衛著薩伏島和土拉吉島。而東方部隊——兩艘輕型巡洋艦和兩艘驅逐艦——則負責東面。

他們並沒有戰鬥計畫，脾氣很好的克拉奇利也只是下令北方部隊獨立作戰，大體上能夠配合他自己指揮的南方部隊的行動即可。當克拉奇利收到特納的緊急召喚時，他對巡洋艦「芝加哥號」的艦長發出信號，要他擔任南方部隊的臨時指揮官，而他自己則搭著他的旗艦「澳大利亞號」，沿著一片漆黑的瓜達爾卡納爾島海岸南駛，搜尋「麥考利號」；搭乘巡洋艦會比搭小艇更快就能找到這艘旗艦。

在掩護部隊中誰也沒能察覺出一場水面攻擊迫在眉睫，而各船艦依舊維持在二級警戒狀態。沒人想到該通知北方部隊的指揮官重巡洋艦「文森尼斯號」（Vincennes）艦長弗雷德里克．里夫科（Frederick Riefkohl），而他現在是兩支護衛「狹縫」的艦隊指揮官了。「芝加哥號」艦長霍華．柏德（Howard Bode）也不想居於「澳大利亞號」的姊妹艦「坎培拉號」（Canberra）之前，暫時成為南方部隊的指揮官。

「澳大利亞號」花了兩個小時摸黑找尋「麥考利號」。特納和克拉奇利討論著當天上午澳洲偵察機飛行員發現三川後所傳回的電報。電報在延誤了八個小時後終於送了過來——卻誤導了大家。電報說，日本艦隊由三艘巡洋艦、三艘驅逐艦和兩艘水上飛機補給艦或砲艇所組成。兩名將軍都認為「水上飛機補給艦」是關鍵字，他們認定這意味著，在上午會有場空襲。當然，誰都不會用三艘巡洋艦就發動夜襲行動。此外，當天早上特納下令派出的那架「卡特琳娜式」也沒有回傳任何訊息。

范德格里夫特將軍正搭著一艘小艇，在一大群進行燈火管制的船艦中尋找「麥考利號」，直到深夜十一點他才加入這場會議。當晚十分悶熱，天上烏雲密布，讓人感到喘不過氣來。范德格里夫特認為這兩名將軍「看起來隨時都要昏倒的樣子」，他自己則因瓜達爾卡納爾島上的繁忙事務而筋疲力竭。

喝咖啡時，特納把弗萊徹發來的電報拿給他們看。范德格里夫特和特納一樣對弗萊徹氣憤不已，說他「比原先威脅說要撤退的時間提早十二小時就跑了」。特納認為，自己會在天亮後不久就把運輸艦撤走，並詢問范德格里夫特的意見。

范德格里夫特答道：「我們在瓜達爾卡納爾島上進展不錯。」但他懷疑已在土拉吉島卸載大量補給品。他想親自去檢查一下。

特納透著眼鏡看著他說：「我想你應該去看看的。我有艘預備的掃雷艇，可以載你到那。」

克拉奇利提議，當他返回旗艦時，可以順道把范德格里夫特送到掃雷艇上。將軍拒絕了，但克拉奇利堅持要送，還表示：「你的任務比我的還要迫切。」

當兩人都登上克拉奇利的駁船時，還沒到午夜。在左方，薩伏島附近下起了傾盆大雨，這就在南北部隊之間形成了一道雨簾。在右方，他們可以看到一道紅光——運輸艦「喬治艾略特號」還在燃燒著。范德格里夫特下船時，克拉奇利握了握他的手。他知道運輸艦撤走對海軍陸戰隊所代表的意義，但他說：「范德格里夫特，我不知道是否該責怪特納目前的作為。」

三川的縱向艦隊以二十六節高速直向薩伏島，後方激起波光閃閃的浪花。旗艦「鳥海號」一路帶頭領航，四艘重巡洋艦和兩艘輕巡洋艦之間的間距維持著一千三百碼，殿後的則是唯一的一艘驅逐艦。為了作戰，甲板上一律清空，上面的易燃物都被拋進海中，深水炸彈和其他非必要性物品都被搬到船內。每名艦長都將三川的最後指示傳達給部屬，而這和三川心中的英雄納爾遜勳爵的話語相似：「發揚帝國海軍夜戰傳統，建立必勝信心。祝全體將士冷靜沉著奮戰。」

三川最為恐懼的還是敵軍的航空母艦部隊。因為他從截收的高頻無線電電訊中如「紅色六致紅色基地」以及「綠色二製綠色基地」等訊息，知道這支部隊就在附近。但他還是有良機能夠在日間穿越所羅門群島的通道逃回。

正前方一片漆黑，克拉奇利的巡洋艦群緩慢地在薩伏島外海進行著單調的巡邏，艦上的觀察哨兵因為四十八小時的警戒狀態，已經感到疲憊不已。所有巡洋艦的艦長都已經入睡了。

三川看到薩伏島的火山突出在海面上。艦橋上的人沒有一個開口說話。時間一分一分緩緩流逝。日本人不像美國軍艦上面配有雷達，只有經過夜間訓練所培養出來的敏銳視力。「鳥海號」上右舷的觀察哨兵發現了一個模糊陰影。他大喊：「有船逼近，右舷三十度。」那是美軍驅逐艦「布魯號」（Blue）。它和東北方六海哩遠的驅逐艦「羅夫塔伯特號」（Ralph Taltot）在執行警戒任務，這是美軍的預警系統。但奇怪的是，兩艘艦上的聲納和雷達都沒有顯示出一支日本艦隊正朝它們而來。

三川說：「準備戰鬥。」為了避免被發現，他還下令：「左舵。減速到二十二節。」

排成一條黑色的日軍船艦悄悄轉向，右舷砲口對準了「布魯號」，而「布魯號」只是反轉航向，以十二節的航速緩緩地朝著「羅夫塔伯特號」駛去，後者也調頭轉向。兩艘警戒艦併排駛離，這給突襲者一個門戶洞開的機會。

三川像尖刀一樣捅了進去，深入到兩棲部隊的中心地帶，這都得感謝盟軍方面一連串的失誤：它被發現到三次，但都沒引起警覺。在「狹縫」上空巡邏的「空中堡壘」根本就沒看到他，而特納額外派出偵察機的命令也未能執行。最後這兩艘警戒的驅逐艦幾乎就要被三川的艦隊撞上，但不論是哨兵還是雷達與聲納操作員都沒有發出警報；要不就是沒看到雷達螢幕上的光點，或以為那是友艦未加理會。此外，還有架水上飛機——三川在入夜後所派出的三架中的其中一架——在午夜前被「羅夫塔伯特號」發現，並且還加以回報，但這架飛機一樣是被認定為友機。正如在珍珠港事件發生時的情況一樣，沒人相信敵軍來襲已是迫在眼前。

「鳥海號」轉向到薩伏島下方，還是沒被發現。一名哨兵在左舷側發現一艘巡洋艦。一分鐘過去了，什麼事也沒發生。不過是虛驚一場。左舷的哨兵隱約地看見一艘形似驅逐艦的船艦非常從容地朝西行駛而去。那是在日間空襲中被魚雷擊中的驅逐艦「賈維斯號」，正開回澳洲準備進行修理。不可思議的好運一直站在三川這方。「賈維斯號」也未能發現到這支日軍縱隊。終於傾瀉而下的大雨將它們吞噬並遮蔽起來。

「鳥海號」有遮蔽的閃光警戒燈，發出只有日軍艦隊才能看得到的信號：「準備發射魚雷。」透過燃燒中的「喬治艾略特號」的餘光，左舷觀測哨發現十海哩外有一艘軍艦，喊道：「巡洋艦，左舷七度。」一點三十六分，右舷觀測哨大喊：「三艘驅逐艦，右舷九度，朝右移動中。」那是克拉奇利南方部隊的核心單位，重巡洋艦「坎培拉號」和「芝加哥號」以及驅逐艦「帕特森號」（Patterson）。

三川沉靜地下令：「開始攻擊。」這道軍令被傳遞到魚雷組員那。接著他下令：「所有的船艦同時攻擊」。成串攜帶著一千磅炸藥、射距長達十一英里的長程魚雷以四十九節航速朝「坎培拉號」和「芝加哥號」而去。

這兩艘大型巡洋艦正緩慢地朝西北方向前進，兩旁有驅逐艦——右舷為「貝格里號」，左舷是「帕特森號」——在進行護航任務。最後在凌晨一點四十三分，「帕特森號」上終於有人發現遠方有好幾艘船艦，於是透過無線電發出警報：「警報——警報——陌生船艦入港！」

此時警告已經毫無必要。在全然漆黑的頭頂上，掛在降落傘上的照明彈在盟軍的船艦後方爆了開來，把它們照得有如射擊室內的槍靶輪廓一樣清晰明確。這些照明彈是三川派出的三架被盟軍誤認為「友機」的水上飛機投下的。

在「坎培拉號」的艦橋上，一名哨兵大叫，要軍官注意滂沱大雨中前方有個模糊影像。一艘軍艦，一艘陌生的軍艦。它開砲射擊了。當這兩個澳洲人本能性向後退時，一雙魚雷貫穿了「坎培拉號」的艦首。敵軍艦砲從天而下，擊中了這艘巡洋艦，艦長和槍砲長都被炸死。主砲被打到失效，艦身開始傾斜，動彈不得浸在海水中。大火在艙梯之間蔓延，甲板上的亞麻油地氈更加速了火勢。艙壁上的油漆也著火了，軍官室內套著絨布的家具像是火種一樣燒了起來。士兵們瘋狂地要把煤油桶和彈藥廂拋入海中，但為時已晚。持續的爆炸把這艘船炸個粉碎。

「坎培拉號」兩側的驅逐艦盲目地亂回擊，但「帕特森號」很快就被探照燈定位了，接著被砲火擊中而失去作戰力。「貝格里號」急忙衝向敵艦，士兵跑到發射魚雷位置——但卻沒有雷管。

既然「坎培拉號」已陷入地獄火海，三川的艦隊於是轉向攻擊「芝加哥號」。南方部隊的臨時指揮官柏德上校從沉睡中驚醒，就在一枚魚雷擊中艦首前不久，才剛登上艦橋。儘管「芝加哥號」艦身上有個十六英尺的大洞，還中了一枚砲彈，但它依然在搜尋攻擊目標。在西方好像看到什麼東西——那是日軍唯一的驅逐艦——隨即展開追擊。柏德意外地脫離了主戰場。更糟的是，他還沒把眼下的情況向北方部隊發出警告。

人在「麥考利號」上的特納將軍聽到砲彈的轟隆隆響聲，並看到槍砲的火光後，才知道發生了戰鬥。他馬上想到的是瓜達爾卡納爾島和士拉吉島上海軍陸戰隊員的命運以及運輸艦上無法自顧的水兵。這些裝甲薄弱的船隻已經起錨，在暗夜中成群亂轉。

大約在六分鐘內，三川就解決了南方部隊，而且沒有被任何砲彈擊中。他繼續以逆時鐘方向繞著薩伏島行駛，找尋新的目標。三艘重巡洋艦跟隨在旗艦「鳥海號」後面，但縱隊上的第二艘「古鷹號」

為了閃避失控的盟軍軍艦，卻遠遠落在後面，以至於向右航行而去，導致後面兩艘船艦也跟了上去，這就將三川的艦隊一分為二。這個錯誤反倒讓三川取得讓人垂涎的戰術位置：他在北方部隊的西方布署了四艘巡洋艦，在東面則擁有三艘。而由三艘重巡洋艦和兩艘驅逐艦組成的美軍艦隊，其兩翼即將被包圍——同時被包圍，而且沒收到柏德上校的警告。

凌晨一點四十八分，重巡洋艦「亞斯托力亞號」上的哨兵發現魚雷來襲——這是「鳥海號」發射的，魚雷從艦旁穿過。艦長威廉．格林曼因全面性警報聲而驚醒，他衝到艦橋並想搞清楚到底是誰發出警報以及艦上主砲四處亂射的原因。他確信，不管他們所射擊的目標為何，那都會是友艦。他說：「大夥不要激動，不要倉促行動。停止射擊。」當他發現巡洋艦「文森尼斯號」周遭濺起的水花時，他馬上就改變了想法。他大喊：「開砲射擊！」並下令稍微向左舷轉彎。「不管是不是我們自己人，我們都得阻止它們。」

「鳥海號」對「亞斯托力亞號」不斷進行主砲齊射攻擊，把它打個動彈不得，而二號砲塔上的人都被炸死了。這艘重巡洋艦滑行了一陣後停了下來，甲板上四處起火——每個消防水管都是爆裂的。

不遠處的重巡洋艦「昆西號」（Quincy）也因偵察機和儲油槽被砲彈命中而著火。這艘巡洋艦成了絕佳的標靶，完全陷入一場毀滅性的交叉火網中。艦長薩謬爾．穆爾（Samuel Moore）打電話給他的砲手們，並下令說：「我們要朝它們衝過去，給我好好砲擊它們！」砲彈不斷擊中「昆西號」，穆爾只好令信號手把這艘已經沒救的船擱淺在離左舷四海浬的薩伏島。一枚砲彈在艦橋上爆炸了，屍體像是玩偶被亂扔般地炸開，幾乎所有的人都陣亡了。穆爾身負重傷躺在舵旁。他試著爬起來，但又呻吟著跌了下去。艦身快速地朝左舷傾斜，艦首開始沉入海中。

北方部隊指揮官、「文森尼斯號」艦長里夫科，此時還不知道戰鬥正在進行。在子夜前，他還聽到「羅夫塔伯特號」報告發現一架敵機的蹤跡，但他和許多人一樣認定其為友機，便上床睡覺去了。他猜想那陣槍響聲應該是某個小型日本船艦，想偷偷穿越南方部隊時所發射的。里夫科在艦橋上感覺水面下兩次爆炸，並看見砲火的閃光。他再度猜錯：南方部隊在朝敵機射擊。

凌晨一點五十分，當探照燈照亮了北方部隊的三艘驅逐艦時，他感到相當惱火——但沒有感到不安。他用無線電通知南方部隊，把探照燈熄滅掉。水柱在離他五百碼的地方噴了起來，就像是給他的回覆。里夫科艦長終於明白，他已經進入了戰場。「文森尼斯號」上八英吋的主砲開始射擊，有一回齊射時擊中了日軍的「衣笠號」，但其艦上的偵察機也中彈起火，於是它就和「昆西號」一樣成為了標靶。里夫科下令按「之」字航行，以躲開致命性砲擊，但兩枚或是三枚魚雷在左舷的鍋爐室爆炸。蒸氣壓力不斷往下掉。又有一枚魚雷擊中一號鍋爐室。「文森尼斯號」在海水中打轉。一顆顆砲彈在甲板上爆炸。儲藏影片的櫃子和探照燈台中彈起火。里夫科正在考慮是否要下令棄艦。日軍的探照燈突然熄滅。砲擊像是突然開始時那樣又突然靜止下來。這時已經是兩點十五分。

三川發出信號：「全艦撤離。」在船艦兩側，可以看到還在燃燒中的美艦殘骸。這情景讓他想起箱根湖上的燈籠節。他想冒險回頭再去攻擊那些運輸船艦，但他自己的旗艦也中了三枚砲彈，而且他的艦隊也被打散了。需要再花一個小時才能重行編組成戰鬥隊形，而到那個時候，等到他把運輸艦擊沉時，就已是黎明時分；而他必須在大白天跑很長一段路才能回到拉包爾，還會在美軍艦載機的掌控之下。他想起自己離開日本時參謀長永野將軍告訴他的話：「日本海軍不同於美國海軍。你如果損失了一艘軍艦，要花好幾年才能補給上來。」他也想起駐紮在拉包爾的陸軍第十七軍在談起美軍時，那種輕蔑的態度；認為要在戰鬥中擊潰美軍是如何簡單。如果只是為了擊沉美國陸軍的運輸艦，他何必拿著自己寶貴的艦隊去冒這個險呢？於是他下令返回拉包爾。

就三川擔心航空母艦上的戰機這點，是合乎邏輯的，但他其實無需擔心。弗萊徹已經返航回到所羅門群島，在一個小時內他就得到戈姆利的批准，全數撤離這個區域。

三川重擊了美國海軍，是美軍在海戰中最羞辱的一場挫敗。受到重創的「昆西號」在駛入「狹縫」後不久便沉沒了，而「文森尼斯號」在十五分鐘後也跟著沉入海底。接著「亞斯托力亞號」和「坎培拉號」——在寒冷的大雨中猛烈地燃燒著——也相繼沉入在這個被稱為「鐵底海灣」（Ironbuttom Sound）的地方。

清晨時，薩伏島周遭的海域上浮著厚厚一層油，到處是軍艦的殘骸，還有半死不活的水兵緊抓著海面上的漂浮物。這比起爪哇海的潰敗還要更為徹底。日軍方面完全沒有損失任何船艦，還摧毀了美國四艘新型的重巡洋艦，擊斃美軍一千零二十三人和打傷七百零九人。雖然三川並未攻擊運輸艦，但卻使美軍所有的船艦——軍艦和運輸艦，貨船和掃雷艇——全都倉皇失措地逃離該區往努美阿而去；被拋棄在瓜達爾卡納爾島和土拉吉島上的海軍陸戰隊不僅缺乏彈藥，糧食也只夠支撐一個多月。

美國海軍內部人士激烈地爭論在薩伏島所發生的戰事，一談起此事就帶一股羞恥和仇很。依據官方的調查結果，並未懲處任何一個人，但里夫科艦長自此身敗名裂，不論在哪就像《古舟子吟》（*The Rime of the Ancient Mariner*）中的老水手那樣，逢人就不斷說著自己的故事：「文森尼斯號」如何一砲擊中「鳥海號」的海圖室，這才使得三川無法摧毀運輸艦。柏德艦長則自殺身亡。

第十五章 綠色地獄

一

在東京，薩伏島的勝利遮掩了美軍佔領瓜達爾卡納爾島的意義。對於海軍而言，這依舊是個讓人惱火的事件，他們不太情願地向陸軍參謀本部的作戰參謀非正式性詢問，陸軍是否介意肅清該島的美軍。陸軍反問，此項作戰需要動員多少部隊。海軍的答覆是，不多。美軍入侵行動至多是個騷擾行為，而牽涉的兵力也僅僅是兩千名海軍陸戰隊員；在一年之內，敵軍不可能沿著所羅門群島進行大規模反攻。

陸軍作戰參謀同意向東條建議推行此方案，在週末前，陸軍參謀本部發電報給位於拉包爾的百武將軍，要他以六千名士兵掃蕩瓜達爾卡納爾——五百人的「海軍特別登陸部隊」，三千五百人的「川口特遣隊」以及原先預計用於攻佔中途島而現在已退回關島的「一木特遣隊」的兩千人。

川口清健——那名蓄著小鬍子，並試圖營救桑托斯首席大法官卻未成功的將軍——此時人在民答那峨以東約六百英里的帛琉群島（Palau）中的一個名為科羅爾（Koror）的島上。當他一接到要將他調往所羅門群島的命令時，他本能地猜想到美軍入侵的重要性。他攤開一張所羅門群島地圖給《每日新聞》的記者西野看，並指著上面一個小點說：「這就是我們的新目的地——瓜達魯卡納魯（瓜達爾卡納爾）。我知道你會認為這或許是場小規模的戰事。這是真的，在那不會發生什麼豐功偉業，但我敢說，這是極其重要的一役。」川口清醒地預言，這個島嶼將會成為爭奪太平洋的焦點。「如果你決定繼續與我們一起行動，你就得把性命交到我的手上。我們兩人很可能都會陣亡。」西野表示他會去，於是兩人相互握了握手。

兩天後的八月十五日，川口指示他所有的班長發給每個士兵三個月的薪餉。他們就要去從事「一次非常重要的任務」，而且可能會戰死。「讓士兵們把大部分的錢都寄回家，剩下的就拿去吃吃喝喝，他們才能痛快地在此度過最後一晚。」

天亮後不久，川口特遣隊的三千五百名士兵整晚通宵達旦的歡樂感受還未消卻，就開始登上兩艘一萬噸級的運輸艦。熱帶地區的陽光把「佐渡丸」上的甲板曬得滾燙，西野即使穿著運動鞋也感覺被燙傷了。他看到士兵們魚貫進入寬闊的船艙，然後擠進自己的吊床。電風扇吹出陣陣熱風，因此西野回到了上層。一陣暴雨剛過，甲板上還冒著熱氣。

正當船要起錨時，一隻大黑狗從岸上游來並爬上最後一個裝載平臺。牠四處狂奔在找它的主人——一名叫做上野的年輕中尉。中尉抱歉地對著那隻黑狗說：「好啦，是我錯了。」他是在前天晚上遺棄牠的。

運輸艦以十六節航速朝著東南方往拉包爾而去，航行了三天。士兵們在甲板上晃來轉去地唱著軍歌，或懶散地躺著，還有做健身操的。儘管高溫讓人委靡，但精神士氣還是相當高昂。晚餐時還發了熱啤酒給他們，這讓他們情緒更為振奮：他們個個誇口毫不畏懼美軍，只需進行夜戰即可。他們的訓練手冊上寫著：「西方人——高傲自慢、毫無男子氣概且膽怯懦弱——厭惡在雨中、霧中或夜晚作戰。他們不認為夜晚是作戰的好時機——卻認為是跳舞的良機。我們的大好機會就在這些弱點之中。」他們回憶起當初輕而易舉就拿下婆羅洲。一個年輕小夥子說：「在我們一陣砲火之後，連片草都沒了。我要讓達卡魯納魯寸草不生。」

一名士官糾正他說：「那不是達卡魯納魯，是瓜達魯卡納魯。你要記住這名字，好嗎？」

——

六艘驅逐艦——它們載運「一木特遣隊」中的第一梯隊——在離瓜達爾卡納爾機場東方只有二十五英里的北海岸太武岬（Taivu Point）附近登陸。降下一艘艘小艇，就在子夜前——八月十八日——一木清直上校和九百一十五名士兵登陸上岸。就和美軍海軍陸戰隊員一樣，完全沒有遭到槍砲抵抗。

一木向拉包爾發出電報：「我們已成功入侵。」他下令部隊要等候另一半會在一週後抵達的特遣隊兵員，然後重新奪回日軍在七月份幾乎就要完工的機場。但他過於自信，只留下一百二十五名士兵駐守海灘，其餘士兵則往海岸推進。

美國海軍陸戰隊指揮官知道一木登陸瓜達爾卡納爾一事，但只是從些許不確定的證據——驅逐艦的浪跡——所做出的推論。但是，結合了敵軍在機場西端登陸的報告（也就是五百人組成的「海軍特別登陸部隊」，在這場戰役中自始至終都沒有發揮什麼重大作用），這就足以使范德格里夫特將軍相信，一場重大的反攻迫在眼前。他向西面、東面與東南面都派出巡邏隊，同時還要求一名叫做烏查（Vouza）的土著上士（澳洲海岸觀測處的馬丁・克萊門斯手下的一名斥候），向南面巡邏，然後繞一圈往北至海岸。

烏查和其他士兵只花了一天多一點的時間就抵達了海岸。八月二十日，他們發現「一木特遣隊」（他們離機場不到十英里，一木最後一封發往拉包爾的電報還展現出他的樂觀：「毫無敵蹤，如入無人之境。」）烏查試著爬到更近一點，以獲取更多訊息，但卻被捕獲，被押送到一木面前。當他被剝下衣服時，一面小小的美國國旗從腰布間掉了出來。烏查拒絕回答問題，於是被綁在一棵樹上，他的臉幾乎被槍托打成肉泥。他固執地搖頭不語，胸膛被刺刀刺了兩次。他仍一言不發。最後，一名士兵朝著他的喉嚨刺了一刀。

不過，烏查並沒有死，在一木於黃昏時率領手下七百九十人沿著海灘前進後，他開始咬著繩索。他終於逃脫了，並以極大毅力設法爬回陸戰隊的防線。他喘著大氣說：「可能是兩百五十，也可能是五百名」日軍正朝駐地前進。在昏過去前，他還來得及說：「我什麼也沒說。」

一木在一條水流緩慢的小河東岸旁的一座椰子林中整頓隊伍，離機場約有一英里多。這條河流是伊魯河（Ilu River）（但美軍陸戰隊誤認是泰納魯河（Tenaru River）），它形成一道天然的防線，而且一木也確信美軍陸戰隊就在河的對岸。在伊魯河口，他發現一條狹窄的四十五碼寬的沙堤，攔住了近乎停滯的綠色河水，從而形成一座幾乎可以達到對岸的橋梁。

他很肯定自己已達成奇襲效果，但美軍因為有烏查的警告以及一名海軍陸戰隊巡邏員奪取的敵軍地圖，已經在河的對岸挖好工事等著他。大約在午夜一點三十分，一木下令發動攻擊。大砲朝著美軍陣地發射，機槍隔著河對叢林掃射。數百名日軍衝出椰子林，並提著上了刺刀的槍向沙堤衝去，還高喊「萬歲！」他們邊衝邊開槍射擊，還投擲手榴彈。

一陣步槍迎面朝他們發射而來，接著又是一波有如潑水般的機槍火力。前面揮舞著軍刀的軍官被射倒了。三十七毫米口徑的砲射出的榴霰彈又撂倒了幾十名日軍。少數幾人衝過伊魯河，但砲火又迫使這些倖存者逃回到椰林內。

范德格里夫特已經準備好要用一營的後備兵力從南面發動一場反攻，交由倫納德·克雷斯威爾中校（Leonard Cresswell）指揮。黎明時，克雷斯威爾已經越過伊魯河，率領部下沿著東岸而下。下午兩點，他接近了椰子林。一木的退路就被切斷了。

不過，日軍並沒有投降。傷兵大喊大叫，那些前去救援的美軍卻反被手榴彈炸死或被狙擊手擊斃。海軍陸戰隊遭遇到前所未有的新形態戰鬥，一場決不寬待傷員的戰鬥。因此范德格里夫特決定派出一排輕型裝甲兵前去作戰。

黃昏時，五輛坦克車輾過沙堤上成堆的日軍屍體，衝進椰林中，射出三十七毫米口徑的砲彈。它們撞倒了椰子樹，殺死了狙擊手，也壓死了那些無路可逃的日軍，直到坦克車的履帶看起來像是「絞肉機」時才停了下來。榊原中尉和一名士兵爬入海中並只把鼻子露出水面，才得以死裡逃生。

入夜後，椰林內只剩下少數日軍。他們群聚在身負重傷但緊握軍旗的一木身旁，他下令：「燒掉軍旗。」旗手把汽油澆在這面沾滿一木鮮血的軍旗上，劃了根火柴點燃它。此時，有輛坦克車發現他們這一小群人。在和其他人一樣被壓死之前，一木先抽出自己的軍刀切腹自盡了。

美軍陸戰隊的榴彈砲將日軍炸成肉塊或被槍砲打成破片，椰林內四散著日軍屍身。坦克車輾過的地方還可以看到履帶壓過的血肉身軀。椰林內完全沒有生命的跡象。八百名士兵幾乎全數遭到擊斃，而美軍陣亡了三十五人，還有七十五名傷兵。夜幕低垂後，唯二的生還者榊原中尉和他的袍澤這才從海中爬了起來，沿著海岸逃回到一百二十五名留下來固守補給品的同袍那裡。

——

在東京，陸海軍領導人這才首度嚴肅對待瓜達爾卡納爾島上的美軍。陸軍計劃奪回該島，這也得到山本將軍的全力支持。他把瓜達爾卡納爾島視為「聯合艦隊」能夠再度誘使美軍出兵進行決戰的機會。

四艘低速運輸艦已經載著「一木特遣隊」的其餘部眾和五百名受過步兵訓練的水兵，開往瓜達爾卡納爾島，卻受命要返回，與「瓜達爾卡納爾支援艦隊」會合，而這支由山本倉促編組而成的艦隊正朝南開往所羅門群島。在前面領航的是六艘潛水艇，緊隨在後的是總指揮官近藤率領的六艘巡洋艦和一艘水上飛機航空母艦。最後是近來重新編組仍由南雲指揮的「木戶部隊」，但只有兩艘大型的航空母艦「翔鶴號」和「瑞鶴號」，由兩艘主力艦和三艘重巡洋艦護航。伴隨它們的還有一支「牽制戰鬥群」——輕巡洋艦「龍驤號」、一艘重巡洋艦和兩艘驅逐艦——任務是在時機到來時作為美國航空母艦的誘餌。

不久，美軍就獲知這支強大的水面部隊正由北面向他們駛來，他們也只能被迫面對這個新威脅。戈姆利中將派出弗萊徹少將率領「第六十一特遣部隊」——三艘大型航空母艦（「勇往號」、「薩拉托加號」和「黃蜂號」（Wasp））、七艘巡洋艦和十八艘驅逐艦——前去迎戰敵軍。八月二十三日拂曉，弗萊徹已經抵達離瓜達爾卡納爾島東面不到一百五十海哩處，這是阻擋日軍攻擊的絕佳位置。幾個小時後，一架美軍巡邏機看到了四艘日軍運輸艦還有護航艦——由頑強的田中賴三所指揮的一艘輕巡洋艦和五艘驅逐艦——並回傳電報，運輸艦正開往瓜達爾卡納爾島而去。田中這個人不但詭計多端，也敢作敢為。在下午一點前，他都持續著朝南航行，不過之後就讓運輸艦掉頭轉向，開往航空襲擊的範圍之外。五個小時後，近藤的大軍開到田中東方四十海哩的海面，依舊未被發現，而他們也如法炮製轉變航向。

田中這步棋誤導了弗萊徹，讓他以為在接下來的幾天內不會有大規模交戰，因此他派出「黃蜂號」戰鬥群往南去補充燃料。這是個不幸的決定，使得他在戰鬥前夕就少掉了三分之一的軍力。

八月二十四日天亮前，「牽制戰鬥群」突然回師向南，企圖誘使「第六十一特遣部隊」。然後其他日本船艦也都反轉航向，消失在視野中，等著弗萊徹上鉤。上午九點五分，一架美軍巡邏機在「第六十一特遣部隊」的西北方兩百八十海哩外，發現到這艘小型航空母艦和三艘護衛艦。兩個半小時後，當弗萊徹得到報告日軍的「牽制戰鬥群」離他不足兩百五十海哩時，他猶豫了。下午一點三十分，當他看到雷達螢幕上的光點顯示日軍戰機正飛往瓜達爾卡納爾島時，他的懷疑也隨之消失。

那些是從「龍驤號」航空母艦上起飛的十五架戰鬥機和六架轟炸機，目標是瓜達爾卡納爾島上的機場。這個剛完工的機場（命名為「亨德森機場」，以紀念在中途島戰役中陣亡的洛夫頓．亨德森少校）

是海軍陸戰隊兩個航空中隊的基地——十九架「野貓式」戰鬥機和十二架「無畏式」俯衝轟炸機——還有陸軍戰鬥機中隊的十四架「戰鷹式」戰鬥機。

弗萊徹迅速迎擊，不到十五分鐘，三十架俯衝轟炸機和八架魚雷轟炸機從「薩拉托加號」上起飛。兩個小時後，「無畏式」機群發現了「龍驤號」，開始從一萬四千英尺的高空朝它俯衝攻擊。在攻擊的過程中，六架道格拉斯「蹂躪者式」也加入戰鬥，從兩百英尺高的低空投下魚雷。這艘小型航空母艦至少被四顆炸彈和一枚魚雷擊中。它向右舷傾斜了二十度，動彈不得。

雖然「龍驤號」被毀了，但它也達成了它的主要目的，已經移轉弗萊徹的攻擊並讓「木戶部隊」找到「勇往號」和「薩拉托加號」。五十一架「野貓式」戰鬥機組成保護這兩艘航空母艦的屏障，但有二十五架愛知「九九式」俯衝轟炸機突破了這道保護網。下午五點十四分，一顆炸彈穿透了「勇往號」的五層甲板，在士官長船艙區爆炸。還有兩顆瞬時引信炸彈炸裂了飛行甲板。待大火被控制住時，已經造成七十六人死亡。「勇往號」被迫退出戰場，回到珍珠港大修。

此時弗萊徹只剩下一艘航空母艦，已無心夜戰，於是明智地決定向南撤退。南雲一直追到八點三十分，才肯罷手。「東所羅門群島海戰」（Battle of Eastern Solomons）就此結束。一如「珊瑚海海戰」，不分勝負。日軍方面被擊沉了一艘小型航空母艦，而弗萊徹的「勇往號」也至少有兩個月的時間無法服役。然而，更為重要的是，弗萊徹只損失了十七架戰機，而南雲卻是七十架，日軍經不起損失這麼多作戰經驗豐富的飛行員。這就和「珊瑚海海戰」一樣，日軍幻想著已經對美軍造成重大損失。返還的飛行員報告，他們擊沉或重創三艘航空母艦、一艘主力艦、五艘重巡洋艦以及四艘驅逐艦。其中一艘甚至據稱是「大黃蜂號」（其實並未參戰），這樣就已報了杜立德偷襲東京之仇。

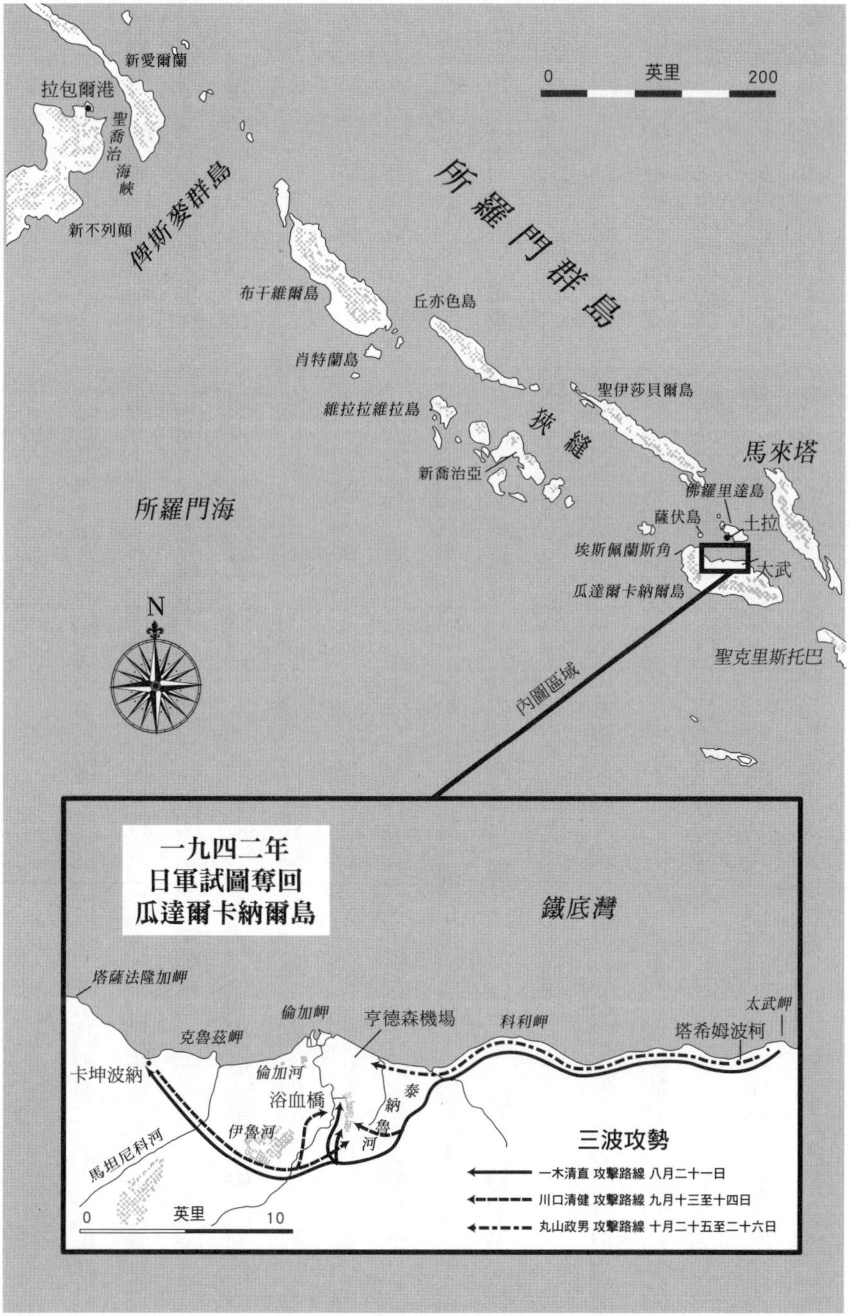
新愛爾蘭
拉包爾港
聖喬治海峽
新不列顛
俾斯麥群島
英里
0
200
所羅門群島
布干維爾島
丘亦色島
肖特蘭島
維拉拉維拉島
狹縫
聖伊莎貝爾島
新喬治亞
馬來塔
佛羅里達島
薩伏島
土拉
所羅門海
埃斯佩蘭斯角
太武
瓜達爾卡納爾島
N
聖克里斯托巴
內圖區域
一九四二年
日軍試圖奪回
瓜達爾卡納爾島
鐵底灣
塔薩法隆加岬
倫加岬
亨德森機場
科利岬
太武岬
克魯茲岬
塔希姆波柯
卡坤波納
倫加河
浴血橋
泰納魯河
伊魯河
馬坦尼科河
三波攻勢
一木清直 攻擊路線 八月二十一日
川口清健 攻擊路線 九月十三至十四日
丸山政男 攻擊路線 十月二十五至二十六日
0
英里
10

「瓜達爾卡納爾支援艦隊」撤退後，儘管運輸艦到天亮後才能抵達瓜達爾卡納爾島，田中還是執拗地繼續沿所羅門航道南下。風險非常高。為了把風險降到最低程度，他派出五艘驅逐艦先去砲轟亨德森機場。這五艘軍艦整晚沿著北海岸線砲轟機場，然後由北往南去和運輸艦會合。

隔天上午九點三十五分，理查・曼格姆中校（Richard Mangrum）率領的八架海軍陸戰隊俯衝轟炸機從亨德森機場起飛，要去追擊敵軍航空母艦，卻意外發現這批運輸艦和其護衛艦。他們朝田中的旗艦輕巡洋艦「神通號」和「金龍丸」運輸艦衝了下去。「神通號」中彈後還是能逃脫，但不得不放棄中彈起火燃燒的運輸艦。當驅逐艦「睦月號」開始搭救生還者時，它遭到從新赫布里底群島（New Hebrides）中聖靈島（Espíritu Santo Island）所起飛的八架「空中堡壘」的攻擊。艦長畑野健二少校幾乎不在乎美軍高空轟炸機的攻擊，繼續他的營救作業。此時，這些轟炸機便有了靜止的目標，三枚炸彈擊中了「睦月號」。畑野游泳脫險後還氣喘吁吁地說：「連『空中堡壘』偶而也能擊中目標。」

田中固執地繼續朝瓜達爾卡納爾島前進，原本企圖要在白天讓一千五百名援軍登陸。但從拉包爾傳來的一則電報阻止了他，命令他立刻返回肖特蘭島（Shortland Island）。這是一個位於布干維爾島外的一個小島，是通往瓜達爾卡納爾島的跳板，日本將由此發動「東京快車」（Tokyo Express）行動。[1]

田中對這些損失的記憶猶新。八月二十九日上午，他遇到原先要指揮對亨德森機場發動第二波攻擊的川口將軍。川口手下三千五百人的特遣部隊經由拉包爾抵達了肖特蘭，他希望能夠盡快抵達瓜達爾卡納爾島——搭駁船去。田中樂於提供運輸工具，但堅持要用驅逐艦。川口反駁說，一木他們之所以被殲滅的原因之一，就是搭乘了驅逐艦就無法帶上充足的糧食和裝備。隔天，他們還在繼續爭論著，但田中根據其親身經歷，終於說服了川口。在黃昏時，川口把手下的軍官召集到運輸艦內的飯廳，並告訴他們得換搭驅逐艦到瓜達爾卡納爾島。岡明之助上校團長認為這樣太過危險，於是說：「我認為搭乘汽艇會更好些，在島與島之間可以秘密地迂迴前進。」

氣溫高到讓人窒息，兩人還是詳細地就「老鼠運輸」（Rat Express）（驅逐艦運送）和「螞蟻貨船」（Ant Freight）（汽船運送）的利弊展開爭論。川口最後表示妥協，以終止爭論。他指著一幅大型地圖上的兩個紅色記號說：「我本人率領主力部隊搭乘驅逐艦直達太武岬，岡上校將帶領總部人員以及第一營搭乘汽船前往瓜達爾卡納爾島西北端。」一個就是太武岬（也就是一木所選擇的地點），他會和他的兩千四百名部下在那登陸；另一個就是離機場西面大約十英里遠的卡坤波納（Kokumbona），岡上校和其餘的一千一百人會在那裡上岸。從兩地出發，他和岡兩人將會同時朝內陸進發，包抄到亨德森機場的後方，發動聯合攻勢。

川口將軍站在一個裝蘋果酒的空箱子上。他說：「諸位，我認為，我們的信念就是我們的力量。英勇作戰的將士們從不會懷疑是否會獲勝，他們最後都會是勝利者。在我們抵達戰場前，必須航行三百海哩，而且或許會遭遇敵軍在半路的襲擊。」前兩天，先遣部隊遭到襲擊，但搭著驅逐艦安然地登陸太武岬。「但是，我們是經過訓練的，難道不是嗎？我向你們發誓，你們將會粉碎敵軍。攻向瓜達爾卡納爾島！」

「攻向瓜達爾卡納爾島！」

一名軍官舉起酒杯祝賀並大喊：「我們莊嚴地宣誓要奮戰到底！」

特派員西野跟著川口走上甲板。士兵和下級軍官紛紛跳入這藍綠色的海水中，再游回船艦。川口說：「西野先生，他們需要不斷訓練。」有個年輕中尉嘴上叼根菸，靠在欄杆上。川口喊他：「喂，中尉，你怎麼沒像其他人一樣游回去？」

中尉迅速地把菸扔進海裡，然後立正站好。當他口中念念有詞說著理由時，川口立刻把他推出欄杆外。他說：「就是有些懶惰鬼。打仗時，當你跌入海中，就算是個榔頭，也得游泳。」

當天子夜，特遣隊人員都移到驅逐艦或汽船上了。川口和西野一起登上了驅逐艦「海風號」。當將軍艙內只有他們兩人時，川口才透露出，美軍的工事完善且有著源源不絕的補給。「想到這些，我覺得靠我們這樣一小股人馬要去奪回機場，是極其困難的。難道你不認為『一木特遣隊』的毀滅，對我們來說是個教訓嗎？但『帝國大本營』卻小覷了瓜達爾卡納爾島上的敵軍，還宣稱一旦我方順利登陸，美國海軍陸戰隊就會投降。」他頓了頓，好像被自己的失言警醒了一般。「這不是我們該在這討論的問題。」

一陣涼爽的微風吹醒了西野。八點二十五分響起一陣軍號，這是即將出發的信號。八艘狹長的驅逐艦排成兩排，開始以二十六節航速朝東南方向前進。這天是八月的最後一天。在底層船艙，轟隆的引擎聲讓人厭煩，還伴隨著令人窒息的高溫，西野只好回到開闊的甲板上。強勁的海風幾乎把他吹倒。當天是陰天，正是南下穿越危險海峽的好時機。打上來的海浪又迫使他回到船艙內，就在那時，他聽到一名艦上的軍官對著一群士兵說，他們會在午夜前幾個小時內就抵達瓜達爾卡納爾島。一個士官開始檢查士兵的救生衣。他開心地說：「別擔心空襲了。」

在惱人的白天裡，水兵們不斷激勵著陸軍士兵，要為在入侵瓜達爾卡納爾島時中計的同志們報仇。士兵們承諾會「把所有的美國佬都消滅，一個不留。」在晚餐後，水手們回到船艙內喝著啤酒、蘋果汁，抽著香菸、吃著糖果。有個喝醉的水兵喊道：「我們負責海上！你們負責陸上。可以嗎？祝好運！」他開始和周遭的每名士兵使勁地握手。

一名士兵交給一名水兵半包已經揉皺的香菸，並對他說：「如果我們還能活著再見面，就讓我們抽根菸慶祝吧。」另一對海陸軍士兵則交換了剪下的指甲。陸軍士兵說：「如果我死了，請把它寄給我兒子。這男孩只有兩歲大。」水兵說：「這是我母親的名字和地址。」

八艘驅逐艦的航跡就如同無窮無盡的煙花。海面上，數百萬隻夜光蟲來回飛舞著。在半海哩外突然出現了陸地黑影——太武岬。大汽艇、小艇和划艇都被降至海面，士兵們無聲無息地登上這些小艇。艦上的槍砲對準了海灘上的椰子林。西野登上小艇後，他所能聽到的只有其他人登船時發出的細微腳步聲，其他什麼聲響都沒有。他的小艇擱淺在沙灘上，他只好笨拙地從船側爬了出來。被夜光蟲照得發亮的海浪把他推了上岸。他等著從那些靜止的成排椰子樹和棕櫚樹中射出砲火。但是，他所聽見的，只有他同志們的聲音和浪濤的嘩嘩聲響。

他踉踉蹌蹌地走上乾沙灘，看著手錶。東京時間九點一分——這裡要晚一個小時。腰部以下都是些微小的會發出磷光的生物。在這長長的海灘上，流動著發光的人群，組成一條會發亮的腰帶。西野站在那裡，陶醉於這個迷幻世界。

他身旁傳來一個聲音：「真美啊！」

西野朝叢林走去，被另一個聲音擋了下來：「你是哪個單位的？」他看到一個身影。那是一名穿著襤褸軍裝的日本士兵。又有好幾個身影像鬼魂一樣從叢林中現身。他們是一木第一梯隊的生還者。

這名憔悴的士兵說：「很高興見到你。但趕快抖掉那些該死的蟲，天空上的敵軍會因此看到你們。」他焦躁地指著地面，帶著顫抖的聲音說：「把腳印留在沙灘上等於是自殺。我們一直遭到美軍戰機的攻擊。」當一木的手下一面退回到叢林邊緣時，一面熟練地用棕梠葉把地上的足跡抹掉。他們向西野鞠躬後，便離開了。

川口向驅逐艦隊敬禮告別，接著率領部眾進入叢林。天黑得伸手不見五指，每個人都得把一隻手搭在前面那人的肩膀上。他們來到一條狹窄的小河，用顆倒掉的樹木當橋樑。西野看不到河水，但急促的水流讓他知道河水頗深。當他要爬過這滑溜溜的樹幹過河時，他幾乎嚇壞了。要是掉下去怎麼辦？身上七十磅重的背包勢必會把他拖入河底。他不由自主地盤算起背包內的東西：一架攝影機、兩台照相機、膠卷、衣物、糧食和五本書——一本中國詩選、一本關於所羅門的地理書、兩本法國詩集和一本英文版的《大地》（*The Good Earth*）。

當他數完這份清單時，也已經爬到河的對岸了。他一腳似乎踩到什麼東西，感覺像是踩在海綿上。巨大的雨滴穿過了叢林緊密如傘般的林葉，接著下起陣雨。滿是長刺的藤蔓和盤根錯節的巨樹完全擋住去路。川口停了下來，士兵們蜷縮身體坐在地上，試圖在大雨中睡上一覺。西野冷得發抖，蚊子成群往他臉上撲去，像打針似地叮他。

他們在黑夜中被叫醒，然後繼續摸索著穿過叢林，繞回海岸。黎明時，他們抵達了塔希姆波柯（Tasimboko）。這是個離太武岬以西三英里的荒蕪海邊小村。他們在那吃了登上瓜達爾卡納爾島後的第一餐。這頓飯是由海軍幫忙裝在每個士兵的「飯盒」內——大小有如雙筒望遠鏡。裡面菜色意外豐盛：白米飯、魚干（整尾的）、魚漿和熟牛肉。每名士兵把「飯盒」高舉到前額，並鞠躬致謝。

大黑狗跟著上野中尉游上船並發出狂吠，打斷了他們的早餐。中尉大喊：「敵機！」並臥倒在地。可以聽到遠方傳來微弱的引擎嗡嗡聲。十幾架戰機馬上低飛過來，低到能把樹葉震得沙沙作響，然後往太武岬飛去。

整個上午，從亨德森機場起飛的「戰鷹式」戰鬥機、「野貓式」戰鬥機和俯衝轟炸機都在沿著海岸進行搜索，但每次飛機來襲，那條大黑狗都能及時狂吠。接著美軍開始盲目攻擊這個區域。西野爬到一根木頭後方，一排曳光彈打了過來，讓他想起縫紉機在逢線的線跡。他聽到炸彈落下的呼嘯聲。陣陣爆炸撼動了大地，樹枝和塵土都落在他身上。十幾名士兵被炸死。

當晚西野睡在村內一個被棄置的茅屋中，但被一陣喊聲吵醒：「警備隊，集合！」一個人影探頭進來喊道：「記者，快到總部報到。」西野和其餘五名記者穿越漆黑的叢林跑向海邊。西野在匆忙中還不時撞到樹，最後終於跑到川口設在能夠俯瞰大海的沙丘後方的指揮所。除了海浪的響聲外，還可以聽到馬達的轟隆隆聲。

「準備射擊！」

他從沙丘的邊緣望去，看到在不足一百英尺內有登陸艇的輪廓。因為沒有帶著鋼盔，他害怕在還沒完成第一篇報導前，就被打死。

「開火！」

子彈在登陸艇周圍跳射著。但對方並沒有回擊。傳來一陣日語大喊：「我的手臂！我中彈了！」沙灘上傳來一聲「喂！」原來他們是「一木特遣隊」第二梯隊的成員，是要前來加入川口的部隊攻擊亨德森機場的。誤會造成兩人死亡，八人受傷。但更糟的是，槍聲讓美軍有所警覺，幾分鐘內，照明彈就把叢林照個通亮。戰機開始掃射，並轟炸村莊和海灘。西野身旁的年輕士兵痛苦大喊：「我受傷了！我的肩膀。」他扭曲著身體，齜牙咧嘴。西野拿出條毛巾要包紮傷口。這小伙子說：「別取笑我。在戰鬥中我們就得忍受真正的疼痛，對吧？」

雖然美國人已經發現川口的陣地位置，但他卻拒絕轉移，他正等著岡上校在亨德森機場另一頭成功登陸的報告。他怎麼會讓自己被說服而同意岡上校搭乘「螞蟻貨船」呢？當范德格里夫特的戰機日復一日掃射和轟炸村莊時，川口還是等不到他們。西野算了算，有一天空襲達七十一次之多。整個地區都成了廢墟，布滿炸彈坑和冒著焦煙的樹幹。士兵們都不敢生火，只能吃水果和生米充饑。

九月四日清晨三點，終於傳來岡上校的消息：他乘著汽艇「正在接近」瓜達爾卡納爾。因為透過無線電傳送風險太高，川口命令中山中尉帶領三名士兵包抄到機場後方，務必找到岡上校並告訴他聯合攻擊行動的細節。將軍說，這是個極危險的任務，而戰事的成功關鍵在於掌握精準時機。他把自己從帛琉一路帶來的私人食品給中山——那是個沙丁魚罐頭。

川口給這些斥候兩天期限。他在九月六日黃昏時率領部隊沿著海岸出發。他留下三百名兵員和些許火砲裝備來防護補給品，但部隊還是有三千一百名士兵，其中一千人是屬於一木的第二梯隊。他們到了離亨德森機場以東十英里的科利岬（Koli Point）後就朝南攻入叢林內並從後包抄機場。

船隻緊靠著海岸航行，以至於川口甚至能聽到船上絞盤的聲音。海面上還傳來微弱的說話聲——說著英語的聲音。川口下令就地臥倒。西野抬頭一望，看到似乎有一艘巡洋艦、五艘驅逐艦和五艘運輸艦在月光下行駛。當巡洋艦及後方的運輸艦和驅逐艦沿著海岸朝亨德森機場駛去時，西野能看到站在甲板上的水兵的身影。這是他第一次看到敵軍。

川口猜測這些船艦是剛剛運送海軍陸戰隊員上岸，要去奇襲那個他們已經撤離的村莊。他希望守衛部隊能夠擋住敵軍。他可是無法再抽調任何一兵一卒前去協助。

那不是登陸部隊，而是從努美阿開來的船團——兩艘運輸艦和護衛艦——正好在為范德格里夫特送來更多補給品的路上。隔天晚上，「確實」有海軍陸戰隊兩棲部隊在塔希姆波柯附近登陸。海軍陸戰隊在村口附近上岸。川口的守衛部隊進行了象徵性抵抗，擊斃了兩名美軍，然後就消失在叢林中。海軍陸戰隊返回時，帶上了蒐獲的文件和川口的軍禮服。一名陸戰隊員還說：「這混帳肯定是想在雪梨大出風頭。」

因為空襲和暴風雨造成了延宕，岡上校一行人剛剛才在亨德森機場另一端三十英里遠處登陸。在沿所羅門航道南下的長達一週的痛苦航行中，他已經損失了六百五十名人員，殘存的四百五十人幾乎也是彈盡糧絕，毫無戰鬥能力。

川口假定岡上校的部隊能夠毫髮無傷地抵達，遂於九月八日於科利岬附近召集了麾下軍官，進行最後一次戰鬥簡報。在傾盆大雨中，西野站在這名將軍身旁邊聽邊記錄著。他們會繼續沿著海岸前進到泰納魯河，然後逆流而上再走將近兩英里。砲兵和大部分一木兵員都在那裡渡河，然後直接朝西方前進直到離機場東面約一英里半的位置。主力部隊會繼續往南走好幾英里，繞到亨德森機場後方。與此同時，岡上校的一千一百人會進入機場西方的陣地。九月十三日晚上九點前的幾分鐘，東方的砲兵將開始齊射，讓敵軍誤以為攻擊是來自這個方向，而海軍則會從北方海面進行砲轟。九點整，川口和岡兩人會同時從南方與西方發動攻擊。

川口說：「我們要以奇襲方式奪下敵軍機場。」一水滴從他那像是自行車手把的鬍鬚上一滴一滴落下。他將視線離開他的記事本，抬頭注視著這些安靜且挺直站著的軍兵。「諸位，誠如你們所知，美軍已經派出大量增援部隊和補給物資。或許比我們還要強大。最重要的是，不能低估他們的空軍。在我們抵達敵軍陣線前，我們必須克服艱困的地形障礙。顯而易見，我們正面臨一場前所未有的戰鬥。因此，諸位，你和我都無法冀望在此夜後還能再見面。這正是我們為天皇捐軀的時刻。」

軍兵們齊聲回應喊道：「是！」

雨慢慢變小了。有人喊：「飛機！」大家正要四散開來，接著聽到一聲譏諷的格格笑聲。大家抬頭一看，只見一隻鸚鵡笨拙地飛走了。接下來幾天，鸚鵡們老在學舌：「喂，一兵！」在牠們的日文辭彙中，又多加了幾個字。

川口和其他軍官都笑了。川口拿出一小瓶威士忌。「諸位，在我們行軍前，讓我們來為成功乾一杯，如何？」他在每名軍官的水壺蓋內倒了幾滴酒。他轉身對西野說：「你也來一點。」

遠方傳來幾聲沉悶的爆炸聲，西野認為那是美軍的砲擊。他一整天都聽到這砲聲。但這是日軍轟炸機正對著亨德森機場轟炸，晚上的爆炸則來自日軍的戰艦砲擊。

川口說：「為特遣隊武運長久而乾杯！」

當軍官們動身回到各自的單位時，有個小隊開始燒掉重要文件。將軍面對西野指著油印地圖上的那些敵軍陣地說：「不論陸軍大學是怎麼教的，但要想透過夜襲奪取敵軍陣地是極其困難的。」他壓低了聲音說：「在『日俄戰爭』期間是有少數幾個案例，但那都是小規模作戰。如果我們在瓜達爾卡納爾島能夠成功的話，這將會是世界軍事史上的奇蹟。」

他們轉進內地，向著那個無法穿越而過的叢林出發，披荊斬棘穿越深黑雨林，在陡峭的深谷和崎嶇的山脊間爬上爬下。因為是在夜間行軍，所以不是被樹根絆倒，就是會掉到坑洞內。有人發現到會發光的苔蘚，於是將它抹在前面那個人的背上。穿過充滿腐敗植物臭味的沼澤時，因為過於危險，向前推進幾百碼就得耗費數個小時。體力上的艱辛不談，還得擔心美軍突如其來的伏擊。

西野的助手們老早就把相機和其他裝備扔掉了，但他本人卻不願意放棄任何東西。他緊跟著腿長的川口前行，認真盡職地記錄下將軍的一言一行。

直接飲用河水導致許多人罹患痢疾，而半數以上的人又患有瘧疾。他們靠著少量的魚乾、餅乾和硬糖塊維生，還有不少米，但哪怕只有幾分鐘，他們還是不敢生火煮飯。九月十日，他們抵達泰納魯河，砲兵開始砲擊，一木部隊大部分的人馬都直向亨德森機場衝去，而川口和主力部隊緩慢向南推進，要繞到機場後方。

中山中尉和另外三人——安部下士、稻永以及森田上兵——一週內都在川口的前方，試圖和岡上校取得聯繫。他們餓得半死，筋疲力竭，身上的軍服殘破不堪，被刮出很深的傷口。他們還用軍刀和刺刀擊退了由一名土著和他所帶領的一群惡狗的襲擊，在山澗中涉水而行好幾英里，但發覺溪水過深，只好又艱辛地原路折返。

在川口分兵推進那天，他們聽到遠方傳來引擎轟隆隆的聲音。他們正朝機場前進，轉向西行，每次到了林中空地時就期待能遇到岡上校他們。中山打開了最後一份食物：川口給的沙丁魚罐頭。他們吸允藤蔓的汁液，然後躺下來睡覺。隔日早晨，他們被一條深藍色的寬闊河流擋住。（那是蜿蜒的倫加河（Lungga），往下游一英里就會繞過亨德森機場），他們沿著堤岸涉水往海的方向走去，到了下午來到一個小荒丘。中山爬了上去。在山丘的另一面，美國人圍繞著火堆坐著。這裡是海軍陸戰隊西部陣地的中心地帶。鍋內煎油的爆裂聲和肉香簡直讓中山難以抗拒。

這四名斥候繞過了這些美軍，來到一片被炸彈炸出來的叢林內的空地。裡面有十幾個散兵坑——除了被廢棄的彈藥箱和罐頭，什麼都沒有。這些美國人到底在當什麼兵啊？他們狼吞虎嚥地吃了起來。覺得「如獲新生」。其中一人還放了個屁。

中山說：「感覺上你又像是個人了。」

那人說：「美國佬，聞我的屁吧！」

他們越過了河，繼續朝西走，進入一片叢林，又從濃密的綠林中走出來到一塊空地。陽光亮得螫人。

「喂！」

他們嚇了一跳，轉過身去。一名日本水兵，上身赤裸，握著步槍盯著他們。他們上前擁抱這名水兵，用拳輕捶著他。那名水兵非常感謝他們的到來。他的雙眼看起來張得非常大又顯得明亮異常。他說：「你們來得正好。」他的單位之前一直在機場駐防，自從美軍入侵以來，除了漿果之外什麼東西都沒吃過。雖然這些漿果剛咬下去味道很棒，但入口後就有股腐敗味。每天至少都會有一名同伴毫無怨言地過世，「只會舔一下他的手掌，嚐到最後一口鹽味。」那名水兵邊說邊哭，跪倒在地。「兄弟們，請幫我們報仇。」

中山一行四人穿越叢林又艱苦往西跋涉了兩天，終於到達離亨德森機場只有七英里的馬坦尼科河（Mataniko River）。此時是九月十三日上午，也就是發動總攻擊的日期。他們還能找到岡上校嗎？他們轉向北走，沿著溪流而下。在下午兩點五十分，中山看到前方有士兵正在渡河。他們個子矮小，是日本人。這就是岡上校的部隊。

中山用盡全身力氣，在昏倒之前，把川口的作戰計畫轉告岡上校。他以幾乎無法聽聞的聲音說，他準備在戰場上戰死。

岡說：「讓我們一起戰死吧。」他看了看手錶。計畫中的攻擊在六個小時後就要發動。這是他自從登陸以來，首度打破無線電靜默，通知川口他要往東移動。

川口前一晚就到達他的出擊點——亨德森機場南方三英里的一座小丘。在濃密的叢林掩護下，所有的人員做了最後一次裝備檢查。將軍把連長和排長都叫了過來，告訴他們，必須在當晚突破美軍防線，並奪回機場。「你們必須在天亮前把敵軍打到潰不成軍。為天皇獻身的時刻已經到了。」他在拉包爾時，曾經說過亨德森機場有五千名美軍駐守。如果一切順利的話，他手下兩千一百人加上岡田的一千一百人以及一木和砲兵群的一千人，是能取勝的。

二

那天上午稍早，范德格里夫特將軍檢視了亨德森機場在前晚遭到日本海軍砲擊後的損毀情況。他對他的作戰官說：「我們得盡力死守這個機場。如果實在守不住，我們得把剩下的兵員帶到山裡去進行游擊戰。」他現在雖然擁有一萬九千多名士兵，但仍然感覺在兵員數上屈居弱勢。根據報告，相當數量的日軍特遣隊已經在亨德森機場兩側登陸了，並準備包圍他們。兩個星期以來，日軍戰艦一直在夜間任意砲轟海軍陸戰隊的各個陣地，而那些令人恐懼的突襲——「東京快車」——卻對他的手下造成愈來愈強烈的恐嚇感。他的航空軍力幾乎在白天都要力抗日本轟炸機，因此損失慘重，而且還不知道增援組員與補充戰機何時能夠抵達。

有件事范德格里夫特倒是很肯定：在某段時期內是不會有海軍的奧援。特納少將不久前才搭飛機帶來戈姆利的口信：缺少船艦、戰機和補給品，都使海軍無法再提供瓜達爾卡納爾作戰部隊進一步的支援。

所有周遭陣地內的海軍陸戰隊員都接到指示，必須挖好陣地，鐵絲網要緊緊架好，並且有辦法就盡量睡好覺。敵軍隨時都可能會發動攻擊。

黃昏時，川口的兩千一百名士兵偷偷摸摸地開始下山，朝著機場前進。他們來到一片草原，並在一輪新月鬼魅般的夜色下穿過這片草原。他們停了下來，準備發動攻擊。西野感覺到有人抓住他的手。是名姓林的上等兵，他們兩人自離開帛琉起就成了至交好友。他在大學畢業後三個月就入伍了，並且已經訂婚準備要結婚，但突然意外地離開了日本，甚至來不及向未婚妻道別。他說：「或許我今晚就會陣亡。我過去時常想著能夠回家，並迎娶我的女友。但現在我已沒有這樣的奢望。這是我的地址。在我死後，你可以寫信給我的……母親嗎？」

西野緊緊握著他的手，要他放心。西野也說他希望如果他陣亡的話，林會寫信給他的妻子。士兵們安靜地把背包堆好。帶著乾淨內衣的士兵都將髒衣服換下。他們希望戰死時能穿得乾乾淨淨的。軍官們相互在彼此的背上掛上白布條，好讓士兵們能夠在黑夜中跟上他們。倉掛中尉做得更絕。他在婆羅洲時為太太買了一瓶嬌蘭牌（Guerlain）香水。他在身上灑上了這瓶香水，然後說：「跟著你們的鼻子走吧。」

川口剛剛才知道在他和亨德森機場之間有從北往南的蜿蜒山脊。這是道天然屏障，不過既然沒有時間包抄過去，他便下令從正面和兩側猛攻到底。

西野拿著筆記本緊跟在川口身後前進。他帶著一架八毫米的攝影機和兩台照相機，像是墨西哥土匪的子彈帶一樣掛在胸前。有人跌倒了，響起一聲輕輕的金屬碰撞聲。接著是一聲步槍聲。

再度靜默無聲。有個折斷樹枝的響聲，又傳出兩聲槍響。敵軍怎麼會這麼快就發現他們？一名軍官無意間發現到一條線。他悄聲要大家安靜別作聲，然後在地上摸索著，摸到某個東西——一個像是麥克風的黑色小組件。這必定是某種監聽設備。年輕的林姓上等兵也找到三個類似的東西。他把這些拿到了川口面前，邊立正敬禮邊說：「閣下，先生。」

川口覺得有趣。他向林解釋，稱呼上校階層的軍官時，比較適合使用「先生」。「你只要稱呼我為川口閣下就可以了。」

「但我想如果不加上『先生』二字的話，是不禮貌的。」

在抵達山脊的南端前，他們小心翼翼地穿越這片濃密樹林。在這裡，他們不得不兵分兩路。由於在叢林內行軍，西野有根鞋帶斷了。正當他停下來要綁好時，後面有個人撞上了他。

他小聲地說：「山。」

對方也回口令：「河。」

前方樹叢中傳來喊聲。一枚手榴彈爆開，在閃光中西野看到一名美軍。一個身材稍小的影子端著刺刀衝了出來，那名海軍陸戰隊員倒了下去。又是一片死寂。接著又傳來手榴彈爆炸聲，接著一聲慘叫。西野聞到嬌蘭的香水味，便跟了上去。

有個美軍喊道：「日本鬼子！」又沉默了下來。「日本鬼子！前面有五個！」

就在晚上九點前幾分鐘，一連串沉悶砲響打破了寧靜。這是川口留下來要進行牽制攻擊的砲兵部隊。幾乎就在同時，遠方傳來一陣轟隆砲響加入原先的火砲攻擊，接著是重型砲彈刺耳的爆炸聲。日軍戰艦再度砲擊亨德森機場。

九點整，全線都回響著「衝啊！」在身上掛著詭異的白色十字條的黑影率領下，川口的兩千一百名士兵朝著高地頂端包抄過去。

堅守在蜿蜒山脊上的，是由梅里特．愛德生上校（Merritt Edson，綽號「紅麥克」）所指揮的美國海軍陸戰隊。他們人數比日軍要少，比例大約是二比三。「突擊營」（Raider Battalion）固守中段和右翼防線，左翼則交由哈利．托格森上尉（Harry Torgerson）率領的傘兵防守。托格森身材魁梧，好鬥成性，在一個用炸藥攻擊土拉吉山洞的行動中，他幾乎把自己的長褲炸掉了。

紅色信號彈射向了天際，接著是一陣日軍的迫擊砲攻擊。天空像是充滿著煙火。掛在降落傘上的照明彈在頭頂上炸了開來，亮到讓海軍陸戰隊員睜不開眼。在左翼防守的傘兵聽到從山脊下傳來很有節奏的槍托聲以及不斷念誦的順口溜：「美國海軍陸戰隊明天就掛了！」下方穿透暗夜的身影蜂擁往上攻向山脊。

賈斯汀．杜里耶上尉（Justin Duryea）所指揮的前鋒連幾乎已被日軍切斷。他下令施放煙霧彈。在滾滾煙霧中還反射著爆炸的閃光，有人大喊：「毒氣！」混亂中，好幾個在前面斜坡上的連開始撤出他們已經暴露出的陣地。這個撤退行動危及了威廉．麥肯農少校（William MaKennon）所率連隊的防衛側翼，但他知道必須不計代價堅守這個高地，否則亨德森機場就失陷了。他要手下慢慢後退，向左方和右方散開。

在左翼，托格森用鼓勵和謾罵的方式重新集結部隊。他大喊幾個人的名字，要他們開槍射擊。少數幾個退卻的也被他踢回原陣地，整個防線開始推進。

日軍在稀疏的輕機槍和砲火掩護下上前迎戰。但麥肯農的三挺機槍開火了，像是「打保齡球」一般把日軍擊倒。日軍發動第二波衝鋒，又被擊退回去。麥肯農心想，這就像是暴風雨降下來一樣，平靜一陣子，然後又再開始狂下。

在山脊頂點，愛德生上校正和其中一名上尉通電話。有個聲音插播進來：「愛德生上校，我們這裡形勢很好。謝謝長官。」這顯然不是海軍陸戰隊在答話。敵軍已經在某處監聽電話，這也就意味著右翼的突襲連已被日軍切斷，必須後退。前線陣地已沉寂下來，因此托格森派了名下士到前線察看情況；在戰鬥的喧囂聲中還是可以聽到這名下士如公牛般的吼聲：「『紅麥克』說：你們可以撤退了！」

高地的另一端似乎整個被日軍吞沒了，愛德生趴在地上手裡還拿著電話筒，他看到海軍陸戰隊員正往後方爬走。他抓著身旁兩人，大吼道：「日本鬼子唯一所擁有的正是你們所缺少的，那就是膽子！」他拿起電話，呼叫砲兵：「再打近一點！再打近一點！」他看到砲擊所滾起的塵土持續向他靠近。

日軍的攻勢被打斷了，但在半小時內攻擊再起。這次日軍先施放煙霧彈，邊衝邊用英語大喊：「瓦斯攻擊！陸戰隊，去死吧！」在煙霧和混亂中，愛德生已經無法繼續和他的指揮官保持聯繫。他下令寡不敵眾的部下撤退到離亨德森機場只有半英里的山脊北端。

日軍踏過同胞的屍體盲目地往前衝——雖然緩慢，但並沒有因為機槍射擊以及幾乎是持續不斷的手榴彈與迫擊砲攻擊而停滯下來。在高地另一側衝在前方的是黑生上校所領導的一營殘餘兵力。當他們發現到一堆海軍陸戰隊的野戰口糧時，也就不再盲目向前亂衝。他們狼吞虎嚥吃著火腿、香腸和牛肉。黑生點了根美國香菸，用力吸了幾口，接著下令部隊朝前方的高射砲陣地前進。「我不會讓你們任何人衝在我的前面，了解嗎？」他把鋼盔往腦後一推，舉起軍刀，大喊：「衝啊！」

他們陷入了交叉火網中，但黑生和他的手下以及一群只有竹茅當武器的砲兵衝到一個高射砲座。黑生臉上帶著傷口，軍服上都是鮮血。他大喊：「萬歲！」然後衝向另一個高射砲陣地。他被子彈打中而搖晃了一下，但他還是跳上了砲台。當他意氣風發地舉起軍刀時，有顆手榴彈在他面前炸了開來。他倒在地上，還喃喃自語說著：「衝啊！衝啊！」之後就陣亡了，手中還緊緊握著軍刀。

整個高地上美軍毀滅性的火砲射擊，阻擋了日軍抓狂般的衝鋒攻擊。一百零五毫米的榴彈砲一發接著一發射擊──有些近到只有一千六百碼的距離──向這些日軍猛攻。凌晨兩點三十分，愛德生拿起他的電話對范德格里夫特說：「我們守得住。」

破曉了，山脊整個看起來就像是屠宰場。從此之後，這段山脊就被稱為「血嶺」（Bloody Ridge）。六百具奇形怪狀的日軍屍體四散各處。海軍陸戰隊戰死了四十名官兵。這些茫然的守軍還在相互慶賀能夠存活下來，彼此交換敵軍的故事：高喊救命的日軍傷兵──一旦美軍接近時，就拉開藏好的手榴彈；戰俘則指著肚皮，不斷地請求給他「一刀」！

殘存的日軍依舊在發動自殺式攻擊。范德格里夫特正在他的指揮所前讀著一份電報。他抬起頭看見三名高喊「萬歲！」的日軍朝他衝了過來，其中一名軍官正揮舞著軍刀。幾聲槍響，這三人全都倒在范德格里夫特腳下。

日軍拖著幾百名傷兵緩步朝著奧斯登山方向撤退，以便重整旗鼓。粗略估算一下——只剩下八百名有生兵力。原定的計畫完全沒有成功。他們撞上了一道嚴峻的天然障礙，而且美國海軍陸戰隊的防守也出乎意料的堅強。另外，缺少了一項至為關鍵的要素——岡上校的部隊並未加入這場戰鬥。

直到當天下午，岡上校的行蹤依舊成謎，當聽到西北方響起砲火聲時，岡終於發動攻擊了！但火砲聲幾乎立刻就沉寂下來。顯然是他遭遇到無法應付的對手，因此他也無法前來幫忙了。第二波攻擊在還沒開始前就注定失敗。儘管如此，川口還是決心要豁出性命挽回敗局——至少他會戰死沙場。黃昏時，他再度率領手下攻向亨德森機場。經過兩個小時的行軍後，山脊再次出現在他們眼前。這回他們開始採取包抄方式。

川口下令衝鋒，八百名官兵在黑暗中跨著大步慢跑前進。海軍陸戰隊的火砲已經鎖定這個區域，而日軍則深陷在砲火地獄內。狀況比前一晚更惡劣。機槍子彈穿過叢林而來。地面不停震動，就像永不停歇的地震一般。樹根整個傾倒，炙熱的砲彈碎片在空中呼嘯而過。川口退無可退。他只能繼續衝向機場，但已無路可逃。敵軍砲火一直追著他們打，最終將他們打怕了。他們整晚都緊趴在地上。天亮時，日軍最後的幾挺機槍還在零星地射擊，但在美軍的迫擊砲還擊後，機槍聲也就靜默下來了。

一名士兵一面哀求，一面呼喊道他的母親：「媽媽！」另一名年輕士兵一手抓著西野的腿，要求喝點水——另一條手臂已被打斷，還在淌著血。西野拿起他的水壺，裡面卻是空的。他把還有點濕的水壺口放到那名士兵乾裂的嘴唇邊。他用力地吸了一大口，便微笑著死去了。

陽光十分刺眼，西野簡直無法睜開雙眼。雙眼熱得發燙，每樣東西看起來都是模糊的。原先的叢林如今都已變成一片荒地。少數幾根樹幹杵在那裡，有如希臘廢墟的長柱一般。西野看到他的聯絡員吉野歪歪倒倒地站起來，以沙啞的聲音朝他喊：「趴下！你這笨蛋！」就在吉野趴倒在西野身旁時，一枚砲彈在幾碼外爆了開來。西野摀住了眼睛和耳朵。他此刻因為瘧疾發作而冷得發抖。砲彈持續炸開在他們周遭。他感覺到自己的身體緩緩地升起又落下——持續不斷如此——就像電影中的慢動作鏡頭一樣。他感到全身疲憊不堪，腦袋也不自主地就睡在樹葉堆上。他的身軀好像正在往下沉，陷入一個未知的地域，而他懷疑著自己是想要睡，還是就要死了。一張張臉龐出現在他眼前：首先出現的是他的社會版編輯本田，然後是他滿臉悲戚的妻子。接著是他的眾多朋友，古怪的是還有法國詩人魏爾倫（Paul Verlaine）和維永（François Villon）。遠處的雷聲聽起來就像是浪潮的拍打聲，而他的身體再次緩慢昇起離開了地面。他感到胸前口袋有個東西，一串貝殼念珠還在裡面，還有那個本田在臨別時送給他囑咐「別送命」並祝他好運的護身符。他的眼睛可以看得更清楚一點了。半英里外就是跑道另一頭，他們幾乎就要衝到機場了。簡直有如夢境一般。西野開始往回爬。

三

「血嶺之役」（Battle of Bloody Ridge）暫告一段落，但范德格里夫特的手下因為痢疾、真菌感染和瘧疾，看起來也不像是一支勝利之師了。不過，這場太平洋戰爭中的真正的危機，卻是瓜達爾卡納爾島上的海軍陸戰隊員意想不到的。「小本經營行動」以三艘航空母艦揭開序幕。「勇往號」在「東所羅門海戰」（Battle of the Eastern Solomons）中受到重創，必須返回珍珠港大修。一週後，日軍潛水艇「伊—二六號」（I-26）發射魚雷命中「薩拉托加號」。僅有十二人受傷——弗萊徹少將是其中之一——但要讓這艘大船能重新服役又得花上好幾個月的時間。

這樣就只剩下「黃蜂號」——以及因為延誤而未能加入「東所羅門海戰」的「大黃蜂號」。僅僅在「血嶺之役」後一天，兩艘日軍潛水艇「伊—一五號」（I-15）和「伊—一九號」（I-19）就穿越了這兩艘航空母艦的驅逐艦護航圈，衝到魚雷發射位置加以攻擊。那是個晴空萬里、風和日麗的一天，還吹著時速二十節的信風。「黃蜂號」為了讓二十六架戰機起飛並讓十一架巡邏機降落，而降低航速。觀察哨兵驚呼發現了魚雷——這是「伊—一九號」發射的——「火速、高效、筆直」而來，並發出警報。艦長謝爾曼上校（Forrest Sherman）下令右轉，但兩枚魚雷命中了航空母艦的右舷船體。爆炸使得整個「黃蜂號」艦身為之動搖，接著就嚴重傾斜。

在五英里遠外，「伊—一五號」所發射的魚雷也朝著「大黃蜂號」而去。但全都沒擊中。不過，就在快三點前，其中一枚擊中主力艦「北卡羅萊納號」（North Carolina），在吃水線下炸開了一個十八英尺寬三十二英尺長的大洞。兩分鐘後，另一枚魚雷擊中驅逐艦「歐布萊恩號」（O'Brien）。「黃蜂號」上的大火已經失控。巨大的爆炸撼動了整艘航空母艦。三點二十分，謝爾曼不得不決定棄船。至此，美國海軍只有一艘主力艦以及一艘航空母艦能夠支援瓜達爾卡納爾島上的海軍陸戰隊員了。

站在能俯瞰「血嶺」的山丘上，身上軍服已經破爛不堪的川口，面對著戰場低著頭，合掌為亡靈祈禱。他現在的任務是，將手下平安帶回海岸地帶。他認定直往西走會是捷徑，跟著他之前派出斥候去尋找岡上校的那條路徑。[2]第二天，幾百名還能走動的傷兵都倒下了，那些精疲力竭抬著擔架的士兵只好將好幾十人棄在路上。毫無軍紀可言。他們十五或二十人一群群散開走著，每群人的速度步調都不一致。西野的左手已經廢了，還因為瘧疾疲弱不已。身上還帶著沉重的五萬日圓，讓他更為頹喪。他跟在衣衫襤褸的隊伍後面，沿著奧斯登山的斜坡穿越那無止境的叢林。除了野草、苔蘚以及偶而遇到的檳榔外，什麼吃的也沒有。他經過了好幾十具渾身是血的日軍屍體。他們大多數都伸長著手臂，好像要抓住什麼東西。

到了第六天，士官必須拿樹枝鞭抽這些年輕的士兵，才能驅趕他們前進。西野簡直無法再跨出一步。他們在中午前走出了陰暗的叢林，來到一片棕櫚林。前方是一望無際的綠色大海。他們來到了離機場西方七英里的克魯茲岬（Point Cruz）。

一名士兵大喊：「喂！大海呢！」接著就穿著軍服衝進浪潮中。他們拚命喝著海水。西野大聲警告要他們別喝，但有個士兵回喊：「就算死，我也要喝！」西野試著喝了一口海水，但還是吐了出來。他撿起幾顆小石頭，舔了舔上面的鹽味，嘗起來像是甜的。他又拾起一把鵝卵石，然後回到樹林內。

他們整個下午都懶散地待在那裡，喝椰子汁，吃椰子肉，邊討論這場戰役。「我們說我們有『精神』，但這些美國佬也有他們自己的精神，對吧？十三日晚上，當我們攻擊他們的砲兵陣地時，有個美軍撲向我，但我一刀刺了過去。他尖叫了一聲，臨死前還發射了一枚紅色信號彈。沒多久，迫擊砲就在我們四周炸開了。我的同袍都戰死了。只有我躲過一劫。」

大家都不說話。有個士兵喃喃自語說：「那就是美國佬精神」。

「的確。」

「他們也愛他們的國家。不是只有我們才愛國。」

瓜達爾卡納爾島此時已經有個新名稱——「飢餓之島」（Starvation Island）。在日語「瓜達魯卡納魯」中第一個音節「瓜」（Ga）的眾多涵義中，其中就有「飢餓」之意。即使在撤向海邊那段無法形容的行軍磨難中，有句話還是經常引起笑聲：「天就算塌了，瓜達魯卡納魯也不會陷落」——這句話應該是在美軍登陸前駐守該島的一名日本海軍指揮官說的。

——

九月十八日，也就是「血嶺之役」後第四天，美國海軍陸戰隊得到第七團的四千兩百名增援部隊。隨著他們一起登陸的還有卡車、重機具設備、彈葯和補給品，這也是范德格里夫特自從不被海軍理會以來，首度感到能夠掌控局勢。他現在擁有二萬三千名兵員和一支戰力雖逐漸縮減但卻敢於進攻的航空軍力。

不過，他的上級卻沒有這種信心。隔天，《紐約時報》的軍事記者漢森・鮑德溫（Hanson Baldwin）告訴他，華盛頓方面對於瓜達爾卡納爾的局勢感到極度憂心，設在努美阿的戈姆利中將的總部更是憂心忡忡。

憤恨難平的范德格里夫特說，他「既無法理解，也不能寬恕這樣的態度」。很明顯，佔領瓜達爾卡納爾島「已把日軍打個措手不防」，而截收到的電報「也指出，日軍最高指揮單位在某種程度上已陷入集體混亂。」

包德溫問道：「你還是想堅守這個灘頭堡嗎？你準備待在這裡嗎？」

「他媽的，當然是。為何不留在這呢？」

——

川口決定把記者們送回拉包爾港。但西野卻想留下。這名將軍告訴《每日新聞》的記者組，他們必須離開。「你們走後，我們要堅決地打下去。各位，我希望能夠在這個島上再次迎接你們。」

西野抓著川口的手。握著川口那雙骨瘦如柴的手，還能感到發燒的高溫。

西野在肖特蘭島從一艘驅逐艦移到運輸艦「大福丸」。在船上他遇到一名故舊，第二師步兵團指揮官那須弓雄少將。[3]西野上前自我介紹時，將軍都沒認出他。

他說：「啊，西野，原來是你，你看起來病得很厲害。是從瓜達魯卡納魯回來的？」他把椅子又挪近了一點。他的部隊正要開往瓜達爾卡納爾島，他想要得到第一手的資訊。西野猶豫了一下，但那須卻說：「我倒想聽聽外行人的看法。」

西野把川口特遣隊的遭遇告訴了他：不間斷的空襲、美軍陸戰隊電子警報設備、無窮盡的食物補給、打不完的彈葯，還有美軍那令人吃驚的精神。

將軍咕噥著說：「情況很嚴重。該怎麼辦呢？」

「在這種情況下，如果我們持續零星地把部隊送過去，他們就會一個接一個地把我們給吞掉。這是最糟糕的作法，將軍，你認為呢？」那須的興趣激使他說了真心話。「如果我把這些話告訴其他人，大概得坐牢吧。」日本士兵缺乏合適的裝備和補給，卻被要求得犧牲性命。「我們的士兵在死前的最終願望是看到漆著『太陽旗』的軍機。他們告訴我，就算沒有食物也能打下去，但只憑藉精神力，是沒有多大用處的。」

那須表示：「我同意。很可惜，我們沒有足夠的戰機和船艦去完成你所期望的事。」

——

那須是為奪下亨德森機場再度發動新攻勢的先鋒。在拉包爾，百武晴吉中將決定親自前往瓜達爾卡納爾島指揮這場戰役。他會帶上第十七軍的砲兵——野戰砲、口徑一百毫米的火砲和一百五十毫米的榴彈砲。

為了協調這次作戰，在第十七軍總部內開了一連串的陸海軍聯合會議。其中一名觀察員就是「戰神」辻中校。他曾說服東京的長官派他南下了解瓜達爾卡納爾島的實際狀況。

百武將軍與海軍對於要如何將第二師運送到瓜達爾卡納爾島爭論不休，辻中校一言不發地聽著。海軍堅持，和通常一樣要用「老鼠快車」或「螞蟻貨船」的方式運送部隊。百武表示，這樣風險太大了，第二師必須在強大的護航艦隊保護下，用大型船團一起運送。海軍說這辦不到。他們無法承擔「老鼠與螞蟻」以外的運輸方式：「沒有衣袖怎麼甩袖呢？」

海軍拒絕派遣重要的水面部隊參加此次作戰，這激怒了百武，他毫無顧忌地威脅說：「如果海軍缺乏護送第二師安全抵達瓜達爾卡納爾島的能力，我們就搭運輸船去，也不需要什麼護航艦隊。由第十七軍總部官兵來領路！」

辻中校知道，如果百武被迫執行他那衝動的計畫，這就意味著幾乎可以肯定的全軍覆沒，因此，他放棄觀察員身分，私下和百武見了面，並提出由他飛往特魯克島，把百武的意見直接呈報給山本上將。

辻中校在特魯克港內的主力艦「大和號」上找到了山本。上將正趴在自己船艙的地板上，聚精會神地用毛筆寫字——或許是抄寫一首詩給某個敬仰者，或者為哪個小學生寫標語。他矮小而健壯的身軀看起來像是從軍服中爆開似地。

山本靜靜聽著，偶而點點頭。辻中校在講話中誇大了之前被派往瓜達爾卡納爾島特遣隊的犧牲狀舉，他說：「我軍的補給被切斷長達一個月之久。所有的官兵都必須扒樹根、刮苔蘚和撿掉到地上的嫩芽來吃，甚至要喝海水苟活。」他們個個比甘地還瘦。必須完整地運送新一波入侵部隊到達該島，而且要帶上補給物資，否則又會失敗。「我求你提供一支強大的護航艦隊。如果海軍認為無法辦到這點，那麼百武指揮官準備決心親自率領運輸船團，並準備在重新奪回該島的作戰中被徹底殲滅。」

山本開始慢吞吞地說話。他承認海軍的疏失加重了瓜達爾卡納爾島上士兵的困境。他很謹慎地說：「很好，我山本將親自負責。如有必要，我們會把『大和號』一併帶往那個島，我承諾按陸軍的要求護送運輸船團。只有一點——為了保全我的名字，別叫百武搭上運輸艦。請他搭乘驅逐艦，他才能安然登陸。島上需要他的指揮將才。」

面無表情的山本臉上留下了淚痕。辻中校也滿眼淚水，他衝動地表示希望能在山本麾下擔任海軍參謀，就算死，也甘願。

不過，在日本陸軍中，有許多軍官並不像山本那樣容易接受瓜達爾卡納爾島上的現實狀況。西野剛從肖特蘭島乘運輸艦抵達拉包爾，一心想親自向第十七軍總部報告情況。他被帶往副官室，一位名叫福永的中校問到：「島上情形如何？」

從第一眼見到他，西野就不喜歡他。福永態度高傲，而他那吃得過剩的身軀看起來十分油膩，和瓜達爾卡納爾島上那些骨瘦嶙峋的士兵有著天壤之別。「我們在瓜達魯卡納魯上的朋友們，現在可是只靠著戰鬥精神在硬撐。不過這撐不了多久。長官，我請求你，盡可能提供他們更多的糧食——」

福永指責道：「你是在批評陸軍嗎？」

西野解釋：「這不是批評。」他只是想說出瓜達爾卡納爾島上的實情。他開始感到有點暈眩，必須將雙手撐在副官的辦公桌上才能撐住自己。

中校說：「這裡是熱帶。你的臉色為何如此慘白？」這句話聽起來也像是指控。

「我一直待在叢林內。那裡根本連陽光都沒有。」

「你只是缺少精神力量！」

「就是我的精神加力量才把我從瓜達魯卡納魯那個地獄拯救出來。如果你到那裡就會知道了。」知道和這樣的傻蛋多說無益，西野轉身離開。

「吃些馬鈴薯吧，對你會有幫助的！」西野快到門口時，他聽見福永惡意的聲音說著：「喂，你啊！記住，我們不會讓你回日本的。送你回國等於把間諜送回日本。」

第十六章
「我該千刀萬剮」

一

在辻中校離開「大和號」前，山本上將把口頭承諾付諸文字：聯合艦隊將運送第二師至塔薩法隆加岬（Tassafaronga Point），在登陸前夕由主力艦砲轟亨德森機場。但山本想得更遠。他把瓜達爾卡納爾視為另一次能迫使美軍進行日軍領袖們魂牽夢縈的「決戰」的機會。一旦百武向機場發動全面攻擊，並有所進展，聯合艦隊將逼使美國海軍進行一場大規模作戰。這一仗將終結美國海軍在所羅門群島的戰力，也是他們在太平洋的末日的起點。

辻中校回到拉包爾，立刻和百武將軍的高級參謀小沼治夫一起擬定攻擊亨德森機場的最終計畫。小沼治夫上校——其父親經營一家小型絲織廠——是典型軍校出身的軍人：陸軍幼年學校、陸軍士官學校和陸軍大學。在美軍佔領瓜達爾卡納爾期間，他還是參謀本部戰略暨戰術課課長（他甚至連這個島嶼的名字都沒聽過），但直到九月前他始終沒有參與作戰。他推論，要把敵軍逐出瓜達爾卡納爾，需要完整的師級兵力、重砲、坦克和大量的彈藥與補給品。不過，若是沒有陸軍航空兵的支援，也無法將這些物資送到瓜達爾卡納爾。海軍飛行員所受的訓練是保護戰艦，並非護送運輸艦。

作戰課長服部卓四郎看到小沼論述的價值，但還是否決了；他擔心如果從滿洲抽調這麼多戰機，蘇聯或許會攻擊關東軍。雖然他的計畫遭到拒絕，但他本人卻被錄用。他被選派到拉包爾擔任百武的作戰參謀。小沼一開始是拒絕的。他不僅懷疑收復瓜達爾卡納爾的可行性——一木和川口兩人已經慘敗——而且對於海軍能否提供強悍的護航艦隊也缺乏信心。

他的部門長官不斷勸說他，這才改變他的心意。辻中校是他在陸軍大學的同窗密友，主動提出要擔任他的非正式參議，而辻在克服難題上的能力聲譽卓著，因此小沼勉強接受了這份職務。

小沼在拉包爾首先面臨的難題並非來自海軍，而是陸軍。百武的參謀長二見秋三郎是個懦夫，而這或許是他認定瓜達爾卡納爾不可復得的部分原因。在每次會議上——即使是與海軍一起召開的會議——他會不斷反覆地說：「我們切不可去奪回瓜達爾卡納爾，我們在那裡沒有獲勝的機會！」

小沼繞過了百武，直接發電報給陸軍參謀本部要求換人。當天晚上，二見就被解職了，但指揮問題依舊存在。由於川口失敗了，年輕的參謀軍官要求把他調離瓜達爾卡納爾遣返東京，以免他對帝國大本營的批評態度感染到新接任者。但小沼還記得川口是名能幹又精明的軍官，因此把他調到拉包爾審問。川口穿著破碎骯髒的軍服前來。他提出的關於他的特遣隊的苦難的報告是無可否認的，因此小沼向百武建議，在即將到來的攻擊行動中，讓川口指揮其中一個部隊。還有誰能比他更熟悉地形和情況的呢？

新近抵達的增援部隊和補給品讓范德格里夫特能夠建立起一個盡可能沿著山丘和山脊、滿布散兵坑和機槍砲座的完整陣地防禦體系。甚至還有充足的有刺鐵絲網，能以屋頂形鐵絲網（double apron fence）環繞整個前線。

范德格里夫特現在擁有超過一萬九千名兵員，終於覺得能夠對集中在西邊的日軍發動規模有限的攻擊了。九月二十三日，他往西南方向派出一個營的兵力，到達奧斯登山山坡後，然後回頭沿著馬坦尼科河向海上繞回來，後面還緊跟著外一營的部隊。出乎意料的，他們沒遇到任何抵抗。當這兩支部隊接近海邊河口時，又有沿著海岸一路輕鬆走來的第三個營前來會合。

次日，九月二十七日，海軍陸戰隊企圖渡過馬坦尼科河，但卻意外地被敵軍砲火壓制住。給聯合部隊指揮官愛德生上校回傳一封電報，由於電文是在戰鬥正激烈時倉促寫成，以至於「紅麥克」以為他的部隊已經順利渡過馬坦尼科河。他因此下令要另一營部隊在克魯茲岬進行兩棲登陸，以截堵撤退的敵軍。當這個營登陸時，並沒有遭到任何抵抗，向內陸推進三百五十碼時，兩個側翼就遭到日軍攻擊。海軍陸戰隊受到重創，往海灘且戰且退，在猛烈砲火的掩護下撤上一艘驅逐艦。六十名美軍陣亡。

散布在亨德森機場兩側的日軍不會超過五千人，而且大多數都已經餓壞了。或許不到半數的日軍還扛得起槍來，但這些人都準備戰到彈盡人亡。他們在馬坦尼科河旁咄咄逼人的首度反擊讓范德格里夫特相信，他正面對著更為強大的部隊。在薩伏島被擊退後，拋下了陸戰隊不顧的海軍卻不這麼認為。特納將軍寫信給范德格里夫特表示，壓破敵軍的時機已經到來。他說：「我相信你已經準備好要抓住某些時機點，緊咬敵軍不放。」

被激怒的范德格里夫特回電表示，情報「顯示大約在十月一日左右，當月光適合進行登陸和作戰時，我方或許會遭到日軍增援部隊的強力襲擊。」因此，他補充，大規模的海軍陸戰隊出擊是很危險的。讓他惱火的是，特納並不了解日軍是以退為進，在發動新的攻勢前，再做短暫的休息。

兩天後，尼米茲上將飛到島上，耐心聽取了范德格里夫特的意見。范德格里夫特認為海軍陸戰隊的主要任務是守住亨德森機場。上將雖然表示同情，但不明確表態。當晚，尼米茲在喝了點酒後說：「范德格里夫特，你知道嗎，戰爭結束後，我們會新編一套『海軍規則』。因此，想說的話先留在心裡，因為我知道我們應該改革的事項。」

「有一點我現在就知道。千萬別寫上凡是使船艦擱淺者罪甚於死之類的規定。在這裡，不願拿他們的船艦去冒險的狡猾指揮官實在太多。」

尼米茲笑了一下，但他的態度中有某些部分讓范德格里夫特感覺到，尼米茲是了解瓜達爾卡納爾島上的問題的，他會派出更多的空中、陸上和海面的援軍。受到尼米茲視察的鼓舞，范德格里夫特決定再度發動一波有限度的攻擊行動，擾亂敵軍。這回他下令，排出一整個團的兵力從東部沿海而下直達馬坦尼科河口，再派出三個營穿越叢林進入一英里深到內陸，然後在上游偷偷渡河，對日軍形成一個鉗形攻勢。

該團抵達馬坦尼科河東岸後，開始大張旗鼓地做渡河準備。士兵嘈雜地來回移動，兩棲牽引車就在防線後方轟隆隆地響著。這分散了日軍的注意力，使得三個營能夠於十月九日在未被發現的狀況下渡過了馬坦尼科河。然後他們迅速轉向右方朝海岸方向前進，把日軍圍困在河的西岸。對日軍陣地發射了數以噸計的砲彈。那些企圖翻山逃竄的日軍則陷入空曠地帶，遭到自動武器的射擊。海軍陸戰隊報告，在馬坦尼科河一帶有超過七百名日軍（這幾乎是島上日軍整個有生軍力的三分之一）屍體。美軍損失六十五人。

——

山本實踐時自己的承諾，就在當天午夜，運輸艦載著第二師和第十七軍的總部人員安全抵達了塔薩法隆加岬。百武將軍——在川口、小沼和辻的陪同下——涉水登岸。和他們一起登陸的還有第十七軍砲兵指揮官住吉正少將。

當一袋袋的米和其他補給品被送到岸上時，一個個穿著破爛衣衫的身影才從灌木林中走出，膽怯地走近。他們看起來像是活骷髏，頭髮又髒又長，破碎骯髒的衣服也早就不像是軍服。一名士兵告訴辻中校，他們是一木和川口特遣隊的殘部，前來幫忙卸貨。

川口領著百武一行人沿著海灘朝新的第十七軍總部而去。十月十日黎明，他們抵達了目的地，那是離馬坦尼科河西岸五英里遠的一條小河。在吃早餐時，百武收到報告，前天晚上所卸下來的稻米，大多數都被那些志願苦力偷走了。百武說：「把如此忠誠的軍士弄成這樣悲慘的地步，這都是我的過失。讓他們填飽肚子，重新成為優秀的軍人。」

在百武總部附近的整個海岸上，最後一批「血嶺之役」的生還者跌跌撞撞地步出了叢林。他們的肋骨都已突出，原本黑色的頭髮已經變成棕黃，一抓就掉落一大片。眉毛和睫毛都已脫落，牙齒也鬆動了。幾乎整整三週，任何人都沒有排便過，而且身體嚴重缺少鹽分，以至於連海水嚐起來都是甜的。一喝水就想排便，但他們又過於虛弱排不出來。他們必須以手指幫對方挖出糞便。排便後的舒緩感言語無法形容。

百武在看到這樣痛苦的景象後，感到相當沮喪，而當他獲知馬坦尼科河慘敗的細節後，心情更為沉重。他向拉包爾發出電報：「瓜達爾卡納爾島上的狀況遠比估計的更為險峻」，並要求立刻運送更多的補給品和增援部隊。

此外，海軍陸戰隊的勝利使得辻以及小沼得重新訂定作戰計畫，約在十天後開始執行。根據新計畫，他們將不沿著海岸直接渡過馬坦尼科河，而是從亨德森機場後方發動夜襲。在第二師從奧斯登山穿過叢林時，住吉少將會在馬坦尼科河西岸砲轟美軍陣地，轉移美軍注意力。然後，在發動攻擊前幾個小時，動用一個步兵團佯攻——並將美軍吸引到馬坦尼科河。在發動總攻時，第二師師長丸山正男中將會從南面兵分兩路同時進軍。那須弓雄少將率領的主力部隊——他在肖特蘭島時才首度從西野口中聽到瓜達爾卡納爾的情形——將向左沿著血嶺和倫加河之間的走廊前進；右翼由川口指揮，沿著幾乎就是他之前的作戰地區的山脊向東面推進。川口對這個計畫感到憂心忡忡，但他的處境又讓他無法說出這個特殊地形過於崎嶇而不適於進攻，特別是出乎敵軍意料之外對兩翼發動攻擊幾乎是不可能的。

成功取決於火砲和彈藥能否迅速送達與能否及時開闢出奧斯登山後沿倫加河北上直達機場下方的一條半圓形小徑。幸好闢徑工事在一個月前就已動工，而且即將完工。這條小徑得通過十五英里長、讓人無法挺直腰桿走的濃密叢林，哪怕只是走幾步也不可能。陸軍工兵部隊只能徒手使用工具，砍倒大樹和斬斷臂膀一樣粗厚的藤蔓。砍倒的大樹被放在小徑兩旁，灌木和樹根則都被切斷。沼澤地鋪上了木頭，草原上則裝上偽裝網。有著百英尺深的山谷拉上了密厚的藤蔓，再接上較為細小的藤蔓作為攀爬時的扶手。

這條小徑已用個性堅毅的第二師師長的名字命名為「丸山小徑」。丸山外表溫和，在砲火攻擊下也能保持冷靜。他對於任務的種種困境不抱幻想，而且了解到此回任務的重要性。在他們開撥前往瓜達爾卡納爾前，他告訴部下們：「這是日美兩國之間的『決戰』，帝國興亡，在此一戰。如果我們無法佔領這個島嶼，誰也別期望能夠活著回到日本。」

對於百武緊急呼籲要求增援部隊的首度回應卻是支規模不大的部隊：兩艘小型水上飛機航空母艦和六艘驅逐艦。它們載著四門大型榴彈砲、兩門野戰砲、一門高射砲、彈藥、各式補給品以及七百八十二名士兵，在十月十一日沿所羅門群島之間的航道，全速南下。

一架「空中保壘」發現到它們的行蹤。傍晚，參加過第一次世界大戰的老兵諾曼．斯科特少將（Norman Scott）率領了由兩艘重巡洋艦、兩艘輕巡洋艦與五艘驅逐艦所組成的特遣艦隊，從瓜達爾卡納爾下方不足百海哩的埋伏處以二十九節航速出發，要在日軍船團抵達該島前加以截獲。斯科特與之前的美軍艦隊指揮官有所不同，他不但已做好夜戰的準備，還急切地想要實踐；幾個星期以來，艦隊人員從日落到黎明都堅守在崗位上。而斯科特所不知道的是，潛藏在這支船團後方的是個特別的砲擊部隊——五藤存知少將所指揮的三艘重巡洋艦和兩艘驅逐艦。

天空上有些許的烏雲，也幾乎看不到新月的銀光。十點三十分，海上還吹著微風，斯科特從西南方接近埃斯佩蘭斯角，巡洋艦成縱隊航行，兩側各有一艘驅逐艦。斯科特計劃在該岬角右轉，以能與敵軍接觸，並能夠在船團於瓜達爾卡納爾北海岸卸貨時，就定位置加以攻擊。他對麾下其他船艦發出信號，命令他們排成單一縱隊，準備接戰。

五藤大約在西北方四十海哩外，以三艘巡洋艦形成縱隊朝薩伏島前進——為首的是旗艦「青葉號」——兩艘驅逐艦在兩側護航。運輸船團就在他的前方——在埃斯佩蘭斯角附近——並開始沿海岸駛向塔薩法隆加岬，好將寶貴的貨物送上岸。

約十一點，斯科特的一架飛機發現到這八艘船艦，但僅僅回報說發現了「一艘大船，兩艘小船」。斯科特疑惑著，這是敵艦還是友軍？如果是敵軍，那麼其他運輸艦跑到哪去了？他立刻派出偵察機進行探索，然後轉左通過薩伏島西方六海哩的海面。裝備著新型SG搜索雷達的輕巡洋艦「海倫娜號」（Helena）已經發現到日軍縱隊，但艦長吉伯特．胡佛上校（Gilbert Hoover）希望能夠確定清楚後，再回報給史考特。而旗艦「舊金山號」上並未安裝此種新式雷達，因此無從得知五藤正朝南面撲來。十一點三十分，他們抵達這個小火山島的北端，他下令整個艦隊返航。兩分鐘後，這九艘船艦開始以二十節航速朝西南方駛去，在薩伏島和埃斯佩蘭斯角之間的航道巡航。十分鐘後，胡佛上校終於通知斯科特，敵軍確定在六海哩外，並以高速駛來。

不久，輕巡洋艦「博依西號」（Boise）回報有「五個鬼怪」（bogey）。斯科特糊塗了，因為這個字眼通常是指國籍不明的飛機。最後還是「舊金山號」功能較差的雷達發現了五藤的旗艦在五千碼外。在斯科特還沒判斷出是敵是友前，胡佛上校收到觀察哨的回報說：「肉眼可以辨識船艦。」他用無線電通訊要求允許開火射擊。斯科特簡潔答道：「羅傑！」（Roger），幸好胡佛把「羅傑」按密碼解讀，即

「開始射擊」之意。因此就在午夜前不久，「海倫娜號」朝五藤開火了。

由於沒有雷達，五藤被意外襲擊。當其他美軍船艦也加入砲擊時，他還認為是運輸船團在黑暗中誤認他為美軍而向他開火。他下令艦隊向右轉，但幾乎就在同時，他被震倒在「青葉號」的甲板上，被集中在艦首艦尾的砲彈炸成重傷。

斯科特和五藤一樣，認為是自己人在打自己人，在開火後一分鐘便下令「停火」。他用了四分鐘才搞清楚真相，但一旦斯科特確認敵艦就在前方，他就頑強地讓日軍首次嚐到夜戰中真正的挑戰。這次作戰相當猛烈，也很大膽，雙方船艦不斷朝對方主砲齊射，誰也不撤退。約在子夜二十分雙方都停止射擊，埃斯佩蘭斯角和薩伏島之間的海面上都是起火的軍艦。「青葉號」雖然被擊中四十發砲彈，還是載著垂死的五藤逃離了「狹縫」，但巡洋艦「古鷹號」和驅逐艦「吹雪號」則沉沒了。

美軍特遣艦隊也有損失，「博依西號」變成一座地獄，而彈藥庫隨時都可能爆炸。海水接著從彈口灌進了彈藥庫。斯科特的船艦中只有一艘驅逐艦「鄧肯號」無可挽回，艦上的大火完全無法控制。日軍頭一回在他們的拿手好戲——夜戰——中吃了敗戰，而美國人卻洋洋得意。「薩伏島海戰」（Battle of Savo）的恥辱終於得以洗刷。雖然美軍在海戰中獲勝了，但就如同三川中將在薩伏島海戰中讓美軍運輸艦能夠登陸一樣，「埃斯佩蘭斯角海戰」（Battle of Cape Esperancé）也把勝利者從日軍運輸船團那引開了。在這場激烈的混戰期間，運輸艦把百武將軍引頸期待的火砲、彈藥和增援部隊全都送上了岸。

不過，這場運送補給品拉鋸戰到了第二天，又輪到美國人這邊了；十月十三日，兩千八百五十二名美國大兵、十六輛英國布倫式履帶裝甲車（Bren-gun carrier）、十二挺三十七毫米口徑的砲、彈藥、卡車和堆積如山的補給品，儘管遭到兩次空襲，還是能在倫加岬（Lunga Point）卸下。范德格里夫特現在已有兩萬三千零八十八名將士防衛他的陣地，而以日軍的標準衡量，他的各種補給品數量多到令日軍難以置信。

但是，此時還不能自滿。中午，二十四架日軍戰機從三萬英尺高空，極其精準地轟炸了亨德森機場；在海軍工兵把瓦礫清除之前，又來了十五架轟炸機把機場炸爛。工兵部隊又蜂擁趕回來清理，並把坑洞填補完畢。在主跑道上發生一聲爆炸後，響起極大的呼嘯聲。住吉少將已經把首批一百五十毫米口徑的榴彈砲搬到馬坦尼科河旁，並持續對機場發動極其精準的砲擊，海軍陸戰隊員因此稱這些長程火砲為「神槍彼得」（Pistol Pete）。

不過，當天日軍的騷擾並沒有結束。日落時，兩艘主力艦「金剛號」和「榛名號」以及六艘驅逐艦駛向瓜達爾卡納爾。兩艘主力艦企圖以三百六十毫米口徑的主砲把亨德森機場轟到就此消失。他們一共帶了九百多枚砲彈。有些是「型號三」（Type 3）的燒夷彈，但大多數都是新式的「型號零式」（Type Zero）的穿甲彈。

午夜前，在日本步兵點燃汽油桶的導引下，突襲者以十八節航速接近瓜達爾卡納爾。美軍仍未發現這些突襲而來的日艦。「金剛號」率隊在前，「榛名號」在後方約一千碼距離，所有的十六門主砲都轉向對準南面。十月十四日凌晨一點剛過不久，主砲開始射出燒夷彈。瞬間，「金剛號」艦長小柳富次上校看到右舷外一片火海。那就是亨德森機場！他下令換上新式穿甲彈。砲擊聲愈來愈響，而在瓜達爾卡納爾島上，因為燃料庫和彈藥庫紛紛爆炸而竄升起火柱。地動山搖下，海軍陸戰隊員都躲進散兵坑內或無助地蜷縮在掩體內。這是他們有生以來最恐怖的經歷，范德格里夫特也感到相當震驚。一個小時後，砲擊終於停止。他手下一名作戰參謀說：「我不知道你怎麼想的，但我寧願是空投轟炸或大砲砲擊。」

范德格里夫特點了點頭。「我想我寧可——」他的話被一巨大爆炸聲給打斷。爆炸震波把防空洞內的每個人都震倒了。「金剛號」和「榛名號」在沿著海岸回頭時，再度進行砲擊。

到此時為止，沒有出動任何戰機或軍艦去挑戰日軍，但四艘從土拉吉島出發的魚雷艇衝向日軍，發射魚雷並用機槍掃射海面。這是個勇敢的舉措，但它們被驅逐艦給驅離，而魚雷也都從主力艦旁擦過。

砲擊又持續了一個半小時。因為幾乎打光了所有的砲彈——共向瓜達爾卡納爾島發射了八百一十四發穿甲彈和一百零四枚燒夷彈——日軍下令停火。「金剛號」和「榛名號」轉向北航行，以二十九節航速從土拉吉島和薩伏島之間溜走。

亨德森機場被炸得面目全非。衣物和裝備的碎片都掛在電話線上。共四十一人死亡，傷者眾多。范德格里夫特那微弱的「仙人掌航空兵」（Cactus Air Force，瓜達爾卡納爾島的密碼代號是「仙人掌」）形同廢墟。航空燃油幾乎都快沒了，只有三十五架戰鬥機和七架俯衝轟炸機還能作戰。陸軍飛行員看到一片焦黑的機場，都懷疑是否還能駕駛他們的「戰鷹式」和「空中眼鏡蛇式」戰機翱翔天際。一名海軍陸戰隊上校對他們說：「我們不知道還能不能守住這個機場。日軍有一支由驅逐艦、巡洋艦和運輸艦組成的特遣艦隊正朝我們而來。我們所剩的汽油還夠讓你們對付他們一次。」他要他們掛上炸彈，然後追擊敵艦。「汽油用完後，我們會讓地面部隊來接手。你們的長官和兵員將會編入步兵單位。祝你們好運，再見。」

昨日情緒高昂的期待感已經消退了，一種就要完蛋的情緒籠罩整個島上。夜間的砲襲所造成的不只是實質的破壞，對於隨著在黑暗中大地撼動與爆炸而來的那份原始恐懼感，海軍陸戰隊員是永生難忘。

關於另有一支日軍船團正向該島而來的報告，是千真萬確。六艘新式高速運輸艦載著四千名士兵、十四輛坦克、十二門十五毫米口徑的榴彈砲和各式物資，由驅逐艦和戰鬥機護航南下「狹縫」而來。

「仙人掌航空兵」設法讓十一架戰機起飛，但它們最多也只是輕傷了一艘驅逐艦而已。午夜時，日軍運輸艦正在塔薩法隆加岬卸貨，兩艘重巡洋艦「鳥海號」和「衣笠號」沿著海岸來來回回以八吋主砲砲擊掩護。兩名艦長原本認定他們會被擊沉，要求所有的人員準備游泳上岸，並加入陸軍當步兵。但是，就像主力艦「金剛號」和「榛名號」一樣，在發射七百五十二發砲彈後，安然無事地逃離「狹縫」。

三艘空的運輸艦也設法撤離了，但在范德格里夫特殘餘的戰機倉促加油升空後，另外三艘運輸艦拂曉時正在卸貨。三艘運輸艦全數起火，並被迫擱淺。大多數坦克燃料都起火燃燒，觸發了無數的彈藥接連爆炸，但部隊、坦克及榴彈砲都一起登上了岸。百武此時手下超過一萬五千名人員，還有充足的火砲。他已隨時可以發動攻勢。

范德格里夫特認為大多數的日軍補給品已經上了岸，他電告尼米茲、戈姆利和特納說，島上至少有一萬五千名日軍以及相當數量的補給品和裝備。

……我方部隊數量超過敵軍，但因為持續不斷的敵對作戰，半數以上兵員並不適宜進行長期陸地戰鬥……局勢要求採取兩項迫切的步驟：奪取並維持仙人掌鄰近海域的控制權，以防止敵軍進一步登陸以及進行有如前三晚的轟炸。至少增援一個師的地面部隊，以期能夠發動廣泛性作戰，進而摧毀目前在仙人掌上的敵軍。

在視察了瓜達爾卡納爾和努美阿之後，尼米茲確信必須把戈姆利撤換掉，要用一名更有作為、不只看到困境更能看到戰機的指揮官。十月十八日，他發電報給哈爾西：

你立即擔任南太平洋地區諸部隊的指揮官。

在哈爾西搭乘水上飛機降落在努美阿港海面上不久，他就收到這份電報。他納悶地讀了兩次電報，並喊道：「我的天啊！他們給了我一個極其棘手的難題！」他一開始感到驚訝，後來轉為擔憂。僅是他所知道的南太平洋局勢，就足以使他了解到那是讓人絕望的；而要他接替自己的老友、於海軍官校同在一個足球隊裡的戈姆利，他也感到相當遺憾。

哈爾西下令范德格里夫特飛到努美阿。這名海軍陸戰隊將軍表示，他的手下因為兩個多月以來的糧食不足、疾病、飛機轟炸、軍艦砲擊還有高喊「萬歲」的攻擊，「幾乎是累癱了」，必須從空中和地面提供增援部隊。

健壯結實的哈爾西，灰白眉毛豎了起來，若有所思地用手指敲著辦公桌，並問：「我們要撤退還是堅守？」

「是的，我能夠守住。但我必須獲取比以往更為積極的支援才行。」

特納將軍表示抗議。海軍正在盡全力輸送更多補給品，但沒有能保護運輸艦的軍艦了，而且瓜達爾卡納爾島上也沒有基地可以躲避。另外，敵軍潛水艇不但數量日益增加，而且攻擊性也愈來愈強。

哈爾西知道特納說得有理，但瓜達爾卡納爾島「必須」堅守下來。他對范德格里夫特說：「好的，你回去吧。我保證會把我能弄到的一切都交給你。」

二

在瓜達爾卡納爾島上的丸山第二師中的五千六百人——不包含砲兵、工兵和醫療部隊——開始向奧斯登山進發。他們計劃在十月二十一日晚間進入攻擊陣地中。在他們出發前，百武的高級參謀小沼上校把辻中校拉到一旁，並說他原先希望能夠親自指揮作戰，但他必須待在第十七軍總部內擔任參謀長。他問道：「你願意替我指揮嗎？」這完全是辻所想要的。此外，他還願意為小沼這樣的朋友「赴湯蹈火」。

丸山將軍帶了個羅盤和一張不精準的地圖，領著他的部隊走上小徑。第一天是穿過椰子林和光禿禿的山脊，相當輕鬆的行軍，當晚宿營時還感覺像是搭帳篷野營一樣。不過到了半夜，傾盆大雨打著這些熟睡的士兵。他們試著用大到像是雨傘的椰葉來遮雨。冷到發抖，全身濕透，情況相當悲慘，他們都擠在一起取暖。

隔天，長長的隊伍被陰暗而濃密的山丘森林吞沒了。白髮蒼蒼的丸山領著隊伍前進，用他自己的白色手杖向前推進。在他身旁的是那須少將，前額上綁著「鉢卷」，身受瘧疾所苦，但依然毫無抱怨地淡定向前而行。在他們停下休息時，那須把辻中校叫了過來，說著：「我有些好東西，不過只有一湯匙的量了。」將軍伸手去撈掛在腰上的圓形香菸罐，像是昔日先人所帶著的小藥盒。辻發現在罐底還有一湯匙白糖。那須把一半倒在手掌上，剩下的一半交給他的副官。從來沒嚐過這麼甜的東西。

「丸山小徑」愈來愈窄了，士兵必須以單排前進。蜿蜒曲折的縱隊翻山越嶺，涉水渡河，痛苦而緩慢有如一隻大蟲般朝前推進。每名兵士除了自己的背包外，還得扛野戰砲的零件、砲彈或其他裝備。既然生火煮飯過於危險，所有的人——從丸山到最低階的士兵——全都吃半份米飯。他們用繩索攀爬陡峭的懸崖，全部依賴人力把輕的野戰砲零件和機槍拉過懸崖。到了第三天，除了那些體力最好的以外，其餘的再也無法負擔這些作業；因此一座一座的火砲只好被棄置在小徑旁。

顯然的，他們永遠不能跟上預定時程，丸山電告第十七軍總部，必須將攻擊推遲一天。十月二十二日，丸山還未能抵達攻擊的出發線，他再度延後二十四小時。到了下午，他的人員已經繞過了奧斯登山。第二師在此一分為二，那須和師部持續沿著小徑直朝亨德森機場而去。右翼的指揮官川口帶著三個步兵營和三個機槍迫擊砲營轉向東南前進。

當川口離開主力部隊時，他遇到了辻中校。辻並不喜歡川口。首先，他是名敗軍之將，而且老在抱怨；其次，他是所謂的「自由派」軍官的其中一員，就像本間中將一樣，都試圖把那些被捕的菲律賓領導人從應有的報應——死亡——中解救出來。不過將軍並未意識到他的敵意，他開口說：「我很高興你在這裡。」接著討論起他對「辻—小沼」攻擊計畫的疑慮之處。這計畫不太可能奏效：雖然那須從左翼佔有相當有利的地形發動攻擊，他自己的右翼部隊則不得不重走他九月間遭遇慘敗的地段。那個山脊附近的區域過於崎嶇，難以發動正面攻擊。

川口問：「你有看過海軍的空拍照片嗎？」在他看來，這些最近拍攝的照片顯示，美軍已經大幅強化並擴大防禦陣地。「照片清楚顯示，若從正面攻擊，那我們完全沒有獲勝的機會。我想率領右翼縱隊繞到敵軍東側的『後防』。」那裡是亨德森機場的東南端，只需穿過起伏而開闊的丘陵、田野和稀疏的森林。他親身觀察熟知那個區段。那須可以按原定計畫推進，兩股部隊就能真正鉗形夾擊美軍。

辻回答：「我不需要看到這些照片。我熟悉那裡的地形，我完全同意你的提案。」川口想要把這建議告訴丸山，但辻中校對他說沒這個必要。辻說：「我會親自向丸山閣下解釋。祝你成功。」他伸出手來，又說：「嗯，這場戰役可真是愈來愈有趣了，對吧？」並且大笑。而川口不久就會發現，這名詭計多端的中校根本就不曾把這段對話告訴丸山。

十月二十三日上午，丸山還沒抵達攻擊陣地，因此做了第三度推延，並發出最後命令要在隔天午夜發動全面攻擊。他還親自訓勉全體將士：「要一決死戰，報效天皇恩德。」

川口到了下午才接到這份命令，而他至少還要一天半的時間才趕得到他的新出發防線。在這樣的緊急狀況下，他打電話給丸山，告訴他無法及時趕到陣地。丸山簡短回覆，不能再耽擱了，這時川口才明白，師長對於他前天和中校之間的口頭約定毫不知情。他壓下脾氣，並說：「既然這樣，我會以前鋒部隊一色少校第三營發動夜襲。」

丸山開始對川口大吼，要他依令行事。接著他把話筒甩到一旁，氣到怒髮衝冠——看樣子關於川口的傳聞顯然是正確的。他再次打給川口，僵硬地說：「川口少將，立刻向師部報到。」他把右翼指揮權轉移給東海林俊成上校。

就是辻中校本人打電話回第十七軍總部報告此訊息的。他告訴小沼：「川口拒絕前進，而師長已經解除他的指揮權。」他並未多說細節。

在岸邊，住吉少將已準備好發動佯攻。他所有的重砲和彈藥都從馬坦尼科河西面好幾英里外靠著人力搬到陣地內。二十三日傍晚，比預定時間提早了一天，他就發動了攻擊。他沒有收到丸山第三次延後攻擊的通知。[1]

經過一陣猛烈砲擊後，他派出九輛坦克作為步兵部隊的前鋒穿過沙堤。他們遭到極有壓制力的砲火反擊，只有一輛坦克能夠抵達河的對岸。但它卻衝到海裡，在海浪中沉浮。在它動彈不得時，有門七十五毫米的反坦克砲把它打成碎片。有六百名步兵喪命。

日軍此一作態毫無成效。佯攻已經失敗，而美國人現在已經有所警覺。隔天下午，美軍發現亨德森機場的後方有日軍部隊：他們首先發現有個縱隊正在穿越奧斯登山山腳，接著又有人看到一名日本軍官透過望遠鏡在觀察「血嶺」，最後有個海軍陸戰隊的偵察狙擊員回報，在山脊的南面兩英里處看到叢林內升起「許多煮飯炊煙」。

辻和小沼所猜想得不錯，范德格里夫特根本沒料到日軍會從這個方向發動大規模攻擊。不過，和川口特遣隊的情形有所不同，當時美軍並沒有發現他們抵達了機場後方，而他們現在已經發現了丸山的部隊。海軍陸戰隊上校「雞胸」路易斯・普勒（Lewis "Chesty" Puller）——個頭矮小，有著凸胸鴿般的胸膛，經歷過海地（Haiti）和尼加拉瓜（Nicaragua）數百次「香蕉戰爭」[2]——親自沿著機場南面防線檢查陣地。他命令手下把坑洞挖得更深以及設置更多沙包。鐵絲網上再掛上彈殼片和其他金屬片，當敵軍發動夜襲時，便會發出警告聲響，同時還要士兵把刺刀當成鐮刀，把前方射程內七英尺高的草叢砍掉。

丸山並沒有做準備——但他卻認為他已做足準備。左面，那須已進入陣地，但接替川口的東海林上校在離開「丸山小徑」後，卻撞上了陡峭的懸崖和濃密的叢林，因此未能將他的主力部隊帶到原定的出擊線上。

晚上十一點，大雨緩緩落下，大到像是原油一樣筆直而下——愈下愈大，幾乎像是一道道水簾。丸山、參謀人員還有辻，沿著一座坍塌的小丘爬到一塊平坦的岩面上。參謀人員緊緊繞著丸山而坐，讓他暖和一點。午夜過後幾分鐘，他們聽到右方傳來小型武器的火砲聲。砲聲愈來愈密集。東海林部隊是突破了，還是被打退了？

在師部內負責和東海林聯絡的作戰參謀松本透過電話回報說：「右翼部隊已攻擊機場。夜襲成功！」

丸山激動大喊：「萬歲！」

他們現在聽到了左側的槍響——步槍的砰砰聲和機槍低沉的咯咯響。那是那須的部隊。然後響起了迫擊砲和重砲的轟隆聲。這是美軍了！美軍的反擊十分迅速且密集，因此辻擔心有什麼地方出了差錯。其他人——包括丸山在內——也被他這股憂慮感染，僵硬不動地坐在那。

電話鈴聲又響了。松本說：「我誤以為右翼的攻擊成功了。他們還沒到機場。他們穿越了一片大空地，誤認為那就是機場。」東海林的前鋒兵力單薄，被迫提前在午夜發動攻擊，現在已經被牽制住了。

左翼的砲擊依舊持續著，砲聲比先前更大了。一個小時過去了，都沒有那須的消息。辻感覺一股「毀滅預兆」來襲，甚至連骨頭都覺得「發冷」。

那須的首波攻擊被美國海軍陸戰隊混合著小型火砲、自動武器和大砲的猛烈火力擊退了。那須患了瘧疾，而且病況嚴重，但他仍待在前線。他比較擔心死於疾病，而不是他周圍的砲彈爆炸。他重新集結部隊——第二十九團，但第二輪朝新方向的衝鋒又被普勒的手下打退了。那須的手下接二連三地試圖穿越那個被美國大兵緊急堵住的防線，但攻擊力道愈來愈弱。

在後方，川口淒涼地在叢林中找尋丸山的總部所在。在右方，他聽到戰鬥的砲擊聲。他踩空了腳撞到一顆樹，雨水沿著他的頭不斷往下流。他還能有什麼樣的人生呢？蜷縮蹲在樹根之中，他打起盹來，完全不擔心大雨是否會把他衝走。

黎明時，那須已經折損一半部眾。實際上，第二師的菁英部隊第二十九團幾乎被橫掃殆盡。團長和團旗都不見了。

丸山在聽完回報後，喃喃說著：「是這樣子啊。」他的參謀建議他撤退，但他不願接受。他打電話給那須，把師部的最後預備隊交給他，要他明天晚上發動全面攻擊。

一般來說，讓一名指揮官在遭到慘敗後發動大規模攻擊，他會要求更多的準備時間。但在此時，那須卻用狂熱的聲音回答：「讓我『今晚』就發動攻擊吧！」他並沒有說明原因，但卻相當堅持，丸山只好同意；那須知道怎麼做才是最好的。

那須已經發高燒到了攝氏四十度，要求再打一針控制體溫，並祈禱他還能活著去率隊攻擊。

山本上將從瓜達爾卡納爾的聯絡官那取得的第一份訊息是「萬歲」。這個代碼意指「我們已經奪下機場。」山本電告近藤中將率領包括南雲的「木戶部隊」在內的艦隊南下，逼迫美軍迎戰。另一支小得多的艦隊——八艘驅逐艦和輕巡洋艦「由良號」——已經出發前去支援丸山，要在日間進行海上砲擊任務。

從瓜達爾卡納爾島來的關於機場附近仍在戰鬥的第二份訊息，並未動搖山本以及參謀們的決心，但在清晨六點二十三分傳來的第三份訊息說美軍仍堅守亨德森機場，這就使山本猶豫起來了。由於機場本身仍是個威脅，山本下令近藤按兵不動，因此近藤整支龐大艦隊，就在瓜達爾卡納爾島東北方三百海哩外的海面上游弋。

然而，「由良號」率領的艦隊，由於並未注意到發生了什麼狀況，持續沿海峽南下。待艦隊指揮官獲知還未能攻下機場時，從亨德森機場起飛的戰機已經向他的艦隊撲來。有枚炸彈擊中「由良號」的中央鍋爐室，把裡面的人員全都炸死。這艘巡洋艦慢吞吞地開始向北退卻，但其他炸彈卻把它燒成一艘廢船。艦長佐藤四郎上校宣布棄艦，然後用條繩子把自己綁在艦橋上。

山本想，只要有任何航空母艦艦隊向南航行，美軍就必定會出戰迎敵。在努美阿，哈爾西已經下令「第十六特遣部隊」的指揮官湯瑪士．金凱德少將（Thomas Kinkaid）率領他的船艦——兩艘航空母艦「勇往號」和「大黃蜂號」、九艘巡洋艦和二十四艘驅逐艦——前往瓜達爾卡納爾島東方四百英里外的聖克魯斯群島（Santa Cruz Islands）附近的集合點，在那攔截任何要開往該島的航空母艦部隊。

十月二十五日下午，美軍巡邏機在離「第十六特遣部隊」三百六十英里處，發現兩股大型敵軍船團。金凱德從旗艦「勇往號」（在珍珠港進行日夜搶修後重回戰鬥行列）派出一架偵察機，然後是一架戰機，但「木戶部隊」已經看到一架美軍卡特琳娜水上飛機。名義上，南雲中將是近藤中將的下屬，但實際上南雲能獨力行動；在未請示近藤是否同意的情況下，他便下令往北航行，避免衝突。

不過，山本已經決定，不論亨德森機場之戰的結果如何，這一仗勢在必行；而南雲倉促撤退就使得如何運用「木戶部隊」到了攤牌的時刻。幾個星期以來，山本雖然沒有對南雲直接下達命令，卻一直在力促南雲率領航空母艦艦隊南下和美軍航空母艦交戰。但南雲的參謀長草鹿每回都勸阻南雲，說這會是個有勇無謀的冒險行動，將導致另一個中途島的敗戰。

到了傍晚，山本決定逼迫南雲行動。他在電報上故意用羞辱性的措辭，「激勵」南雲要「有所魄力」發動攻擊。南雲把草鹿召到艦橋下方的小型作戰室內。草鹿可以看出他的長官心煩意亂。南雲說，他能夠不理會山本傳來的電報，希望草鹿支持他。

草鹿答道：「我承認自己反對過你的建議，但指揮官是你，得由你做出最後決定。這是你的戰爭。如果你真的想要南下，我會追隨你的定論。」不過，他還是提醒南雲，他們還沒找出敵軍艦隊的所在之處；並警告他，從聖靈島（Espíritu Santo）起飛的「空中堡壘」毫無疑問已經發現他們了。「不過，既然你現在已經下定決心，那就讓我告訴你，在摧毀敵軍之前，我們可不能先被他們殲滅。」

入夜時，草鹿回到艦橋，並下令航空母艦特遣艦隊——三艘航空母艦、一艘重巡洋艦以及八艘驅逐艦——以及由兩艘主力艦、四艘巡洋艦和七艘驅逐艦組成的前鋒艦群，以二十節航速轉南朝敵軍方向航行。

雙方的兩支航空母艦部隊彼此距離之近都超出了各自的估記。金凱德少將正以之字形航行朝「木戶部隊」開來。

——

在瓜達爾卡納爾島，那須少將倉促進入陣地準備發動攻擊。左側是他自己的預備團第十六團和第二十九團的殘餘部隊，右邊則是丸山派來的預備部隊。入夜後，虛弱的那須用軍刀當作拐杖，率部第一次突擊。他好不容易一跛一跛地穿過鐵絲網防線，黑暗中突然有排步槍掃射而來，有顆子彈擊中那須的胸膛。整條防線上的自動武器全都向日軍進行掃射。短短幾分鐘，所有連長以下的指揮官不是陣亡，就是負傷。但日軍依舊向前衝鋒。每回被打退下來，他們就會重新集結，再度發動突擊。美國海軍陸戰隊也是寸土不讓。在戰鬥空檔，雙方還會互罵叫陣。一名日本兵以英文大喊：「為天皇討還血債！」美國海軍陸戰隊員也喊道：「為愛蓮娜討還血債！」叫囂變成辱罵。有個美國士兵罵道：「東條吃屎！」停了一下，日本這邊又回：「貝比．魯斯吃屎！」

戰鬥持續到午夜。日軍的突擊被粉碎，生還者得踏過袍澤的屍體潰退。那須在兩天內的攻擊中，造成超過三千名日軍的陣亡或是在叢林內垂死。整片區域就像歷經一場大火風暴般。負傷的那須躺在擔架上被抬回師部。就在他向丸山伸出一隻微弱的手，剛要開口說話時便過世了。

三

十月二十六日清晨，南雲和草鹿焦急地站在航空母艦「翔鶴號」的艦橋上。草鹿說他們會被發現的預言在兩點三十分應驗了；一名通訊官報告，有架疑似「空中堡壘」的轟炸機就在附近。南雲沉靜地站立了二十分鐘，臉上表情像是「石頭」般遠視著天空。一聲突然的爆炸使他驚醒過來，接著又是一聲爆炸。在旗艦附近激起了兩股大水柱。[3]

南雲轉向他的參謀長說：「你之前說的話是對的。全速返航。」草鹿一邊掩蓋住憤怒，一邊下令舵手以二十四節航速朝北航行。他還下令派出二十四架偵察機向南進行偵蒐，他可不想再陷入像中途島那樣的困境。

—

軍艦隊已經被發現了，至於應如何處置則得由人在努美阿的哈爾西決定。很明顯，一支強大的敵軍艦隊正朝向瓜達爾卡納爾前進，同樣明顯的是，這支艦隊要比金凱德的特遣艦隊威力更強，至少在航空母艦方面是如此。拂曉前，哈爾西做出大多數太平洋美軍所期望的決定。他電告所有的戰鬥指揮官：「攻擊。重複一次，攻擊。」美國海軍終於發動攻勢了。

金凱德朝「木戶部隊」航行，而當他派出偵察機沒多久後，就被草鹿之前派出的其中一架偵察機發現了，這架偵察機回電說：「一艘航空母艦以及其他十五艘船艦，朝西北航行。」幾個星期以來，草鹿一直避免接戰，但敵軍只有兩百五十海哩遠，他毫不猶豫地下令第一波攻擊機隊立刻起飛。

七點，十八架魚雷轟炸機、二十二架俯衝轟炸機和二十七架戰鬥機從「木戶部隊」的三艘航空母艦——「翔鶴號」、「瑞鶴號」和小型的「瑞鳳號」——上起飛，當首波機隊的最後幾架戰機都還沒離開甲板時，草鹿就下令第二波要迅速跟上。草鹿從來不曾在戰鬥中這樣緊張過，但直到今日他都還記得，在中途島之戰所犯下的錯誤。他站在「翔鶴號」艦橋上不耐煩地不斷朝著甲板上的軍官吼叫，要他們動作快一點。他透過望遠鏡看到「瑞鶴號」上的戰機動作更慢。他憤怒地跺著腳，要旗手打旗語：「因何延誤？」

直到第二波的十二架魚雷轟炸機、二十架俯衝轟炸機和十六架戰鬥機都起飛後，他探身出窗口，朝甲板上喊道，做好戰鬥攻擊的準備。草鹿並沒有留下任何一架戰鬥機來保護這兩艘大型航空母艦和「瑞鳳號」，他既然已決心投入戰鬥，對未留下戰機這點他也就不再介意了。他喃喃自語地說：「敵人來了，就拿起長矛，拿什麼都行！」

日軍第一批戰機起飛後將近半小時，美軍首波的攻擊機群也起飛了，到八點十五分，七十三架俯衝轟炸機、魚雷機和戰鬥機朝著「木戶部隊」飛去。日美兩方攻擊機群在視力範圍內交身而過。雙方有段時間內都沒衝破對方飛行編隊，但有十來架日軍戰鬥機忍受不了這種誘惑，沒多久就飛回來。它們追上「勇往號」上的十九架戰機，擊落其中三架「野貓式」和三架魚雷轟炸機，但自己也損失了三架戰機。

當金凱德收到雷達的確認報告時，首波日軍俯衝轟炸機已經離他不足五十海哩遠了。他在旗艦「勇往號」上指揮所有的戰鬥機，在此之前他只有指揮主力艦和巡洋艦的作戰經驗。他在派出「野貓式」

升空攔截前，還猶豫了片刻。這些戰鬥機還未攀升到戰鬥高度前，日機就已經開始攻擊「大黃蜂號」——「勇往號」還在十海哩外，隱藏在大雨中。九點十分，愛知「九九式」俯衝轟炸機機鼻朝下，朝這艘航空母艦直衝而下。一枚炸彈擊中飛行甲板附近，另外兩枚雖然炸歪，但卻擊傷船身。中隊長故意對準煙囪俯衝而下，轟隆一聲撞上飛行甲板，機上兩顆炸彈隨之炸開。

「中島九七式」本來已經飛得很低。兩枚魚雷打進輪機室，引起爆炸，使整個艦身為之一震。「大黃蜂號」搖晃了幾下，停了下來。當它無助地躺在海面上時，另一群「九九式」俯衝轟炸機飛了過來，毫不留情地朝這艘冒煙的航空母艦從艦首到艦尾再投下六枚炸彈。十分鐘內，日軍返航，而「大黃蜂號」傾斜了八度，被大火掩沒。

從「大黃蜂號」起飛的「無畏式」俯衝轟炸機，則在日本巡洋艦「筑摩號」身上報了仇。一枚炸彈正中「筑摩號」艦橋。站在羅盤右側的艦長古村啟藏被爆炸往後震倒。艦橋上幾乎所有的人都被炸死。古村搖搖擺擺地站了起來，感到腦內轟鳴作響，耳膜已被震破。他透過傳聲筒下令改變航向。又有一枚炸彈擊中艦橋。他大喊：「扔掉魚雷！」有人做了個手勢。在最後一枚魚雷被推入海中後幾秒，有枚炸彈在空蕩蕩的魚雷室內爆了開來。

另一群「無畏式」戰機看到了「翔鶴號」。他們根本不管猛烈的防空火砲，以單一縱列衝向南雲的旗艦。在第一枚一千磅的炸彈擊中船身時，草鹿感到艦身抖動。接著又有幾起爆炸——草鹿已經無法數清了。飛行甲板上都是大火。難道這是另一場中途島戰役嗎？他透過傳聲筒向輪機室呼叫，回覆是並未受損。「長官，我們能以三十二節航速前進。」但通訊卻斷了，草鹿決定把旗艦移轉到另一艘驅逐艦。他下令舵手反轉航向，並離開危險區域。跟在它後面的是飛行甲板被炸出五十英尺大洞、已無法作戰的「瑞鳳號」；這是兩名大膽且正好從它身旁飛過的美軍偵察機飛行員——斯托克頓・斯特朗中尉（Stockton Strong）和查爾斯・厄文少尉（Charles Irvine）——所發動的攻擊。

幾百海哩外，日軍四十三架俯衝轟炸機和魚雷轟炸機正朝金凱德的艦隊而去。俯衝轟炸機飛在前面，但在五十五海哩外就被雷達發現。此時，金凱德又再度猶豫是否要從「勇往號」上派出戰鬥機進行攔截。「九九式」戰機未遭抵抗開始俯衝，看來美國在太平洋地區最後一艘航空母艦的命運將會和「大黃蜂號」一樣。「勇往號」及其護衛艦的防空砲火開始射擊。砲火十分集中且精準——特別是主力艦「南達科塔號」（South Dakota）和巡洋艦「聖胡安號」（San Juan）上的砲火——因此日軍只有兩枚炸彈命中航空母艦，第三顆在艦身旁炸開，母艦一只主渦輪軸承損壞。但在十分鐘內，就控制住火勢，調整輪機和修補彈孔。當日軍魚雷機出現時，這艘巨型航空母艦已經能對每一枚魚雷進行閃避動作。

不到百海哩的距離內，還有更多日軍戰機在快速接近——這是從近藤先鋒部隊內唯一的航空母艦「隼鷹號」起飛的特遣艦隊。這支特遣艦隊是由十七架俯衝轟炸機和業餘藝術家志賀淑雄上尉所率領的十二架護航戰鬥機所組成。志賀在珍珠港一役中大放光芒。日正當空，他看見藍色海面上的白色浪花。十一點二十分，他發現一艘大型航空母艦，像「嘴裡叼根骨頭」在往前航行。這艘母艦日似乎還能航行，但甲板上已空無一物。接著，有兩架戰機起飛。（還有其他的「野貓式」戰機躲在上方雲層內。）

在這之前，志賀還不斷告訴自己：「留點事給我們做吧。」不過，此刻他的期待變成了焦慮。難道第一波日軍攻擊沒有任何戰果就全都被擊落了？轟炸機已經開始進行攻擊編隊。戰鬥機則授命在轟炸機俯衝轟炸時，一架跟著一架進行護衛。但轟炸機要比戰鬥機來得多，因此志賀做出手勢由他本人保護最前面兩架「九九式」——這是飛行員最不喜歡的任務。就在離開「隼鷹號」前，志賀就提醒他手下經驗不足的年輕飛行員，要緊跟著戰鬥機，不要離隊去和敵軍戰機決鬥。「不准分開。這是命令。」但當他進入俯衝轟炸機隊長山口正夫上尉的掩護位置時，注意到有幾架「零式」戰機被雲層中的「野貓式」誘使出了隊伍。要把它呼叫回來為時已晚，於是志賀緊跟著山口，冒著四處炸開的高射砲砲火直朝「勇往號」俯衝而下。在九千英尺高度時，山口放下襟翼減緩速度。志賀的「零式」並沒有襟翼可以減速，為了避免超越山口，他必須把控制桿拉到腹部，讓飛機翻個觔斗。他被控制桿擠著緊靠椅背，在翻觔斗之前，幾乎昏了過去。他瞄了四周，看看附近是否有敵軍戰鬥機，並確定自己沒有擋住第二架俯衝轟炸機的航路。

高射砲在四周炸開，他又轉一圈，然後第三圈，不斷降低高度。他環顧四方，但沒看到山口。他已完成護航任務，於是開始搜尋敵軍攔截機。他看到前方有兩架粗壯的戰鬥機。這必定是格魯曼製「野貓式」！他聽說過這種飛機火力相當了得且難以殲滅。當他飛近時，它們一分為二，他傾斜機身去追領航的那架戰機。奇怪的是，這架戰機並未採取迴避動作，就在志賀準備射擊時，另一架「野貓式」迅速飛來咬住他。這就是近來這麼多戰友被擊落的原因！他一而再、再而三地試著甩掉其中一架來襲的美軍戰機，但另一架總是會狂衝而來。

「勇往號」成功地閃躲掉山口所有的炸彈，但剛剛還解救過「勇往號」的「南達科塔號」和「聖胡安號」在高射砲發射時，卻因離航空母艦太近而雙雙中彈。主力鑑的一號主砲塔被一枚炸彈擊中並爆炸，而另一顆則穿透巡洋艦，在靠近船艙底時爆了開來。

「隼鷹號」上起飛的第二波戰機群發現了巡洋艦「北安普敦號」正拖著「大黃蜂號」前進，六架「中島九七式」魚雷機幾乎是掃過水面朝這艘航空母艦飛去。巡洋艦艦長下令砍斷拖繩，以閃避魚雷攻擊。這樣一來，「大黃蜂號」在水面上動彈不得，又無戰鬥機掩護。可以看出，日軍補充飛行員的戰鬥力不斷在下滑：五枚魚雷都沒有命中那幾乎靜止不動的目標。但第六枚魚雷撕開了右舷艦身，綠光一閃，發出嘶嘶響聲後，接著一聲悶爆。左舷甲板「好像爆裂出一個大開口」，燃油噴了出來，水兵都從傾斜的甲板上滑跌至海中。當右舷傾斜達十四度時，後引擎室開始進水。準備棄船的命令已經下達。六架中島高空轟炸機以完美的V字樣編隊飛來。當美軍開始搶著爬下繩索要離艦時，其中一顆炸彈命中飛行甲板。

此時，志賀和其他戰鬥機飛行員已經返回「隼鷹號」。他報告，當他飛離那艘航空母艦時，它似乎「還能航行作戰」。他建議再度發動攻擊。一名作戰官問他是否能夠在黑暗中返航。

志賀說：「這不是能不能返航的問題。」他在攻擊珍珠港時就已經準備犧牲，而現在還能活著可都是向天借命。「必須去攻擊。如有可能，發出導航的信號。」有些航空母艦艦長並不願這樣暴露出自己的位置。「如果你不發送信號，我也能飛得回來。到那時，就請你小心一點了！」他這句話一半是玩笑，一半是威脅。

在第一波攻擊的俯衝轟炸機中，只有一名軍官生還——圓呼呼、娃娃臉的年輕小夥子加藤舜孝。這是他首次的飛行任務，而當志賀把他搖醒，並說要再度攻擊時，加藤的臉上頓失顏色。志賀說：「這是為你的中隊長報仇的戰鬥。這就是戰爭。」加藤從鋪位上坐起來說：「走吧。」

志賀召集了五名他認為能夠在黑夜中返航降落的戰鬥機飛行員和五名俯衝轟炸機飛行員。他說：「這是最後一次夜襲。你們要把山口教會你們的一切都用上。要盡可能飛近目標才投彈。」他轉身對自己的戰鬥機飛行員說：「你們這些戰鬥機別再飛離我。如果膽敢脫隊，我會先擊落你們。」

由志賀率領的十一架戰機就這麼起飛了。在落日餘暉下，他好像看到下面有什麼東西。幾分鐘後，他透過雲層認出那是艘航空母艦。不過他們搞錯了。那是「大黃蜂號」，早就「死」在海面上了。加藤和他的俯衝轟炸機衝了下去。志賀設法跟上加藤，直到看見炸彈穿透了機庫甲板。志賀調轉機頭，掃過航空母艦上方。讓他驚訝的是，甲板上只有幾個人影。原來是條死船。

現在，他面臨的問題是怎麼回到「隼鷹號」上。他把機隊聚集起來，像是母雞帶小雞般在逐漸轉黑的夜空中調頭返航。會不會有導航信號？他調了調無線電頻道。一開始他什麼也沒收到，接著傳來一連串令人愉悅的嗶嗶聲。「隼鷹號」在發送電波！

那天的晚餐對於志賀和他的部下來說是不愉快的。桌子旁邊有著不少空椅，許多盤上的食物都沒人吃。對於當天的凱旋而歸，既沒有人吹噓，也沒有興高采烈的歡慶。

近藤對於飛行員的報告感到相當高興，因此把整個先鋒部隊還有前導戰鬥群都派出去進行夜戰。兩艘完整無損的航空母艦「瑞鶴號」與「隼鷹號」也要跟上，如有必要則再次發動攻擊。先鋒部隊追上了整個船身都陷入火海的「大黃蜂號」。儘管護衛先鋒部隊的驅逐艦朝「大黃蜂號」發射了九枚魚雷，但它依舊浮在海面上。而美軍驅逐艦在發現敵艦時，也紛紛逃離。日軍也朝這艘廢棄的船殼擊發了四枚魚雷，終於在十月二十七日凌晨一點三十五分，這艘曾經搭載戰機首度轟炸東京的航空母艦沉入海底。日機也追不到其他美軍船艦。「聖克魯斯群島海戰」（Battle of the Santa Cruz Islands）就此結束。

黎明前一個小時，南雲和幕僚們又從驅逐艦上轉到「瑞鶴號」。依據飛行員和機組人員的報告，南雲和草鹿估計，至少擊沉了兩艘巡洋艦、一艘驅逐艦、一艘主力艦和三艘航空母艦。已經報了中途島之戰的仇了，而日本海軍最終取得瓜達爾卡納爾島周遭的制海權。

山本的評估更加樂觀。他的參謀長宇垣將軍發電報給東京，擊沉四艘航空母艦和三艘主力艦。他無法入睡，乘著月色在「大和號」的甲板上來回踱步，陶醉在能於美國海軍節那天取得重大勝利。他回到艦艙內，寫下三首俳句。

大戰之後，
當凝視著
十六日的月光，
已經忘卻了激情。

凝視著月光，
哀悼著
敵軍的犧牲。

月光下，
無際的汪洋底下
躺著許多船艦。

日軍贏得了戰術上的決定性勝利，沒有損失一艘軍艦，但美軍也贏得了寶貴的時間，還挫敗了敵軍兩棲聯合作戰欲奪回亨德森機場的企圖。此外，日軍有六十九架戰機未能飛返航空母艦，緊急降落時又損失了二十三架。要補滿這些戰機和機組人員得耗費數個月的時間。

不過，東京方面卻很重視這次勝利，天皇還因此下達敕答書給山本，讚揚「聯合艦隊」能「英勇奮戰」。天皇在敕答書中，也預測了所羅門群島的局勢「將益發艱困」。當天皇將這份敕答書交給海軍參謀長永野時，他還說：「朕在敕答書後還加上了本人對瓜達爾卡納爾戰鬥的祝願。日美兩軍正在那進行激戰，而且對帝國海軍而言，那也是個重要的基地。朕希望我軍能盡速奪回該島。」

然而，到此時，山本和宇垣私下卻認定，要奪回瓜達爾卡納爾島幾乎是不可能的。陸軍試了三次，都失敗了。隨著美軍幾乎天天都在強化駐防軍力，第四次攻擊又怎能取得成功呢？

在瓜達爾卡納爾，百武的參謀長小沼上校也不得不做出相同結論。他希望美軍不會發現到丸山師的兵力實際上已被殲滅；如果敵軍發現了，他們就會發動攻擊，如此一來，毫無疑問，島上全部日軍都會被消滅殆盡。

辻政信帶著第二師軍情的第一手報告走在丸山小徑上，返回總部。在半途，他發現源營長躺在小徑旁，下半身滿身是血。辻說：「撐著！我叫人把你送回去。」

源用很虛弱的聲音說：「我從前天起就沒吃過東西了。」

辻從自己的「飯盒」內夾了兩筷子米飯到他口中。源虛弱地用手指著躺在附近的一群傷兵。當辻給每個人餵飯時，他們就像雛鳥一樣張大著嘴。

辻走了五天才抵達海邊和第十七軍總部。他下令把米送往前線，並發了電報給人在東京的陸軍參謀本部長杉山。

第二師英勇奮戰數日，在奮不顧身的突擊中失去過半將士；對此，本人願承擔敗戰責任。皆因本人低估敵軍戰力和堅持本人之錯誤作戰計畫所致。

他說自己「該千刀萬剮」，並請求准許和第十七軍一同留在瓜達爾卡納爾。十一月三日，辻收到回電：

請調第十七軍的申請被駁回。速返東京報告戰況。

當天黃昏，杉田一次中校（在新加坡英軍投降時，他曾任山下奉文將軍的翻譯）穿著幾乎是難以辨認的軍裝，筋疲力竭地出現在第十七軍總部。他一直在指導住吉將軍於馬坦尼科河的佯攻作戰。當他報告美軍已經突破防守河東岸的第四步兵團防線時，雖然臉色慘白，但雙眼炯炯有神。他說：「團長要率領一百五十名殘部和團旗發動最後一次攻擊。我要與他們一起作戰！」

辻說：「杉田，不要這樣魯莽。不能再攻擊了。把團旗插在陣地中央，並讓士兵們在周圍挖洞藏在裡面。敵軍永遠不敢突擊，此外，在叢林那裡，大砲和轟炸都不太管用的。只是讓他們再堅守一兩天的問題。」補給援軍已在登陸。杉田用根竹子當拐杖，一跛一跛地走回馬坦尼科河。

增援部隊包括第三十八師的先導部隊。與他們一同前來的是辻中校的另一名好友，服部卓四郎上校。服部剛從東京來，穿著嶄新的軍服看起來十分瀟灑，充滿自信。辻想，只要這個人還活著，那就沒什麼好擔心的了。兩人熱烈地握手。

川口將軍隔天帶著羞辱離開了瓜達爾卡納爾島，「感到肝腸寸斷」。比起敵人，他對同胞辻懷抱著更大的恨意。

第十七章 結局

一

十一月九日晚上，第三十八師師長佐野忠義中將和總部人員抵達了塔薩法隆加岬，和先導部隊會合。他們搭乘五艘驅逐艦安全地通過了所羅門群島航道，但該師的主力部隊和百武將軍的增援部隊——大約一萬兩千人和一萬噸補給物資——還在肖特蘭島。之前決定由一支運輸船團——十一艘運輸艦和貨輪，由十二艘驅逐艦護送——來運送他們。會有支「突襲戰鬥群」（Raiding Group）走在他們之前——由兩艘主力艦、一艘輕巡洋艦和十四艘驅逐艦組成的部隊——其任務是用砲擊壓制亨德森機場的空中戰力，如此運輸船團方能平安抵達瓜達爾卡納爾島。

十一月十二日上午，「突襲戰鬥群」在阿部弘毅中將的率領下開始南下朝瓜達爾卡納爾島前進，到了傍晚時，已經抵達薩伏島北方一百海哩的海面。美軍在好幾個小時前，就得知日軍艦隊的蹤跡，並猜測它要麼就是砲擊亨德森機場，要不就是攻擊停泊在瓜達爾卡納爾島外，載著六千名士兵、軍火彈藥、一零五毫米和一五五毫米的榴彈砲和口糧的美軍運輸船團。黃昏時，最後一批士兵已經上岸，還裝著三分之二補給品的運輸艦和貨輪開始倉促朝南撤退。

丹尼爾・卡拉漢少將（Daniel Callahan）率領第六七特混艦隊第四大隊（Task Group 67.4）護送這批船艦到公海，他信仰堅定且言語謹慎。當運輸艦平安開往努美阿後，卡拉漢便回轉沿著瓜達爾卡納爾島北海岸朝薩伏島推進。他的任務是阻擋阿部，而他卻只有兩艘重巡洋艦、三艘輕巡洋艦和八艘驅逐艦。來襲的日軍在火砲威力上超過了他，而他又是美國海軍在此區域內的唯一戰力。

他剛從海軍官校的同學諾曼・斯科特少將手中接過指揮權，而且也採取史考特在「埃斯佩蘭斯角海戰」所運用的戰術——把艦隊排成單一縱列，四艘驅逐艦在前領航，另外四艘則殿後。在這樣危險的海域內航行，單一縱列航行是比較容易的。儘管重巡洋艦「舊金山號」的搜索雷達效率很差，他還是搭乘該艦——或許是情感上的因素，因為他曾經擔任過該艦的艦長。他和船員們依舊往來密切，因而他們也稱他為「丹叔」——在背後這樣稱呼他。

阿部將軍根本就沒預期到會進行夜戰。這片海域內並無美軍的主力艦，而巡洋艦也不敢來攔阻。他的兩艘主力鑑由「比叡號」領頭，溜過聖伊莎貝爾島（Santa Isabel）的頂端，由六艘驅逐艦和一艘輕巡洋艦屏護南下朝薩伏島前進，六艘驅逐艦分列兩翼防止魚雷艇的襲擊。

它們直衝進薩伏島西北方的暴風雨內，但阿部並沒有減速，大雨將遮蔽它們免於來自空中、水面以水下的攻擊。但這場風暴卻持續不停，當阿部得知瓜達爾卡納爾島的天氣一樣糟糕時，下令所有的船艦同時反轉一百八十度，並減速到十二節。半個小時後，大雨停了，雖然阿部收到卡拉漢的位置就在「鐵底海灣」內的報告，還是下令轉向薩伏島前進。

當錐形體的小島落在艦隊之後時，已經過了午夜好一段時間。遠處瓜達爾卡納爾島的山峰已經模糊可見。島上的地面觀察員電告他們，在倫加岬外並未發現敵艦，因此阿部決定開始砲轟。他下令兩艘主力艦的主砲全都換上薄殼的「型號三」燒夷彈。

直到十一月十三日——當天是星期五——凌晨一點二十四分，美軍才發現到阿部。「舊金山號」艦橋上的「艦船間無線電通話」（Talk Between Ships）大聲傳出：「接觸方位三一二與三一〇，距離兩萬七千碼和三萬兩千碼」。這是「海倫娜號」發送出來的。它發現阿部的馬蹄形屏護船艦和兩艘主力艦。卡拉漢將縱隊轉向北，試圖使用「T型戰術」。

兩支艦隊迅速接近。卡拉漢焦慮地使用「艦船間無線電通話」詢問更多資訊，五分鐘過了，接著又過了十分鐘。雷達也沒什麼幫助，一點四十一分，領航的驅逐艦上的觀察哨兵意外地在黑暗中看見了兩艘日軍驅逐艦。美軍驅逐艦「庫興號」（Cushing）緊急轉左避免相撞，這給縱隊帶來了嚴重的連鎖反應。

巡洋艦「亞特蘭大號」突然猛然轉向，卡拉漢在後面的軍艦上問道：「你們在搞什麼？」

巡洋艦長回答：「避開自己的驅逐艦。」

在阿部的艦橋上也差不多一樣混亂。在發現敵艦後，他下令「比叡號」和「霧島號」的砲手將燒夷彈換成穿甲彈。在一陣慌亂中，「比叡號」能動用的人力都衝到甲板上去堆起「型號三」燒夷彈。黑暗中一片混亂，每分鐘感覺都像沒完沒了似的。只要敵軍一發砲彈炸到一排排的燒夷彈，就足以把這艘大船變成一把火炬。

又過了四分鐘。一點四十九分，「比叡號」的探照燈劃破了黑夜，並發現「亞特蘭大號」的艦橋約莫在前方五千碼外。美軍船艦迅速反應，在「比叡號」前炸起十根水柱。「比叡號」的十四吋主砲也開火了。一噸重的砲彈齊射擊中「亞特蘭大號」，艦橋被炸裂。除了一名參謀外，斯科特將軍和所有的人員都被炸死。

此時，卡拉漢下令「奇數艦朝右舷開火，偶數艦朝左舷射擊」。但他的縱隊已經和敵艦混在一起，每艘軍艦開始對任何看得到的艦艇開火射擊。阿部的一艘驅逐艦射出一排魚雷，擊中「亞特蘭大號」，幾乎把它炸離水面。它停了下來，困坐愁城，無法再戰。

兩軍無可救藥地糾結在一起，在這場狂亂的混戰中，近距離短兵相接。

卡拉漢對所有的船艦下令：「停止朝自軍開火。」當砲擊暫時停止時，「霧島號」開始用大砲轟擊「舊金山號」。至少有四艘日軍戰艦圍攻美軍旗艦。

卡拉漢呼叫所有的船艦：「給我抓大的！先打大的！」

有枚砲彈在「舊金山號」艦橋上炸開，除了艦長被炸成重傷和布魯斯・麥坎德利斯少校（Bruce McCandless）倖免之外，其餘全被炸死。麥坎德利斯被這景像嚇壞了——屍首、四肢和裝備四散在艦橋上。當海水從甲板上開始往下灌時，警報器嗚嗚響了起來。他指揮這艘被擊傷的船艦不顧後果地開往瓜達爾卡納爾島。

凌晨兩點，阿部的旗艦中了五十發砲彈後，向左舷傾斜，在「霧島號」陪伴下向北航行。這場戰鬥持續不到半個小時，但「鐵底海灣」內都是燃燒中的船骸。只有一艘美國軍艦毫髮無傷地脫離戰場，「亞特蘭大號」和其他兩艘驅逐艦都被擊沉。日軍被擊沉一艘驅逐艦，另一艘則在海上漂流，而「比叡號」航速極慢，看來在黎明前很難脫離美國軍機的航程外。

卡拉漢一頭鑽進敵軍艦隊，因而解救了亨德森機場，免於一場毀滅性的砲擊——但卻付出了數百條性命——包括斯科特將軍和他自己的性命——的代價。

旭日東升，陽光映照在瓜達爾卡納爾島外海上七艘被打殘的軍艦——五艘美艦和兩艘日艦。有幾艘還無助地在燃燒著，有些則已被棄置。「波特蘭號」被打暈了，在水面上打轉。不過，嚴峻考驗還未結束。當殘逃的五艘美艦離開戰場要開往新赫布里底群島時，在上午十一點前，「伊—二六」號潛水艇的艦長發現了「舊金山號」，並發射了一排魚雷。魚雷並未擊中受損的巡洋艦，但其中一枚撞上「朱諾號」（Juneau）的右舷。麥坎德利斯從「舊金山號」上望去，看到整艘軍艦「像是火山噴發般猛烈」炸了開來。滾起一條巨大的咖啡色煙雲，接著響起一聲如雷巨響。待煙雲消退後，這艘巡洋艦也影蹤全無。這真是太驚人了。

美軍這個小型艦隊現在是由軍階最高的「海倫娜號」艦長吉伯特．胡佛指揮，他害怕如果停下來去搶救生還者，其他船艦有可能會被擊沉。因此，在沒有留下任何救生艇或排筏的情況下，四艘倖存的船艦就離開了，有約七百名美軍罹難——幾乎是整個「朱諾號」上的全體船員，還包括了蘇利文（Sullivan）一家五兄弟在內。[1]

航速緩慢的「比叡號」也未能逃脫。天已經亮了，在有顆炸彈擊壞操舵系統前，它都能成功擊退來襲的美國戰機，自此開始它只能無助地在原地打轉。接下來幾個小時內，它遭受到亨德森機場起飛的「空中堡壘」和魚雷機的攻擊。最後有兩枚魚雷讓「比叡號」就此死在海面上。船上人員移轉到驅逐艦上後，艦尾旋即先下沉，接著整艘船消失在視線之內。

對山本而言，損失一艘主力艦是個重大打擊，但並未動搖他要把十一艘運輸艦船團安全送到瓜達爾卡納爾島的決心。這也就意味著，必須得將亨德森機場暫時打到無法作戰。當晚，又有一列令人害怕的「東京快車」——巡洋艦和驅逐艦——全速沿著「狹縫」而下，並砲擊機場達三十七分鐘之久。對美國海軍陸戰隊員來說，這是場恐怖的經歷，不僅摧毀了十八架戰機，跑道也要到隔天上午才能運作。

長相令人畏懼的田中賴三少將率領著十一艘運輸艦，在十二艘驅逐艦護衛下，已經到了前往瓜達爾卡納爾島的半途，即使在上午八點三十分被「勇往號」上的兩架俯衝轟炸機發現行蹤，它還是沿著這狹窄水域持續往南航行。三小時後，三十七架從亨德森機場起飛的海軍陸戰隊和海軍戰機衝了過來，重創兩艘運輸艦。不過，田中依然不願撤退，因為百武必須得到援軍和補給品。在驅逐艦排出的黑煙屏護下，運輸船團和護衛艦群持續以之字形航線朝南航行。雖然在日間，攻擊持續不停，有從亨德森機場而來的戰機，有從聖靈島飛來的「空中堡壘」和「勇往號」上的轟炸機和戰鬥機。田中把下沉中的運輸艦上的部隊移到驅逐艦，然後運回肖特蘭島，但其他船艦則繼續航行。在日落之前，日軍已經被擊沉六艘運輸艦，一艘被擊傷無法動彈。剩下四艘運輸艦在殘餘的四艘驅逐艦護送下，在逐漸轉黑的夜色中航近瓜達爾卡納爾島。

山本命令近藤中將親自率領主力艦「霧島號」、兩艘重巡洋艦、兩艘輕巡洋艦和一個驅逐艦艦隊，南下所羅門航道發動攻擊。由這樣的指揮官率領這樣的艦隊是能把亨德森機場轟到自此消失無蹤的。

不過，這回日軍的對手是主力艦。「第六十四特遣艦隊」——兩艘主力艦和四艘驅逐艦——已經離開金凱德的航空母艦群，趕去解救亨德森機場。哈爾西原本是可以更早派出艦隊的，但他並不願意讓「勇往號」（太平洋地區中最後一艘能夠作戰的美國航空母艦）在白天沒有掩護的情況下出戰。

「第六十四特遣艦隊」整天都藏在瓜達爾卡納爾島西南方約一百海哩的海面上。天黑時，指揮官威利斯．李少將（Willis Lee）把艦隊帶往該島西海岸。四艘驅逐艦在前，兩艘主力艦「華盛頓號」（Washington）和「南達科塔號」在後，持續向北航行，航經埃斯佩蘭斯角和薩伏島。晚上十點五十二分，縱隊轉向右舷航行。「華盛頓號」的雷達發現一艘沿著「狹縫」航行的船艦。那是近藤的先鋒，輕巡洋艦「川內號」。

李少將等了二十四分鐘後，才下令各艦開火射擊。「川內號」倉皇往後退去，但其他日本軍艦卻勇往向前攻擊。到了十一點三十五分，全部四艘美軍驅逐艦——其中兩艘下沉中——無法作戰，而「南達科塔號」因電力系統失靈無法動彈，成為「霧島號」和兩艘重巡洋艦的標靶。日軍因全神貫注，而未能注意到八千碼外的「華盛頓號」。「華盛頓號」立刻以十六英吋的主砲朝「霧島號」發射了七十五枚砲彈，擊中九發。「霧島號」還被擊中多發五英吋砲。這艘大型主力艦的上層結構起火，船身失去控制在海面上打轉。艦長放慢航速，試圖用引擎操縱舵向，但沒有奏效。

午夜十二點二十五分，近藤在重巡洋艦「愛宕號」上下令撤退，李阻止近藤對亨德森機場的攻擊，同時也對他給予戰術上的痛擊。近藤還幻想著已經獲勝，在煙霧的掩護下往北撤退，把「霧島號」和一艘無法動彈的驅逐艦留在身後。「霧島號」艦長最後只好鑿穿艦身。他把船員移到回頭救援的一艘驅逐艦上，然後下令打開「金氏閥」（Kingston valve）。這艘主力艦也就沉沒在薩伏島西北方了。

田中在北方幾海哩外焦急地目睹這場戰鬥。他已經派出三艘驅逐艦前去協助近藤，而現在他決定把最後一艘驅逐艦和四艘運輸艦帶到塔薩法隆加岬。靠登陸艇在天亮前把所有的部隊送上岸，時間上是不夠的，因此他發電至拉包爾，請求允許讓運輸艦擱淺。拉包爾方面拒絕了這項請求，但近藤卻告訴他可以放手去做。由於消耗了不少時間，當四艘運輸艦停泊在塔薩法隆加岬附近的海灘時，東方天際已呈魚肚白色。

幾乎就在同時，喬・塞勒少校（Joe Sailer）率領了八架海軍陸戰隊俯衝轟炸機從亨德森機場起飛，躲過了八架水上型「零式戰鬥機」，前去轟炸運輸艦，有三枚炸彈擊中了目標。接著而來是更多的海軍陸戰隊的「無畏式」戰機和海軍的魚雷轟炸機。剛過中午，這場大屠殺變得相當血腥，甚至有些美軍飛行員因看到血染的海水上滿布屍塊而作嘔不已。

從肖特蘭島出發的一萬兩千名士兵和一萬噸補給品中，只有被嚇壞的四千名軍士和五噸補給品安全登岸。爭奪瓜達爾卡納爾島的三日海戰就此落幕，對於日本海軍而言，是以一場慘敗告終，七萬七千六百零九噸的船艦被擊沉——兩艘主力艦、一艘重巡洋艦和三艘驅逐艦，外帶田中的十一艘運輸船團。百武冀望發動最後一波大型攻擊的期待也破滅了。

自登陸以來，范德格里夫特少將一直都受害於海軍的膽怯，這回首度在發給哈爾西的狂喜電報中表達了對海軍毫不保留的讚賞：

我們相信敵軍已遭受毀滅性的挫敗——我們感謝李少將昨晚堅毅的奮戰——我們感謝金凱德昨天的介入——我們自己的戰機對敵軍給予毫不留情的痛擊——我們對於這些辛勞深表感激，尤其要對斯科特、卡拉漢和其麾下將士致上崇高敬意，他們以無比勇氣，義無反顧地擊退敵軍首波攻擊，而使勝利成為可能——對於他們，仙人掌上的全體官兵高舉著鋼盔，致上最深的欽佩之意。

羅斯福總統也同樣感到興奮。就在這幾天之內，盟軍獲取了四次大捷：在北非成功登陸，蒙哥馬利（Bernard Law Montgomery）在艾拉敏（El Alammein）擊敗了隆美爾，英勇的蘇聯人守住了史達林格勒（Stalingrad）——而現在是成功堅守瓜達爾卡納爾島。他對紐約的《先鋒論壇報》（*Herald Tribune*）說：「過去兩個星期以來，我們終於有了一堆好消息，而且看起來終於要到了戰爭的轉捩點。」

在東京，陸軍參謀本部依然決心要奪回瓜達爾卡納爾島，並將部隊進行大幅度重組。自此之後，百武的第十七軍將專注於所羅門群島，由第十八軍接手其在新幾內亞的任務，兩軍都由今村均中將指揮。今村是軍中最受尊敬的人物之一，曾經成功迅速地拿下爪哇，也曾以極少量的軍隊迅速在東印度群島建立秩序。但其自由派的作風，讓他在參謀本部內遭到當權派相當多的抨擊，曾經一度危及他的前途。

今村剛佔領印尼時，便把蘇卡諾（Achmed Sukarno）釋放出獄。這名印尼最有影響力的革命分子被帶到今村的官邸——不久前還是荷蘭總督的一座雅緻房舍。今村說：「我知道你不是那種會對我唯命是從的人。因此，我也不會對你下達什麼命令。我甚至不會要你去做什麼。我所能承諾的是，如果印尼人願意學習我方的語言，那麼我能讓他們在我的統治下過得更幸福。其他的事就交由日本政府來完成。我無法承諾獨立。」

除了推行日語外，蘇卡諾還協助設立了由十五名印尼人和五名日本人組成的委員會，傾聽民間疾苦。對於今村自由主義作為的抱怨傳到了他的直屬長官、人在西貢的寺內上將那。寺內將這些抱怨轉遞東京，陸軍省則派了武藤章和富永恭次兩名將軍來到巴達維亞進行調查。今村積極地為自己的政策辯護。他說：「我不過是執行天皇的指示。如果你們發現我有治理不當之處，就解除我的職務。但是，請先看看成果。」兩名將軍很滿意所觀察到的景象。在他們的報告中，甚至建議東條首相和杉山參謀長放手讓今村自由行事。

今村即將指揮第十七軍和第十八軍所組成的集團軍（Army Group），但其任務卻是日本軍官所面臨的任務中最為艱困的。在東京，他來到皇居聆聽天皇旨意。當這名將軍躬身辭行時，天皇說：「今村！朕了解朕的士兵在瓜達爾卡納爾島受苦受難。盡快前去解救他們。連一天的時間都是重要的。」今村在天皇何無表情的臉上看到淚光。

在陸軍參謀本部內，今村被告知，他將與山本上將合作，強化對所羅門群島的空襲，還有對瓜達爾卡納爾島上的部隊進行增援。然後，兩人將發動聯合攻勢，重新奪回亨德森機場和土拉吉島。

十一月二十二日，今村抵達了新不列顛島上的拉包爾。他電告還在瓜達爾卡納爾島上的百武，他將在一個月內增派兩個師的兵力，並要求百武給予一份「不隱瞞任何事」的完整事實報告。百武剛剛才在馬坦尼科河前線損失了一千名兵士。他回電今村，他的部隊已只靠樹根和飲水度日長達一個月了。

……每天平均要餓死一百人。此均數將有增無減。兩個師的援軍抵達之時，十分懷疑屆時此地尚存多少兵士。

參謀本部事前並沒有把此情形告訴今村，但他卻已承諾要執行他們雄心壯志的兩棲作戰計畫，並已親口向天皇宣誓，要奪回瓜達爾卡納爾島。此時，這名將軍所能做的只是致電給瓜達爾卡納爾島上的官兵，聊表同情之意；稱讚他們英勇的行為「足以驚天地泣鬼神」，並要求他們協助他重奪該島，「以慰聖心」。

——

只有陸軍參謀本部仍在堅持要繼續執行瓜達爾卡納爾的戰役。他們要求補充兵員、補給物資，特別是額外要求運送三十七萬噸物資，迫使陸軍不得不重新評估局勢。陸軍省表示，目前主要的目標是增加國力和戰爭潛力，而額外的船隻徵調，勢必減少民用船舶的數目，從而削減國力。這將會比損失瓜達爾卡納爾島還要更糟。

參謀本部說，既要今村建立新的指揮部，卻又不派出船艦運送部隊，這是相當荒謬的——而今村將會是一個「無頭之人」。

曾經親身見證過大多數這些爭論的種村佐孝上校，在他私人的《大本營機密日誌》的十一月十八日中寫道：「時至今日，有這樣一種普遍觀感，即日本正處於興衰的邊緣。」這就像風暴前的寧靜一般。「參謀本部有充分的獲勝機會嗎？如果並非如此，他們要怎麼才能擺脫困局呢？最高統帥部應該謹慎考慮，以處理此棘手局勢。進軍或者撤退！這很微妙。誰也沒有必勝的把握……但帝國大本營的虛榮心正迫使我們要在瓜達爾卡納爾島上『決一死戰』。如果我方在瓜達爾卡納爾島上戰敗，那麼也肯定會輸掉這場太平洋戰爭。」

關於船舶噸位的一直爭論不休，與此同時，海軍提出一個向瓜達爾卡納爾島運送補給的權宜之計。把醫療補給或糧食裝入大鐵桶內，但不要裝滿，讓它剛好能在水裡浮起，然後用繩子串起來綁在驅逐艦船緣。在航抵瓜達爾卡納爾島後，割斷繩索，驅逐艦就可立刻返航。由汽艇或讓人游泳拉起繩索浮起來的一端，然後帶上岸，岸上士兵再把這長串鐵桶拉走。

這種新方式的首度試驗是在十一月二十九日晚上進行。田中少將在旗艦「長波號」上率領八艘驅逐艦組成的縱隊，以二十四節航速南下穿越所羅門航道。其中六艘都綁著兩百至兩百四十個鐵桶。前後兩艘都是護衛艦。十一點前，運輸船團通過了薩伏島西面，朝塔薩法隆加岬向左航行。當船團接近岬角時，六艘補給驅逐艦停了下來，並準備卸下鐵桶。海面上風平浪靜，有如一片黑色草地。

其中一艘驅逐艦在方位一百度發現了船艦，向田中發送信號：「發現七艘敵軍驅逐艦。」田中於是下令停止卸貨，艦艇排成戰鬥陣型。

朝它們而來的是由卡勒頓．萊特少將（Carleton Wright）所指揮的船隊——由十一艘軍艦組成。五艘巡洋艦排成縱隊，兩翼各有三艘驅逐艦。旗艦「明尼亞波里斯號」（Minneapolis）的雷達已經發現日艦，但萊特卻遲疑是否要派前鋒驅逐艦前去攻擊。十分鐘後，驅逐艦「弗萊徹號」（Fletcher）上的雷達顯示，日軍就在左前方七千碼距離。艦長威廉．科爾中校（William Cole）要求萊特允許發射魚雷，而他又再度遲疑——認為距離過遠——科爾用了四分鐘才說服他，射程不會太遠。十一點二十分，科爾終於發射了十枚魚雷。過沒多久，萊特少將下令巡洋艦開火射擊。萊特在無線電中說：「羅傑！我是說收到！」各個巡洋艦分別用五英吋、六英吋和八英吋的火砲朝敵軍射擊，砲彈有如下雨般落在田中的先導驅逐艦「高波號」上。雖然中彈無數，但在被炸沉之前，「高波號」上的船員仍然持續開火還擊。「明尼亞波里斯號」上歡呼聲四起，但歡聲未落，就中了兩枚日軍魚雷。第三枚魚雷擊中了「紐奧爾良號」左舷艦首，引發兩個彈藥庫爆炸，把船身前半部炸裂。幾乎就在同時，「朋沙科拉號」（Pensacola）主桅的左舷下方中彈，造成後輪機室開始進水。

當「北安普敦號」（Northampton）閃躲那三艘受創的巡洋艦時，日軍「親潮號」朝它發射了兩枚魚雷，全部命中。爆炸極為猛烈，甚至在附近的「檀香山號」（Honolulu）上的人員都忍不住流下淚來。「北安普敦號」急遽向左舷傾斜，後半部陷入火海，不得不停下來防堵進水。不過，它已經無藥可救，船尾已開始下沉。

田中已經後撤。在這次半小時的海戰中，他痛擊了遠比他強大的美軍艦隊。在沒有雷達的情況下，他以損失一艘驅逐艦的代價，擊沉了一艘美軍巡洋艦，並重創其他三艘戰艦。不過，他的任務並未完成，他連一個鐵桶都沒能送到瓜達爾卡納爾島上挨餓的日軍手中。

兩個晚上後，田中做了第二次嘗試。此回七艘裝滿鐵桶的驅逐艦躲過了盟軍毫無成效的空襲，完整無損地抵達了塔薩法隆加岬。總數一千五百個鐵桶權被鬆開，但只有三百個能夠被拉上岸。幾天後，田中再度嘗試，但由於敵軍高效的空襲和魚雷攻擊，整個船團不得不返航。

在瓜達爾卡納爾島上，飢餓和瘧疾才是百武部隊真正的敵人。如果真的開始戰鬥，用不了幾天內就能消滅所有的日軍，因此，小沼上校不得不提出新戰術來應對美國海軍陸戰隊和陸軍的聯合攻擊。日本士兵都得挖掘個人的散兵坑，並得到命令說，即使美軍攻進了陣地，他們也得待在裡面。每個散兵坑都會成為一個小型堡壘，各自作戰。小沼孤注一擲，認定美軍無法承受巨大損失去征服這種游擊戰防線。

那些因病或飢餓而虛弱到無法戰鬥的人員都擠在沙灘上。空氣中瀰漫著腐臭屍體的異味。綠頭蒼蠅成群聚在那些已無力驅趕它們的傷兵和病號身上。士兵們列了一張死亡期限表：

還能站著的……………還有三十天可活

還能坐著的……………還有二十天可活

必須躺著小便的………還有三天可活

無法言語的……………還有兩天可活

無法眨眼的……………黎明即死

二

在瓜達爾卡納爾島上犯錯而自承「該千刀萬剮」的辻中校，帶著拯救該島的新建議回到了東京。他說服了參謀本部把作戰科長井本熊男中校派往該島，接替他去指導新攻勢。辻的影響力還是像以往一樣巨大，十二月初，井本就離開了東京。雖然井本接受了這項指派，但他私下卻不同意他長官的意見；在他看來，日軍應該從瓜達爾卡納爾島上撤出。他在特魯克島稍事停留後，向聯合艦隊報到。他在陸軍大學的教官宇垣中將告訴他：「局勢極為困難。不要去想誰該主動解決這樣的困局。唯一該擔心的是決定當下該做些什麼。」

這是暗示井本，從瓜達爾卡納爾島撤軍才是唯一方案的隱晦說法——恐怕只有習慣於海軍微妙用辭的人才能領會。井本說：「我了解你的意思。」井本相信山本上將的想法和他的參謀長是一致的，於是便飛往拉包爾——他的確猜對了。

在今村的集團軍總部內，井本聽到對參謀本部的政策的激烈批評。在制定瓜達爾卡納爾攻勢細節的兵棋推演中，今村手下的一名軍官爆出「東京的那些人瘋了」這樣的話。「你們真心認為再度發動攻擊還會有成功的機會嗎？」

儘管如此，井本還是按東京方面的決定完成了兵棋推演。在顯露自己的保留態度前，井本必須證明再度攻擊是徒勞無益的。推演證實了大家所擔憂的事：幾乎任何運輸艦都無法抵達瓜達爾卡納爾島。

在東京陸軍省大樓的走廊上（陸軍省和參謀本部在市谷高地共用同一棟大樓），已經有人在談論從瓜達爾卡納爾島撤兵一事。首名公開提出此建議的是佐藤賢了少將，他是東條的顧問，也是陸軍省軍務局長。參謀本部堅持要再派送六十二萬噸的船運一事讓他深感不安。他告訴東條，他們應該「放棄奪回瓜達爾卡納爾島的念頭」。

東條尖銳地問著：「你的意思是撤退嗎？」

「我們別無他法。就算是現在撤退，恐怕都已經晚了。如果繼續這樣下去，我們就毫無機會贏得這場戰爭。」此外，瓜達爾卡納爾島上的陣地是難以堅守的。敵軍完全擁有制空和制海權。「如果我方繼續這樣拖著，將成為消耗運輸船艦的消耗戰。」

東條聽佐藤把話說完，但又因天皇御令要奪回瓜達爾卡納爾島而感到相當為難；況且他也不願干涉軍事當局。儘管他疑惑甚深，但依舊相信參謀本部應該獨立於政府之外。他最後說：「另外，即使我們想奪回該島，也無法供應參謀本部所要求的全部船舶。就算真的辦到了，我們每年四百多萬噸的鋼產量就會削減一半，那麼這場戰爭就無以為繼了。」東條被傳統的忠君思維所困擾。他的臉色陰沉下來。他問佐藤，如果把船舶數量減少，會不會迫使參謀本部做出撤軍的決定。

佐藤回答：「不會立刻做出決定。」但他想到不妨耍點手段，眼神為之一亮。他建議暫時不提撤退一事，但可以只承諾給予陸軍原本該有的船舶噸數。東條陰沉地點了點頭。

在下一場內閣會議中，東條提出給予陸海兩軍共二十九萬噸的船舶計畫，並承諾如果有可能的話，將會追加噸位數。這項決議把陸軍省和參謀本部之間毫無休止的爭論演變成一場危機。佐藤為東條辯護，而且他言之有理；讓參謀本部感到最為光火的是，他意有所指地表示瓜達爾卡納爾島的作戰必須「暫停」。

在參謀本部的壓力下，東條在十二月五日晚間召開了一場內閣特別會議，對要求更多運輸船舶噸位數的問題重新考慮。會中同意給予兩軍再增加九萬五千噸。由於噸位數增幅太小，於是佐藤的助手們建議他親自去向參謀本部解釋。不過，此時已經超過十點，佐藤準備明天早上才去參謀本部。當他進屋時，電話就響起了。參謀次長田邊盛武中將要佐藤立刻到他的官邸，對內閣會議的決定做出解釋。

在田邊官邸門口，佐藤聽到屋內傳出憤怒的咆哮聲。他聽出那是容易衝動且脾氣火爆的陸軍作戰部部長田中新一中將的聲音。進了屋內後，佐藤面對七、八名參謀本部人員的質問。

田中大罵：「混帳東西！」他正在喝酒。

佐藤轉身想離開時，田中伸手去拿軍刀。好幾名同僚抓住田中，但還是被他掙脫了。他衝向佐藤並在佐藤的臉上打了幾拳。佐藤也還以幾拳。兩名將軍揮拳對打，而其他數名參謀本部的軍官在旁假藉「酒勁」，吆喝著為田中助威。佐藤掙脫開來，衝出這間充滿敵意的房間。這是他生平第一次逃離打架。

佐藤離去後，衝動的田中還是感到怒不可遏。已經過了子夜許久，田中帶著指責和要求衝進東條的陸軍次官木村兵太郎的家中，要尋釁鬧事。木村性格沉穩，連忙為了「努力不足」向田中致歉，並說服他回家休息。即使是第二天早上酒醒後，田中還是持續進行攻擊。這回受害者是內閣企劃院總裁鈴木貞一中將。這樣不知節制的胡鬧反而堅定了東條的立場，他要佐藤通知參謀本部，「不管如何」，陸軍只能得到內閣會議所裁定的噸位數。

參謀本部明白這是東條的最後通牒，意味著最終要中止瓜達爾卡納爾島上的戰役。參謀本部的長官們召開了緊急會議，之後在未受邀的情況下，群體驅車前往首相官邸。在前廳，杉山把種村上校（也就是《大本營機密日誌》的作者）拉到一旁，輕聲對他說：「如果等一下又發生爭吵，立刻把『他』（田中）帶出來。」

田中被帶進一間和室內，佐藤和另外兩人坐在地板上。佐藤和田中瞪著對方，好像準備要再次幹架。氣氛愈來愈尷尬，午夜前不久，東條穿著和服走了進來，在榻榻米上坐下。田中請求他重新考慮參謀本部的需求，東條冷靜且不帶一絲情緒地回絕了。兩人就此爭論了半個小時，聲音愈來愈大。最後，田中完全失去了控制，大吼：「你準備怎麼處理這場戰爭？這樣下去，我們是會輸掉的。你這該死的混蛋！」

東條板著臉地說：「你怎能出口羞辱人？」房內一片寂靜。種村從前廳走了進來，抓住田中的臂膀要帶他走，並說：「這是參謀本部部長的命令。」

之後田中因為羞辱長官被懲處，並被解除了職務，但就像日本以往許多案例一樣，他粗魯暴力的言辭卻讓陸軍贏取暫時的勝利。隔天晚上，東條屈從了參謀本部要求增加船舶噸數的要求。

三

在亨德森機場西方六百英里處，是世界第二大島的東緣。形狀醜陋的新幾內亞島外觀像是去了毛的火雞，東西寬約有一千五百英里。島上地貌崎嶇不平，草莽荒原，除了可作為跳板的獨特戰略位置外，毫無開戰爭奪之價值——起先是日軍用來當作進攻澳洲的跳板，現在則是盟軍奪取新不列顛及其重要港口拉包爾的跳板。

在羅伯特·艾克爾伯格中將（Robert Eichelberger）指揮下，三萬名美國和澳洲軍士從莫爾茲比港——位於巴布亞半島（Papua Peninsula）南端，樣子像一根粗短手指指向瓜達爾卡納爾島——一路朝岬角對岸的布納村（Buna Village）打去。

麥克阿瑟告訴艾克爾伯格說：「鮑伯，我要你打下布納，不然別活著回來。對你的參謀長我也是這樣要求。」

這個勝利可是代價高昂，犧牲了無數性命，也遇到不少苦難。士兵們得翻過險峻的歐文斯坦利山脈，戰鬥之激烈一如在瓜達爾卡納爾島上不說，慘狀也如出一轍。雖然拿下了布納，但考驗卻遠未結束。如同在瓜達爾卡納爾島一樣，日軍拒絕承認失敗，使美軍和澳軍每推進一碼都要付出代價。

然而，帝國大本營的注意力仍舊聚焦在災難更為慘痛的瓜達爾卡納爾島。運送補給品愈來愈困難，鐵桶補給証明並不實際。只能由不裝載魚雷、槍砲和砲彈的潛水艇或是飛機空投數量相當有限的醫療用品和食物。

海軍方面準備放棄瓜達爾卡納爾島，山本在高層人士中散播他贊成立刻採取這樣作法的言論。不過，陸軍參謀本部——在公開場合中——還是立場堅定。但在私下，其參謀人員卻是非正式地商談要如何能不失顏面地撤軍。畢竟，他們「已經」向天皇承諾要在瓜達爾卡納爾島取勝。

十二月二十三日，百武將軍傳來的電報強調局勢的緊迫性：

無法取得糧食，因此無法再派出斥候。無力抵抗敵軍攻勢。第十七軍在此請求允許衝入敵軍陣地光榮戰死，而非在自己的戰壕內餓死。

在聖誕節當天，海陸兩軍的首腦們在皇居內舉行一場正式的緊急會議，以解決此問題。而撤退是否必要已不是問題，只是有哪個軍種有提出此建議的勇氣，還得冒著承擔敗戰咎責的風險。海軍的出席代表有參謀長永野，他的次官伊藤，福留將軍和富岡上校；陸軍方面是杉山參謀長和辻中校。

永野的作戰部長福留將軍力主撤軍，但自己又猶豫不定。因此他建議：「在我們做出決定之前，先進行一場聯合戰術兵棋演練如何？」

辻中校發脾氣了。他要比屋內的任何人都了解，每多延宕一天對那些瓜達爾卡納爾島上飢餓不堪的士兵代表了什麼意涵。他揮舞雙臂，大喊說海軍在緊急狀況發生「之前」，就該研究整體趨勢。「你們對戰局瞭若指掌，但你們卻連個決定都不敢做。你們最好全都辭職算了！我常搭乘驅逐艦，也常遇到危險的空襲。我遇到的海軍艦長們都告訴我，「東京飯店」（海軍參謀本部）和「大和飯店」（聯合艦隊）的大頭們應該來這裡看看我們該進攻哪裡，那麼他們就能有所理解了！」

富岡同意辻的撤軍意見，但被他羞辱海軍的言論所刺激，於是站起身說：「你想表達什麼？那些驅逐艦艦長都很畏戰怯懦嗎？把你的話收回去！」

辻指謫他：「你上過前線嗎？你了不了解他們現在的處境？」

曾經一再請求上船出海的富岡衝向了辻。福留把他攔住，並說：「辻君，對不起。你說的是實話。」

這可能真是實話，但永野依舊堅持要進行兵棋推演。他們又再次證明了大家都知道的事實——援軍和補給品能夠安然送達的數目甚至低於四分之一。爭論還在持續，雙方對該島的局勢相互諉過。陸軍表示，沒有彈藥和糧食怎麼可能打得贏。「你們把陸軍給送上了岸，但沒有武器和糧食，然後還切斷補給。這就像把人給送上屋頂，卻又撤掉梯子一樣。」

海軍譏諷回說，這樣的增援還要持續多久？陸軍以牙還牙回道，如果他們的補給量達到敵軍的「半數」，就能獲勝。「到現在為止，我們只收到百分之一而已。」

這樣的激烈爭論無止無休地持續著——直到十二月二十九日，真田穰一郎中校從拉包爾帶回一份幾乎是他遍訪所羅門群島所有海陸軍軍官的報告，其中包括了井本中校和今村中將手下的作戰參謀都認為：「所有的部隊應該立刻從瓜達爾卡納爾島撤出。『只有發生奇蹟』才能重奪該島，同時『不該因為急切想要奪回瓜達魯卡納魯』，而接續執行先前的計畫以及繼續一場不論是最高指揮官（第十七軍）還是前線指揮官都沒有信心打贏的戰役，進而危害後面的軍事行動。」

真田的報告解決了海陸兩軍的問題。杉山看起來「如釋重負」，而永野至此也不再爭論，同意在可能的情況下於一月底前用驅逐艦把百武的部隊撤出該島。

陸軍參謀本部長和海軍軍令部長在年底最後一天的御前會議上檢討了這個問題，然後正式建議從瓜達爾卡納爾島和新幾內亞的布納兩地撤軍。天皇轉向永野，面無表情地說，美國似乎靠空軍就贏得戰爭，然後又提出一個讓他們尷尬的問題：為何美國人只要幾天時間就能建好一座空軍基地，而日本則要一個多月或一個月左右的時間？「難道沒有改進的空間嗎？」

永野謙卑地承認說：「臣下對此深感遺憾。」美軍是用機器，而日本是靠人力。

天皇顯然不喜歡這樣的答覆。在接下來的兩個小時內，他持續詢問敗戰的原因，讓永野和杉山兩人坐立難安。最後他提高聲調說：「好吧，現在海陸兩軍都應該盡全力完成剛剛解釋過的任務。」他批准了從瓜達爾卡納爾島和布納兩地撤軍的計畫。[2]

——

當晚宇垣中將在「大和號」上寫下一九四二年日記中的最後一篇：

……我軍第一階段的戰果如此輝煌！但自中途島敗戰以來，我軍又是如此不順遂！

我方戰略目標在於入侵夏威夷、斐濟群島、薩摩亞群島與新喀里多尼亞群島，還有掌控印度以及摧毀英國東方艦隊，這些都有如南柯一夢。更有甚者，佔領莫爾茲比港和瓜達爾卡納爾島也受挫。回首過往，內心翻騰不已。在戰爭中，事態發展時常事與願違。然而，我無法抑遏羞愧感。我方軍士的奮勇作戰實在不可勝數。

我要對他們表示由衷的謝意，同時對光榮戰死前線的將士致上哀悼。

雖然日軍戰敗，但卻給瓜達爾卡納爾島和新幾內亞島上的勝利者留下無法抹滅的印象。盟軍空軍西南太平洋軍區指揮官喬治·肯尼中將（George Kenny），向美國陸軍航空軍指揮官亨利·「哈普」·阿諾德將軍（Henry "Hap" Arnold）報告，在國內的人，包括陸軍部在內，對於西南太平洋地區的問題是毫無概念的。

……依然低估了日本人。我方能夠擊敗他們這點是毫無問題的，特別是如果還讓這些魔鬼繼續在他們目前的佔領地開發資源的話，完成任務所需的時間、辛勞、鮮血和費用或許會超乎所能理解的範圍。

回頭看看布納。還有好幾百個布納會橫陳眼前。這些日本鬼子在毫無希望的陣地中都能堅持兩個月。整場戰役中，軍員數量一直都處於絕對弱勢。我方的砲轟和掃射把日本守軍打到所剩無幾。而且，日軍毫無空中支援，海軍也因我方的空中封鎖而無力穿越進而加以支援。在幾海哩外的岸上看著無數船艦被擊沉。他們短缺糧食，必須節約彈藥，因為靠從萊城在夜間出發一路南下的潛水艇或小艇運送補給品——甚至有一回還是用降落傘空投——起碼可說是靠不住的。天皇要他們堅守，而且相信我，他們還真的堅守下來了！至於他們的士氣——他們會對我軍謾罵：「美國佬，怎麼了？害怕了嗎？怎麼不過來一戰？」幾個日軍狙擊手被包圍之後，要求他們投降，他們回喊道：「如果你們這些王八蛋還有本事的話，就過來抓我們啊！」

……我擔心，還有許多人會認為，只要德國人完蛋了，日本鬼子就會「一推就倒」。會有這種想法是因為還沒清醒。我們必須喚醒愛國心、堅忍、勇氣，還需要投入某種十字軍精神或宗教狂熱，才能擊敗他們。對付這些小鬼子絕不能用業餘部隊，我們必須得更為專業。還有一點：就像上次大戰那樣，部隊不可以緩慢地行動。在時程表上是沒有喘息的時間的。你每一次下場比賽對手，都是像聖母大學這樣的強隊！

四

一九四三年一月十三日下午，十艘驅逐艦載著一千名人員和補給品離開了肖特蘭島。其中一員就是井本中校。他已經協助今村的參謀人員和數名海軍軍官倉促草擬出一份撤離計畫，即「KE作戰」（Operation KE）。他眼下的任務是把這道撤退的命令轉給百武，同時以百武的參謀身分加以協助。

當井本在埃斯佩蘭斯角附近登陸時，首先步入眼簾的是一具屍體，通往第十七軍總部的海灘上一路都是屍體。午夜時，他終於抵達百武的營地——位於塔薩法隆加岬附近，全是由帳篷和隨意搭蓋的掩體組成。

他在寒冷的雨中到處亂找，終於在漏水的帳篷內找到小沼治夫上校和其他幾名參謀。他們躺在椰子葉鋪成的床上，掛著蚊帳。除了杉之尾三夫少校正在燭光下刮鬍子外，其他人全都躺在床上。杉之和井本曾在同一個團服役過，因此他熱情地招呼老友。他半開玩笑地說：「我正準備明天赴死。」

井本也以同樣的方式回道：「這真是讓人欽佩！」

小沼帶著井本到隔壁帳篷去會見新的參謀長，即接替二見的宮崎秀一少將。井本不自然地面對將軍坐下，並說：「我帶來今村將軍下達要第十七軍撤出瓜達爾卡納爾島的命令。」

小沼插話：「損兵折將這麼多後，我們怎麼能夠回去？」他曾下令要部下戰死在散兵坑內。

宮崎也一樣憤慨。「在這種局勢下，採取這種行動簡直是難以想像的！不是我們要違抗軍令，而是根本就無法執行。我們必須攻擊然後戰死，給大家樹立日本陸軍傳統的榜樣。」

井本的說詞對這兩名情緒化的軍官毫無效用。小沼懷疑撤退的可行性，前線部隊已經和敵軍糾結在一起了，就算有人真能上船，結果也會淹死。「這是辦不到的，別管我們吧！」

井本無計可施，只好拿出今村的軍令。「你們得知道，這可是集團軍指揮官依據天皇御命所下達的撤退軍令！」他們沒有權利違抗。

宮崎終於壓住自己的情緒，並說：「你說得對。不該由我們來做決定，該由指揮官來做決定。」

凌晨時，井本被帶往百武將軍那裡。他的帳篷倚靠在一棵大樹的樹根上。他以日本坐姿坐在一張毯子上，面前有張桌子——是個餅乾盒——在那沉思著。他睜開雙眼。井本向百武解釋他來此的原因。百武一言不發地凝視著他一分鐘後，再度閉上雙眼。他最後平靜地說：「這是一道最難以接受的命令。我現在無法做出決定。給我一點時間。」

一陣陣爆炸聲打破了清晨的寧靜，美軍已開始一天的砲擊。當百武再次把井本召到帳篷內時，已經快要接近正午了。

百武將軍嚴肅表示：「我會服從軍令，但現在局勢艱困，因此無法確認這項行動能否成功。至少我會盡力而為。」

小沼知道前線兵士對於撤退一事的感受要比總部的這些人還要強烈。他們無法忍受將戰死的同袍留在此地。他自願到前線宣布命令。第二師和第三十八師的師長雖然接受了軍令，但他們卻得告訴他們的手下，這不過是個戰略性轉進，而不是要被帶離此島。

一月二十三日夜間，前線部隊開始偷偷地離開了散兵坑，並撤退穿過後面第二道防線走向埃斯佩蘭斯角，然後在一週之內分三次撤離該島。令人難以置信，兵員數現在已經達到一萬五千人的美軍，竟然沒有追擊。隔天晚上，這種蛙跳式的撤退持續進行。而美軍依然毫無動靜。殿後的衛隊開始一點一點後退。美軍依舊沒有前去追擊，在這一週之內，只有日軍斥候持續施放欺瞞性的炊煙，維持和敵軍的接觸。到了一月底，第三十八師的殘餘部隊抵達了埃斯佩蘭斯角。隔天晚上，也就是二月一日，十九艘驅逐艦開到離岸不到一千碼的距離，並在登陸艇上向躲在椰林後方百武的手下發送藍色信號。

二月一日黃昏，美軍仍認為他們正面對著大批敵軍。他們確實知道有個驅逐艦隊全速南下「狹縫」而來，但只把它們認定為一批應加以攔阻的運輸船團。六點二十分，日軍驅逐艦在開往瓜達爾卡納爾島半途，二十四架美軍轟炸機在十七架「野貓式」戰鬥機護航下，前來攻擊這些驅逐艦。它們被三十架日軍戰鬥機驅離，只擊傷一艘驅逐艦。

在埃斯佩蘭斯角，登陸艇被從隱蔽地點搬了出來，人員開始排隊登上登陸艇。井本上校正在欣賞美麗的夜景，並期望能夠在承平時期前來欣賞此景。他的口袋中有封百武寫給今村將軍的信。幾艘美軍魚雷艇朝著海灘搖搖晃晃開了過來，但在黑暗中他們什麼也沒發現，然後又轉回頭去。時間過得很慢。已經過了十點。第一批撤退是否延宕了？暗夜中，薩伏島方向閃著藍色的信號光。四艘驅逐艦謹慎地在附近巡邏，其他十四艘偷偷地開到離岸七百五十碼的距離。艦上引擎全都關閉，但沒有下錨。這支小艦隊的指揮官小柳富次——因「金剛號」砲轟亨德森機場有功被升為少將——在艦橋上來回踱步，焦急地望著登陸艇在昏暗中浮現。哪怕美軍只是發動了一次不成功的空襲，也是一場浩劫。

附近有艘驅逐艦上的火砲開砲了，接著看到一陣火光。一艘魚雷艇著火了。是不是已經被發現了？魚雷艇開始朝它們開了過來。擊沉了兩艘，把其他魚雷艇都給逼退了。但是，從亨德森機場起飛的戰機在哪？這時候，驅逐艦都已滿載，只用了不到一個半小時，就把五千四百二十四名人員運送上船。個個顯得憔悴不堪，雙眼露出慍怒，面無表情地相互凝視著，戰敗的痛楚以及把未能給予應有葬禮的同袍留下的屈辱，都讓他們感到難以負荷。

驅逐艦群在夜色中出發，還是沒遭到「仙人掌」的空軍襲擊，反讓美軍相信日本人再度得到援軍。在十二月初接替范德格里夫特的亞歷山大·帕奇少將（Alexander Patch）擔憂日軍會發動新的攻勢，因此他的三個師對於百武殿後的部隊打過來的稀疏火砲，仍極其重視。

二月四日下午，十九艘驅逐艦組成的第二波搶救縱隊再度南下所羅門航道，撤回了四千九百七十七人。只有一艘船艦受損。小柳少將把行動成功歸功於「上天眷顧」，但深恐第三波，也是最後一波救援行動會遇上大麻煩。二月七日上午九點三十分，十八艘驅逐艦駛離了肖特蘭島。小柳非常擔心，他下令其中十艘擔任護航。其中有艘半路就被擊傷，必須得靠另一艘拖回，只剩六艘驅逐艦當作運輸船。四艘開往瓜達爾卡納爾島，其餘船艦則開往附近的羅素島（Russell Island）。

等候在岸邊的部隊，包含了百武和總部人員，以及總算來到撤離地點的幾百名傷兵。一兵鈴木是「一木特遣隊」中少數的幾名倖存者之一，他已經無法攀爬繩梯上船，只能靠著兩名水兵拉上了驅逐艦。登上甲板後，他覺得自己終於安全了，彷彿重新踏上日本國土一般。但是，他無法忘記幾百名還躺在沙灘上的傷病同袍，他們虛弱至極而無法搶救，只能留下手榴彈在最後一刻自殺。向士兵們分發了包著碗豆的飯糰。雖然鈴木無力咀嚼，他還是大口吞了下去，發誓要把自己的兒孫送進海軍——起碼海軍在死前都能吃得這麼好。

在返回肖特蘭島的漫漫長路上，船隊完全沒有遇到美軍戰機的襲擊；撤離了超過兩千六百三十九人。[3]總共營救了超過一萬三千多人。但這並不值得高興：島上還留下兩萬五千名死亡官兵或隨時就會過世的傷兵（美軍陣亡一千五百九十二人——其中，海軍陸戰隊一千零四十二人，陸軍五百五十人）。為了支援這個小島而一再重複運送補給的行動中，損失了數以萬噸計的船舶。雖然帝國海軍英勇奮戰，擊沉了許多美軍戰艦，但自身也損失了幾乎同樣數量的船艦，而且無法填補戰損的缺口。

在馬尼拉一所醫院中，一個形容枯槁的瘦小男子走近川口將軍的病床。川口已逐漸從瘧疾和營養不良中緩慢恢復過來。這個人就是西野。一開始，川口還沒能認出他。他們彼此緊握著手，凝視著對方。將軍向西野吐露心聲說，當他從瓜達爾卡納爾島回到拉包爾時，就被當成無能的懦夫。他的軍旅生涯已經結束——這全都是因為辻的緣故。

西野說：「我比任何人都能了解你現在的心情。但瓜達爾卡納爾島的真相總會有大白的一天，人們到時就會知道你是對的。」

川口將軍惡狠狠地責難辻要為瓜達爾卡納爾島敗戰負責：「我們輸了這場戰役，日本在這場戰爭中被打敗了。」淚水流到了枕頭上。

西野緊抓著將軍軟弱的手。「你要多替你自己想想，好好養病。」他給了川口一盒壽司，裡面混有米飯、生魚和其他美味。

川口基於禮貌，吃了一口。他臉上露出了微笑，驚呼著：「哇！好好吃！」

註釋

第一章

1 憲兵隸屬軍方，但就像武裝警察，對平民有部分的管轄權。

2 譯註：當時中國東北。

3 將軍是日本封建時期實質上的統治者，類似一種大元帥。直到明治天皇時期為止的幾個世紀以來，天皇都只不過具有象徵性而已，是將軍的魁儡。

4 板垣曾寫道：「從資本主義的角度來說，滿洲對於日本當然是重要的。無產階級的立場是要求平均分配財產，但要在缺乏天然資源的日本本土內確保所有國民的生計，是找不出基本解決方案的。」

5 譯註：「統制派」是日本軍隊中的一個派別，以永田鐵山等為核心，主張在軍部的統治下，不使用武力，而是通過自上而下的合法途徑進行平穩緩進的國家改革。「統制派」要求建立總體戰的體制並要求加強對軍隊的統治。「皇道派」是日本陸軍內的一個政治派系，主要受北一輝的思想影響，認為必須在天皇親政的形式下對日本進行他們稱為「昭和維新」的國家改造，並視蘇聯為國家的敵人。

6 譯註：「血盟團」屬於民間右派團體，由日蓮宗僧侶井上日召創立。他們主張進行激烈的國家改造計畫，最後採取的方法為暗殺當時政府領導人的「一人一殺」主義。

7 受到美國經濟大蕭條的波及，日本的貧弱狀況也隨之惡化。日本主要出口品的生絲價格已經下跌超過五成。

8 日本陸軍中最重要的三個職位是參謀長、陸軍大臣和教育總監，即所謂的「三長官」。此種三角制度肇於一八七八年，由一名當時從德皇借調到日本的普魯士少校雅各．梅克爾（Jacob Meckel）建議施行。

9 相澤最後指控的部分是一九二二年在華盛頓舉行的海軍裁軍會議。該會議對美英日三國的主力艦艇規模採行了五：五：三的比例。日本人，特別是年輕的激進派，對於強權裁減他們的海軍軍力感到憤慨，認定日本較低比例的噸位數暗示了日本為低等民族。

10 元老是曾經協助明治天皇在一八九九年起草日本帝國憲法的重要政治家，之後成為天皇的顧問。西園寺在一九一六年被增補進元老之列。到一九三六年時，他是碩果僅存的元老了。

11 荒木貞夫將軍長期以來一直是改革派的偶像。在一九三二年的「五一五事件」中，他是地位顯赫的陸相。他以直言不諱的言論、滿臉凶光和八字鬍聞名於世。

12 曾經擔任過首相的人都被稱為「重臣」，即資深政治家。他們主要的職責是向天皇舉薦首相人選。

13 當時的裕仁天皇將其統治紀元稱為「昭和」。一九三六年日本曆是昭和十一年。不過，在他駕崩之後，才被稱為昭和天皇。他的父皇嘉仁，則採用「大正」。皇祖睦仁，則選用「明治」。睦仁天皇在位期間，是日本史上變革最大和發展最快速的年代，被稱為「明治維新」。這些年輕的改革者試圖以「昭和維新」來趕上其父祖年代的成就。

14 天皇幼弟三笠宮親王深信，暗殺張作霖是與美國開戰的根本原因。這不僅引爆了「滿洲事件」，而且也是他皇兄在天皇角色上的轉折點。一九六六年十二月二十七日，三笠宮親王接受訪談時披露出這點。

15 在佐爾格博士發送至莫斯科的詳盡報告中，他分析了激發此次動亂的深層社會動盪。佐爾格還將德國武官蒐集的素材中最精華的部分拍成照片，一併送到莫斯科，其中包括兩名叛軍軍官在前年所寫的一本名為《整肅陸軍意見書》的秘密小冊。紅軍第四局對此新間諜十分滿意，並要求提供如下情報：這次事件是否會影響日本的外交政策？這會使日本更加反蘇還是相反？在一位和高級人物有聯繫的記者和一位藝術家出身的共產黨人協助下，佐爾格的答案是：「二二六事件」或將導致日本進行社會改革，或將導致日本對外擴展。如果擴張，其方向必然是中國。其敘述客觀謹慎，因為他知道莫斯科——和柏林及華盛頓不同——非常瞭解中國和日本，不會輕易受騙。

時至今日，還有一些深知日本的人士認為，此場叛亂是共產黨特務所煽動。他們宣稱，真崎將軍在舉事前，曾秘密與左翼領袖會晤。他們指出，不僅是年輕軍官，還有北一輝與其他民族主義分子都在無意間成為了共產黨的工具。共產黨的計畫是透過那些既宣揚社會主義又宣傳皇道理想主義者的行動，赤化日本。共產黨瞭解日本人崇敬天皇的威力，試圖利用天皇制，並非廢除它。佐爾格本人多少同意這個觀點，他之後告訴一名朋友說，日本共產黨或許和這次叛亂有關係，建立一個由天皇統治的共產主義日本，是有可能的。

第二章

1 一九六六年，荒木將軍在過世前幾週與作者的一次訪談中說道：「我們（皇道派）是理想主義者，他們（統制派）是實用主義者。我們也認為有時運用武力是必要的，但更重要的是，依照明治天皇的五項原則將國家置於正軌之上。因此，僅僅是把中國擊垮是不對的。」接著，他又苦笑著說：「不過，那些空談理想的人卻失敗了，現實主義者到頭來總是能夠達到目的。」

2 譯註：湯瑪士・愛德華・勞倫斯上校（Thomas Edward Lawrence,1888-1935），也被稱為「阿拉伯的勞倫斯」（Lawrence of Arabia）。在一九一六年至一九一八年之間的阿拉伯起義中，他以英國聯絡官的角色而出名；許多阿拉伯人將他看成民間英雄，推動了他們從奧斯曼帝國和歐洲的統治中獲得自由。

3 譯註：一九三五年六月，土肥原賢二逼使國民政府簽署「秦土協定」，取得了察哈爾的大部分主權。同年十月，又策劃華北自治運動。

4 當鮑羅廷被迫離開中國時，他呈報表示：「當下一個中國將軍抵達莫斯科並高喊：『世界革命萬歲！』時，最好立刻把他送到「格別烏」（OGPU，為KGB的前身單位）。他們每一個人都只是想要軍火而已。」

5 另一方面，蘇聯指控美國和英國正在亞洲陰謀策劃對抗蘇聯。在《蘇聯簡史》（*A Short History of U.S.S.R.*）一書的第二部中，蘇聯科學院歷史研究所表示：「一九二七年四月，英國和美國政治圈試圖鼓動一場中蘇之間的軍事衝突。警方和軍隊衝進位於北京的蘇聯大使館，逮捕了職員還搜刮財產。在中國派駐莫斯科的公使回覆蘇聯的抗議信函中，確認這是西方強權的代表們唆使的。他相當清楚地表示，西方外交官事先安排了中國軍方和警方的行動。」書中還進一步宣稱：「在一九二九年夏天……美國、日本、英國和法國的統治集團再次試圖鼓動一場中蘇衝突，以使蘇聯捲入遠東戰局。一九二九年五月二十七日，盜匪攻擊了蘇聯的哈爾濱領事館。七月十日，中國軍國主義者試圖奪取中蘇共管的中東鐵路……在同年九月和十月，中國軍國主義者的部隊和白俄軍隊一起入侵蘇聯領土。」不過這些指控，都無法找到確切證據。

6 譯註：作者應指《生死搏殺：周恩來與顧順章》一書中所提及的內容：當時周和顧同為共黨駐滬租界的實際領導人，顧還兼中共保衛局長。顧在國民黨剿共時被抓獲並自首，當周知悉顧自首後，在逃離上海赴江西蘇維埃區前，下令將顧住上海愛裳村的全家及親友十六人一同暗殺活埋。

7 戰爭還沒結束之前，人們普遍斷定是毛澤東的特務鼓動日本軍官涉入「盧溝橋事變」。一九六七年，一名蘇聯專家土居朋夫說：「當時我們太單純，沒能料想到這是共產黨的陰謀。」但當時的軍政部長何應欽將軍就像大多數中國人一樣，仍然相信該事件是日本激進的軍國主義者所陰謀策劃。雖然他在近期的訪談中承認，當周恩來讀過蔣介石在西安的日記後，了解到委員長是強烈抗日的，周才開始密謀，要讓國民黨捲入與日本人全面開戰的局勢。

毫無疑問，中共和蘇共雙方都無所不用其極地在中日之間培養著長期消耗的衝突。該年，毛澤東在延安對其部隊講話：「中日戰爭是本黨發展的絕好機會，我們共產黨的基本政策是七分發展、二分應付、一分抗日。這一決策，可分為三個階段來實施：第一階段，與國民黨妥協，以求生存發展；第二階段，力量上達到與國民黨平衡；第三階段，深入華中各地，建立華中根據地，向國民黨反攻。」

8 阿默斯特學院歷史教授詹姆士・克勞里（James Crowley）在一九六三年五月的《亞洲研究期刊》（*Journal of Asian Studies*）中寫道：「安全的推論是，盧溝橋事變絕非由日本軍官的『陰謀』引起的，對於此事件持續導向戰爭的主要責任也不該歸於日本軍方。」他認為，更有可能是中國人——而他們已經激起許多挑釁事件——將盧溝橋事變轉為一場重大危機。真正的悲劇是：衝突的國家政策和渴望相互影響，將事件質變為一場戰爭，沒有一方政府能從中獲取實質利益。

9 當羅斯福還在格羅頓學校就讀時，他就深信日本已有長期佔領的計畫。根據他母親的敘述，他熟讀馬漢上將（Alfred Mahan）的《海權論》到了「幾乎能夠背誦」的程度。之後他與馬漢書信聯絡，後者告訴羅斯福，對於日本會成為太平洋上的主要威脅這一點，他感到十分憂鬱。一九二〇年，一名哈佛的日本留學生自信地告訴羅斯福，他的祖國從一八八九年開始了百年征服大業。宣稱包含了併吞滿洲、在華北建立保護國、奪取英美兩國位於太平洋上的島嶼（包括夏威夷群島和位於墨西哥與秘魯的基地）。一九三四年，羅斯福告知他的國務卿亨利・史汀生（Henry Stimson）此項「陰謀」，指出這個「陰謀」有許多部分已經被驗證了。

10 在一九六六到一九六七年間的訪談中，許多過去的日本領袖，如鈴木貞一將軍、荒木貞夫將軍和佐藤賢了將軍，都指出這種說法以及日本逐漸涉入中國這一情形的類似說法，就如同美國在越南戰爭中不斷升級一樣。他們都同意一點，儘管全世界都在非難，日本和美國確實都在進行一場犧牲戰——而且都在用錯誤的方式消滅共產主義。

11 羅斯福還是想實行隔離。他派了「海軍戰爭計畫處」（War Plans Division）處長羅伊歐・英格索爾（Royal Ingersoll）上校到倫敦對日本實施長距離海上封鎖進行考察。此項「嚇壞」了林賽大使的提議，卻在英國海軍部找到了相同意見。英國海軍部告訴英格索爾，他們「大致上從新加坡到荷屬東印度群島、新幾內亞、新赫布里狄斯群島，然後到澳洲東部海域以及紐西蘭的防線上，已經準備就緒，能阻止日軍穿越。」他們考量到「美國能透過禁運，控制北從阿拉斯加，南到荷恩角的整個太平洋沿岸船運，防止所有向西到日本的貿易」。但一九三八年一月十三日，首相張伯倫（Neville Chamberlain）意外地拒絕羅斯福總統的另外一項提議，他請求英國加入一場國際會議來討論國際法的基本原則，以能附帶喚醒美國大眾對這些「盜匪國家」真實本質的認知，而這的確是羅斯福私下對這些國家的稱呼。一開始，總統並沒有抓準張伯倫意外拒絕的完整用意。不過在一週之內，首相拒絕參加國際會議的用意就已經清楚地表明，不論是在遠東或是歐洲，他的政府都不會加入對侵略者的隔離行動。上述資訊指出，早在一九三八年初，羅斯福總統就準備不僅僅在言語上去攻擊這些「盜匪國家」。如果張伯倫加入他的海軍隔離行動，或許能遏止在亞洲和歐洲的進一步侵略行動。不過，張伯倫斷然的拒絕迫使羅斯福放棄了強力的外交政策，並使得他的國家重返孤立主義。但是就在兩個月內（一切為時已晚），三月十二日，希特勒奪取了奧地利，將全世界推上了最具毀滅性的戰爭之路。

12 譯註：乃木希典在伊藤博文擔任首相時期，曾任第三任台灣總督。東鄉平八郎在對馬海峽戰役中擊敗俄國海軍，成為近代史上

「黃種人」打敗「白種人」的先例，使他得到「東方納爾遜」之譽。在二戰前兩人同被多數日本人奉為「軍神」。

第三章

1 「黃禍」一詞源於一八九五年的德皇威廉二世。他得到東方遊牧民族將橫掃歐洲的啟示，並把它畫成一幅圖：一尊佛陀坐在一條龍上，盤旋於殘破不堪的城市之上。標題是「黃禍！」（Die gelbe Gefahr!）。這幅圖被複製許多份分送全歐洲皇室近親，還有駐柏林的各國使館。

2 譯註：第二代日裔美國人。

3 阿諾德．湯恩比（Arnold Toynbee, 1889-1975）以日本人的觀點看出一些邏輯和端倪。他後來寫道，日本「在滿洲的經濟利益並非是奢侈品，而是其在國際生活中存活的必需品……被國民黨的中國、蘇聯和富有種族意識的太平洋英語系國家所包圍，日本的國際地位突然之間再度變得十分危急。」

4 關於這點，格魯大使曾經告訴國務院：「我們不應該無視於這個雖然令人遺憾、卻千真萬確的事實。也就是我們還沒找到足以依賴且行之有效的國際道德法典；在既定情況下，一個國家的道德標準與那些被質疑的國家的個人道德標準沒有什麼關聯，甚至毫不相關。如果要以我國目前的國際倫理標準來指導和約束其他國家，並以這種缺乏根據的理論形成外交政策，肯定只會招致災禍。」

5 譯註：傳統上用來收納物品的包袱布。

6 幾乎所有的日本人家中都有兩個神龕，一個是佛祖，一個是神道。神道是日本國教，立基於對任何自然現象的敬畏。就宗教本身而言，它更像是對祖先的崇拜和亡靈的交流。神道在十九世紀時復甦，再轉化為民族性意識形態。

7 這可不單純是偏執的想法。就在「諾門罕事件」前不久，史達林曾致函蔣介石：「如果我方和歐洲國家能協商出令人滿意的結果——這並非不可能——這可能是朝著在遠東建立一個愛好和平集團的方向跨出重要的一步。時間也有利於組成這樣一個集團。「兩年在華戰爭，已使日本慌了手腳，開始緊張不安，魯莽行事，忽而針對英國，忽而反對蘇聯和外蒙古共和國。這是日本虛弱的跡象，而其行徑會讓所有的國家團結起來對抗它。日本已從蘇聯那得到該有的反擊。英國和美國則在等候絕佳時機痛擊日本。我們毫不懷疑，不用多久，日本也將遭受中國百倍強大的還擊。」

8 當時希特勒並不想讓日本「與」盎格魯—薩克遜人開戰。他的想法和松岡一樣，都認為此公約能夠排除這樣的衝突。他在寫給墨索里尼的信中表示：「不論是要使美國完全處於狀況外，或是讓它參戰又起不了作用，與日本的密切合作是最佳方案。」但幾乎就在簽署公約後，「首領」改變了要讓遠東處於和平狀態的想法。他決定要讓日本盡快涉入這場戰爭，並命令德國駐東京大使誘騙日本冒著激怒美國的風險去攻擊新加坡。

9 譯註：作者筆誤。法文原文：J'embrasse mon rival, mais c'est pour l'étouffer，應是拉辛（Jean Racine）所寫，而非高乃怡。

10 美國作家賽珍珠（Pearl Buck）的暢銷小說《大地》，即採用了霍恩貝克對中國的觀點。過去三十年來，美國人對中國人的印象是過度理想化的，把他們視為有如孩童般的天真無邪，需要幫助他們，以對抗英國和日本帝國主義。中國是個無助的、該施以援手的國家，只有美國人才了解中國人的品德。

喬治·坎南（George Kennan）寫道：「在這高度主觀的中國印象下，一系列的歷史和現實，變得沒有立足之地。這幾十年來所勾勒出的中國，是其政治生活以冷酷為特徵；難纏的中國人民、天性中強烈的仇外傾向、庚子拳亂的歷史教訓、中國式派系所展現出的淋漓盡致地將外援轉化成國內政治優勢的天分，這些都被掩蓋住了。」

這個由宋子文建立的所謂中國遊說團（China Lobby），在美國推動中國事業用力甚深。宋來自中國最有權勢之一的家族，聰明又有魅力。大姊嫁給孔子直系子孫孔祥熙，二姊嫁給孫中山，妹妹則嫁給蔣介石。他先後在哈佛和哥倫比亞大學讀書，和美國有影響力的人物如亨利·摩根索（Henry Morgenthau）、哈利·霍普金斯（Harry Hopkins）、洛伊·豪爾（Roy Howard）、亨利·魯斯（Henry Luce）、約瑟夫·艾索普（Joseph Alsop）與湯瑪士·柯克蘭（Thomas Corcoran）等人成為至交。透過他們以及一名波蘭人陸維希·拉赫曼（Ludwig Rajchman）的協助，宋子文在一九四〇年建立了一個遊說團，找出無須透過赫爾，就能直接聯繫羅斯福總統的管道。

11 幾個月前的一九四〇年十一月三十日，日本和汪精衛政府簽訂了一份條約。汪精衛是學者之子，在東京留學修習政治後，成為孫中山的首要弟子。孫中山的臨終遺囑就是出自他的手筆。在當上國民黨副主席前，曾經兩度擔任中華民國行政院院長。他一直都是蔣介石的政敵，彼此間的關係也相當緊張，以至於一九三八年底，某次私人的正式午餐會上，他建議蔣介石和他雙雙辭去職務，好「彌補兩人對中國所造成的罪過」。這讓蔣介石大怒，幾天之後，汪精衛認為自己最好搭機逃往河內。一九四〇年三月三十日，他在南京建立了自己的政府，即使這個政府鮮有人支持，且財庫空虛。

他的主要目標是，為了中國人民的利益與日本維持和平，如果能成功，他就會成為民族英雄。日本透過這個條約承認汪精衛政府，據說這不過是給予日本在中國作戰一個合法的基礎。最後證明，這個條約對汪精衛和日本人雙方都是有害的。它斷送了日本和蔣介石任何和談的可能性，並使南京政府成為日本的傀儡。因此，汪精衛已經成為中國賣國賊的象徵。

12 陸軍參謀本部已經接獲一份駐華盛頓武官的樂觀報告：「能夠改善日美之間的外交關係。請盡一切努力，立即給予指示。」陸相東條最信任的顧問之一佐藤賢了上校，對於美國做出這樣的讓步大吃一驚。他認為這一切「好到讓人難以置信」，也把他的懷疑告訴了東條。但陸相為了能夠圓滿解決中國戰事，他什麼都願意做，因此和內閣其他成員採取一致的意見。

13 之後近衛重複說道：「要是那天和松岡搭同一部車就好了！」近衛的秘書牛場認為，痔瘡之痛或許是未能一同搭車的主要因素。

如果真是如此，這也不是第一次因為輕微的病痛而改寫了歷史。在滑鐵盧戰役時，拿破崙也犯有嚴重痔瘡。牛場進一步評論：「近衛或許無法安撫松岡，但是未能如當初他預期的和松岡同車或許是歷史上的轉折點。因為近衛一直希望親自對松岡解釋，甚至阻止其他內閣成員和他會面，如此一來實在是非常遺憾。從此事件就能了解到近衛的性格：他缺乏毅力，很容易洩氣。」

14 一九一七年時，美國同意日本所提出的在中國有「特殊利益」的請求，但大戰結束後就終止了這個模稜兩可的協定。

15 德國大使歐伊根．奧特將軍表示擔心在華盛頓的會談將否定《三國公約》，松岡向大使保證，如果美國參戰，日本絕對也會參戰。儘管如此，希特勒還是相當懷疑松岡，並告訴墨索里尼說，松岡是個會向異教徒獻祭的天主教徒，「可以得出結論：他結合了美國聖公會（American Bible）傳教士的偽善以及日本人的狡詐。」

16 約兩週前，大島浩大使從柏林發電表示，德國外交部負責日德關係的海恩里希．史坦默博士告訴他，德國情報部門確信美國政府正在閱讀野村的密電。大島說：「至少有兩種情況可以證實這項懷疑。其一，德國也能讀取我方的密電。其二，美國人在一九二二年華盛頓會議期間，曾經成功破解我方密碼。」但外務省電信課課長龜山一二向松岡保證，絕對不可能靠人來破解外交密電，並認定美國人所獲取的任何秘密情報，都是因為保安漏洞的緣故。

17 蛇或是貓在呼氣時會發出嘶嘶聲，日本人則相反，在思考、不確定或困窘時把空氣吸進去時會發出此聲。

18 牛場在一九七〇年寫道：「我還是相信，因為美國因素，赫爾的形式主義和正統外交，以及霍恩貝克的固執己見，證實了近衛的努力是徒勞無功的。」

19 根據《蘇聯簡史》：「國家出現糟糕的備戰狀況，是因為史達林在評估總體戰略局勢和戰爭可能爆發的時點方面，做出重大誤判……希特勒希望突擊，以擊潰紅軍，而史達林的誤判和其他過失，無疑地大大幫助了希特勒。」然而在一九六九年初，蘇聯共產黨最具權威的期刊《共產黨人》宣稱，史達林是「傑出的軍事領導者」，尼基塔．赫魯雪夫（Nikita Khrushchev）在一九五六年第二十屆黨大會上對史達林所做的巨大攻訐，完全毫無根據。「關於史達林軍事上無能、指導『全球』戰爭不當、據稱完全無法容忍他人觀點，完全是杜撰的不負責任的言論。國外也有此類歷史杜撰者的偽造。」幾天之後，紅軍報紙《紅星報》（*Krasnaya Zvezda*）在一篇攻擊捷克斯洛伐克、南斯拉夫和法國等國的長文中，也呼應了這份對史達林的重新評價。

20 當木戶侯爵查看這部分的手稿時，他更正寫道：「通常我的祖父被稱為孝永，但適切的日文字母發音是孝佳。」但孝佳並無子嗣可以繼承家族姓氏，而他的姪兒隆正（孝佳妹妹的兒子）在娶了孝佳的獨生女後，就合法成為了孝永。她過世之後，隆正再婚，而木戶幸一是他和續弦的長子。

21 美國軍方同意此說法。海軍部長法蘭克．諾克斯（Frank Knox）預測「希特勒大概在六週到兩個月內就可以清光俄羅斯」。陸軍部長亨利·史汀生在日記中寫道：「我不禁覺得，如果我們能迅速利用這攻擊的話，這真是提供了我們和英國一個大好時機。」然後他告訴羅斯福，他的個人看法是德國在一到三個月內可以狠狠痛擊蘇聯。格魯大使認為德國進攻蘇聯只會帶來好處，他在日記中寫道：「讓納粹和共產黨彼此消磨弱化，如此一來民主國家很快就可以佔得上風，或者至少能從悲慘的危險中被解救出來。」

22 譯註：伊克斯曾任美國內政部長達十三年，以協助羅斯福推行「新政」（New Deal）而聞名。

23 希特勒入侵的第二天，內政部長伊克斯在寫給羅斯福的信中表示：「對日本禁運石油會是個使你在全國各地都受到歡迎的行動。還可能會發展出另一種局勢，不但可能，而且還能輕易地以有效率的方式參戰。如果我們以這種間接方式參戰，就能夠避免被批評為以共產俄羅斯的盟友身分參戰。」

第四章

1 熟悉近衛想法的牛場評論道：「一個像邱吉爾或甘迺迪的人物或許可以控制陸軍，因為日本的憲政制度規定最高統帥部是獨立於內閣總理大臣之外的。而對抗這樣一個鐵了心要控制國家的龐大組織，即使是邱吉爾能否成功掌控陸軍，都是讓人懷疑的。近衛不是個領袖人物，也不是強人的典型，更不是那種具有勇氣、堅定和奉獻志業等特點的人。不過，他對日本陸軍知之甚詳，或許比其他眾多局外人更了解陸軍。他和其他人一樣，都很擔心要如何才能駕馭陸軍。他的哲學基本上是負面的，也就是不去冒犯或激怒他們，盡可能拖延和陸軍攤牌的時間。如果你擋住了陸軍的路，他們會把你劏開，然後找到另一個合宜的借口做掩飾，讓他們躲在後面為所欲為。」

2 大概就在這個時候，近衛把聯合艦隊總司令山本五十六海軍上將叫到他的私宅，並詢問進攻美國取勝的機率為何？山本預計在頭一年還能夠取勝。「但是在一年之後，我就一點都不敢保證了。」這確認了近衛內心的懷疑，更深信和羅斯福總統會面是唯一的解決之道。

3 譯註：俄亥俄州的英文為Ohio，剛好是英文「Over the Hill in October」（十月時到山的那一邊）的首字母縮寫。因美國南北戰爭期間，許多士兵都不耐嚴寒，在冬季來臨前說「十月時到山的那一邊」，所以把逃兵叫「俄亥俄」（OHIO）。

4 如駐柏林的大島大使所呈報的，內閣文官中被認定有洩密問題。為了防堵洩密，從七月二十一日起，所有的聯繫會議都改在皇居內舉行。「魔術」當然持續提供美國官員大多數的日本政策決定情報。

5 第七章將專門討論這些攻擊計畫的詳細發展過程。

6 在電報中，格魯表達了日本「確定也全心全意地同意國務卿所發表的四項原則……」，而這一點不是格魯美化了近衛的評論，就是因為透過杜曼的翻譯而沒有完全了解首相的真意。在近衛的回憶錄中，他說過：「他們原則上是同意的。」在最近一次和牛場的晤談中，他確認了近衛的版本，同時解釋在那次會談中他數次必須修正杜曼的翻譯。格魯的解釋稍後被霍恩貝克集團以此將近衛貼上說謊者的標籤。

7 「臥薪嘗膽」出自中文典故。木戶侯爵在私函中有所解釋：「在字典裡『臥薪嘗膽』意思是：『為了復仇，而持續不斷忍受艱難和貧困』；這是表示，要求民眾去忍受生活上的艱困，才能完成我們的目標。就在不久之前的日中戰爭（譯註：甲午戰爭）後，當三國（德國、俄羅斯和法國）逼迫日本歸還遼東半島時，這個成語才首次被用在日文中。它表示我們必須忍受生活上的艱困，直到將來某一天我國國力快速成長，勢必再度興盛。」

8 清水寺位於京都的一個山壑邊緣。

第五章

1 美國除了輸送相當大量的物資到中國外，還提供人力協助。前美國陸軍航空隊（Army Air Corps）（譯註：美國空軍前身）上校陳納德（Claire Chennault）與其「飛虎隊」（Flying Tiger）公開在緬甸訓練，準備與日本進行空戰。一九四一年四月十五日，羅斯福總統簽署了一份未公開的行政命令，授權後備軍官和現役人員從陸軍航空隊、海軍和海軍陸戰隊航空兵退伍，以便加入陳納德的「中華民國空軍美籍志願大隊」（譯註：飛虎隊的正式名稱）。既然美國政府並未和日本開戰，故而不能公開和中國處理軍事問題，所有安排都要透過非官方單位以確保隱密性，因此設立了「中國中央飛機製造公司」，並被授權雇用了一百名美籍飛行員與數百名地勤人員，以「在中國運作、維修與製造飛機」。日本人視此為敵意和挑釁的行為。

2 許多日本人相信，這份電報和其它外交電報都是故意誤譯的。但並沒有這方面的證據。更有可能的是，這些誤譯是出於對日本外交官的慣用語缺乏認識。也有可能是，這些只經過倉促訓練的譯員，想使其譯文更為流暢和有趣。

3 譯注：威廉·布萊恩（William Bryan）曾三次代表民主黨競選總統，但都失敗。伍德羅·威爾遜上台後任命他為國務卿，之後因「盧西塔尼亞號事件」和總統意見不一而辭職。他同情貧苦農民，和他們組成了人民黨（Populist Party），並贏得了「偉大的平民」的稱號。

4 赫爾會重新提起廢棄的議題可能有以下原因：出於道德性義憤，出於美國大眾的譴責。美國民眾大多將日本與納粹德國畫上等號，如果和日本達成協議，可能喚起希特勒—東條會聯合攻擊的幽靈，好讓大眾做好對日本開戰的準備。

5 戰後在巢鴨監獄，東條告訴佐藤賢了，如果他收到了羅斯福的「暫定協議」，歷史進程將被改寫。「那時，我並沒有告訴你，但我已經準備了一份包含新妥協方案在內的提案。我還是想實踐天皇的旨意並避免戰爭。」然後他長嘆一聲說：「要是我們收到那份『暫定協議』就好了！」

6 此項目之後被修正派歷史學者如查爾斯．比爾德（Charles Beard），用來支撐他們關於羅斯福總統刻意操弄日本對美國領土發動攻擊的論點。表面上去閱讀這有爭議性的日記部分，以及史汀生後續所做的評論，似乎都指出反羅斯福集團是正確的。但是去探討十一月下旬時，總統和顧問之間的討論記錄，就可以明顯發現對於日本在新加坡、泰國，或是東南亞其它地區發動攻擊，他們是有所預料到的。他們當然可能並未預先考量到日本最初的攻擊會是針對任何美國領土，如菲律賓或關島，更別說是夏威夷。如此一來，當羅斯福說出「我們可能會遭受攻擊」一事時，他或許使用「我們」意味著「美英中荷」四國。所謂的「困難的議題」，只是因為羅斯福並沒有預期到日本會對美國發動直接攻擊，問題是日方對新加坡或泰國的攻擊似乎是對抗美國的「第一槍」。有兩種方法可以實現這樣的「操弄」——對日本送出外交警告，或是向國會送出措辭如下的咨文：如果日本採取南進動作，即使是沒有直接威脅美國領土，我們也該將此視為對我方重大利益的攻擊——並且，就如同是對美國的攻擊一般。此種假設缺乏有力證據，而且它也只能是個假設而已。不過和那些幾乎反對所有羅斯福一切作為的人所抱持一廂情願的推論相比，這似乎顯得更為合乎邏輯和公正。

7 所有聯繫會議的與會者，從東條到東鄉都相信赫爾所提及的「中國」包含滿洲。在一九六七年，許多東條熟稔的同僚都被詢問過，「假使」赫爾澄清了該點，會發生什麼情況？佐藤賢了第一次聽到這樣的實情，他拍著前額說：「如果我們早知道就好了！」又很激動地說：「如果你們早說承認滿洲國，我們就會接受那個提案。」鈴木、賀屋和星野就不會想走到那一步了。賀屋此時是政界要員，他說：「如果照會包含了滿洲國，是否要發動戰爭的決定就會被再度詳加討論的。儘管面對共產主義的威脅，對於我方是否應該立刻從華北撤軍也會在聯繫會議上進行討論。」最後說鈴木，或許會阻止珍珠港事件。「政府可能因此改組。」

8 在國際關係中，道義是不穩定的商品。美國曾經為協定的神聖性、維持遠東的現狀、中國領土的完整而採取不妥協的立場。幾年之後在雅爾達（Yalta），卻也承諾在遠東給予俄羅斯領土，以做為其加入太平洋戰爭的條件。在一九四一年與日本友好，將會無可否認地意味著美國放棄並背叛國民黨中國。但從長遠來看，這或許會帶來一個更為穩定的非共產黨中國。

9 在東條受審後，他承認最高統帥部的獨立性導致了日本的毀滅。「我們應該克服我們所承繼的制度，但是並沒有如此。就是這些人該咎責的……特別是我本人。」

10 譯註：韓德爾（Georg Händel, 1685-1759），巴洛克音樂（Italian Baroque）作曲家，創作作品類型有歌劇、神劇、頌歌及管風琴協奏曲，著名作品為《彌賽亞》。

第六章

1 去揣測山本想出攻擊珍珠港的計畫是件有趣的事。一九二一年，一本名為《太平洋海權》（*Sea Power in the Pacific*）的書在美國出版，作者是倫敦《每日電報》（*Daily Telegraph*）的海軍特派員海克特・拜瓦特（Hector Bywater）。四年後，他將書中部分內容擴充為另一本名為《太平洋大戰》（*The Great Pacific War*）的小說。在小說中，他描述日本突襲了位於珍珠港的美國亞洲艦隊，同時還襲擊了關島，在呂宋島（Luzon）的仁牙因灣（Lingayen Bay）和拉蒙灣（Lamon Bay）登陸襲擊菲律賓。東京的海軍參謀本部將《太平洋海權》一書翻譯後發給高級將領們，並將《太平洋大戰》列為海軍兵學校的課程。

在《太平洋大戰》一書出版時，山本正好在華盛頓擔任武官。一九二五年九月，《紐約時報書評雜誌》（*Times Book Review*）還將此書印在首頁上，標題是《假使太平洋爆發戰爭》。對於學習海軍事務努力不懈的山本，毫無疑問地會被這本書吸引住。

2 此項資訊的主要來源是源田實，但其說法卻並不一致。一九四五年十一月二十八日，海軍退役軍官佩頓・哈里森上校（Payton Harrison）透過道格拉斯・和田（Dougals Wada）的翻譯審訊源田。哈里森上校之後又進行數次審訊，而源田還為東京大審上的被告作證具結。每次所說的事實都有所改變：攻擊珍珠港是在二月一日與大西將軍談話中所發想出來的；之後又是在山本寫給大西的信中提到概略。但對於信的日期，他卻提出了三個不同日期，分別是一月二十七日、二月一日和二月十日。

3 戰後黑島過世不久前，他告訴三代：「攻擊珍珠港是我的想法。」

4 譯註：一九〇五年，日俄海戰聯合艦隊司令官東鄉平八郎掛出「Z字旗」時的訓示：「皇国ノ興廃此ノ一戦ニ在リ、各員一層奮励努力セヨ」。「Z字旗」原本代表「需要拖船」之意。經過東鄉平八郎的訓示而被賦予特殊意義。

5 這場戰役發生於一一八四年二月七日，並於一年後以一場海戰的勝利告終。這場戰爭是源氏家族和平氏家族為了爭奪日本控制權的決定性戰役。

6 西鄉隆盛（1828-1877），日本男子漢的典型人物，在一八七七年領導薩摩藩叛亂對抗明治天皇的政府。雖然是日本史上的偉大英雄，但民眾卻沒有響應他的號召。他的塑像就聳立在鹿兒島上，依舊是日本精神的神殿。

7 譯註：希姆萊（Heinrich Himmler, 1900-1945），納粹德國的內政部長、親衛隊首領，對歐洲猶太人、同性戀者、共產黨人和羅姆人的大屠殺負有主要責任。二次大戰末期企圖與盟軍單獨談和失敗，於拘留期間服毒自殺。

8 其實在場的戰鬥機中隊隊長，只有板谷茂少校，而他將率領所有的戰鬥機中隊。源田早就對其他人通知了攻擊珍珠港的計畫，並告訴他們這會是個有去無回的單趟任務。但是，當他們發誓要殺死制定出這樣計畫的人時，他才承諾要進行更動。

9 除了這個數字外，他所獲得的大多數情報是相當正確的。在夏威夷各島上的（陸軍）飛機只有二百三十一架。在特遣艦隊出發的幾個小時後，那架載著重要情資的郵件飛機就已經抵達了。鈴木還留在原地，他命令飛行員追上去並把它空投到「赤城號」上。但飛機遇上了當地的暴風雪，所以只好折返。

第七章

1 珍珠港陸軍當局之後諷刺性地說這是「又要馬兒跑，又不給馬兒吃草的訊息」。

2 這段來源只能取得美國譯稿。無法尋獲日方記錄，而山本和來栖皆已過世。

3 他知道海陸兩軍要在菲律賓和馬來亞的聯合作戰行動，但直到隔天他才獲知珍珠港事件，即使到那時，他都還沒有收到詳細的作戰報告。內閣中的所有的文官或是像木戶這樣的高階宮廷官員，都對於主要目標毫無所悉——也都沒被告知。

4 譯註：大石內藏助，又名大石良雄，是日本江戶時代早期武士，忠誠地為其藩主淺野長矩復仇，殺死幕府的旗本吉良義央而聞名於世。

5 譯註：《中日基本關係條約》（*Sino-Japanese Basic Treaty*），指的是汪精衛政府於一九四〇年十一月與日本政府簽訂的條約。

6 這段對話是採自「魔術」的譯文，是八分鐘對話中的「濃縮版本」。

7 一九四六年一月，天皇極其難得地向侍從武官長藤田尚德坦言：「當然，絕不該允許戰爭。在此情況下，朕也試著考量每一件事，某種避免的方法。朕用盡了權限內所有的一切辦法。然而，朕盡了最大的努力依然無功，最終還是投入了戰爭。這真是遺憾至極……

「是不允許一個立憲國家的皇帝在言談中任意表達自我意見，也不允許刻意干涉憲法所賦予大臣的權力。

「因此，當某項決定送到我面前要我批准時，不論它是關於內政、外交還是軍事議題，只要程序合法，即使是朕認為此決定是極為不可行的，除了批准外，也毫無他法……

「如果朕自作主張回絕了某項決定，這會發生什麼事？如果決定經過基於憲法的合適程序而達成，天皇卻能夠自行加以批准或回絕，那麼他就不能維持其被賦予的責任地位。這就等於是天皇破壞了憲法。對於立憲國家的皇帝而言，這樣的態度是個禁忌。」

（藤田說：「我相信，天皇陛下是在抽象地談論，關於戰前的御前會議等事項。」）

8 在東京大審後，美國首席檢察官約瑟夫．基南（Joseph Keenan）曾會見天皇，而天皇告訴他，他當時並不知道要轟炸珍珠港。但從現有的證據看來，他很明顯是知情的，並批准了「Z作戰」。也有文件足以證明天皇發出了明確指令，要在攻擊前給予美國人應有的通知。

9 新高山位於台灣，高度為一萬三千五百九十九英尺，比日本富士山還要高出一千兩百一十一英尺，當時是日本帝國境內最高峰。（譯註：即玉山）

10 不過，「加賀號」上的航空指揮官佐多直廣中校卻公開抨擊整個作戰計畫。他告訴一群飛行員：「我們就要飛往北太平洋，飛到連隻鳥都飛不到的地方。」日本所需的石油，卻是在遙遠的南方。「因此，去攻擊珍珠港真是件愚蠢至極的事。」

11 數名反羅斯福陸軍軍官，竊取了揭露美國戰爭計畫的最高機密文件，並將這些文件交給三家孤立主義派報紙——芝加哥《論壇報》（*Tribune*）、紐約《每日新聞報》（*Daily News*）以及華盛頓《時代先鋒報》（*Times-Herald*）——它們在十二月四日同時刊登出這些秘密訊息，為了要證實羅斯福是個戰爭販子。

12 戰後，陸軍情報局魯福斯・布拉頓上校宣稱：「如果我們當時能取得那份電訊（十二月六日時）……整個局勢很可能會不一樣。」

13 譯註：即培理准將和黑船事件時的美國現任總統。

14 《日本時報》等報於星期六晚上的一篇退役海軍將領的文章，一定也讓他們手忙腳亂。該文作者吹噓，美國海軍「顯然是在胡言亂語，因為他們說日本不可能延伸戰力到夏威夷，此種嘗試勢必以失敗收場。」

15 一種象徵好運的護身符。母親、妻子或姊妹會站在街角並拜託過往行人在腰帶上縫上一針，直到滿一千針為止。這意味著每條腰帶上都包含一千人的祈福和武運。

16 「零式」戰機的名稱來自該飛機原始的製造日期，即一九四〇年，也就是日本有史以來所記載的第兩千六百年。

第八章

1 對於森上尉來說，「所有的戰機看起來都像戰鬥機。」歐胡島上各式機種的陸軍飛機只有兩百三十一架，其中八十八架還在維修中。

2 日本海軍飛行員對一部由克拉克・蓋博（Clark Gabel）所主演的美國電影《地獄俯衝轟炸機》（*Hell Drivers*）印象極為深刻，因此他們也用這個名稱。

3 雖然美國海陸兩軍情報單位應該都有為了「風向」訊息，日夜不斷地監控日本短波廣播，但這次卻沒有攔截到。在當天凌晨三點二十分，喜多透過美國無線電公司收到東京傳來的電報，經解碼後解讀為：「日本和美英之間的關係吃緊」。這份電報也沒有被截收到。

這個所謂的「風向」密碼還是個謎團。通訊安全科科長勞倫斯・薩福特中校（Laurence Safford）指證，他在十二月四日或五日時，在一則日本氣象廣播截收到「執行風向」的密碼，電報指示：「與美開戰、與英開戰、與俄和平」。他將電報拿給克雷莫看過，當時他也認為這確實是密語，但當麥克阿瑟審訊日本人時，他們否認傳送過任何密語，薩福特在作證時就改口了。然而他們的證詞必須打點折扣，因為他們也否認設定過「風向」密語。在海軍的檔案中，既找不著原始文件，也找不到那份「執行」電報，因此某些批評羅斯福政府的人依然認定，為了使曾經傳送這樣的執行密語的可能性不足採信，而刻意銷毀這些文件。

4 某些報導指出，淵田和原田持續不斷敦促南雲再度攻擊。在一九六六年的訪談中，草鹿將軍回憶說，他們只有建議進行第二次攻擊，而當他說出「我們要撤兵」後，討論也就告終；此後再也沒有人表示強烈意見。

5 賀屋藏相深怕消息發表後，會造成股市崩盤，因此命秘書迫水久常設法控制局面。他向兩個人請教了這個問題：一個是交易所的董事長，一個是券商聯合會會長湘澤。他們認為，如果大量買進「新東」（譯註：與「神道」發音相同，已經成為市場上的某種象徵），那麼股市應該會上漲。股市一開盤，相澤就購買了四萬股。這一下把股價和前天收盤價相比上推了三十錢左右。但民眾對宮野無線電廣播的回應，就是整個股市幾乎立刻往下跌。然而，在一個小時內，「號外」報導了在太平洋和亞洲大陸的豐碩戰果。幾分鐘後，股價開始爬升。

6 譯註：泰國舊貨幣單位，今日為「銖」。

7 此人的真實身分一直到戰後才被發現。

第九章

1 在獲知此項任命後，魏菲爾冷漠地說：「我是聽說過要男人去抱小孩這件事，但這次卻是要抱雙胞胎。」

第十章

1 麥克阿瑟的參謀們對他極為忠誠，甚至他們在抨擊國內事務上比麥克阿瑟本人更肆無忌憚。就像他們的主官一樣，認為應該是由喬治・馬歇爾負起棄他們於不顧的最大責任，並認定是因為馬歇爾就任麥克阿瑟的參謀長期間，沒有被拔擢為將軍一事耿耿於懷。而那些馬歇爾周遭的人士則堅持，是因為馬歇爾過於客觀，從不會讓各人之間的分歧去左右他在軍事方面的判斷。馬歇爾了解並熱愛菲律賓（當他還是名年輕的中尉時，他在鄰近科雷希多島的三個小島上豎立起一個「不得非法侵入」的告示牌），不過他一直以來都深信著，要是美國對太平洋地區有所承諾，將會被希特勒玩弄於鼓掌之間

2 羅斯福顯然是想盡一切可能去支援麥克阿瑟。一九四一年十二月三十日，他寫給海軍部長諾克斯一份備忘錄：「我希望『作戰計畫』將會探尋所有可能解救菲律賓的方法。我了解這可能有極大的風險，但是這個目的是很重要的。」

3 一開始因為天氣炎熱而頻頻爆胎，延緩了行軍的速度，但日軍很快就學會剝去輪胎光靠輪圈騎在柏油公路上。喀啦喀啦的響聲聽起來像是坦克車，在夜間，特別是對於任何裝甲車輛都感到害怕的印度兵守軍聽到都會大喊：「坦克！」然後拔腿逃跑。

4 山下在戰後說：「我當時覺得，如果在市內進行巷戰，我們非敗不可。」他描述他在新加坡的策略是一次「虛張聲勢，一次卓有成效的虛張聲勢」。

5 譯註：「合」是日本計量單位，每合為一百八十毫升。

6 譯註：「鉢卷」是具有日本風格的頭帶，通常是紅色或白色的布做成。戴上頭巾象徵毅力和辛勞。二次世界大戰期間，日本的神風特攻隊飛行員在開飛機撞船之前都會戴上它。

7 第五驅逐艦艦隊指揮官吉川周吉中校奉命去見今村，是為了魚雷炸毀了四艘運兵船並造成將軍落海一事而來道歉。但今村的參謀長建議吉川不吭聲，因為今村認為是「休士頓號」的魚雷擊中「龍城丸」而讓他落水的。參謀長對吉川說：「就當成是『休士頓號』的功績吧。」直到今天，在雙方的官方正式記錄中，都還是將此歸為「休士頓號」的「功勞」。

第十一章

1 有人聽到一名士兵說，他搬上麥克阿瑟飛機的那張床墊極為沉重，因此謠傳說，那張床墊裝滿了黃金披索。隔天，有幾個人還願意發誓，說他們看到有好幾口箱子以及一個大型的冰箱，都被搬上了飛機。這些虛構的情節就成為反對麥克阿瑟的流言蜚語，迄今還在流傳。被訪問的數十人中，只有一人還是說他幫忙搬過那台冰箱和裝滿披索的床墊。其他人都肯定表示，麥克阿瑟一家人都只帶著規定的三十五英磅重的行李。

2 譯註：一八六五年四月九日，羅伯特．李將軍（Robert Lee）麾下的北維吉尼亞軍團在阿波馬特克斯法院（Appomattox Court House）向尤里西斯．格蘭特將軍（Ulysses Grant）投降。一般視其為美利堅邦聯的終結日。

3 本間到死都不知道有過這道命令。他的參謀長直到戰後才知道此事。

4 譯註：安德森維爾監獄，官方稱為「桑特營」（Sumter Camp），是美國內戰期間南方聯邦軍隊的戰俘營。四萬五千名北方聯邦囚犯中，大約有一萬兩千九百一十三人死於飢餓、營養不良、腹瀉與疾病。

第十二章

1 被俘獲飛行員的供詞把這些審訊員搞得暈頭轉向。（有些人說是從阿留申群島起飛的，也有些人說是從一艘無人知曉的航空母艦上起飛的，還有人說是從地圖上都找不到的太平洋小島上起飛的。）以至於宇垣下令不管怎樣，都要「解開敵軍攻擊的謎團」。依據宇垣的日記記載，戰俘們是「被迫」說出這次攻擊的大部分實情，但那個時候哈爾西已經在返回珍珠港的半途了。

2 馬歇爾後來要為溫萊特爭取一枚「榮譽勳章」（Medal of Honor），麥克阿瑟拒絕批准，理由是溫萊特的作為並不足以匹配此勳章，這對於其他有著更為傑出表現的人來說不公平。直到戰後，溫萊特終於收到由杜魯門總統（Harry Truman）所頒授的勳章。在那些尚在人世間、比較親近溫萊特的軍官之間，他們對於此事和類似事件迄今依然對麥克阿瑟抱持嫌惡之感。

3 譯註：二戰期間，德國納粹在挪威扶植傀儡政府，吉斯林（Vidkun Quisling）為一投降政客。Quisling為英文裡「賣國賊」的代稱。

4 羅哈斯一直活到戰後，並成為菲律賓共和國的首任總統。一九四六年八月，當他獲知那個救過他性命的人被囚禁在中國華北等待審判時，他寫了封私函給蔣介石，請求特赦神保。神保被釋放後，隔年回到日本，現居東京。他是「黎剎騎士團」〔Order of the Knight of Riza(何塞．黎剎博士，Dr. José Rizal)〕東京分會的副會長，因此被授予使用「信彥爵士」（Sir Nobuhiko）的特權。

5 戰後，過去的手下敗將麥克阿瑟，以戰犯的身分對本間進行了審判、定罪，並判其死刑。本間的主要辯護律師小約翰．史金（John Skeen, Jr.）說這次審判是「一場極不尋常的審判，是在對審判結果都不能存有質疑的環境下進行的。」其他辯護律師也聯名寫信給本間，表示他沒有受到公正的審判。美國最高法院的陪審法官（Associate Justice）法蘭克．莫菲（Frank Murphy）也抗議這場判決的不公。他寫道：「這是攸關我國榮譽，對未來有影響的審判。我們要不是以崇高的精神與我國憲法所賦予的權力來進行這樣的審判，就是得放棄所有正義的表面形式，讓時光流逝並且墮落到復仇……不應該因為一個民族還身陷在戰後餘波所衍生出的自然狂熱之中，就因此放棄人格尊嚴的核心主旨以及法律的正當程序，讓這個民族因此消失。」

在本間還在等待判決期間，他在獄中寫信給他的妻子富士子。信中寫道：「我們已經結縭二十載，中間有過不少意見分歧，甚至是激烈爭吵。這些爭吵現在都已變成我甜蜜的回憶。……現在，我就要與妳訣別了。特別能看到妳善良的特質，我已經全然忘記了妳的缺點。將孩子們交付給妳，我並不會感到擔心，因為我知道妳會將他們教養得明理與堅強。……二十年來感覺很短，但又很長。我很滿足能夠與妳一起過得幸福美滿。如果真有所謂來生，讓我們來世再結為夫妻。我先走了，並在那個世界等妳，但妳千萬不要急著過來。為了孩子們，妳要盡可能活下去，幫我完成那些我未竟之事。妳定要見到我們的孫子們，甚至還有曾孫們，並且當我們在另一個世界重逢時，告訴我孫兒們的一切。感謝妳為我所做的一切。」

本間最後的遺言是在他被行刑處決前，寫在一封給他小孩的信中。信中寫道：「這裡有六個人被判終生監禁。與其在這樣的牢籠裡苟且度過殘生，還不如死於槍下——就如同光榮地在戰場上捐軀。孩子們，不要失志喪氣！不要屈服於誘惑！在正義的道路上挺胸向前。父親的在天之靈會遠遠地照看著你們。如果你們能夠朝著正確的道路前行，這會比你們帶著鮮花前來上墳更讓為父感到欣慰。不要偏離正道。這就是我的最後一封信了！」

第十三章

1 在中途島一役中擔任「筑磨號」巡洋艦艦長的古村啟藏少將（當時還是上校），在一九六七年時說，因為命令中一個打字上的錯誤，把潛水艇派到錯誤位置。「聯合艦隊」試圖遮掩此過失，但是當戰鬥一結束，他就從山本的一名參謀那得知此訊息。

2 天皇通常知道戰鬥部隊的作戰情況；他的侍從武官有一條「熱線」（hot line），全天二十四小時直通，即使是陸軍總部在半夜收到重要軍情，也能即時通報。可以這麼說，天皇對於日軍戰況的了解，就像羅斯福或邱吉爾對於他們自己軍隊戰況所掌握的情資一樣精確，甚至比希特勒對於德軍戰役的了解還精準。中途島敗戰的訊息當時之所以不報告天皇，是因為擔心天皇受驚，以及在等待更進一步確認後的詳情。

第十四章

1 這些話出自戰後馬歇爾和他的正式傳記作者弗列斯特．普格（Forrest Pogue）之間的訪談紀錄。馬歇爾沉痛地回憶起：「有陳納德在中國以及麥克阿瑟在西南太平洋地區，我一定把喜怒無常集在一身了。」

2 譯註：海撥三千四百二十九公尺的休眠火山，位於美國奧勒岡州。

第十五章

1 譯註：日軍為了奪回瓜達爾卡納爾島及機場，發動了兩棲登陸戰。接連受挫後，以高速驅逐艦利用黑夜掩護運送兵員。日本稱為「老鼠運輸」，美國稱為「東京快車」。

2 半數以上的一木手下朝著反方向走，也就是他們的原路，並已經回到海邊了。

3 在珍珠港事件前，一個日軍師下有兩個部兵旅，每個旅由兩個部兵團組成。在那之後，一個師只有三個部兵團。

第十六章

1 在此戰後，丸山和百武相互責備對方未能及時通知住吉。百武說，最後一次延遲進攻後，通知住吉就是丸山的責任。而丸山卻宣稱，百武高估了行軍的速度，而且直接下令住吉在二十三日發動攻擊。

2 譯註：「香蕉戰爭」（Banana War），是指美國採取的圍繞於中美洲和加勒比海地區的一系列干預行動。始於一八九八年的美西戰爭和隨後的巴黎和約，使美國控制住古巴和波多黎各。一九三四年，隨著美軍撤出海地以及美國總統小羅斯福的睦鄰政策而結束。

3 這波攻擊並非來自「空中堡壘」，而是兩架掛著魚雷和炸彈的卡特琳娜水上飛機所發出的。

第十七章

1 美國海軍自此再也不將同一個家庭的成員分派至同一艘船艦上。

2 和普遍流傳的說法有所不同，天皇本人對於軍事作戰很感興趣。在一九四三年一月九日，天皇告訴杉山：「布納的陷落是相當遺憾的，但官兵們打得相當出色。朕聽聞敵軍擁有十輛左右的坦克，我們在那個地區沒有任何坦克嗎？還有萊城（Lae）局勢如何？……我對於緬甸的防空部隊改變戰局情勢感到很滿意。」幾個星期後，當杉山向天皇稟報運送援軍前往萊城已經失敗時，天皇賜座——以表恩寵——之後說：「你在最後一刻怎麼不改變想法，並在馬當（Madang）（萊城東北方的港口）登陸呢？必須承認我們在此受挫，但如果我們能牢記在心，朕相信這給未來的作戰好好上了一課。克盡努力，如此朕才無須擔心。強化空中支援，鋪設能讓我軍安全通過的道路，並逐步取得堅固的立足點。計畫要周詳，才不致使萊城和沙拉毛爾（Salamaua）成為另一個瓜達爾卡納爾島。」

3 依據伊藤春樹少校（就是那名提醒他的長官，美軍將要入侵所羅門群島，但卻被忽略的通訊官）的記載，這並非奇蹟，而是他在二月八日凌晨四點從拉包爾發出一份假電報的結果。他用美軍的呼號，假裝從一架卡特琳娜水上飛機發送電文：「亨德森機場，亨德森機場，緊急信號，這是一號偵察機呼叫。」當韓德森機場收到訊號時，伊藤「報告」，看到日軍一支由兩艘航空母艦、兩艘主力艦和十艘驅逐艦組成的特遣艦隊。沒多久，伊藤的手下就聽到這份假電報被轉傳到努美阿和珍珠港，他因此推論，他們已把美軍戰機騙離這些返航的驅逐艦。然而，美國海軍歷史學家並不相信這個說法，指出在他們的記錄中沒有證據可證明這個說法。

國家圖書館出版品預行編目(CIP)資料

帝國落日：大日本帝國的衰亡(1936-1945)/約翰.托蘭(John Toland)作；吳潤璿譯. -- 二版. -- [新北市]：黑體文化, 左岸文化事業有限公司出版：遠足文化事業股份有限公司發行, 2025.08
冊；　公分
譯自：The rising sun : the decline and fall of the Japanese empire, 1936-1945
ISBN 978-626-7705-67-4(全套：平裝)

1.CST: 日本史 2.CST: 第二次世界大戰
731.2788　　114010109

特別聲明：
有關本書中的言論內容，不代表本公司／出版集團的立場及意見，由作者自行承擔文責。

黑體文化　　讀者回函

黑盒子 33

帝國落日：大日本帝國的衰亡（1936-1945）（上）

The Rising Sun: The Decline and Fall of the Japanese Empire, 1936-1945

作者・約翰・托蘭（John Toland）｜譯者・吳潤璿｜責任編輯・龍傑娣｜協力編輯・胡德揚｜封面設計・林宜賢｜出版・黑體文化／左岸文化事業有限公司｜總編輯・龍傑娣｜發行・遠足文化事業股份有限公司｜電話・02-2218-1417｜傳真・02-2218-8057｜客服專線・0800-221-029｜客服信箱・service@bookrep.com.tw｜官方網站・http://www.bookrep.com.tw｜法律顧問・華洋法律事務所・蘇文生律師｜印刷・中原造像股份有限公司｜排版・菩薩蠻數位文化有限公司｜二版・2025 年 8 月｜定價・1500 元（二冊不分售）｜ISBN・9786267705674｜EISBN・9786267705681(EPUB)・9786267705698(PDF)